JN412308

히브리 성서 1

사회·문화적 연구

히브리 성서 1

2001년 9월 5일 초판 1쇄
2022년 3월 25일 초판 5쇄

지은이 / 노만 K. 갓월드
옮긴이 / 김상기
펴낸이 / 김성일
펴낸곳 / 한국신학연구소

등록 / 1973년 6월 28일 제 300-2002-10호
주소 / 서울시 서대문구 경기대로 55 선교교육원 내
전화 / 02)738-3265 팩스 / 02)738-0167
E-mail / ktsi@chollian.net, amigo386@daum.net
홈페이지 / http://ktsi.or.kr

Norman K. Gottwald
THE HEBREW BIBLE
A Socio-Literary Introduction

값 28,000원

ISBN 89-487-0047-2 93230

히브리 성서 1

사회 · 문학적 연구

노만 K. 갓월드
김상기 옮김

한국신학연구소

히브리 성서를 배우는 데 동반했던
모든 사람들

가족과 친구들
학생들과 동료들
전문가들과 비전문가들
믿는 자들과 회의하는 자들
행동가들과 명상가들
그들 모두에게
이 책을

서문

히브리 성서 연구는 격동기를 맞이하고 있으며 급격한 변화를 겪고 있다. 본서의 의도는 독자들에게 히브리 성서에 대한 비평적 이해를 소개하고 지적 실천이자 사회 문화적 실천(sociocultural practice)으로서의 성서 연구 현황을 알려주는 데 있다. 본서는 현재 이용 가능한 성서 연구 방법의 선택 폭이 확대되고 있음을 특별히 강조하는데, 그 선택의 폭은 장구한 성서 해석사의 어느 시기에 있어서보다도 훨씬 넓어진 것이 오늘의 현실이다.

필자는 전대의 역사비평학과 의도적으로 연속성을 견지하면서 접근 방법을 취할 것이지만, 필자의 방법론은 불과 지난 20여 년 동안에 활기를 띠고 설득력을 갖게 된 새로운 접근 방법들로 인해 초래된 성서 연구의 심원한 변화 및 풍성한 성과와 직접 맞물려 있다. "사회 문학적 개론"(A Socio-Literary Introduction)으로 명명된 본서에서 필자는 히브리 성서에 대한 문학적 접근 방법들과 사회과학적 접근 방법들을 확인하고자 하는데, 바로 이러한 방법들은 해묵은 비평 방법들과 상호작용하면서 성서학의 방향 전환에 결정적인 역할을 하는 것으로 판명되고 있는 듯하다.

신문학비평(新文學批評) 범위 내에서 필자는 문학으로서의 성서, 수사학적 비평, 문체론적 비평, 그리고 구조 분석 등의 여러 가지 문학비평 양식들을 고려하였다. 사회과학적 비평 범위 내에서 필자는 현재까지 성서학에 가장 결정적으로 영향을 끼친 인류학적 · 사회학적 방법과 이론의 제측면에 유의하였고, 또한 성서 시대의 사회 조직과 사회사(社會史)에 대한 이해를 증대시킴에 있어서 현재 그 이론과 방법이 거둔 수확도 지적하였다. 편집비평과 여러 가지 형태의 경전비평들이 비록 주요한 신문학적 또는 사회과학적 패러다임(범례: 이하 패러다임을 그대로 사용함)에 정확히 일치하는 것은 아니지만, 성서 연구가 현재와 같이 다방면에 걸쳐 격동 상황에 이르게 되는데 그것들도 역시 중요한 일익을 담당하였음이 입증된다.

본서는 필자의 초기 저서인 *A Light to the Nations: An Introduction to the Old Testament* (New York: Harper & Row, 1959)에서 채택한 역사적 체제를 대체로 따르고 있다. 그러나 그 저서와 다른 점은 본서가 문학적 시각과 사회과학적 시각에 의해 초래된 광범위한 변화를 수용할 뿐만 아니라 포로기와 포로기 이후 시대에 보다 큰 관심을 쏟고 있다는 점이다. 성서 시대 말기를 소홀히 하는 것은 많은 비(非)유대계 성서학자들의 저작 속에 무비판적으로 반영되어 있는 바, 특별히 그리스도교적인 편견, 보다 정확하게 말하면 개신교 특유의 편견으로 간주할 수 있다. 에큐메니칼적 성격이 점차 커가고 있는 성서학은 어떤 단일한 전통의 맹점을 교정하는 데 도움이 되어 왔고, 따라서 우리들의 성서 시대 말기의 문헌들에 학술적으로 적용시킬 수 있는 도구들을 연마하는 데에도 도움이 되어 왔다.

이 개론은 4부로 구성되어 있다. 1부에서는 히브리 성서에 접근하는 데 필요한 관련 지식(contextual knowledge), 즉 히브리 성서 해석사, 성서의 세계, 그리고 히브리 성서의 문학사 등이 서술되며, 2-4부에서는 성서 문학이 그 사회사적 배경에 따른 순서대로 다루어진다. 그리고 2부로부터 4부까지의 각 서언에서는 각 부에서 고찰 중인 시대에 대해 우리가 소유하고 있는 지식의 전거가 논의된다.

2-4부의 작업에서와 같이 성서의 문서들을 실제 역사에 가까운 순서대로 배열할 때, 장구한 전승사를 가지고 있고 수세기에 걸쳐 단계적으로 성장했음을 반영하는 성서의 각 책이나 자료들을 어디에 위치시켜야 하는가라는 구성의 문제가 제기된다. 이를 위해 본서에서는 복합적이거나 서서히 발전해 온 성서의 문서들을 다루면서 다음 두 가지 신축성 있는 기본 원칙을 따르고 있다: (1) 한 문서가 사회사적으로 근거하고 있는 시기들에 관해

폭넓은 합의가 이루어져 있으면, 그 문서는 필요할 때마다 관련된 각 단계에서 논의된다. 예를 들면, 제사문서 기자 (§15.1; 17.1-2; 19.21; 19.4; 48.49)와 이사야서(§37.2; 50.2; 50.41)가 그러한 경우이다. (2) 반면에, 한 문서의 사회사적 배경이 모호하거나 매우 불확실하면, 그 문서는 가장 확실하게 고정된 그것의 역사적 시기에서만 다루어진다. 따라서, 복합물인 아모스서와 미가서는 비록 다수의 후대 자료들을 포함하고 있지만 기원전 8세기의 맥락에서만 단 한 번 논의되고(§24.2; 37.1). 다니엘서는 옛 전승들을 그 안에 보존하고 있지만 기원전 2세기라는 그 책의 배경 하에서만 취급된다(§55.2).

적절한 경우에 한해서, 각 장(章)머리에는 관련된 성서 본문의 목록이 제시되어 있고, 요하난 아하로니(Yohanan Aharoni)와 마이클 아비요나(Michael Avi-Yonah)가 성서 본문에 의거하여 편찬한 *The Macmillan Bible Atlas*라는 역사 지도책의 해당 부분이 명시되어 있다. 본서의 본문 자체는 번호가 매겨진 절(節)로 세분되어 있고, 각 절 안에서는 전후의 절들이 풍부하게 참조되고 있다. 고대 근동의 시대별 지도와 성서와 관련된 팔레스틴의 시대별 지도가 각 부(部)의 시작으로서, 그리고 고대 근동의 정치사와 문화사 및 사회사에 관한 절(節)의 보조 자료로서 제시된다(§9).

시각적으로 교육을 받은 독자들의 이해를 촉진시키기 위하여 많은 표(表)와 도표(圖表)들을 수록하였다. 이것들 가운데 고대 근동의 문헌들에 관한 일람표(표1)는 *ANET*(James B. Prichard, ed., *Ancient Near Eastern Texts Relating to the Old Testament*)와 *NERT*(Walter Beyerlin, ed., *Near Eastern Religious Texts Relating to the Old Testament*)에 의거하여 작성하였다. 이 책의 본문에서는 근동 문헌들의 일람표 번호만이 언급된다. 프리챠드(Pritchard) 또는 베이얼린(Beyerlin)의 책 페이지가 구체적으로 인용되는 경우는 일람표에 비교적 넓게 제시된 페이지 내의 일부 페이지를 언급할 때에만 국한된다. 마찬가지로, 히브리 성서 안의 문학 장르(genre)와 형식(form) 혹은 유형(type)에 관한 일람표(표 8)도 문학적 분석을 하는 여러 곳에서 그 번호만이 인용된다.

실제에 도움이 되는 참고도서 목록이 다음과 같이 두 부분으로 구분되어 제시되었다. (1) 단행본들과 논문들은 본서의 절(節)에 따라 정리되었고, (2) 주석서들은 성서의 각 책에 따라 정리되었다. 목록에 실린 문헌의 제목들은 영어로만 표기되었다.

분열 왕국의 연대기로 채책된 연표는 에드윈 R. 틸레(Edwin R. Thiele)의 *The Mysterious Numbers of the Hebrew Kings*(3rd ed., Grand rapids: Zondervan, 1983)에 있는 것이다. 필자가 이 도식을 택한 이유는, 그것이 완벽해서가 아니라, 모든 것을 참작해 볼 때 필자에게는 그것이 연대기 문제를 해결하기 위해 현재까지 제시된 해결책 가운데 가장 만족할 만한 것으로 보이기 때문이다.

히브리어를 모르는 사람들의 편의를 위해 필자는 비록 통상적인 음역 체제와는 다소 불일치하는 점이 있더라도 히브리 단어를 실제 발음에 가깝게 음역하였다.

마지막으로, 필자는 일반적으로 사용하는 연대 표시 약자인 B.C.(Before Christ)와 A.D.(*anno Domini*, "주의 해")보다는 B.C.E.(그리스도교 이전 시대)와 C.E.(그리스도교 시대)를 처음부터 끝까지 사용하였다. 그 까닭은, 우리 자신의 종교적 입장과 성서 시대의 상황 및 신앙들과를 분리시켜 생각하는 일이 성서 연구자들에게는 중요하다고 필자에게는 느껴지기 때문이다. 만일 우리가 성서를 우리 자신의 종교적 관념을 단순히 반영할 뿐인 어떤 종파의 문서나 교리적 문서 이상의 것으로 평가하려 한다면 그와 같은 정신적 단절이 필요할 것이다.

헌사에서 밝힌 바와 같이 필자는 다방면의 사람들로부터 많은 은혜를 입었지만, 특별히 30여 년 이상이나 필자의 히브리 성서 이해를 깊고 명료하게 하며 그 이해를 구체적으로 그리고 진지하게 전달하는 데 도움이 된 학생들의 호기심과 상상력에 힘입은 바가 크다는 것을 지적해 둔다. 보다 전문적 차원에서는, 미국종교학회(the Amedrican Academy of Religion)와 성서문학회(the Society of Biblical Literature)의 여러 실행위원회에 속한 필자의 가까운 동료들이 시의 적절한 후원과 격려를 보내주었다.

본서의 간행과 관련해서, 포트레스 출판사(Fortress Press)의 편집부원들은 이 책의 출판 기획을 권하고, 그 출판을 신속하고 능숙한 솜씨로 맡아 주었다. 그들 가운데서 특별히 이 책의 집필에 대해 처음으로 관심을 갖도록 유도해 주었고 조언과 격려로써 필자가 이 일을 감당할 수 있게 해주신 홀러(John A. Hollar) 씨에게 깊이 감사드린다. 필자는 이 책의 구성과 길잡이의 많은 특징들 중에는 홀러 씨가 직접 간접으로 남긴 흔적이 있다고 기꺼이 믿는다.

1984년 3월 17일
뉴욕에서
Norman K. Gottwald

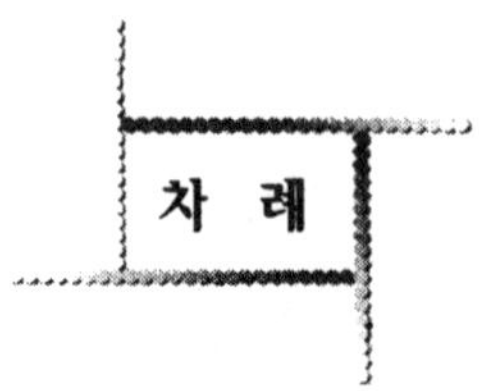

차 례

제2부 부족 동맹: 이스라엘 혁명의 시작

제3부 군주제: 이스라엘의 반혁명 체제

『히브리 성서 2』 목차

제10장 식민지 이스라엘의 사회사적 지평

제11장 식민지 이스라엘의 전승: 율법서와 예언서의 완성

도해목록

〈지도〉

〈표〉

이하 『히브리 성서 2』에 수록

약어목록

AASOR Annual of the American Schools of Oriental Research

AB The Anchor Bible

AbrN *Abr Nahrain*

AJSL *American Journal of Semitic Languages and Literatures*

AKE Norman K. Gottwald. *All the Kingdoms of the Earth: Israelite Prophecy and International Relations in the Ancient Near East.* New York: Harper & Row. 1964.

ALI Yohanan Aharoni. *The Archaeology of the Land of Israel from the Beginnings to the End of the First Temple Period*, ed. Miriam Aharoni. Trans. A.F. Rainey. Philadelphia: Westminster Press, 1982.

AMB The Amplified Bible

AnBib Analecta Biblica

ANET James B. Pritchard, ed. *Ancient Near Eastern Texts Relating to the Old Testment.* 3d ed. Princeton, N.J.: Princeton University Press, 1913.

APOT R. H. Charles, ed. *The Apocrypha and Pseudepigrapha of the Old Testment in English.* 2 vols. Oxford: At the Clarendon Press, 1913.

ASTI *Annual of the Swedish Theological Institute*

ASV American Standard Version

ATANT Abhandlunngen zur Theologie des Alten und Neuen Testaments

AV Authorized Version (=King James Version)

BA *Biblical Archaeologist*

BAR	*Biblical Archaeologist Reader*
BARev	*Biblical Archaeologist Review*
BASOR	*Bulletin of the American Schools of Oriental Research*
B.C.E.	Before the common era (=B.C.)
BHK	*Biblica Hebraica*, ed. R. Kittel.
BHS	*Biblica Hebraica Stuttgartensia*, ed. K. Ellinger and W. Rudolp.
Bib	*Biblica*
BL	Norman K. Gottwald, ed. *The Bible and Liberation: Political and Social Hermeneutics*. Rev. ed. Maryknoll, N. Y.:Orbis Books, 1983.
BSac	*Bibliotheca Sacra*
BTB	*Biblical Theology Bulletin*
BZAW	Beihefte zur ZAW
ca.	circa
CBQ	*Catholic Biblical Quarterly*
CBQMS	*CBQ* Monograph Series
C.E.	Of the common era (=A. D.)
CH	The Chronicler' s History
CMHE	Frank M. Cross, Jr. *Canaanite Myth and Hebrew Epic*. Cambridge: Harvard University Press, 1973.
CNEB	Cambridge Commentary on the New English Bible
ConBOT	Coniectanea Biblica, Old Testament Series
CQR	*Church Quarterly Review*
CTM	*Concordia Theological Monthly*
CurTM	*Currents in Theology and Mission*
D	Deuteronomy, the Deuteronomic Writer(s), or the Deuteronomist
DA	Paul D. Hanson. *The Dawn of Apocalyptic: The Historical and Sociological Roots of Jewish Apocalyptic Eschatology.* 2d ed. Philadelphia: Fortress Press, 1979.

DH	The Deuteronomics History (Joshua through kings) or the Deuteronomistic Historian(s)
E	The Elohist
EHI	Roland de Vaux. *The Early History of Israel.* Philadelphia: Westminster Press, 1978.
EJ	*Encyclopaedia Judaica*
EOTHR	Albrecht Alt. *Essays on Old Testament History and Religion.* Garden City, N. Y.: Doubleday & Co, 1968.
ET	*Expository Times*
ExB	The Expositor' s Bible
FOTL	Rolf Knierim and Gene M. Tucker, eds. The Forms of the Old Testament Literature. Grand Rapids: Wm. B. Eerdmans, 1981-.
G	The common pool of united tribal traditions that J and E drew upon (from the German *Grundlage*, "foundation")
GBS	Guides to Biblcal Scholarship
HeyJ	*Heythrop Journal*
HI	John Bright. *A History of Israel.* 3d ed. Philadelphia: Westminster Press, 1981.
HIOTT	Siegfried Herrmann. *A History of Israel in Old Testament Times*, Rev. ed. Philadelphia: Fortress Press, 1981.
HIR	Georg Fohrer. *History of Israelite Religion.* Nashville: Abingdon Press, 1972.
HPT	Martin Notn. *A History of Pentateuchal Traditions*, with introduction by Bernhard W. Anderson. Englewood Cliffs, N. J.: Prentice-Hall, 1972.
HSM	Harvard Semitic Monographs
HSS	Harvard Semitic Studies
HTR	*Harvard Theological Review*
HTS	Harvard Theological Studies

HUCA	*Hebrew Union College Annual*
IB	*The Interpreter's Bible*
ICC	The International Critical Commentary
IDB	*The Interpreter's Dictionary of the Bible*
IDBSup	*IDB* Supplementary Volume
IEJ	*Israel Exploration Journal*
IJH	John H. Hayes and J. Maxwell Miller, eds. *Israelite and Judaean History.* Philadelphia: Westminster Press, 1977.
Int	*Interpretation*
IOT	Georg Fohrer. *Introduction to the Old Testament.* Nashville and New York: Abingdon Press, 1968. Complete revision of original by Ernst Sellin.
IOTS	Brevard S. Childs. *Introduction to the Old Testament as Scripture*, Philadelphia: Fortress Press, 1979.
IR	Helmer Ringgren. *Isralite Religion.* Philadelphia: Fortress Press, 1966.
ITC	International theological Commentary
J	The YahWist
JAAR	*Journal of American Academy of Religion*
JAARSup	*JAAR* Supplement
JANES	*Journal of the Ancient Near Eastern Society of Columbia University*
JAOS	*Journal of the American Oriental Society*
JB	The Jerusalem Bible
JBC	*The Jerome Biblical Commentary*, ed. R. Brown et al. 2 vols. in 1. Englewood Cliffs, N. J.: Prentice-Hall, 1968.
JBL	*Journal of Biblical Literature*
JBLMS	*JBL* Monograph Series
JCS	*Journal of Cuneiform Studies*

JETS *Journal of the Evangelical Theological Society*

JJS *Journal of Jewish Studies*

JLBBM George W. E. Nickelsburg. *Jewish Literature Between the Bible and the Mishnah: A Historical and Literary Introduction.* Philadelphia: Fortress Press, 1981.

JNES *Journal of Near Eastern Studies*

JNSL *Journal of Northwest Semitic Languages*

JQR *Jewish Quarterly Review*

JR *Journal of Religion*

JSOT *Journal for the study of the Old Testament*

JSOTSup *JSOT* Supplement Series

JSS *Journal of Semitic Studies*

JTS *Journal of Theological Studies*

KJV King James Version (=Authorized)

LB Yohanan Aharoni. *The Land of the Bible: A Historical Geography*, ed. Anson F. Rainey. Rev. ed. Philadelphia: Westminster Press, 1979.

LBP The Living Bible Paraphrased

LTQ *Lexington Theological Quarterly*

LXX The Septuagint

MBA Yohanan Aharoni and Michael Avi-Yonah. *The Macmillan Bible Atlas.* Rev. ed. New York: Macmillan Co, 1977.

MLB The Modern Language Bible

MT Masoretic Text of the Hebrew Bible

NAB The New American Bible

NASB The New American Standard Bible

NCBC The New Century Bible Commentary

NEB The New English Bible

NERT Walter Beyerlin. ed. *Near Eastern Religious Texts Relating to*

	the Old Testament. Philadelphia: Westminster Press, 1978.
NICOT	The New International Commentary on the Old Testament
NIV	The New International Version
NJPS	The New Jewish Version
NKJV	The New King James Version
OBT	Overtures to Biblical Theology
OTFC	John H. Hayes, ed. *Old Testament Form Criticism.* San Antonio: Trinity University Press, 1974.
OTL	Old Testament Library
OTMS	Harold H. Rowley, ed. *The Old Testament and Mordern Study*: A Generation of Discovery and Research. Oxford:At the Clarendon Press, 1951.
OTP	James H. Charlesworth, ed. *The Old Testament Pseudepigrapha*, Vol. 1: Apocalyptic Literature and Testament. Garden City, N. Y.: Doubleday & Co., 1983.
OTS	*Oudtestamentische Studiën*
OTT	Gerhard von Rad. *Old Testament Theology.* 2 vols. New York: Harper & Row, 1962, 1965.
P	Priestly writing or Priestly writer(s)
PEQ	*Palestine Exploration Quarterly*
PTMS	Pittsburgh Theological Monograph Series
RAI	Theodorus C. Vriezen. *The Religion of Ancient Israel.* Philadelphia: Westminster Press, 1963.
RB	*Revue Biblique*
RevQ	*Revue de Qumran*
RSV	Revised Standard Version
RV	Revised Version
SAIW	James L. Crenshaw, ed. *Studies in Ancient Israelite Wisdom.* New York: Ktav Publishing, 1976.

SBA	Studies in Biblical Archaeology
SBLDS	Society of Biblical Literature Dissertation Series
SBLMS	Society of Biblical Literature Monograph Series
SBLSP	Society of Biblical Literature Seminer Papers
SBT	Studies in Biblical Theology
SC 1	Carl D. Evans, William W. Hallo, and John B. White, eds. *Scripture in Context: Essays on the Comparative Method.* PTMS 34. Pittsburgh: Pickwick Press, 1980.
SC 2	William W. Hallo, James C. Moyer, and Leo G. Purdue, eds. *Scripture in Context Ⅱ: More Essays in Comparative Method.* Winona Lake, Ind.: Eisenbrauns, 1983.
SEÅ	Svensk exegetisk årsbok
SHANE	Studies in the History of the Ancient Near East
SJT	*Scottish Journal of Theology*
ST	*Studia theologica*
StudBT	*Studia Biblica et theologica*
SWBAS	The Social World of Biblical Antiquity Series
TD	*Theology Digest*
TDH	Martin Noth. *The Deuteronomistic History.* JSOTSup 15. Sheffield: JSOT Press, 1981.
TEV	Today's English Version(Good News Bible)
THI	Martin Noth. *The History of Israel.* Rev. ed. New York: Harper & Brothers, 1960.
TI	George W. Anderson, ed. *Tradition and Interpretation: Essays by Members of the Society for Old Testament Study.* Oxford: At the Clarendon Press, 1979.
TOT	Otto Eissfeldt. *The Old Testament: An Introduction.* New York:

	Harper & Row, 1965.
TY	Norman K. Gottwald. *The Tribes of Yahweh:A Sociology of the Religion of Liberated Israel*, 1250-1050 B.C.E. Maryknoll, N.Y.: Orbis Books, 1979.
TZ	*Theologische Zeitschrift*
VE	*Vox Evangelica*
VT	*Vetus Testamentum*
VTSup	*VT* Supplements
WC	Westminster Commentaries
WHJP	Benjamin Mazar, ed. *World History of the Jewish People: First Serise: Ancient Times.* Jerusalem: Jewish Historical Publications, 1970-.
YBFT	Peter F. Ellis. *The Yahwist. The Bible's First Theologian.* Notre Dame. Ind.: Fides Press, 1968.
ZAW	*Zeitschrift für die alttestamentliche Wissenschaft*

텍스트와 그 컨텍스트들

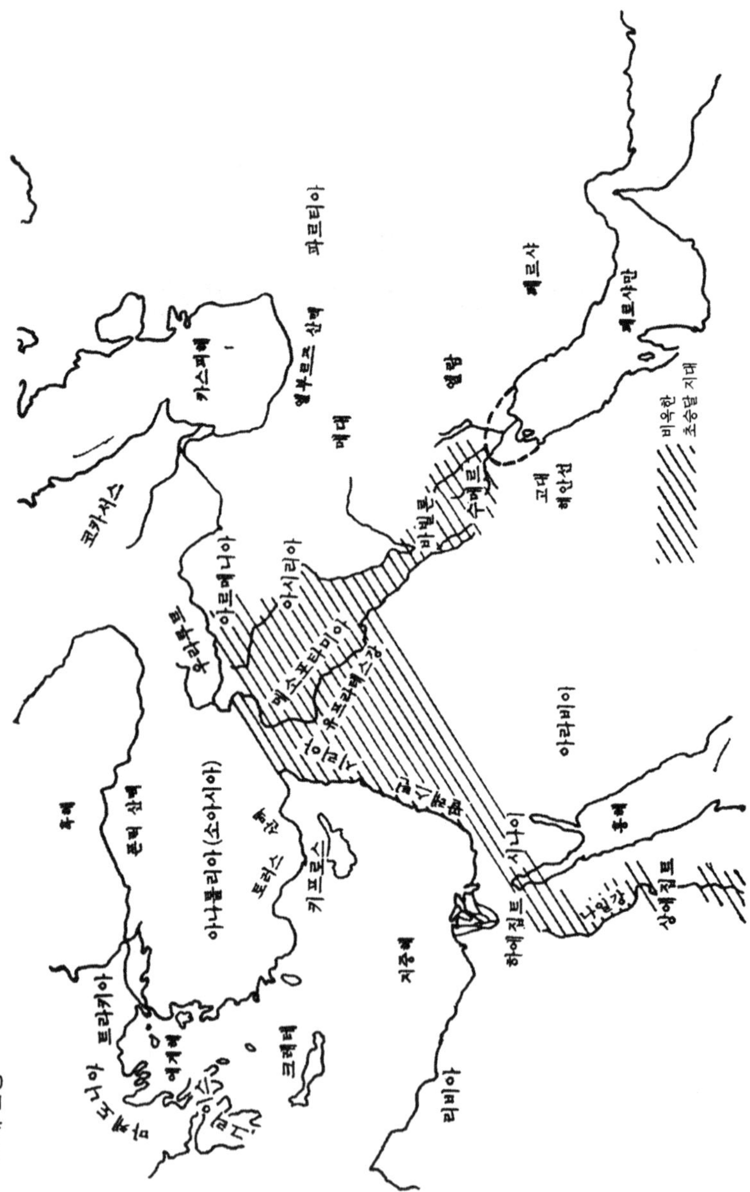
흑해
폰틱 산맥
아나톨리아(소아시아)
토러스 산맥
키프로스
트라키아
에게해
크레타
지중해
리비아
하애집트
상애집트
나일강
시나이
홍해
아라비아
메소포타미아
유프라테스강
아시리아
아르메니아
우라투르
코카서스
카스피해
엘부르즈 산맥
메대
파르티아
엘람
페르사
페르사만
바빌론
수메르
고대
해안선
비옥한
초승달 지대

고대 근동

제1장
히브리 성서를 보는 시각들

유대인들에게는 타나크(Tanak)[1]로, 그리스도인들에게는 구약으로 알려진 히브리 성서가 독자들의 관심과 주의를 끄는 데에는 많은 이유들이 있다. 히브리 성서의 다양한 문학 형식들 중에는 우리의 눈과 귀를 쉽게 사로잡는 생생하고 간결한 설화들과 강렬한 이미지로 가득 찬 시들이 있다. 일천 년 이상의 고대 근동사와 서로 얽혀 있으면서 대립과 충돌로 점철된 정치사가 히브리 성서의 줄거리이다. 히브리 성서의 율법과 설화, 목록과 예언적 발언 및 잠언들은 수세기에 걸쳐 변화하는 많은 사회 제도와 관습들을 언급한다. 그것은 경건한 신앙이나 대중 지도자의 모범으로 흔히 간주되는 모세와 다윗과 예레미야 같은 인물들의 공적(公的) 발언과 행동들을 소개한다. 또한 히브리 성서에는 야훼라는 특별한 이름의 신에 대한 이스라엘인, 유대인[2]의 신앙을 감동적으로 묘사한 표현들이 풍부하며, 그들의 신앙은 백성들의 사회적 및 정치적 경험과 밀접하게 관련된 광범위한 종교적 및 윤리 개념들과 관습들로 귀결된다. 끝으로, 히브리 성서는 오늘에 이르기까지 유대인들과 그리스도인들의 신성한 경전이고 서구 문명에

---

1) 타나크(TaNaK)는 히브리 성서의 세 부분인 토라(Torah, 율법 또는 오경)와 느빔(Nevi' im, 예언서)과 케투빔(Kethuvim, 성문서)의 머릿 글자를 모아 만든 합성어이다. 이 책에서 "성서"나 "성서적"이란 말이 사용될 때에는, 문맥상 신약을 포함한 그리스도교 성서를 가리키는 것이 분명치 않을 경우 그것은 언제나 히브리 성서를 가리킨다.

2) 현대 성서학에서 "이스라엘"(Israel)과 "이스라엘인"(Israelite)은 (현대 이스라엘의 시민을 가리키는 "이스라엘인"[Israeli]과는 달리) 이스라엘의 초기 역사 곧 바빌론 포로기 이전이나 그 기간 중의 사람들을 가리키는 반면에, "유대인"(Jew)과 "유대인의"(Jewish)라는 말은 포로기 이후 팔레스틴에 귀환한 사람들에 대해 사용된다. "유대인"(Jew)이란 용어는 히브리어의 *yᵉhûdî*에서 유래하였는데, 이 말은 용법으로는 유다 부족이나 땅 혹은 왕국에 속하는 유다 사람들("Judahite," 이는 후에 라틴어에서 "Judean"으로 변형됨)을 가리킨다. 포로기 이후, *yᵉhûdî*라는 단어는 그들이 어디에 살았든지 총괄적인 의미로 유대인들(Jews)을 주로 지칭하였으나, 때로는 유다인들(Judahites/Judeans) 즉 유다 땅과 옛 유다 왕국에 재건된 팔레스틴 공동체에서 살았던 그 유대인들에 국한하여 적용되었다. 또한 "이스라엘"은 전 성서 시대에 걸쳐 특히 종교적 실체로서의 백성을 언급한 때 사용된다. 한때 초기 이스라엘인들을 가리키는 말로 광범위하게 사용되었던 "히브리인들"은 현재는 잘 사용되지 않는다. 옛 가나안어의 한 형태인 성서의 언어는 "히브리어"라 불리운다. 그러므로 "히브리 성서"라고 할 때 그것은 유대인의 성서가 히브리어로 기록되었음을 의미한다.

서 중요한 위치를 차지하고 있기 때문에, 그 속에 담긴 신성과 인성, 역사 과정과 사회 질서, 윤리와 선한 삶에 대한 개념들을 생각하고 이해하라고 독자들을 손짓해 부른다.

1. 성서 연구 방법의 다양성

위에 언급한 히브리 성서와의 접촉점들—필자는 가장 두드러진 점들만 열거하였다—은 각각 본문에 접근하기 위한 적절한 출발점이 되며 독특한 분석과 해석 방법들을 필연적으로 수반한다. 성서가 유대인 신앙 공동체와 그리스도인 신앙 공동체에 토대를 제공하는 데 거의 전적으로 사용되던 이전 시대에는, 본문 연구 방법에 결정적인 한계가 있었다. 근세에 이르러 르네상스, 종교개혁, 계몽주의, 사회적 대변화들 및 인간 경험의 거의 모든 영역에까지 넓혀진 과학적 방법의 지속적인 확장 등으로 인해, 성서는 전적으로 교리적(신앙고백적)이며 교회 중심적(교회 만능주의적)인 종교적 접근 방법에서 해방되었다. 이제 성서는 다방면의 과학들이 개척한, 가능한 탐구 방법들에 의거하여 과학적으로 접근할 수 있는 책이 되었다.

여기에서 "과학적"이란 말은 어떤 제재(題材)를 명료하게 분석하고 해명하기 위해 필요한 조직적 연구 방법이라는 넓은 의미로 사용되었다. 성서 연구와 관련된 과학은 자연과학과 사회과학 및 심리학을 포함할 뿐만 아니라, 방법의 정밀성을 제고시키려는 인문학의 노력들, 예컨대 언어와 문학과 역사 연구에서 이루어진 노력들, 그리고 다른 종류의 지식들과 관계된 한에서의 과학적 방법과 결과들에 대한 일종의 포괄적인 성찰로서의 철학을 활용함에 있어서 취해진 노력들을 또한 포함한다.

현대 히브리 성서 연구의 특징은 인간 과학들에서 사용되는 방법들, 특히 인문학과 사회과학의 정밀한 방법들이 이 고대 문서들을 이해하기 위해 사용되고 있는 점이다. 최근 이십 년 전만 해도 성서 연구를 위해 극히 제한된 수의 비평 방법들을 사용하는 것에 대해서는 학자들 간에 합의가 이루어져 있었다. 그러나 오늘날에는 성서 연구에 사용되는 방법들의 범위가 엄청나게 확대되었다. 뿐만 아니라, 이러한 각각의 방법들은 그 작업 가설과 방식이 다분히 독립적이고 기초적이어서, 그 방법들을 모두 합친다 해도 그것들은 성서의 본질과 의미에 관한 명백한 하나의 영상 내지는 모형(패러다임)을 제시해 주지 못한다. 이렇게 다른 성서 연구 방법들이 논리와 절차상에 있어서 어떻게 서로 연관될 수 있는가 하는 문제가 중요한 지적 도전이 되었고, 이 도전은 어쩔 수 없이 포괄적인 준거틀을 가까운 장래에 요구할 것이다. 성서 연구에서 현재 실시되는 모든 방법들을 깊이 이해하는 성서학자는 오늘날 아마 한 사람도 없을 것이다.

진지하게 히브리 성서를 연구하는 학도는 성서 연구 방법의 주요 발전 단계를 어느 정도 알아두는 것이 바람직하다. 어떤 방법들은 흡수되거나 다른 것들로 대체되기 전까지는 성서학자들 사이에서 여러 가지로 결합되면서 주도적으로 사용되었기 때문에 이 단계들은 연대순으로 기술할 수 있다. 성서 연구 방법사는 수세기를 거치면서 복잡성을 더해갔다. 그 이유는 학자적인 인물들과 학문적 이론의 명세가 축적되었기 때문만이 아니라, 성서 연구 방법들은 일단 발전하면 멸종된 생물의 종(種)들처럼 정상적으로는 소멸되지 않기 때문이다. 때로는 그러한 성서 연구 방법들이 보다 새로운 방법들을 거부하는 해석자들 사이에서 반발적으로 계속 사용되기도 하며, 또한 옛 방법이 크게든 작게든 변형된 후에 확대된 새로운 연구 체재 안에 계속 존속되기도 한다.

지금까지 성서 연구에 사용된 여러 방법들은 그것들이 사용된 데 대한 타당성 있는 근거를 가지고 있다는 사실이 오늘날 널리 인정된다. 따라서 현재의 문제는 어떤 '하나의' 방법이 다른 방법들을 대신해야 하는가에 대해 동의하는 일이 아니라, 가장 기본적인 측면에서 히브리 성서에 대한 전반적인 이해를 낳기 위해 의도하는 목적에 따라 '적법한 다양한 방법들'이 어떻게 결합되어야 하느냐 하는 것이다. 예를 들면 성서학자들이 초기에 가졌던 문학적 관심은 성서 저자들이 사용한 자료들을 규명하는 것이었다. 지난 60여 년 동안에 문학적 연구는 구전과 대표적 양식(장르)과 그 양식이 사용된 삶의 자리, 한 책의 최종 편집, 그리고 각 책들을 모아놓은 전체 수집물(정경) 속에서 한 권의 책이 차지하는 위치 등에 대한 연구를 포함할 정도로 확대되었다. 보통 신(新)문학비평 방법들을 실행하는 사람들은 성서 저자들이 자료들을 종종 사용하였다는 것을 부인하지도 않으며, 그러한 자료들을 조사하는 것이 무의미하다고 반드시 주장하지도 않는다. 오히려 성서 문학 비평가들의 확대된 연구 과제가 시사하는 바에 의하면, 자료 확정은 성서 각 책에 대한 여러 정당한 물음들 가운데 하나에 불과하며 그것이 더할 나위 없이 중요한 문제는 아니라는 것이다. 요컨대, 여러 가지 목적들을 위해 그토록 많은 성서 연구 방법들이 등장함으로써 각 방법의 지위는 상대화되고 제한되는 경향이 있다.

방법에 대한 논의는 무의미한 것으로 여겨지기 쉽다. '어떠한' 연구 방법이든 그것을 제외하고서는 성서의 의미와 내용에 접근할 수 없다는 사실을 종종 잊은 채 우리는 성서의 "내용"과 "의미"에 접근하기를 원한다. 모든 해석자들은 그들로 하여금 본문의 여러 측면들을 선택하고 그러한 측면들을 의미있는 방식으로 배열하고 강조하고 해석하게 만드는 가설과 성향과 분석 도구를 가지고 본문에 접근한다. 실제로 본문에 적용되는 바의 방법을 인식할 때에만 우리는 성서 해석자들의 결론이 서로 다른 이유를 구체적으로 알 수 있고, 우리 자신의 방법들의 근거와 정당성의 확신을 가지고 설명할 수 있을 것이다.

2. 히브리 성서에 대한 신앙고백적 · 종교적 접근

히브리 성서 연구사의 첫 단계는 신앙고백이란 의미에서 기본적으로 종교적이었다. 유대인과 그리스도인들은 그들의 종교 의식을 이해하고 그것의 형태를 갖추기 위해 성서를 연구하였다. 지난 2세기 이전까지만 해도 양 공동체에는 성서의 종교적 역할에 관하여 확고한 의견 일치가 있었다. 성서는 신에 의해 계시된 신앙의 기본 문서인 것으로 믿어졌다. 그리스도교 제1세기가 끝나면서부터 18, 9세기의 유대인 계몽 운동(Jewish Enlightment)에 이르기까지 정통 라삐 유대교는 구전 율법이나 탈무드의 규범들을 기준으로 하여 타나크를 해석하였고, 이 "규격화된" 성서관은 중대한 도전을 받지 않고 유대인들 사이에서 널리 받아들여졌다(§10.2.3). 그리스도교 제2세기 말부터 16세기의 프로테스탄트 종교개혁에 이르기까지 정통 가톨릭 그리스도교는 신약성서와 교회의 교리적 시각에서 이와 유사하게 규격화된 구약성서 해석을 채택하였다. 여러 교파로 나누어진 개신교도 얼마 안 되어 성서의 교리적 해석에 빠졌다. 히브리 성서에 대한 규범적인 종교적 해석으로부터의 이탈은 종교적 질서를 위협하는 것이었다. 이 위협은 신비주의자들의 경우에서와 같이 묵인될 수 있는 것도 있었지만, 보다 흔하게는 이단 종파들의 경우에서와 같이 축출해야 했던 위협이었다. 우리와 관련해서 볼 때, 프로테스탄트 종교개혁의 의의는 여러 가지 다른 형태의 프로테스탄트 해석뿐만 아니라, 성서의 종교적 의미를 고백하는 커다란 두 개의 그리스도교적 방법, 즉 가톨릭적 방법과 프로테스탄트적 방법이 동시에 존재하게 되었다는 점이었다.

그러나 이렇게 말한다고 해서 마치 히브리 성서에 대한 신앙고백적인 종교적 이해가 우리 시대에는 사라졌다는 식으로 말하는 것이 아니다. 오히려 그 말은, 유대교와 그리스도교의 '다양한' 종교적 해석들이 각 종교 내의 교파적 노선을 따라서 등장했을 뿐만 아니라, 보다 보수적인 해석에서 보다 진보적인 혹은 급진적인 해석에까지 이르는 해석의 여러 형태를 취하며 등장했다는 사실을 가리킨다. 더 나아가, "자유롭게 사고하는"(free-thinking), 이를테면 그 기조가 인문주의적이고 세속적인 히브리 성서 이해의 정식(定式)들이 현재 성행하고 있다. 이 접근 방법들은 성서의 종교적 내용은 인정하지만 성서가 진리로 내세우는 주장들과 성서의 의미를 유대인과 그리스도인의 주요 단체들과는 상반된 방식으로 해석한다. 종교 단체들이 통제할 수 있는 선택이든 통제할 수 없는 선택이든 성서 이해의 대안으로서 취사 선택할 수 있는 방법들이 이처럼 급작스럽게 다양해진 것은 서구 사회에서 지난 수백년 동안에 축적된 폭넓고 통찰력 있는 사회적 및 지성적 힘이 낳은 결과이다.

대체로, 다음과 같은 물음이 제기된다. "성서의 종교적 의미와 가치에 대하여 사람들이 이해하는 방식이 그토록 다르고 심지어는 양립할 수 없는 이유는 무엇인가?" 물론 이렇게 다양한 성서관들과 접하는 정도는 사람에 따라 크게 다르다. 전통적인 신앙고백적 해석들이 계속 문제시되고 있기는 하지만, 그것들은 지금도 많은 유대인 사회와 그리스도인 사회에서 강력한 옹호를 받고 있다. 신앙심 깊은 회당인들과 교인들이 성서를 보는 다른 방법들과 진지하게 처음 만날 때 그들이 놀라고 충격받는 것은 흔히 있는 일이다. 성서는 그들이 받은 종교 교육의 기본 요소로서 내면화되어 왔기 때문에, 밝고 "천진난만하게" 성서를 이해하던 그들이 과학적인 성서 연구 방법들과 대면하면, 종종 그것은 시야를 넓히고, 가치를 의심하며, 자기 반성적인 경험이 된다.

3. 히브리 성서에 대한 역사비평적 접근

히브리 성서 연구사의 두 번째 주요 단계는 역사비평적 방법의 채택이 그 특징이었다. 이 방법은 기정 사실로 받아들여지던 저자와 내용을 액면 그대로 수용하는 것이 아니라, 본문의 실제 출처를 확정하고 본문이 이야기하는 사건들이 본문에 묘사된 대로 발생하였을 개연성을 평가하려고 시도한다. 이러한 비평적 연구를 지지하는 증거 자료는 문서 안에서 뿐만 아니라 동시대 또는 동일한 유형의 다른 문서들과 비교함으로써 얻어진다.

르네상스 시대에는 역사비평적 방법이 교회의 문서들을 포함해서 그리스와 로마의 문서들, 그리고 고대 문서로 추측되는 그 외의 다른 것들에 대해서 적용되었다. 이 방법은 성서라는 신성한 영역에 대해서는 좀처럼 적용되지 않았다. 그러나 프로테스탄트 종교개혁은 성서가 교회보다 역사적으로나 신학적으로 우위에 있다고 주장함으로써 세속적 역사비평 방법을 성서 본문에 적용하도록 간접적으로 자극하였다. 18세기의 "계몽운동"

기간 중에 이 방법은 성서에 대한 제약에서 완전히 해방되었다. 처음에는 독일에서 집중적으로 실시되었지만, 역사비평적 성서 연구는 전 서구 사회의 지식층으로 급속하게 확산되었다.

처음부터 이러한 과학적 성서 연구 방법은, 전적으로 신앙고백적 · 종교적 방법을 사용하여 전통적으로 히브리 성서를 해석했던 바로 그 유대교와 그리스도교 공동체들의 많은 부문들 안에 설 자리를 확보하였다. 종교적 성서 연구 방법과 과학적 성서 연구 방법 사이의 기나긴 갈등과 여러 종류의 화해를 위한 무대가 마련된 것이다. 우선 우리는 히브리 성서가 역사비평적 방법의 관점으로부터 분석되고 평가될 때 그것이 어떻게 보였는가에 관심을 돌릴 것이다.

3.1 인간의 창작으로서의 성서

역사비평학자들은 히브리 성서를 연구하기 위하여 세속적 방법을 선택할 때, 성서의 고유한 종교적 특성을 부인하지도 않았을 뿐만 아니라 그들 대부분은 성서를 비평적으로 연구한다고 해서 성서의 종교적 의미가 상실된다고는 생각하지 않았다. 역사비평학자들의 기본 전제는, 정통 유대교와 그리스도교가 삶의 종교적 측면은 "초자연적"이라고 아무리 설명할지라도 그것은 역사적이고 발전적인 점에 있어서 삶의 다른 여러 측면과 유사하다는 것이다. 종교적 표상과 의식들은 생겨나고 유력하게 되고 변화되고 결합되고 서로 영향을 끼치다가 쇠퇴하고 소멸한다. 인간의 모든 일에서와 같이, 종교적 현상도 일종의 역사를 갖고 있다.

특히 역사비평학자들은, 문학 작품 연구에 적용된 방법들을 정확히 사용해서 히브리 성서를 주의 깊게 연구한다면, 통일된 초자연적 이야기로 해석되어 오던 히브리 성서라는 편집물 배후에 오랫동안 감추어져 있던 이스라엘, 유대의 종교적 표상과 의식의 실제 기원과 발달을 밝혀 낼 수 있을 것이라고 믿었다. 히브리 성서의 타당한 종교적 진리 즉 "메시지"는 그것이 이러한 특정한 문서에서 표현된 특정한 시대와 장소에서는 특정한 백성의 종교로 간주될 때에만 비로소 밝혀질 수 있을 것이다. 비록 종교계의 전통적 성서 견해에 혼란을 야기시킬지라도, 역사비평학자들은 히브리 성서와 이스라엘/유대 신앙의 기원에 대한 역사적 실상을 신자와 불신자 모두에게 알려주는 것을 그들의 지적 책임으로 여겼고, 더 나아가서는 그들의 종교적 의무로 간주하였다.

3.2 자료비평과 양식비평

역사비평학자들은 마치 호머와 투키디데스, 단테와 세익스피어 연구에 착수하는 것처럼 히브리 성서를 연구하기 시작하였고, 연구를 진행함에 따라 성서 문학의 특징들을 발견해냈다. 일례를 들면, 히브리 성서는 내적인 발전사를 가지고 있으며 많은 사람들의 손을 거쳐 완성된 책들의 방대한 수집물임이 판명되었고, 그 발전사는 본문 자체의 증거 및 유사한 형태의 다른 문학과의 유비를 통해 재구성되어야 한다는 것이 입증되었다. 성서의 저자들은 익명일 때가 많고, 책의 기록 연대에 대한 명확한 정보는 불충분한 경우가 종종 있다.

현재 우리가 이해하고 있는 의미대로의 문학비평의 한 제한된 측면인 자료비평이 성서 내의 단편적인 자료들과 확대된 자료들을 규명하기 위해 사용되었다. 예를 들면, 네 개의 문학 자료들이 히브리 성서의 제1부에 속하는 두 권 혹은 그 이상의 책들 가운데 광범위하게 산재되어 있는 것이 인정되었고(§13), 예언서들은 이름이 밝혀진 원래 예언자의 말들을 포함하고 있을 뿐만 아니라, 시간이 흐르면서 많은 부분이 첨가되고 수정되었다는 것이 확증되었다(§28). 20세기 초엽에 이르러 이러한 자료비평의 연구 과제는 소위 양식비평에 의해 확장되었는데, 양식비평은 그 구조와 언어가 틀에 박힌 지극히 상투적인 것으로 생각되는 보다 작은 특유의 전승 단위들을 분리시켜 내는 것을 목표로 하였다(§11.1.26). 완성된 성서의 각 책 속에서 통합되거나 함께 연관된 이러한 크고 작은 자료들은 가능한 한 그것들 각각의 역사적 상황이나 대표적 배경 속에 배열되었다.

우리는 오경의 저자로 인정되었던 모세를 네 명의 후대 기록자들로 대체시키는 것에 대한 증거를 제시함으로써 오경과 관련된 자료비평의 판단 기준과 결과들을 설명할 것이다.

1. **저자에 대한 본문의 언급 혹은 암시:** 모세는 그가 말할 때를 제외하고는 3인칭으로 언급된다. 본문 가운데 극히 제한된 일부분들만이 모세가 기록한 것이라고 분명하게 말할 수 있다(예: 출애 17,14; 24,4; 34,27-28; 민수 33,2). 기록자는 모세를 확대된 책들의 저자로 간주하지 않고 보다 큰 기사(記事) 속에 들어 있는 어떤 자료들에 대해서만 그 저자로 간주한다는 암시가 다분하다.

2. **본문의 언어와 문체:** 문체가 판이하게 다른 구절들에서 종종 동일한 인물과 장소 및 사물에 대하여 어휘 변화가 "문학적 상수(常數)"로 일정하게 나타난다. 예를 들면, '야훼' (*RSV* "주")라는 칭호가 사용된 곳에서, 계약의 산은 '시나이' 라 칭해지고 팔레스틴의 원주민은 '가나안인들' 이며 모세의 장인 이름은 '르우엘' 또는 '호밥' 으로 되어 있다. 그러나 동일한 사건들을 취급하고 있는 다른 구절들에서는 하느님의 이름에 대해 '엘로힘' (*RSV* "하느님")을 사용하고 계약의 산은 '호렙' 이며 팔레스틴이 이스라엘 이전 사람들은 '아모리인들' 이고 모세의 장인 이름은 '이드로' 이다. 이러한 어휘상의 변화들은 문체와 개념과 역사적 관점상의 차이점들과 아주 규칙적으로 결부되어 있기 때문에, 그것들이 단조로움을 피하거나 특별히 강조하기 위해 단일 기록자가 사용한 동의어라고 설명하는 것은 적절한 해명이 될 수 없다.

3. **본문의 윤리적 개념과 신학적 개념:** 신성의 형상화, 신(神)의 원격성 혹은 근접성, 야훼 혹은 엘로힘이 인간들과 어떻게 교통하는가, 야훼 혹은 엘로힘이 그들에게 무엇을 기대하는가 등에 대한 다양한 견해들이 밀접하게 상호 관련되어 있다. 예를 들면, "야훼, 시나이, 가나안인들, 르우엘 혹은 호밥"이라는 용어가 사용된 단락들은, 사람들에게 직접 나타나고 그들로부터 모든 민족들에게 축복이 될 어린 아이 같은 믿음과 헌신을 기대하며 적극적으로 개입하는 하느님을 생생하게 묘사하는 반면에(소위 J 자료,

§13.1; 31.1). "엘로힘, 호렙, 아모리인들, 이드로"라는 용어가 사용된 단락들은, 꿈과 환상을 통해 의사를 전달하고 이방 민족들로 인한 배교의 위험 및 종교적 충성이라는 유별난 요구를 강조하는 보다 소심한 신을 보여준다(소위 E 자료, §13.2; 34.1), 주로 신명기에 나타난 세 번째 문학적 상수군(群)은 레위인들이 관리하는 예루살렘 성전에서 그 "이름"이 이스라엘과 함께 거하는 신이 수여한 율법서의 규정으로부터 제의적, 사회적인 행위를 유도해 낸다(소위 D 자료 혹은 증보된 DH 자료, §13.3; 22.2; 26; 37.3). 그러나 네 번째 문학적 상수군은 아론계의 제사장들이 수행한 보다 정교한 의식(儀式)을 다루며, 백성들이 의식적이고 도덕적인 본래의 율법을 충실히 신봉하기만 한다면 그 "영광"이 이스라엘과 함께 거하는 높은 신을 묘사한다(소위 P 자료, §13.4; 17.1-2; 19.2.1; 49).

4. **본문의 연속과 불연속**: 창세기에서 신명기까지의 이야기와 율법은 부드럽게 해석되지 않을 뿐만 아니라 그 안에 있는 수많은 단점과 모순들이 단일한 저작자의 관점을 나타내지 않는다는 점에서 우리를 혼란케 만든다. 어떤 문제들은 쉽게 설명되지 않는다(예: 카인은 어디에서 아내를 구했는가?). 행동의 흐름이 끊어지거나 모호한 경우가 종종 있다(예: 모세는 몇 번이나 시나이/호렙 산을 오르내렸는가?). 때로는 동일한 기사가 모순된 정보를 제공한다(예: 홍수는 얼마나 오랫동안 지속되었는가?). 어떤 경우에는 원래 동일한 사건이 마치 두 번 또는 그 이상 여러 번 발생한 것처럼 반복된다(예: 아브라함은 '두 번', 이사악은 '한 번' 각각 자기 아내를 누이라고 "속였는가?").

5. **본문의 역사적 관점**: 본문에 나오는 즉흥적인 상세한 묘사들은 화자(話者)가 모세 이후의 시대에 살면서 말하고 있음을 보여준다(예를 들면 블레셋, 이스라엘의 군주제, 낙타 사육, 개명된 성읍들 등에 관한 언급). 그보다 한층 더 중요한 사실이 있다. 즉 위에서와 같이 밝혀진 자료들로부터 그것들은 이스라엘이 후대에 경험한 서로 다른 사회정치적 종교적 상황과 관심 하에서 기록되었다는 분명한 징후가 나타난다. 이를테면 J 자료는 활기 있고 자신감 있는 민족 독립 시대를 암시하며, E 자료는 공동체 내부의

갈등과 종교적 배교 시대의 관점에서 말하고, D/DH 자료는 예루살렘을 중심으로 하여 사회, 정치, 종교 등 전반에 걸쳐 전개된 국가 개혁의 시대에 생겨났고, 그 개혁의 노력이 수포로 돌아간 것을 납득할 수 있게 설명하려고 하였다. 그리고 P 자료는 정치적 독립의 상실을 기정 사실로 하고, 공동체의 안정을 도모하기 위하여 종교 의식과 제사장을 축으로 하는 지배 체제를 계획적으로 재조직하고 재긍정하는 일을 전제로 한다.

더 나아가, 각 책들이 히브리 성서에 최종적으로 배열된 순서가 그 책들의 기록된 순서가 '아님'은 명백해졌다. 이러한 난처한 연대 문제의 해결은 단일한 책들이 종종 다른 시기의 자료들을 포함하고 있다는 사실에 의해 한결 더 복잡해졌다. 이사야서가 이 같은 경우에 해당된다. 이사야 1-39장의 대부분은 B.C.E.[3] 8세기와 관련된 것이고(예루살렘 이사야), 이사야 40-66장은 B.C.E. 6세기와 관련된 것이다(포로기 이사야, 이 부분은 40-55장의 제2이사야와 56-66장의 제3이사야로 다시 세분된다).

히브리 성서의 문학적 자료들을 대략적인 저작 순서에 따라 배열해 보면, 그 차례는 전통에 따라 배열한 이 책들의 현재 순서와는 상당한 차이가 있음을 알 수 있다(도표 3). 성서의 전통적 분류에 있어서조차도 유대교와 가톨릭과 프로테스탄트가 각각 다르다. 히브리 성서의 최종 편집자들은 저작 연대 외에도 책들을 분류하는 나름대로의 특별한 기준을 가지고 있었음이 명백하다 예를 들면, B.C.E. 7세기 말과 6세기에 신명기에서 열왕기까지 이르는 책들이 아모스, 호세아, 이사야, 미가, 예레미야, 에제키엘 등과 같은 주요 예언서들과 함께 기록된 다음에도 성서의 첫머리에 위치한 창세기에서 민수기까지의 책들이 B.C.E. 5세기 중의 어느 시기에 비로소 현재와 같은 형태를 갖추었다고 할지라도, 그 책들은 적어도 B.C.E. 10세기와 9세기 정도에 기록된 상당수의 설화와 시와 율법들의 포함하고 있다.

---

3) 성서 시대의 연대를 밝히기 위해 (B.C. 대신에) B.C.E.와 (A.D. 대신에) C.E.를 약자로 사용하는 이유에 대해서는, 이 책 서언에 있는 설명을 참조하라.

3.3 성서의 저자

성서 문헌의 저자 문제는 역사비평학자들에 의해 상세하게 조사된 바 있다. 고대의 문학적 관례에 근거하고 내적 증거의 측면에서 볼 때, 저자에 대한 성서의 주장들 가운데 많은 것들이 현대 문학의 저자론 입장에서는 엄밀히 말해 받아들여질 수 없는 전통에 따른 저자 선정이었다는 것이 입증되었다. 성서 세계는 저자라는 사실에 대한 자부심이 놀랄 만큼 결여되어 있었고 저작권법에 대해 전혀 알지 못하였다. 토라 즉 오경의 저자를 모세로 단정하고 시편을 다윗의 저작으로 돌리고, 잠언의 저자를 솔로몬으로 지정했을 때, 아마도 우리는 모세를 율법 제정자의 원형으로 이해하고 다윗을 시편 기자의 원형으로, 그리고 솔로몬을 현자 혹은 지혜자의 원형으로 받아들여야 할 것이다. 이러한 이해의 기반 위에서 출발할 때 우리는 율법과 시와 잠언의 일부 혹은 전체를 전승의 진정한 기원으로서의 이 인물들의 저작으로 간주할 수 있을 것이다.

물론 이렇게 이해를 하면 실제에 있어 어떤 특별한 율법들을 모세에게, 어떤 시편들을 다윗에게, 어떤 잠언들을 솔로몬에게 각각 정당하게 돌리수 있는가 하는 문제가 연구 과제로 남는다. 역사비평학은 다윗과 솔로몬이 실제 저자였다고 반드시 주장하지 않으면서도 다윗의 시편 저자설과 솔로몬의 잠언 저자설이 가장 잘 이해될 수 있는 가능성을 열어 준다. 즉 그들은 궁중 문화를 좌지우지하는 왕들로서 시편과 잠언의 저술 활동을 후원한 것이 그들의 역할이었다고 보는 것이다.

또한, 역사비평학자들은 어떤 성서책의 핵심 부분이, 아모스나 이사야의 예에서처럼, 명시된 저자에 의해 저술된 것으로 정당하게 인정될 때조차도, 후세대 사람들에 의해 많은 부분들이 첨가되었고, 어떤 부분은 스승의 2-3대 제자들에 의해(어떤 사람은 플라톤의 대화에서 소크라테스를 플라톤으로부터 분리시키는 문제를 생각한다), 또 어떤 부분은 문학 편집자들에 의해 추가되었다는 사실을 알게 되었다. 성서 저자에 대한 전승의 비평적 평가가 처음에는 자료비평에 의해, 다음에는 양식비평과 전승(전승사) 비평에 의해, 가장 최근에는 편집비평(§5.2.1; 11.1; 13.5; 28)에 의해 시도 되었는데, 이로써 강조점은 개인적으로 모티브를 얻고 자의식이 강한 현대적 의미의 "저자"에서 공동체적 맥락 속에 있는 기록자에게로 옮겨졌고, 특히 이스라엘/유대 공동체의 창조적 전승 형성 과정에게로 전이되었다. 구전과 문서를 통한 전승의 형성 및 재형성 과정은 일종의 도가니였다고 볼 수 있다. 그 안에서 성서 문학은 전승 단위들의 단축, 확장, 결합, 퇴고 등의 과정을 밟고 때로는 수많은 발전 단계들을 거치면서 정교하게 다듬어졌는데, 이러한 일은 B.C.E. 6세기부터 B.C.E. 2세기에 이르는 포로기 이후 시대에 '히브리 성서'라는 최종 형태가 완성되기까지 계속되었다. 그러나 이 표현은 성서의 많은 책들이 직접적인 공동 관심과 행동에 근거한 것이고, 처음부터는 아닐지라도 그 책들의 가치를 평가하고 창조적으로 추가하고 수정하면서 그것들을 후세에 전달한 집단들의 공동 재산이 되었다는 사실을 가리키는 것으로 오해할 여지가 약간 있다.

3.4 성서의 역사와 고고학

히브리 성서의 문학적 구조를 밝히고 장구한 역사적 궤도 위에서 각 부분들의 위치를 정하는 과정은 문학적 수집들로서의 성서와, 출애굽으로부터 마카베오 시대까지 약 일천 년 이상이 되는 이스라엘/유대 역사 간에 긴밀한 관계가 있음을 뚜렷이 보여주었다. 성서 본문 자체는 그 역사의 상당 부분을 이야기하지만, 불균형하게 그리고 선택적으로 말한다. 예를 들면, 우리는 초기의 부족 시대나 후기의 포로 시대와 포로 이후 시대보다는, 통일 왕국과 분단 왕국에 대해 더 많이 알고 있다. 또한 우리는 성서 역사의 상당 부분이 도덕화나 신학화로 인하여 곡해되거나 후대의 역사적 관점의 편견에 비추어 해석된다는 현실을 고려해야 한다.

따라서 역사비평학자들은 성서적 공동체의 역사와, 이스라엘이 자주 접촉하던 주변 민족들의 역사에 관한 가능한 한 많은 특수 자료들을 재발견하기 위하여 그들의 과제를 확장시켰다. 이스라엘 주변 국가들로부터 출토된 기록들은 역사를 밝혀주는 것들로서 비록 이스라엘에 대해서는 거의 언급하지 않지만 성서 자료들처럼 확대되거나 수정당하는 일이 없이 그것들이 처음 기록되었을 때의 형태 그대로 남아있는 이점을 가지고 있다(§8.1; 표1; §10.1). 물질 문화와 지적 문화의 고고학적 재발견은 점점 증가하는 비문과 문헌들과 함께 문화적 · 역사적 재구성 작업에 큰 도움이 되었다(§8.2).

역사적 각본을 따르지 않고 공간축과 시간축을 사용하여 성서 문학 전승의 성장 개요를 대략적으로 작성하는 것이 가능하게 되었다. 시간축은, 성서의 조상들인 아브라함, 이사악, 야곱(족장들)의 시대로서 가장 일반적으로 인정되는 중기 청동기 시대(B.C.E. 2100-1550년경)로부터, 아마도 마지막으로 기록된 성서의 책들일 다니엘서와 에스델서가 쓰여진 팔레스틴의 마카베오 시대(B.C.E. 167-63년)까지 이르고 있다. 공간축은, 이스라엘인이 거주하는 가나안/팔레스틴과 시리아, 그 다음에는 이집트와 메소포타미아(수메르, 아시리아, 바빌론 포함), 마지막으로 아나톨리아(소아시아), 이란(메대, 페르샤), 아라비아, 그리고 그리스를 포함한 지중해 동부 연안 국가들까지 이어지는 지리적 동심원들을 형성하고 있다(§7.1).

4. 종교적 성서 연구 방법과 역사비평적 성서 연구 방법 간의 상호작용

4.1 모순된 방법들의 충돌과 조정

역사비평적 성서 연구 방법이 일찍부터 유대교와 그리스도교 안에 자리잡았다는 것은 앞에서 언급한 바 있다. 최근 이백 년 동안, 이들 두 가지 성서 연구 방법이 유대인들과 그리스도인들 사이에서 실시되어 왔다. 즉 하나는 하느님의 계시된 말씀으로서의 성서에 접근하였고, 다른 하나는 고대의 사회정치적 · 종교적 공동체의 인간적 · 문학적 산물로서의 성서에 접근하였다. 비록 상당히 단순화시켜 말하는 것이기는 하지만, 역사비평적 방법은 교육받은 성직자와 평신도 사이에서, 그리고 대학과 신학부에서 아주 쉽게 받아들여졌고, 가톨릭보다는 프로테스탄트와 유대인들 사이에서 훨씬 빠르게 수용되었다. 그러나 오늘날에 이르기까지도 역사비평적 방법에서는 적극 반대하는 정통 유대교인들과 그리스도인들이 상당수 존재한다는 것도 사실이다. 뿐만 아니라 그 방법을 받아들였다고 생각하는 종교 집단의 대다수 회원들도 그것에 대해 아는 바가 별로 없다. 비교적 소수의 회당과 교회들만이 그 방법을 사용하고, 그 방법으로 회원들을 교육시키는 것이 그들의 본질적 과업이라고 간주한다.

어떤 특별한 종교 기관이나 학술 기관에서는, 성서에 대한 종교적 접근이나 역사적 접근 가운데 어느 하나를 택일하고 다른 방법은 실제로 배제할 수도 있고, 원칙적으로 전혀 고려하지 않을 수도 있다. 하나 혹은 두 방법 모두에 적절한 제한을 가함으로써 두 방법들을 어느 정도 결합시키는 것을 정당화하는 이론들은 최근 50여 년에 걸쳐 특히 진보적인 유대인들과 포로테스탄트들 중에서 어느 정도 성공을 거두었고, 로마 가톨릭 교회들 사이에서도 점차 성공을 거두고 있다. 종교적 방법과 역사비평적 방법을 결합하려는 사람들 중에는, 성서가 인간적인 문서라는 사실 때문에 성서의 중심적인 종교적 개념들과 성서의 이스라엘로부터 생겨난 회당과 교회들의 의미가 모두 혹은 어느 하나가 무효로 되는 것은 아니라고 하는 주장이 빈번하게 나타난다. 하느님은 이스라엘 역사의 인간적 과정들을 사용하여 종교적 진리를 계시하고, 비록 문자적 의미의 진리를 진술한 기록은 아니지만 하느님에 대한 신앙을 계속 일깨워 주는 기록들 안에 그 종교적 진리를 보존한 것으로 생각된다.

어떤 신자들은 조심스럽게 선택한 성서의 몇몇 측면들에 대해서만 역사비평적 방법을 적용시킴으로써 그 방법을 허용한다. 예를 들면, 그들은 모세가 토라를 기록했는가 안 했는가 하는 문제는 신앙에 중요하지 않다는 것을 알기 때문에 문학비평적 분석을 받아들일지 모르지만, 성서의 신학적 차원들, 특히 창조와 죄와 구속에 대한 성서의 견해들은 절대적으로 영원한 진리이기 때문에 비평에서 제외되어야 한다고 주장할 수도 있다. 혹은 그들은 히브리어 원문에 가능한 한 가장 가까운 근사치를 얻기 위해 본문비평[4] 형태의 비평 방법을 인정할 수도 있다. 아니면, 그들은 역사와 종교의 모든 문제들에 대해서 성서는 지극히 신성하다고 주장하는 반면에, 그들이 근대 과학 이전의 것이라고 인정하는 성서의 자연 세계관에 대해서는 비평을 허용할 수도 있다.

전반적으로 볼 때, 신자들의 일상생활과 사고의 고유하고 확실한 부분이 될 수 있는, 히브리 성서에 대한 종교적 접근과 역사적 접근을 상호 관련시키는 방법들을 유대인들과 그리스도인들은 앞으로 완성시켜야 한다고 말해야 할 것 같다. 역사비평적 방법에 함축된 상대화와 인문주의는 불변적이고 초월적인 하느님에 대한 실제 신앙과 충돌한다. 거듭해서 공공연한 쟁론으로 폭발하는 이 미해결의 긴장은 권위 있고 확실한 정신적 및 영적 전거(典據)를 원하는 자들로 둘러싸인 많은 교단들에게는 동요를 일으키는 성가신 근원이다. 성서 교훈의 내용과 강조점을 모두 곡해하는 문자주의적 성서 해석은, 사람들이 자신들이 속한 사회의 안정을 염려할 때, 사회적으로 반동적인 생각을 수반할 때가 종종 있다. 성서의 진리에 대한 의심으로부터 시작하여 교회의 신뢰성에 대한 의심을 거쳐 사회 질서의 안정과 심지어는 자기 정체에 대한 의심에로까지 확대되는 일종의 도미노 현상이 강조된다. 유색인 신자들과 가난한 백인 신자들은 역사비평적 성서 연구 방법을 그들이 당하는 사회 경제적 정치적 억압의 지적인 변형이라고 의심하는 납득할 만한 이유들을 가지고 있다.

역사비평적 방법이 출현하던 무렵에 서구 사회에 팽배해 있던 일반 철

---

4) 본문비평은 흔히 "저등비평"이라고 불리워 왔는데, 그 까닭은 본문비평이 확실한 히브리 본문을 찾아내는 작업과 관련이 있고 이 작업은 그것을 토대로 하여 역사비평적 방법, 즉 "고등비평"이 그 과제를 수행할 수 있는 예배 작업이기 때문이다. "저등"과 "고등"이란 용어는 아마도 가치 혹은 등급 판단을 의미하는 것같이 들릴 수 있기 때문에 사용하지 않게 되었다.

학과 사회 이론의 사조로 인하여, 전통적인 종교적 해석들을 극복할 수도 있고 아니면 적어도 그 해석들에 대한 통일된 대안을 제공할 수도 있었을 히브리 성서 의미의 새로운 종합이 촉진되지 않았다. 일반적으로, 종교는 서구 세계에서 대중의 의식과 행동을 가르치고 안내하는 능력이 감퇴되었고, 특히 만연하는 인종적, 사회경제적, 정치적 횡포와 억압에 도전하는 능력이 쇠퇴하였다. 특히 철학이 종교를 존중되고 허용될 만한 개인적 신념으로 간주하거나 혹은 적극 지지를 받거나 제한당하거나 폐지될 수 있는 제도적 구조물이나 사회적 영향력 상(上)으로 취급하였다.

4.2 종합의 시도: 실존주의와 성서신학

우리는 이제 성서에 대한 종교적 시각과 역사적 시각을 종합하려는 특별히 교회적이고 신학적인 노력들을 일부 고찰할 것이다. 일 · 이차대전 사이에 현대적 형태로 일어난 프로테스탄트 종교개혁 신학의 부흥은, 칼 바르트가 옹호한 신정통주의로 알려진 것으로서, 역사비평적 연구의 결과들과 성서 계시에 대한 "고결한" 견해를 조화시키는 매력적인 방법을 제공하였다. 이러한 신학적 종합은 유럽에 널리 보급되었고, 1940년부터 1960년 사이에 미국에서 커다란 영향을 끼쳤다. 성서 신학적 종합은 "성서신학" 운동의 형태를 취하였고, 이 운동은 "역사"라는 범주를 사용하며 성서 연구의 비평적 결과들과, "역사 속의" 혹은 "역사 안에서 이루어지는 하느님의 행동"으로서의 성서적 개념을 연결하였다.

1965년에 있었던 제2차 바티칸 공의회의 자유주의적 경향에 자극을 로마 가톨릭 성서학자들 간에도 다소 비슷한 운동이 일어났다. 그들은 히브리 성서에 대한 어느 학자의 연구 내용을 근거로 해서는 그 학자가 프로테스탄트인지 가톨릭 교도인지 혹은 유대인지 알 수 없을 정도로, 자신들이 프로테스탄트와 유대교 성서학자들과 함께 확대된 공통 기반 위에 서 있음을 발견하였다. 최근의 성서학이 보여주는 이러한 특징은 신앙고백의 차이를 초월한 일종의 성서학 공유 현상으로서 다양한 차원의 연구들을 진척시키는 계기가 되었다.

수십 년 동안 종교적 성서 연구 방법과 역사비평적 성서 연구 방법은 영구적인 종합에로의 길에 서 있는 것 같았으나, 기대하였던 종합은 이루어지지 않았다. 히브리 성서를 역사적 시각에서 보면, 거기에는 여러 가지 신학들이 포함되어 있다는 사실과 성서 전체의 해석을 통합하는 신학이나 철학은 결국 현대 해석자가 제공해야 한다는 사실이 밝혀지자 역사와 신학을 연결하던 성서신학이라는 교량은 휘청거리고 마침내 무너지고 말았다.

성서 본문의 의미를 해석해내는 가장 유력한 현대의 도식들 중에는 장 뽈 사르트르의 실존주의 철학과 마르틴 하이데거의 현상학적 철학이 있다. 성서 비평학자 루돌프 불트만은 신약성서를 해석하기 위해 이러한 철학적 구조에 의존하였다. 비록 엄밀한 형태로 적용된 일은 거의 없지만 실존주의적 시각은 폰 라트와 같은 학자들에 의해 히브리 성서에도 마찬가지로 응용되었다. 성서신학 운동이 특별한 역사적 사건들(출애굽, 가나안 정복, 바빌론 포로, 귀환)을 하느님의 계시로 해석하며, 그 종교적 의미를 역설했던 것과는 다르게 실존론적 성서 해석은 성서의 역사적 계시들을, 자각과 자기 갱신을 통하여 새로운 시작의 가능성을 항존적으로 제공해주는 인간의 위기 상황의 모형 또는 패러다임이라고 보았다. 불트만이 예수의 죽음과 부활이라는 중심 현실을 강조하였던 것처럼, 폰 라트는 성서에서 이야기되는 "하느님의 행동들"에서 필연적으로 역사적인 핵심을 찾아내고 그것을 고수하였다. 그러나 이 핵심이 개연성 있는 역사적 사건들에 확고하게 따라다니는 것은 아니었다. 그 이후의 실존론적 성서 해석자들은 성서의 사건들과 이에 대한 해석들을 가치있는 것으로 보기는 하지만 자각과 자기 갱신에 없어서는 안 될 요인으로 간주하지 않는다는 면에서 더욱 철저한 경우가 종종 있었다. 그들 가운데 대다수는 언어를 의미 있는 의사전달과 자기 천명 양식으로 규정하는 고도로 추상적인 언어분석에로 기울었으나, 언어 분석은 성서학과 신학에 효과적으로 관련되지 않았다.

4.3 성서학에서의 일치의 와해

1960년대 말에 "역사 속에서의 계시"와 "실존론적 자각"은 성서학의 방편으로서 한계점에 이르렀다. 각각은 성서에서 혹은 해석자에게서 인위적으로 만들어진 의미의 중심을 찾으려고 애를 쓰는 것처럼 보였다. 그러나 그렇게 만들어진 의미의 중심은 성서 본문의 구체적인 모습을 실제 조사하는 길을 오히려 차단하였다. 성서와 현대 세계를 "관련시키려는" 충동, 이를테면 현대인들의 관심에 맞게 성서를 "전용(轉用)하려는" 충동은 역사와 종교의 "조화" 혹은 융합으로 귀결되었고, 이러한 결말은 특별한 변명처럼 보일 뿐만 아니라 성서 본문의 다양한 측면들에 대한 관심의 폭을 좁히는 데 기여하였다.

과정신학과 정치신학 같은 최근의 종교 사상들은 성서의 자료들을 유람하듯이 시험적으로만 다루었을 뿐, 성서신학과 실존론적 해석이 그 시대 속에서 보여주었던 설득력 있는 기본 도식 즉 패러다임을 낳을 정도는 못되었다. 라틴 아메리카에서 발생한 해방신학을 포함해서 훨씬 급진적인 정치신학이 비록 "역사 속에서의 계시"에 담긴 내용과 함축된 의미를 훨씬 더 사회적이고 정치적인 방식으로 해석한다 할지라도, 실체에 있어서 그것의 성서적 개념 체계는 성서신학 운동과 크게 다르지 않은 것으로 보인다.

1970년대 초엽에 히브리 성서 연구에는 불만감과 방향 상실감이 팽배해 있었다. 낡은 신학 양식의 신앙고백적 정통주의와 자유주의는 성서의 역사적 의미와 종교적 의미를 종합할 능력이 없는 것으로 판명되었고, 보다 최근의 성서신학과 실존주의에로의 유람은 결국 더 이상 만족스럽지 못한 것이 되었다. 뿐만 아니라 그 외의 어떤 신학 사조도 이전의 부적절한 공식들을 대체시키는 데 필수적인 해석 능력을 갖지 못했다. 성서학이 오랫동안 누려오던 신학적 승리주의 시대가 지난 후 히브리 성서를 신학과 연루시키려는 경향이 점차 감소하는 이러한 상황은, 불신임당한 신학적 도식의 간섭으로부터 크게 벗어난 성서학이 성서 연구를 통해 본래의 목표를 자연스럽게 본질적으로 추구할 수 있는 기회를 제공할 수도 있었을 것이다. 어떤 의미에 있어서 이러한 일은 이미 일어난 것이지만, 연구 목표와 방법들이 완전히 명확한 것 같지는 않다.

성서학의 신학적 경향에서 상대적으로 벗어나면서, 역사비평 방법의 한계를 둘러싼 심각한 패러다임 위기가 충분히 드러났다. 히브리 성서의 총체적 이해를 가로막는 유일한 장애는 신학이다라고 더 이상 말할 수 없게 되었다. 신학은 두말할 것도 없고, 히브리 성서도 이제는 어떤 류의 사람이 해석하느냐에 따라 다른 류의 대상이 되기에 이르렀다. 성서학의 현재를 특징짓는 것이면서 동시에 그 특질을 어떤 간략한 방법으로 유형화하는 것을 매우 어렵게 만드는 것은, 히브리 성서의 구조와 의미의 중요한 측면이면서도 무시되거나 재평가되었던 것을 파악하였다고 주장하며 심지어는 본질적인 유일한 측면을 발견하였다고 공언하는 방법론이 폭발적으로 급증한 사실이다. 보다 새로운 이 방법들이 서로간에 얼마나 배타적인지 혹은 양립이 가능한 것인지, 또는 상호 보완적이거나 서로를 필요로 하는 것인지는 분명치 않다. 이 방법들은 소규모의 연구에서 아주 급격하게 확산되고 있으므로 성서학 전반에 대한 이 방법들의 의미를 깊이 숙고할 시간이나 기회가 거의 없었다.

5. 히브리 성서에 대한 신문학적 접근 방법과 사회과학적 접근 방법의 출현

5.1 역사적 접근 방법과 종교적 접근 방법의 한계 인식

최신 방법들과 과거에 지배적이었던 방법들과의 관계는 복잡하고 양면적이다. 대부분의 새로운 방법 옹호자들은 신앙고백적, 종교적 해석 방법과 역사비평적 해석 방법이 성서 본문의 중요한 측면들을 밝혀내고 명확히 하였다는 것은 인정하는 듯하다. 따라서 과거의 방법들에 대한 의혹과 반박은 그 방법들의 한계와, 서로 모순되는 각 방법의 전제들이 히브리 성서의 의미에 대한 논의를 독점하려는 경향을 보인다는 것에 집중되었다.

틀림없이, 역사비평적 방법은, 이스라엘 역사에 뿌리를 박고 있는 수집물인 히브리 성서에 대해 그것은 이천 년 이상에 걸쳐 공동체적 배경과 역사적 순서를 따라 전개된 종교적 신앙의 표현이라고 해명할 수 있었다. 신앙고백적인 종교적 접근 방법이 성서의 종교적 측면을 거의 아무런 의문도 제기하지 않고 신에게서 받은 계시라고 보았던 반면에, 역사비평적 방법은, 그 문서들이 기록자들과 편집자들의 첨예한 종교적 시각에 따라 어떻게 형성되고 채색되었는가를 구체적으로 상술함으로써, 똑같은 성서의 종교적 차원을 여러 뉘앙스를 갖고 있는 역사적 발전이라고 해석할 수 있었다. 역사비평적 방법의 이러한 업적은 많은 성서 해석자들이 성서에 대한 역사적 관점과 종교적 관점의 화해를 시도할 수 있는 기반을 제공해 주었다.

그럼에도 불구하고, 역사비평적 방법이 자료비평을 넘어서서 구두 전승과 양식비평 그리고 전승사비평을 포함하게 되었을 때조차도, 그것의 주요 초점은 문학적 고찰을 여전히 역사와 종교의 재구성에 종속시키는 것이었다. 결과적으로, 신명기서와 이사야서 같은 복합서의 여러 부분들의 구성과 그것들이 근거하고 있는 시기 등과 같은 고전적인 문제들이 새로운 증거들이나 신선한 접근 시각으로부터 별 도움도 받지 못한 채 반복해서 개조되고 수정될 뿐이었다.-

과거의 신앙고백적 · 종교적 접근 방법이 역사적 질문에 교리적인 답변을 함으로써 해석 능력을 상실한 것과 똑같이, 역사비평적 방법은 몇 가지 역사적 질문들에 대해서만 적절하게 대답할 수 있었고, 성서의 문학적 형태와 고대 이스라엘의 사회적 환경에 대한 새로운 질문들에 대해서는 답변할 수 없다는 것이 밝혀짐으로써 그 한계를 드러내었다. 요컨대, 종교적 성서 해석 체계와 역사비평적 성서 해석 체계는 각각 자체의 영역에서 한계에 봉착했다는 것과, 강한 호기심과 상상력을 불러일으키는 히브리 성서의 대다수 측면들을 해명하는 데 부적당하다는 것이 널리 인식되었다. 그토록 많은 것을 기대하게 만들었지만 나름대로 최선의 기여를 한 후에는 늘 오랫동안 배타적인 선전만을 고집했던 방법들에 대하여 실망하고 반항하며 분개하는 사람들이 도처에서 발견된다. 겨우 역사적이거나 종교적일 뿐인 성서 연구 방법들의 압제에 대한 반란이 광범위하게 일어나고 있다고 말할 수도 있을 것이다.

그러나 우리는 현재의 방법론적 상황에서 나타나는 양면성과 시험적 성격의 표지들을 놓치지 않기 위하여 옛 방법들로부터 새로운 방법들로의 전환을 조심스럽게 진술해야 한다. 성서학에서의 새로운 분위기와 예리한 공격이 옛 방법들을 원칙적으로 폐지시킬 염려가 있다는 것은, 비록 특정한 어느 "신비평학자"가 우연히 그렇게 생각한다 할지라도 대단히 의심스러운 일이다. 현재의 분위기는 "옛 방법들이 얼마나 잘못되었는지 보시오!"라는 것이라기보다는 "새로운 방법들이 얼마나 가치 있는 성과를 거둘 수 있는지 보자!"는 것이다. 어쨌든, 최근의 경향들은 역사와 종교의 지배로부터 벗어나려는 방향과 히브리 성서에 이르는 새로운 접근로를 탐색하기 위해 방법론적 영역을 개척하려는 추세가 압도적이다. 옛 방법들이 범주상 시대에 뒤진 것이 될지, 아니면 히브리 성서를 이해하기 위하여 취해야 하는 일 전체에 대해 단지 부분적이고 미심쩍은 것인지 하는 문제가 판명되어야 할 것이다. 그러나 적어도 신앙고백적, 종교적 방법과 역사비평적 방법에 의해 통상적으로 공식화된 한에서의 종교와 역사가 히브리 성서를 이해하는 데 충분한 패러다임은 아니라는 것이 현재 널리 받아들여진다고 할지라도 다음과 같은 질문이 끈질기게 제기된다. 도대체 어떤 다른 방법들이 우리로 하여금 새로운 이해를 향해 앞으로 나아가게 할 수 있는가?

최소한 두 개의 중요한 패러다임들, 다시 말해 상호 관련된 두 부류의 방법들이 히브리 성서를 이해함에 있어 현재 처한 난국을 타개하려는 시도로 나타났다. 하나는 문학 작품으로서의 히브리 성서 패러다임이다. 이에 의하면, 히브리 성서는 자체의 가공적인 현실을 창조해내고 유일하게는 아닐지라도 무엇보다도 먼저 문학적 매개물로서, 즉 자체의 가상적 현실을 만들어내는 말로서 이해되어야 한다. 다른 하나는 사회적 문서로서의 히브리 성서 패러다임이다. 이러한 히브리 성서는 일천 년 이상이나 되는 고대 이스라엘의 사회적 구조와 직능과 역할들의 변천사를 반영하고, 그 안에서 이스라엘/유대 민족의 문학적, 역사적, 종교적 특징들이 개괄적으로 고찰되고 역동적으로 상호 연결될 수 있는 총체적 맥락을 제공한다.

5.2 신문학적 방법들

히브리 성서에 접근하기 위한 신문학적 패러다임 안에는, 현상태대로의 본문이 자료 분석이나 역사적 비평, 혹은 규범적인 종교적 해석에 의존할 필요가 없는 총체적이고 독자적이며 문학적인 의미를 제공한다는 점에서 그것은 연구의 본래 대상이 된다는 의견의 일치가 실질적으로 이루어져 있다. 그러나 문학비평학자들이 이 점을 주창하는 방식에 있어서는 서로 다르다. 다수의 사람들은 과거의 연구 방법들이 가치가 있고 문학적 연구에 유용한 문맥이나 뉘앙스를 제공할 수 있다는 점은 인정하지만, 낡은 문제 제기와 해결 양식으로써 문학적 성서 연구의 방향을 미리 결정하는 것은 피하라고 거의 이구동성으로 경고한다. 그들에게 있어 문학은, 무엇보다도 기록자들과 그들의 일상 세계에 대한 역사적 이해나 종교적 이해 같은 다른 어떤 것을 위한 수단이 아니다. 문학은 본질적으로 또한 당연한 하나의 독특한 세계이며, 이러한 세계를 성서 문학은 포함하고 있다. 따라서 “누가 어떤 자료들로부터 어떤 역사적 배경 하에서 어떤 목적으로 이 책을 기록하고 혹은 어떤 책의 일부를 기록했는가?” 하는 일련의 질문은 새로운 양식의 문학비평학자들이 보기에는 “어떤 문서, 혹은 그 일부의 독특한 구조와 문체는 무엇인가? 그리고 문학 작품으로서 또는 언어학적 의미 체계로서 그것은 그 자체 내부로부터 어떤 의미를 투사시키고 있는가?” 하는 질문보다 생산적인 면에서 훨씬 뒤떨어지는 물음들이다.

5.2.1 문학으로서의 성서와 신문학비평

문학적 패러다임의 한 가지 조류는 노드럽 프라이(Northrop Frye)와 리차즈(I. A. Richards) 같은 문학비평가들과 관련되고 현재 수십년의 역사를 갖고 있는 일반 문학 연구의 소위 신문학비평에서 기원한다. 이 시각은 각 문학 작품의 독특성을 부각시키고 장르와 수사학적 기교, 은유와 역설 등과 같은 그 작품의 특유한 관례들, 그리고 그 결과로 생겨난 전체적인 통일성과 체제를 분석하려고 노력한다. 이 접근 방법은 부분적으로는 문체론적 기교 및 어구(語句)의 공식화에 초점을 맞추고 있는데, 이러한 것들은 이전에 양식비평학자들과 전승비평학자들의 관심을 끌었던 그러한 류의 것이 되기 쉽다. 그러나 신문학비평은 소단위들로부터 시작하여 보다 큰 작품집이 되고, 구성의 최종 단계에 이르는 연대기적 발전 순서에 따라 작품의 수사학적 구조를 고찰하기보다는 그것을 완성된 전체로서 간주한다. 이러한 의미에서 "성서를 문학으로 보려는" 운동은 양식비평의 한 분파인 수사학적 비평과 밀접하게 관련되어 있다. 수사학적비평은 본문의 문학적 특성을 확정하려고 노력하면서 시작과 결말, 행동이나 논증의 차례, 반복, 중심점과 강조점, 그리고 각 부분들 간의 동적(動的)인 상호 연결 등의 구조를 치밀하게 만들어내는 단어와 문구(文句)와 비유적 표현들이 본문 내에 어떻게 배열되어 있는가를 분석한다.

성서를 문학으로 보는 접근 방법은 또한 편집비평과 유사한 점이 있는데, 편집비평은 역사비평적 방법의 최종 발전 단계의 일종으로서 전개되었다. 먼저 신약성서에 적용된 편집비평이 현재에는 구약학자들에 의해서도 광범위하게 사용되고 있다. 한 예를 들면, 여호수아서로부터 열왕기서까지 이르는 역사서(§13.3; 22.3; 26)에 나타나고 또한 예언서들(§28; 34.3; 34.5; 37.5; 50.2)에도 나타나는 신명기 역사 연구에 편집비평이 적용된다. 편집비평의 목적은 작품 구성의 최종적인 뼈대 형성 단계에서 그 이전의 자료들이 어떻게 배열되고 독자들의 편의를 위해 해석적인 단서들이 어떻게 첨가되었는가를 식별함으로써 낱권의 책이나 연속된 책들에서 최종 기록자나 최종 편집자의 손길을 알아내는 것이다. 이렇게 하여 연구자는 비록 그 내용의 상당 부분이 관점이 다른 이전의 기록자들에게서 유래하였을지라도 구성물 전체가 어떻게 읽혀지도록 계획되었는지를 파악할 수 있다.

일반적으로 정경비평이라고 알려진 연구 방법은 어떤 면에서는 편집적 비평과 일치하고, 성서를 문학적인 운동으로 인식하려는 것과는 본문의 최종 상태에 대해 관심한다는 점에서 동일하다(§11.2.2; 48). 이 접근 방법의 주창자들은 성서 본문이 어떻게 발전되고 경전으로서 해석되었는가에 관심을 갖는다. 어떤 사람들은 공식적인 정경이 생기기 이전에도 이미 문학적 본문을 형성시키는 단계에서 "정경화 과정"이 진행되었음을 강조한다. 다른 사람들은, 편집비평을 사용하면서, 어떤 책들이나 수집물을 편집할 때 그것들이 전후를 참조하여 서로에 비추어서 해석되도록 하는 "정경의식"이 어떻게 표출되는가에 관심의 초점을 맞춘다. 또 다른 사람들은 성서 신학의 새로운 체계 형성을 위해 실마리를 제공해 줄 수 있는 권위 있는 종교적 문서로서의 히브리 성서의 최종 형태 즉 "정경 형태"를 강조한다. 경전으로서의 히브리 성서에 대한 여러 가지 연구 형태들을 포괄하는 전문 용어로서 '정경 문맥비평'(Canon contextual criticism)이란 말이 제시되기도 한다.

이러한 여러 가지 관련된 비평 형태들의 차이점을 주의 깊게 구별하는 것이 반드시 필요하다. 새로운 유형의 성서 문학비평학자들은 성서 문서라는 구성물 전체가 어떻게 그 본래 모습대로 읽혀져야 하는가를 조명하려고 하는 점에서 편집비평학자들 및 정경비평학자들과 일치한다. 반면에, 그들은 완성된 책이 나오기 전에 그 작품의 일부나 이전 판(版)들은 어떤 형태였는가에 대한 쟁점은 무시할 뿐만 아니라, 완성된 히브리 성서의 신학적 권위를 옹호하거나 그것에 대해 논쟁하는 것도 그들의 관심사가 아니다. 성서의 신문학비평은 양식비평, 전승비평, 수사학적 비평, 편집비평, 정경비평의 관심사를 깊이 있게 다루면서도 성서 문학의 관례들과 장르들의 형태와 상호 관련을 명료하게 밝히려고 포괄적으로 연구한다는 점에서 이러한 방법들을 넘어선다. 하나의 결과는 성서 문학을 비극적 방식으로 보기보다는(영웅이 자신이나 타인들에 의해 좌절됨/영웅이 공동체로부터 추방당함) 희극적 방식으로(영웅의 염원이 시련을 겪은 후 성취됨/영웅이 새로운 공동체에 편입됨) 보는 것이다(§20.2; 29.3). 또한 개개의 모든 본문들은 집성된 하나의 방대한 문학군(群)으로 이루어져 있을 뿐만 아니라 양식에 따라 변형된 유사한 창작적 속성들을 공유한다는 가정 하에서, 성서문학은 다른 문학들과 비교하고 대조하는 데 대한 관심이 명백하게 나타난다(§20.1-2).

5.2.2 구조주의적 비평

신문학비평의 패러다임에서의 두 번째 조류는 구조주의적 비평 또는 구조주의적 주석으로 알려져 있다. 그것은 특별한 문서들 속에서 찾아볼 수 있을 뿐만 아니라 어떤 의미에서는 그것들의 "기저가 되는"(흔히 "심층 구조"라 불림) 구조적 모형을 가정한다는 점에서 성서를 문학으로 보는 운동과는 다르다. 이러한 구조들은 비유들이나 혹은 기적 설화들과 같은 유사한 본문들의 군(群) 혹은 "집합들"(sets)에서 규명될 수 있다. 일단의 고정된 배역들과 도식화된 줄거리들의 형태로 나타나는 중요한 기능적 요소들을 이야기 속에서 찾아내려는 데 관심이 많다. 구조주의는 기본 정신구조들에 근거한 정반대의 범주들, 즉 인간의 거대한 경험 세계를 선과 악, 자연과 문화, 남자와 여자, 삶과 죽음, 성(聖)과 속(俗), 가진 자와 못가진 자 등과 같은 상반된 개념들로 체계화하는 범주들(이원적 대립들)을 사용하여 심층 구조들을 보는 경향이 있다(§20.3; 23.2).

구조주의는 수학, 논리학, 생물학, 심리학, 언어학, 사회과학, 철학 등과 같은 많은 학문들을 통해 드러난 현실에 폭넓게 방법론적으로 접근하는 것임을 파악하는 일이 중요하다. 수(數) 집합들로부터 유기체들을 거쳐 문학 작품의 본문과 종교적 혹은 철학적 개념들에 이르는 어떤 유형의 구조라도 그것은 완결되거나 혹은 자동 조절되는 변형 체계로 이해될 수 있다. 체계는 뼈대가 이미 형성된 것으로서 그리고 형성되는 과정 중에 있는 것으로서 간주된다. 구조주의비평은 주로 언어학과 인류학을 통해 성서 연구에 도입되었다. 드 소쉬르(F. de Saussure)에서 기원한 언어학적 구조주의는 수용 능력이나 발생 잠재력으로서의 언어와 기존의 언어 행위, 이를테면 본문 속에 특수하게 발생된 말들을 구분한다. 인류학적 구조주의는 (레비 스트로스[C. Levi Strauss]와 관련된) 신화 형성과 혈족 분류 체계에서 표현된 인간 정신의 분석능력을 강조한다.

성서학에 도입된 구조주의적 비평에 대한 인상 가운데 하나는 그것이 본문의 역사적 차원과 사회적 차원을 전혀 고려하지 않는다는 점이다. 레비 스트로스의 구조주의는 역사와 사회를 다만 보편적인 심층 구조들이 작용하는 계기 정도로 여기는 듯하다. 그러나 많은 구조주의 신봉자들 가운데에는 성서 구조주의자들이 존재한다는 것과, 문학적 본문의 전혀 비문학적인 측면들에 대한 태도에 있어 그들이 모두 일치하는 것은 아니라는 사실이 분명해지고 있다. 어떤 성서 구조주의자들은 비록 레비 스트로스와 그레마스(A. J. Greimas)의 이론적 작업이 현저하게 반역사적이기는 하지만, 그들의 실제적이고 상세한 본문 분석, 특히 그레마스에 의해 시도된 분석은 문학구조적 관심과 역사적 및 사회적 관심과의 종합 가능성의 기회를 많이 제공한다고 주장한다.

오늘날 성서 구조주의의 주요 문제는 그것이 언어학과 인류학의 선배들과 마찬가지로 일반인이 이해할 수 없는 전문 용어를 사용한다는 것이다. 더구나 성서 구조주의자들은 그들이 권위자로서 선호하는 구조주의 자에 따라서 그리고 그들 자신이 성서 해석에 알맞게 수정한 것에 따라서 서로 다른 어휘를 사용하기 때문에 성서 구조주의의 용어는 특히 더 혼잡하다. 현재는 구조주의자들이 그들의 방법을 비구조주의 학자들에게 알리는 문제는 말할 것도 없고 그들 상호간에 의사를 소통하고 결과들을 비교하는 것조차도 어려운 경우가 종종 있다. 이러한 난점은 양식비평을 난처하게 만들었고, 양식비평 학자들이 최근에 이르러서야 해결하기 위해 진지하게 고심했던 용어상의 혼란과 여러 가지 면에서 유사한 어려움이다. 구조주의가 성서학에서 충분히 생산적일 수 있으려면, 성서 본문을 분석하는 데 있어 무엇이 가장 좋은 결과를 제공하는지 결정하기 위해 구조주의의 여러 형태와 가능성들을 선정하는 것과 아울러 원문 용어들과 개념들을 명료하게 하고 표준화하는 면에서 더 큰 진전이 이룩되어야 할 것이다.

5.3 사회과학적 방법들

사회과학의 패러다임 안에서는 성서 문서들이, 가족, 정부, 법, 전쟁, 의식(儀式), 종교적 신앙과 같은 공적 생활의 주요 측면들을 지배하는 사회구조들 내에 편성되어 상호작용하는 집단들로부터 유래하였다는 합의가 폭넓게 이루어져 있다. 뿐만 아니라, 끊임없이 변하는 하나의 종합적인 조직망으로 간주되는 이러한 사회 생활 단위들은 낡은 연구 방법과 새로운 연구 방법들을 포함해서 성서학의 다른 측면들에 근거를 마련해 주는 없어서는 안 될 문맥을 제공한다는 것이 널리 인식되어 있다. 사회과학적 접근 방법의 지침이 되는 질문은 "성서 문학에서, 그것에 포함되고 여기저기에 분산되어 있는 사회경제적 자료들에서, 그것이 상술하는 명백한 정치사에서, 그리고 그것이 증거하는 종교적 신앙과 의식들에서 어떤 사회적 구조들과 사회적 과정들이 뚜렷이 나타나고 어떤 사회적 구조들과 사회적 과정들이 함축되어 있는가?" 하는 질문이다.

그런데 히브리 성서에 대한 사회과학적 연구는 어느 정도나 새로운가? 전혀 새로운 것이 아니다. 왜냐하면 초기의 성서 해석자들은 사회적 자료들에 관심을 보였는데, 이 자료들은 우발적이기는 하지만 때로는 법전(法典)이나 법조문 또는 정치 개요에 관한 것이었고 예로는 이스라엘 사회와 다른 사회들 간의 개괄적인 비교, 특히 회교 이전 아랍인의 풍습들이나 고대 그리스인들의 종교적 동맹에 관한 것이었다. 대부분의 이러한 사회적 연구들은 인류학적 및 사회학적 방법들과 모형들이 아직 발달되지 않았기 때문에 방해를 받거나 문학적 · 역사적 수수께끼를 해결하는 것에로 방향 지워졌다. 고대 이스라엘의 사회학적 분석에 관한 초기의 연구 업적 가운데 가장 복잡하고 대규모적인 것은 사회과학자 막스 베버에 의해 성취된 것으로서 그것은 탁월할 뿐만 아니라 또한 문제성도 있다. 그리고 그것은 출간된 지 60여 년이 지나기까지 확장되거나 엄밀하게 검증되는 일이 거의 없었다.

5.3.1 초기 이스라엘의 사회적 재구성

1960대 초에 사회과학들로부터 얻어진 자료와 방법들에 힘입어 이스라엘의 기원에 관한 새로운 가설이 제시되었다. 이는 이스라엘이 사막으로부터 침입하거나 잠입해 들어온 유목민들이 아니라 주로 계급 사회인 도시국가들의 신민들로서 팔레스틴에 살고 있었던 농민들의 연합체로 시작된 것이라는 주장이었다(§24.1.3; 24.2.3). 처음에는 대체로 터무니없는 것이라고 처리되었으나 이스라엘의 기원에 대한 소위 이'혁명 모델'(revolt model)은 보다 엄밀해진 사회과학 방법들의 도움과 함께 정서의 내적 증거와 고대 근동의 외적 자료를 보다 체계적으로 조사함으로써 신뢰성을 획득하였다. 성서 본문들이 매우 단편적이고 수정되었기 때문에 그것 자체로 이스라엘의 기원을 전체적으로 묘사할 수 없는 시기의 이스라엘의 초기 사회사에 대한 이론을 세우기 위해, 이 모형은 유목 사회, 부족 사회, 농민 운동과 혁명, 제국적 관료제 등과 같은 사회체제들에 관한 연구를 이용하는 신중한 비교 방법을 필요로 한다. 이 모형이 대체로 적합한 것으로 판명되든 혹은 척합치 못한 것으로 판명되든 간에, 정치사와 종교사에 대한 계속되는 관심과 함께 천적으로 새로운 사회사와 사회 체제에 대한 관심이 성서학에 들어왔다는 사실은 명백하다.

5.3.2 예언과 묵시의 사회적 재구성

처음에는 이스라엘의 기원에 집중되었던 사회학적 관심은 이제 이스라엘의 역사와 종교라는 다른 분야로 확산되었다. 사회과학적 도구들 특히 제3세계와 그리스도교 역사 속에 나타난 천년왕국 종파에 대한 연구들은, 다니엘서에 있는 것과 같은 신구약 중간기의 묵시사상의 괴상한 상징적 체계를 새롭게 해석하고 그와 같은 견해 지지자들을 사회 심리학적으로 이해하는 데 공헌하였다(§55). 베버가 "카리스마적"이라는 개념을 사용하여 예언의 사회적 성격을 설명한 지 50여 년의 공백기가 있은 후 아주 최근에 이르러 성서의 예언이 사회학적으로 재검토되고 있다(§28; 36.5; 37.5). 비교적 단순한 사회 속에서의 신들림과 영감받은 거룩한 사람들의 기능에 대한 연구로부터 얻어진 통찰이 이스라엘의 예언과 비이스라엘계의 예언의 공통점과 차이점을 보다 잘 비교 이해하기 위해 사용되고 있다. 사회심리학으로부터 나온 '역할 이론' (role theory)은 예언적 활동의 측면들을 조명하는 데 사용되었고 인식 불일치론(cognitive dissonance theory)은 실패한 예언자적 예언을 재해석하는 해석학에 적용되었다.

5.3.3 사회과학적 비평의 다양성

문학의 패러다임과 같이 사회과학의 패러다임은 서로 다른 방법론적 경향들로써 설명된다. 어떤 연구들은 고대 이스라엘의 사회상 가운데 제도적 측면에 관심을 집중시켜, 관직이나 직능 및 행정 구조를 그것들의 흔적 또는 천체가 성서 본문에 나타나는 바로 그 대목에서 다루며, 예로는 비교인류학이나 사회학에서 얻어진 고대 근동의 유사한 것 또는 폭넓게 비교할 만한 것에 주의를 돌린다. 이러한 연구 노선은 알브레히트 알트(Albrecht Alt)와 올브라이트(William F. Albright)와 같은 이전 학자들의 연구를 보다 정교한 형태로 계속 발전시키고 있다. 다른 접근 방법들은 선사(先史) 연구와 인류학의 영향 아래 비교의 장을 넓히고 있다. 그 결과, 관련된 어떤 면에서는 유사한 특징들을 보여준다고 생각되는 다른 어떤 사회와 고대 이스라엘 사회 간의 유비가, 비교되는 실례들의 서로 다른 발전 상황과 구조기능적 맥락(strurural-functional contexts)들을 항상 고려하면서 조심스럽게 제기된다. 대부분의 이러한 비교 연구들에는 과거에 이따금씩 성서 연구를 휩쓸었던 피상적인 비교 연구열이 재열되지 않도록 방지하는 장치가 신중하게 마련되어 있다. 유사한 사회적 특징들이 빌려온 것인지 혹은 독자적으로 창안해낸 것인지에 대해서는 각 경우별로 두 가지 가능성들이 모두 열려져 있는 것으로 미루어 보아, 보다 덜 독단적인 듯하다. 대체로 보다 큰 자신감을 가지고 이스라엘 사회에 대한 가설을 세울 수 있게 되었다. 고대 이스라엘에 관한 중요한 사회적 자료들이 부족하다는 점을 감안한다 해도, 우리가 가진 지식을 해석하는 데 필수적일 뿐만 아니라 성서 사회에 대한 우리의 시험적 묘사를 가다듬거나 수정하기 위해 필요한 보충 연구를 생각해 내게 하는 검증 가능한 모형들을 우리는 그 사회를 이해하기 위해 만들 수 있다.

어떤 사회과학적 성서비평 학자들은 거시적(대규모의/전체적인) 사회이론가들인 칼 마르크스, 에밀 뒤르껭, 막스 베버에게서 자극을 받고 이스라엘 사회를 포괄적으로 설명하기 위해 자신들의 지평을 넓히고 있다. 이러한 사회이론가들의 방법과 구성들이 어떻게 비평학자들 자신의 말로써 정확히 이야기될 수 있는가 그리고 그 방법과 구성들이 어떻게 이스라엘의 특수한 사회 조건들에 적용될 수 있는가 하는 문제에 대해서는 의견의 일치가 전혀 이루어지지 않았다. 성서 사회학에서 마르크스와 뒤르껭과 베버의 도구들을 사용할 때 어느 하나에 얽매이지 않는 경우가 종종 있다. 그러나 이 사회이론가들은 사회의 구성 요소들이 사회의 모순을 초래하고 새로운 사회사적 종합의 출현을 낳는 다차원적이며 상호작용하는 것이라고 본다는 점에서 그들의 시각은 폭이 넓기 때문에 그들은 점차 주목의 대상이 되어 간다. 19세기의 조야한 사회 발전 모형들에 대한 오랫동안의 반발 시기가 지난 후, 신사회 발전이론이 서로 다른 사회들의 서로 다른 변동 속도, 발전 단계의 "도약"과 역행, 가상의 예정 경로를 따른 역사의 냉혹한 진행에 의거한 강압적인 결정론 대신에 개연성의 측면에서 이루어지는 추세나 경향에 대한 숙고 등을 고려하는 것처럼 이와 같은 것들을 참작하면서, 그 이론은 고대 이스라엘에 적용되고 있다.

끝으로, 위에 언급한 모든 유형들의 인류학적, 사회학적 비평은 사람들이 이제 사회학적 주석에 대해 말할 수 있는 정도까지, 운문 주석(체계적 해석) 작업에 돌이킬 수 없는 영향을 끼치고 있다. 사회학적 주석은 부분과 전체 사이의 문학적 및 역사적 관계를 고려하면서 성서의 책이나 책의 일부를 그 본래의 사회적 배경 속에 위치시켜 파악하려고 한다. 더 나아가 사회학적 주석은 역사비평적 방법이 본문의 정치적 종교적 준거점을 설명한 것과 유사한 방식으로 본문에 명시되어 있거나 암시되어 있는 사회적 준거에 따라 조명하려고 시도한다. 성서 본문들은 본문의 사회적 배경과 관계를 확인할 수 있는 난이도와 방법에 있어 크게 다르다. 일반적으로 율법과 예언서 본문이 가공적인 설화(전담들과 전설들)와 지혜의 격언들보다 사회학적 주석을 적용하기가 훨씬 더 용이한 것으로 나타난다. 그러나 성서 문학의 모든 주요 양식들로 구성된 본문을 사회학적으로 주석함에 있어 약간의 진보가 이루어지고 있다고 말할 수 있다. 앞으로 성서 본문을 적절하게 해석하려는 모든 주석은 전통적인 문학적, 역사적 및 종교적 차원들과 함께 사회과학적 차원을 반드시 필요로 하게 될 것은 명백하다.

한편, 사회과학적 비평은 고고학자들로 하여금 보다 분명한 문화적, 사회적 질문들을 갖고 적절한 방법들과 전략들을 사용하여 고대 이스라엘의 유적을 조사하는 데 관심을 갖도록 유도하였다. 이것은 고고학자들이 히브리 성서에 대해 가졌던 관심이 주로 종교적이고 역사적이었던 초기 몇 십 년 간의 내표적인 방향으로부터의 전환을 의미한다. 예를 들면, 먼저 여호수아 2-6장과 상호 관련하여 예리고의 멸망 연대를 정하는 문제가 전형적인 고고학적 문제이었던 데 반하여, 대부분의 현대 고고학자들은 고고학이 현재까지도 매우 제한된 정도로만 조명해줄 수 있는 성서 사건들의 연대를 결정하고 그것의 배경을 상세히 설명하는 데 관심을 가진 만큼 또는 그 이상으로 작은 농촌 마을들에서 초기 이스라엘인들이 어떻게 물질적 및 사회적 생활을 영위하였는가를 알아내는 데 관심을 기울인다(§8.2; 24.I.).

5.4 신문학비평과 사회과학적 비평의 공통 기반

신문학적 성서 연구 방법과 사회과학적 성서 연구 방법은 종교적 패러다임과 역사비평적 패러다임의 제한된 업적들에 대한 불만을 공통으로 갖고 있다. 각각의 새로운 접근 방법들은, 히브리 성서를 충분히 이해하는데 필요 불가결한 것으로 생각되지만 이제까지는 간과되었던 문서들의 차원에 접근하기 위해 성서학의 연구 대상을 독자적으로 변화시키려고 한다.

문학적 패러다임은 종교적 체계와 역사적 재구성으로부터 문학적 세계로서의 히브리 성서에로 관심을 옮김으로써 그렇게 한다. 처음에 이 패러다임은 연구 대상의 범위를 제한시켰지만, 실제로 그것은 성서 책들의 원구성과 그것들의 현재 형태에 의해 존재하는 가공적인 문학 세계를 열어줌으로써 자료들을 확대시킨다. 사회과학적 패러다임은 실제 백성이 그 속에서 사회적 조직망을 이루고 살았을 뿐만 아니라, 성서 기록자들의 환경에 크게 영향을 끼쳤고 성서 본문의 사회적 자료와 암시가 입증해주는 사회적 투쟁을 감행했던 바로 그 사회 세계의 산물로서의 히브리 성서에 관심을 집중시킴으로써 역사와 종교로부터 연구의 관심을 옮긴다. 이러한 인류학적 및 사회학적 강조는 처음에는 모두 문제를 자기 안으로 환원시키는 것처럼 보였으나, 사실은 고대 이스라엘에 대한 다른 종류의 관심들을 찾아내고 상호 연결시켜 주는 폭넓은 배경을 제공한다.

그러나 신문학적 방법과 사회과학적 방법은 낡은 성서 연구 방법들에 대한 공통된 불만 이상의 것을 공통적으로 가지고 있는가? 참으로 그렇다. 왜냐하면 '구조'에 중점적으로 관심을 두는 것이 두 패러다임에 공통적이기 때문이다. '구조'는 히브리 성서 문헌들의 구조와 히브리 성서가 기록되고 전수된 이스라엘/유대 사회의 구조를 가리킨다. 이들 두 개의 구조적 기획들이 서로에 대해 그리고 계속되는 종교적 및 역사비평적 탐구에 대해 정확히 어떻게 관련될 수 있는가 하는 물음은 성서 탐구의 미개척 분야에서 제기되는 난제이다.

우선, 새로운 패러다임들의 상호 관계보다는 새로운 패러다임들과 낡은 패러다임들 간의 첨예한 차이점들을 주로 강조하고자 한다. 종종 문학적 히브리 성서 비평학자는 "문학적 진리"에서는 하찮은 것으로 보이는 고대 이스라엘의 역사적 재구성이나 그 종교적 주장의 타당성이나 통일성에 대한 무관심 때문에 가장 뚜렷하게 구별되는 것처럼 보인다. 마찬가지로, 사회과학적 히브리 성서 비평학자는 종교적 진리에 대한 본문의 주장과 함께 정치사와 종교사를 사회적 상호작용의 실례나 양식으로 포섭하려는 즉 환원시키려는 시도로써 가장 쉽게 규정되는 것 같다. 문학적 · 사회과학적 비평학자들의 관점 가운데 상당 부분은, 히브리 성서를 종교적 · 역사적으로만 독점하고 문학적 · 사회적 세계를 간과하며, 복원할 수 없거나 사소한 역사적 상황을 파악하려 하거나, 아니면 언어와 사회적 상호작용의 세계와 분리된 종교 체계를 상상으로 그려내는 현상을 그들은 참을 수 없다는 것으로 설명될 수 있다.

문학적 구조와 사회적 구조는 어떻게 보다 더 정확하게 관련지워질 수 있겠는가? 한편으로 만일 문학적 비평학자들이 사회적 맥락은 본문과 아무 관계가 없다고 주장한다면 그리고 또 한편으로 만일 인류학적 사회학적 비평학자들이 본문은 순전히 그리고 전적으로 사회상과 사회 의식의 투사에 지나지 않는다고 주장한다면, 아마도 그들 사이의 접촉점은 최상의 경우라 해도 최소가 될 것이고 최악의 경우에는 적대적이 될 가능성이 있다. 그러나 본문에 대한 구조주의 비평이 끊임없이 체계화되고 체계화하는 인간 정신을 전체로 삼는다면, 사회학적 자료들은 적어도 활동 중에 있는 이 단일한 정신의 반영으로 여겨질 것이며, 이것은 그 정신의 문학적 반영과 유사한 면이 있을 것이다. 이러한 시각은 레비 스트로스가 실로 원시인들에 대하여 전제한 것으로 보이는 두 종류의 구조의 조화를 제공할 수 있었다. 그러나 이 조화는 만일 단일한 인간 정신이 사실상 모든 사회 구조들 속에 표현되어 있다면 긴 시간을 두고 그토록 현저하게 다른 사회 구조들이 발전한 이유가 무엇인가를 알고자 하는 사회과학적 비평학자들의 관심을 쉽게 끌지 못할 조화이다. 반면에 문학의 매체인 언어 자체는 사회적 규약이며 따라서 문학은 사회적인 표현이다. 이러한 길이 비록 흥미로운 것이기는 하지만, 문학이 왜 그리고 어떻게 그 자체의 특수한 세계를 창조하고 그 사회를 단순히 직접 반영하지 않는가 하는 문제를 진지하게 논하기 원하는 문학적 비평학자들은 성급하게 그 길을 따르지 않을 것이다. 사회적 현실이 언어와 문학 작품 안에 정확히 어떻게 반영되는가? 현재에 이르기까지 성서 연구에 있어 두 종류의 구조를 관련시키려는 이론적 방법들은 아직 탐구 외 초보 단계에 머물러 있다(§23.2).

6. 오늘날 성서학에서 일고 있는 창조적 격동

6.1 방법 선택에 대한 상식적 평가

히브리 성서에 접근하는 시각의 역사와, 히브리 성서 연구에 알맞는 방법에 대한 "상식적" 고찰은 대략 다음과 같은 순서로 진행될 것이다. 우리가 각 패러다임들을 검토한 결과 밝혀진 히브리 성서의 확실한 차원은, 그것이 종교적 개념들과 의미들로 가득 차 있고, 관련된 역사의 단면들을 드러내 보이고, 사회 구조들과 과정들을 반영할 뿐만 아니라 그것들을 전제로 하며, 그 자체가 하나의 훌륭한 문학 작품인 문서 수집물이라는 것이다.

'종교적 증언' 으로서의 히브리 성서 패러다임은 두 가지 장점을 가지고 있다. 하나는 그것이 수백만의 유대인들과 그리스도인들이 타나크 곧 구약을 바라보는 주요한 방법이며, 또 하나는, 성서 시대 말기 무렵에 문서들이 권위 있는 본문 체계 곧 정경으로 수집되게 만든 지배적 개념이라는 것이다. 이 접근 방법의 단점은, 성서의 권위 보장 근거였던 서구 문화에서의 종교적 합의가 점점 감소하고 있다는 점은 말할 것도 없이, 명백히 혹은 전통적으로 종교적인 것은 언제나 최고로 중요하다는 가정 아래 성서에 대해 가질 수 있는 그밖의 다른 다수의 관심들을 고려하지 못하게 한다는 것이다. "종교"가 현대인들에 대하여 갖는 것과 동일한 의미를 성서 기자들에 대해서도 갖는지, 혹은 오늘날의 유대인들과 그리스도인들에게 있어서와 마찬가지 방식으로 전성서 시대 전체를 통해서도 종교가 규범적인 것이나 권위 있는 것으로 간주되었는지 하는 문제도 또한 간과되어서는 안 될 것이다. 또한 이러한 질문들은 권위 있는 것으로 판명(정경화)된 본문의 최종 형태와 성서의 "의미"나 "의도"를, 동일시하고 현대 유대인들과 그리스도인들의 성서 해석과 및 그 해석을 삶에 적용하기 위해 신학적 해석(해석 원리)을 제공한 것으로 간주되는 정경비평 양식과 관련된다.

'역사적 증언' 으로서의 히브리 성서 패러다임은 이스라엘의 문학과 역사적 종교 발달의 주요 윤곽을 재구성함에 있어 주목할 만한 학문적 성과를 거둠으로써 장점을 획득하였다. 역사비평적 성서 연구 방법을 조롱하는 것이 오늘날의 일반적 풍조이다. 그러나 비난자들 가운데 역사비평적 방법의 기본 절차와 주요 결론들이 어느 정도까지나 성서에 대한 그들 자신의 시각 일부를 형성하고 있는지를 깨닫는 사람은 거의 없는 듯하다. 이 접근 방법의 단점은 그것이 히브리 성서 문학을 종교적 관심과 역사적 관심을 위한 수단으로 취급하고 히브리 성서의 폭넓은 사회의 맥락 속에서 정치사와 종교사를 충분히 고려하지 못한다는 점이다. 또한 역사비평학자들은 종종 자신들의 판단을 지나치게 신뢰하고 우리에게는 그에 대한 필수적인 정보가 없는 문학적, 역사적 질문들에 너무 골몰한 나머지 전문가의 근거 없는 짐작 이상의 것을 제시하지 못한다. 그럼에도 불구하고 어느 성서 연구 방법이든지 거기에는 그 방법에 지나치게 열심인 열광주의자들이 있게 마련이며, 따라서 그 방법 자체에 대한 강경한 비난은 실제로는 그들이 그것을 남용한다는 바로 그 사실에 이의를 제기하는 것이다.

'문학적 세계' 로서의 히브리 성서 패러다임은 접근 가능한 형태의 성서 본문에 집중한다는 장점을 가지고 있으며, 관련되거나 대조되는 비교 문학군의 유용한 도움을 받아 성서 본문에 집중한다. 이 패러다임은 본문의 수사학적 구조와 기법에 주목하라고 우리에게 가르침으로써 히브리 성서의 언어 세계에 있어 중요한 것을 성급하게 결정하지 않고 그 세계 속으로 들어가는 길을 마련해준다. 이 방법은, 비생산적인 논쟁을 불러일으키고 속단하기 쉬웠던 문학 작품에 접근할 때, 판단을 보류할 수 있도록 도와준다. 이러한 접근 방법의 단점은 문학이 그것의 최종 형태에 도달하기 이전에 한 장르, 한 자료, 한 문서, 그리고 한 수집물로 나타났던 사회적, 역사적 토대 혹은 맥락을 무시한다는 것이다. 문학의 세계는 문학적 비평학자들이 우리에게 상기시켜 주는 것처럼 상당히 실제적인 것이다. 그러나 문학 작품의 저자들은 그들 자신의 일상 세계 속에서 살았고, 성서 본문의 수많은 이야기들과 관심사들은 만일 우리가 고대 이스라엘을 다방면으로 이해하려 한다면 어리석게도 무시해서는 안 될 그와 같은 일상적인 성서 세계의 상황과 사건들을 반영한다.

'사회적 세계'의 산물이자 반영으로서의 히브리 성서 패러다임은 성서 본문의 공적(公的)이자 공동체적 성격이 변화하는 사회 조직의 맥락 속에서 사회적 갈등과 모순을 해결해 나가는 한 민족의 지성적인 창작임을 확증하는 장점을 가지고 있다. 고대 이스라엘의 사회적 세계는 정치사와 종교사만을 합한 것보다는 더 크고, 문학과 사회가 비록 간접적이긴 하지만 긴밀하게 관련된 "허구들"을 구성하는 이상 문학적 세계와도 역시 연관되는 생동적이며 통합적인 장(場)을 우리에게 제공해준다. 이 접근 방법의 단점은 그 방법의 대안으로 제시된 가설들을 확실히 허용하거나 혹은 불허하기에는 본문의 정보가 충분치 못한 곳에서 구조와 과정들을 가정해야 한다는 것이다.

사회과학적 패러다임도 역사비평적 패러다임이나 종교적 패러다임과 마찬가지로 자멸적인 교조주의에 빠질 우려가 있고, 일종의 유사 신학으로 전락할 수도 있다. 또한 인류학적 범주와 사회학적 범주는 전형적인 것만을 취급하고, 그렇기 때문에 순간적으로 나타나는 기이하고 예외적인 역사적 인물과 사건들을 간과할 수도 있는 "일반적인" 기술과 개괄적인 경향을 제공한다는 것은 분명하다. 우리가 살펴본 대로 사회적 세계가 문학적 세계에 어떻게 적용될 수 있는가 하는 문제가 여전히 남아 있으나, 이 문제는 사회과학적 패러다임이나 문학적 패러다임의 결점이라기보다는 오히려 두 방법에 대해 제기된 해결 가능한 문제이다.

6.2 미래의 성서학 개관

다양한 성서 연구 패러다임들의 장점과 단점들은 주로 명확하고 일관성 있는 결과를 얻기 위해 전망과 방법을 제한해야 한다는 사실에 기인한다고 말한다면, 이는 진부한 감이 있다. 그러나 자명한 이 사실은 잘 고려되지 않는 중요한 의미를 지니고 있다. 일단 히브리 성서나 고대 이스라엘에 대한 문제가 어떤 특정한 방법으로 제기되면 해답을 찾기 위한 노력은 우리가 묘사한 폭넓은 방법론적 통로들 가운데 어느 하나에 집중된다.

예를 들어 다음과 같은 질문들을 다루기 위해 일반적으로 채택된 '공격계획'은 방법론적으로 아주 다르다는 것을 상기해 보라. 잠언서는 언제 누구에 의해 기록되었는가? 족장 설화는 역사적 사실인가? 포로기 동안 이스라엘 사람들에게 어떤 사건이 일어났는가? 룻기의 구조적 의미는 무엇인가? 사무엘서를 기록할 때 무슨 자료가 사용되었는가? 이스라엘의 군주국 시대 동안에 국가와 부족은 어떤 관계에 있었는가? 하느님에 대한 모세의 이해는 신학적으로 정당한 것인가? 오경의 율법은 실천적인 현대 유대인들이나 그리스도인들에게 어떤 권위를 갖고 있는가? 각 질문마다 아주 다른 류의 증거와 기준이 필요하다.

문제는 현명한 독자가 제기할 수 있는 질문의 범위가 어떤 단일한 패러다임의 영역을 넘어선다는 것이다.[5] 더 나아가, 하나의 질문에 충분히 답변하려면, 특히 우리의 질문이 형태를 바꾸거나 종종 단순한 편인 그 질문 본래의 공식을 넘어서서 확대될 때 한 가지 이상의 패러다임들을 사용하는 것이 적절하고, 심지어는 필수적이라는 것을 우리는 알게 될 것이다. 만일 한 패러다임에서 다른 패러다임으로 "건너 가고" "이리 저리 옮아가는" 것이 일반적인 관례가 된다면, 패러다임들 사이의 관계는 어떻게 절충될 수 있는가 하는 문제가 발생한다. 우리는 어떤 규칙에 의해 하나의 패러다임에서 다른 패러다임으로 건너 뛸 수 있는가? 하나의 패러다임은 다른 패러다임보다 언제 우위를 차지하는가? 우리는 무관한 요소들을 제멋대로 결합시키는 차원을 넘어서는 종합을 제공하기 위하여 두 개 혹은 그 이상

---

5) 평신도 교육을 담당하는 프랑스의 한 가톨릭 교도가 처음 성서를 읽는 독자들을 위하여 저술한 초보적인 지침서에서 '종교적' 및 '역사비평적' 접근 방법뿐 아니라, '사회과학적' 접근 방법이 "유물론적 해석"이라는 제목으로, '신문학적 접근 방법이 "구조주의적 분석"이라는 형태로 소개되고 있다는 사실은 여러 가지 패러다임들이 어느 정도까지 학자들과 종교 사역자들의 "작업 도구함" 속으로 들어왔는지를 암시한다(Etienne Charpenrtier, *How to Read the Old Testament,* New York: Crossroad, 1982, 11-13).

의 연구 방법들로부터 얻어진 결과들을 어떻게 모을 수 있는가?

그러나 패러다임들을 절충시키는 어떤 특별한 방법을 강력히 주장하는 것보다 더 중요한 것은, 그 숫자가 증가된 패러다임들 간의 상호작용이 장구한 성서 해석사에 있어서 어느 때보다도 더욱 복잡하고 문제시되고 관심을 자극할 수도 있는 성서학의 상황 속에 우리가 들어와 있다는 자각이다. 신앙고백적 종교적 패러다임은 이천 년에 걸친 발전의 최종 산물이며 이백 년 동안 이 최초의 패러다임은 역사비평적 패러다임과 상호 교류하여 왔다. 신문학적 패러다임과 사회과학적 패러다임이 출현함으로써, 이전의 양자(兩者) 대화는 갑자기 적어도 사자(四者)간의 대화로 확대되었거나, 실제적으로는 성서학의 어느 문제에 대한 각 패러다임의 상이한 주장들의 숫자만큼이나 많은 다자(多者)간의 대화로 확대되었다.

각 패러다임들은 어떻게 "재편성될" 것인가? 즉 하나의 패러다임이 결국 다른 패러다임들보다 우위를 차지할 것인지, 또는 그것들이 적대적이든 우호적이든 경쟁을 계속할 것인지, 혹은 일종의 "패러다임 중의 패러다임" (고등 모형)이 출현하여 통합이라는 새로운 차원에서 모든 페러다임들 간에 통할 수 있는 일련의 "변형"들 안에 각 페러다임의 귀중한 업적을 포함시키는 방식으로 이전의 모든 방법들과 모형들을 수용할 것인지 등의 문제를 알아낼 만큼 성서 연구의 최근 단계에 대한 윤곽들이 충분히 뚜렷해지려면, 먼저 자의식이 강한 연구자들 사이에서 훨씬 더 많은 연구와 토론과 논쟁이 분명히 있어야 할 것이다.

어쨌든, 이 히브리 성서 개론에서는 현재까지의 주목할 만한 방법들 및 결과들과 더불어, 패러다임들을 관련시키거나 분리시키는 다양한 방법들을 관찰하게 될 것이다. 그러나 모든 패러다임들은 단일한 해석 구조 안에 통합시키는 고등한 "포괄적 패러다임"을 제공하기 위한 시도는 하지 않을 것이다. 이 책의 결론부에서, "궤도"에 따라 여러 패러다임들의 몇 가지 중요한 결과들을 수집하고 배치하는 한 가지 방법을 제시하고 시험적으로 설명할 것이다.

제 2 장
히브리 성서의 세계

7. 자연 경제 지리학

성서와 직접 관련된 땅은 가나안 또는 이스라엘 혹은 팔레스틴 등의 이름으로 알려졌고 동부 지중해와 접하고 있다. 바로 이곳에서, 다시 말해 남북간 거리는 240km를 넘지 않고 동서간 거리는 120km에 불과한 이 지역에서 히브리 성서의 대부분이 기록되었고, 히브리 성서가 전술하는 사건들의 대부분이 발생하였다. 그렇지만, 지리적 측면과 역사적 측면에서 볼 때, 성서 세계에서 중심이 되는 이 지역은 오늘날에는 중동으로 알려지고 고대사에서는 일반적으로 고대 근동으로 기술되는 거대한 지역의 극히 작은 일부분에 지나지 않는다. 고대 근동은 서남 아시아와 아울러 동북 아프리카 일부 및 동남 유럽 일부를 포함한다. 이들 3개 대륙의 민중들이 (호수 등과 같은) 넓은 수역(水域)에 의해 형성된 고대 근동의 산허릿길에서 접촉하였다.

7.1 고대 근동

성서 지리학의 이해와 관계된 지역은 서쪽으로는 터어키의 에게해 해안으로부터 동쪽으로는 아프카니스탄의 힌두쿠시 산맥까지 대략 3200km에 달한다. 북으로부터 남으로도 그 거리는 이와 비슷하며 흑해와 카스피해 사이의 코카서스 산맥으로부터 아라비아 반도의 서남단 끝까지 이른다. 그렇지만 고대 근동은 분화되지 않은 거대한 정방형의 땅덩어리는 아니었다. 이 지역의 땅은 홍해, 지중해, 흑해, 카스피해 및 페르샤만의 다섯 개 대수역(大水域)에 의해 침입을 당하고 에워싸여 있으며 죄임을 당하고 있다. 내부적으로는 산과 고원과 사막 및 계곡(하천의 침식작용으로 인해 생성됨)에 의해 크게 분화되어 있다.

근동의 지질학적 구조는 거대하고 단단한 두 개의 암반 덩어리, 즉 북부의 시베리아 순상지(楯狀地)와 남부의 아프로-아라비아(Afro-Arabian) 순상지가 서로를 향해 이동하기 시작했을 때 생성되었다고 믿어진다. (결국에는 위에서 언급된 다섯 개의 수역 가운데 홍해를 제외한 나머지 네 개 수역을 포함하였을 것으로 보이는) 순상지 사이의 해저에서 순상지로부터 운반되어 침적된 퇴적물이 횡압력에 의해 응축되고 주름잡힌 모양으로 융기하여 근동의 북부 전역을 대체로 서에서 동으로 가로지르는 습곡 산맥을 형성하였다. 이 산맥들은 터어키의 토로스(Taurus) 산맥과 폰틱(Pontic) 산맥 그리고 이란의 자그로스(Zagros) 산맥 및 엘부르즈(Elburz) 산맥과 함께 ("8"을 양쪽에서 잡아늘인 형의) 이중 환상선(環狀線)을 이룬다. 두 개의 환상선은 터어키 동부의 아르메니아 산맥에서 교차하며, 소(小)산맥들에 의해 분할된 광대한 고원(과 이난에서는 사막)을 둘러싸고 있다.

뿐만 아니라, 북부에 습곡 산맥을 형성시킨 거대한 압력으로 인해 남부의 암석 순상지가 깨어지고 부서져서 틈 혹은 단층이 만들어지고, 그 선을 따라 지반이 융기하여 지괴 산맥이 만들어지거나 침강하여 지구대(地溝帶)가 만들어진다. 대체로 남북으로 뻗어 있는 이러한 지괴 산맥과 지구대는 시리아와 팔레스틴에서 시작하여 아라비아와 이집트 전역을 지나며 대지구대를 포함하고 있는데, 여기에서 언젠가 홍해가 생겨났다. 습곡 산맥과 지괴 산맥의 단층선을 따라 화산 봉우리가 생겨나고 용암이 분출되었다. 이 모든 지각 활동 기간 중에도 주요 조산(造山) 운동 지대의 남쪽과 동쪽의 광대한 지역은 별다른 지각 변동 없이 비교적 안정된 편이었다. "아랍섬"(the Arab Island)으로 불리우는 이 사막 지대는 현재의 이라크, 시리아, 요르단, 사우디아라비아 및 페르샤만의 소국가들의 영토에 걸쳐 있다.

신석기 시대와 역사 시대 초기에 이르기까지 근동의 기후는 계속적으로 강우량이 부족한 상태였다. 강우 분포는 주기적이어서, 유럽으로부터 불어오는 선풍형(仙風型) 폭풍우의 영향을 받는 북부 지역에서는 우기(雨氣)가 겨울이었고, 남단(南端)지역은 열대 지방으로부터 밀려오는 몬수온(monsoon)성 장마권 외곽에 위치하기 때문에 우기가 여름이었다. 비교적 짧은 시일 동안에 집중적으로 내리는 이 비는 집중호우인 경우가 종종 있고, 급격한 증발과 급속도의 유출 및 심한 토양 침식을 동반하였다. 유수(流水)와 토양을 보존하고 홍수를 조절하기 위해서는 커다란 주의를 기울여야 했다. 일반적으로, 높은 고지일수록 강수량이 많았고, 비를 동반한 구름에 면한 산사면(山斜面)은 바람이 불어가는 방향의 산사면(비 차단 효과: rain shadow effect)보다 강우량이 훨씬 더 많았다. 메소포타미아의 광대한 내륙 지방과 아라비아 반도에서는 강우량이 급격히 감소하여 정기적인 토지 경작을 할 수 없었다. 이와 유사한 강수량의 부족 현상은 또한 홍해 서편 동북 아프리카의 특징이기도 하였다. 양 지역에는 사막이 형성될 충분한 조건을 가지고 있었다. 총괄해서 말하자면, 고대 근동의 지질과 기후의 이와 같은 결합은 인간의 생활 조건을 불안정하게 하는 요인이 되었다. 그럼에도 불구하고 위대한 문명 발상지들 가운데 두 곳이 근동에 위치하였다. 이러한 일은 어떻게 해서 일어나게 되었는가?

북부 산맥의 남쪽 사면(斜面)과 산록 지대는 강우량이 상당히 충분하였고 기후는 사막 지대나 산지보다 훨씬 온화하였다는 사실이 우선 주목된다. 마찬가지로 동부 지중해 연안, 이를테면, 레반트(Levant: 시리아, 레바논 및 이스라엘을 포함한 동부 지중해 연안의 여러 섬과 연안 제국을 총칭하는 말)를 따라서는 생존에 유리한 조건들이 지배적이었다. 거친 고산 지대와 물이 부족한 사막 지대의 경계 지역에서 전개된 혁명, 곧 신석기 시대의 식물 재배와 동물 사육 및 정주(定住)생활에 대한 가장 초기의 증거들이 이 지역들로부터 출토된다. 이처럼 유리한 생태 조건을 갖춘 고대 근동의 대지에서 인간의 삶은 번창하고 자연계에 대한 지배권을 강화시키기 위해 발돋움하기 시작하였다.

신석기인들과 동(銅)석기(chalcolithic)인들은, 물의 수입이 잘 이루어지는 산지에서 발원하고 광대한 사막 전역을 관류(慣流)하는 대하천들이 하도(河道)를 따라 비옥한 충적토를 퇴적시키고 하구(河口)에 대규모 습지를 조성한다는 사실을 발견하였다. 북부의 산맥으로부터 티그리스강과 유프라테스강이 시작되고 두 강은 페르샤만으로 흘러 들어가기 전에 합류한다. 나일강은 사하라 사막의 동쪽 가장자리에 위치한 에디오피아의 산지가 그 발원지이고 지중해로 흘러 들어간다. 강 유역의 비옥한 토양은 여름철의 혹서에도 불구하고 매력적인 것이었다. 그렇지만 이 충적토를 확실하게 경작하기 위해서는 하천의 계절적 유출을 방지하고 통제할 필요가 있었다. 이처럼 야심적인 계획은 (1) 운하와 제방 시설의 축조에 적합한 기술의 발달과 (2) 장기간에 걸친 수많은 인력의 결집이라는 두 가지 조건의 충족을 전제로 하였다. 나일강 유역과 티그리스강 및 유프라테스강 유역 등 두 유역에서의 기술적 요건은, 나일강의 수위(水位) 변화가 규칙적이고 예측 가능한 반면에, 유프라테스강과 특히 티그리스강은 불규칙하게 범람하기 쉽다는 점에서 약간의 차이가 있다. 그럼에도 불구하고 대략 B.C.E. 3000년까지는, 집약 농업을 발달시키고 인구 밀도가 상당히 높은 지역을 형성하기에 충분한 정도의 관개 사업으로 두 강은 정복되었다.

근동과 북아프리카의 산록 지대에 흩어져 살던 사람들이 관개 사업으로 비옥해진 강 유역에서 대규모의 공동체를 이루고 모여 살 수 있게 되면서, 대하천을 따라 처음에는 수메르에서 그리고 그보다 조금 후에는 이집트에서 역사가 이처럼 시작되었다. "역사의 여명기"라고 할 때, 그 말은 인간의 사건들과 업적을 문자로 기록하기 시작한 것을 의미하지만, 동시에 그것은 보다 정교한 사회 조직의 출현을 말하기도 한다. 이 사회 조직은 하천의 조절과 전답의 경작을 관장하고, 새로운 기술과 조직으로 인해 증대된 부(富)를 일정하게 분배할 권위 있는 지도부와 행정 기관을 도입하였다. 이 형태의 사회 조직이 곧 국가이며, 국가의 발달과 더불어 온전한 의미의 정치가 생겨났다.

대략 B.C.E 3000년경 이후 성서 시대에 이르기까지 일련의 국가들이 인간의 사회 조직을 지배하였고 고대 근동의 대다수 문서들을 기록하였다. 처음에 이 국가들은 강 유역에 국한되어 있었고, 통상적으로 가장 강력한 국가들의 근거지가 이 유역에 있었던 것이 사실이지만, 시간이 경과하면서 국가 형태의 인간 사회 조직은 북부 및 동부 메소포타미아의 산지와 고원지대로 확산되었고 시리아, 팔레스틴 및 남아라비아에까지 미쳤으며, 이집트 남쪽의 나일강 상류 유역을 따라 퍼져 나갔다. 때때로 이들 여러 근동 국가들의 내부 혹은 외부 출신의 사람들이 기존의 정부를 정복시키고 자기들 나름대로의 정치 조직으로 대체하기도 했지만 그것은 일반적으로는 또 다른 중앙 집권 국가를 결과하였을 뿐이었다.

이스라엘이 고대 가나안의 기존 질서에 대한 교란자로서 역사의 무대에 처음으로 등장하였다는 사실은 우리의 연구에 있어서 매우 중요한 의미를 갖는다. 그렇지만, 이스라엘을 형성하였던 인민들은 단지 가나안의 국가들에 대항하였던 것만이 아니라 국가 형태의 사회 조직 자체를 거부하고, 보다 느슨한 부족 체제를 선택하였다. 이 장(章)의 뒷부분에서 우리는 고대 근동을 석권하였던 일련의 국가들을 간략하게 고찰할 것이다(§9). 그 다음 장들에서, 우리는 서로 싸우는 근동 국가들의 세계에 뒤늦게야 뛰어든 반항자로서의 이스라엘의 삶의 기원과 흥망성쇠를 고찰할 것이다(§14; 24).

만일 페르샤만에 잇닿은 티그리스강과 유프라테스강의 어귀를 기점으로 하여 강줄기를 따라 북쪽으로 가다가 서쪽으로 방향을 바꾸어 지중해까지 이르고 그 후에 방향을 다시 남쪽으로 선회하여 시리아와 팔레스틴을 지나 이집트의 나일강 삼각주까지 하나의 선을 긋는다면, 이 선의 모양은 궁형(弓形) 혹은 반월(半月)형, 또는 초생달형이 될 것이다.

이 호(弧)로 경계지워진 지역 내에는 가장 높은 인구밀도, 가장 기름진 농경지, 통행이 가장 빈번한 도로, 지배권 확보를 위해 군대들이 가장 많이 각축을 벌인 지역들, 그리고 고대 근동의 대다수 강대국들이 포함되어 있다. 소위 "비옥한 초생달 지대"(Fertile Crescent)라는 표현은 고대 근동에 있어서 이곳이 정치 · 경제적 발전을 이룬 중요한 지대였음을 나타낸다. 비옥한 초생달 지대는 양 끝에 두 개의 커다란 강 유역을 포함하고 사막과 고산(高山) 지대를 통과해서 수송할 때 따르는 위험이 없는 안전한 통행로를 따라서 그 둘을 연결시킨다.

이집트와 메소포타미아를 나타내고 둘을 연결하는 이 반달형 지역 내에서, 민중들은 여러 가지 경제 활동에 종사하였다. 물론 절대 다수의 사람들은 관개(灌漑)된 강 유역에서 또는 초생달의 바깥 테를 따라 뻗어있는 레반트 산지와 메소포타미아의 강우 지대에서 농업에 종사하였다. 주요 작물은 에머 소맥(emmer wheat: 검붉은 색의 밀)이나 대맥 같은 곡류, 린네르의 원료인 아마, 올리브유, 피마자유, 참기름 혹은 사프란유 등의 기름, 포도주와 맥주이며, 기타 작물로는 과일류와 두류(豆類) 및 채소류가 있다.

유제품(乳製品), 육류, 양털 및 가죽의 공급원이 되는 중요 가축들은 양, 염소, 소 그리고 낙타(대략 B.C.E. 1200년 이후) 등이다. 나귀와 노새 그리고 황소는 수송과 농경에 이용되었고, 말은 B.C.E. 1750년 이후에 소개되어 처음에는 전차를 끄는 데 이용되다가 후에는 기병대에 사용되었다. 동물들은 신석기 시대의 농민 공동체에서 오래 전부터 사육되어 왔다. 시대가 흐르면서 목축 유목민들이 반(半) 사막 지대, 초원 지대, 그리고 대체로 경작되지 않는 산지 등 도처에서 전반적으로 양과 염소를 방목하고 결국에는 낙타까지 목축하기에 이르렀다. 이 유목민들은 거주와 이동 관습에 있어서 상당한 차이를 보이고 있지만 일반적으로는 보다 더 정착적인 생활을 하는 사람들과 긴밀하게 정규적인 상호 관계를 맺고 있었다. 과거의 고대 근동 사가(史家)들은 인구 이동과 국가 정복을 설명함에 있어 유목민들의 수(數)와 영향력을 지나치게 과대 평가하는 경향을 보였다. 이스라엘의 기원에 대한 해명들은 이러한 편견 때문에 결함이 많았다(§24.2a).

농민들과 목축 유목민들이 필요로 하는 물품은, 많은 사람들이 거주하는 촌락과 야영지에서 약간의 노동 분업이 이루어질 정도의 간단한 물물교환이 있긴 하였지만, 주로 자신들의 노동에 의해 만들어졌다. 그러나, 지배계급이 숙련공의 공예 제품으로 욕구를 충족시키려고 하였던 대국가 행정중심지의 경우는 이와는 달리 분업이 발달하였다. 교역도 아울러 번창하기 시작하였다. 국가가 값비싼 자원들을 매매하고 귀금속, 건축용 재목과 석재(石材), 군사 장비, 외국산 향료와 향료 식물, 보석 그리고 장식용 도자기 등과 같은 생산품들을 독점하였다. 도로망은 비옥한 초생달 지대 전역에 방사선식으로 발달하였고 북으로는 아나톨리아까지, 동으로는 이란을 경유하여 인도와 중국에까지, 남으로는 아라비아에까지 도로선이 연결되어 있다. 해상 무역은 인도양을 따라 동아프리카와 인도 사이에 이루어졌고, 지중해를 따라서는 그리스, 이탈리아 및 북아프리카 간에 실시되었다. 특권 관료 집단이 대 · 소 국가들을 운영하였다. 그 집단에는 세금과 왕실 재단을 관리하는 행정관, 외교관, 군대 지휘관, 국사 기록을 담당하고 관료들의 2세를 교육시키는 서기관, 국가 제의를 주관하고 종종 사원 소유물을 관장하기도 하는 제사장 등이 포함된다. 이렇게 고대 근동에서 중앙집권적 국가가 출현하게 되면서 동시에 사회 계층의 분화가 발생하였다. 정부의 특혜를 받는 소수 집단(전인구의 1-5%에 해당하고) 이 경제적 잉여의 대부분을 차지하였다. 여기에서 "잉여"란 95-99%에 이르는 농민들과 목자들 및 노동자들이 생존을 유지하고 재생산하는 데 필요한 최소한도의 생산물 이상으로 생산된 것을 지칭한다. 직업 군인들이 국가 근대의 근간을 이루었지만, 대전쟁시에는 평민들도 종종 징집되었다. 비록 국가노예제가 후대의 로마의 국가 노예제와 같은 규모에는 결코 이르지 못한 것으로 보이지만, 기념 건조물 건축 사업을 포함한 가장 비천한 노역은 주로 국가 노예들에 의해 수행되었다. 물로 정부가 자유민들로 하여금 국가 사업에 무보수로 노동력을 제공하도록 합법적으로 강제한 경우도 적지 않았다.

7.2 팔레스틴

팔레스틴은 동쪽의 지중해와 서쪽의 아라비아 사막이 주거 지역을 양쪽에서 압축하여 그 땅의 폭이 북부에서는 약 56km에 이르고 남부에서는 약 144km에 달하는 좁고 긴 낭하 모양을 이룬 지점에 메소포타미아와 이집트 사이의 호(弧)를 따라 위치하고 있다.

전장(全長)이 약 240km에 달하는 양각(陽刻) 구조의 팔레스틴 낭하는 북쪽으로 시리아 전역을 지나 400km 연장되고, 그 결과 유프라테스강의 대만곡과 이집트로 들어가는 관문인 시나이 사막 사이의 시로 · 팔레스틴 회랑 지대를 형성한다. 이 구조는 일반적으로 일련의 네 개 종단(縱斷) 지대로 묘사되는데, 각각은 서쪽의 바다로부터 동쪽의 사막 방향으로 다음과 같은 순서를 따라 배열되어 있다.

1. 해안 평야
2. 서부 산지 혹은 고지(팔레스틴의 요르단 서편)
3. 지구대(地溝帶, 팔레스틴의 요르단강과 사해)
4. 동부 산지, 고지 또는 고원(팔레스틴의 요르단 동편)

이것은 유용한 기본적 서술임에는 틀림없지만, 이 지역은 관례적으로 하는 구분보다 실제로는 훨씬 더 복잡하다. 우선 한 예를 든다면, 네 지대들은 시로-팔레스틴 회랑 지대 전역에서 끊어지는 일 없이 계속되지도 않거니와 동일한 높이로 이어지고 있지도 않다. 예를 들면, 해안 평야는 가르멜 산에 의해 팔레스틴에서 중단되고 시리아의 여러 지점에서도 마찬가지로 단절된다. 서부 고지는 남팔레스틴의 네게브에서만 대지(臺地)이며, 사마리아와 갈릴래아는 지중해로부터 요르단강까지 서부 고지를 동서 방향으로 뚫고 지나가는 에스드렐론 계곡과 이즈르엘 계곡에 의해 서로 격리되어 있다. 지구대는 헤르몬 산 서쪽의 복잡한 산지에 의해 레바논의 지구대와 분리된다. 동부 고지는 산맥이나 구릉지의 연속이라기보다는 오히려 대지 또는 고원일 경우가 있다. 팔레스틴에서 동부 고지의 서쪽 형세는 급경사를 이루며 지구대로 이어지고 있기 때문에 요르단 서편에서 본 동부 고지는 마치 산맥과 같이 보이지만, 동편 사막 고원에서 보면 그것들은 별로 돌출되어 있지 않다.

더 나아가, 팔레스틴 전경의 가장 두드러진 지세는 남북으로 발달되어 있지만, 남북 지구대에 가리워진 기저(基底)의 지질학적 구조는, 실제에 있어서는, 북북동에서 남남서로 달리는 경사축 위에 있다. 따라서 요르단 동편의 반구(半球)형 길르앗 산지는 사실 요르단 서편의 유다 산지의 연장이다. 이외에도, 회전 단층들이 지질학적 주 구조선과 직각으로 나타나며 대(帶)에서 대로의 측면 이동에 중요한 저지(低地)들을 생성하였다. 일부 저지들은 (아코—갈릴래아 호수—바산 저지의 경우처럼) 서에서 동으로 달리며, 또 다른 저지들은 (시돈—시르한 와디 저지와 에스프렐론 계곡—파리아 와디 저지의 경우처럼) 북서에서 남서로 자리잡고 있다.

팔레스틴의 복잡한 양각 구조에서 비롯된 단적인 결과는 이 지역이 서로 용이하게 교통할 수 없는 전혀 상이한 수많은 소구역들로 구성되어 있다는 점이다. 이 지역들에서의 현지 자급 자족 경향은, 이유야 어찌 되었든 간에, 그 땅의 통일을 어려운 과제로 만드는 요인이었다. 이러한 면에서, 고대 이스라엘은 고대 그리스와 상당히 흡사하였다. 양자의 경우에서 우리는 현저한 지방분권적 지세에 대체로 상응하는 국내의 정치적 분열로 인해 비록 찢겨졌지만 민중들 사이에는 강력한 문화적 이체감이 지속되고 있음을 주목한다. 이스라엘의 초창기 사회 운동의 본질, 유대인과 사마리아인 사이의 적대감 및 이스라엘 역사의 기타 여러 측면들은 팔레스틴의 지역 구분 평면도 위에서만 이해될 수 있다.

이집트와 메소포타미아를 제외한 대부분의 고대 근동 지역과 마찬가지로, 팔레스틴에는 관개에 이용할 수 있는 대하천이 전혀 없다. 이 주민과 작물 및 가축들은 필연적으로 강우(降雨)에 의한 물 공급을 받아야 했다. 생명 유지에 필요한 비는 10월 중순에서 4월 초순까지 지중해 근해에서 발생하여 팔레스틴 북부에 가장 풍부하게 내리고 남쪽으로 갈수록 현격하게 감소한다. 북해안과 지구대 양측에 위치한 고지들의 바다 방향 사면(斜面)들은 최대한의 물 공급을 받는 반면에, 바람이 불어가는 방향의 사면들은 비가 차단되는 지대에 속하기 때문에 강우량이 훨씬 적다. 그 외에도, 강우량은 지역별로 뿐만 아니라 연도별로도 크게 다르다. 그리고 강우일의 간격은 전혀 예측 불가능하여 작물 성장기의 중요한 시점에 강우량이 지나치게 많거나 적음으로써 농작물이 부족할 수도 있었다.

팔레스틴의 토양들은 경작 적합도에 있어 격심한 차이를 보인다. 산지의 경질석 회석은 품질이 뛰어난 건축용 석재의 공급원이며, 농경에 알맞는 비옥하고 투수성(透水性)이 큰 토양으로 분해된다. 그렇지만 산지의 대부분은 거의 경작되지 않은 백악(白堊: 유공충 또는 미생물의 시체가 쌓여서 이루어진 다공질의 석회질 암석으로 회백색임)으로 구성되어 있다. 그러나 이 백악은 급속하게 부서지고 그 퇴적물은 가능한 곳마다 도로를 형성시키는 이점이 있다. 농업에 이용할 수 없는 제어 불능의 표토(表土)들도 있다. 예컨대, 요르단 동편의 서쪽 가장자리에서 빈번하게 발견되고 구리(銅) 퇴적물을 함유한 사암(砂岩), 염분이 섞인 요르단 계곡의 이회토(泥灰土), 그리고 바산 일부 지역에서 현무암이 분해되어 생성된 것과 같은 토양으로까지는 아직 분해되지 않은 동부 갈릴래아의 현무암 등이다. 해안 평야의 대부분은 서부 고지로부터 떠내려온 충적토 때문에 비옥해졌지만, 사구(砂丘)들로 인해 배수가 제대로 이루어지지 않으므로 상당 규모의 평야 지대가 경작되지 않고 있다. 토양이 비옥한 충적토로 되어 있는 일부 지역들, 예컨대 가르멜 산 남쪽의 샤론 평야와 훌레(Huleh) 분지의 윗 요르단 계곡 등은 습지가 너무 많아서 경작할 수 없다.

이상과 같은 양각 구조와 강우 분포 및 토양 등의 요인들이 복합된 결과는 팔레스틴의 확실한 농경 면적이 전 토지 면적의 반에도 훨씬 미치지 못한다는 것이다. 팔레스틴의 확실한 핵심 농경 지대는 대략 다음과 같다.

1. 가르멜 산 북쪽의 해안 평야(아코 평야), 샤론 평야와 남쪽의 가자(Gaza)사이 (필리스타인; 이하 블레셋 평야), 그리고 횡단하는 에스드렐론 계곡과 이즈르엘 계곡.
2. 갈릴래아에서 헤브론 남쪽의 한 지역까지 이르는 평균 너비 약 32km의 좁고 긴 요르단 서편 고지 전역.
3. 벳스안 북쪽의 윗 요르단 계곡의 몇 개 지역들.
4. 바산에서 에돔까지 평균 너비 약 16km의 좁고 긴 요르단 동편 고지 전역

경작 지대로서의 서부 고지와 동부 고지의 비교는 시사하는 바가 크다. 의심할 여지없이, 요르단 서편 고지는 보다 크고 보다 생산성이 높은 농업 지대의 일례이다. 확실하게 경작할 수 있는 요르단 동편 지대는 전반적으로 요르단 서편의 경작 지대보다 폭은 훨씬 좁지만, 지형에 있어서는 불규칙성이 명료하게 드러난다. 그 지역의 바산과 길르앗에서는 내륙 깊숙한 곳까지 부풀린 모양을 하고 있으나 강우량이 적당한 남부 에돔의 높은 융기 지역을 따라서는 촌락들이 단선(單線)으로 형성될 만큼 좁아지는 반면에, 정서 쪽의 아랫 네게브는 상당히 건조하다. 서부 고지에서 재배되는 작

물의 종류가 훨씬 다양하다는 사실도 또한 주목해 둘 만하다. 대체로 요르단 동편은 포도와 올리브를 재배할 수 없으므로 서부 고지에서는 일반화되어 있는 곡식과 포도 및 올리브유의 혼합 재배를 동부 고지에서는 유일하게 길르앗만이 할 수 있었다.

물론 이렇게 말한다고 해서 확실한 농업 중심지 외의 모든 땅은 경제적 불모지였다는 뜻은 아니다. 한 가지 예를 들면, 겨울비로 인해 자생한 초원에서는 양과 염소의 방목이 가능하였다. 곳곳에서 솟아나는 샘들은 만일 그 샘들이 없었더라면 건조 지역이었을 곳에, 예컨대 지구대의 예리고와 엔게디 같은 곳에 푸른 오아시스를 형성하였다. 만일 식물 재배에만 전적으로 의존하지 않는다면, 위험을 무릅쓰고 불모지에서 경작하는 일은 언제나 가능하였다. 예를 들면 브엘세바 분지에서 평균 매 3년째에 얼마간의 보리를 수확할 수 있었다는 것은 있을 법한 일이다. 또한 사막 접경 지대에 거주해야 할 타당한 이유가 있다면, 와디(Wadi) 하상(河床)을 담으로 막고 제방을 쌓아서 저장한 유수(流水)를 농업용수로 사용할 수도 있었다. 이러한 경우는 이스라엘 왕정 기간 동안에 예시몬(유다 광야)에서 있었고 나바테아, 로마, 비잔티움 시대에 이르는 동안에는 네게브의 여러 지역에서 있었다.

그러나 최초의 이스라엘 사람들이 농민으로서 그리고 정주(定住) 목양자로서 살았던 곳이 바로 요르단 동편 고지와 요르단 서편 고지 가운데 가장 확실한 경작지에서였다. 서부 고지들에 위치한 유다, 베냐민, 에브라임 및 므나쎄의 영토들이 고대 이스라엘의 중핵 지역을 구성하였고, 바로 여기에 헤브론, 베들레헴, 예루살렘, 기브온, 베델, 실로, 세겜, 디르사 그리고 사마리아 등의 도시들이 위치하였다. 이스라엘의 중요한 두 요새들이 이 중앙 기지로부터 멀리 떨어져 있다. 하나는 북쪽의 갈릴래아로 에스드렐론-이즈르엘—계곡에 의해 분류되어 있고, 다른 하나는 동쪽의 길르앗으로 깊은 지구대에 의해 격리되어 있다. 아마도 유다 고지와 사마리아 고지 출신의 이스라엘 사람들에 의해 처음으로 사람들이 거주하게 되었을 그때 이후로, 갈릴래아와 길르앗에 대한 이스라엘의 지배는 언제나 불안정하였다. 유다와 사마리아는 특전을 누리는 서부 고지의 핵심 지대에 모두 확고한 위치를 차지하고 있었음에도 불구하고, 그 땅의 지방분권주의가 그들 사이의 명백한 긴장과 아울러 이 지역들의 이곳 저곳에서 종종 표출되는 의심과 적대감의 형태로 나타난다. 유일하게 다윗의 치하에서만 해안 평야와 지구대, 그리고 대부분의 요르단 동편이 이스라엘의 지배 하에 있었다. 이스라엘의 정치 권력이 위축될 때마다 가장 먼저 잃는 지역이 바로 이 주변 지역들이었다. 요르단 서편의 남부 산지 및 갈릴래아와 길르앗의 보다 취약한 분지(分枝)들은 여전히 성서 이스라엘의 자연적 토대이자 경제적 토대였고 문화적 고향이자 정신적 고향이다.

7.3 성서 이스라엘에 있어서 중요한 소지역들

팔레스틴 지리학의 일반적 특성들을 배경으로 하여, 이제 우리들은 이스라엘의 경험과 가장 긴밀한 관계를 가졌던 소지역들을 상세하게 다루고자 한다.

7.3.1 해안 평야

팔레스틴 서쪽은 그 전장(全長)이 지중해와 접하고 있다. 자연적 환경과 정치적 환경으로 인하여 이스라엘은 바다 쪽으로 발전하거나 위험을 무릅쓰고 해상으로 진출하는 것을 방해받았다. 다시 말해서 이스라엘은 해안 평야에 완전히 정착하거나 해상 세력이 되지 못하였다. 그 이유는 무엇인가?

우선, 팔레스틴 해안은 가르멜 산 북쪽의 아군만(灣)을 제외하고는 만입(灣入)에 의한 해안선의 변화가 없고 나일강 삼각주로부터 운반되어 오고 해안 전역을 따라 퇴적된 침니(沈泥: 모래보다 곱고 진흙보다 거친 침적토)에 의해 항구의 발달이 저지되었다. 해안 평야에의 정착에 대해서는, 샤론 평야의 제어하기 힘든 습지들이 평야의 중심부에 거주하는 것을 방해하였고 블레셋 사람들이 부채꼴 모양으로 최대한 펼쳐진 평야 남부의 가장 좋은 땅을 차지하였다. 다윗이 군사적 위협 세력으로서의 블레셋을 진압한 후에도 이스라엘은 블레셋 사람들이 계속 평야에 잔존하는 것을 허용한 것으로 보인다(§30.1-3). 가르멜 산 너머의 해안 최북단 지역도 소유권 경쟁이 치열한 지역이었으며, 페니키아인들이 자주 차지한 바 있는 곳이다.

지중해를 능숙하게 이용한 자들은 좁은 해안 평야를 따라 시리아와 레바논에 거주하였던 가나안 사람들이었다. 초기 이스라엘 시대에 이르러 그 주도권을 띠로와 시돈에 각각 넘겨주기 전에는 우가릿과 뷔블로스가 주요 항구들이었다. 페니키안인(人)이라는 이름으로 띠로와 시돈의 상인들은 커다란 내해(內海)의 주요 해상 세력으로 급속히 부상하였다(§30.4). 페니키아인들의 이러한 "바다 진출"의 중요한 요인들은 훌륭한 항구의 이용이 가능했다는 점, 경작에 알맞은 땅이 부족하다는 것, 그리고 내륙 쪽으로 다마스커스까지 이어지는 육상 무역으로부터 고립되어 있다는 것 등이다.

초기 이스라엘인들이 배를 다루었다거나, 혹은 더욱 그럴 법하게 뱃일을 하였다는 성서 기사가 있고, 대체로 성공을 거두지는 못했을지라도 이스라엘의 몇몇 왕들은 홍해 하구(河口)를 거쳐 인도양으로 진출하는 함대를 발전시키기 위해 필사의 노력을 기울였다는 성서의 보도가 있음에도 불구하고, 근본적으로 이스라엘의 삶은 육지에 한정되어 있었다. 해안 평야가 이스라엘에 대하여 갖는 주요 의미는 이집트와 메소포타미아를 잇고 상인들과 외교관들 그리고 침략군들이 이용한 간선 도로가 그 평야를 통과한다는 것이다. 뿐만 아니라, 가르멜 산 북쪽에서 이 해안 평야는 에스드렐론 계곡과 이즈르엘 계곡을 경유하여 요르단강에 이르기까지 팔레스틴 전역을 횡으로 뚫고 지나가며, 간선 도로가 내륙으로 방향을 바꾸어 다마스커스로 향하는 단계에서 간선 도로의 두 지선(支線)이 두 계곡을 통과한다. 바로 여기에서 평탄한 해안 지대는 비옥한 토지, 편리한 교통, 공격받기 쉬운 취약성 등이 뒤섞인 축복의 땅 이스라엘의 중심부까지 진입한다.

평야에 위치한 블레셋의 중요 도시들은 (남으로부터 북쪽을 향하여) 가자(Gaza), 아스클론(Ashkelon), 아스돗(Ashdod), 갓(Gath), 그리고 에크론(Ekron) 등이 있다. 왕정 기간 동안에, 그리고 심지어는 포로기 이후의 시대에도 깁돈(Gibbethon), 얍느엘(Jabneel), 게젤(Gezer), 롯(Lod), 요빠(Joppa), 텔 카실(Tell Qasile: 성서에는 언급되지 않은 지명임), 아벡, 헤페르 및 도르 등과 같은 블레셋의 북부 지역과, 또한 나할롤(Nahalol), 아벡(Aphek), 악샤프(Achshap), 아꼬(Acco) 및 악지브(Achzib) 등과 같은 가르멜 산 북쪽 지역에도 이스라엘인들이 정착하였다.

7.3.2 유다 산지

유다는 서부 고지의 최남단 일대로 이루어져 있다. 유다의 중심지는 해발 평균 900m의 높고 바위가 많은 고원 지대이며, 요르단강을 중심으로 하여 서쪽은 비옥하지만, 유다 광야 즉 예시몬이 사해를 굽어보는 가파른 절벽을 향해 펼쳐져 있는 동쪽은 척박하다. 이 광야에서 가장 중요한 정착지는 사해에 인접한 엔게디의 오아시스이다. 유명한 사해 문서의 기록자들이었던 한 종파 공동체가 B.C.E. 100년경에서 C.E. 70년까지 사실상 외부와 절연한 채 사해 서북단의 암굴에서 거주하였다(§10.2.2; 47).

비옥한 유다의 서부 고지는 바위 투성이의 저산성(底山性) 구릉지인 세펠라("저지" 혹은 "산기슭의 작은 언덕")가 그 방어벽 역할을 하였다. 왜냐하면 세펠라는 남북 방향의 좁은 해자(垓字) 계곡에 의해 서부 고지 쪽의 절벽과 분리되어 있기 때문이다. 블레셋과 유다간에 치열한 경합을 벌인 세펠라(Shephela)에는 텔 베이트 미르심(Tel Beit Mirsim: 드빌〔Debir〕로 추정됨), 라기스(Lachish), 마레샤(Mareshah), 케일라(Keilah) 등의 촌락들이 포함된다. 유대 단층지괴는 헤브론 남쪽에서 어느덧 끝나고 파상형(波狀形)의 네겝, 다시 말해 남쪽 지역으로 이어지며, 이 곳에 위치하였던 시므온의 영토는 브엘세바(Beersheba), 캅제엘(Kabzeel), 호르마(Horman), 아랏(Arad) 등의 그 촌락과 함께 일찌기 유다에 편입되었다. 왕정 기간 동안에 엄중하게 요새화되었던 유다 진입로들은 북쪽을 제외한 전 방향에서 이처럼 확실하게 방어할 수 있었다.

비옥한 유다의 고지에는 마온(Maon), 가르멜(Carmel), 십(Ziph), 아도라임(Adoraim), 헤브론(Hebron), 키르벳 라붓(Khirbet Rabnd: 드빌〔Debir〕일

수도 있음). 벳술(Bethzur), 드고아(Tekoa), 베들레헴 및 예루살렘 등의 도시들이 위치한다. 이 지역 전체에서는 포도가 특작물이었고 밀과 보리도 상당량이 재배되었다. 올리브도 재배되기는 하였지만 겨울의 추운 날씨와 강우량의 감소 때문에 남쪽을 향해 고지로 깊이 들어갈수록 그 재배량은 더욱 적어졌다. 유다의 가장 비옥한 지대는 예루살렘 바로 남쪽의 베들레헴과 에탐 부근이었다. 양과 염소가 이곳 전역에서 대량으로 사육되었고, 심지어는 접근 가능한 유다 광야 지역에서도 방목되었다. 간선 도로가 남북으로 뻗은 분계선에 이어 계속되며, 그 양편에는 방어가 용이한 곳에 촌락들이 형성되어 있다.

7.3.3 사마리아 산지

서부 고지의 중심 부분은 이른바 "베냐민의 안장"에 의해 유다와 분리된다. 여기 예루살렘의 바로 북쪽에서 고지는 평균 고도보다 150m 이상이나 낮아진다. 이곳은 중요한 교차로인데 해안으로부터는 아얄론 길을 경유하고 지구대로부터는 예리고에서 오는 길을 거쳐 고지로 가는 가장 쉬운 길을 제공하였다. 기브아(Gibeah), 라마(Ramah), 미스바(Mizpah), 기브온(Gibeon) 등의 부락들을 포함하고 있는 유다와 에브라임간의 완충지대 베냐민은 이스라엘의 남북 왕국들이 그 지배권을 획득하기 위하여 전쟁을 벌이는 대상지였고, 가까이 있는 예루살렘의 적절한 방어 문제를 항상 제기하는 곳이었다.

북쪽에는 반구형 석회암 지대인 에브라임이 고지 전체를 가로질러 뻗어 있는데, 이는 몇 개의 작은 마을들로 이루어지고 견고하게 방어 태세를 갖춘 요새였으며 올리브와 포도원 경작에 아주 적합한 곳이었다. 이 지역의 중요 도시들은 베델(Bethel), 오브라(Ophrah), 바알 · 하솔(Baalhazor), 여사나(Jeshanah), 실로(Shiloh), 세레다(Zeredah) 그리고 다부아(Tappuah) 등이다. 북쪽으로 더 거슬러 가면 므나쎄의 영토가 있고, 여기에서 중앙 고지는 두 갈래로 갈라져서 부채꼴 모양으로 이루며 대규모 침강 분지를 에워싸고 있다. 분지 중앙에는 에발산과 그리심산이 솟아 있고 두 산 사이에는 중요한 교차점 도시인 세겜이 위치한다. 므나쎄의 중요한 기타 부락들은 아루마(Arumah), 야노아(Janoah), 디르사(Tirzah), 데베(Thebez), 베젝(Bezek), 사마리아 그리고 도단(Dothan) 등이다. 분지는 곡물 재배에 이상적이었고 사면(斜面)들은 포도원과 올리브 숲으로 가득 찼다.

지형과 정치 간의 상호작용이 이 지역에서는 매우 복잡하다. 북쪽의 에스드렐론 계곡과 이즈르엘 계곡이 성서에서는 소부족들인 이싸갈과 즈불룬에게 할당되어 있지만, 이 계곡들과 가깝다는 사실 때문에 므나쎄 사람들이 계곡 안으로 살기에 이르렀다. 바로 이러한 이유 때문에 이블르암(Ibleam), 엔간님(En-gannim), 다아낙(Taanach), 므기또(Megiddo), 이즈르엘(Jezreel) 등 횡단 계곡들 내의 가나안 요새들을 공격한 자들은 주로 므나쎄 사람들이었다. 사마리아 산지의 분지 내에 제법 큰 규모의 계곡들이 산재하였다는 사실은 내부의 교통에는 상당히 유리한 점이었으나, 므나쎄가 해안 평야, 에스드렐론 계곡 혹은 지구대 방면으로부터의 침입을 잘 막아내지 못하였다는 사실은, 북 왕국이 이 지역에 완전한 방어가 가능한가 수도를 장기간 동안 건설하지 못하였다는 사실(§33.2-3)과 아울러 이곳의 자연 조건들이 정치적 안정을 이룩하는 데에는 유리하지 못했음을 의미한다. (소위 요셉 부족들로 일컬어지는) 에브라임과 므나쎄의 영토들을 하나로 합친 지역은 오므리가 세운 요새화된 수도의 이름을 따라 최종적으로는 사마리아로 알려졌다. 그러나 북 왕국의 이 핵심 지역의 통일은 에브라임의 단층지괴형과 므나쎄의 개방된 분지형이라는 서로 다른 지정학적 현실들에 의해 위협을 받았다(§33.6).

가르멜 산은 사마리아에서 굽어지고 바로 해변가까지 이르는 총 길이 48km의 능선 최서북단에 위치한다. 이 산마루는 고도가 600m를 넘지 않으나 접근하기가 어려울 정도로 급경사이고 울창하며, 따라서 정주자들이 없었고 해안 평야를 분할하는 역할을 하였다. 그러므로 산마루의 좁은 길을 통하여 에스드렐론과 이즈르엘 계곡으로의 통행이 이루어졌고, 그 결과 그 길은 팔레스틴 북부의 중요한 교통 연결로가 되었다.

7.3.4 갈릴래아 산지

갈릴래아는 남북으로 뻗은 산악 지대를 점하였고, 에스드렐론-이즈르엘 계곡에서 북쪽으로 두 단계로 나뉘어져 솟아 있다. 아랫 갈릴래아는 분쇄된 석회석과 백악 토질의 구릉지로 이루어졌고, 고도는 600m를 넘지 않으며, 내부적으로 서로 연결되는 침강 분지들이 있다. 여기에는 마돈(Madon), 헬렙(Heleph), 갓-헤벨(Gath-hepher), 야비아(Japhia), 시므론(Shimron), 림몬(Rimmon), 요빠(Jotbah) 등 성서에 언급되는 촌락들이 사면(斜面)과 분지 내에 위치하였는 바., 이 사면과 분지들은 천혜를 누리는 이스라엘인들이 올리브와 포도 및 곡식들을 혼합 재배하기에 아주 적합한 곳이었다. 동부 지역에는 지구대의 갈릴래아 호수까지 연장되는 현무암 지대가 있다. 이 지대는 에스드렐론 계곡에서 시작하여 갈릴래아 호수 북부를 지나가는 간선 도로와 남서에서 북동 방향으로 교차한다.

윗 갈릴래아는 아랫 갈릴래아 위로 치솟은 동서간 급경사를 따라 현저하게 융기한 넓은 지역 위에 걸쳐 있고 해발 900m 이상이 된다. 윗 갈릴래아의 기슭에는 갈릴래아 호수로부터 해변가의 아코로 직접 통화는 길이 지나간다. 암석이 많은 이 요새의 가장자리 혹은 그 안에는 하솔(Hazor), 메롬(Merom), 게데스(Kedesh), 벳-아낫(Beth-anath), 벳-세메스(Beth-shemesh), 이론(Yiron) 그리고 가나(Kanah)가 자리한다. 그러나 초기 이스라엘인들이 수풀이 빽빽히 우거진 광대한 그 지역을 어느 정도나 넓게 개간하였는지에 대해서는 알려진 바가 없다. 아마도 이스라엘인들의 것이었을 소농촌들이 왕정 이전에 이 지역 도처에 그물처럼 퍼져 있었음을 보여주는 고고학적 증거가 있음에도 불구하고 성서 자체는 이 지역에 관해 거의 아무것도 말하지 않는다(§24.1.1).

7.3.5 지구대

전체적으로 보면, 지구대는 예리고 및 벳-스안과 같은 몇 개의 오아시스 지역들, 혹은 요르단 동편의 고지에서 발원한 맑은 시냇물이 요르단 계곡으로 흘러들어가는 곳을 제외하면 정착하기에 도움이 되지는 않았다. 요르단 물 자체는 염분이 너무 많아서 농업용수로 이용할 수 없었다. 지류(支流) 와디들, 뒤얽힌 모양의 이회토 그리고 현무암 분출 등의 이유 때문에 길은 조심스럽게 선택해야 했지만, 지구대는 적절한 남북 통행로를 제공해 주었다. 강변을 따라 위성류(tamarisk) 정글이 줄지어 있는 강은 벳-스안 남쪽으로부터 멀리 사해까지 이회질 황무지에 깊은 수로를 파놓고 지나가며, 따라서 그 강은 몇 개의 나루터에서만 건널 수 있었다.

고지의 여러 지역에서 내려다 볼 수 있는 거대한 지구대는 미세한 국부적 환경들이 더 자주 주의를 끌었던 땅에다가 장엄하고 광대한 느낌, 이를테면, 형용할 수 없을 정도로 높고 깊고 넓은 전망 가운데 있다는 느낌을 준다. 깍아지른 듯한 급경사와 황무지라는 양상을 보임에도 불구하고, 지구대는 동서간 이동을 가로막는 통행 불능의 장벽을 만들어내지는 않았다. 지구대 양편 위의 고지에 있는 지역들의 자연 조건이 유사한 곳에서는, 교통과 연합 공동체 의식이 지속될 수 있었다. 예를 들면, 요르단 서편의 므나쎄와 요르단 동편의 길르앗은 확실히 그와 같은 관계에 있었다.

7.3.6 길르앗 산지.

지구대 동쪽, 즉 므나쎄와 에브라임 맞은 편에 위치한 길르앗은 반구형 대석회암 지대에 우뚝 솟아 있고, 이 지형과 토질은 소규모의 촌락 생활을 보호해주고 이스라엘인들의 대표적인 혼합 재배 양식을 촉진시켰다. 이와는 대조적으로, 길르앗 북쪽과 남쪽의 요르단 동편 땅은 전략적으로 볼 때 안정성이 별로 없었고, 곡식은 북쪽의 바산과 남쪽의 모압에서 특별히 풍부하게 산출되었기 때문에 주로 어떤 한 가지 작물 재배에 종사하는 경향을 보였다. 길르앗은 동서로 진행되는 야강(wadi)에 의해 양분되었지만, 깊은 와디 양편의 유사한 자연 조건은 지역 전체의 일체감 조성에 기여하였다. 라못-길르앗(Ramoth-gileatd), 벳-아벨(Beth-arbel), 로-드바르(Lo-debar), 야베스-길르앗(Jabesh-gilead), 프누엘(Penuel), 마하나임(Mahanaim), 야제르(Jazer), 그리고 추정컨대 아벨-므홀라(Abelmeholah: 요르단 서편에 있을 수도 있음)가 고지에 위치하고, 반면에 자르단, 자폰 그리고 수콧은 와디들이 길르앗 내안(內岸)으로부터 발하는 지구대의 가장자리에 위치한다. 성서에서는 길르앗의 일부는 므나쎄 부족의 절반에게 할당되고 나머지 일부는 갓에게 분배되었으며 때로는 소유권 주장이 중첩되기도 하였기 때문에, 길르앗이 요르단 서편 출신의 이스라엘인들에 의해 개척된 것인지에 대해서는 논란의 여지가 있다. 암석이 많고 숲이 울창한 길르앗의 여러 지역들은 정치적 난국시에는 은신처로 자주 이용되었다.

7.3.7 암몬, 모압, 에돔

요르단 동편의 고원 지대에 위치한 세 왕국들은 대개는 적대적이었지만 이스라엘과 빈곤한 접촉을 가졌다. 길르앗 남동쪽의 암몬은 사막과 바로 인접한 곳에 자리한 혼합 농업 및 목양 국가였다. 길르앗 정남쪽에 있는 모압은 동쪽에서 사해를 굽어보며 곡식을 재배하고 양을 치는 대지(臺地)였다. 그 중심부는 남쪽의 세레드 강(wadi)과 북쪽의 아르논 강(wadi)사이의 지역이었지만, 강성할 때의 모압은 북으로 헤스본까지, 그리고 심지어는 예리고 맞은편의 요르단강 나루터까지 고원을 지배하였다. 세레드 강 남쪽의 에돔은 긴 융기 지역 위에 자리하고 해발 1500m 이상이 된다. 이 지역의 고도가 특별히 높다는 사실이 고원 정상을 따라서 약간이나마 경작하기에 충분한 강우량을 보장해 주었다.

팔레스틴에서 두 번째로 중요하고, 남아라비아로 가는 "향료 길"(Spice Route)과 연결되는 "왕의 큰 길"(King' s Highway)은 아카바만의 어귀에서 시작하여 에돔, 모압 그리고 암몬을 거쳐 다마스커스로 이어진다. 이 도로는 대상들에 의해 크게 이용되었는 바 그들은 고원의 왕국들이 통과세를 강제로 거두어들일 만큼 강할 때는 언제든지 통과세를 물어야 했다. 미디안 사람들은 이스라엘의 판관 시대 동안에 이 지역에 상업 제국을 건설하였고, 나바테아 아랍인들도 그리스 시대와 로마 시대 동안에 그들이 에돔에 세운 난공불락의 바위 도시 제트라에서 위와 비슷한 일을 하였다. 이스라엘 왕이 요르단 동편을 지배하기 위해서는, "왕의 큰 길"을 따라 수입이 좋은 상권을 장악하는 것이 절대적으로 불가피하였다(§30.4; 33.3).

8. 고고학: 유형 유물과 문서 유물

8.1 고대 근동의 고고학

고대 근동과 팔레스틴의 양각 구조와 기후에 대한 앞에서의 언급은 지질학과 지리학 및 기상학에 크게 의존하였다. 동시에, 그와 같이 평이한 기술조차도 양각 구조와 기후가 고대 인민들의 삶에 어떻게 영향을 주고 그것을 어떻게 형성하였는가에 대하여 주의를 환기시키는데, 이 문제는 고대 근동에 대한 우리의 역사적 지식의 활용을 반드시 필요로 한다. 엄밀하게 말하면, 역사적 지식은 서면(書面)을 통한 지식이다. 그렇지만, 유형 유물을 조심스럽게 검사하는 방법을 통해서도 과거의 인간 생활에 대한 지식을 얻을 수 있다. 그러므로, 어떤 의미에서 보면, 고대 유물들은 그것들을 만들고 사용한 사람들에 대하여 우리에게 무엇인가를 말하도록 하기 위하여 만들어진 것이라고 할 수 있다.

고고학은 과거의 유형 유물을 복원시키고 그것을 체계적으로 연구하는 학문이며, 이를 근거로 하여 그 유물들을 남긴 사람들의 문화와 사회 및 역사에 대한 추론이 가능해진다. 고고학적으로 적절하고도 중요한 유물들 가운데에는 기초, 성벽, 건물, 조상(彫像), 요리와 의전(儀典), 용기, 연장, 무기, 보석과 기타 장신구, 금속, 의복, 도자기, 그리고 동물과 인간의 뼈 등이 포함된다. 만일 행운이 따른다면, 복원된 유물들 가운데에는 우연히 기록된 자료들이 있을 것이며, 그것들을 조잡하게 휘갈겨 쓴 약간의 문자들과 낱말들로부터 확대된 문학적 문구들에 이르기까지 그 범위가 다양할 수 있다. 비문과 원문(原文: text)들을 포함해서 유형 유물들의 저변에 있는 문화와 사회 및 역사에 관한 종합적 지식을 수립하기 위해서는 그것들이 발견된 장소에서 그리고 관련된 다른 유물들과 문서들과 연관해서 그것들을 서로 비교 연구해야 한다. 고고학적 재구성은 더디고 힘이 드는 작업이며, 이는 단지 세상을 놀라게 할 만한 어떤 발견에 대해서만 전해 들은 일반 대중들로부터 종종 오해를 받기도 하고, 대중 매체에 의해서는 실상과 전혀 부합되지 않게 왜곡되거나 확대되는 일이 벌써 수차례 있었다.

다행스럽게도 고고학적 발굴물들로부터 선별되고 상호 관련된 고대 근동에 관한 지식이 점차 풍부해져 간다. 멸망 후에라도 폐기되지 않고 재차 사용되는 경향이 있는바 전략적으로 선택된 지역에서 고대 근동의 도시들은 잇따른 유적층의 순서대로 발전하는 추세를 보인다. (여러 겹으로 쌓아 만든) 층상(層狀) 과자와 엇비슷한 모양으로 세워지고, 고대 도시들의 특징이 되는 인공 언덕(土壘, 즉 텔[tell])의 발굴 작업은 일반적으로 평평한 부분에서 시작하여 언덕에 호를 파내려감으로써 각 층들이 위에서 아래로 차례차례 드러나게 하는 방법을 취한다. 따라서 그 지역의 최고(最古) 유적층들은 언덕의 근저에서 발견될 것이며 가장 최근의 유적층들은 정상에서 발견될 것이다. 각 층에서 나온 출토품들의 연대는 도자기의 형태 발전에 대한 정밀 분석을 통해 측정하고, 다음에 도자기의 연대는 문구(文句)가 새겨진 자료들과 관련하여 측정된다. "비옥한 초생달 지대"에 극도로 편중되어 있기는 하지만 고대 근동 전역에서 출토된 발굴물들은 고대의 도시들과 서고(書庫)들을 밝혀주었고, 이것들로 인하여 우리들은 당시의 정치사를 상당히 정확하고 상세하게 기록할 수 있게 되었다. 대부분의 문서 증거들은 이집트, 수메르, 아카드, 고바빌론, 아시리아, 헷 왕국, 신(新)바빌론 및 페르샤의 유력한 권력자들의 기록 보관소에 수장된 국가 문서 또는 사원(寺院) 문서들이 도처에 잔존해 있는데, 예를 들면, 유프라테스강 중류의 마리(Mari)와 사리아 해안의 우가릿(Ugarit)에서 출토된 문서들이 그 경우에 해당한다. 비슷한 문서들이 히브리 성서 내에도 남아 있고, 대개는 단편적이긴 하지만 이외에 이스라엘령 팔레스틴에서 발굴된 비문의 형태로도 나타난다.

히브리 성서에서 상술되거나 전제가 되어 있는 역사와 관련되고 실제로 각양각색의 모든 성서의 장르와 주제와 관계되는 고대 근동의 문서들은

〈표 1〉 히브리 성서와 관련된 고대 근동 문헌들
(주제, 문학 장르, 역사적 관련성 면에서)

언어적/문화적/정치적 범주에 의한 문서 분류 약호

Ak=아카드	Hi=힛타이트
Ar=아랍	Mb=모압
As=아시리아	NB=신바빌론
Cn/Ph=가나안/페니키아	OB=구바빌론
Eg=이집트	Su=수메르
Hb=히브리	

	약 호	*ANET*	*NERT*
1. 창세기			
A. 바빌론 창조 서사시	OB/NB(?)	60-72, 501-3	80-84
B. 바빌론 신년 축제	OB/NB(?)	331-34	
C. 엔키(Enki)와 닌후르사그(Ninhursag) (수메르 낙원 설화)	Su	37-40	85- 86
D. 아다파(Adapa) 신화	OB	101-3	
E. 두무지(Dumuzi)와 엔킴두(Enkimdu) (가인-아벨 모티프)	Su	41-42	
F. 수메르(Sumerian) 열왕 목록	Su	265-66	87-89
G. 지우수드라(Ziusudra) 신화(수메르 홍수설화)	Su	42-44	89-90
H. 길가메쉬(Gilgamesh) 서사시(9서판: 홍수설화)	Ak	72-99, 503-7	93-97
I. 아트라하시스(Atrahasis) 서사시(바빌론 홍수설화)	OB	104-6, 512-14	90-93
J. 시누헤(Sinuhe)이야기	Eg	18-23	
K. 누지 서판(Nuzi Tablets)	OB	219-20	
L. 두 형제 이야기	Eg	23-25	
M. 칠년 흉년 전승	Eg	31-32	

ANET=Pritchard, *Ancient Near Eastern Texts Relating to the Old Testament*
NERT=Beyerlin, *Near Eastern Religious Texts Relating to the Old Testament*

성서 외의 문서들은 *NERT*보다는 *ANET*에 훨씬 더 풍부하게 수집되어 있으며, *NERT*는 종종 요약을 하기도 한다. *NERT*는 학생들을 위해 보다 명확한 개요와 각주를 수록해 놓은 장점이 있고 특히 히브리 성서와 병행되는 문서들을 제시한 점에서 그렇다. 두 문집 모두에는 관련 성서 색인들이 수록되어 있지만, 증거로 내세운 관련성들이 결코 포괄적이지 못하며 때때로 주변적이거나 심지어는 타당성이 전혀 없는 경우도 있다.

	약 호	*ANET*	*NERT*
2. 출애굽기-신명기			
A. 이집트의 가노(家奴) 아시아인들	Eg	553-54	
B. 사르곤(Sargon) 출생 전설	Ak(?)	119	98-99
C. 아톤(Aton) 찬가	Eg	369-71	16-19
D. 메르넵타(Merneptah) 또는 이스라엘 비석	Eg	376-78	
E. 법전			
우르-남무(Ur-Nammu)	Su	523-25	
리핏-이쉬타르(Lipit-Ishtar)	Su	159-61	
에쉬눈나(Eshnunna)	OB	161-63	
함무라비(Hammurabi)	OB	163-80	
중(中) 아시리아	As	180-88	
힛타이트(Hittite)	Hi	188-97	
신바빌론	NB	197-98	
F. 암미사두카(Ammisaduqa) 칙령	OB	526-28	
G. 힛타이트 종주-봉신조약	Hi	201-6, 529-30	
H. 시리아와 아시리아 종주 봉신조약	Ar, As	531-41, 659-61	129-31, 256-66
3. 여호수아-판관기			
A. 아시아 제후들의 저주	Eg	328-29	
B. 아마르나 서신 (Amarna Letters)	Eg	483-90	
C. 웬-아몬(Wen-Amon) 페니키아 여행기	Eg	25-29	
D. 대(對)바다 민족 전쟁	Eg	262-63	

	약 호	*ANET*	*NERT*
E. 바알(Anath)과 아낫(Anath)	Cn/Ph	129-42	190-221
F. 케레트(Keret) 왕 전설	Cn/Ph	142-49	223-25
G. 아카트(Aqhat) 이야기 (다니엘)	Cn/Ph	149-55	225-26
4. 사무엘-열왕기			
A. 아히람(Ahiram) 비문	Cn/Ph	661	
B. 게젤(Gezer) 달력	Hb	320	
C. 알라라크의 이드리미	As	557-58	
(Idrimi of Alalakh) 이야기	As	557-58	
D. 무르실리스(Mursilis)의 재앙 기도	Hi	394-96	169-74
E. 모압(Moabite) 석	Mb	320-21	
F. 자키르(Zakir) 비석	Ar	655-56	229-32
G. 사마리아 도편(陶片)	Hb	321	
H. 실로암 비문	Hb	321	
I. 아랏 도편(Arad Ostraca)	Hb	568-69	253
J. 아시리아 열왕 연표	As	274-301	
K. 신바빌론 역대기	NB	302-7, 563-64	
L. 라기스(Lachish) 서신	Hb	321-22	
5. 에즈라-느헤미야			
A. 바빌론 급식 서판	NB	308	
B. 나보니투스(Nabonidus)문서	NB	308-16, 560-63	
C. 고레스 원기둥 (Cyrus Cylinder)	NB	315-16	
D. 엘레판틴 파피루스 (Elephantine Papyri)	Ar	491-92, 548-49	252-55
6. 예언서			
A. 능변 농민의 항의	E	407-10	
B. 마리(Mari)의 예언적 말	OB		122-28
C. 아시리아의 구원 신탁	As	449-50, 605	
D. 요시아시대 이후의 서한	Hb	568	

	약 호	*ANET*	*NERT*
7. 시편			
A. 이집트 찬가	Eg	365-81	39-43
B. 메소포타미아 찬가와 애가	Su,OB,As	383-92, 573-86	99-115
8. 잠언			
A. 구 바빌론과 아시리아의 잠언	OB,As	425-27, 593-96	
B. 아멘-엠-오펫 (Amen-em-opet)의 교훈	Eg	421-24	49-62
C. 아히카르(Ahiqar)의 언설	Ar	427-30	
9. 욥기와 전도서			
A. 인간과 그의 하나님 (수메르 욥기)	Su	589-91	140-42
B. "지혜의 주를 찬양하리라"	NB	434-37, 596-600	137-40
C. 인간의 불행에 관한 대화 (바빌론 전도서, 바빌론 신정론)	NB	438-40, 601-4	133-37
D. 주인과 종의 비관론적 대화	NB	438-38, 600-601	
E. 풍자 서한	Eg	475-79	
F. 슈르푸(Shurpu)문서 (부정적 고백)	OB		131-32
10. 애가			
A. 우르(Ur) 멸망에 대한 애가	Su	455-63	116-18
B. 수메르와 우르의 멸망에 대한 애가	Su	611-19	
11. 아가서			
A. 이집트 연가	Eg	467-69	
B. 수메르 연가	Su	496	
12. 다니엘			
"한 통치자가 오리라"	A	606-7	118-19

〈표 2〉 성서 팔레스틴의 고고학적 시대 분류

고고학적 시대	성서 시대
중석기(나투프기) 시대 (Mesolithic [Natufian]) 8000-6000 B.C.E.	
전(前) 토기 신석기 시대(Pre-Pottery Neolithic) 6000-5000 B.C.E.	
토기 신석기 시대(Pottery Neolithic) 5000-4000 B.C.E.	
동석기(구리) 시대 (Chalcolithic [Copper]) 4000-3200 B.C.E.	
에스드렐론(Esdraelon) 3200-3000 B.C.E.	
초기 청동기 시대(Early Bronze[EB]) 3000-2100 B.C.E. EB I 3000-2800 B.C.E. EB II 2800-2600 B.C.E. EB III 2600-2300 B.C.E.	
EB IV (or III b) 2300-2100 B.C.E.	
중기 청동기 시대(Middle Bronze [MB]) 2100-1550 B.C.E. MB I (or EB-MB) 2100-1900 B.C.E. MB II a 1900-1700 B.C.E. MB II b 1700-1600 B.C.E. MB II c 1600-1500 B.C.E.	족장 시대로 추정됨(아브라함, 이삭, 야곱, 연대는 학자들에 따라 EB IV, MB, 또는 LB 등으로 각각 다르게 추정한다. 16을 보라)
후기 청동기 시대(Late Bronze[LB]) 1550-1200 B.C.E. LB I 1550-1400 B.C.E. LB II a 1400-1300 B.C.E.	
LB II b 1300-1200 B.C.E.	모세와 출애굽(18.1을 보라)
철기 시대 제1기, 초기 철기 시대 (Iron I [Ir] or Early Iron[E1]) 1200-900 B.C.E. Ir I a 1200-1150 B.C.E.	여호수아

고고학적 시대	성서 시대
Ir I b 1150-1025 B.C.E.	이스라엘 판관들
Ir I c 1025-950 B.C.E.	사울 다윗 솔로몬
Ir I d 950-900 B.C.E.	왕국분열
철기 시대 제2기, 중기 철기 시대 (Iron II[Ir] or Middle Iron[MI]) 900-600 B.C.E.	
Ir II a 900-800 B.C.E.	
Ir II b 800-700 B.C.E.	이스라엘(북 왕국)의 멸망
Ir II c 700-600 B.C.E.	요시아의 개혁
철기 시대 제3기, 후기	
철기 시대, 페르샤	유다(남 왕국)의 멸망
	바빌론 포로
	유다의 복귀
	느헤미야와 에즈라
헬레니즘 시대 300-63 B.C.E.	마카비 반란
	하스몬 왕조
로마 63 B.C.E.-323 C.E.	그리스도교 발생
	유대인의 1차 반란
	유대인의 2차 반란
비잔틴 323-636 C.E.	
이슬람 시대 636 C.E.-	

놀라울 정도로 범위가 넓다는 사실을 성서 해석자들은 반드시 명심해 두어야 한다. 대표적인 고대 근동의 문서들이 그것들과 어울릴 수 있는 성서의 책들과 관련하여 아래에 제시되어 있다(표 1; §10.1). 문서들은 그것들이 기록된 언어와 혹은 정치적 기원에 따라 출처가 밝혀지고 손쉽게 참조할 수 있도록 표준 영역본의 해당 면과 연계되어 있다.

성서 문헌과 성서의 문헌을 이렇게 결합시킨 것은 성서 문헌이 문학적인 면에서 성서의 문헌에 필연적으로 직접 의존한다고 말하려는 것이 아니다. 뿐만 아니라, 그것은 성서 문헌과 성서의 문헌이 내용과 세부 묘사면에서 있어서 항상 밀접하게 대응한다고 시시하지도 않는다. 오히려 그것이 보이고자 하는 사실은, 성서 문학의 양식들과 매우 유사한 문학을 다루는 문헌들이 보다 넓은 세계에 막대하게 축적되어 있다는 점이다. 표(表)는 이스라엘이 일반적인 지리적 및 역사적 세계만이 아니라 일반적인 문학적 및 종교문학적 세계에도 참여하였다는 사실을 보여주기 위한 것이다.

8.2 팔레스틴의 고고학

팔레스틴 고고학은 성서의 조명과 이스라엘의 주변 문화에 대한 관계 규명이라는 양면적 관심을 전형적으로 나타내는 분야이다. 팔레스틴에 대한 과학적 발굴을 수행하도록 기금을 받은 단체들이 약 한 세기 동안 계속 활동하고 있으며, 많은 고등 교육 기관들이 발굴 작업을 후원하고 있다. 초기에는 고고학적 기술이 조잡하고 일부 발굴자들은 훈련도 되지 않고 미숙련 상태였기 때문에, 연대 추정을 위한 상당량의 고고학적 작업 결과들은 한결같지 못하였으므로 그것들은 비평적으로 평가되어야 한다. 현재는 권위 있고 전문적인 출판의 장(場)이 마련되어 있어 거기에서 계속적인 대화를 통하여 고고학적 연구의 방법과 결론들이 비평적으로 사정(査定)되고 개선된다.

팔레스틴에서의 발굴 작업 결과로 중석기(中石器) 시대로부터 시작하여 최근의 이슬람 시대까지 이르는 전 고고학적 시대들의 유물들이 출토되었다. (아직도 논란의 계속되는 부분이지만) 일반적으로 받아들여지는 고고학적 시대와 그 연대 표기가 그것과 연대기적으로 관련이 있는 성서 시대와 함께 아래에 도표로 제시되어 있는데(표 2), 이 성서 시대는 확실한 것도 있고 추정상의 것도 있다. 특히 성서 시기에도 적용 가능한 시대들을 분류할 때 구리(銅石器; chalcolithic), 청동, 혹은 철과 같이 그 시대에 사용된 기구의 재료 중 가장 진보된 재료를 기준으로 삼는 것이 일반적 관례라는 점을 주목해야 할 것이다.

팔레스틴은 세계의 다른 고대 국가들과 마찬가지로 광범위하게 탐사되고 발굴되었을 것이다. 그러나 기록상 5000여 개에 달하는 팔레스틴의 고대 유적들과 기념물들 가운데 과학적으로 발굴된 것은, 소규모로 조사되고 정리된 것을 포함해도, 대략 100개 유적당 3개 유적뿐이며, 한편 중요한 고고학적 작업의 현장이 된 것은 대략 200개 유적당 한 개 유적에 불과하였다고 어느 고고학자가 지적한 지 20년도 채 안 된다.[1] 위에 언급된 것보다 2배 혹은 최대로 하여 3배에 해당하는 유적들이 현재까지 어떠한 형태로든 발굴되었다고 추산하다 할지라도, 엄청난 수의 유적들이 금후에 주의깊게 연구되어야 한다. 그 동안에도 새로운 유적들은 계속 고고학자들의 연구 대상이 되고 있다.

아래에 제시된 팔레스틴의 중요 발굴지 도표는 §7.3에서 논의된 지리적 구분에 의거하여 정리되었다(표 3). 성서의 지명 사용은 그것들이 상당히 확실하게 확인된 경우에만 국한하였고, 아직도 이론이 분분한 경우에는 유적지의 현대명을 채택하였다. 약호로 표시된 시대 구분에 따라서 각 유적지의 유물들을 나타내기 위하여 약호 해설이 포함되어 있다(청동기 이전 시대의 유적지들은 극소수만이 포함되고, 철기 시대 제1기와 제2기는 함께 취급되며 철기 시대 제3기는 페르샤 시대라고 하였다). 표에서 즉시 명백하게 드러나는 사실은 성서 시대의 중요한 유적 발굴 현황이 갈릴래아, 지구대, 길르앗, 고원 지대의 암몬, 모압, 에돔 등의 왕국들보다는 해안 평

1) Paul W. Lapp. "Palestine: Known but Mostly Unknown." *BA* 27(1963): 121-34.

<표 3> 성서 팔레스틴의 주요 유적들

고고학적 시대들의 약호(이 시대의 연대는 표2 참조)

M=중석기(Natufian)
N=신석기, 전도자기, 도자기
C=동기(Copper)
EB=초기 청동기
MB=중기 청동기
LB=후기 청동기
Ir= 제1, 2철기
P=페르시아 혹은 제3철기
H=헬레니즘

	M	N	C	EB	MB	LB	Ir	P	H
해안평야									
Acco					×	×	×	×	×
Aphek				×	×	×	×		
Ashdod					×	×	×	×	
Ashkelon						×	×		×
Dor						×	×		
Gezer			×	×	×	×	×	×	×
Joppa			×	×		×	×		×
Sharuhen					×	×	×		
Tell Abu Huwam						×	×	×	
Tell el-Hesi				×		×	×	×	×
Tell Nagila				×	×		×		
Tell Sheikh el- ʿAreini			×	×		×	×		
유다의 산지(Shephelah and Negeb 포함)									
Arad			×	×		×	×	×	
Beersheba						×	×	×	
Beth-shemesh					×	×	×		
Bethzur					×	×	×	×	×
En-gedi							×	×	×
Hebron					×	×	×		
Jerusalem				×		×	×	×	×
Khirbet Rabud				×	×	×	×		
Mareshah				×	×	×	×		

	M	N	C	EB	MB	LB	Ir	P	H
Ramat Raḥel							×	×	×
Tell 'Aitun						×	×		
Tell Beit Mirsim				×	×	×	×		
사마리아 산악 지방(Benjmin, Esdraelon/Jezreel 계곡들 포함)									
Ai				×			×		
Bethel						×	×	×	
Beth-shan		×	×	×	×	×		×	
Dothan		×	×	×	×	×		×	
Gibeah				×		×		×	
Gibeon			×	×	×	×			
Megiddo			×	×	×	×			
Mizpah			×				×	×	×
Nahal Oren, Mt. Carmel	×	×							
Samaria						×			×
Shechem			×		×	×	×	×	×
Shiloh					×		×		×
Taanach				×	×	×	×		
Tirzah			×	×	×	×	×		
갈릴래아의 산악 지방(북 Beth-shan의 단층계곡 포함)									
Beth-yeraḥ			×					×	×
Dan				×	×	×	×	×	×
'En Gev							×		
'En Mallaha		×							
Hazor					×	×	×	×	
Khirbet Qedîsh(Kedesh Naphtali)				×		×			
단층계곡(남 Beth-shan)									
Jericho	×	×		×	×	×			
Khirbet Qumran									×
Telleilat Ghassul			×						
길르앗의 산악지방									
Pella			×		×	×	×		

	M	N	C	EB	MB	LB	Ir	P	H
Ramoth-gilead							×		
Tell Deir 'Alla					×	×	×		
Tell es-Sa 'idiyeh							×	×	×
암몬, 모압, 에돔									
Aroer				×	×	×	×		
Bab edh-Dhra				×					
Dibon				×	×	×	×		
Heshbon							×	×	×
Petra									×
Rabbath-ammon	×	×	×	×	×	×	×		×
Sela							×		

야, 유다, 그리고 사마리아에 크게 집중되어 있다는 점이다. 이러한 현상이 어느 정도나 전체 유적의 실제 분포에 기인하는 것인지 아니면 성서의 중심 지역 발굴에 대한 발굴자들의 지대한 관심 때문인지는 판단하기가 어렵다. 몇몇 경우에는, 아직 덜 발굴된 지역들에 대해서 표의 공란을 메꾸기 위하여 덜 중요한 유물들도 포함되었다.

팔레스틴 고고학은 일반적으로 성서 고고학이라고 하며, 이는 과거의 고고학자들이 고고학을 고대 이스라엘의 문학과 역사와 관련시키는 데 가졌던 관심들이 소모적이었음을 적절하게 강변해준다. 이 관심들은 성서 연구의 역사비평적 측면을 훌륭하게 보충해주었고(§16.1; 24.1; 27; 39), 팔레스틴에 관한 고고학에서 여전히 절대적인 자리를 차지한다. 그렇지만 성서 연구 분야에서 한창 진행되고 있는 신문학비평 방법과 사회과학적 비평 방법에 발맞추어, 고대 이스라엘의 삶을 그 사회사와 아울러 문화적 제측면에서 재구성하는 데 대한 중요한 공헌자로서의 고고학에 관한 관심이 점증하고 있다. 아메리카 원주민(=아메리카 인디안) 연구와 선사 시대 연구에서는 이미 오래 전부터 중요한 의미를 가졌던 이러한 강조점이 마침내 역사적 팔레스틴에 관한 고고학에서도 충분히 주목을 받기에 이르렀다. 보다 이전의 강조점과 보다 최근의 강조점의 관계는 학과목의 명칭을 성서 고고학이라고 해야 하는가 아니면 팔레스틴 고고학이라고 해야 하는가에 대한 최근의 논의에서 첨예하게 부각된다.

성서 본문에 관련된 역사와 종교가 팔레스틴 고고학을 지배하던 기나긴 세월 동안에도, 발굴과 기록의 과정은 고대 팔레스틴 주민들의 자연적, 기술적, 경제적, 사회적, 심미적 및 지적 생활에 관한 우리의 지식을 향상시킨 인상적인 정보들을 산출하였다. 그럼에도 불구하고, 한편으로는 고고학자들이 주로 역사와 정치 지향적이기 때문에, 또 한편으로는 가장 인상적인 유물을 남긴 사람들의 사회 계급적 신분 때문에, 또 한편으로는 가장 인상적인 유물을 남긴 사람들의 사회 계급적 신분 때문에, 우리가 소유한 고고학적 정보는 대체로 팔레스틴의 대행정 중심지의 지배 계급과 상류 계급의 삶에 관한 것이다. 그러한 점에서, 팔레스틴 고고학은 고대의 생존

조건들을 묘사함에 있어서 근동 고고학 전체와 마찬가지로 선택적이다. 이것은 우리들의 후기 청동기 시대의 가나안 도시 또는 이스라엘 왕국 시대의 예루살렘과 사마리아 등의 구조와 건축상의 주요 특징들을 상상할 수 있음을 의미하지만, 동시에 이스라엘이 자체의 국가 구조를 갖지 못했던 부족 시대에 관한 정보는 훨씬 적음을 의미한다. 실제로, 성서 시대 전반에 걸친 이스라엘의 농촌 생활은 고고학적으로 잘 실증이 되지 않는다. 이스라엘의 대도시들이 현대 도시의 기준에서 보면 결코 큰 것이 아니라는 점을 고려하고 최대로 90%에 가까운 민중들은 항상 소도시와 촌락에 거주하였다는 점을 감안한다면, 우리가 성서 이스라엘의 물질 문화와 정신 문화 전반에 관한 완벽한 실상을 갖고 있는 것이 결코 아니라는 사실이 명백해진다.

최근에 고고학의 발굴 기술이 획기적으로 발전하였음을 가정한다면, 이스라엘의 모든 계층이 어떻게 살았는가에 관한 현재의 사회학적 관심은 고고학자들로 하여금 들판과 단구(段丘: terrace) 그리고 수계(水系)로 완전히 둘러싸이고 성벽도 없는 조그만 농업 정주지들을 발굴하는 도전적 과제에 그들의 정교한 방법들을 사용하도록 그들을 격려해야 할 것이다. 일반적으로, 발굴의 성격이 어떠한 것이든지 간에, 자료에 반영될 수도 있는 계급 지표들에 대한 민감도가 커져 간다. 이 모든 것들은 성서 연구의 고전적 주제들, 예를 들면, 부족별로 사회 운동을 하는 이스라엘의 기원, 군주국으로의 이행(移行), 이스라엘 왕국과 유다 왕국의 내적 구조와 외적 관계, 두 왕국의 몰락 후에 일어난 이스라엘의 이산(離散) 배경, 그리고 유다의 팔레스틴 복귀의 기본 조건 등에 대하여 매우 중요한 의미를 갖는다.

기술은 오랫동안 팔레스틴 고고학에서 그것 하나만을 분리시켜 독립적으로 다루어온 감이 있지만, 그것은 보다 전체적인 틀 안에서 새로운 주의를 끌고 온다. 기술적 요소들의 결합은 비록 그것들 가운데 일부가 과거에는 알려지지 않았거나 무시되어 왔다고 할지라도, 요르단 동편과 서편 고지들에 대한 이스라엘인들의 지배를 가능케 하였던 첫 번째 요인이었다고 믿을 충분한 이유가 있다(§24.1.3). 또한 이스라엘의 왕국들과 보다 큰 인접 제국들 가운데서 있었던 국가의 무역 독점과 관련하여 군사 기술과 농업 기술을 충분히 이해한다면, 고대 이스라엘 내의 사회 경제적, 정치적 및 종교적 긴장과 도전들을 구체적으로 이해하는 데 도움이 될 것으로 보인다. 뿐만 아니라, 성서 이스라엘의 토지 소유권 제도에 관한 우리의 일천한 지식도 보다 새롭게 문화적 및 사회학 측면을 강조하는 고고학에 의해 확장될 수 있을 것이다(§30.5). 만일 탐사 대상을 알고 발견한 것을 성서학에 기여하는 모든 전문가들이 최대로 이용할 수 있게 기록하는 방법을 제시하는 폭넓고 충분히 정교한 디자인 개념이 고고학에 있다면, 이 모든 면에서 고고학은 매우 큰 도움이 될 수 있다.

9. 고대 근동의 정치사, 문화사 및 사회사

고대 근동에서 발굴된 유형 유물과 문서 유물이 풍부하게 축적되면서 B.C.E. 3000년 직후부터 시작되는 그 지역의 역사를 정연하게 기록하는 것이 가능해졌다. 예상되었던 바이지만, 관개 사업이 실현된 대유역들이 갖는 구심성은 이미 아는 사실이므로, 고대사의 초점들은 나일강 유역과 티그리스와 유프라테스강 중 · 하류의 유역에 맞춰졌다. 그렇지만 아나톨리아, 티그리스와 유프라테스강 상류 유역, 그리고 장기간 동안 고대 근동의 국제 관계를 지배하였던 이란에 중요한 정치적 중심자들이 있었다.

아래에 제시된 <도표 1>은 이러한 정치적 발전을 연대순(수직 방향)과 서로 다른 지역에 공존한 국가들(수평 방향)의 측면에서 도식화한 시도이다. 여러 정치 체제들이 고대 근동의 중요한 지리적 지역들을 나타내는 수직선 위에 배열되어 있다. 도표를 좌에서 우로 읽어가면, 이 선들은 "비옥한 초생달"의 호를 따라 서쪽의 이집트에서 동쪽의 이란으로 이동한다. 이 지리적 지역들 가운데 아나톨리아와 이란 및 그리스 등 세 지역은 모두 "비옥한 초생달 지대" 외곽에 위치하지만, 이들 각 지역으로부터는 "비옥한 초생달 지대"의 일부 혹은 전체를 지배한 정복자들이 배출되었다. 아나톨리아에서는 힛타이트가, 이란에서는 페르샤가, 그리고 그리이스에서는 마케도니아가 각각 출현하였다.

이 지역들 가운데 이집트가 가장 안정된 정치적 연속성을 보여주고 있는데, 틀림없이 이는 그 나라가 사막과 바다에 의해 고립된 사실에 기인한다. 그러나 힉소스, 아시리아, 페르샤 그리고 마케도니아에 의한 외부로부터의 대정복들이 있었을 뿐만 아니라 쇠퇴기와 왕조들간의 투쟁도 있었다. 티그리스와 유프라테스강 유역들은 모든 방향에서 자유롭게 들어갈 수 있었으므로, 그들은 그 지배 계급이 "비옥한 초생달 지대" 밖에서 유입된 체제들에 의해 정치적 변화를 겪고 지배를 받는 일이 훨씬 더 빈번하였다. 정도의 차이는 있을지라도 이러한 현상은 아카드, 구티(Guti), 엘람, 미탄니, 캇시트, 메데, 페르샤, 그리고 마테도니아 등에도 해당되는 것으로 보인다. 메소포타미아의 정치적 원(原)핵심은 수메르 남부의 도시 국가들이었다. 바빌론은 페르샤 시대 내내 중요한 수도 또는 행정 중심지였다. 한편으로, 아시리아 세력이 티그리스강 북부 유역을 따라 발흥하였고 힛타이트와 미탄니가 유프라테스강 북부 지역을 지배하였다. 유프라테스강 상류는 서쪽의 시리아와 접하며, 이 지역 전반에 걸쳐서 마리와 우가릿과 같은 중간 규모의 왕국들이 출현하였다. 최근에 그 공문서들이 빛을 본 시리아의 엘바가 그와 같은 왕국들의 총수에 현재 추가되어야 한다. 성서의 족장들과 엘바와의 관련성에 대한 놀라운 주장들은 그 문서들이 공표되기 이전까지는 건전한 회의적 태도를 갖고 받아들여야 한다. 왜냐하면 마리와 우가릿의 공문서들과 같이 그 이전에 발견된 문서들과 성서와의 관련을 부당하게 과장시킨 주장들과 이 주장들은 유사한 점이 있기 때문이다.

관개 농업을 촉진시킨 국가 형태의 정치 조직이 고대 근동 전역으로 급속하게 확산되어 나갔다. 극히 작은 독립 지역일지라도 일반적으로 자체의 왕과 관료 그리고 군대를 소유하였다. 이 국가들간의 경쟁 및 상류 계급과 그들 내부에서 권좌를 차지하려는 자들에 의한 정치적 혼란은 정상적인 관행이 되었다. 권력자든 혹은 체제 전체가 주기적으로 축출되거나 일소되었다. 국가들은 국가 간의 무역을 촉진시키고, 차원 높은 외교를 수행하며,

〈도표 1〉

1. 고대 근동의 정치 조직, B.C.E. 3000-63

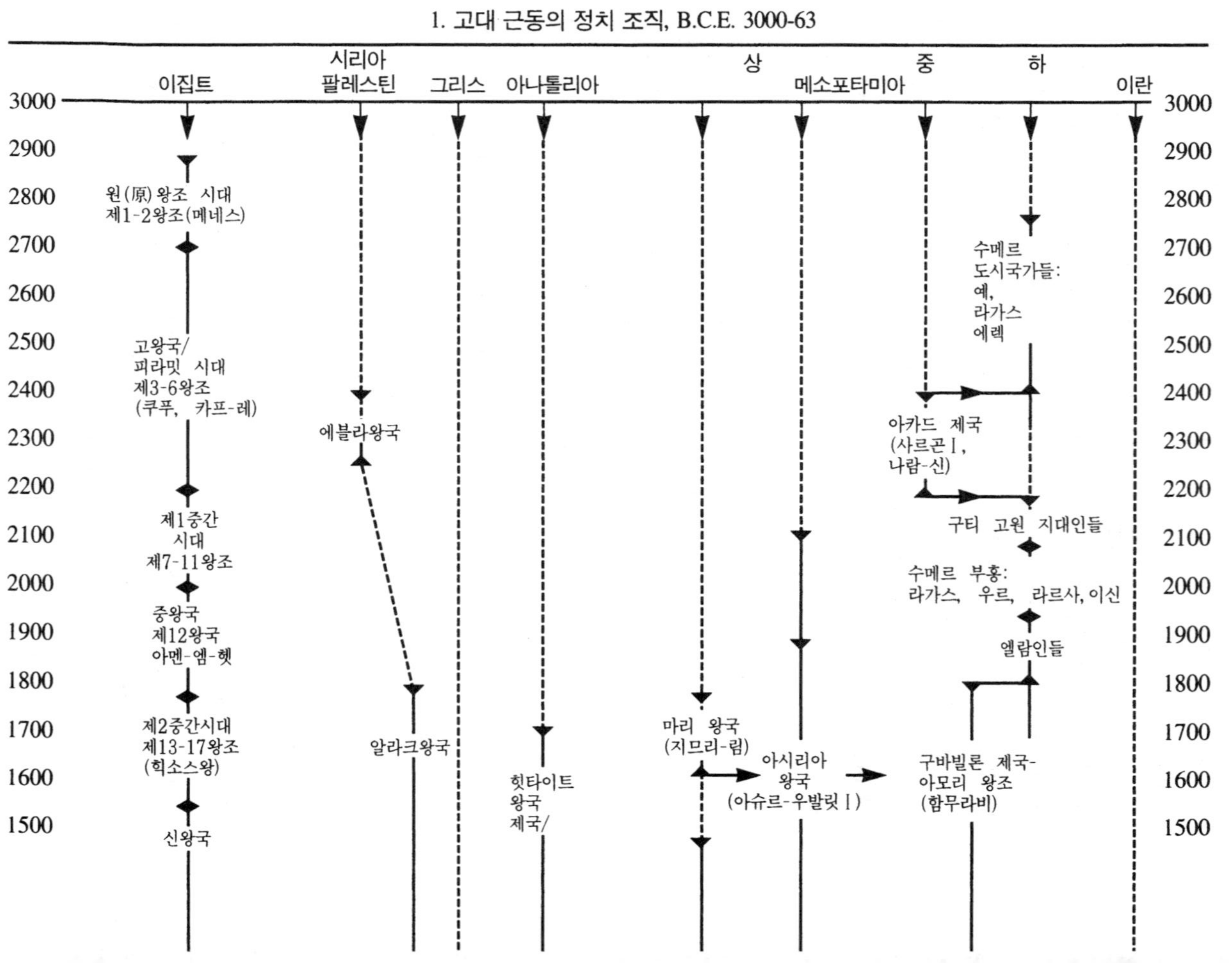

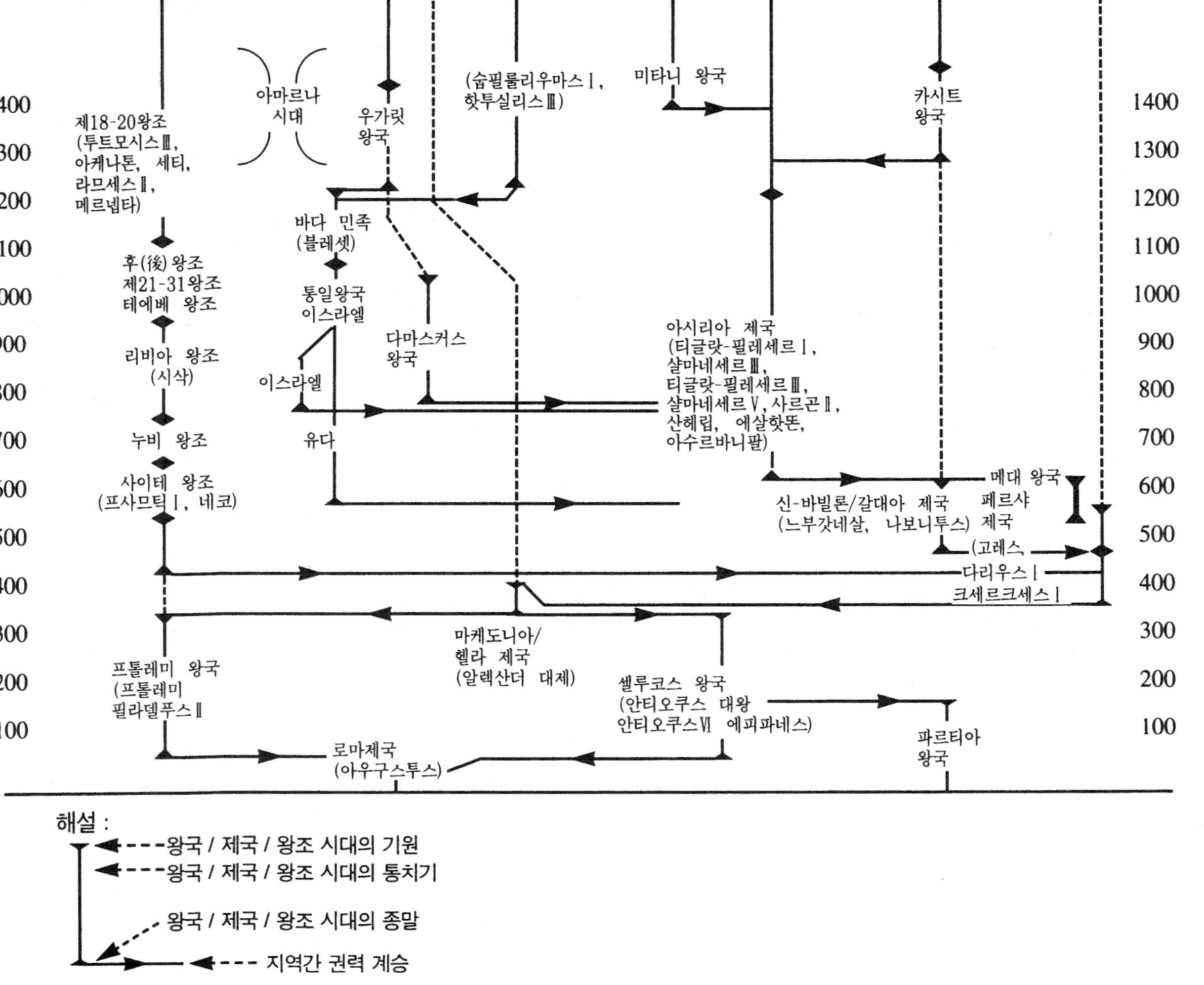

1400
1300
1200
1100
1000
900
800
700
600
500
400
300
200
100
제18-20왕조
(투트모시스Ⅲ,
아케나톤, 세티,
라므세스Ⅱ,
메르넵타)
아마르나
시대
우가릿
왕국
(숩필룰리우마스Ⅰ,
핫투실리스Ⅲ)
미타니 왕국
카시트
왕국
바다 민족
(블레셋)
후(後)왕조
제21-31왕조
테에베 왕조
통일왕국
이스라엘
다마스커스
왕국
리비아 왕조
(시삭)
이스라엘
아시리아 제국
(티글랏-필레세르Ⅰ,
살마네세르Ⅲ,
티글랏-필레세르Ⅲ,
살마네세르Ⅴ, 사르곤Ⅱ,
산헤립, 에살핫돈,
아수르바니팔)
누비 왕조
유다
사이테 왕조
(프사므틱Ⅰ, 네코)
메대 왕국
신-바빌론/갈대아 제국
(느부갓네살, 나보니두스)
페르샤
제국
(고레스,
다리우스Ⅰ
크세르크세스Ⅰ
마케도니아/
헬라 제국
(알렉산더 대제)
프톨레미 왕국
(프톨레미
필라델푸스Ⅱ
셀루코스 왕국
(안티오쿠스 대왕
안티오쿠스Ⅵ 에피파네스)
파르티아
왕국
로마제국
(아우구스투스)
해설 :
왕국 / 제국 / 왕조 시대의 기원
왕국 / 제국 / 왕조 시대의 통치기
왕국 / 제국 / 왕조 시대의 종말
지역간 권력 계승

동맹을 체결하고 패권을 획득하기 위해 전쟁을 하였다. 그러한 제 국가는 그 기원과 존재 및 형태를 신적 존재의 공공연한 뜻에 호소함으로써 해명하였다. 어느 곳에서나 종교는 기존의 사회적, 정치적 질서를 합법화시키는 이데올로기 기능을 담당하였다.

강력한 국가들은 통치 영역을 원 경계 훨씬 너머에까지 확장시키기 시작하였고, 고대 근동의 더욱 더 넓은 지역을 지배하였다. 왕국이 제국으로 발전한 것은 이러한 경로를 통해서였다. 아카드와 고바빌론은, 재건된 수메르의 우르 제3왕조가 성공한 것처럼, 제국주의적 모험에 상당한 성공을 거두었지만, 그들의 통치는 주로 티그리스-유프라테스강 유역에 국한되었다. 아나볼리아 고원의 힛타이트는 메소포타미아 상류와 시리아를 북으로부터 침입하였다. 아시리아가 결국 "비옥한 초생달 지대" 전체를 지배하고 이집트를 잠시 점령하였다. 신바빌론은 아시리아에 필적할 만한 성공을 일시적으로 거두었다. 이란에 근거지를 둔 페르샤는 이집트와 아나톨리아를 포함한 "비옥한 초생달 지대" 전역을 정복하였다. 마케도니아는 알렉산더 치하에서 정복한 페르샤 전 영토가 그 지도자의 사후에 장군들에게 분할되기까지 잠깐 동안 그것을 점유하였는데, 프톨레미가 이집트를 물려받고 셀류커스가 시리아, 아나톨리아, 메소포타이마 및 이란을 차지하였다.

고대 근동의 이와 같은 제국주의의 모험들은 영토와 크기와 응집력 그리고 내구력 등의 면에서 상당한 차이를 보인다. 피정복 국가들을 지방 제후들이 그 장(長)이 되는 속국으로 종속시키고 그렇게 함으로써 속국의 군사적 및 경제적 자원을 정복자 편으로 확보하는 것이 통례였다. 지배력을 강화하고 효율을 증진시키기 위하여, 아시리아는 수많은 정복자들을 아시리아 관리들을 그 수반으로 하는 행정구역으로 만들었고, 이 관례는 신바빌론, 페르샤, 마케도니아에 의해 계속되었다. 이스라엘은 다윗과 솔로몬의 통치 하에서 통일 왕국으로서 잠시 개화기를 맞은 후에, 약화되고 분열된 그 가지들은 제국의 외교와 전쟁에 점차 휘말려 들어갔다(§33; 36). 북부의 가지, 곧 이스라엘은 아시리아에 함락되었고 남부의 가지, 곧 유다는 신바빌론에게 멸망당하였다. 유다 포로의 팔레스틴 귀환은 충성스런 신민

(臣民)들로 구성된 강력한 식민지를 이용하여 이집트와의 경계 지역을 확고하게 하려는 속셈을 가진 페르샤 제국의 후원을 받았다(§44).

이집트의 제국주의적 모험은 중왕국(中王國)이 나일강을 거슬러 올라가 누비마를 침입하고 나일강 삼각주 동쪽으로는 시나이 반도를 침입하였을 때 처음으로 표면화되었다. 신왕국은 이집트의 야심을 "비옥한 초생달 지대"로 전환시켰다. 한동안 이집트는 팔레스틴과 시라아 남부를 석권하였고(§24.1.3), 동시에 힛타이트는 시리아 북부를 지배하였다. 이집트는 아시리아 및 신바빌론과 거듭 전쟁을 하였지만, 메소포타미아 상류를 잠깐 침략한 것을 제외하면 나일강의 나라는 이제 너무나 약화되어 팔레스틴의 아시리아 속국들과 신바빌론 속국들을 교사하여 종주국에 대항해서 반기를 들라고 하는 것 이상은 할 수가 없었다. 이스라엘과 유다 같은 팔레스틴의 소국들은 제국들 사이에서 이러한 곤경에 종종 처하였다.

고대 근동의 정치사는 고대 근동의 문화사나 사회사보다 도표 형식으로 나타내기가 더 수월하다. 제 문화의 특징과 경계를 확정하는 것은 상당히 어려운 일이지만, 고대 근동의 정치적 경계와 문화적 경계가 어느 정도까지 일치하는지 여부를 판단하는 것은 훨씬 더 어려운 일이다. 일반적 견해에 의하면, 물질 문화와 정신 문화에 있어서 공통되는 문화의 핵이 이집트와 메소포타미아 역사의 저변에 흐르며, 한편 팔레스틴은 더 오랜 강 유역 중심지들의 영향을 크게 받으며 지역적 특색을 발전시켰다. 이 문화들의 양식과 멋은, 예를 들어 표 1에 견본으로 제시된 것과 같은 고대 근동의 풍부한 문서들 속에 표현되어 있다.

이집트에서는 언어와 예술과 신화의 연속성이 명확하게 드러난다. 메소포타미아에서는 수메르의 가장 오랜 도시 국가들이 문자, 예술, 신화 사상 등의 구조를 기초하였고, 이 구조는 메소포타미아의 전 역사에 일관되게 흐른다. 그러나 이러한 유산에 참여한 민족들이 많은 것을 첨가하고 수정을 가하였다. 쐐기형 문자는 계속되었으나, 후에 수메르어의 사용은 성(聖)문서에만 국한되었고, 아카드와 고바빌론과 아시리아와 신바빌론에서는 셈어가, 힛타이트와 미탄니와 페르샤에서는 인도-유럽어가, 그리고 엘람의 경우에는 수메르어 자체처럼 구분할 수 없는 유(類)의 언어가 각각 새로운 언어로 사용되었다.

학자들이 고대 근동의 정치사와 문화사 및 사회사를 일반적으로 서로 분리시켜 다루고 있지만, 정치 체제들의 충돌과 변화와 관련하여 생각해 볼 때, 그것들은 상호 관련된다. 앞에서 주목한 바와 같이 고대 근동에 대하여 우리가 갖고 있는 기록들은 주로 지배 계층에 의해 작성된 것들이다. 과거에는 메소포타미아와 시리아-팔레스틴의 체제 변화와 문화 변천은 보통 사막이나 산악 지대로부터 진행된 유목민들의 이동이나 혹은 침입에 기인한다고 설명되어 왔다. 물론 고대 근동에서는 민족들의 이주가 빈번하게 발생하였고 정치적으로나 문화적으로 표현된 어떤 변화들은 실제 인구 이동과 관련이 있었다는 사실에 대해서는 의문의 여지가 거의 없다. 그러나 증거 자료에 의하면, 이러한 경우에 있어 해석 개념으로서의 인구 이동 관련은 극히 빈약할 뿐만 아니라 종종 유해하기도 하였다(§24.2.1). 일례로, 모든 인구 이동을 유목민의 이동과 동일시하는 것은 고지식한 일이다. 또한, 인류학에 대한 지식이 없는 학자들이 생각한 것과는 다르게, 목축 유목민들이 고대 근동의 주요 세력이 결코 아니었다는 사실이 이제는 명백해졌다.

유목민 이동은 차치하고, 비평 없이 인구 이동에 호소하는 데에는 많은 어려움이 따른다. 한 예로서, 정치 체제의 변화는 소수가 쿠데타로 권력을 장악하는 것에서부터 다수에 의한 외부로부터의 정복에 이르기까지 여러 가지 방법으로 발생할 수 있다. 공식 언어의 변화도, 우리가 조사할 수 있는 것이 주로 정치 지도층과 그 지도층을 지지하는 사회 계층의 언어인 한, 인구 변화와 명백하게 관련시킬 수는 없다. 대다수의 평민이 사용한 언어는 그것과 전혀 다른 문제이다. 언어 문제에 있어서, 정치 지도자들은 다른 상황 속에서 다른 언어를 사용하였을지도 모른다. 정복적인 아시리아인들의 언어와 그들이 역사 기록에 사용한 언어는 셈어의 아카드어나 혹은 고바빌론어의 일종이었지만, 아리아인들은 아시리아 제국 서부에서 아람어를 공식 언어로 사용하였고, 한편 인도-유럽어족인 페르샤인들은 아람어를 제국의 혼합어로서 물려받았다. 그러므로 어떤 주어진 시간과 장소 속에서, 국제 정치에 사용된 언어와 특정한 정치 지도층에 의해 사용된 언어, 그리고 일반 민중에 의해 사용된 언어 혹은 언어들은 역사적 문화적 및 사회적 제 요인의 영향에 따라 같을 수도 있었고 다를 수도 있었다.

고대 근동의 정치사에 대한 단순한 피상적 관찰은 성서 이스라엘의 기원을 확인하는 데 있어 대단히 중요한 심오하고도 복잡한 문화적 및 사회적 역학을 간과함으로써 오해를 불러 일으킨다. 일관된 줄거리의 히브리 성서는 독립된 사건들에 대한 완벽하고 명백한 정치적 보고서로 해석될 수도 있고 또 종종 그렇게 해석되기도 한다. 그러나 이스라엘의 초기 삶이 보도되어 있는 문학 양식들을 주의 깊게 고찰하면, 우리는 즉시 고대 팔레스틴의 복잡한 문화 및 사회적 세계 안으로 이끌려 들어간다. 바로 이러한 세계가 이스라엘이 고대 근동 전 역사의 반이 훨씬 지난 시기에 출현한 세계이다. 사막으로부터 내습하여 가나안 사람들을 멸종시킨 목축 유목민으로서의 이스라엘인 개념은 극적인 상상이기는 하지만, 그것은 히브리 성서의 모든 증거와 일치하지 않으며 점차 깊어지는 고대 근동에 대한 우리의 이해와도 맞지 않는다.

B.C.E. 2600년경의 근동

B.C.E. 2300년경의 근동

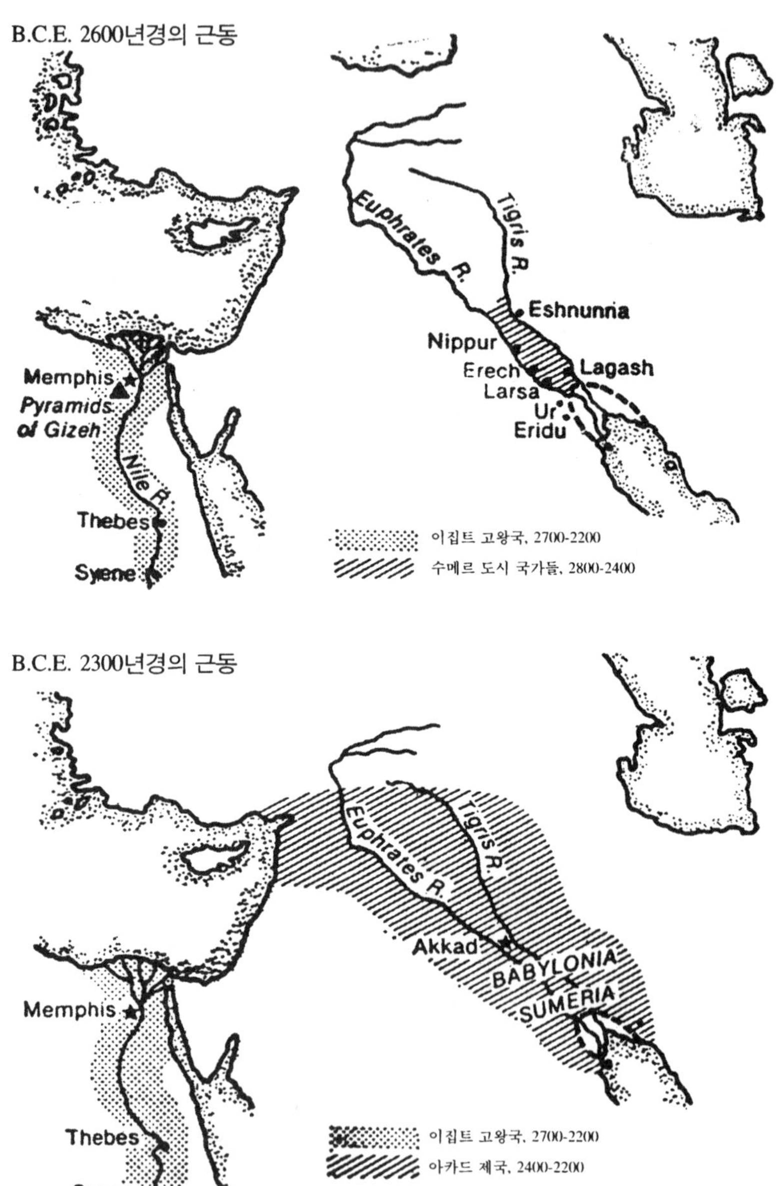

B.C.E. 2050년경의 근동

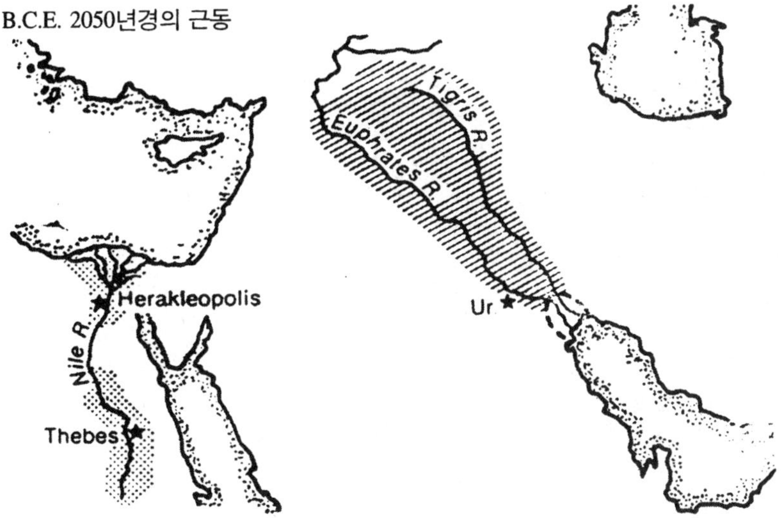

Tigris R.
Euphrates R.
Herakleopolis
Ur
Nile R.
Thebes

이집트 제1중간기, 2200-2000
우르 제3왕조, 2100-1950

B.C.E. 1900년경의 근동

Euphrates R.
Tigris R.
Byblos
Susa
Nile R.
Thebes

이집트 중왕국, 2000-1780
엘람족, 1950-1830

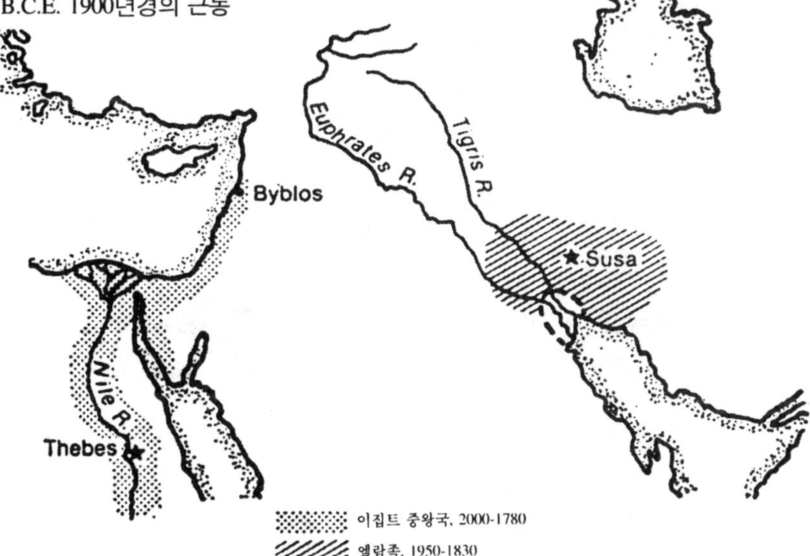

B.C.E. 1700년경의 근동

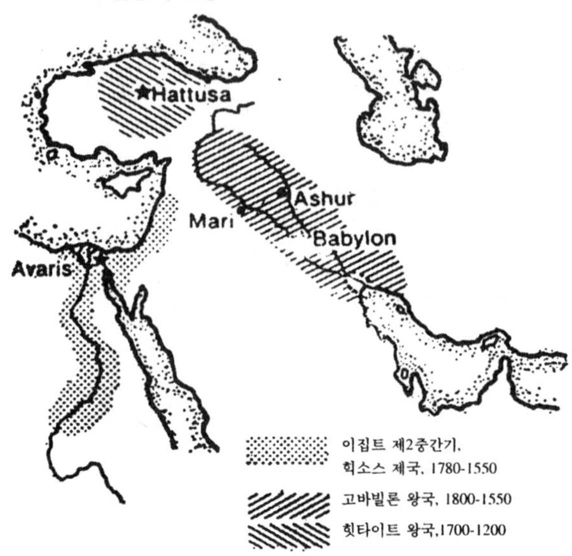

B.C.E. 1400년경의 근동

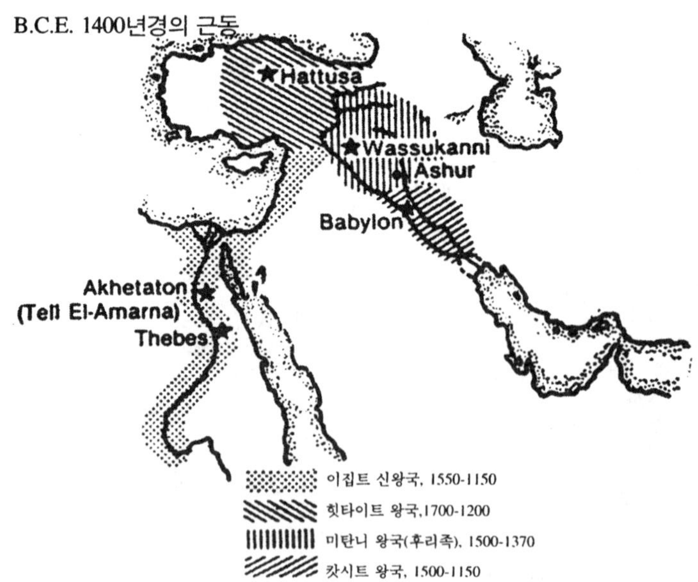

B.C.E. 1225년경의 근동

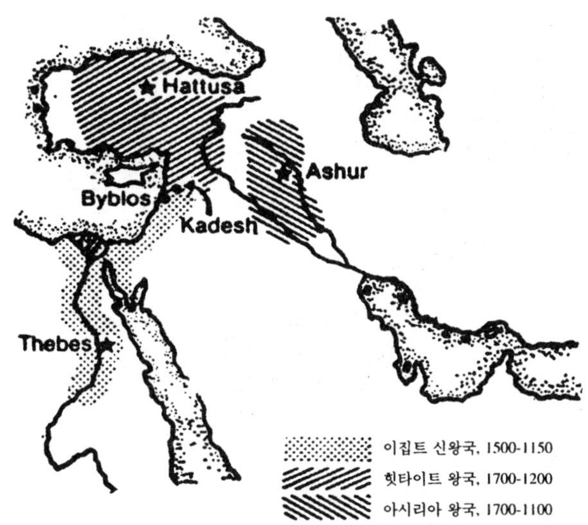

B.C.E. 1000년경의 근동

B.C.E. 800년경의 근동

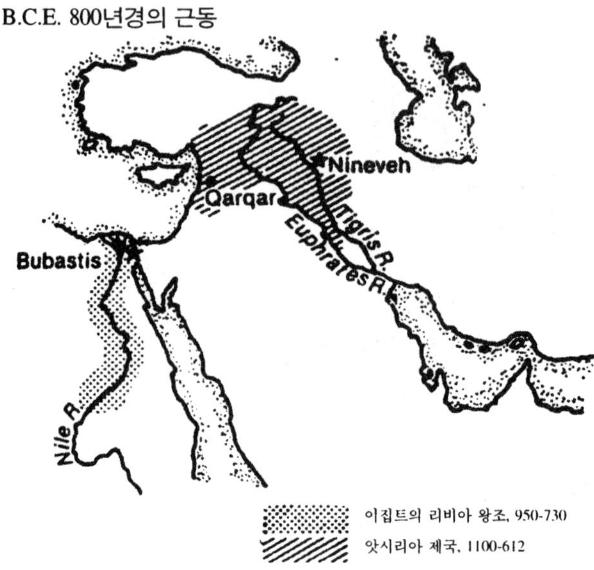

B.C.E. 600-605년경의 근동

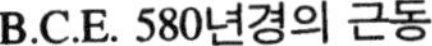

B.C.E. 580년경의 근동

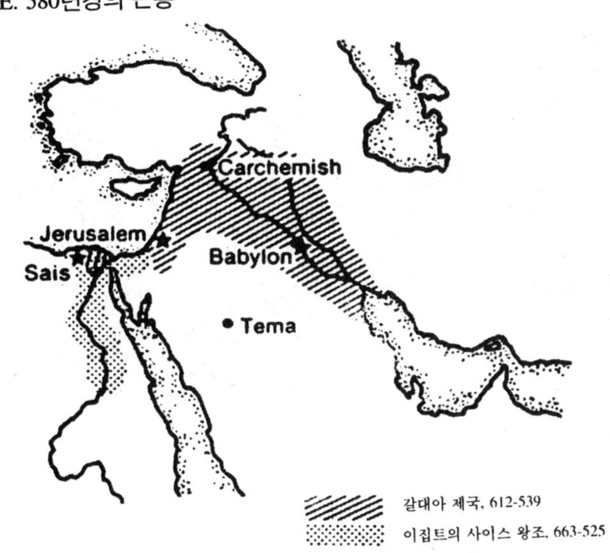

B.C.E. 500년경의 근동

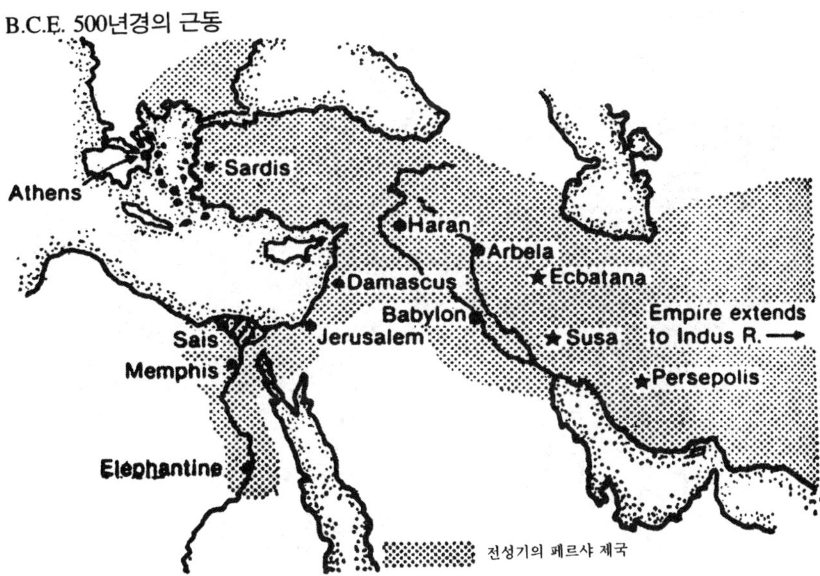

B.C.E. 334-323년경의 근동

B.C.E. 290년경의 근동

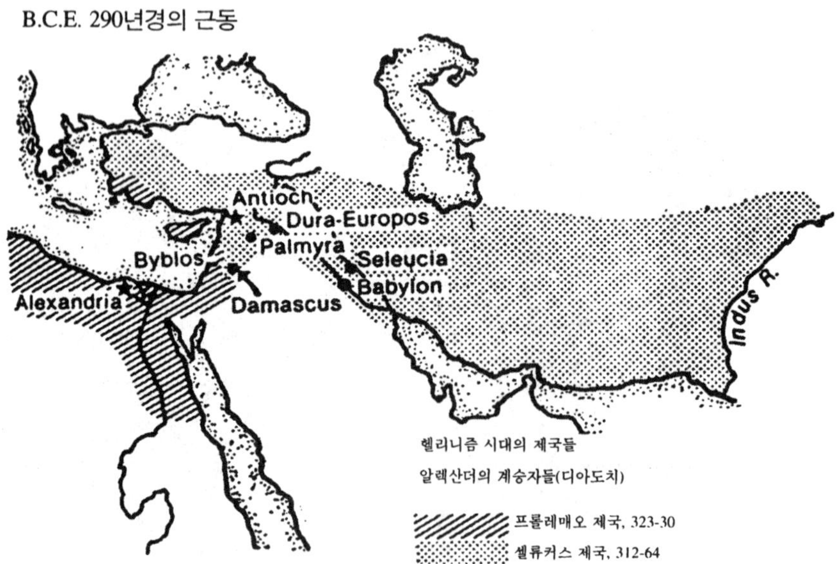

B.C.E. 168년경의 근동

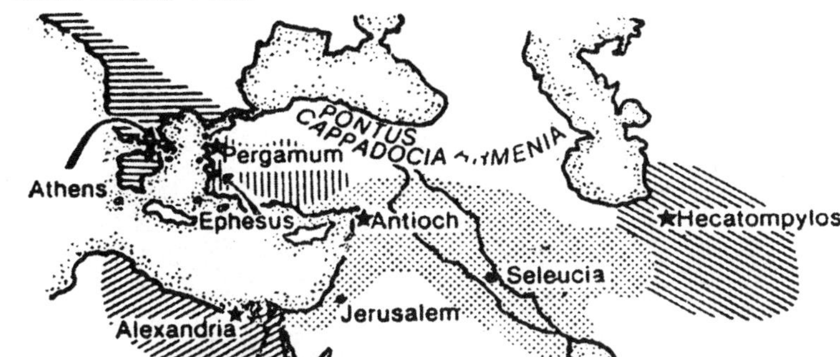

B.C.E. 63년경의 근동

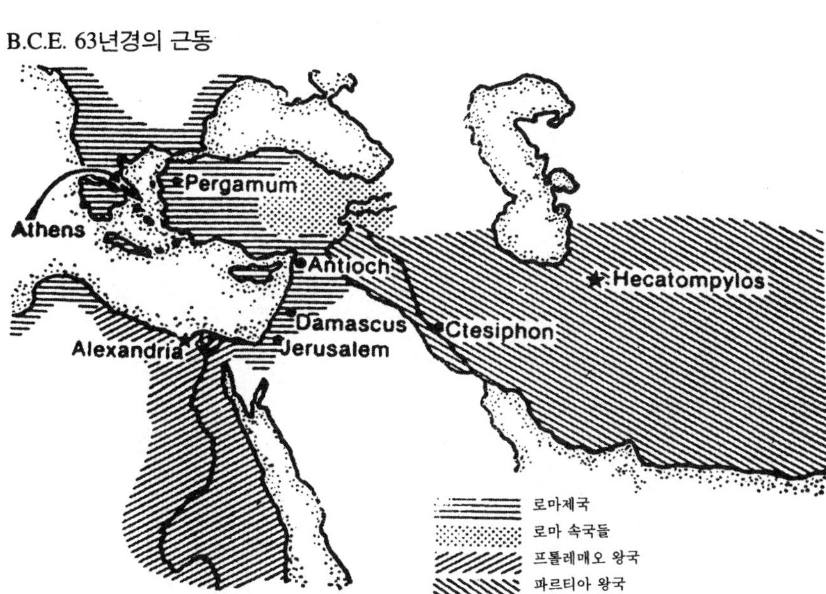

제3장
히브리 성서의 문학사

10. 히브리 성서와 다른 문헌들과의 관계

히브리 성서의 문학사를 추적하는 데 있어 적절한 출발점은 히브리 성서의 문서들을 그와 밀접한 관련이 있는 다른 문헌들과 연관시키는 것이다. 이 문헌들 사이의 관련은 시대적 순서, 그것들이 기록될 때 사용 언어, 유사성과 상호 의존 관계, 전수사(傳受史) 및 번역사 등의 측면에서 고찰될 수 있다. 도표 2는 히브리 성서와 관련이 있는 이 문헌들에 관한 이하의 논의를 보충하기 위하여 그 관계를 그림으로 표시한 것이다.

히브리 성서 자체는 B.C.E. 1200년경에서 125년경 사이에 대부분 히브리어로 기록되었지만 몇 개의 짤막한 구절에서는 아람어가 사용되었다. 히브리 성서는 종교적 전통을 엄수했던 유대교 공동체를 통하여 고대로부터 현재까지 진수되었다. 수세기 동안 그것은 필사본의 형태로 전수되다가 C.E. 1480년에 인쇄술이 발명된 이래로는 인쇄본으로도 읽을 수 있게 되었다. 그리스도인들도 초창기부터 히브리 성서를 사용하였으나 르네상스와 종교개혁 이전까지는 거의 전적으로 히브리 성서의 번역본만을 사용하여 왔다. 최근 수세기 동안 프로테스탄트 학자들과 가톨릭 학자들은 히브리 성서의 원천에 보다 큰 관심을 기울여 왔다.

10.1 독자적인 민족의 문헌들: 고대 근동 문헌

최초의 성서 문서가 나타나기 훨씬 이전부터 고대 근동의 여러 민족들은 광범위한 문헌들을 발전시켰다(표 1에 제시된 예들을 참조하라). 고대 이집트, 메소포타미아, 이란, 그리고 아나톨리아 등 문헌들은, 그것을 기록한 문자 사용층에서 애용되던 언어로 씌어졌다. 이집트어, 수메르어, 아카드어, 고바빌론어, 아시리아어, 신바빌론어, 페르샤어, 아람어, 그리고 힛타이트어 등으로 기록된 방대한 문헌들이 현존한다. 이 문헌들은 매우 다양한 문학 양식 또는 문학 유형을 사용하고 있어서, 히브리 성서에 사용된 각종 문학 양식들(표 8)은 히브리 성서와 동시대의 여타 민족 문헌들에 나오는 풍부한 예들로써 설명될 수 있다.

하지만 이 광범위한 문서들은, 히브리 성서와 달리, 고대 근동의 쇠퇴와 함께 거의 사라졌다. 겨우 몇 개의 인용문과 요약문만이 후대의 그리스 문헌과 이단 문헌에서 그 명맥을 유지하고 있을 뿐이다. C.E. 1800경부터 지금까지 계속되고 있는 고대 근동 지방의 발굴로써 묻혀 있던 이 고대의 문헌들이 빛을 보게 되었다. 이 언어들은 대부분 해독되었고, 그리하여 우리가 묵도하고 있는 바와 같이 현대어 번역으로 그 문서들을 읽을 수 있게 되었다. 히브리 성서와 고대 근동 문헌은 광범위한 문화적 유산을 공유하고 있음이 분명하다. 성서 시대에 이스라엘은 역사적으로 볼 때 비교적 작고 보잘 것 없는 세력이었으므로 그 문학도 주변 나라의 문학에 이렇다할 영향을 끼치지 못했다. 주변국의 문서에 대한 이스라엘의 문학적 의존도는, 양자에 공통적인 문학 양식 및 문학적 주제 면에서 볼 때 매우 크지만, 고대 근동의 문서에 대한 성서 본문의 직접적인 문학적 의존 관계는 상당히 적은 경우에 한해서만 논증이 가능하다(§54.2).

10.2 히브리 성서에 의존하는 유대교 및 그리스도교 문학

여기에서 고찰될 문학들은 모두 히브리 성서가 대체로 완성된 이후에 생겨났다. 이 후대의 문학들은 유대인이나 유대적 유산에 친숙한 이방 그리스도인에 의해 기록되었기 때문에 히브리 성서를 익히 알고 있으며 히브리 성서의 발전 노선의 연장선상에 있거나 또는 히브리 성서에 관한 주석 및 해석을 이루고 있다.

10.2.1 외경[1]과 위경[2]

히브리 성서의 외경(도표 2)은 B.C.E. 200년경에서 C.E. 100년경 사이에 씌어진 문서들로 이루어진다. 이 문서들은 당시 유대인들에 의하여 널리 사용되기는 하였지만 유대교의 공인된 정경 속에 포함되지는 못하였다(표 4A). 이 작품들은 그리스어를 사용하는 디아스포라 유대인들에게 인기가 있었으므로 초대 그리스도인들에게 존중되었으며, 결국 1546년 트렌트 종교회의에서 최종적으로 승인된 가톨릭 그리스도교의 정경 속에 포함되었다(표 4B의 왼쪽 란). 종교개혁 때에 프로테스탄트 교회는 외경을 히브리 성서와 동열에 놓는 것에 반대하였다(표 4B의 오른쪽 란). 그러나 대부분의 프로테스탄트 교단들은 외경의 내용이 성서의 가르침에 어긋나지 않는 한에는 경건과 훈련에 유용하다고 간주하였다(표 5).

프로테스탄트 종교개혁의 영향으로 대부분의 동방정교회의 교회에서도 외경의 지위가 문제시되었다. 그리스정교회에서는 1672년 예루살렘 종교회의에서 외경의 거의 전부를 경전으로 승인하였지만 이 결의에 대한 의혹이 끊임없이 제기되어 왔다. 한편 러시아정교회는 19세기까지 외경을 경전으로 인정하지 않았으나 그럼에도 불구하고 여전히 어느 정도 사용하여 왔다.

히브리 성서의 위경(도표 2)은 외경과 같은 시기에 생겨났다. 두 종류의 수집물은 그 유형과 주제에 있어 대체로 유사하다. 다만 위경은 외경보다 그 규모가 상당히 더 크게 히브리 성서의 다니엘서나 외경의 에스드라2서

---

1) 외경 *apocrypha*의 문자적 의미는 "숨겨진 사물이나 기록"인데, 이것들은 유대교 및 개신교에 의해 정경에서 제외되었을 때 숨겨졌거나 눈에 띄지 않은 것들을 말한다. 그러나 전문적인 면에서 이 단어가 단수 형태(apocryphon)로 사용되면 그 책의 전통적인 저자(예를 들면 에녹이나 모세 등의 고대인)가 종말이 임박할 때까지 일반에게 유포시키는 것을 보류한 것으로 알려진 책을 뜻한다. 이러한 의미에서 보면 외경 가운데 에스드라 2서만이 apocryphon이다. 가톨릭에서는 외경이 항상 가톨릭 성서의 일부로 되어 왔기 예문에 외경들을 "제2의 정경" 즉 정경에 속하는 구약의 책들 가운데 두 번째 서군(書群)이라고 부른다.

2) 위경의 문자적 의미는"거짓 표제, 즉, 저자에 대한 거짓 주장"인데, 이것은 고대의 많은 저자들, 특히 묵시록의 저자들이 자신들의 글이 아브라함, 모세 또는 이사야 등과 같은 존경받는 선조들에 의해 훨씬 이전에 실제로 기록되었다고 주장한 사실을 가리킨다. 이러한 전문적 의미에서 볼 때, 위경 가운데 많은 것이 정말로 거짓 책들이지만 그 외의 많은 위경들은 그렇지 않다. 이러한 면에서 비록 표제가 부정확하다 할지라도, 위경은 학문적이나 대중적인 용도 면에서 확고한 위치를 차지하게 되었다.

(=에스드라4서)에 유사한 묵시문학적 작품들을 더 많이 포함하고 있다는 점만이 다르다. 위경에 속한 문헌들은 유대교나 가톨릭의 정경으로 받아들여지지 않았지만 콥트 교회, 에디오피아 교회, 시리아 교회 등과 같은 몇몇 동방교회에서는 각양각색으로 결합되어 경전으로 승인되었다(표6).

외경과 위경은 히브리어, 아람어,. 그리고 그리스어로 기록되었다. 외경의 경우 그리스어(한 문헌은 라틴어)로 된 원문, 아니면 번역문이 가톨릭 정경을 통하여 그대로 전해지고 있으며 몇몇 경우에는 셈어 원문 전체가 또는 그 일부가 발견되기도 하였다. 위경의 경우에는 본문 및 번역본의 역사가 훨씬 복잡하다. 대부분의 외경들은 그것들을 보존하였던 동방정교회의 각 교회가 사용했던 언어로, 즉 에디오피아어, 시리아어, 슬라브어 등으로 전해지고 있다. 프로테스탄드 교회들은 외경을 히브리 성서 번역본의 부록으로 수록하는 전래의 관습으로 차츰차츰 되돌아가고 있다. 비판적 연구를 통하여 편집된 외경과 위경의 현대어 번역본들이 현재 나와 있다. 그러나 위경의 내용물은 동방정교회 각 교단들의 여러 정경 및 그 밖의 자료에서 추출된 것이지만 그 정확한 범위에 대해서는 아직까지도 합의에 이르지 못하고 있다.

10.2.2 사해 두루마리

사해 두루마리(도표 2)는 아마도 엣세네파일 것으로 추정되는 유대교의 한 종파의 서고에서 발견되었다. 이 두루마리에는 수많은 성서 문서 및 비성서 문서가 들어있고 이들은 거의가 단편들로서 B.C.E. 150년경에서 C.E. 70년경 사이에 기록된 것들이다(표 7). 비성서 문헌으로는 이미 알려져 있던 외경과 위경도 포함되어 있지만 오직 이 자료에만 나오는 문서들도 더러 있다. 현존하는 다른 어떤 사본들보다도 수세기나 앞서는 성서 본문의 발견은 히브리 성서 본문의 발전사와 전수사를 재구성하는 데 지대한 의의를 갖는다(§11.3.1). 미성서 문헌들의 사본은, 성서 시대 말기에 있었던 폭발적인 문학 작품의 생산이 과거에 생각되어 오던 바와는 달리 팔레스틴 외부에 살았던 유대인에게만 국한되었던 것이 아니라 유대인의 고향에

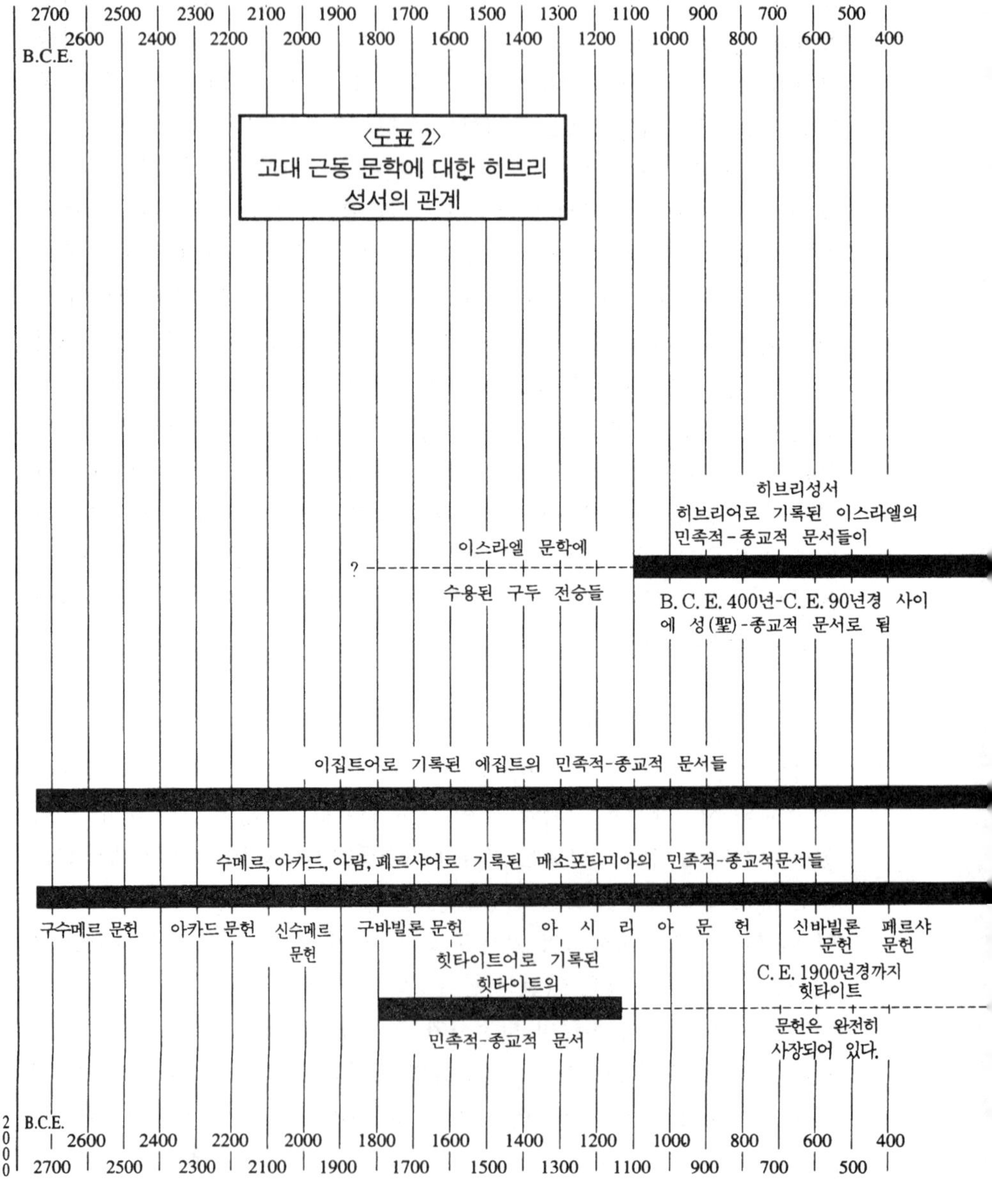

2700 2600 2500 2400 2300 2200 2100 2000 1900 1800 1700 1600 1500 1400 1300 1200 1100 1000 900 800 700 600 500 400
B.C.E.

〈도표 2〉
고대 근동 문학에 대한 히브리 성서의 관계

히브리성서
히브리어로 기록된 이스라엘의 민족적-종교적 문서들이
B. C. E. 400년-C. E. 90년경 사이에 성(聖)-종교적 문서로 됨

? 이스라엘 문학에 수용된 구두 전승들

이집트어로 기록된 에집트의 민족적-종교적 문서들

수메르, 아카드, 아람, 페르샤어로 기록된 메소포타미아의 민족적-종교적문서들

구수메르 문헌 | 아카드 문헌 | 신수메르 문헌 | 구바빌론 문헌 | 아 시 리 아 문 헌 | 신바빌론 문헌 | 페르샤 문헌

힛타이트어로 기록된 힛타이트의 민족적-종교적 문서

C. E. 1900년경까지 힛타이트 문헌은 완전히 사장되어 있다.

B.C.E.
2000
2700 2600 2500 2400 2300 2200 2100 2000 1900 1800 1700 1600 1500 1400 1300 1200 1100 1000 900 800 700 600 500 400

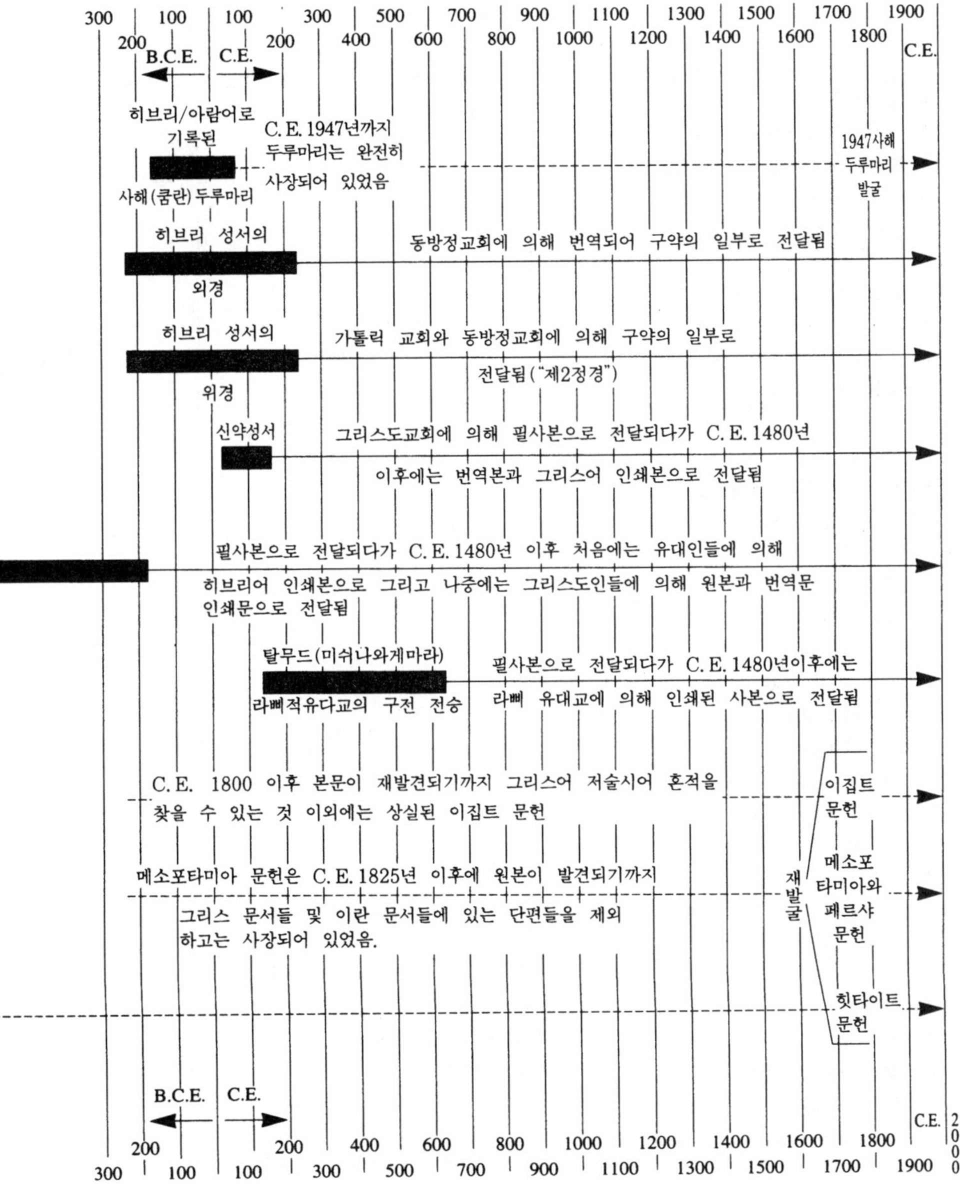
300 100 100 300 500 700 900 1100 1300 1500 1700 1900
200 200 400 600 800 1000 1200 1400 1600 1800
B.C.E. C.E.
C.E.
히브리/아람어로 기록된
사해(쿰란)두루마리
C. E. 1947년까지 두루마리는 완전히 사장되어 있었음
1947사해 두루마리 발굴
히브리 성서의 외경
동방정교회에 의해 번역되어 구약의 일부로 전달됨
히브리 성서의 위경
가톨릭 교회와 동방정교회에 의해 구약의 일부로 전달됨("제2정경")
신약성서
그리스도교회에 의해 필사본으로 전달되다가 C. E. 1480년 이후에는 번역본과 그리스어 인쇄본으로 전달됨
필사본으로 전달되다가 C. E. 1480년 이후 처음에는 유대인들에 의해 히브리어 인쇄본으로 그리고 나중에는 그리스도인들에 의해 원본과 번역문 인쇄문으로 전달됨
탈무드(미쉬나와게마라)
라삐적유다교의 구전 전승
필사본으로 전달되다가 C. E. 1480년이후에는 라삐 유대교에 의해 인쇄된 사본으로 전달됨
C. E. 1800 이후 본문이 재발견되기까지 그리스어 저술시어 흔적을 찾을 수 있는 것 이외에는 상실된 이집트 문헌
이집트 문헌
메소포타미아 문헌은 C. E. 1825년 이후에 원본이 발견되기까지 그리스 문서들 및 이란 문서들에 있는 단편들을 제외하고는 사장되어 있었음.
재발굴
메소포타미아와 페르샤 문헌
힛타이트 문헌
B.C.E. C.E.
C.E.
200 200 400 600 800 1000 1200 1400 1600 1800
300 100 100 300 500 700 900 1100 1300 1500 1700 1900 2000

〈표 4〉 정경

A. 타나크의 유대교 정경		
1. 창세기(Bereshith, "한 처음에")		율법서(Torah)
2. 출애굽기(Shemoth, "이름들"		
3. 레위기(Wayiqra, "부르시고")		
4. 민수기(Bemidbar, "광야의")		
5. 신명기(Devarim, "말씀")		
6. 여호수아(Yehoshua)	전기 예언서 (Nevi'im Rishonim)	예언서 (Nevi'im)
7. 판관기(Shophetim)		
8. 사무엘상 · 하(Shemuel)		
9. 열왕기상 · 하(Melakim)		
10. 이사야(Yeshayahu)	후기 예언서 (Nevi'im Aharonim)	
11. 예레미야(Yeremiyahu)		
12. 에제키엘(Yehezkel)		
13. 열두책(Tere Asar)		
호세아(Hoshea)		
요엘(Yoel)		
아모스(Amos)		
오바디야(Ovadyah)		
요나(Yonah)		
미가(Micah)		
나훔(Nahum)		
하바꾹(Havakkuk)		
스바니야(Tsephanyah)		
하깨(Haggai)		
즈가리야(Zekaryah)		
말라기(Malaki)		
14. 시편(Tehillim, "찬가")	19. 전도서(Qoheleth, "설교자")	성문서 (Kethuvim)
15. 욥기(Iyyov)	20. 애가(Ekah, "아 그렇듯!")	
16. 잠언(Mishle, "잠언")	21. 에스델(Esther)	
17. 룻기(Ruth)	22. 다니엘(Daniel)	
18. 아가(Shir Hashirim, "아가")	23. 에즈라-느헤미야(Ezra-Nehemyah)	
	24. 역대기상 · 하(Divre Hayamin, "역대기")	

〈표 4〉 정경(계속)

로마 가톨릭의 구약 정경	개신교의 구약 정경
1. 창세기	1. 창세기
2. 출애굽기	2. 출애굽기
3. 레위기	3. 레위기
4. 민수기	4. 민수기
5. 신명기	5. 신명기
6. 여호수아	6. 여호수아
7. 판관기	7. 판관기
8. 룻기	8. 룻기
9. 사무엘 상	9. 사무엘 상
10. 사무엘 하	10. 사무엘 하
11. 열왕기 상	11. 열왕기 상
12. 열왕기 하	12. 열왕기 하
13. 역대기 상	13. 역대기 상
14. 역대기 하	14. 역대기 하
15. 에즈라	15. 에즈라
16. 느헤미야	16. 느헤미야
17. 토비트	외경
18. 유딧	외경
19. 에스델(추가 에스델 포함) —— 외경	17. 에스델
20. 욥기	18. 욥기
21. 시편	19. 시편
22. 잠언	20. 잠언
23. 전도서	21. 전도서
24. 솔로몬의 노래 =아가	22. 솔로몬의 노래
25. 솔로몬의 지혜서—외경	

로마 가톨릭의 구약 정경	개신교의 구약 정경
26. 집회서(벤 시락의 지혜서)	외경
27. 이사야	23. 이사야
28. 예레미야	24. 예레미야
29. 애가	25. 애가
30. 바룩(예레미야 서신 포함)	외경
31. 에제키엘	26. 에제키엘
32. 다니엘(추가 다니엘 포함: 수산나의 이야기, 세 아이의 노래, 벨과 뱀의 이야기) —외경	27. 다니엘
33. 호세아	28. 호세아
34. 요엘	29. 요엘
35. 아모스	30. 아모스
36. 오바디야	31. 오바디야
37. 요나	32. 요나
38. 미가	33. 미가
39. 나훔	34. 나훔
40. 하바꾹	35. 하바꾹
41. 스바니야	36. 스바니야
42. 하깨	37. 하깨
43. 즈가리야	38. 즈가리야
44. 말라기	39. 말라기
45. 마카베오 상	외경
46. 마카베오 하	외경

〈표 5〉 개신교의 구약 외경

*1. 에스드라서(=로마 가톨릭의 에스드라3서 또는 그리스어 에즈라)
*2. 에스드라서(=로마 가톨릭의 에스드라4서 또는 에즈라 묵시록)
*3. 토비트
4. 유딧
5. 추가 에스델
6. 지혜서
7. 집회서, 또는 시락의 아들 예수의 지혜서
8. 바룩
9. 예레미야의 서신
10. 아자리야의 기도와 세 아이의 노래
11. 수산나
12. 벨과 뱀
*13. 므나쎄의 기도
14. 마카베오 상
15. 마카베오 하

* 이 세 권의 책들은 로마 가톨릭의 정경이 아니지만, 앞의 두 책(에스드라 1, 2서)은 몇몇 라틴어 역본들(Vulgate)에서 볼 수 있다. 나머지 책들은 모두 로마 가톨릭의 정경에 포함되며 개신교의 반대를 무릅쓰고 그것들을 정경이라고 판결한 1546년의 트렌트 공의회(the Council of Trent)의 결정과 관련하여 "제2정경"이라고 불리운다.

서도 상당한 정도로 이루어졌음을 보여주는 생생한 증거이다. 고대 후기와 중세 초기의 문헌에 이 두루마리에 대해 모호하게 언급된 구절이 두세 개 있다는 점을 제외한다면, 사해 두루마리는, 1947년 쿰란에 있던 이 종파의 사령부 부근의 동굴에서 재발견되기까지 망각되어 있었다. 현재 이 두루마리의 비판적 판본들이 현대어 역으로 꾸준히 출판되고 있다.

10.2.3 신약성서와 탈무드

이 두 가지의 중요한 그리스도교 문학 작품과 유대교 문학 작품은, 그리스도인과 유대인이 공유하고 있으면서도 매우 다르게 활용하고 있는 히브리 성서를 해석하는 명확한 개념 구조를 각기 나름의 방식대로 제공하고 있기 때문에 여기에서 함께 논해진다. 애초에는 유대교의 한 분파 운동이었던 초대 그리스도교 공동체는 C.E. 1세기 말경에 독자적인 종교적 실체로 되었다. 라삐 유대교는 70년 예루살렘 멸망 후에도 존속하였는데 그 이전에는 훨씬 더 유동적이고 논란이 분분하였던 제의와 성서 주석의 형식을 급속하게 표준화하였다. 두 신앙 공동체는 모두 히브리어를 집요하게 신봉하지만, 신약성서와 탈무드에 각각 권위를 부여한 사실은 그들이 서로 현저하게 다른 신앙고백적 시각을 통하여 동일한 본문을 볼 것이라는 점을 확인해준 셈이었다.

최초의 그리스도인들은 히브리어 원문이든 그리스어 번역본이든 히브리 성서를 권위 있는 종교적 본문으로 간주하였던 유대인들이었다(§12.1.1). 그들은 수십년 동안 다른 어떤 경전도 필요로 하지 않았다. 그들 자신이 쓴 문서들은 예수를 히브리 성서의 종교적 대망의 성취로 공표하였다. 유대교 공동체로부터 갈라져 나왔을 때에도 그리스도인들은 그들 자신의 문서들을 히브리 성서의 추가분으로 또는 히브리 성서의 대체물로 생각할 필요를 느끼지 않았다. C.E. 2세기에 교회 안에서 그리스도교 신앙 및 정체(identity)의 본질 문제를 둘러싼 분쟁이 발생하자 비로소 히브리 성서는 진정한 경전이라는 점, 그러나 핵심적인 초대 그리스도교 문서들은 히브리 성서와 동등한 권위를 갖는 경전의 제2부에 해당된다는 점을 아울러 주장할 필요가 긴박하게 되었다. 그리하여 히브리 성서에 대해서는 '구약'(Old Testament or Covenant)이라는 호칭이, 그리고 신성한 그리스도교 문헌에 대해서는 '신약'(New Testament or Covenant)라는 호칭이 생겨났다(도표 2). 그 후 그리이스어 또는 라틴어 번역판 히브리 성서는 외경이 보충된 후 신약성서와 결합되어 가톨릭 그리스도교의 성서로 되었다. 동방정교회의 성서도 위경의 몇 책을 더 포함한다는 점을 제외하고는 가톨릭의 그것과 같다.

탈무드는 '공부/교훈'이라는 뜻으로 B.C.E. 250년경에서 C.E. 550년경 사이에 발전된 구전 율법을 성문화한 방대한 편찬물이다(도표2). C.E. 70년의 예루살렘 멸망으로 유대인의 종교 생활 및 사고를 상징하며 지배하던 방식들이 사실상 제거된 후에 라삐의 권위자들은 이 구전 율법에 기초하여 유대교의 구조를 일정한 형태로 형성하였다. 히브리 성서의 법률적 · 제의적 가르침에 구전의 형태로 내용을 보충하는 관행의 기원은 아마도 수복된 유대 공동체가 율법(창세기—신명기)을 그 공동체의 헌장으로 공개적으로 채택한 후 얼마 지나지 않은 시기까지 거슬러 올라갈 수 있을 듯하다. 이 구전 형태의 보충 혹은 해석과 재해석의 요체는 당대 유대인의 종교적 · 제의적 행위를 위한 엄밀한 지침(할라카[Halakah]: 이 말의 뜻은 "어떤 생활의 길로 걷게 함", "생활을 지도함"이다)을 성서 본문으로부터 끌어내는 일이었다. B.C.E. 1501년경 이후에는 바리사이인으로 알려진 이 성서 해석자들은 수세대에 걸쳐 이러한 구전 율법을 발전시켰는데, C.E. 1880년경 이것이 성문화된 것이 미쉬나(Mishnah: 이 말은 "반복 또는 공부"라는 뜻이다)이다. 미쉬나는 히브리어로 기록되었으며 전체가 6부 63권으로 구성되어 있다. 미쉬나를 아람어로 주석하는 일이 C.E. 550년경까지 계속되었다. 미쉬나는 게마라(Gemara: 이 말은 "완성"이라는 뜻이다)로 알려진 이 아람어 주석과 결합하여 탈무드(Talmud)가 되었다.

그러는 동안에, 율법이 아닌 다른 성서 본문에 대한 종교적 해석과 재해석이 율법 전승들에 대한 법률적 · 제의적 재해석과 나란히 발달하였다. 성서에 나오는 이야기와 예언을 상세히 설명함으로써 유대인의 신앙과 희망

〈표 6〉 C.E. 70년 이전의 구약 위경에 속하는 유대교 책들

아담과 이브의 생애(또는 모세의 묵시록)
아리스테아스의 서신
(시리아어의) 바룩 2서
엘리야의 묵시록
(에디오피아어의) 제1에녹서
(슬라브어의) 제2에녹서
이사야 승천
욥의 유언
희년서(요벨서)
마카베오 3서
마카베오 4서
모세의 유언(모세의 승천)
예언자들의 생애
시빌의 신탁
솔로몬의 시편
십이 족장의 유언

* 이 목록에 실린 위경들은, 비록 C.E. 70년 이후에 유대교와 그리스도교 저술가들이 확대 또는 개정한 곳이 많기는 하지만, 그 이전 유대교 자료들의 핵심은 최소한 포함하고 있는 것으로 일반적으로 인정되는 위경들이다. 이것들은 모두 Charlesworth의 *OTP*에 번역 수록되어 있고 Charles의 *APOT*에도 대부분이 번역 수록되어 있다. 이러한 위경들의 문학적 특징과 역사적 특징에 대한 논의는 Nickelsburg의 *JLBBM*에 실려 있다.

〈표 7〉 사해 두루마리 가운데 있는 중요 문서들*

1QapGen	Genesis Apocryphon from Qumran Cave 1
1QH	Hodayot(Thanksgiving Hymns) from Qumran Cave 1
1QIsa[a]	First Copy of Isaiah from Qumram Cave 1
1QIsa[b]	Second Copy of Isaiah from Qumran Cave 1
1QpHab	Pesher(commentary) on Habakkuk from Qumran Cave 1
1QM	Milhamah(War Scroll)
1QS	Serek hayyahad(Rule of the Community or Manual of Discipline)
1QSa	Appendix A(Rule of the Congregation) to 1QS
1QSb	Appendix B(Blessings) to 1QS
3Q15	Copper Scroll from Qumran Cave 3
4QFlor	Florilegium(Eschatological Midrashim) from Qumram Cave 4
4QMess ar	Aramaic "Messianic" Text from Qumran Cave 4
4QpNah	Pesher(commentary) on Nahum from Qumran Cave 4
4QPrNab	Prayer of Nabonidus from Qumran Cave 4
4QTest	Testimonia Text from Qumran Cave 4
4QTLevi	Testament of Levi from Qumran Cave 4
5QJN ar	Aramaic Description of the New Jerusalem from Qumran Cave 5
11QMelch	Melchizedek Text from Qumran Cave 11
11QPsa[a]	The Psalms Scroll from Qumran Cave 11
11QTemple	The Temple Scroll from Qumran Cave 11
11QtgJob	Targum of Job from Qumran Cave 11

* 통상적으로 받아들여지는 사해 두루마리의 약어들이 원문에 대한 학문적 논의에서도 널리 이용되는데, 이것은 발견된 동굴의 지정 번호가 앞에 있고 그 다음에는 (사본이 발견된 기타 사해 지역 유적들과 구별하기 위해) 쿰란을 나타내는 Q, 그리고 마지막으로 개별 문서명을 나열하는 방식을 사용하고 있다. 필요에 따라 우측 상단에 표기한 소문자는 한 동굴에서 발견된 동일 문서의 상이한 사본들을(예, 1QIsa[a] 및 1QIsa[b]) 나타내며 동일선상의 소문자는 문서의 부록을 지칭한다(예, 1QSa 및 1QSb).

이 고무되었다(이를 학가다[Haggadah]라 부르는데 그 뜻은 "이야기"이다). 이 학가다식 성찰들은 미드라쉬(Midrash: "해설"이라는 뜻이다)에 집대성되었는데, 이 미드라쉬는 C.E. 150년경에서 1300년경에 씌어진 다수의 성서 주석으로 구성되어 있다. 하나의 문학 양식으로서의 미드라쉬(복수형은 미드라쉼[midrashim])는 성서학에서 그 중요성이 점점 더 커지고 있다. 그 까닭은, 존중되어 온 옛 본문을 재해석하여 문서로 기록하는 이러한 방식은 역대기와 다니엘서 같은 포로기 이후의 성서 문서 속에서 이미 실시되었다고 몇몇 학자들이 주장하기 때문이다. 라삐 유대교는, 그리스도교가 예수에 대해서 하는 것과 달리, 하느님의 새로운 역사적 계시자를 인정하지 않으므로, 히브리 성서로 확장하여 미쉬나나 탈무드 전체를 포함시킬 이유가 없었다. 사실 그들은 시나이에서 모세 자신이 성문 율법과 함께 이를 해설한 구전 율법을 제시하는 관행을 이미 시작했었다고 주장하였다. 성문화된 구전 율법인 탈무드는 계속 살아 있는 모세의 말씀으로 생각되었고, 따라서 히브리 성서에 나오는 율법의 말씀과 완전히 일치하는 것으로 받아들여졌다. 그래서 히브리 성서를 옛 율법으로, 그리고 미쉬나와 탈무드를 모두 혹은 어느 하나를 새 율법으로 지칭할 이유가 없었다. 그 대신, 전자에게는 그저 그 책이 지닌 세 가지의 내용을 부각시키는 기술적(記述的) 명칭에 지나지 않는 타나크(Tanak)라는 이름이 주어졌다. 또 히브리 성서는 그저 토라(Torah)라는 이름으로 불리기도 하였는데, 이는 히브리 성서의 첫 번째 부분의 이름을 히브리 성서 전체에 적용시킨 것이다.

11. 히브리 성서의 형성사

오늘날 사람들이 읽고 있는 히브리 성서의 인쇄본은, 히브리어 원문으로 되어 있든 현대어 번역문으로 되어 있든, 3천 년 이상에 걸쳐 진행된 복잡한 문학적 과정의 최종 산물이다. 비록 아직도 정보가 부족하고 문학사 최초의 단계에 속하는 문서 전승의 분류와 선후 관계에 대해서는 이론이 분분하지만, 역사비평적 방법의 도움으로 히브리 성서의 성장만이 아니라 상당히 세부적인 과정까지도 재구성할 수 있게 되었다. 사해 두루마리와 알렙포 사본(Aleppo Codex) 같은 새로운 사본들이 발견되고 거기에 본문비평 및 정경비평과 같은 세련된 방법이 사용됨으로써 히브리 성서의 문학적 발전에 대한 우리의 지식은 양적으로나 질적으로 크게 향상되었다.

히브리 성서의 문학사는 부분적으로는 중첩되지만 다음과 같이 세 시기로 구분될 수 있다.

1. '독립된 문학 단위들의 형성기': 이 문학 단위들은 구전의 형태일 수도 있고 문자의 형태일 수도 있는데, 이것들이 결국에는 히브리 성서의 일부로 된다. 대략 B.C.E. 1200년에서 B.C.E. 100년까지의 시기이다.
2. '히브리 성서의 최종 형성기': 히브리 성서 천체가 율법서, 예언서, 성문서의 세 부분으로 구성된 권위 있는 문집으로 형성되는 시기이다. 이 시기는 B.C.E. 400년경에 율법서를 핵으로 하여 시작되고 후에 그 핵에 예언서가 추가되며 C.E. 90년경에 성문서의 한계를 정함으로써 끝난다.
3. '히브리 성서의 보존 및 전수기': 히브리 성서의 보존과 전승은 히브리어 원문과 외국어 번역문으로 이루어졌는데, 이 시기는 다시 다음 두 시기로 세분된다.

1) 히브리 성서의 내용물에 대한 마무리 작업이 아직 계속되던 시기로 B.C.E. 400년경부터 C.E. 90년경까지가 여기에 속한다.
2) 히브리 성서가 명확된 형태에 도달한 시기로 C.E. 90년경에서 현재까지 이르는 시기이다.

11.1 독립된 문학 단위의 형성

11.1.1 문학적 구성의 과정

이스라엘은 본시 책을 지향하는 민족으로 출발하지도 않았고, 그 종교 역시 성서 시대 말기로 접어들기 전까지는 책에 근거를 둔 종교가 아니었다. 비교적 적은 양의 본문만을 쓴 소수의 최종 편집자를 제외하고, 성서 기자들은 장차 한 종교의 권위 있는 기초가 될 대규모 문집을 위해 글을 쓴다는 의식 내지는 의도를 가지고 있지 않았다.

근본적으로 이스라엘은 독특한 종교를 소유한 하나의 사회사적 실체였다. 그 사회사적 실체는 수세기에 걸쳐 공동체의 요구와 위기라는 당면한 여러 정세에 대응하여 풍부한 문학 작품을 생산하였다. 이 각양각색의 글들은 매우 다양한 목적에 맞도록 여러 가지 문학적 형태를 취하였다. 간단히 말해서, 어느 누구도 히브리 성서의 범위와 내용을 예견하거나 계획하지 않았다. 정반대로, 히브리 성서는 독립된 문학 단위들이 결합된 결과로 생겨났다. 이 독립된 문학 단위들은 포로기 이후에 유다에서 발생한 사건과 정세의 압력 아래 점차 유사한 것끼리 모아지고 신성한 문헌으로 취급되었다. 물론 유대인과 그리스도인들은 '하느님' 이 히브리 성서를 예견하고 계획하였다고 주장해왔다. 그러나 이것은 사후적(事後的) 가치 판단이지 글을 쓰고 수집하고 편집하는 거의 모든 과정을 담당했던 사람들이 겪은 실제의 문학적 과정을 기술한 말이 아니다.

히브리 성서 가운데 극소수의 책들만이 한 사람의 필자가 썼다는 의미에서 단일 단위(simple units)라 할 수 있을 것이다(요나서와 아가서는 이러한 단일 단위일 것이다). 가장 큰 책들을 모두 포함해서, 성서에 나오는 대부분의 책들은 그것들이 여러 저자의 산물임을 보여주는 증거들을 풍부하게 지니고 있다. 어떤 경우에 이 말은, 본문에 직접 언급되어 있는 대로 혹은 내적 증거로부터 추정되는 바대로 한 사람의 저자가 다른 자료에서 인용하였음을 뜻하기도 한다. 기본적으로는 단일한 작품으로 씌어졌다고 할지라도 구전이 그 작품의 천사(前史)였을 것으로 추정되는 경우도 있다('짧은 이야기' [novella])인 룻기는 아마 초기에는 구전의 전담[saga] 형태였을 것이다). 또 어떤 경우에는 본래 독립적이었던 문학 단위들이 일정한 의도 아래 결합되어 새로운 편집물이 생겨나기도 하였다. 또 다른 경우에는 최초의 문학적 핵심에 그와 유관한 문학적 성격이나 주제적 성격을 지닌 소규모의 삽입물 또는 자료군이 보충되기도 하였다.

대체로, 히브리 성서의 형성은 소규모의 작품들을 덧붙이고 이어 맞춤으로써 보다 큰 규모의 작품을 만들어내는 절차를 밟았다. 그 과정은 책마다 다르지만, 흔히는 첨가, 재배열, 병합, 그리고 이렇게 결합된 소수집물들 혹은 다른 자료들이 보충된 핵심에 편집주를 다는 일 등의 몇 가지 단계가 있었다. 성서의 어느 한 책이 지녔던 본래 핵심의 모양과 그 책의 최종 형태 사이에는 수세기의 간격이 있는 경우가 빈번한데, 그 사이에 그 작품은 성장하면서 내용과 구조에 있어 한 차례 이상의 변화를 겪기 마련이었다.

성서의 책들은 대체로 기나긴 성장 궤적을 가지고 있다는 바로 그 이유 때문에, 하나의 책 혹은 전승군의 연속적인 발달 단계라는 측면에서 뿐만 아니라 동시대에 공존하였거나 경향이 같은 책들 및 전승군들의 동시적 발전이라는 측면에서도 그 형성 과정을 고찰할 필요가 있다. 예를 들면, 창세기에서 민수기까지에 나오고 J와 E로 알려져 있는 작자 미상의 자료들이 B.C.E. 10세기와 9세기에 문자로 기록되고 있는 동안 한편에서는, 후에 여호수아 열왕기의 중요한 일부가 될 이야기군 및 국가 · 성전 기록들이 또한 문자화되고 있었다. 마찬가지로, 최초의 예언서들이 기원전 8세기와 7세기에 출현하였을 때에는, 후에 잠언서의 일부가 될 금언집들이 이미 문자로 기록되고 있었다. 결국 포로기 이후에 편집된 시편에 통합되었을 시들이 포로기 이전의 전역사 과정을 통하여 지어졌는데, 이 시들은 완성된 시편에 수록되기 전까지는 여러 종류의 소규모 시집을 통하여 전승되었을 가능성이 매우 짙다. 성서에 나오는 이스라엘의 사회적 · 정치적 · 종교적 제도가 겪은 흥망성쇠와 직결되어 있었던 문학 형성의 복잡다단한 과정에서 수많은 사람들의 손길이 작용했다는 것은 분명하다.

히브리 성서에 들어 있는 책들 각각의 구성 과정 그리고 히브리 성서 전체의 구성 과정을 생생하게 그리는 데에는 대하천계(大河川系)의 비유가 도움이 된다. 대하(大河)의 물은 작은 개울, 큰 개울, 시내, 작은 강, 대하의 지류 등의 합류이다. 그러한 강을 강 어귀에서 보면, 그 강이 바다를 향해 거역할 수 없이 한결같이 흘러가는 모습에 감명을 받게 된다. 그러나 동시에 하나의 수로에 집합한 그 물이 사실은 광대한 강 유역의 도처에 흩어진 유수들이 그 강으로 서서히 흘러 들어가 모인 것이라는 사실을 알게 된다.

이렇게 거대해진 강이 흘러가면서 수량(水量)과 영향력을 더해 가는 것처럼, 히브리 성서의 최종적 통일성은 장구한 시간에 걸쳐 광대한 공간에서 진행된 추가 과정을 통하여 생겨난다. 또 그 강물의 일부는 빗물이 아니라 눈과 얼음이 녹은 물에서 비롯되듯이, 히브리 성서에 나오는 모든 말이 단 하나의 기원이나 형식을 갖고 있는 것은 아니나. 왜냐하면 이 대규모의 수집물 속에는 본래는 구두로 전해지다가 나중에 가서야 비로소 문자로 기록된 말들이 들어 있고, 또 그 전승들은 복잡다단한 문학 양식을 빌어 표현되었기 때문이다.

11.1.2 문학적 구성 과정에 있어서의 구두 전승과 문학 장르

히브리 성서의 형성 과정을 추적함에 있어서 우리는 구두 전승의 강력한 영향에 주목해야만 한다. 우리는 학구적인 태도를 갖고 성서 본문을 읽으려 하기 때문에 구두 전승의 영향을 깨달을 수 있지만, 그것은 우리가 깨달을 수 있는 것보다 성서의 문학적 구조에 훨씬 큰 영향을 끼쳤다. 성서에 나오는 책들의 저자, 연대, 자료 등을 규명하려고 노력하는 가운데 학자들은, 많은 성서의 문헌들은 복잡하고도 뿌리 깊은 구전의 기원을 가지고 있다는 것과 그 기원은 여러 역사비평 방법에 양식비평을 포함시킴으로써만 찾아내고 설명할 수 있다는 것을 차츰 깨닫게 되었다. 양식비평 혹은 장르비평은, 사람들의 일상적 문화 속에는 특수한 삶의 자리에 고유하고 비교적 고정된 구두 전달 양식이 존재한다는 널리 입증된 공리에 입각하여 이루어진다.[3]

구전 양식들은 서로 인사를 나눌 때, 또는 여러 가지 사회적 지위나 역할에 따라 경칭을 붙일 때 통용되는 관용적 표현들처럼 단순한 것일 수도 있다. 이러한 구전 양식들은 삶의 모든 영역 속에서 발견되는데, 특히 고대

---

3) Gerhard Lohfink는 *The Bible: Now I Get It! A Form-Critical Handbook*(Garden City, N.Y.: Doubleday & Co., 1979)에서 편지, 기상 보고, 사망 형식을 인용함으로써 학생들에게 양식비평을 능숙하게 소개해준다.

이스라엘처럼, 글을 읽고 쓰는 일이 특정 집단에 한정되고 제한된 목적에만 사용되는 경향이 있는 문자 시대 이전의 민족들이나 근대 이전의 사회에서 그러하다. 성서 본문의 배후에 있는 것으로 규명된 일반적인 구전 양식들로는 다음과 같은 것들이 있다. '설화'(narratives)는 중요한 조상이나 종교적 인물을 일상적 경험을 초월하는 허구적이고 경이에 찬 문체로 다루며, 지리적 특색, 제도, 그리고 관습의 기원을 설명하는 데 도움이 될 수 있는 양식이다. '찬양'(hymns)과 '감사의 노래'(thanksgiving songs)는 운명의 전환을 신의 덕으로 돌림으로써 전쟁에서의 승리나 기근, 질병, 억압으로부터의 구원을 축하하는 양식이다. '애가'(laments)는 중요한 인물의 죽음을 애도하거나 공공의 재난을 애곡하는 양식이다. '법'(laws)은 사회적 행위를 규정하는 양식이고, '제사 규정'(priestly regulations)은 제의 집전에 관한 지침이다. '예언'(prophetic sayings)은 개인이나 국가에 대해 심판이나 구원을 선포하는 양식이고, '금언'(aphorisms) 혹은 '속담'(artistic proverb)은 폭넓은 경험에서 나온 지혜의 정수를 표현한 양식이다.

이 구전 양식들은 특유한 구조와 어투를 지니고 있었고, 관례적으로 다루어 온 주제들을 취급하였으며, 특정한 삶의 자리에서 낭송되었다. 아마도 이스라엘에서 문자화된 최초의 본문들 중 많은 것들이 문자로 기록되기 이전에 구두로 지어져 낭송되었을 것이다. 창세기 12-50장에 나오는 조상 이야기의 대부분과 판관기 5장에 나오는 드보라의 노래 따위의 운문들이 이러한 경우에 속할 듯하다. 문자화는 한 양식의 구두 낭송을 표준화하기 위하여 이루어졌을 것이다. 혹은 문자화는, 구두 낭송이 사라져 가고 있으므로 그것들이 완전히 사라지기 전에 한 양식의 표본들을 보존해야 할 필요가 생김으로써 발생하였을 수도 있다. 또는 확장된 작품의 필자가 문맥상 적합하다고 느껴서 구전의 한 표본을 보다 큰 규모의 본문 속에 문자로 써넣기로 작정하였을지도 모른다. 신명기적 역사가(歷史家) 또는 초기의 어떤 편집자가, 만약 그대로였더라면 산문이었을 한 문맥 속에 판관기 5장을 삽입한 까닭은 분명히 이러한 것이었다. 이스라엘의 생활이 부족 시대로부터 왕정 시대로 이행함에 따라 부족 생활에서 나온 전래의 구전 양

〈표 8〉 히브리 성서의 문학 장르, 형식 또는 양식

역사서와 율법서의 문학 장르

지시적 문학 장르

1. 일상적 공식문과 말(창세 35,17; 시편 2,7)
*2. 범주적 형태의 행동 규칙=정언법(apodictic laws, 출애 20,1-17; 레위 18,7-12 · 14-16).
*3. 법적 금언과 결정=결의법(casuistic laws, 출애 21,12-17; 신명 22,6-8).
*4. 인간과 하느님 사이의 조약과 협정(열상 5,2-12; 창세 23,16-17; 출애 24,1-11; 여호 24,1-27).

요청과 기원 문학 장르

5. 요청과 기원(창세 47,15; 삼상 10,24).
6. 공식 인사문(판관 6,12; 삼상 25,6).
7. 축복과 저주(민수 6,24-26; 여호 6,26; 예레 20,14-18; 시편 41; 욥기 1; 20,3).
8. 맹세(민수 14,21; 삼상 14,39; 아모 4,2; 8,7; 욥기 31).
9. 신탁(삼상 23,2 · 11; 삼하 5,23-24; 에제 21,18-23).
10. 시편 판별법(민수 5,11-31; 여호 7,14-21; 시편 7,3-5).
*11. 제의 규정과 사제 간의 권능(민수 15; 레위 11-15; 시편 15; 24,3-6).
12. 인정(신명 1,14), 거절(창세 34,7), 책망(삼하 16,10) 의사 전달 문학 장르
13. 대화(삼상 24,8-22; 열상 18,7-15).
*14. 공식 연설(신명 20,5-8; 여호 23; 열하 18, 17-35; 역하 13,4-12).
15. 설교(신명 1-10; 28-31).
16. 기도(판관 16,28; 열상 8,15-53; 18, 36-37).
17. 서한(삼하 11,15; 열하 5,5-6; 10,2-3; 예레 29,1-28).

설화 문학 장르

18. 신화—다른 장르에서는 오직 단편적 예만을 볼 수 있다(창세 6,1-4: 신적 존재의 인간 여자와의 결혼; 이사 14,12-20 : 교만한 신적 존재가 지하 세계로 추방됨; 이사 51, 9-11: 하느님이 바다 괴물 라합[=이집트]을 쳐부숨; 창세 1,2; 물과 혼돈이 있고 하느님이 창조의 기반으로 삼은 "깊음").

19. 허구(fairy tales)-다른 장르에서는 모티프로만 나타남(창세 39,7-20: 음란한 여인이 청년을 유혹함; 열상 3, 16-28: 지혜로운 왕이 난해한 법적 소송을 해결함; 욥기 1-2; 42,7-16: 경건한 사람은 큰 고통을 불평 없이 받아들임으로써 신의 시험을 통과함).

*20. 전담(창세 21, 22-31; 32, 25-33; 출애 17,8-16; 32; 다니 1-6). 연속 사가, 사가집(창세 12,4-9; 13-14; 18-19, 아브라함과 롯 전담집).

*21. 전설(삼상 1-3; 열상 17-19; 열하 2, 19-22; 13,20 -21)

*22. 단화("짧은 소설") 혹은 확대된 전담(창세 37,39-48; 50; 요나; 룻기)

23. 일화(판관 15,1-16, 3; 삼상 23,8-23).

보도 일화 장르

*24. 인명과 집단 목록(창세 10; 민수 1,26; 삼하 8,16-18; 20,23-26; 에즈 2; 느헤 3)

*25. 지명록(민수 33,1-49; 여호 15-19; 미가 1,10-16).

26. 물품 목록(출애 35,21-19; 이사 3,18-23; 에즈 2,68-69).

*27. 연표, 역대기(열상 9,15-23; 14,25-28).

*28. 역사적 설화(판관 9; 삼상 11).
역사 편찬(삼하 9-20; 열상 1-2).

29. 전기(느헤 1,1-7,5; 11,1-2; 12, 27-13, 31).
역사서와 율법서의 기타 문학 장르에 대해서는 30, 32, 34-36, 38, 41-43, 45, 47, 49, 51, 52, 56, 57, 59번을 보라.

시가서의 문학 장르

일상 생활에 관한 가사(歌詞) 장르

30. 노동가(민수 21, 17-18)

31. 권주가(이사 22, 13; 56, 12).

32. 조롱가, 풍자가(민수 21, 21-30; 판관 5, 28-30; 이사 44, 12-20; 시편137, 7-9).

33. 연가(아가; 이사 5,1-7; 에제 16, 23).

*34. 전쟁가, 승전가(출애 15,20-21; 여호 10,12; 판관 5; 삼상 18,6-7; 이사 63,1-6; 시편 20-21).

35. 만가, 장송가(삼하 1, 17-27; 아모 5,1-3; 이사 14,4-21).

시편의 문학 장르

*36. 송가(신명 33, 1-5, 26-29; 시편 46-48; 78; 93; 96-99; 103; 105-6; 하바 3; 욥기6-7).

*37. 애가(시편 6; 22; 44; 69; 74; 137; 이사 52,13-53,12; 욥기 3,17-19; 10,8-17).

38. 감사의 노래(삼상 2,1-10; 시편 67; 107; 124; 136; 요나 2,2-9)

39. 제왕가(시편 2; 20; 44-45; 72; 101; 110; 132; 144; 이사 9,2-7).

40. 지혜시, 교훈시(시편 34; 37; 49; 73; 91; 111-12; 호세 14, 9).

시편의 기타 문학장르에 대해서는 1, 7, 10, 11, 32, 34, 41번을 보라.

예언서의 문학 장르

41. 간원 신탁(열상 14,5-16; 열하 20,1; 시편 20,6-8; 60,6-8; 85,9-10; 95,7-11; 예레 37,17).

*42. 위협, 심판 언설(열하 1,3-4, 6,15-16; 예레 28, 12-16; 아모 7,16-17).

*43. 약속, 구원 언설(열상 17, 14; 열하 3,16-19; 예레 28, 2-4; 32,14-15; 이사 41, 8-13).

44. 권면, 권고(이사 1,10-17; 예레 7,1-15; 25, 3-7; 아모 5,14).

45. 재판, 사법 담화(이사 41,1-5. 21-29; 50,1-3)

46. 논쟁 담화(이사 40,12-31; 49,14-26; 미가 2,6-11; 말라 1-2; 3,6-15; 욥기 4-42,6).

예언 보도

*47. 환상 보도(열상 22, 19-22; 아모 7,1-9; 8,1-3; 즈가 1,7-6,8; 다니 7-12).

소명 보도(이사 6; 예레 1; 에제 1-3).

*48. 상징적 행위 보도(호세 1; 3; 이사 7,3; 8,1-4; 20,1-6; 예레 13,1-11; 32,1-15; 에제 121-20; 24).

예언 설화

*49. 전설 (열상 11,29-39; 14,1-18; 이사 38,1-8; 21번도 보라).

50. 전기 (예레 26-28; 36-45).

예언서의 기타 문학 장르에 대해서는 7-9, 17, 18, 22, 25, 26, 31-40, 51, 53, 56, 58번을 보라)

지혜서의 문학 장르

---

51. 일반 잠언(삼상 24,14; 예레 23,28; 에제 18,2; 스바 1,12).
52. 수수께기(판관 14,14; 잠언 1,6).
53. 숫자가 사용된 말(아모 1,3-2, 8; 시편 62,11; 욥기 5,19-22; 잠언 6,16-19; 30,15-16, 18-19, 21-31).

*54. 경구 혹은 예술적 형식을 갖춘 잠언(잠언 10-29; 전도 1,12-18; 2, 1-11; 3,1-15).

55. 지혜와 교훈시(욥기 18,5-21; 20,4-29; 28; 잠언 1-9)
56. 비유(삼하 12, 1-4; 이사 5, 1-7; 28, 27-29; 요나)
57. 우화(판관 9,8-15; 열하 14,9; 잠언 30, 24-31).
58. 알레고리(에제 15-17, 10; 19,1-14; 잠언 15,15-23; 전도 11,9-12,8).
59. 명사 목록과 알파벳순 명단(열상 4,29-34 ;욥기 28; 36, 27-37, 13 ;38, 4-39, 30; 40, 15-41, 34).

지혜서의 기타 문학 장르에 대해서는 §7, 8, 18, 19, 36, 37, 46번을 보라

---

* 이 표는 Fohrer(*IOT*), Eissfeldt(*TOT*) 그리고 Hayer(*OTFC*) 등의 문학 장르 분류와 명명법을 이용하여 작성한 것이다. 표의 구조는 Fohrer의 분석과 아주 가깝지만, 장르에서는 첨가한 것도 있고 누락시킨 것도 있으며, 성서 본문의 예가 다를 수도 있다.

식과 나란히 문자적인 궁중 문화의 발생을 보게 되었다. 초기의 구전 양식들이 문서에 흡수되고 뚜렷한 문학적 특징을 지닌 보다 큰 규모의 구성물 속에 배열되기도 하면서 저작 활동이 돌연히 폭발적인 양상으로 전개되었다.

구전 양식들이 일정한 삶의 정황에 고착되어 있는 한, 그것들은 선명한 경계 안에 머물러 있었고 그 특유의 형태를 간직하였다. 예를 들어, 애가는 방금 경험한 사망이나 고통에 한정되어 있었다. 다윗이 사울과 요나단의 죽음을 애도하는 사무엘하 1장 17-27절의 애가와 같은 특별한 구두 애가들은 후세를 위해 즉시 문자로 기록되어 보존될 수 있었다. 그러나 특정한 구전의 표본들을 문자화하는 것이 구두 전승과 문학 양식 사이의 복잡한 상호작용의 전부는 결코 아니다. 양식은 양식 그 자체로서, 그것이 구전으로 사용될 때와는 전혀 다른 목적을 위해 그 양식을 모방하고 수정하였던 필자들에게 관례적인 그 어투와 개념 구조로써 강력한 영향을 계속 끼쳤다. 예를 들면, 예언자들은 나라의 도덕적 · 종교적 상태를 애도하거나 또는 그 나라의 집단적 멸망을 예기할 때, 나아가 귀족과 권력자들에게 그들의 죽음이 임박했음을 축하함으로써 그들을 조롱하고 비웃을 때 애가를 활용하였다. 이리하여 새로운 문학적 맥락 속에서 구전 양식들은 새로운 삶의 자리를 갖게 되었고, 형식과 내용의 특색을 바꾸게 되었다.

구두 전승과 그 양식이 히브리 성서의 문학적 구성에 대하여 갖는 관계는 성서 양식비평가들과 성서 문학비평가들이 아직도 탐구 중에 있는 까다로운 문제이다. 어떤 구전 양식들이 일상생활에서 널리 이용되지 않게 된 훨씬 후에, 또는 다른 방식으로 사용되거나 이런 저런 방식으로 산만하게 사용되게 된 훨씬 후에, 포로기의 이사야와 같은 문서 예언자는 구원 신탁, 찬양, 재판 어투, 논쟁 어투와 그 밖의 다른 장르들을 채택하여 인상 깊게 배열함으로써 강력한 수사적 힘을 가진 작품을 계획적으로 저술하였는데, 이 작품은 포로기의 이스라엘 사람들에게 특정한 종교적 태도와 정책을 깨우쳐 주기 위해 읽힐 의도로 씌어졌으며, 아마도 큰 소리로 낭독케 하였을 것이다(§50.2). 2세기의 저술가였던 다니엘서의 저자는 외국 정부에서 일하는 유대인들에 대한 설화를 사용하였는데, 이 설화는 조상과 신심 깊은 지도자들의 구원을 다룬 고대의 전담(saga) 양식을 아주 긴밀하게 따르고 있다(§55.2). 나아가 그는 바로 자기 시대인 헬레니즘계의 셀류커스 시대에 있었던 박해 하에서도 인내할 것을 권면하기 위하여 바빌론(페르샤? 프톨레미?) 포로기의 신심 깊은 유대인들에 관한 구전 전담(saga)들을 이용하고 힘들여 고쳤을 가능성마저 존재한다.

요컨대, 성서 문학의 형성을 제대로 서술하기 위해서는 논리적으로는 구별될 수 있지만 실제로는 매우 긴밀히 뒤섞여 있는 두 과정을 다루어야만 한다. 그 첫 번째 과제는 한 성서 문헌의 전체적인 구성 형태("문헌을 하나로 결합시키는 것")를 판별해내는 일이고, 두 번째 과제는 완성된 본문에 구조상의 "빌딩 블럭"(building block)이나 수사적인 "회반죽"(mortar)으로 기여하는 장르 요소들(문헌을 흩뜨리는 것)을, 원형 그대로이건 파손된 상태이건 간에, 분리해내는 일이다. 성서의 한 책 또는 전승층을 구성하고 있는 장르들을 조사할 때에는, 일반적으로 이전에 존재하다가 더 큰 작품 속에 흡수된 구전 단위 또는 문서 단위의 사례를 찾고 '동시에' 또한 장르 요소들이 새로운 문학적 저술의 모델로 기능했던 방식을 찾아낸다. 성서 문서들의 최초의 모습과 완성된 모습을 보다 잘 이해하기 위해서 종합적인 문학적 연구 방법과 분석적인 양식비평적 연구 방법 사이를 오가며 연구하는 것이 통상적인 관례이다.

문학 양식 즉 장르 분석은 대부분의 성서 독자들에게는 친숙하지 않고, 또한 성서 자료의 장르별 분류에 대해서 학자들 사이에 완전한 합의가 이루어지지 않았을 뿐만 아니라 장르의 명칭도 표준화되어 있지 않으므로,[4] 히브리 성서에서 이제까지 확인된 주요 문학 양식들의 목록을 거의 완벽하게 제시하는 것이 상책이다(표 8). 설화적 성격을 띤 문학 장르와 보고적

---

4) 스물 네 권으로 기획된 FOTL의 각 권마다 용어 사전을 첨부함으로써 학자들 사이에 장르명 사용에 대한 견해 일치를 향해 진일보가 이루어졌다. 이러한 양식비평적인 주석 씨리즈가 완성되자, 편집자들은 용어 사전 전체를 개정(改正)하고 단권으로 된 통일된 용어 사전을 이 씨리즈의 제24권으로 출판하려 하고 있다.

성격을 띤 문학 장르를 분류하고 명명하는 일은 합의를 보기가 특히 어려웠다. 〈표 8〉의 분류법에서는, 구전에 근거한 과거를 배경으로 하고 그에 대한 역사적 기록은 없으나, 대역경을 극복한 조상이나 지도자들의 행적을 자세히 이야기하며, 구성이 단순하고 등장인물이 적은 짤막한 허구적 이야기를 가리키는 용어로 고대 노르웨이 말인 '사가'를 선택하고 있다(20번). 가끔 이러한 사가는 전설이라고 불리워지기도 하였다. 그러나 '전설'(21번)은 중심 인물의 종교적 성질과 재능에 초점을 맞추고 있고 독자들에게 교훈을 주려는 것이 목적인 이야기에 가장 잘 어울리는 명칭이다. 사가나 전설은 연쇄적으로 또는 무리를 지어 나타나기도 하고, 또한 '짧은 이야기'를 만들기 위하여(a short story or novella, 22번) 구성을 확장시키거나 말을 길게 늘임으로써 가다듬어질 수도 있다. 성서에서 '신화'(18번)와 '동화'(19번)는 다른 문학 양식 속에 조각조각난 단편으로만 나타나거나 아니면 한 주제로만 나타난다. 이 두 가지 양식이 이렇게 된 이유는, 이스라엘의 유일한 신이 배우들인 다른 신들을 대신하였기 때문이며 또한 허구적 설화에 인명과 지명을 명확하게 밝히고자 하는 이스라엘의 관행으로 신화 및 동화에 있어서처럼 시간 · 공간을 막연하게 포기하는 것이 통상 거부되었기 때문이다. 이 모든 설화 양식들은, 꼭 언급해야만 할 사실을 일상적인 사실성과 때로는 역사적 문헌의 증거를 가지고 보고하는 근래의 보고 양식들(24-29번)과 구별될 수 있다.

아마 200종을 상회할 수도 있는—어떤 성서학자들은 이만한 수의 장르들이 성서 본문에 나타나있음을 발견하였다고 주장했다—상당히 많은 장르들 가운데에서 뽑아낸 59종의 문학 장르들이 〈표 8〉에 열거되어 있다. 이 목록에는 어느 정도의 임의성이 있다. 왜냐하면, 예컨대 보고 양식(24-26번)이라는 명칭 아래 열거된 3종의 목록들은 "목록"(lists)이라는 하나의 유형에 포괄될 수도 있기 예문이다. 양식비평가들은 흔히, 기원에 대한 설명(유래론, etiology)을 제시하는 사가들을 그것이 지리적 유래론이냐 종족적 유래론이냐 제의적 유래론이냐에 따라 구별한다. 그러나 이러한 유래론들이 과연 하나의 장르가 될 수 있느냐 없느냐 또는 그것들이 사가 양식에 부차적으로 덧붙혀진 주제에 불과한 것이냐 아니냐에 대해서는 논란이 분분하다. 표에 열거된 59종의 장르들 중에서도 분명히 어떤 것들은 다른 것들보다 훨씬 더 파급 효과가 큰데, 특히 그 장르들이 문학적 차원에서 성서 자료들을 생성한 정도에 있어 그러하다. 이러한 차이를 다소라도 표시하기 위해 21종의 장르—아마도 각 범주의 성서 문서들 속에 나오는 대다수의 장르들이 여기에 속할 것이다—앞에는 국화표(*)를 붙였다.

문서들을 크게 나눈 각각의 범주들(역사적-법적 문서, 시 문서, 예언 문서, 지혜 문서)에는 가장 두드러진 양식들이 열거되어 있다. 각 난의 끝에는 해당 범주에 속하지만 자주 나타나지 않는 양식들을 찾아볼 수 있도록 참조 번호를 적어 놓았다. 예컨대, 종교적 노래 양식은 시편에만 나타나는 것이 아니라 4종류의 문서 모두에 나타나며, 사가와 전설은 단지 설화적 작품의 성분일 뿐만 아니라 예언 문서에도 나타나고 나아가 다니엘서에서는 묵시적 목적에도 이바지하고 있다. 그러므로 양식들은 어느 한 범주의 문서 속에 무리를 지어 나타나는 경향이 있기는 하지만, 다른 것과 결합되어 나타나기도 하고, 다른 여러 문맥 속에 나타날 수도 있다는 점에서 매우 유동적이다.

일단 히브리 성서의 주요한 문학 장르들이 포착되면, 문서들이 최소의 문학 단위로부터 커다란 문학적 구성물로 성장하는 과정을 묘사할 수 있게 된다(도표 3). 이 도표는 "문학적 강"의 모습을 띠고 있음을 알 수 있을 것이다. 작은 개울, 큰 개울, 시내 등과 같이 도표의 꼭대기에 있는 규모는 작고 수가 많은 문학 단위들이 마치 작은 강과 대하의 지류처럼 도표의 아래에 있는 대규모의 문학적 구성물 속으로 "흘러 들어 간다." 또 이 도표에서는, 이전에 존재하였다가 성서 본문 속으로 흡수된 장르 요소들은 모난 괄호〔 〕로, 그러한 장르 요소들을 다양하게 포섭한 책들의 확정된 형태는 둥근 괄호( )로 표시하였다. 그렇다고 하여도, 문학적 분석의 제 측면에 대한 초보적인 방향 설정만을 목표로 하는 이 표와 도표에서는 문학의 구성 역사나 문학 양식들의 구전적인 측면과 문서화된 측면이 충분히 제시되지 않았다. 이러한 문학적 분석의 여러 측면은 추후에 성서의 책들과 전승군을 개별적으로 다룬 장에서 보다 자세히 논의될 것이다. 결론에서, 우리는 사회적, 신학적 발전과 뒤얽혀 있는 문학적 "전승의 흐름들"이 장구한 성서 역사 전반에 걸쳐 어떻게 괄목할 만큼의 뚜렷한 "궤적"을 형성하였는가를 살펴보겠다.

11.2. 히브리 성서의 최종 형성

성서 본문의 최종 형성에는, (1) 성서의 세 부분에 대해 각각의 최종 형태를 완결짓는 수집과 편집 작업, (2) 이 수집물들에 공동체의 기초 문서로서의 확고한 권위를 부여하는 일 등 두 가지의 발전 단계가 필연적으로 수반되었다. 이렇게 하여 권위 있는 문서로 간주되기에 이른 완성된 히브리 성서를 일반적으로 '정경'(canon, 이 말은 "갈대," "측량간(桿)," "표준"을 뜻하는 그리스에서 유래하였다)이라 하며, 어떤 문서가 가치 있는 것으로 평가되어 유일하게 권위 있는 문서로 되는 과정을 '정경화'(canonization)라 한다.

11.2.1 권위 있는 수집물들

율법서 :

일정한 수집물로서 완성된 형태에 이른 히브리 성서의 첫 번째 부분은 창세기에서 신명기까지를 포괄하는 율법서이다. 이 문서의 범위 확정은 포로기 이후의 유대인 공동체가 당시 발달하고 있었던 종교적 신앙 및 실천의 성문화된 근거로 이 문서를 채택하기로 결의한 것과 동시에 이루어졌을 것이다. 이 일은 에즈라와 느헤미야가 개혁 활동을 하면 B.C.E. 450-400년경에 발생하였을 가능성이 매우 높다(§10.3). 율법서 격상에 수반된 세세한 사정과 동기에 대해서는 별로 알려져 있는 바가 없으나 상황의 개괄적인 재구성만은 가능하다.

포로 이후에 페르샤인들에 의해 팔레스틴으로 귀환한 유대인들은 어려운 처지에 빠졌다. 그들은 엄연한 하나의 공동체임에도 불구하고 더 이상

정치적으로 독립을 이루지 못한 채 다만 페르샤 제국에 속한 한 행정 단위로만 기능할 뿐이었다. 그들에게는 문화적, 종교적 문제에 대해서는 자유가 주어졌으나 권력은 대사제와 페르샤에 대해 책임을 지는 총독이 국부적으로 나누어 쥐고 있었다. 더 이상 이스라엘은 왕을 가질 수도 없었고 대외 정책을 펼 수도 없었다. 어떤 사람이 이스라엘 사람이라는 것 또는 유대인이라는 것(1장의 주 2를 보라)은, 그가 다른 민족 국가와 대등한 하나의 완전히 독립된 정치 공동체의 일원이라는 의미로는 더 이상 규정될 수 없었다. 나아가, 포로 기간 중에 이스라엘 사람들은 대체로 히브리어를 상용하지 않게 되었다. 그들은 이제 그들이 바빌론에 살았을 때 쓰기 시작했던 아람어를 사용하고 있었다. 히브리어를 문어(文語)나 예배용 언어로 연마하였던 사람들만이 전래된 이스라엘의 문서들을 읽을 수 있었고, 그렇지 못한 경우에는 누군가가 그것들을 아람어로 통역해 주어야 이해할 수 있었을 것이다(§12.1.3). 이 모든 사정들 최초에는 부족 연맹으로 다음에는 하나 또는 두 개의 독립된 국가로서 이스라엘이 고대 근동의 여러가지 일에 전면적으로 그리고 능동적으로 참여하였던 포로기 이전과 비교해 볼 때 당대의 유대인 공동체가 선택할 수 있는 대안은 한정되어 있었음을 보여준다.

포로기 이후의 유대인들이 그들의 조상들과 공유하고 있었던 가장 뚜렷한 연결점은 포로기에 사실상 더욱 강력해진 그들의 종교였다. 복구된 공동체의 정체를 규정하고 그 공동체를 단결시키는 효과적인 방법의 하나는 율법 수여자인 모세, 족장, 판관, 왕, 사제 그리고 포로기 이전과 포로기 예언자들과의 종교적 연속성을 강조하는 것이었다. 과거의 종교적 유산에 대한 이러한 여러 공정은 성전을 재건하고 포로 기간 중에 이스라엘의 정체를 보존하는 데 기여하였던 명절 및 의식(儀式)과 아울러 성전에서의 기도식과 희생 제의를 재확립함으로써 제도적인 면에서 성취되었다. 과거와의 이러한 연결이 문학적인 면에서는 포로기를 가까스로 넘기고 남아 있었던 조상들의 글을 조심스럽게 수집하고 독해함으로써 확인되었다.

대략 B.C.E. 450년 이전까지, 이 조상들의 저작에는 이스라엘의 역사를 취급한 두 개의 대규모 설화군이 있었다. “역사”를 취급했다고는 하지만, 이미 살펴본 바와 같이(§11.1.2), 이 “역사”의 많은 부분은 사가, 전설, 짧은 이야기 등의 허구적 양식으로 되어 있었다. 이런 것들 외에도 예언서, 시편, 잠언집, 그리고 독립된 짤막한 이야기들이 있었다. 이 두 개의 대규모 설화군, 곧 창세기에서 민수기까지의 설화군과 신명기에서 열왕기까지의 설화군은 포로기까지 이르는 이스라엘의 과거 이야기를 차례차례 언급하고 있다는 점에서 “민족 서사시”에 해당된다. 다른 모든 문학 양식들은 보다 국부적이고 삽화적이어서 이 설화군에 나타나는 것과 같은 전체적인 흐름이 결여되어 있다. 나아가, 예배와 일상의 행위에 관한 지시가 모세에 의하여 주어진 법의 형태로 보존되었던 곳도 또한 바로 이 연쇄적 설화군이다. 성전 제의를 부활시킨 것을 비롯하여, 문화적 · 종교적 차원에서 공동체를 재건한 것도 바로 이 법을 근거로 해서였다. 실상, 이 법의 규범적 역할은 매우 중추적인 것이었으므로, 창세기에서 신명기까지의 수집물 전체가 모세의 법으로 알려지게 되었다.

그러나 하필이면 왜 창세기부터 ‘신명기’까지가 선택되었을까? 왜 첫 번째 설화군에 해당되는 창세기부터 민수기까지나 혹은 두 설화군을 합한 창세기부터 열왕기까지가 선택되지 않았을까? 율법서에 신명기만이 포함되고 여호수아에서 열왕기까지는 배제된 사실은 아마도 다음의 두 가지 요인으로 설명될 수 있을 것이다. 율법서를 격상시키는 의도는 율법서를, 복구된 유대인 공동체의 모든 구성원이 올바르게 살기 위해서 반드시 지켜야 하는 확고부동한 기초 문서로 삼고자 함이었다. 이 목적에 비추어 볼 때, 이에 알맞는 법들은 이미 존재하고 있었던 창세기에서 민수기까지의 문서에 국한되지 않았다. 열왕기까지 계속되는 긴 역사적 작품의 서두를 이루고 있는 신명기에도 모세가 선포했다고 알려진 법들이 들어 있었다. 그러므로 공동체의 기초 문서에 모세가 준 것으로 알려진 법들을 총망라하기 위해서는 창세기에서 민수기까지의 문서에 적어도 신명기를 추가하지 않을 수 없었다.

그러나, 나머지의 신명기적 문서들은 문제를 일으켰다. 그 문서들은 여

〈도표 3〉 큰 작품과 수집물에 포함된 작은 구전 / 문헌단위들

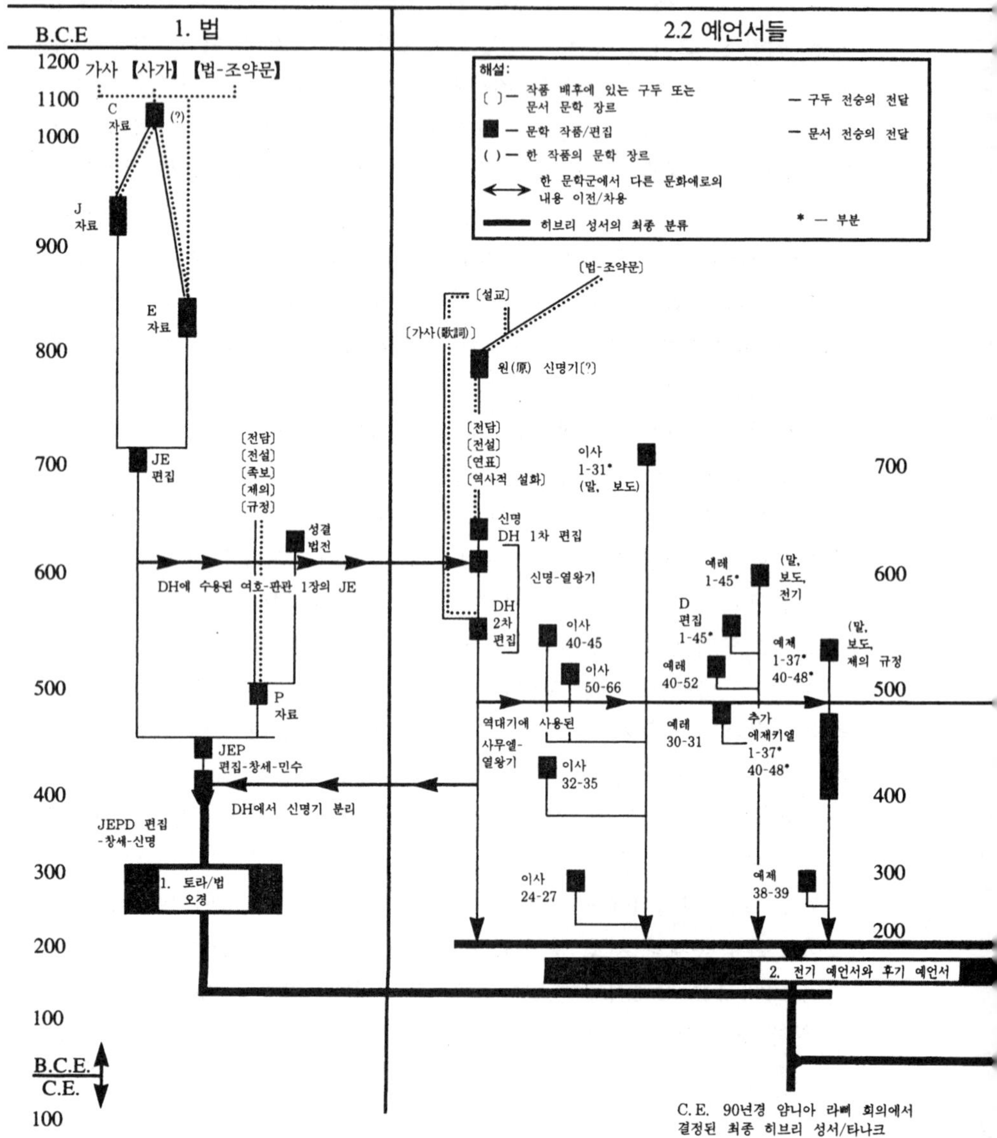

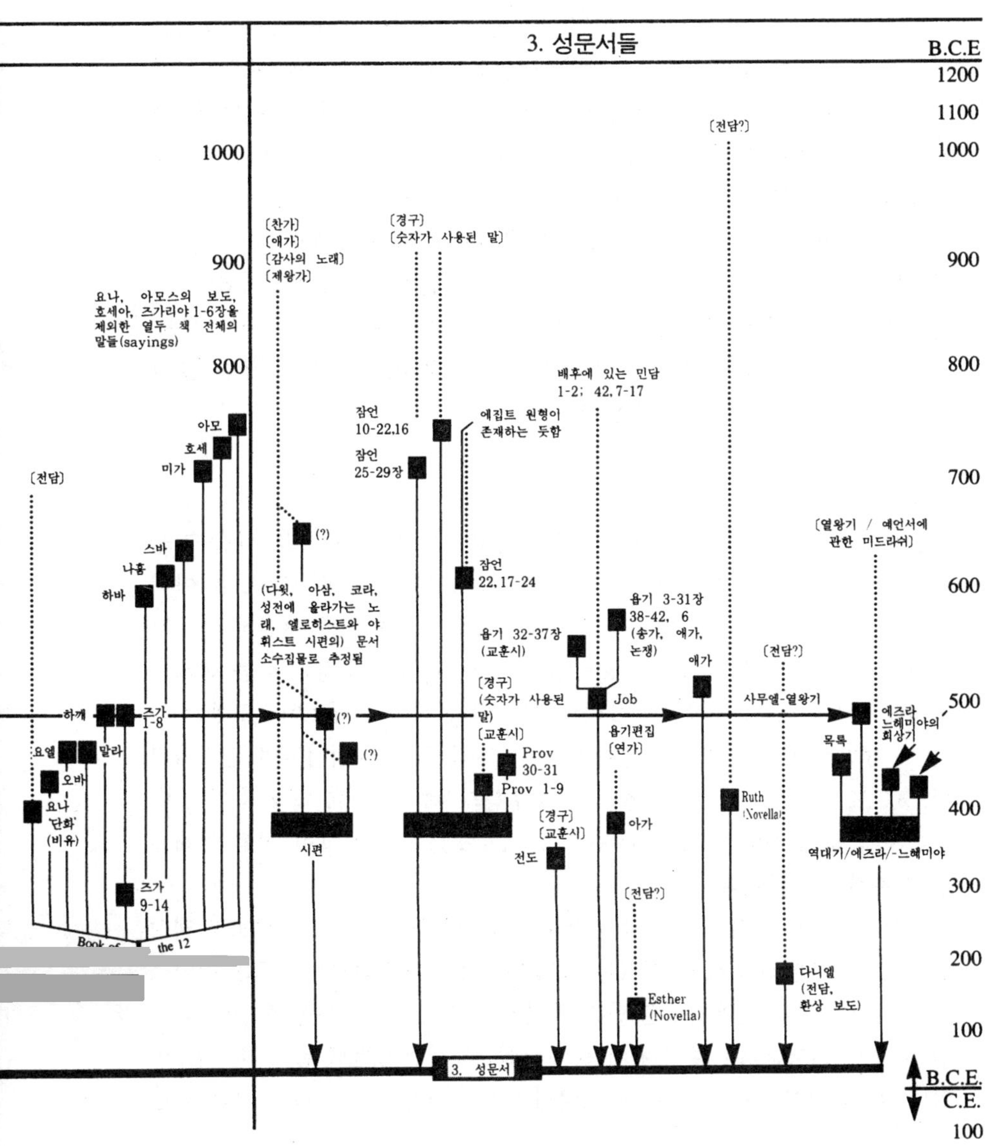
3. 성문서들
B.C.E
1200
1100
1000
900
800
700
600
500
400
300
200
100
B.C.E.
C.E.
100
요나, 아모스의 보도, 호세아, 즈가리야 1-6장을 제외한 열두 책 전체의 말들(sayings)
(전담)
아모
호세
미가
스바
나훔
하바
하깨
즈가 1-8
요엘
말라
오바
요나 '단화' (비유)
즈가 9-14
Book of the 12
(찬가)
(애가)
(감사의 노래)
(제왕가)
(?)
(다윗, 아삽, 코라, 성전에 올라가는 노래, 엘로히스트와 야휘스트 시편의) 문서 소수집물로 추정됨
시편
(경구)
(숫자가 사용된 말)
잠언 10-22,16
잠언 25-29장
에집트 원형이 존재하는 듯함
잠언 22,17-24
(경구)
(숫자가 사용된 말)
(교훈시)
Prov 30-31
Prov 1-9
(경구)
(교훈시)
전도
배후에 있는 민담 1-2; 42,7-17
욥기 32-37장 (교훈시)
욥기 3-31장 38-42, 6 (송가, 애가, 논쟁)
Job
욥기편집 (연가)
아가
(전담?)
Esther (Novella)
(전담?)
애가
Ruth (Novella)
(전담?)
사무엘-열왕기
다니엘 (전담, 환상 보도)
(열왕기 / 예언서에 관한 미드라쉬)
에즈라 느헤미야의 회상기
목록
역대기/에즈라/-느헤미야
3. 성문서

호수아의 가나안 정복, 부족들의 정착, 판관들의 전쟁, 다윗의 정복, 그리고 분열 왕국들의 추후 역사 등을 언급하고 있었다. 이러한 이야기들은 눈에 띌 정도로 정치적이고 군사적인 것이었다. 유대인의 팔레스틴 복귀는 제국의 힘을 강화시키려는 페르샤의 계략의 일부였기 때문에, 여호수아에서 열왕기까지 이르는 작품에 표현되어 있는 단호한 국가적 독립성은 페르샤 제국의 권력에 명백히 어긋나는 것이었고 심지어는 유대 민족주의자들을 고무하여 페르샤에 반역하게 할 수도 있는 것이었다. 마침 이 문서에는 꼭 필요한 법도 나오지 않으므로, 정치적으로 위험한 여호수아, 열왕기의 내용과 어조는 그 문서들을 배제시키는 데 결정적으로 작용하였다. 결국 신명기적 역사의 서두에 있던 신명기를 그 자리에서 떼어내어 창세기-민수기의 말미에 붙이기로 결정되었고, 이렇게 해서 율법서 또는 토라(§48)로 알려진 모세오경이 형성되었다.

예언서:

창세기-신명기를 복구된 공동체의 신앙과 실천의 표준으로 삼을 것을 결정하였다고 해서 그 밖의 다른 문서들이 사멸되거나 폐기된 것은 아니었다. 그 문서들은 사회 생활의 갖가지 정황 속에서 또는 개인적인 독서 생활 속에서 계속 읽혀지고 사용되었다. 히브리 성서 수집의 다음 단계는 밝혀내기가 어렵다. 왜냐하면 B.C.E. 400-200년경의 팔레스틴으로부터 나온 사료(史料)가 거의 없기 때문이다. 이 기간 중에 예언서들이 완결되었다. B.C.E. 400년에서 200년 사이에 대부분의 예언서들에 대해 추가가 이루어지긴 하였지만, B.C.E. 400년경까지는 모든 예언서들이 어떤 형태로든지 존재하고 있었다.

팔레스틴에서의 유대인의 국민 생활에 대한 엄격한 제한과 종교적 계시의 황금 시대는 과거에 있었다는 생각의 확산으로 인하여 새로운 예언은 쇠퇴하였다. 물론 예언자들은 민족이 자기 땅으로부터 유배당해 살던 어렵던 시절을 헤쳐나가도록 도왔던 하느님의 옛 예언자로서 높이 존경을 받았다. 이제 예언자들은 더 이상 살아있지 않았으므로 그들의 저작은 사실상 완성된 하나의 수집물이었고 논리상 율법서를 보충하는 것이었다(§48). 이 예언서들의 수집물은 규모와 연대순이라는 가지의 원리에 따라 배열되었다. 이사야, 예레미야, 에제키엘 등의 규모가 큰 책들이 앞부분에 연대순으로 놓여졌다. 소위 12예언서를 이루고 있는 훨씬 규모가 작은 나머지 책들도 역시 연대순에 가깝게 보이는 순서로 배열되었지만, 어떤 경우에는 책들의 처음과 끝부분에 나오고 그 책들을 이어주는 표제어를 근거로 하여 배열되기도 하였다.

그러나 "예언"의 수집이 분명히 예언의 성격을 띤 저작을 모으는 것에만 국한되지 않았다는 사실은 참으로 기이한 일이다. 이미 그 서두는 분리되어 율법서의 마지막 책이 되기는 했지만, 방대한 신명기적 역사가 예언수집물의 첫머리에 자리잡게 되었다. 여호수아에서 열왕기까지의 설화군은 전기 예언서로 알려지고, 예언서 그 자체인 이사야에서 말라기까지의 책들은 후기 예언서로 알려졌다. B.C.E. 5세기에는 율법서의 일부로 인정받지 못했던 신명기적 역사에 그 자격을 인정하기로 한 결정은 페르샤 제국의 멸망 이후에 정치 분위기가 변화함으로써 촉진되었을 것이다. 자기 영토안에 있는 팔레스틴 유대인 공동체를 물려받은 그리스 계열의 프톨레미가의 팔레스틴 지배자들은 고대 유대 민족의 독립에 대해 페르샤인들만큼 민감하게 생각하지 않았음이 분명하다. 또한, 유대인들로 하여금 여호수아-열왕기를 반역을 고무시키는 것으로 잘못 해석하게 하는 유혹이 예언서를 수집하고 거기에 권위를 부여한 유대 지도자들에게 당시까지는 아직 현실적인 위험으로 보이지 않았던 것 같다.

여호수아에서 열왕기까지의 작품을 예언의 성격이 뚜렷한 작품들 앞에 놓은 것은 이 책들도 또한 (나단, 아히야, 엘리사 등과 같이) 책을 쓰지 않은 예언자들은 언급하고, 나아가 책을 쓴 예언자들의 역사적 배경을 제시하고 있다는 점에서 납득할 만하다 이 무렵에, 제3의 독립된 설화가 역대기와 에즈라-느헤미야에 보존되어 있었는데(§39; 51), 이 설화는 부분적으로 사무엘-열왕기에 의존하고 있지만 신명기적 역사가 다룬 시기 이후의 150년 간의 이스라엘 역사, 즉 B.C.E. 400년경까지의 이스라엘 역사를 전해 준다. 역대기 사가의 작품이 하깨, 즈가리야, 말라기와 같은 후기 예언자들의 역사적 상황을 제시해 준다는 점을 고려할 때, 그 작품도 전기 예언서에 당당히 포함될 수 있었을 것이다. 역대기 사가의 역사가 왜 포함되지 않았는지는 분명하지 않다. 아마도 그의 역사가 포로기 이후의 시기에 치중하고 있는 한 그것은 포로기 이전과 포로기에 해당되는 위대한 예언의 시대와 밀접하게 연결된다고 생각되지 않았을지도 모른다. 또한 역대기에는 사무엘-열왕기의 일부가 장황하게 반복되고 있으므로 수집자들은 너무나 중복이 심하다고 생각하여 받아들이지 않았을 가능성도 있다.

성문서:

히브리 성서를 구성하게 된 나머지 작품들은 "성문서"(§51-55)라고 하는 잡다한 수집물로 분류된다. 이러한 작품들로는 (1) 복구된 성전의 노래책으로 사용되었던 시편, (2) 이스라엘 종교가 지닌 약속의 빛에서 인간의 성공과 역경이라는 문제와 씨름했던 지혜 문서인 욥기와 잠언, (3) 명절 때 사용된 다섯 개의 짤막한 작품들, 곧 짧은 이야기들인 에스델과 룻기, 예루살렘의 함락을 애도하는 애가, 사랑의 시인 아가, 그리고 회의에 찬 지혜서인 전도서, (4) 묵시적 문서인 다니엘, 그리고 (5) 바로 앞에서 언급했던 역대기, 에즈라, 느헤미아 등의 역사서 따위가 있다.

이 문서들이 왜 일반적으로 앞에서 열거한 순서대로 배치되었는지는 도무지 분명하지 않다(히브리 사본들에 따라서는 순서가 다른 경우들도 종종 있다). 아마도 역대기와 에즈라-느헤미야는 수집된 전승의 첫머리에 있는 창세기에서 열왕기까지의 역사서에 대응되는 것으로서 균형을 이루게 하기 위하여 '맨 끝에' 배치되었을 것이다. 흥미롭게도, 마지막을 장식하고있는 이 역사서들은 역대기가 에즈라-느헤미야의 '뒤에' 놓임으로써 연대적 순서가 깨어져 있는데, 그 까닭은 아마도 느헤미야가 다소 음침한 이야기로 끝나고 있는 데 반하여 역대기는 성전의 재건에 대한 고무적인 언급으로 끝맺고 있어, 역대기가 '전체 히브리 성서의 결말로 보다 적당했기 때문일 것이다.

성문서 가운데 가장 늦게 씌어진 작품들은 아마도 B.C.E. 165년경에 씌어진 다니엘(§55.2)과 대략 B.C.E. 125년경으로 추정되는 에스델의 최종 편집본(§53.2)일 것이다. 이 무렵에는 또한 히브리어, 아람어, 그리고 그리스어로 된 유대의 다른 책들도 무수하게 존재하였는데, 이것들의 성격을 우리는 간략하게 외경, 위경(§10.2.1) 그리고 사해 두루마리(§10.2.2)로 규정한 바 있다. 이 문헌들은 계속해서 나타났고 심지어는 시편, 잠언, 욥기, 명절용 두루마리들, 다니엘, 역대기, 에즈라, 그리고 느헤미야 등과 함께 사용되고 존중받기까지 하였다. 이 예로부터 다시 2세기가 흐른 C.E. 90년에 가서야 성문서의 확실한 범위에 대해 쓸 합의가 이루어졌다. 우리가 알고 있는 한, 율법서나 예언서에 다른 책들이 추가되어야 한다는 강력한 주장은 전혀 없었다. 그러나 성문서는, 이전의 율법서와 예언서가 지닌 것과 같은 역사적 통일성이나 주제적 통일성이 결여된 잡다한 본문의 집합체이기 때문에, 유대인 집단들마다 그 내용물을 각양각색으로 알고 있었다는 것은 놀라운 일이 아니다. 성문서의 범위에 관해 각기 견해가 다르다는 사실은 B.C.E. 167년에 발발하여 대(對) 로마 전쟁으로 끝난 마카베오 전쟁과 C.E. 66-70년의 예루살렘 멸망 사이의 기간 중에 심화된 팔레스틴 유대교 내부의 심각한 당파 분열을 반영하고 있다(§46-47).

국내적으로 혼란했고 외국의 침입이 있었던 이 시기에 종교적 문서의 생산이 홍성하였다는 사실은 사해(死海) 공동체의 수많은 비성서적 두루마리들로 증명된다. 이 책들 중 어떤 것들은 디아스포라 유대인, 특히 이집트의 알렉산드리아에서 살고 있는 디아스포라 유대인들의 작품이었는데, 이 곳에서 그들은 헬레니즘적 사회가 지닌 도시풍의 문화적, 지성적 분위기에 크게 영향을 받았다. 팔레스틴에서는, 종국에는 하느님의 나라로 화(化)하도록 운명지워진 지상의 왕국들(§55.1)이라는 상징적 틀 속에서 당대의 혼란한 사건들을 해석하고자 하였던 다니엘서의 방식에 따라 씌어진 묵시적 저작들이 득히 인기를 끌었다(다니엘과 거의 동시대에 씌어진 에녹1서의 앞부분과 모세의 언약을 다니엘과 비교하여 보라). 또한 마카베오 1서 및 2서와 같은 역사서, 집회서 및 지혜서와 같은 지혜 문학, 그리고 토비트와 유딧과 같은 짧은 이야기들도 나타났다. 이러한 "추가적" 저작들 가운데 실제로 어떤 것들은 성서 본문에 대한 보충물로 계획되었다. 다니엘과 에스델의 그리스어 역본에도 히브리어 성서에는 나오지 않는 추가 부분이 들어 있다.

성서 시대가 끝나갈 무렵에 돌연 문학의 생산이 폭발적으로 증가하여 권위 있는 책들의 새로 수집물이 될 수 있는 후보작들이 많이 생겨났다. 이론상, 유대인들은 그러한 권위 있는 수집물들을 한없이 계속해서 만들어 낼 수 있었다. 그런데 왜 그 과정은 성문서에서 멈추었는가? 그리고, 그 숱한 경쟁작들 중에서 어떤 책들이 성문서로 받아들여져야 하는가가 어떻게 결정되었는가? 역사적 국면의 전환으로 단 하나의 유대인 당파만이 지배권을 갖게 되고 그들이 좋아하는 대로 신성한 책들을 결정할 수 있게 됨으로써 경전 축조 과정은 중지되었다. C.E. 66년에 시작된 유대인의 대(對)로마 반란과 이것의 결과인 70년의 예루살렘 멸망이라는 상황으로 인하여 치열하게 다투고 있던 유대인의 여러 경향 및 당파들의 지도력과 강령은 단 하나만 제외하고 사실상 모두 사라졌다. 조금 후에 탈무드(§10.2.3)가 된 구전 율법의 수호자들인 바리사이파만 남게 되자 그들은 어느 문서를 성문서에 포함시킬 것인가 그리고, 더욱 중요한 문제로, 히브리 성서의 정경 전체를 어떻게 해석할 것이며 당시에 출현하고 있었던 라삐 유대교 내에서 그 정경은 어떤 구실을 해야할 것인가에 관해 최후의 결정권을 갖게 되었다.

11.2.2 경전의 마감에 작용한 요인들: 에즈라에서 얌니아 라삐 회의까지

경전화를 초래한 핵심적 요인으로는 보통 성서 문서의 공식적인 종교적 사용이 손꼽혀 왔다. 사용되지 않는 책이 경전화될 리는 만무하므로 이 견해를 놓고 왈가왈부하는 데에는 다소 무리가 있다. 그러나 성서 문서의 공식적인 종교적 사용이라는 개념이 그 하나만으로 큰 설명력을 실제로 갖고 있는지는 분명하지 않다. 오히려, 간과되어 왔던 세부 사항이기는 하지만 성서에 나오는 "책들"의 사용법이 지닌 정확한 성격이 중요하다.

경전이 마감되던 시기에는 경전이란 본문의 한 판본이 아니라 그 본문의 권위에 대한 판단을 의미하였다는 사실을 인식하지 못하고 있는 경우가 종종 있다. 흩뜨러진 지면들을 하나로 묶어 한 권의 책(사본, codex)을 꾸미는 관습은 C.E. 3세기와 4세기에 그리스도인들에 의하여 최초로 생겨났다. 그 이전 시대에는, 지속적으로 사용하기 위해 씌어진 모든 글들은 다루기가 성가신 두루마리에 복사되었다. 두루마리 하나에 담을 수 있고 그래도 간편하게 다룰 수 있는 분량은 고작해서 규모가 큰 성서 문헌 한 권 정도였다. 그러므로, 지금 우리가 논의하고 있는 기간 전체에 걸쳐, 유대인들이 두루마리 하나에 성서의 내용 전부를 수록함으로써 정경으로서의 성서의 권위를 표현할 수 있는 방법은 전혀 없었다. 이 시대의 정경 수집물을 말할 때에 우리가 의미하는 바는, 동등한 가치와 권위를 가진 것으로 간주되지만 아직은 여러 두루마리에 따로 따로 필사되어 있는 모든 책들을 회당과 서기관 학교에 모아 놓은 것에 지나지 않는다. 이러한 의미에서 정경 두루마리의 제도적인 종교적 사용의 역할은 결정적으로 중요하였다. 정경이란 인정할 만하다고 판정된 책들을 일정한 감독 · 보존 · 전수 · 사용하는 일을 보장하는 한편, 다른 책들에 대해서는 그것들이 다른 면에서 어떠한 가치를 지녔든지 간에 그것들을 단호하게 배제하는 공인된 개념이었다.

그러나 일반적인 의미로 성서 문헌의 종교적 사용에 관해 말하는 것으로는 불충분하다. 정경화 기간 중에 유대 민족이 겪은 사회사적 경험의 맥락 속에서 특정 집단의 특수한 사용법을 고찰할 필요가 있다. 이스라엘/유대의 문서들 가운데 어느 것이 권위 있는가, 그리고 그것들은 어떤 점에서 권위 있는가를 결정하기 위한 투쟁은 유대인 사회 내부에서 상쟁하고 있는 집단들 간의 권력 투쟁이었다. 히브리 성서의 정경화 과정은 그에 수반된 종교 정치학적(religious politcs) 측면에서 연구된 적이 거의 없고, 그러한 연구를 하고자 해도 B.C.E. 400년—C.E. 90년의 기간에 관한 우리의 지식이 한결같지 않으므로 난관에 부딪히게 된다. 그러나 이 시기에 새로이 전개된 몇 가지 기본적인 사태들은, 유대인으로 하여금 유대의 방대한 종교 문헌에서 취사선택하여 고도의 계획성을 가지고 구성한 '책'의 백성이 되도록 꾸준히 그들을 고무해 온 지속적인 힘이 무엇인지를 이해하는 데 도움을 줄 수 있을 것이다.

포로기 이래로, 팔레스틴에 유다 사회가 성공적으로 복구되었음에도 불구하고 유대인들의 자결권은 줄곧 현저하게 쇠퇴하여 갔다. 포로기 이전에 그들이 누렸던 보다 큰 독립성과 비교해볼 때, 이후부터 유대인들은 비(非)유대계의 최고 권력에 의해 결정적인 제약을 받았다. 한편으로는 대군주(大君主)들로부터 정치적인 면에서 확보할 수 있는 만큼의 자율을 확보하면서 다른 한편으로는 문화적 · 종교적 생활에 대한 침투를 격퇴하고 땅이 경제적으로 과도하게 소모되지 않도록 보호하는 데 큰 힘을 기울였다.

포로기 이후의 이러한 투쟁에 있어서의 하나의 중요한 요소는 유대인 사회 내부에서의 계급적 특권의 행사였다. 왜냐하면 그 지방의 유대인 엘리트 계층을 양성하는 것은 정복자들의 이익에 합치되었기 때문이다(§42). 에즈라와 느헤미야를 위시해서, 복구된 유다 사회의 지도자들은 바로 이러한 엘리트 계층이었다(§44). 마카베오 전쟁 때 셀류커스가에 협력했던 헬라적 유대인들(§46), 그리고 로마 시대에 대사제직을 독점했던 사두가이인들도 역시 그러했다. 마카베오 전쟁 이후의 유대 독립 기간 중에 하스몬가의 왕들은 헬라 세계의 왕국들과 동등한 정치를 구사하려고 애쓰는 하나의 엘리트로 변모하였다(§47).

이러한 특권 상황 하에서 활동했던 유대인 엘리트들은 애매한 입장에 놓여 있었고, 그러한 상황에서 이득을 별로 못 본 동료 유대인들은 그들을 애증이 뒤섞인 감정으로 바라보았다. 즉 그들은 그 엘리트 계층이 제국으로부터 얻어낼지도 모르는 공공의 시혜나 그들을 통해 보장받을지도 모르는 사회적 안전에 대해서는 고맙게 생각하면서도 그들이 자기들만을 위하여 확보해둔 과대한 몫의 특권과 부에 대해서는 의심을 품고 미워하였다. 유대인들에게 종교는 그토록 확고한 중요성을 지니고 있었으므로 엘리트들과 그들에 대한 비판자들은 모두 자기들의 입장과 활동을 종교적으로 뒷받침하기 위해 힘썼을 것은 당연한 일이다. 그러므로 거룩한 책들에 관한 결정은 단지 종교적 문제에 대한 결정일 뿐 아니라 누가 유대인 사회의 주도권을 가지고 있느냐에 대한 결정이기도 하였다(§48). 후대에 있은 성서 종파들의 다툼을 정경 형성과 관련하여 추적함에 있어서 엘리트와 비엘리트들의 역할, 그들의 승계와 구성상의 변화에 대해 한층 진전된 연구가 요청된다.

유대인의 공적인 생활 영역이 크게 축소되었다는 느낌과 더불어 종교적 힘이 상실되었다는 느낌이 널리 퍼져 있었다. 이스라엘의 종교는 항상 국가 생활의 전 영역에 표현되는 경향이 있는 하나의 공공적 문제였으므로, 포로기 이후의 유대인들의 생활 선택권 전체가 조금이라도 감소되면 그들의 종교적 선택권도 역시 줄어들기 마련이었다. 이러한 분위기는, 하느님은 더욱 멀리 있으며 옛날만큼 이스라엘을 위하여 활동하지 않는다는 개념에 나타나 있다. 종교적 계시는 B.C.E. 400년경 에즈라로 끝났다라는 말이 차츰 널리 통용되게 되었다. 모든 예언자들은 에즈라 이전에 살았던 것으로 인식되었다. 정경의 내용물을 결정했던 C.E. 90년의 심의에서 책들의 권위를 판정하는 하나의 객관적 기준은, 모든 신성한 문헌들은 에즈라 시대 이전에 씌어졌다는 신념이었다. 역사비평적 연구에 의해서 B.C.E. 400년 이후에 씌어진 것으로 밝혀진 정경 문헌들은, 단지 솔로몬이나 다니엘이 썼다고 하는 전래적 주장이 문자 그대로 받아들여졌기 때문에 정경으로 인정될 수 있었다.

이스라엘의 종교사를 과거의 황금 시대와 현재의 쇠퇴와 제한의 시대로 양분하는 것에 겸하여 유대인들의 자기 표현을 위한 가능한 종교적 선택권들을 최대한 활용하여 현재의 쇠퇴와 제한을 상쇄하는 결정이 이루어졌다. 그리하여 복구된 성전은, 왕년에 그것이 국가의 무수한 제도들 가운데 하나였을 때 누리지 못했던 독보적인 사회적 중요성을 누리게 되었다. 유대인의 유대인 됨을 나타내는 두드러진 특색들은 모세의 법에 뿌리를 두고 있으나 그 문서를 복구된 공동체의 헌법으로서 성실하게 준수하는 것이 가장 중요한 일로 되었다.

공공 생활의 핵심적인 문제들에 대한 길잡이로서의 율법서 본문에 관심을 집중시킴으로써 또한 이스라엘의 현존하는 '모든' 문학 전승에 대한 관심도 유발되었다. 예언서들은 역사의 교훈을 찾기 위해서 그리고 아직 완결되지 않은 유대 공동체의 미래에 대한 지침으로서 수집되고 연구되었다(§48). 짧은 예언서들을 한 권의 "12예언서"로 묶은 것은 아마도 고대 이스라엘의 12부족과 이 예언서들을 수집한 공동체 간에 그들이 느끼고 있었던 동일성을 상징했던 것 같다. 시편은 전 5부로 편집되었는데, 이는 아마도 다섯 책으로 된 율법서의 모형을 본받은 것 같다(§52.2). 지혜 문헌들은 비록 고대 근동의 지혜 전승 전체에 공통된 개념에 젖어 있기는 해도, 지혜의 최고 근원으로서의 유대의 법을 중심으로 주제에 따라 예리하게 재구성되었다(§54).

이처럼 선택 가능성은 제한되어 있었고 그래서 단호한 결단이 내려져야 했던 상황 속에서 B.C.E. 167년에서 C.E. 70년까지의 기간은 팔레스틴 유대교에 닥쳐 온 위협과 위기로 점철되었다(§46-47). 셀류커스 정권과 로마 정권은 전에 페르샤나 프톨레미 왕가의 권력자들이 했던 것보다 더 철저하게 팔레스틴을 침해하였다. 마카베오 전쟁으로 율법의 준수자라는 유대인의 종교적 정체는 거의 말살되었다. 더우기 B.C.E. 140년에서 63년까지 하스몬 왕가의 치하에서 그러했던 것처럼 만일 그들이 독립한다면 헬레니즘 문화에 대하여 어느 정도 문화를 개방해야 하고 유대인의 정치적 제도와 행위에 어떤 종교적 제한을 가해야 하는가라는 문제를 둘러싼 팔레스틴 유대인 내부의 깊은 분열이 이 전쟁으로 인하여 노출되었다.

종교, 정치, 사회 계급이 변화무쌍하게 서로 뒤섞이는 양상에 따라 엘리트가 부상하기도 하고 몰락하기도 하며, 제휴가 체결되기도 하고 와해되기도 하였다. 하스몬 왕국이 무너지고 로마가 팔레스틴에 들어서자 처음에는 토착민인 헤로데 왕가의 군주들이 다스렸고 나중에는 로마의 행정관들이 지배하였는데, 이로 인해 억눌린 농민 대중은 조세 부담이 더욱 과중해지고 경제 형편이 더욱 악화되었다. 그러는 동안, 팔레스타인 밖에 사는 유대인들은 헬레니즘 문화의 유혹에 넘어갔고, 유대적 그리스도인들의 종파가 이방인과 디아스포라 유대인에게 선교하는 종파로 전환함에 따라 모든 계층의 유대인들이 대규모로 빠져나갈 위험이 생겼다.

간단히 말해서, 정경화 과정은 로마의 억압과 헬레니즘 문화의 위협을 받고 나아가 내부적으로는 사두가이, 에세네, 젤롯, 유대적 그리스도인, 그리고 바리사이인 등이 내세웠던 상충하는 생존 전략들로 사분오열된 사면초가의 상황에서 유대인 사회가 보여주었던 총체적 반응의 한 측면으로서 그 절정에 도달하였다. 로마에 대한 유대인의 봉기가 진압된 후에 오직 바리사이파만이 유대인 사회의 실질적인 세력으로 잔존하게 되었다. 말하자면, 다른 경쟁자가 없는 상황에서, 구두 전승에 의하여 해석된 율법을 중심으로 기초적인 유대인 공동체들을 건설하고자 하는 그들의 전략이 전면에 부각되고 중심적인 지위를 차지하게 되었다. 또한 히브리 성서의 모습에 최종적인 손질을 가하여 그것이 거룩한 경전으로 인정받도록 하려고 C.E. 901년경에 얌니아에서 심의회를 소집한 것도 역시 그들이었다.

문헌을 수집하고 히브리 성서에 권위를 부여하는 처음 두 단계의 연대를 B.C.E. 400년과 200년이라고 각각 추정하는 것은 단지 근사치에 지나지 않는다. 만약 느헤미야 8장이 이 단계들과 연관된 심의회를 암시하는 것이 아니라면, 그러한 심의회에 관해서는 어떤 공식적인 발표나 심지어는 기록조차도 없는 셈이다. 이 성서 본문이 완성된 모세의 법을 가리킨다는 견해에 대해서 모든 학자들이 동의하고 있는 것은 아니다. 우리가 얼마간이라도 알고 있는 유일한 정경 심의회는 C.E. 90년에 팔레스틴 해안의 작은 마을 얌니아에서 모인 라삐 회의 또는 라삐 협의회인데, 이 마을은 C.E. 70년 이래 로마 당국이 유대인 금지 구역으로 설정한 예루살렘의 구실을 대신하던 곳이었다. 비참했던 봉기 이후의 유대인 사회를 통합시키기 위한 전체적 계획의 일부로서, 현재 우리가 알고 있는 바와 같은 율법서와 예언서와 성문서가 독점적으로 경전의 권위를 지닌다는 안이 승인되었다. 탈무드에 나오는 이 심의회의 의사록이 전해주는 바에 의하면, 에제키엘은 새 성전에 관한 그의 상상적 구상이 모세의 법과 일치하지 않는다는 이유로, 아가서는 노골적인 색정적 시가 나온다는 이유로, 전도서는 극도로 자포자기적인 인생관을 지녔다는 이유로, 그리고 에스델은 세속적이며 그때까지만 하더라도 아직 유대인 사회에서 널리 받아들여지지 않았던 부림절을 승인하였다는 이유로 반대에 부딪혀 유보되었다고 한다.

그러나 결국 이 모든 반론은 적어도 이 회의에 참석했던 대부분의 라삐 학자들이 납득할 수 있도록 해명되었다. 라삐식 재해석의 목표와 방법을 활용하여 성서 문헌 간의 불일치를 조화시킴으로써 에제키엘의 불일치는 설명되고, 아가서는 이스라엘에 대한 하느님의 사랑을 말하는 것으로 신비적으로 해석되었으며, 아가서와 전도서가 모두 솔로몬의 작품으로 인정되었고, 에스델은 유대인이 심한 박해에 직면해서도 살아온 모습을 상징한 것으로 해석되어 승인되었다. 그럼에도 불구하고 얌니아 회의에서는 공식적인 포고는 발표되지 않았다. 무엇보다도, 이 회의는 라삐 운동에서 이미 상당 기간에 걸쳐 사용되고 있었던 문서에 승인의 도장을 찍고, 헬레니즘 문화에 감염되었거나 종말론적 열정에 의해 왜곡된 문헌들은 사두가이, 에쎄네, 유대적 그리스도인, 젤롯 지지자들과 더불어 소멸되고 불신임 당했다는 사실을 공식적으로 확증하였다.

얌니아에 모여 정경화 작업을 마무리하였던 사람들은 자기들이 승인한 히브리 성서의 권위를 어떻게 생각하였는가를 묻는다면, 그들의 시좌(視座)는 유인력이 강하고 질서정연한 일상의 종교적 실천 체계를 구축하기 위해 탈무드와 미드라쉬 주석가가 성서를 바라보았던 방법에 있다고 대답할 수 있겠다. 이 체계의 기초는 율법서를 할라카식으로 준수하는 것이지만, 동시에 이 체계는 성서 중에서 율법과는 전혀 상관이 없는 모든 부분들을 자유롭게 활용함으로써 경건성을 학가다식으로 고양시키는 것도 고려하고 있다(§10.2.3).

히브리 성서는 한 민족과 그들의 하느님에 관한 이야기에 지나지 않던 단계로부터 현재의 모든 상황에서 하느님의 뜻을 판단하는 데 소용되는 완벽한 자료, 즉 신탁과 지침이 담긴 한 권의 책이 되는 단계로 움직이고 있었다. 그러나 그 신탁은 어떤 주제에 관한 어떤 물음에도 닥치는 대로 대답하는 그러한 신탁으로 여겨지지는 않았다. 히브리 성서의 권위는 몹시

놀란 상태에서 전쟁과 내란으로부터 이제 막 벗어난 민족에게 걸맞는 일종의 정적주의적(quietistic) 종교 정책과 주로 관련되어 있었다. 결국에는 그 범위가 명확하게 결정되고 구전 율법을 매개로 판단된 히브리 성서는, 공동체에서의 종교적 실천을 위한 계율과 적대적인 세계에서 삶을 영위해 가는 전략을 제공하였다. 이러한 공동체의 생존 전략은 유대인들이 모든 직접적인 정치 권력을 결정적으로 상실한 상황 속에서 비로소 실시 가능케 되었다. 한 권의 책을 중심으로 하는 경건과 실천은 종교문화적 "전략 요지 중점 방어 체계"(enclave system)의 핵심적인 요소가 되었고 성서 시대 말기의 유대인들은 이 체계에 의거하여 자신들의 생활 방식을 만들어 내었다.

11.3 히브리 성서의 보존과 전수

히브리 성서의 전수 과정은 독립된 문학 단위들과, 그 단위들이 일단 문자로 기록된 이후에는 그 단위의 구성 요소인 부록 단위들의 전수로 시작되었고, 본문의 확장과 고정화의 여러 단계를 거치면서 계속되었다. 이것은 고정된 본문이 손으로 쓴 필사본과 인쇄본의 형태로 전수되면서 현재 이 순간에 이르기까지 줄곧 계속되고 있다. 넓은 의미에서 볼 때, 히브리 성서의 전수에는 히브리어를 전혀 모르거나 혹은 조금밖에 알지 못하거나 또는 자신들이 사용하는 언어로 된 성서를 더 좋아하는 유대인들과 그리스도인들의 모국어로 번역하는 일도 포함된다.

11.3.1 자음 본문의 고정까지의 전수 과정(대략 C.E. 100년경)

각 성서 문헌들의 자료들은 물론이고 그 자체의 원본들도 소멸되었거나 아니면 아직 발굴되지 않고 있다. 아마도 그 글들은 이집트에 서식하는 한 섬유질 식물의 줄기를 얇게 저며서 만든 파피루스에 기록되었을 것이다. 이 글들이 일정한 지위를 갖게 되자 그것들은 더 오래 보존될 수 있는 가죽에 기록되었다. 그중에서도 고급 생가죽을 재료로 하여 특수 처리된 가

죽을 양피지 또는 피지라 하였다. 지금 고찰하고 있는 전 기간을 통하여 사본들은—파피루스에 기록한 것이든 가죽에 기록한 것이든—두루마리 형태로 되어 있었다. 두루마리 하나의 최대 적정 길이는 약 25피트였고, 그것을 넘으면 펼치고 감기가 힘들었다. 이만한 크기의 두루마리 한 장에는 긴 성서 문헌 한 권, 또는 아무리 잔 글씨로 쓴다 할지라도 기껏해야 두 권을 수록할 수 있었다. 율법서와 전기예언서에 속하는 책들의 분할은 두루마리의 길이에 맞추어 분량을 조절했음을 반영하며, 또한 각기 하나의 두루마리에 기록된 대예언서와 나란히, 소예언서 전체는 하나의 두루마리에 함께 모아져 12예언서를 이루게 되었다는 주장은 일리가 있다.

전부는 아니지만, 성서 문서의 대부분은 포로기 이전의 이스라엘 사람들이 가나안 사람들 및 페니키아 사람들과 공유하였던 고대 히브리어 또는 페니키아 서체(書體)로 기록되었다. 포로기 이후에 아람어 서체가 히브리어 서법에 영향을 미쳐 히브리어 서체는 보다 획이 굵고 벽돌 모양을 한 정방형(正方形) 서체(square script)가 되었다. 마카베오 시대, 그리고 C.E. 66-70년과 C.E. 132-35년의 대(對) 로마 전쟁 중에 고대 히브리어 서체가 민족주의적 열정의 폭발로 잠시 되살아났지만 결국에는 이 정방형 서체(아람 서체 또는 아시리아 서체로 부름)가 표준형으로 되었다.

1947년 이전까지, 우리가 갖고 있었던 가장 이른 시대의 히브리어 사본 증거물은 아무리 빨라도 C.E. 9세기 말 이후에 씌어진 중세의 사본들과 C.E. 5세기에까지 소급되는 몇 개의 단편에 거의 전적으로 한정되어 있었다. 확실히, 고대 히브리 문자로 기록된 율법서의 한 판본이, 그리스도교가 출현하기 이전에 유대인 주류에서 이탈했던 사마리아인 공동체에 의해 보존되어 왔다. 하지만 이 사마리아 오경의 사본들은 중세기 유대교의 사본들만큼이나 연대가 늦으며 유대교의 공인 본문인 마소라 본문(*MT*)과의 차이로 인해 그 가치를 평가하기가 어렵다.

사해 두루마리(§10.2.2)의 발견으로 히브리어 사본에 관한 증거물의 상황은 근본적으로 달라졌다. 사해 두루마리에는, 사실상 완전한 이사야 사본(1QIsa[a]) 한 권과, 같은 예언서의 사본 일부(1QIsa[b]) 외에도, 에스델을 제외한 모든 성서 문헌의 단편들이 포함되어 있을 뿐만 아니라, 사해 두루마리에 포함된 주석서들 속에 성서 본문의 일부가 제시되어 있고, 외경 시편들이 실려 있는 한 수집물(11QPsa[a])에는 성서에 나오는 시편 41수의 전체 또는 일부가 수록되어 있다. 성서 문헌의 단편들 가운데 어떤 것들은 그 연대가 B.C.E. 3세기로 추정되고, 심지어 4세기로도 추정될 수 있으며 완전한 이사야 두루마리는 B.C.E. 150년이라는 이른 시기의 것으로 추정된다.

쿰란에서 발견된 성서 사본들의 가장 중요한 본문상의 특색은, 그것들이 다양한 동일 계열의 유형들 또는 편집 전통들을 드러내고 있다는 점임을 쉽게 알 수 있다. 중세기 팔레스틴 유대교의 티베리아 학파에서 그 발전의 정점에 도달한 히브리 성서의 공인 표준 본문은 마소라 본문(Masoretic Text, "전통적인 본문" 또는 "전통주의자들의 본문"이라는 뜻이다)이라고 부른다. 현대의 모든 히브리 성서 인쇄본 및 번역본의 기초를 이루고 있는 것이 *MT*로 약식 표기되는 바로 이 본문이다. 기록 연대가 천 년이나 더 앞선 사해 두루마리의 성서 본문이 마소라 본문과 어떻게 다른가를 밝히는 데 학자들의 관심이 집중된 것은 당연한 일이었다. 1QIsa[a]는 물론이고 그것보다 덜 완전한 다른 사본들은 주로 철자법이 다르고 간혹 문법적인 형태에 차이가 있을 뿐 마소라 본문의 전신(前身)임이 분명한 한 본문을 보여 준다는 점이 밝혀졌다. 중세기의 전통주의자들(Masoretes)은 그리스도교 이전 시대까지 소급되는 한 사본의 전승을 보존해 왔었다는 사실이 증명되었다.

그러나 학자들을 크게 놀라게 한 사실은 원마소라 본문의 유형에 들어맞지 않는 다른 성서 사본들이 쿰란에서 동시에 발견된 점이었다. 이 중의 어떤 사본들은 몇 가지 점에서 사마리아 오경의 특이한 어구들과 매우 일치한다. 다른 사본들, 특히 사무엘과 예레미야의 단원들은 종래에는 설명되지 않던, 히브리 성서의 그리스 역본과 마소라 본문 사이의 차이점을 해명해 주는 히브리어 본문을 보여주었다. 70인역(Septuagint, §12.1.1)으로 부르는 이 그리스어 역본에는 마소라 본문과 다른 부분이 상당히 있다. 이러한 차이점들 가운데 어떤 것들은, 사해 발견물들 중에서 세상에 드러나기 전까지는 아무도 알지 못했던 어떤 히브리어 본문을 70인역 성서가—적어도 몇몇 성서 문헌의 경우에 있어서—충실하게 번역하였기 때문에 생겨났다는 사실이 비로소 분명해졌다.

그리스도교 이전 시기의 히브리어 본문 전승들의 유동성을 고찰하는 하나의 방법은 다음과 같은 13가지 기본적인 계열의 본문들을 상정하는 것이다. 그것들은 (1) 후대의 마소라 본문이 된 원마소라 본문 계열, (2) 사마리아 오경에 가장 충실하게 나타나 있는 본문 계열, 그리고 (3) 그리스어 70인역 성서 가운데 적어도 일부의 번역 대본이 되었던 본문 계열 등이다. 어떤 학자들은 이 세 유형의 본문들을 지리적 격리로써 설명하여, 그것들은 일정한 지역에서 발전된 본문 유형들로서 사마리아 오경 계열은 팔레스틴에서, 70인역 성서 계열은 이집트에서, 그리고 원마소라 계열은 바빌론에서 나타났다고 주장한다.

그러나 다른 학자들은 이러한 지역 본문 가설을 수긍하지 않고 오히려 원마소라 본문은 까다로운 학자들의 작품으로 보고 다른 두 개의 본문 유형들은 대중화된 본문으로 보는 견해를 택한다. 본문 계열들 간에 나타나는 다소의 차이점들은, 각각의 본문 유형들이 어느 한 성서 문헌의 발전에 있어서 상이한 통합 단계를 밟았다는 사실로써 설명될 수 있다는 주장도 있다. 예를 들면, 70인역 계열의 예레미야 본문에는 예레미야서 제1판이 수록되어 있고, 원마소라 계열의 예레미아 본문은 예레미야서의 개정판, 곧 제2판을 전해주고 있을지도 모른다. 끝으로, 이 세 가지의 각기 다른 본문 계열을 전혀 시인하려 하지 않는 학자들이 있는데, 이들은 대신에 다수의 편집 전승들이 있었다고 인정한다.

그럼에도 불구하고, C.E. 1세기 말 이전까지 히브리어 본문은 아직도 유동 상태에 있었으므로 철자법과 문법에 있어서는 광범위한 변종들이 존재하였고 단어와 어구, 심지어 내용과 자료의 순서에 있어서도 상당한 변종들이 존재하였다는 사실만큼은 모든 학자들이 인정한다.

성서 본문 형태의 유동성은 정경 범위의 블확정성과 유대인 사회 내의 상충하는 성서 해석들의 다양성에 상응하였다. 예상할 수 있는 바와 같이, C.E. 70년의 예루살렘 멸망(§11.2.2) 이후에 살아남은 라삐 권위자들이 정경을 마감한 직후의 사본 증거물에서 본문 형태가 고정되었음이 드러난다. C.E. 132-35년의 제2차 유대인 반란 기간 중에 사해 지방(와디 무라바아트[Wadi Murabba'at]와 나할 헤버[Nahal Hever])의 동굴 속에 놓아두었던 성서 단편들은 이러한 본문 발전 과정을 분명하게 입증한다. 이 단편들은 원마소라 계열의 쿰란 본문이 지닌 표준화 경향을 계승하면서 후대의 마소라 본문을 지향하고 있는 한 본문을 일관되게 보여준다. 사실, 사마리아 오경 유형이나 70인역 유형의 사본들은 모두 사라지고 없다. C.E. 70년 이후에 유대인 공동체를 통합하기 위하여 조치를 강구함에 있어 라삐 지도자들은 정경과 본문의 형태를 모두 고정시켰다. 본문의 고정은 히브리 성서에 관한 비판적 연구의 성과를 수렴하여 한 판본을 구성함으로써 이루어진 것이 아니라 기왕에 존재하던 여러 가지 본문 유형들 가운데 하나를 공인 본문으로 선택함으로써 이루어졌다. 이 공인 본문은 하나의 단일한 문서 형태를 갖추지 않았음이 거의 확실하다. 왜냐하면 히브리 성서 전체를 수록할 수 있는 책의 형태가 추측컨대, 당시까지는 유대인들에게 채택되지 않았을 것이기 때문이다. 나아가, 이 시대에 본문을 고정시킨다는 것은 단지 자음으로만 되어 있는 본문을 고정시킨다는 것을 뜻하였다. 히브리어는, 모음은 전혀 없이, 22개의 자음만 사용하는 언어였다. 때때로 자음 기호로써 장모음을 표시하는 경우를 제외하고는, 독자 자신이 적당한 모음을 붙여 읽었으며, 어떤 고대의 신성한 본문에 있어서는, 필사자들과 해석자들 사이에 통용되는 적절한 모음 표기 방식에 관한 전승이 본문과 함께 대대로 전해졌다.

11.3.2 모음 본문의 고정까지의 전수 과정(C.E. 1200년경)

일단 자음으로 된 본문(마소라 본문)이 공식적으로 채택되자 이제는 지극한 정성으로 그 본문을 전수하는 일이 필사자-학자들의 과제로 되었다.[5] 헌 두루마리를 새 두루마리로 바꾸기 위한 필사 작업이 벌어질 때마다 본문 보존의 정확성에 관한 비판적인 검사가 실시되었다. C.E. 4-5세기경에 유대인들은 회당 낭독용으로 지정된 율법서와 에스델의 두루마리를 제외한 나머지 문헌들에 대해 첩(帖, Codex) 형식을 채택하였다. 이 첩 형식은 본문의 전수를 크게 촉진하였는데, 그 이유는 이제 히브리 성서 전체를 한 권에 수록할 수 있게 되었기 때문이다. 70년 이후에 유대교 재통합을 이끈 사람들은 팔레스틴 유대인들이었지만, 그들의 개혁이 지닌 권위의 효력은 모든 지역의 유대인 사회에 퍼졌고(§44). 특히 바빌론 유대인들은 곧 팔레스틴의 라삐 지도자들이 정한 공인 자음 본문을 충실히 보존하는 일에 전력을 기울였다.

C.E. 450년 내지 500년 어간에 탈무드가 거의 완성되면서 본문의 필사자와 학자들은 본문의 올바른 발음을 지시하기 위하여 사본에 엄밀하게 표시하는 작업을 시도하기 시작하였다. 이러한 방책은 본문의 올바른 발음이 상실되고 그에 따라 올바른 의미가 왜곡되지나 않을까 하는 염려 때문에 생겨났음이 틀림없다. 당시에 히브리어는 문학과 예배용 언어로만 인식되어 있었으므로 모음이 구비 전승을 통해서만 전해져 온 역사가 길면 길수록 본문의 올바른 독법에 대해서 의문이나 논란이 자주 일게 마련이었다. 다양한 모음 표기법들이 바빌론과 팔레스틴에서 생겨났다. 그 기본적인 방법은 자음의 위나 아래엔 점을 찍고 획을 그어 모음을 기입하는 것이었으므로 그 과정은 "본문에 점찍기"(pointing the text)라 하였고 그 기호들을 "모음점"(vowel point)이라고 불렀다. 바빌론과 팔레스틴의 모음 표기법은 모음점을 자음 위에 찍었지만, C.E. 900년경에 이것들 대신 사용되었던 티베리아 표기법은 하나를 제외한 모든 모음점을 자음 '아래'에 두었다. 이 모음점과 더불어 악센트 부호도 기입되었는데, 악센트 부호는 구두점 역할도 하고 회당 예배에서 본문을 낭송하는 참조 기호 구실도 하였다.

---

5) Ernst Würthwein, *The Text of Old Testament. An Introduction to the Biblica Hebraica*, rev. ed.(Grand Rapids: Wm. B. Eerdmans, 1979)의 12-35에서 마소라 주석을 포함한 마소라 본문의 특징을 기술함과 아울러 필사본으로부터 몇 페이지(pls. 17-25)를 견본으로 제시하고 있다.

히브리어로 된 창세기 첫 구절의 자음 본문은 בראשית ברא אלהים인데 오른쪽에서 왼쪽으로 읽는다. 영어식으로 표기한다면, "N THBGNNG GD CRTD"와 같이 될 것이다. 이 히브리어 구절에 모음을 붙이면 다음과 같이 된다: בְּרֵאשִׁית בָּרָא אֱלֹהִים 이렇게 모음까지 붙혀진 완전한 글자는 "IN THE BEGINNING GOD CREATED"("태초에 하나님이 창조하셨다")라는 구절과 동등한 의미를 나타낸다.

모음점과 악센트 부호의 도입 이외에도 필사자-학자들은 문법적 및 통계상의 특징을 비판적으로 관찰하였는데 그 결과를 처음에는 구두로 전하다가 나중에는 본문의 네 군데 여백과 사본의 끝에 기록하였다. 이러한 주석을 마소라(Masorah, "전용"이라는 뜻)라 하고 이렇게 하는 학자를 마소렛(Masorete)이라고 불렀다. 실제로 본문 전수의 삼대 기본 과제는 다음과 같이 기능을 가리키는 용어로써 지칭되었다. 즉 자음 본문을 기록하는 사람은 소페림(Sopherim,"서기관/필사자")으로, 거기에 모음점과 악센트 부호를 붙이는 사람은 낙다님(Nakdanim, "점찍는 자")으로, 그리고 난외주와 본문 끝에 주를 써 넣는 사람은 마소렛(Masoretes, "전통주의자")으로 불렀다. 실제에 있어서는, 이 모든 기능이 한 학자에 의하여 수행되는 경우가 허다하였다. 그러나 이 세 용어들 가운데 첫 번째 용어와 세 번째 용어는 보다 포괄적인 의미로 사용되었다. 유대 전통에서 소페림은 에즈라로부터 시작하여 끊임없이 계승되어 온 마소렛 이전의 박식한 율법 필사자, 수호자, 해석자를 의미하였다. 마소렛은, 모음 표기와 마소라 주석을 발전시켰고 성서 본문의 보존자라는 점에서 소페림의 후계자이자 계승자로 인식되었던 모든 필사자-학자들을 의미하게 되었다. 난외와 책 뒤의 마소라에는 본문의 아주 세세한 사항들과 특징들까지도 틀림없이 정확하게 복사되도록 그 점들에 대하여 필사자들에게 주지시키는 데 도움이 되는 기술적인 정보와 지시들이 엄청나게 많이 들어있다. 마소라 주석은 흔치 않은 철자법, 단어, 문법적 활용형 따위를 규명하는가 하면 성서 본문 전체에 있어서 그것들이 출현하는 빈도수 및 장소를 언급하는 경우도 가끔 있다. 성서 문헌들 속에 나오는 글자, 단어, 절 등의 전체 수효가 계산되었다. 또 각 책의 중간이 되는 절과 글자들, 그리고 경전의 삼대 부분의 중간이 되는 절과 글자들이 일일히 기록되었다. 이 모든 마소라의 자료들을 사본의 여백과 말미(刊記, Colophons)에 망라하기 위하여 정교하면서도 간결한 약어법이 고안되었다.

'마소라 텍스트'의 본문 자체의 구획에 대해서는, 행을 뗌으로써 단락의 바뀜을 표시하였는데 이러한 관례는 사해 성서 사본의 일부에까지 소급된다. 탈무드 시대에 본문은 3년 단위의 팔레스틴 주기와 1년 단위의 바빌론 주기로 낭독을 위하여 분할되었다. 절은 표시되는 경우가 종종 있었지만 매기지는 않았다. 숫자를 매겨 장을 구분하는 현재의 관례는 영국의 성직자였던 스테픈 랑톤(Stephen Langton)에게서 유래되었는데, 그는 C.E. 1205년에 라틴어역 불가타 성서에 숫자로 장을 표시하였다. C.E. 1330년에 한 라삐가 그리스도인과 논쟁 중인 문제들에 대해 본문 참조를 원활하게 할 수 있도록 히브리 성서에 이 관례를 도입하였다. 히브리 성서에서 장 안의 절에 숫자를 매기는 관습은 C.E. 1571년에 최초로 채택되었다.

마소렛들이 활약하였던 수세기 동안에, 그들은 착실히 보존되어 온 본문을 안전하게 지키기 위하여 할 수 있는 모든 일을 다하였다. 그러나 자음 및 모음 본문이 고정되기까지 장구한 기간 동안 논문의 여러 전승이 유동적이었으며, 그 기간 중에 본문상의 오류와 변경이 발생하였고 그것들이 마소라 본문에 유입되었다. 마소렛들은 이러한 문제를 어느 정도 알아차리고 있었다. 예를 들어, 그들은 잠재적으로 불경하다든가 저속한 성서의 단어나 관념들을 제거하거나 완화시킬 의도를 가진 18개의 "소페림의 교정"을 인용하고 있다. 이러한 주장의 정확성에 대해서는 학자들의 의견이 분분하지만, 성서 시대 후기에는 마소렛들이 알고 있는 바 이전에 이루어진 본문의 경건한 변경을 지적함으로써 그들의 공정성에 신임을 더하는 미드라쉬적 성서 취급법이 상당히 존재하였다. 나아가, 마소렛들은 허다한 경우에 이렇게 씌어진 한 단어를 다른 방식으로 읽어야 한다는 주를 달고 있다(이것을 케레-케디브 독법[*Qere-kethiv* reading]이라 한다). 때때로 이것은 공인된 본문이 문법에 맞지 않거나, 저속하거나, 또는 비신앙적인 경우에 "구두 교정"을 하는 마소렛들의 방법이라고 여겨진다. 또 다른 경우에는 이러한 구두 변경들은 본문상의 이문(異文, variants)을 보존하고 있음에 틀림없는데, 이러한 이문들은 C.E. 100년 이래의 강력한 본문 고정화 추세에도 불구하고 성서 본문의 다른 독법들이 완전히 소멸되지 않았다는 사실을 말해준다.

마소렛들의 작업은 10세기에 벤 아쉐르(the ben Asher)와 벤 납달리(the ben Naphtali)라는 마소렛 가문들이 활약하던 팔레스틴의 티베리아 학파에서 그 정점에 도달하였다. 서로 어긋나는 모음점 찍기 관례들과 마소라식 주석이 이 시기에는 다소간 표준화되어 있었다. 이 방면의 주요한 성취는 막강한 영향력을 행사하던 벤 아쉐르가(家)의 공이다. 이 가문의 작업은 C.E. 895년에 나온 예언서 사본(Codex Cairensis), C.E. 900-950년에 나오고 그 가운데 3/4이 현존하고 있는 성서 전체의 사본(Aleppo Codex), 그리고 C.E. 1008년에 나온 성서 전체의 사본(Codex Leningradensis 또는 MS B 19a) 등에 나타나 있다. 한때에는 벤 아쉐르가(家)의 공공연한 경쟁자였다고 여겨진 적도 있었던 벤 납달리가에서 유래한 것이 분명한 사본들을 식별해낼 수 있을지는 확실치 않지만 벤 납달리 가문은 이 "티베리아 합의"에 크게 기여했을 것이다. 알렙포 사본(Aleppo Codex)과 같은 방대한 티베리아 사본들은 성서 전체에 일관된 모음 체계와 마소라 주석을 부여하려는 신중한 시도들이었지만, 그 모든 사본들이 벤 아쉐르 학파의 원리가 철저하게 통일적으로 적용된 모습을 보여준다고는 할 수 없다. 그렇다고 할지라도, 오늘날까지 히브리 성서의 모든 인쇄본에 기초를 마련해준 것은 이 티베리아 학파에 속하는 마소렛들의 유산이었다.

11.3.3 히브리 성서의 인쇄본

히브리 성서의 인쇄본들—처음에는 본문의 일부를, 나중에는 본문 전체를 수록하였다—은 C.E. 1477년부터 나타나기 시작하였다. 제2차 라삐 성서(the Second Rabbinic Bible)는 야곱 벤 하임(Jacob ben Chayyim)이 편집하였고 베니스에 있는 봄베르크 출판사(the Bomberg Press)가 C.E.

1524/25년에 출판하였다. 벤 하임의 본문은 유대인과 그리스도인들의 기본적인 공인 본문(Textus Receptus)이 되고 1936년까지의 모든 인쇄본의 근거가 되었다. 또 이 본문은 흠정역 성서(KJV)를 비롯한 주요 영역본들의 역자들에게 채택되었다. 벤 하임은 티베리아 사본들을 사용하였지만 이 경우에는 이 사본에서 저 경우에는 저 사본에서 뽑아내는가 하면 자신도 그 약어를 이해하지 못하는 마소라 주석들을 닥치는 대로 수집 · 편찬하는 등 절충해서 편집하였다. 더욱이 그가 사용한 사본들은 10세기의 벤 아쉐르 본문보다 더 후대의 것이고 열등하였다. 끝으로, 그는 자신이 본문의 독법과 마소라 주석들을 선택할 때 의거한 원리를 제시하지 못하였다.

티베리아 마소렛들의 작품에 대한 인식이 증대됨에 따라 하나의 공인 본문(a Textus Receptus)으로서 벤 하임의 절충적 본문이 지닌 약점이 뚜렷하게 드러났다. 1936년에 루돌프 키텔(Rudolph Kittel)은 *Biblica Hebraica*(*BHK*) 제3판에서 벤 하임 본문의 사용을 포기하고 C.E. 1008년에 나온 벤 아쉐르 레닌그라드 사본(the ben Asher Codex Leningradensis)을 인쇄하였다. 이 사본은 그 이후의 키텔 판본들의 기초가 되어 왔으며 또한 보다 최근에 나온 엘링거-루돌프(K. Ellinger and Rudolph) 편의 *Biblica Hebraica Stuttgartensia*(*BHS*)의 기초이기도 하였다. C.E. 10세기에 나온 알렙포 사본(Aleppo Codex)이 발견된 이후로 이 사본은 히브리 대학 성서 사업부(the Hebrew University Bible Project)의 기초가 되었는데, 이 사업부는 고셴-고트쉬타인-탈몬(M. Goshen-Gottstein and S. Talmon)이 편집하는 이 사본 전체의 비판적 판본의 예비 단계로서 이사야서를 견본으로 출판하였다. 연합성서협회 히브리어 구약성서 본문비평 사업부(the United Biblical Societies Hebrew Old Testament Text Critical Project)는 레닌그라드 사본을 기초로 삼되 완전히 새로운 본문비평 자료들을 수록할 *BHK*와 *BHS*의 후속판을 언젠가는 출판할 계획을 갖고 있다.

12. 히브리 성서의 번역본

12.1 고대의 번역 성서

12.1.1 그리스어 70인역 성서

히브리 성서의 초기 번역본들 가운데 최초의 것이자 가장 중요한 번역본은 그리스어로 되어 있다. 이 번역본은 프톨레미 2세(**Ptolemy Ⅱ Philadelphus, 285-246 B.C.E.**)의 권유로 70명(실제로는 72명)의 학자들이 이집트의 알렉산드리아에서 히브리 성서를 번역하였다고 하는 아리스테아스의 서한(*Letter of Aristeas*)의 전승으로 인하여 70인 역본 ***the Septuagint*** ("70"이라는 뜻)이라고 널리 알려졌다. 70인역본—약어로는 LXX로 표기함—은 그리스 학자들의 제창에 그 기원을 두고 있다기보다는 이집트에 살면서 그리스어를 사용했던 유대 민중의 필요에서 유래되었을 것이다(§45). 율법서는 B.C.E. 250년경에 코이네(Koine)라고 하는 통속적인 그리스어로 번역되었고 예언서와 다른 문헌들은 B.C.E. 75년경에 이르러서야 번역이 완료되었다. 이 다른 문헌들 속에는, C.E. 90년에 제정된 유대교 정경에는 들지 못하였지만 초기 그리스도교의 정경으로 받아들여졌다가 개신교에 의하여 외경으로 처리된 문헌들이 다수 포함되어 있다(표 6). 여러 명의 번역자들이 관여하였으므로, 율법서는 종종 의역되는 다른 문헌들보다 번역상 통일성이 더 크고 더 문자적이다.

70인역본에는 디아스포라 유대인들에게 헬레니즘 문화가 얼마나 깊이 침투하였는가를 보여주는 실례들이 무수하게 많다. 하느님의 이스라엘식 이름인 야웨가 70인역본에서는 대체로 사라지고 대신 주(主, 그리스어로는 κυριος)라는 단어가 사용되었다. 신에 대한 비유적 표현들은 종종 그 의미를 풀어서 번역하였다. 예컨대, "하느님의 손"을 "하느님의 전능"으로, "하느님의 옷"을 "하나님의 영광"으로 번역한 것 따위가 그것이다. 초대 그리스도인들이 사용한 성서는 일반적으로 70인역본이었다. 사실, 현존하는 70인역본의 사본들은 전부가 그리스도인들에게서 유래한 것들인데, 이렇게 된 까닭은 70년 이후 라삐들에 의한 유대교 재통합 과정에서 유대인들은 이 번역본이 지나치게 헬레니즘 문화를 받아들였으며 이미 그리스도인들의 차지가 되었다는 이유로 그것을 거부하였기 때문이다. 신약성서에 나오는 대부분의 성서 인용은 히브리어 원본보다는 이 그리스어 역본을 토대로 하고 있다. 70인역본은 최고(最古)의 번역본이고 사해 두루마리와 더불어 원마소라 본문과는 다른 유형의 한 고대 히브리 본문에 접근할 수 있게 해주므로 본문비평에 있어서 지대한 중요성을 지닌다.

12.1.2 다른 그리스어 역본과 6개 국어 대조판

그리스도교의 초기 몇 세기 동안에 다른 그리스어 번역본들이 나타났다. 아킬라(Aquila)는 C.E. 100년경에 대단히 문자적인 그리스어 번역본을 만들었고, 유대인들은 70인역본 대신에 이것을 사용하였다. 데오도티온(Teodotion)과 심마쿠스(Symmachus)는 2세기 말에 보다 자유롭고 그리스어 고유의 맛을 잘 살린 번역본을 내었는데, 이 번역본들이 유대교인들의 것인지 그리스도인들의 것인지는 아직도 분명하지 않다. 데오도티온과 심마쿠스의 번역본은, C.E. 230-240년경에 그리스도교 학자인 오리겐(Origen)이 편찬한 6개 국어 대조판 *Hexapula*("6개의 종란[從欄]"이라는 뜻)에 남아 있는 소수의 단편을 제외하고는 상실되어버렸다. 이 6개 국어 대조판은 그리스어 음역이 수반된 히브리어 원문과 함께 여러 종류의 그리스어 번역문들을 종란으로 배열한 비판적인 편찬물이다. 이 6개 국어 대조판이 그 단편만을 남기고 없어져 버린 것은 고대의 최대 손실 가운데 하나이다.

12.1.3 아람어 타르굼

팔레스틴, 바빌론, 그리고 시리아에 사는 유대인들은 포로기 이래로 아람어를 사용하였다. 회당 예배에서는 히브리어로 된 신성한 책들이 낭독되었고 거기에 덧붙혀 해석자(*meturgeman*)는 아람어로 된 번역이나 부연 설명(*targum*)을 제시하였다. 우리가 타르굼이라고 부르는 것은 이러한 구두 번역이 문자화된 몇 가지 형태를 가리킨다. 구두 번역의 문자화는 그리스도교 초기에 시작되었다. 타르굼의 특징은 메시지를 설명하기 위해서 히브리어 원문을 주저없이 확장 또는 변경하는 자유로운 해석에 있다. C.E. 5세기에 유대인들이 일반적으로 이용할 수 있도록 2권의 바빌론 타르굼이 표준화되고 권위를 갖게 되었다. 이 2권의 타르굼은 율법서 타르굼인 옹켈로스(Targum Onkelos)와 예언서 타르굼인 요나단(Targum Jonathan)이다.

12.1.4 고대 시리아어 역본, 페쉬타, 시리아 6개 국어 대조판

히브리 성서의 시리아어 번역은 시리아 아디아빈느(Adiabene) 왕국에 살던 유대교 개종자들에 의하여 일찌기 C.E. 1세기 중엽에 이루어졌거나 아니면 시리아 내륙의 시리아어 사용 지역에까지 퍼져 나간 그리스도인들에 의하여 약간 늦은 시기에 이루어졌을 것이다. 고대 시리아어 번역본들에는 그것들이 아람어 타르굼으로부터 발전되었거나 영향을 받았음을 보여주는 흔적이 강하게 나타난다. 이 번역본의 한 개정판이 페쉬타(the Peshitta, "간소한 번역본"이라는 뜻)인데, 이 번역본은 시리아 그리스도인의 공식 구약성서가 되었지만 수세기 동안 다른 시리아어 역본들과 경합이 없었던 것은 아니었다. C.E. 7세기에 한 시리아인 성직자가 문자적으로 번역한 한 시리아어 역본을 마련하였는데 여기에는 오리겐의 6개 국어 대조판의 70인역본도 재수록되었다. 이 시리아 6개 국어 대조판(Syro-Hexapla)은 그 대부분이 현존하며, 그리하여 오리겐이 수록했던 70인역본의 본문과 지금은 사라진 그의 6개 국어 대조판에서 그가 사용했던 본문비평 기호들을 증언하고 있다. 시리아어 역본들이 히브리어 원문에 실제로 의존하고 있는 정도는 불확실한데, 왜냐하면 타르굼과 70인역본이 이 역본들에게 너무나 광범위한 영향을 미쳤기 때문이다.

12.1.5 고대 라틴어역본과 불가타역본

최초의 그리스도인들은 거의가 그리스어를 사용하였다. 로마 제국의 서부로 그리스도교가 전파됨에 따라 라틴어가 교회 언어로 대두되기 시작하였다. C.E. 200년경부터 성서 문헌들이 라틴어로 번역되었다는 증거를 우리는 가지고 있다. 고대 라틴어역본으로 알려져 있는 이 번역본들은 70인역본들보다 통일성이 크지 않고, 사실은 적다. 이러한 조야함과 문체상의 변화는 이 초기 라틴어역본들이 지역 교회들의 요구에 부응하기 위하여 독립적으로 이루어진 작품들이었다고 상정함으로써 가장 잘 설명될 수 있다.

고대 라틴어역본이 이처럼 불만족스러웠으므로 C.E. 382년에 교황 다마수스(Pope Damasus)는 공식적인 라틴어역본을 만들어 달라고 제롬(Jerome)에게 의뢰하였다. 제롬은 히브리어를 배워서 구약성서 번역에 그것을 활용하였다. 그 결과로 나온 것이 불가타역본(the Vulgate, "공용 번역본"이라는 뜻)으로 알려진 번역본인데 북유럽과 같이 멀리 떨어져 있는 지역에서 이 번역본이 이전의 고대 라틴어역본 대신 사용되기까지에는 수세기가 걸렸다. 결국에는 불가타역본의 낭랑한 운율이 가톨릭 교회의 예배에서 확고한 지위를 차지하게 되었다. 프로테스탄트 종교개혁의 성서 지향적 태도에 대한 반동으로 가톨릭 교회는 불가타역본 하나로도 충분하며 다른 모든 성서 역본들은 이것에 근거해야 한다고 주장하다가 1943년에야 비로소 가톨릭 학자들도 원어에서 번역을 해도 좋다고 허용했다.

12.2 영어역본과 번역서

역본(a version)이라는 용어와 번역서(a translation)라는 용어는 뚜렷한 구별 없이 종종 혼용되고 있지만 둘 사이에는 차이가 있다. 역본은 교회 조직이나 행정 기관에 의해 권위가 부여되고 대개는 여러 명의 번역자들이 관여한 번역서를 가리키는 반면에 번역서는 간혹 여러 명의 번역자가 참여한 경우도 있지만 한두 사람의 작품인 경우가 보다 일반적인 비공식 번역서를 가리킨다. 그러나 학문적인 글에서조차도 고대의 모든 성서 번역을 역본으로 표현하는 경향이 있고 이러한 관례는, 초기의 숱한 영어성서들이 왕과 교회로부터 공공연하게 배척받았음에도 불구하고 흠정역까지의 영어 성서사에서 면면히 이어져 내려온 감이 있다. 따라서, 고대의 번역서들에 대해서는 이 관례를 따르되 20세기의 영어 성서들을 논할 때에는 전문적인 의미에서 실제로 역본인 것과 아닌 것을 세심하게 구별하고자 한다.[6]

12.2.1 1952년까지의 영역본과 번역서

앵글로 색슨 영역 성서(the Anglo-Sexon English Version)로부터 시작하여 위클리프 영역 성서(the Wyclif English Version)에 이르는 초기의 영역본들은 모두 라틴어역 불가타를 토대로 하였다. 인쇄술의 발명과, 르네상스로 인하여 촉발된 그리이스어와 히브리어의 재발견에 힘입어 윌리엄 틴데일(William Tyndale)은, 비록 오경에 한하여 히브리 성서를 번역하였지만, 원어에 근거한 최초의 영역 성서를 만들어내었다(1529).

16세기 전반에 걸쳐 일련의 영역 성서들이 나타났는데, 이들은 모두 먼저 나타난 역본에 어느 정도 의존하면서도 각기 나름의 전통을 세웠고 이 전통들은 결국 흠정역 성서에 합류되었다. 이들 가운데 특기할 만한 것들로는 커버데일 성서(Coverdale Bible, 1535), "마태" 성서("Matthew' s" Bible, 1537), 대성서(the Great Bible, 1539), 그리고 제네바 성서(the Geneva Bible, 1560) 따위가 있다. 영어 번역서의 동일을 요구하는 소리가

---

6) 일부의 공인 기관들은 히브리어에서 그리스어로 바로 번역된 판본들(editions)에 대해 "역서"(translation)라는 말을 사용하는 반면에, 동일한 언어로 이전의 역서나 역본의 어투 및 형식을 통합시킨 성서의 판본들에 대해서는 "역본"(version)이라는 말을 별도로 허용한다. 이러한 용법은 초기의 몇 세기에 대해서는 부분적으로 적합하나 TEV와 NIV(표 9를 보라)와 같은 최근에 출간된 "역본들"은 원어로부터 직접 번역하였고 따라서 새로운 역서들이라는 사실을 고려치 않았다.

높이 일자 제임스 1세(James I)는 1604년에 햄프튼 궁정 회의(the Hampton Court Conference)를 소집하였다. 그리하여 50명이 넘는 학자들이 위원회를 구성하여 작업한 결과 1611년에 흠정역 성서(the Authorized Version, AV)가 나오게 되었는데, 이것이 보통 제임스왕역 성서(the King James Version, KJV)로 알려져 있는 역본이다. 영어가 꽃을 피웠던 전성기의 엘리자베스 시대에 태어났고 틴데일을 비롯한 다른 선배 번역자들의 빛나는 업적을 이용함으로써 KJV는 문체의 우아함과 적절함을 특색으로 지니게 되었다. 문학적 수준이 높고 "옛스런 멋이 풍기는" 성서의 어문 구조를 보존하고 있다는 사실은, 때로 주장되었던 바와 같이, KJV가 실상은 당대의 일상어로 된 성서가 아니었음을 의미하는 것이었다. 그래서 KJV는 다른 번역서들, 특히 제네바 성서와 오랜 경합을 벌인 후에야 비로소 우위를 차지하였다.

영어의 변화가 축적되고 새로운 사본 및 고고학적 발견물들이 보다 나은 본문비평 수단을 제공함에 따라 KJV는 현대화되어야 한다는 사실이 명약관화해졌다. 그리하여 1885년에 영국에서 개역 성서(the Revised Version, RV)가 출판되었고, 1901년에 미국에서는 미국 표준 성서(the American Standard Version, ASV)가 간행되었다. 이 두 개정판은 대대로 의미가 모호한 대목을 원문의 문자적 의미대로 해석하기 시작하였다. 이것들은 연구용 성서로는 널리 활용되었지만 교회의 일상적인 용도나 문학적 목적을 위해서는 KJV를 대신하지 못하였다.

1952년에는 개역 표준 성서(Revised Standard Version, RSV)가 완간되었는데, 이 영역 성서는 KJV-RV/ASV 등의 역본들을 개정하는 임무를 띠고 있었다. RSV는, 과거의 어느 학자들보다도 훨씬 더 비평적인 작업을 통해 편집된 사본들을 이용할 수 있었고 또한 벤 하임의 본문을 따르고 있는 히브리 성서 인쇄본들이 이용할 수 있었던 것보다도 한층 정확한 형태의 벤 아쉐르 본문을 밝혀냄에 있어서 폴 칼(Paul Kahle)의 업적을 이용할 수 있었던 미국 학자들의 작품이었다. RSV는 또한 RV나 ASV보다도 문학적으로 우수한 KJV에 훨씬 더 가깝고, 특히 익숙한 구절들에서 그러하였다. 순식간에 RSV는 교회의 일반적 용도와 엄밀한 연구를 위해 널리 활용되게 되었다.

위에서 언급한 역본들은 프로테스탄트측의 것들이었다. 그러나 1973년에 외경/제2경전 문헌들을 함께 수록한 RSV 공동 성서(RSV Common Bible)가 가톨릭 교회와 정교회의 사용 승인을 받았다. 그 이전에는 로마 가톨릭 교인들은 1609년에 나온 더웨이 라임스역 성서(the Douay-Rheims Version)로 만족할 수밖에 없었는데, 이 역본은 불가타역 성서를 아무 독창성 없이 직역한 것이며, 1759-63년에 찰로너(Challoner)가 문체의 개선을 위하여 수정한 바 있다. 미국 유대인 출판 협회(the Jewish Publication Society of America)는 프로테스탄트측의 영역 성서만이 아니라 영국과 미국에서 유대인의 후원으로 출간된 이전의 번역서들까지도 참조하여, 1917년에 『마소라 본문에 의한 성서』(*The Holy Scriptures According to the Masoretic Text*)를 출판하였다. 상당히 축자적이고 성서의 고문체를 그대로 살린 이 유대교 번역본은 탈무드와 중세기 유대교 주석들의 해석적 전통에 크게 의지하였다.

영어의 특색을 그대로 살려서 번역한 프로테스탄트 성서 번역서가 2권 있는데, 하나는 제임스 모팻의 『성서: 새 번역』(*The Holy Bible: A New Translation,* 1962; 최종 개정판은 1935)으로 영국적 어조가 두드러지게 나타난다. 다른 하나는 이에 대응할 만한 것으로 미국에서 출간된 스미스(J. M. D. Smith, 구약 부분)와 에드거 굿스피드(Edgar J. Goodspeed)의 『성서: 미국 역』(*The Bible. An American Translation,* 1931; 1939년 판에는 외경이 추가되었다)이며, 이는 "시카고 성서"(Chicago Bible)라고 알려져 있다. 후크(S. H. Hooke)의 감수 하에 만들어진 『기본 영어 정서』(*The Bible in Basic English,* 1950)는 사용 어휘를 1,000 단어로 한정함으로써 매우 직접적이고 명료한 번역문이 되었다.

12.2.2 1952년 이후의 영역본과 번역서

1952년 RSV가 출간된 이래로, 성서의 영역 작업이 폭발적으로 증대하였다. 번역 활동이 이처럼 급속하게 증가된 요인은 여러 가지인데, 그중에는 영어의 고유한 맛을 살린 대중적인 번역서에 대한 요구, 세련된 언어학 이론 및 번역 이론의 발달, 연구용 성서로 적합한 번역서에 대한 요구, 성서와 관련이 있는 사본과 고고학적 발굴물들의 대중적 보급, 그리고 상업적 출판사들에게 보장된 성서 판매의 수익성 따위가 포함된다.

성서 번역서들은, 그 엄격성과 일관성의 정도는 각기 다르지만, 두 가지의 기본적인 번역 원리 중 어느 한쪽을 따르는 경향이 있다. 때로 "직역"이라는 말로 잘못 불리워지기도 하는 "형식적 일치"(formal correspondance)를 지향하는 번역본들은 비록 그 결과가 영어로서는 자연스럽지 못한 문장이 된다고 할지라도 히브리어 원문과 그리이스어 원문의 전문적 술어, 문장 구조, 그리고 이미지를 가능한 한 원문에 가깝게 번역한다. 한편 때로는 "의미의 동등성"(meaning for meaning equivalance)라고도 하는 "역동적 동등성"(dynamic equivalance)을 추구하는 번역본들은 원문의 의미를 가장 자연스럽고 유창한 영어의 관용적 표현으로 번역하는데, 이로 인하여 성서 화법의 독특성을 얼버무린다. 성서 독자들은 이 두 종류의 번역서들을 모두 잘 알고 있어야 한다(표 9에 나오는 설명을 참조하라). 〔〈표 9〉는 본 역서에서 불필요하여 생략했다/역주〕

〈표 9〉에는 새로운 히브리 성서 역본들과 번역서들 가운데 가장 영향력 있는 것들이 나열되어 있다(이 가운데 NJPS를 제외한 모든 번역본들에는 신약성서도 포함되어 있다). 1952년 이후에 KJV로부터 시작하여 RV/ASV를 거쳐 RSV에 이르는 영역 개정판 전승의 거대한 지배력은 완전히 꺽이지는 않았다 하더라도 동요되어 왔다. 현재에는 매우 폭넓은 성서 번역서들이 초교파적으로 빈번하게 사용되고, 경우에 따라서는 신학 노선 간의 차이를 초월해서 사용되기도 한다. 오늘날에는 2종 이상의 번역서들을 정식으로 사용하는 성서 독자들을 흔히 발견할 수 있다. TEV와 LBP는 성서를 빠르고 쉽게 읽는 데 널리 애용되며, NEB, NAB, 그리고 JB는 연구용 성서로서 높이 평가되고 있는데, 특히 놀라울 정도로 완벽한 주가 달려 있는 JB가 그러하다. 프로테스탄트 보수파에서는 NASB가 이와 유사한 연구

용 성서로 이용되고 있다. NJPS와 NKJV는 너무 최근의 것이어서 그것들이 어떻게 받아들여질 것인지에 대해서 판단하기가 어렵다. NJPS가 그리스도인 독자들에게 어떤 반응을 얻을 것인가는 특히 주목거리인데, 왜냐하면 그리스도인들이 일반적으로 알고 있지는 못하지만 사실 히브리 성서에 관한 학문적 이해는 유대교 전통에 크게 빚지고 있기 때문이다. 일반적인 교회의 용도에 있어서는 KJV와 RSV가 여전히 두각을 나타내고 있고, 그 중에서도 아마 RSV가 중심적 위치를 차지하고 있는 듯하다. 그러나 NEB, TEV, 그리고 NIV도 교회권에 널리 유포되고 있으며 기반을 구축해가고 있는 듯하다.

부족 동맹: 이스라엘 혁명의 시작

성서 팔레스틴의 지리

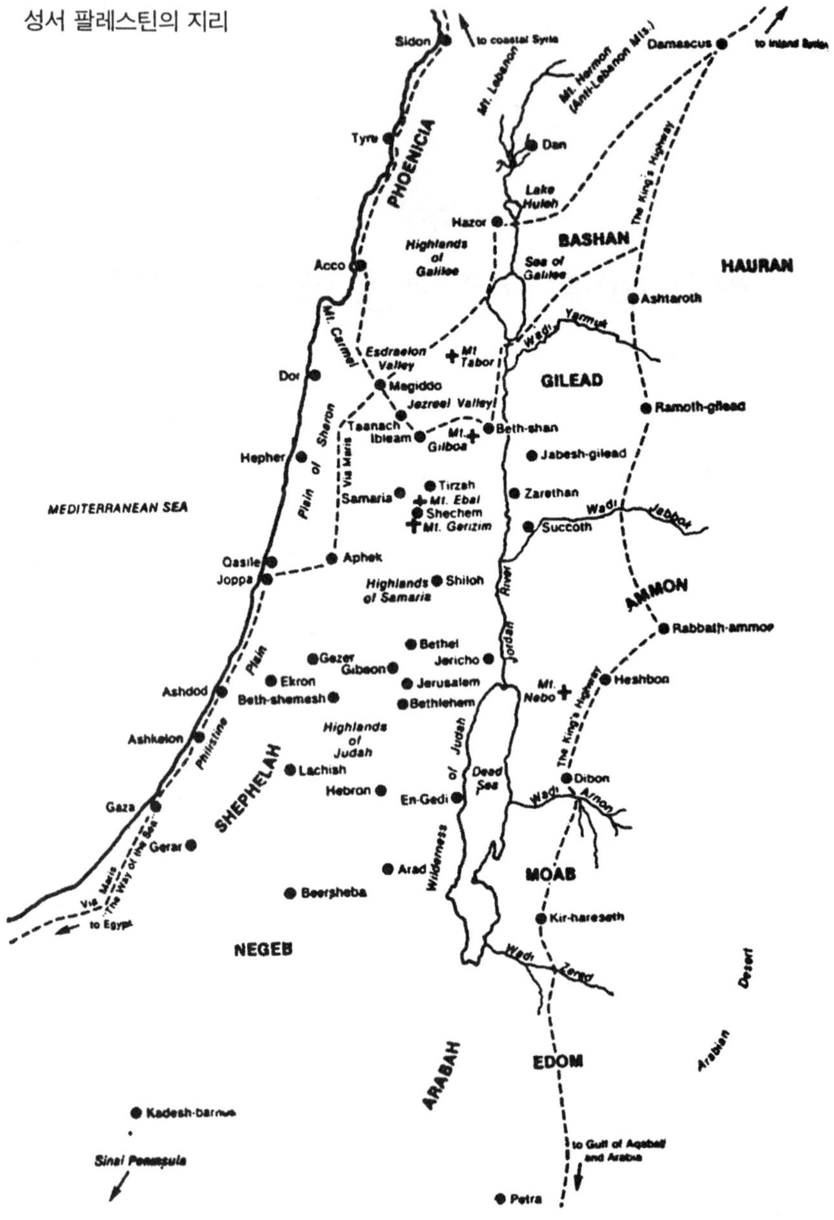
Sidon
to coastal Syria
Mt. Lebanon
Mt. Hermon
(Anti-Lebanon Mts.)
Damascus
Tyre
PHOENICIA
Dan
Lake
Huleh
Hazor
The King's Highway
Highlands
of
Galilee
BASHAN
HAURAN
Acco
Sea of
Galilee
Ashtaroth
Mt. Carmel
Wadi
Yarmuk
Esdraelon
Valley
Mt
Tabor
Dor
Megiddo
GILEAD
Jezreel Valley
Ramoth-gilead
Taanach
Ibleam
Mt.
Gilboa
Beth-shan
Plain of Sharon
Hepher
Via Maris
Jabesh-gilead
Tirzah
Samaria
Mt. Ebal
Shechem
Mt. Gerizim
Zarethan
MEDITERRANEAN SEA
Wadi
Jabbok
Succoth
Qasile
Aphek
Joppa
Highlands
of Samaria
Shiloh
River
AMMON
Jordan
Bethel
Gezer
Gibeon
Jericho
Ekron
Jerusalem
Mt.
Nebo
Heshbon
Ashdod
Beth-shemesh
Bethlehem
Plain
Highlands
of
Judah
Ashkelon
Philistine
SHEPHELAH
Lachish
Wilderness of Judah
Dead
Sea
Dibon
Hebron
En-Gedi
Wadi
Arnon
Gaza
The Way of the Sea
Via Maris
Gerar
Arad
MOAB
Beersheba
to Egypt
Kir-hareseth
NEGEB
Wadi
Zered
Desert
Arabian
ARABAH
EDOM
Kadesh-barnea
Sinai Peninsula
to Gulf of Aqaba
and Arabia
Petra

군주제 이전의 이스라엘 부족들

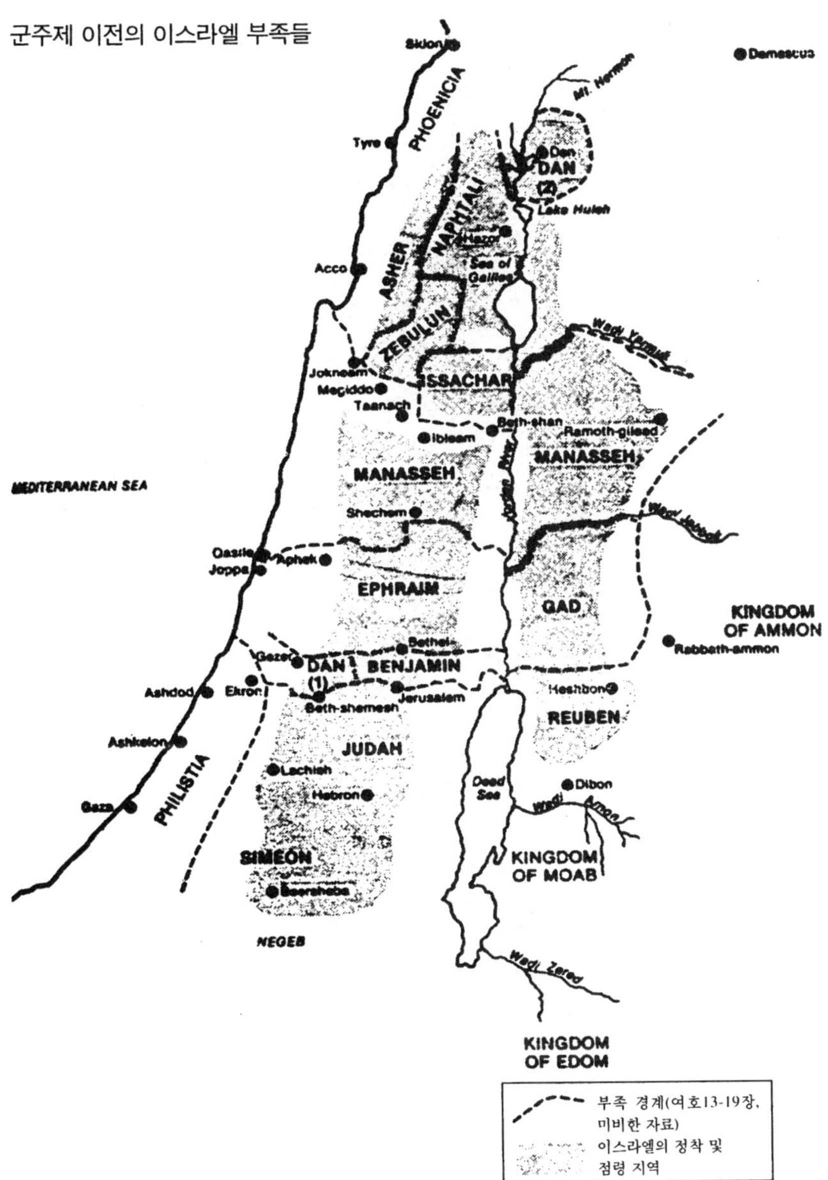

서론

군주제 이전의 이스라엘 역사에 대한 자료들

서론적인 고찰을 마치고 우리는 이제 히브리 성서 해석에 착수하려 한다. 이 책 본론부(2부—4부)의 목적은 현재 우리가 고대 근동에 대해 모든 것과 관련하여 고찰한 이스라엘의 전(全) 역사 안에 히브리 성서 문학을 위치시킴으로써 히브리 성서 해석에 도움을 주려는 것이다. 이스라엘 민족의 "역사 전체"에는 물질적, 문화적, 사회적, 정치적 및 종교적 역사가 포함될 것이다.

제2부에서 우리는 이스라엘이 사울과 다윗 치하에서 한 민족의 왕국을 형성한 B.C.E. 1000년경 이전 시대에 있었던 이스라엘의 기원을 살펴볼 것이다. 이스라엘이 역사의 한 주체로서 출현한 시기는 다르게는 B.C.E. 2200년경에서 늦게는 B.C.E. 1250-1150년경으로 추정된다. 제4장에서 우리는 이스라엘의 기원 연대 추정이 1000년씩이나 차이를 보이는 이유를 알게 될 것이다.

성서에 대한 우리의 고찰은 이스라엘의 조상들에 대한 창세기 12-50장의 전승들로부터 출발하게 될 것이다. 창세기 1-11장의 전승들에 대한 고찰은 뒤로 미루고자 한다(§31.1; 49). 왜냐하면 우주 및 인류 역사의 기원에 대한 그와 같은 기사는 이스라엘이 고대 근동 이웃들과 공유했던 광범위한 문학적, 사상적 유산의 일부이기 때문이다. 우주의 기원에 관한 이스라엘의 독특한 시각을 이해하기 위해서는 이스라엘 자체의 기원에 관한 전승을 우선적으로 살펴보는 것이 좋다.

이스라엘의 초기 역사에 대한 우리의 지식의 주된 전거는 히브리 성서 자체이다. 비록 성서의 모든 책들이 포로기 이후에 완성된 것이긴 하지만, 우리는 그러한 책들이 이스라엘 역사의 초기 단계에서 유래한 전승 단위들과 보다 오래된 연속적인 자료들을 포함하고 있다는 것을 알게 되었다. 때로는 구전에 근거하기도 하는 보다 오래된 이 전승들을 면밀히 조사함으로써, 성서 문학의 배후와 저변에 흐르는 역사의 기본적인 윤곽과 때로는 매우 세부적인 사항들까지도 식별해 낼 수 있다. 그러나 역사를 적절히 재구성하기 위해서는 역사의 각 시대와 관련된 독특한 문학 형태를 이해하는 것이 필요하다. 따라서 우리는 제2부에서 4부까지 계속하여 다음과 같은 두 개의 근본적인 질문을 하게 될 것이다.

1. 히브리 성서의 구두 전승 및 문학 전승은 어떻게 이루어졌으며, 고대 이스라엘의 각 시대에 대하여 그러한 전승들이 제공하거나 전제하고 있는 사회사적 이해는 무엇인가?

2. 히브리 성서에 표현 또는 암시되어 있는 각 시대에 대한 사회사적 묘사가 어떻게 우리로 하여금 고대 근동 전체의 맥락 속에서 이스라엘의 위치를 파악할 수 있게 하는가?

성서 전승들의 "역사적 가치"는 매우 불확실하기 때문에, 이스라엘 역사의 각 시대를 다룰 때 문학적인 자료들을 평가하는 것으로부터 시작하는 것이 필수적일 것이다.

13. 고대 이스라엘의 위대한 전승가들

이스라엘의 최초 역사에 관한 성서의 자료들은 율법서와 전기예언서들에서 찾아볼 수 있다. 이 전승들의 성장 단계에서 크게 네 부류의 문학가들이 활동했음이 역사비평적 연구를 통하여 밝혀졌다.

13.1 야휘스트(J)

우주 창조에서부터 적어도 이스라엘의 가나안 진입 직전까지에 이르는 이스라엘의 기원에 대한 일련의 이야기들은, 다수 학자들의 견해에 따르면 솔로몬의 치세 기간인 B.C.E 960-930년경에 씌어졌다. 그런데 학자들 가운데에는 그 시기를 이보다 1세기 혹은 그 이상 늦은 시기로 추정하는 이들도 있다. 이 자료는, 자세히 분석하면 약간 변화될 여지가 있지만, 창세기, 출애굽기, 그리고 민수기에서 확인될 수 있다. 뿐만 아니라 동일한 이 자료가 가나안 정복까지 계속되는 이야기를 전하고 있고, 그 이야기의 몇 가지 요소들은 상당히 개정된 상태로 여호수아와 사사기에서 발견될 수 있다는 것은 가능한 일이다(§22.3).

우리는 그 기자의 이름을 모른다. 그러나 그는 실제 궁정 관리는 아니었을지라도 왕궁의 총애를 받고 일종의 "민족 서사시"를 지어 다윗과 솔로몬의 신흥 왕국에 바친 사람임이 분명하다. 이 기자는 이스라엘의 하느님을 야훼라는 본래 이름으로 부르기를 좋아하였다. 그래서 무명의 이 기자는 통상적으로 야휘스트, 혹은 J 기자(J는 야훼, 혹은 야휘스트라는 말의 독일어 철자 Jahweh/Jahwist에서 나온 것이다)라고 불리운다. 야휘스트는 유다에서 문학 활동을 하였으며 부족들 중에서도 유다의 중심적인 역할을 강조하였다. 그러므로 J라는 문자 기호는 첫째, 선별된 하느님의 이름(야훼), 둘째, 선별된 부족(유다)과 이중으로 관계되는 편리함이 있다.

13.2 엘로히스트(E)

통일 왕국이 분열된 이후 B.C.E. 900-850년경에 또 다른 기자가 이스라엘의 초창기에 관한 이야기를 전해주었다(§34.1). 이 이야기는 족장들로부터 시작하여 가나안 진입 직전까지(창세기, 출애굽기, 민수기) 계속되고 혹은 가나안 정복 그 자체(여호수아와 어쩌면 사사기)까지 계속될 수도 있는 등 J가 다룬 분야를 거의 망라하고 있다(§22.3). 이 기자는, 야훼라는 이름이 모세에 의해 처음으로 이스라엘에 주어졌다고 믿기 때문에 모세 이전 시대의 이스라엘의 하느님에 대해서는 엘로힘이란 이름을 의도적으로 사용한다. 그런 까닭에 익명의 이 기자는 통상 엘로히스트 또는 E 기자로 불리운다. 그는 북이스라엘에 살았는데, 당시까지 이 곳은 옛 이름인 이스라엘을 그대로 고수한 독립 왕국의 일부였다(한편, 다윗 왕조는 남쪽의 유다 왕국을 계속 지배하였다). 이 북 왕국의 중심부는 므나쎄와 에브라임의 부족 영토로 이루어졌고, 북 왕국 전체가 그저 에브라임으로 불리워지는 때도 종종 있었다. J가 야훼 혹은 유다를 나타낼 수 있는 것과 마찬가지로 E 역시 엘로힘 또는 에브라임을 나타낼 수 있다.

엘로히스트는 야휘스트와 어떻게 비교되었는가? 동일한 역사적 기간을 다루는 두 번째 이야기가 필요한 것으로 간주된 이유는 무엇인가. 아브라함으로부터 시작하여, E는 J가 전개시킨 중요한 모든 역사적 주제들을 다루었을 뿐만 아니라, J와 아주 유사한 시사적 관심을 갖고 유사한 문학 양식을 사용하여 그 주제들을 전개시켰다. 다른 한편, E는 어휘, 문체, 서법(mood), 강조 등의 면에서 J와 종종 차이를 보이며 J에서는 유래를 찾아볼 수 없는 많은 이야기들 또는 전승 단위들이 E에 나타난다. 엘로히스트는 야훼와의 조약(혹은 계약)으로 인해 종교적 윤리적 의무를 지게 된 공동체로서의 초기 이스라엘을 특별히 강조한다. E 전승가들(E traditionists)이 보기에, 이스라엘이라는 계약 공동체는 정치적인 예루살렘의 다윗왕조나 혹은 보다 최근에 세워진 북 왕국보다도 역사가 깊고 훨씬 더 근본적인 것이다. 만약 J와 가장 가까운 사람들이 예루살렘의 왕실 인사들이었다면, E와 가장 밀접한 관련을 가진 사람들은 존경받는 엘리야와 엘리사 같은 예언자집단이었던 것 같다. 야휘스트에 비해 왕실의 권위를 두려워하지 않았던 엘로히스트는 당시의 유다 왕국과 이스라엘 왕국을 초월하고 또 그것들을 비판하는 이스라엘 규정 척도를 제시함에 있어서 매사에 매우 분명하다. E 문서는 J 문서를 의식하고 그에 대한 교정책으로 씌어진 것임이 분명하다.

13.3 신명기적 역사(DH)

E 기자만큼이나 이른 시기에 생겨났을지도 모르는 북 왕국의 전승가 집단들은 사회 정의와 종교적 신실성에 관한 옛 율법으로 표현된 야훼와의 계약에 순종하는 것이 얼마나 중요한 것인가를 백성들에게 이해시키는 교육 방식을 발전시키기 시작하였다. 이 방법은 설교와 권고로 가득 찬 것인데, 야훼와 이스라엘 간의 계약 갱신을 축하하는 정기적인 공식 집회에서 계발된 것 같다. 이러한 계약 전승들은 이스라엘 군주국들의 무력 정치와는 분명히 긴장 관계에 있으며 예로는 공공연하게 충돌하기도 한다. 우리는 이러한 전승가들을 신명기 사가들, 혹은 단수로 신명기 사가라고 말하며 D로 표시하는데, 그 까닭은 그들의 전승이 신명기서에 가장 분명하게

나타나 있기 때문이다(§37.3).

B.C.E. 722년에 북 왕국이 멸망했을 때, 신명기적 전승은 남 왕국의 동조자들에 의해 보존되었다. 신명기적 전승은 1세기 후인 B.C.E. 622년에 요시아 왕이 착수한 유다 왕국 대개혁의 이념적, 문서적 추진력으로 부각되었다. 신명기의 서론부와 율법 준수를 호소한 설교 형식의 결론부 사이에 위치한 신명기 12-26장의 율법이 바로 그 개혁의 기초가 되었다. 요시아의 개혁 노력이 실패로 끝났을 때, 신명기 사가들은 계약에 충실했는가 불충실했는가라는 관점에서 이스라엘의 전제 군주들이 겪은 경로를 해석하기 위해 대단히 많은 전승들을 수집하였다. 이 전승들은 DH로 표시되는 소위 신명기 '적'(Deuteronomistic) 역사에 속하는 것으로 현재의 신명기로부터 열왕기에 걸쳐 나타난다. 바빌론 포로 기간 동안에, 신명기 사가들은 두 번째이자 마지막으로 그들이 서술한 역사를 개정하였다.

신명기적 역사의 이야기는 모세가 죽기 바로 직전에 요르단 건너편에서 율법을 "회고하는 것" 즉 "재언급하는 것"으로 시작된다. 다음에 그 이야기는 가나안 정복과 통일 왕국 및 분열 왕국의 역사를 차례차례 말하여 포로기 중간에서 끝나는데, 마지막으로 언급되는 사건은 B.C.E. 561년에 있었던 것으로 추정된다. DH는, 전격적인 가나안 공격과 부족들 간의 영토 분배(여호수아서) 후에 각 부족들이 재기하는 가나안족들과 다른 적들에 맞서 그들의 점유지를 공고히 하려고 분투하였다는(사사기) 식으로 그 전승들을 배열하였다. 제3부에서 우리는 군주들에 대해 말하는 DH의 가장 큰 부분과, 요시아 개혁의 헌장으로서의 신명기를 다룰 것이다. 그러나 현재로서는 이스라엘의 초기 역사를 평가하기 위해 우리는 여호수아와 사사기에 주의를 돌리고 있다.

대부분의 학자들은 DH가 여호수아서와 사사기의 땅 정복 기사를 작성할 때 J 와 E가 아닌 다른 자료들을 사용하였다고 믿는다. 매우 엄밀한 문학적 근거에서 보면 이것은 지지할 수 있는 결론이다. 왜냐하면 여호수아서와 사사기에서 J나 E의 어휘 및 문체를 거의 찾아낼 수 없기 때문이다. 그러나 J와 E가 현재와 같이 민수기를 끝맺고 이야기를 끝마쳤는지는 자못 의심스럽다. 그 까닭은 J와 E가 이야기 전체를 통해 예견하고 있는 것과는 달리 이스라엘 사람들이 아직 땅을 소유하지 못한 채 민수기가 끝나기 때문이다. 그러므로, 모세의 엄숙한 명령과 율법으로 역사를 시작하기 원하는 DH는 JE의 옛 정복 전승들을 그 본래 위치에서 옮겨 새로운 구성의 일부로 개정키로 결정하였을 가능성이 있다. 그 과정에서 DH는 여호수아의 휘하에서 일사불란하게 감행된 초기의 정복을 먼저 이야기하고 그 다음에 패배를 언급한 후 사사들의 지휘 아래 그 땅을 되찾기 위해 투쟁을 벌인다고 말함으로써 완전 또는 부분적 승리에 관한 모순된 전승들을 조화시키려고 노력하였다(§22.2).

13.4 제사문서 기자(P)

창세기에서 민수기까지의 "민족 서사시"에 마지막으로 중요한 공헌을 한 것은 P로 표시되는 제사문서 기자의 작품이었다. 그는 포로 말기나 수복 초기인 B.C.E. 550-450년경 사이에 문서 활동을 하였다(§49).

P 기자는 다른 모든 민족들로부터 독특하게 구별되는 종교 공동체로서의 이스라엘의 제도적, 의식적 성격을 강조하는 자료들로 옛 전승들을 보충하는 데 관심을 가졌다(§19.2; 19.4). P 기자는 이 서사시를 질서 정연한 창조 기사안에 고정시켰으며 안식일 준수, 할례, 음식물의 금기 규정, 질병 취급법 및 제사장직과 희생제물에 관한 규례 등과 같은 의식적 특징들을 크게 발전시켰다. 출애굽기 후반부의 대부분과 레위기 전체는 P 기자에게서 유래한 것이다(§17). P에는 설화 요소가 아주 적지만 오랜 역사 기간 동안에 일어난 획기적인 사건들의 긴 족보와 부차적인 연대 표시법에 의해 연결되어 있다. 아마도 궁극적으로는 구전 자료들에 기초를 둔 것 같은 옛 전승 요소들이 P에는 있는데, 그것들은 군주제 이전 시기를 조명함에 있어서 귀중한 가치가 있다. 그러나 P에게서 두드러진 점은 군주제 말기, 포로기, 포로기 이후의 이스라엘에서 제사 전승이 강화되어 출현한 것을 증언하는 것이다.

13.5 JEP의 편집

편집과 개정을 거치면서 매우 빠른 동질(同質)의 내적 발전을 보였던 것으로 추정되는 신명기 역사와는 대조적으로, 분리되어 있었던 J, E, P 문서의 결합은 보다 느리게 진행되었다.

북 왕국과 남 왕국이 이스라엘의 두 왕국으로서 서로 상쟁하고 있었을 때에는, 민족 서사시의 야휘스트 판본과 엘로히스트 판본은 꾸준한 경쟁 관계에 있었다. B.C.E. 722년의 북 왕국 멸망 이후, 엘로히스트는 그 문서의 원배경(home setting)을 상실했으며 남 왕국의 한 편집자가 두 문서를 결합시켰다. 또는 보다 정확히 말한다면, 그는 E의 자료들로 광범위하게 J를 보충하였다. 이러한 이유 때문에 E는 J보다 보존 상태가 매우 불완전하다. 두 종류의 전승이 결합되었기 때문에, 양자를 분리시키기 어려운 곳들이 있는데, 특히 민수기에서 그러하다(§17.1). J와 E를 결합시킨 결과는 J의 민족적, 정치적 경향을 확인하는 것이었지만, 또한 E의 종교적, 윤리적 성향이 J에 침투하고 그것에 영향을 준 것이었다. 이러한 JE의 편집 시기는 B.C.E. 722-609년으로 추정된다.

합병된 JE를 P와 결합시키는 일은 P 기자 아니면 독자적인 다른 편집자에 의해 이루어졌다. P에 설화가 거의 없음을 강조하는 학자들은, 문서 작성 과정에 있어서 P가 JE를 직접 편입시킨 것으로 간주함으로써 P 문서의 최종 형태 작성과 JE+P의 편집은 사실상 하나의 과정이었다고 보는 경향이 있다. JE와 P는 의식적인 면에서 거리가 멀다는 점을 강조하는 학자들은, P가 의식적인 면에서 "해이된"(lax) JE 자료들을 수용할 수 있었는지 의심하며, 그 결과 그들은 JE+P에 대해 독자적인 어떤 다른 편집자가 있었다고 가정하는 경향을 보인다. 여하튼 JEP의 편집 순서는 매우 분명하다. 제사 문서는 그것의 족보 자료, 연대기 자료 그리고 의식 자료로써 골격을 형성하였고, 그 안에 JE 전승이 간헐적으로 삽입되었다. JE 자료와 P 자료가 아주 뒤섞인 경우는 그다지 흔치 않다. 만약에 P 이외의 다른 사람이 마지막 편집을 했다면 그러한 편집은 분명히 P가 작성된 지 얼마 안 되어 있었을 것이다. JE와 P를 결합시킨 결과는 JE의 정치적, 종교적 옛 경향을 확인한 것이지만 동시에 그러한 경향을 제사 문서의 골격 구성이 자부하는 의식적 관심에 종속시킨 것이다.

13.6 야휘스트와 엘로히스트의 공통 자료(G)

각각 연속성을 가지고 있는 두 개의 초기 자료들인 J와 E는 이야기 줄거리와 인물들의 구체적인 내용에서 뿐만 아니라, 그 이야기들을 엮어서 족장 시대에서부터 땅 정복까지 하나의 설화체 이야기를 구성하는 일화적 주제들로 만들었다는 점에서 폭넓은 유사성을 보이고 있다. 이 사실은 두 자료가 모두 그 이전의 옛 전승군에서 나온 것임을 강하게 시사한다. 이러한 공통 전승군은 종종 G라고 불리운다(영어의 foundation을 뜻하는 독일어 Grundlage에서 유래했다). 주제별로 분류된 이 전승군은 이스라엘 부족들이 왕을 선택하기 전에 제의 즉 공식 예배에서 구체적인 형태를 갖춘 것으로 추정된다. 이 전승들은 야훼와 이스라엘 간의 계약을 갱신하는 공중의식에서 구두로 낭송되었고 전수되었다. J와 E가 확대 편집되기 이전에 이러한 부족 전승들이 조금이라도 문자화되었는지는 알 수 없다. 아무튼 기억을 돕거나 구전 중에 내용이 확장되고 변형되는 것을 막아줄 하나의 판본(Version)을 확립하기 위하여 구두로 낭송되던 전승들이 점차 기록되기 시작하였다는 것은 고대의 관행과 일치하는 것이다. J와 E는 모두 옛 제의 전승의 구전판과 성문판에 접근할 수 있었는지도 모른다. 실제로 J와 E의 차이점들 가운데 일부는 이스라엘 남부와 북부 지역에 서로 다른 전승본이 유포된 때문일 수도 있다. 그 경우에 G는 유일한 표준판을 뜻하는 것이 아니라 폭넓게 정해진 한계 내에서 여러 가지 형태로 변형된 구전 또는 문서 전승을 가리킬 것이다.

14. 초기 이스라엘 역사와 문학 전승의 관계

우리는 창세기에서 사사기까지에 나오는 문학 전승들의 복잡한 성장의 주요 단계들을 기술해 왔다. 부족 이스라엘의 제의의 중요한 주제들에 따라 각색된 구전 단위(=개체 전승)들로부터 시작된 이 소재들(materials)은 후에 문자화되면서 연속적인 자료들(sources)이 되고 종국에는 개정 또는 편집 과정을 거쳐 현재의 성서를 형성하게 되었다. 이스라엘의 초기 역사를 재구성하는 데 있어서 이러한 문학의 성장이 함축하고 있는 의미는 무엇인가?

14.1 전승의 비관제적(非官制的) 및 구두적 기원

군주제 이전의 이스라엘에 대한 전승들은 본질적으로 문학 이전 단계에 속하는 공동 생활을 배경으로 하고 있음이 분명하다. 당시의 이스라엘 사람들이 문자를 사용할 수 있었던 것은 확실하다. 그러나 기록이 관례적으로 행해진 생활 영역들이 초기 이스라엘의 생활 영역들은 '아니었다'는 점이 결정적으로 중요한 요인이다. 고대 근동 전역에 걸쳐서 기록이란 주로 정치 본위의 활동이거나 정략적으로 행해진 활동이었으며, 정부 당국 및 당국의 직업 서기관 양성소에서 후원하고 또 통제한 활동이었다(§8.1; 9). 기록은 국가의 행정 업무와 의례를 기록하는 일, 거래의 정상적인 유통을 조절하는 일, 그리고 국가 통치에 이론적 근거를 제공한 종교 문서를 보존하는 일에 이바지하였다.

여하튼 이스라엘 부족 연합은 가나안 국가 당국자들에게는 국가 권익의 침해자로서, 그리고 적극적인 적대자로서 출현하였다. 이스라엘 최초의 "문학"은 그 출처가 가나안의 하층 계급이라는 점에서도 그것이 주제로 다룬 것은 상류 계급의 지배자들의 간섭을 배제하고 자신들의 삶을 결정 짓는 천한 사람들의 가치와 능력이라는 점에서 "하층 문학"(low literature)이었다(§24. 1.3; 24.2.3). 초기의 구전 문학은 바로 그러한 백성들과 그들의 독특한 하느님 야훼가 행한 일들을 찬양하고 그것을 하나하나 열거하였다. 이러한 전승들이 형성된 자리는 예배와 계약 갱신을 위한 공중 집회였다. 이 구비 문학의 근본적 동기는 이스라엘 부족 간의 활동을 정당화하고 강화시키기 위한 것이었다. 문학 전승가들이 이스라엘 자체의 군주제를 합법화시키거나(J), 혹은 이스라엘 국가들을 비판하거나(E와 D), 아니면 잃어버린 이스라엘 국가를 대신할 것을 추구하는(P) 등의 기사들을 쓸 필요를 느낀 때는 이스라엘이 왕을 옹립한 후대에 이르러서였다. 문자 사용 이전 시기의 이스라엘 사람들은 한 민족의 국가 형성 이전 단계의 삶을 특징적으로 나타내는 문학 유형들을 사용하였다. 우리가 확인한 문학 유형 가운데서(§11.1.6; 표 8) 아래의 것들은 이스라엘의 초기 생활에 대한 중요한 정보를 제공해 준다.

범주적 형태의 행동 규율(2)*
법적 격언과 결정(3)
이스라엘과 야훼 간의 조약(4)
축복(7)
전담(Sagas)(20)
건설(Legends)(21)
짧은 이야기 또는 단화(短話, Novellas)(22)
일화(Anecdotes)(23)
목록(Lists)(24-25)
조롱(Taunts)(32)
전쟁과 승전가(34)
찬양의 노래(36)
감사의 노래(38)

---

*괄호 안의 숫자는 표 8에 제시된 문학 장르들의 번호이다.

이 문학 유형들은 교육과 찬양을 목적으로 한다. 따라서 설화들일지라도 신중하게 탐구된 역사적 설명인 체하지 않는 민중적 성격을 가지고 있다. 이 설화들이 공적으로 중요한 사건들을 언급한다는 점에서 그것들은 "역사적"(history-like)이지만, 엄밀한 의미의 역사 편찬은 아니다. 이러한 유형의 전승들은 역사, 특히 문화사와 사회사의 재구성에 신중하게 그리고 간접적으로 사용될 수 있으나, 역사비평적 성서 연구 방법이 정확히 이해한 것처럼 비판적으로 사용되어야 한다(§17; 22).

14.2 전승 주체로서의 이스라엘 부족 연합

이스라엘 역사의 전(前) 문학 단계는 이스라엘 부족들이 연합 백성으로서 가나안에 모였던 시기와 그 이전의 족장 및 모세 시대로 구별되어야 한다. J와 E가 연속적인 자료들을 구성하기 위해 채택한 구두 전승들은 사실상 가나안의 이스라엘 부족 연합이 엄격하게 발전시킨 전승들이었다(§24). 부족 연합의 전승들 가운데는 아주 먼 조상들의 기사(§15)와 해방자 모세의 기사가 포함된다(§17). 여하튼, 정확하게 말하자면, 족장들과 모세는 이스라엘 부족 연합의 선사(先史) 혹은 원역사(proto history)에 속한다. 후대 이스라엘 사람들의 대다수는 이집트로부터의 해방에 참여조차 하지 않았다는 점이 일반적으로 받아들여지고, 또한 아브라함과 이사악 그리고 야곱의 이야기들은 이스라엘의 거대한 부족 간의 운동(intertribal movement)에 아직 가담하지 않는 비교적 작은 집단의 사람들에 대한 이야기들이라는 점이 널리 인정되고 있다. 족장들과 모세에 관해 말하는 전(全) 이스라엘이 가나안 땅에 처음 존재하게 된 것은 대략 B.C.E. 1200년경이었고 그 이전에는 존재하지 않았음이 확실하다. 이 연합 이스라엘이 말하는 족장들과 모세는, 후에 이스라엘 사람들이 된 어떤 집단들에게 있어 대단히 중요한 인물들이었으며 멀지 않아 모든 이스라엘의 조상들로 인정되었으며, 족장들과 모세라는 인물들이 연합했었다. 그러나 전승들이 이스라엘 전체로 확산되기까지는 시간이 걸렸으나 이스라엘의 전승들 안에서 발전된 방식들은 일부 이스라엘이 그들을 기억해 온 방법과 그들이 백성 전체의 선조 혹은 원형 역할을 하게 되는 과정이 상호작용한 결과이다(§15.4; 16.4; 18.2; 21).

14.3 역사적인 전승 주제들의 확장과 손질

이 초기 전승들에서는, 한편으로는 족장들로부터 판관들에 이르기까지 구술된 사건들의 차례와, 다른 한편으로는 사건들이 부족 이스라엘의 제의를 통한 전승 형성 과정에서 중요성을 차지하고 주목을 받는 실제 순서가 명확히 구별되어야 한다. 최종 형태의 율법서와 전기예언서에 보존된 역사적 주제들의 순서가 군주제 이전 시기에 있어서는 다음과 같다.

원시역사: 창조에서 아브라함까지
족장들:
아브라함에 대한 약속
이사악에 대한 약속
야곱에 대한 약속
이집트로 내려감: 요셉
노예 생활과 이집트로부터의 해방: 모세
광야에서의 인도: 모세(이집트에서 시나이까지)
시나이/호렙 산에서의 율법과 계약: 모세
광야에서의 인도: 모세(시나이에서 모압까지)
가나안 땅 정복: 여호수아
정복지 강화: 판관들

그러나 역사적(history-like) 주제들은 전승 과정 초기에 그 모습을 완전히 드러낸 것은 아니었다. 오히려 그것들은 살아 있는 제의 속에서 그리고 후에는 위대한 문학 전승가들의 작품 속에서 수십 년 간에 걸쳐 눈덩이처럼 커진 것이다.

제의에서 전달된 진술의 원핵심은 다음과 같은 두 가지 기본적인 주제들로 이루어져 있었을 것이다(B.C.E. 1200년경〔?〕).

노예 생활과 이집트로부터의 해방: 모세
가나안 땅 정복: 여호수아

이 핵심 앞에 첫째 (북부 부족들의) 족장 야곱, 둘째 (남부 부족들의) 족장 아브라함과 이사악에 관한 역사적 주제들을 서문으로 덧붙이고, 더 나아가 이스라엘 백성들이 이집트의 노예로 전락한 경위에 대한 설명을 첨가시킴으로써 그 핵심은 '외형적으로' 확대되었다(B.C.E. 1100년경까지〔?〕).

군주제 이전의 이스라엘 역사에 대한 자료들은 다음과 같다.
아브라함에 대한 약속
이사악에 대한 약속
야곱에 대한 약속
이집트로 내려감: 요셉
노예 생활과 이집트로부터의 해방: 모세
가나안 땅 정복: 여호수아

원핵심 전승은 또한 그 가운데 새로운 역사적 주제들, 즉 (이집트로부터 가나안으로 가는 도중에 시나이, 네겝 및 요르단 동편에서 이스라엘이 어떻게 생존할 수 있었는가를 설명해주는) 광야에서의 인도라는 주제와, 그리고 (공식적으로 오랫동안 계속되어 온 계약 갱신제가 이스라엘의 기원 설명 이야기에서 설화적 자리를 차지하도록 해주는) 시나이와 호렙에서의 율법과 계약이라는 주제가 삽입됨으로써 "내적으로" 확대되었다. 흥미로운 것은, 아마도 남 왕국에서 기원하였을 광야에서의 인도라는 주제가 양분되고 북 왕국에서 기원하였을 율법과 계약이라는 주제가 그 사이에 다음과 같이 삽입되었다는 점이다(B.C.E. 1025년경〔?〕).

아브라함에 대한 약속
이사악에 대한 약속
야곱에 대한 약속
이집트로 내려감: 요셉
노예 생활과 이집트로부터의 해방: 모세
광야에서의 인도: 모세(이집트에 시나이까지)
시나이/호렙에서의 율법과 계약: 모세
광야에서의 인도: 모세(시나이에서 모압까지)
가나안 정복

성서에 나타난 군주제 이스라엘의 이 같은 다단계의 거룩한 부족 역사가 바로 J와 E가 의존한 부족 연합의 공통 전승군인 G의 구조를 이루었을 것이다. 그러나 후대에 있은 전승 발전의 문학적 단계에서 한 가지 중요한 첨가가 있었고 역사적 주제들이 크게 개조되었다. 야휘스트(J)가 우주의 창조에서부터 아브라함까지의 전승들을 첨가시켰고 신명기적 역사(DH)는 가나안 정착에 관한 혼란스러운 전승들을 첫째, 여호수아 휘하에서 이루어진 가나안 정복 자체와 둘째, 그 이후 판관들 휘하에서의 패배와 강화라는 두 부분으로 재정리하였다.

원시 역사: 창조에서 아브라함까지 ·········· B.C.E. 950-900년경에
J에 의해 첨가됨)
아브라함에 대한 약속
이사악에 대한 약속
야곱에 대한 약속
이집트로 내려감: 요셉
노예 생활과 이집트로부터의 해방: 모세
광야에서의 인도: 모세(이집트에서 시나이까지)
시나이, 호렙에서의 율법과 계약: 모세
광야에서의 인도: 모세(시나이에서 모압까지)

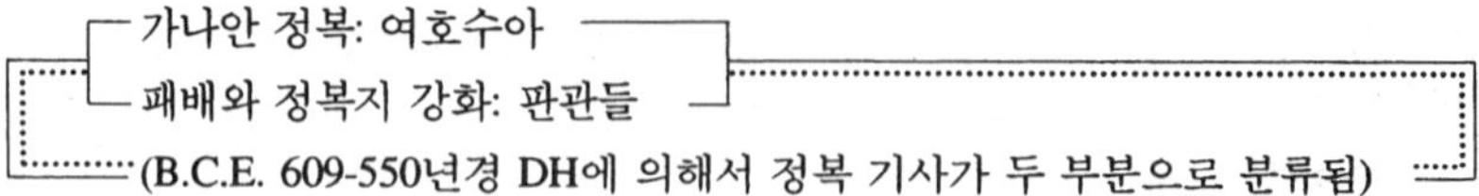

14.4 요약 및 방법론적 의의

전승의 의도, 자리 그리고 주제별 순서에 관한 세 가지 결론들은 이스라엘의 초기 역사를 재구성함에 있어 중요한 것으로 부각된다.

1. **'전승의 의도'** : 군주제 이전의 이스라엘에 대한 전승들은 역사에 관한 정보 기록을 목적으로 하는 문서들이 아니며 오히려 직접적이 교훈과 찬양에 사용할 것을 목적으로 하고 의식과 구두를 통해 전달된 "기원" 또는 "선언" 이야기들, 시, 법률들이다.

2. **'전승의 자리'** : 전승들은 이스라엘 부족 연합에서 나왔고 또 이스라엘 부족 연합을 증언하고 있으므로, 전승들은 족장들과 모세가 속한 초기의 집단들과 지도자들에 대해서는 단지 이차적으로 그리고 멀리 떨어져서 이야기할 뿐이다.

3. **'전승의 주제별 순서'** : 이집트로부터의 해방과 가나안 정복에 관한 전승의 핵심은 오랜 세월이 흐르면서 확장되고 윤색되어졌으므로, 사건의 최종적인 배열과 강조는 전승이 서서히 축적된 결과로 일어난 것이지 목격자들에 의해 잇달아 보고된 직접적인 사건 진술의 결과에서 비롯된 것은 아니다.

전승들은 직접적이고 일관된 초기 이스라엘의 역사를 제시하지 않기 때문에, 학자들이 그 전승들로부터 끌어낼 수 있다고 생각하는 바 역사적으로 타당성 있는 정보의 양과 형태가 학자들에 따라 다른 것은 이해할 만하다. 족장들과 모세에 관한 성서 외의 자료가 현재까지 발견된 것이 전혀 없으므로, 그 인물들에 대한 학자들의 해석이 다른 까닭은 주로 전승들의 역사적 신빙성에 대한 평가가 서로 다른 데 기인한다 (§16.1-3; 18.1-2). 심지어 이스라엘의 가나안 정착 과정은 고고학에 의해 어느 정도 충분히 입증되었음에도 불구하고, 학자들은 여호수아서와 사사기에 나타난 전승들을 신뢰하는 정도에 따라 그 과정을 서로 다르게 보고 있다(§24.1).

일반적으로 성서를 존중하는 신앙고백적·종교적 태도에 영향을 받은 성서 학자들은, 성서의 기사들 안에 많은 차이가 있음을 인정하면서 초기 전승들에 관한 한 그것들을 객관적인 역사로 해석하려는 경향이 있다. 또 다른 비평가들은 군주제 이전의 이스라엘 역사에 대해서 우리가 실질적인 어떤 것을 알 수 있는지를 의심하고, 교묘하고 세심하게 다듬어진 전승들의 구성을 해명하기 위하여 양식비평, 전승사비평, 자료비평 및 다른 양식의 신문학비평에 오히려 관심을 집중시킨다. 그러나 또 다른 사람들은 지리적, 역사적 세부 사항은 아닐지라도, 적어도 이스라엘이 출현한 과정 및 순서들이 전(前)문학적 형태의 전승들로부터 해명될 수 있을 것이라고 믿는다. 요컨대, 이스라엘의 기원에 대해 우리 우리가 갖고 있는 증거가 뚜렷하지 않기 때문에 이스라엘이 어떻게 역사의 무대에 등장하였는지를 설명하는 권위 있는 견해가 아직까지는 하나도 없다. 기껏해야 많은 사람들이 공유하고 있으면서 서로 다르게 강조하고 결합시키는 가정들이 있을 뿐이다. 학자들은 그러한 가정에 근거해서 원자료들을 군주제 이전의 이스라엘 역사에 대해 부분적으로는 일치하고 부분적으로는 대립되는 각양각색의 설명들로 구성한다.

제4장
이스라엘 선조들에 대한 전승들

15. 창세기 12-50장의 전승 형태

15.1 J와 E와 P로 분류되는 전승 단위들

연합 이스라엘의 조상에 관한 전승들은 창세기 11장 27절-50장에 나타나며, 연대와 주제상 동일한 분야를 다루는 세 가지 확대 자료에 열거되어 있다. 야훼스트(J)와 엘로히스트(E)는 부분적으로 문서화되었을 수도 있는 옛 전승군에 의존하였으며, 제사 문서 기자(P)는 독립적으로 수집한 구전 혹은 문서 전승과 JE에 의존하였다. 이 전승가들 각각의 독특한 어휘, 문체, 논조 및 종교적 견해는 〈표 10〉에 열거된 대로 그들이 기록한 각 족장 전승들을 읽음으로써 파악될 수 있다. 각각을 분리하여 읽어보면, J가 가장 결합력 있는 연속적인 자료를 제공한다는 사실이 분명해진다. 왜냐하면, E는 대체로 J를 보충하는 편집 자료로 나타나고 반면에 P는 창세기의 최종 골격을 제공함에 있어서 기본적인 구성 윤곽을 제시하기 위하여 통합 문서를 전제하고 있기 때문이다(§49).

일반적으로 P 전승의 정체(identity)에 관해서는 거의 이견이 없다. J와 E의 분리에 관한 논쟁이 보다 더 치열한데, 특히 두 문서가 서로 밀접하게 뒤섞인 구절과 각 문서의 차이를 명백하게 나타내는 판단 기준이 나타나 있지 않은 구절의 경우에 그러하다. 창세기 11장 27절-50장의 자료들은 다음과 같이 분류·표시할 때, 대략 730절이 J에서 기원한 것으로 추정되고, 336절은 E에서, 153절은 P에서 기인한 것으로 추정된다. 이러한 절의 계산에는, 창세기 14장과 49장 2-28절은 그 기원이 아무리 특수하다고 할지라도 야훼스트에 의해 고려되었을 것이라는 가정 하에 그것들을 J의 것으로 돌리는 것이 포함된다.

〈표 10〉 창세기 11, 27-50장에 나오는 전승 단위들의 자료별 분류

A. 야휘스트(J) 전승

전승연쇄	전승 단위	본문
아브라함과 이사악		
	1. 아브람과 사래의 결혼	11,28-30
아브라함—롯 전담연쇄	2. 아브람의 소명과 가나안 여정	12,1-4a · 6-9
	3. 이집트에서의 아브람과 사래	12,10-20; 13,1
아브라함—롯 전담연쇄	4. 아브람과 롯의 결별	13,2-5 · 7-11a · 13-18
	5. 아브람의 승리	14,1-24
	6. 야훼와 아브람과의 계약	15,1-2 · 4 · 6-12 · 17-21
	7. 이스마엘의 출생/ 하갈의 도주	16,1b-2 · 4-14
아브라함—롯 전담연쇄	8. 아브라함의 신적 방문객들	18,1-21
	9. 소돔을 위한 아브람의 중재	18,22-23
아브라함—롯 전담연쇄	10. 소돔과 고모라의 멸망	19,1-28 · 30-38
아브라함—롯 전담연쇄	11. 이사악의 출생	21,1-2 · 7
	12. 아브라함의 야훼 시험 통과	22,14-18
	13. 나홀의 후손들	22,20-24
	14. 이사악과 리브가의 결혼	24,1-67
	15. 크투라에게서 얻은 아브라함의 후손들	25,1-6 · 11b
야곱		
야곱—에서 전담연쇄	16. 에사오와 야곱의 출생	25,21-26
야곱—에서 전담연쇄	17. 에사오의 장자권 양도	25,27-34
	18. 그랄의 이사악과 리브가	26,1-11
	19. 이사악과 아비멜렉 간의 조약 체결	26,12-33
야곱—에서 전담연쇄	20. 야곱이 에사오의 축복을 훔침	27,1-45
야곱—에서 전담연쇄	21. 야곱의 베델 꿈	28,10-11a · 13-16 · 19
야곱—에서 전담연쇄 / 야곱—라반 전담연쇄	22. 야곱과 레아 및 라헬의 결혼	29,1-30
	23. 야곱의 자녀들	29,31-35; 30 · 4-5 · 7-16 · 21 · 24
야곱—에서 전담연쇄 / 야곱—라반 전담연쇄	24. 야곱이 속임수로 부를 얻음	30,25-43
야곱—에서 전담연쇄 / 야곱—라반 전담연쇄	25. 야곱의 도주 및 라반과의 조약	31,1-3 · 17 ·

		19a · 20-23 · 25b
		27 · 30a · 31 ·
		36a, 38-40 ·
		46-49 · 51-53a
	26. 야곱이 에사오와의 해후에 대비함	32,3-11 · 13a
	27. 야곱과 하느님과의 싸움	32,22-32
	28. 야곱과 에사오의 재회	33,1-3 · 12-17
	29. 디나의 강간/세겜과의 조약 파기	34,1-31
	30. 르우벤의 근친상간	35,21-22a
요셉		
요셉과 그 형제들에 관한 단화	31. 요셉의 꿈	37,2b-21 · 25-27 · 28b
	32. 유다와 다말	38,1-30
	33. 요셉의 유혹받음과 투옥	39,1-23
	34. 형제들의 일차 이집트 방문	42,4-5 · 8-11a · 12 ·
		26-28a · 38
	35. 요셉 형제들의 이차 이집트 방문	43,1-34
	36. 형제들에 대한 요셉의 시험	44,1-34
	37. 요셉과 그 형제들의 화해	45,1 · 4-5a · 16-28
	38. 야곱의 이집트 정착	46,28-34; 47,1-4,6b
	39. 요셉의 농업 정책	47,13-26
	40. 야곱의 죽음	47,29-31
	41. 아들들에 대한 야곱의 축복	49,2-28
	42, 야곱의 장례	50,1-11 · 14

B. 엘로히스트(E) 전승

아브라함과 이사악		
	43. 아브람에 대한 야훼의 약속	15,3 · 5 · 13-16
	44. 그랄에서의 아브라함과 사라	20,1-18
	45. 이사악의 출생/ 하갈의 추방	21,6 · 8-21
	46. 아브라함과 아비멜렉 간의 조약	21,22-34

	47. 아브라함에 대한 엘로힘(Elohim)의 시험	22,1-13 · 19
야곱		
	48. 야곱의 베델 꿈	28,11b · 12 · 17-18 · 20-22
	49. 야곱의 아들들	30,1-3 · 6 · 17-20 · 22-23
	50. 야곱의 도주 및 라반과의 조약	31,2 · 4-16 · 19b · 24-25a 26 · 28-29 · 30b · 32-35 36b-37 · 41-45 · 50 · 53b-55
	51. 마하나임의 사자들	32 · 1-2
	52. 야곱이 에사오에게 선물을 보냄	32,12 · 13b-21
	53. 야곱과 에사오의 재회	33,4-11
	54. 야곱의 세겜땅 구입	33,18b-20
	55. 야곱의 베델 귀환	35,1-8 · 14-15
	56. 베냐민의 출생	35,16-20
요셉		
요셉과 그 형제들에 대한 단화	57. 요셉의 꿈	37,22-24 · 28a · 29-36
	58. 요셉이 죄수의 꿈을 해석함	40,1-23
	59. 요셉이 바로의 꿈을 해석하여 높은 관직을 얻음	41,1-45 · 47-57
	60. 요셉 형제의 일차 이집트 여행	42,1-3 · 6-7 · 11b · 13-25
	61. 요셉과 그 형제들의 화해	45,2-3 · 5b-15
	62. 야곱의 이집트 정착	46,1-5
	63. 파라오 앞에 선 야곱	47,7-12
	64. 요셉의 아들들에 대한 야곱의 축복	48,1-2 · 8-22
	65. 요셉의 형제들을 용서함	50,15-21
	66. 요셉의 죽음과 시체 방부 처리	50,22-26

C. 사제(P) 전승

아브라함

67. 우르에서 하란까지 이르는

	아브람의 여행	11,27 · 31-32
	68. 엘 샤다이(El Shaddai)와 아브람(아브라함)과의 계약	17,1-27
	69. 아브라함의 막벨라 묘혈 구입	23,1-20
	70. 아브라함의 죽음과 장례	25,7-11a
	71. 이스라엘의 후손들	25,12-18
야곱		
	72. 야곱이 비(非)힛타이트인 아내를 얻기 위해 아랍으로 보내짐	26,34-35; 27,46-28,9
	73. 엘 샤다이(El Shaddai)의 야곱 축복	35,9-13
	74. 에사오의 후손들	36,1-14
	75. 이사악의 죽음과 장례	35,27-29
	76. 에돔의 추장들과 왕들	36,15-42
	77. 야곱 후손들의 이집트 정착	46,6-27
	78. 요셉의 아들들에 대한 야곱의 축복	48,3-7
	79. 야곱의 죽음과 장례	49,29-33; 50,12-13

이러한 자료 분류는 성서 본문 연구와 및 Eissfeldt(*TOT*)와 Ellis(*YBFT*) 그리고 Noth(*HPT*) 등이 제안한 자료 분류를 기초로 하였다.

사제 전승의 목록에는 P의 짧은 해석들 가운데 일부가 제외되었기 때문에 그것은 아주 완전한 것은 아니다.

15.2 문학 장르에 의한 전승 단위들의 분석

양식비평에 의하면, 이 전승들(J. E, P)에서 가장 빈번하게 나타나는 전승 단위(building block: 전승을 확대시키는 데 사용됨/역주)는 전담(saga)으로 알려진 문학 양식이다. 〈표 10〉에 열거된 79개의 전승 단위 중에서 63개가 이 장르에 속하며 그중 43개는 독립적인 전담이고 나머지 20개는 요셉에 대한 '짧은 이야기'(novella)의 소단위를 이루는데, 요셉 단화는 사가 양식을 내적으로 확장시킴으로써 긴 담화를 지닌 고도로 발달된 플롯(Plot)으로 만들어진 것이다. 각 전담은 상당히 짧고 완결된 이야기로서(창세기 24장이 가장 긴 예이다), 적은 수의 등장 인물, 간결한 대화, 빈번한 반복, 긴장의 기교적 사용, 그리고 장면 묘사와 등장 인물들의 감정과 동기 분석에 있어서의 신중한 언어 사용 등이 특징이다.

전담과 짧은 이야기(novella) 이외에도, 전담과 나란히 독립적으로 발달되어 나타나거나 전담 혹은 다른 전승 단위 안의 단편이나 요소들로 나타나는 다른 문학 양식들이 있다. 이러한 문학 양식들 가운데 두 양식이 조상들에 대한 설명 기사에 신의 역할을 도입하기 위한 수단으로 사용된다. '조약' 또는 '계약' 양식이 하느님과 아브라함 간의 계약에 관한 두 종류의 기사에서 독립적으로 표현되며(6, 68), 이 계약 양식의 요소들이 조상들과 그 이웃 혹은 친지 간의 조약을 묘사하는 전담들에 나타난다(19, 46, 50). 하느님이 조상들에게 수여한 '축복' 혹은 '축복의 약속'이 독립된 전승 단위(12, 41, 43, 73)와 전담 내에서(2, 5, 20, 21, 64, 78) 되풀이된다. 인물들 혹은 집단들의 '목록'이 간결한 독립 단위에서(13, 15, 71, 75, 76), 때로는 일종의 독립 기사로서 보다 산만한 방식으로 사가 내에서(1, 5〔왕들의 목록〕, 23, 49) 계보를 통해 전승들의 골격을 드러내는 기능을 한다. '환상 보도' 양식은 하나의 계약기사(6)와 하나의 사가(51)에서 입증될 수 있다. 소돔을 위한 아브라함의 중재(9)는 일종의 '논쟁 담화' 형식을 연상케 한다.

15.3 여러 전승들의 결집

이스라엘의 초기 문서 기록 가운데 다른 것들과 마찬가지로 조상 전승들에 있어서도 가장 흥미롭고 매력적인 문학 특성은 개별 전승 단위들이 복잡 미묘한 문학적 효과를 낳기 위하여 분류되고 편집되어 온 방식에 있다. 전승들을 분류·편집하여 색다른 뉘앙스를 표현하는 데 사용된 몇 가지 장치들은 자료비평, 양식비평, 그리고 전승 연구에 의해 밝혀져 왔고, 다른 장치들은 보다 새로운 양식의 문학비평을 적용시킴으로써 아주 최근에 이르러서야 그 존재가 명백히 드러났다(§15.3.4). 이러한 다양한 장치들이 전승들의 형성 단계에서 서로 어떻게 관련될 수 있는지, 그리고 전승들을 포괄적으로 해석하는 데 있어 무슨 의미를 함축하고 있는지에 대한 연구는 여전히 유동적인 상태에 있다.

15.3.1 전담집(傳譚集)과 전담 연쇄(傳譚連鎖)들

가장 분명하고 보다 크게 분류하는 방식들 중의 하나는 뛰어난 조상들 주변에 전승들을 모으는 것이다. 아브라함과 야곱은 각기 전승집 성장의 구심점을 이루었다. 이들과 비교해볼 때, 이사악은 아브라함 전승에 잠겨버리기 쉬운 수동적인 인물이며, 요셉은 '짧은 이야기'(短話)에서 자세하게 취급되기는 하지만 실상 주제적인 면에서는 야곱 전승집에 속한다. '아브라함'과 '야곱 전승집' 내에는 소집(小集)들이 있다. '요셉 단화' 속에도 한 조상과 그 친지들 중 한 사람 간의 관계로 특정 지워지는 연속 전담들이 있다. '아브라함-롯의 전담 연쇄(連鎖, saga chain)', '야곱-에사오의 전담 연쇄', 그리고 '야곱-라반의 전담 연쇄' 등이 그 예이다. 야곱 전승집은 아브라함 전승집보다 그 구성이 한층 더 복잡하다. 이는, 예를 들면, 야곱-라반의 전담 연쇄가 야곱-에사오의 전담 연쇄 내에서 일괄적으로 다루어지는 방식에 의하여 입증된다. 하나의 문학 복합체(literary complex)를 다른 것 속에 이와 같이 포함시키는 것은, 야곱의 라반 방문을 에사오로부터의 도주로, 야곱의 가나안 귀환을 에사오와의 재회로 설명함으로써 플롯을 용이하게 한다. 요셉 단화는 그 자체가 형제들의 경쟁을 묘사한 훌륭한 기사인데 야곱과 그 가족의 애굽 이주 그리고 그 이후 이스라엘의 애굽 예속을 설명함으로써 놀랍게도 전반적인 전승 구조에 기여하고 있다.

아브라함, 이사악, 야곱 그리고 야곱의 열두 아들들이 단일 가계(家系)의 4대를 나타내도록 전승집(集) 및 연쇄 전담의 위치를 정함으로써 설화 복합체 전체에 축(軸)이 주어진다. 신의 축복을 전수하는 이러한 생물학적 계보에 지속적으로 초점이 맞춰지고 있다. 전승들이 "가계도"처럼 확대될 수 있는 가능성은 중심 줄기에서 "분기(分岐)하고" 진행되는 이야기에서 곧바로 빠져버린 사람들에 대해서는 간단하게 언급함으로써 제외되었다. 그러한 사람들을 예로 들면, 아브라함의 조카 롯으로 말미암은 암몬인들과 모압인들, 아브라함의 아우 나홀로 말미암은 아람인들, 이스마엘과 아브라함의 아내 크두라로 말미암은 아랍인들, 그리고 에사오로 말미암은 에돔인들 등이 있다. 중심 줄거리는 이스라엘의 열두 지파의 조상인 야곱의 아들들에게로만 정확하게 이어진다.

15.3.2 여정과 연대기

독립된 전승들을 이어주는 또 다른 사단은 여정이라는 장치이다. 가나안과 그 주변에 위치한 상당수의 정착지의 지역들이 전승에서 언급된다. 독립된 전승 단위들은 많은 경우에 그 단위들 내에서 분명하게 이름 붙여진 장소에서 발생하였다는 주장이 있다. 조상들을 중심으로 하여 전승들을 결집시킬 때, 이와 유사하거나 이것을 보충하는 경향이 이들 산재해 있는 많은 지역들에 대해 유랑하는 조상의 여정과 관련된 장소로 말하기 위하여 생겨났다. 아브라함은 우르와 하란을 떠나 가나안으로 여행하였으며, 그 다음에는 이집트로 갔다가 가나안으로 돌아왔고, 헤브론 근처의 마므레에 정착하였으며, 다마스커스 근처까지 군사 행동을 감행하였고, 그랄에 잠시 머물렀다가 모리야 산에서 자기 아들을 기꺼이 희생 제물로 바치려고 하였으며, 하란 근처에 사는 친지 가운데서 아들의 배우자를 골라 주었다. 야곱은 베델을 경유하여 방금 말한 친지에게로 도주하고 요르단강 동편(transjordan)의 길르앗을 거쳐 세겜과 베델로 돌아왔고 결국 아들 요셉을 따라 이집트로 들어갔다. 개별 전담들은 그와 같은 이동을 전제하지도 않으며 또한 그것을 보다 큰 줄거리의 일부로 이해하지도 않는다. 신의 지시 및 약속과 밀접하게 연결된 여정을 보충함으로써, 전승 수집자들은 이집트에서의 노예 생활과 해방, 광야 유랑, 그리고 가나안 정복 등 차후의 주제들을 향하는 불안감과 내적 긴박감으로 전승들을 윤색하였다. 동시에, 여정에 나오는 지역들 가운데 다수는 하느님이 조상들에게 계시하거나 조상들이 하느님에게 희생 제사를 마칠 계기가 되는 장소이다. 이러한 방식으로 세겜, 베델, 마므레, 헤브론, 브엘세바, 모리야 산과 살렘(예루살렘?), 라하이 로이, 브니엘, 마하나임 등의 성지(聖地)들은 무엇보다도 자기 조상들 가운데 한 사람에 의해 건립된 것으로 설명된다. 양식 비평가들은 이러한 종류의 전담들을 가리켜 성지 유래론(etiologies, 즉 기원 설명) 또는 그 전담들이 중요한 성소의 건립을 설명한다는 점에서 '건립 전설'(foundation legends)이라고 한다.

전승들에 나타나는 또 하나의 결집 특징은 제사 문서 기자가 제공한 연대기이다. 옛 전담들에는 낮이나 밤이라는 말이 때로 언급되는 이외에 시간을 나타내는 지시어가 거의 완벽할 정도로 결여되어 있다. 두 전담은 "이런 일들이 있은 뒤에"(창세 15,1; 22,1)라는 구절로 시작되며, 요셉 단화는 "그로부터 세월이 이 년이나 흐른 뒤"(창세 41,1)라든가, 풍년 칠 년 그리고 흉년 칠 년(창세 41,53-54) 등과 같이 시간에 대한 언급을 상당수 포함하고 있다. 그 이름이 열거되고 있는 아홉 왕들의 "날들"(창세 14,1)이라는 말은 아무 의미가 없다. 그 까닭은 그 왕들 가운데 어느 누구도 다른 자료에서 확실하게 확인될 수 없기 때문이다. 옛 전담가들은 특별히 나아가 많은 조상들에 대해 언급한다(창세 18,11; 24,1; 27,1). 그러나 창세기에서 민수기까지 자기 작품의 골격을 형성하는 데 사용한 포괄적인 연대기의 일부로서 조상들의 완전한 연령을 제시한 것은 P 기자였다. 아브라함은 175세, 사라는 127세, 이사악은 180세, 야곱은 147세, 그리고 요셉은 110세를 살았다. 이들은 이례적으로 장수를 하였지만, 그 나이는 P가 아브라함 이전의 인물들이 누렸다고 생각한 연수보다는 현저히 줄어든 것이었다(예: 아브라함의 아버지 데라는 205세, 노아는 950세, 므두셀라는 987세를 살았다). 또한 중요한 사건들의 연대는 조상의 나이로 추정되었다. 아브라함은 이스마엘이 출생할 때 86세 였고, 하느님이 그와 계약을 맺은 것은 그의 나이 99세 때였으며, 이사악의 출생은 그가 100세 때의 일이었다. 에사오는 유딧 및 바스맛과 결혼하였을 때에 40세였다. 요셉이 파라오의 신하가 되었을 때는 30세였다. 야곱은 말년에 이집트에서 마지막 17년을 살았다.

인용된 지리적 및 시간적 표지들은 상당수의 조상 전승들에 통일성을 부여하는 일에는 효과적으로 기여하였지만, 그 전승들의 역사적 위치를 정하는 데 그 표지들이 어떤 가치가 있느냐는 것은 그만큼 훨씬 더 미심쩍은 문제이다(16.1).

15.3.3 조상들에 대한 신의 약속 모티프

신의 약속과 현재의 축복이라는 모티프들이 전담과 전담을 연결하고 세대와 세대를 연결하는 연속감을 주기 위해 전승들의 중요한 요소 요소에서 아주 교묘하게 사용되었다. 양식비평가들은 약속에 의해 예견되거나 실제로 베풀어진 신의 축복들의 여러 유형들을 해명하기 위하여 전승들을 철저하게 연구하였다. 가장 자주 반복되는 약속은 자손과 땅에 관한 약속이다. 때로 약속은 아브라함에게 약속된 이사악의 경우처럼 단 하나의 아들과 관계되기도 하지만, 다른 문맥에서는 많은 후손들에 관한 것이다. 몇 곳에서 땅의 약속은 경작과 목축에 당장 필요한 땅과 관련되는 반면에, 그 밖의 다른 곳에서는 후에 형성될 이스라엘 왕국의 거대한 영토가 예시된다. 이처럼 다양한 약속들로부터 우리는 조상들 및 그 가족들의 당면 상황과 서로 뒤얽혀졌음을 알 수 있다. 대표적인 개인과 그 가족에 관한 이야기 형태로 민족 역사로 전하는 수단으로서의 전담 유형은 이러한 점에서 뚜렷하게 두드러지고 그러한 전승들의 역사적 정확성을 평가함에 있어서 결정적인 요소가 되었다.

15.3.4 전형적 장면과 다른 문학적 특징들

성서 연구 방법에 있어서 신문학 비평은 이전의 비평들이 강조한 전담의 구전 단계나 혹은 위대한 JEP 전승가들의 저작에 국한되지 않는 관점에서 조상 전승들을 다루기 시작하였다.

호머(Homer) 연구에서 유추하여 한 문학비평가는 전담들이 상투적인 상황들을 양식화하여 다루는 것을 "전형적 장면"(type-scene), 즉 영웅적 조상의 생애에 나타나는 전형적 일화라고 규정하였다.[1] 이 일화를 구성하고 있는 전승 요소들은 표현 기교와 청중을 사로잡음에 의해 결정되는 한계 내에서 특정한 어느 작가가 다듬고 변형시킬 수 있다. 전형적 장면의 품목에는 다음과 같은 것들이 있다.

1. 불임의 어머니에게서 영웅적 조상이 출생함:
   6, 7, 8, 11(사라에게서 이사악 출생); 23, 49, 56(라헬에게서 야곱의 아들들 출생).[2]
2. 우물에서 미래의 배필을 만남:
   14(아브라함의 종이 리브가를 발견함); 22(야곱이 라헬을 발견함).
3. 영웅적 조상이 자신의 아내가 누이인 것처럼 가장함:
   3(이집트에서의 아브라함과 사라); 18(그랄에서의 이사악과 리브가).
4. 총애받는 불임의 아내와 다산의 아내 혹은 첩간의 경쟁:
   7, 45(사라와 하갈); 23, 49(라헬과 레아)
5. 사막에서의 위기와 우물의 발견:
   7, 45(하갈과 이스마엘).
6. 영웅적 조상과 지방 왕 간의 조약:
   5(아브라함과 멜기세덱); 46(아브라함과 아비멜렉); 19(이사악과 아비멜렉)
7. 영웅적 조상의 임종 유언:

---

1) Robert Alter, "Bilblical Type-Scence and Uses of Convention," in *The Art of Bilblical Narrative*(New York: Basic Books, 1981), 47-62.

2) 열거된 예들은 표 10의 전승 단위들과 번호로 연결되어 있다.

20(이사악): 41, 64, 78(야곱)

이러한 동일한 전형적 장면들 가운데 상당수와 기타 여러 가지가 후에 출애굽기, 민수기, 여호수아 그리고 사사기의 역사적 주제에서 반복된다는 사실이 강조되어야 한다. 예를 들어, 불임의 어머니에게서 영웅적 조상이 출생한 전형적 장면은 판관기 13장에서 삼손에 대해 나타나며, 우물에서 미래 배우자와 만나는 전형적 장면은 출애굽기 2장 15b-22절에서 모세에서 적용된다.

전형적 장면 분석은 성서 비평가들이 오래 전부터 인정해왔던 한 가지 특징과 직접 관련된다. 그 특징이란, 대체적으로 동일한 이야기가 다른 조상들에 대해 반복되거나 또는 동일한 조상에 대해 배경을 달리하여 반복되는 경우가 간혹 있다는 것이다. 특기할 만한 대표적인 예는 "위기에 처한 조상의 아내"에 관한 삼중 설화이다(참조: 앞에 언급된 전형적 장면 목록의 3번). 사실상 하나의 기본적인 이야기에서 나온 이중 기사 혹은 삼중 기사는 자료를 구분하기 위해 사용되는 판단 기준들 중의 하나이다. 자료비평과 양식비평을 사용하는 학자들은 구두 전승의 차원에서 설화의 원형을 재구성하려고 시도하는 경향을 보여왔다. 그러나 "본래" 완전한 설화가 있었던 것이 아니라 상투적 요소들을 지닌 전통적인 일화(episode)만이 있었던 것으로 추정되며, 새롭고 적당히 변화를 준 내용으로 일화의 상투적 요소들을 채우는 것이 작가 혹은 저자 각자에게 요구된 도전이었던 것 같다.

과거의 자료비평은 전문적인 문학비평으로부터 안내를 별로 받지 않고 어휘와 문체를 분석하는 경향이 있었다. 결과적으로, 중요한 수사적 특징들이 종종 간과되거나 아니면 일반적으로 묘사되어(예: "간결하고 예리한 문체" 대 "어색하고 부담스러운 문체" 등) 자료를 구별함에 있어서 순환논법의 함정을 타파할 수 있는 엄밀한 기준을 개발하기가 어려웠다. 현재에는 문체와 표현의 기법들을 개량함에 있어서 약간의 진보가 이루어졌는데, 이 개량된 기술 방식들은 자료 가설을 검증하는 보다 정연한 방법들을 제고할 수 있을 것이다. 예를 들면, 구성 양식상 일반적으로 인정되던 제사 문서(P)의 특징들(§49.1)은, 단위에서 단위에로의 "반향"(echo) 사용(핵심 단어, 어구 및 절의 반복), 문학 단위의 요소들의 뼈대를 만듦에 있어서 역대응법(逆對應法)-또는 역반복법 사용(inverse correspondence or antistrophe, 예: abc/a′b′c′), 이는 또한 원형 구성법(ring composition), 교차대구법(chiasm), 집중포섭법(concentric inclusion) 또는 역순환법(palistrophe) 등으로 불리운다-그리고 형식과 내용이 유사한 사건들을 연속적으로 구성한다는 의미의 패널 기법(panel writing)에 대한 선호 등과 같은 특징들로 분석될 수 있다. 창세기 17장에 나오는 아브라함과 하느님간의 계약 기사는 P가 이러한 세 가지 문체론적 기법들을 모두 사용한 것의 증거이다. 학자들이 P 문서에서 종종 지적하는 "현학적 요소" 또는 "단조로움"은 구조적인 면에서 볼 때 흥미롭게도 아동 문학에서 그 유례를 찾을 수 있다. 이 사실은 P의 문체가 교육 또는 교리문답용이었음을 시사하는 것 같다.[3]

이와 유사하게, J와 E의 하갈 설화들(표 10:7, 45번)을 문체론적인 면에서 조심스럽게 분석하면, 이중 기사들 내의 표현들은 전반적으로 현격한 차이점들을 드러낸다. J 설화는 간결한 2행 연구(連句)의 실제 대화를 통해 직접적이고도 단호하게 전개되며, 등장 인물들로 하여금 하느님이 아니라 서로 직접 관계를 갖도록 하여 모든 행위를 사래의 손에 일임시키고, 신이 주는 신학적 전망을 마지막에 첨가시킨다. E 설화는 서로 편견 없는 담화들과 외적 상황에 대한 상세한 묘사를 통해 간접적으로 미묘하게 전개되며, 등장 인물들이 서로 관련을 갖는 것이 아니라 하느님과 직접 관계를 갖도록 하여, 아브라함에게 결정적 역할을 부여하고, 하느님은 절정에 이르는 일 없이 모든 단계마다 기적으로써 인간적 차원에서 상호작용하는 것으로 묘사한다.[4]

---

3) Sean E. McEvenue, *The Narrative Style of the Priestly Writer,* An Bib 50(Rome: Biblical Institute Press, 1971).

4) Sean E. McEvenue, "A Comparison of Narrative Styles in the Hager Stories," *Semeia* 3 (1975), 64-80.

성서 설화들의 인물 묘사 방식은 명료성과 확실성이 증가하는 순서로 표현 수단 분류표를 보여준다.

1. 행위 보도
2. 외양, 제스처, 자세와 복장
3. 다른 등장 인물에 대한 한 등장 인물의 논평
4. 등장 인물의 직접 담화
5. 내적 대화로 요약되거나 인용된 내적 담화
6. 전면적인 주장으로서이든 동기 설명으로서이든 인물들의 태도와 의도에 관한 해설장의 진술

분류표의 1단계 및 2단계는 인물에 관한 추정을 제시해준다. 3단계 및 4단계는 때로는 모순되기도 하지만 신중하게 고려되어야 할 다른 주장들을 제공한다. 5단계는 인물에 관한 상대적인 확실성을, 반면에 6단계는 해설자의 판단의 확실성을 제공한다. 등장 인물들 가운데 어떤 사람의 성격을 다른 사람의 성격보다 훨씬 더 충분하게 밝히는 것이 성서 설화들의 특징이다.[5] 조상 전승들이 성격 묘사를 함에 있어 위에 언급된 표현 수단 분류표를 응용하고 있다는 점과 관련하여 그 전승들을 분석하면, 설화의 표현 기법에 대한 이해가 심화될 뿐만 아니라 이미 제시된 자료 분리 결과를 평가하는 또 하나의 기준이 마련될 수 있을 것이다. 방금 기술한 류의 문체론적 및 구상(具象)주의적 관계들을 연동시킨다면, 비록 그와 같은 의도하에 연구되는 일이 좀처럼 없다고 할지라도 자료비평이 그 한계를 넘어설 수 있게 할 것으로 기대된다. 자료비평은 어느 자료의 특징을 나타내는 것으로 간주되는 단어와 구(句)와 문체론적 구문들을 따로 따로 고립시킨 채 열거하였기 때문에 한계에 봉착하게 되었던 것이다.

그렇지만 신문학비평이 특히 그 구조주의 형태로 남긴 그 이상의 공헌

5) Rober Alter, "Characterization and the Art of Reticence," in *The Art of Biblical Narrative*, 114-30.

은, 작품 전체가 어떻게 현재와 같은 최종 상태에 도달하였는가와는 상관없이 문학적 장치들이 그 작품에 끼친 효과에 초점을 맞춘 점이다. 그 이전의 비평에서는, 문학적 이중 기사와 삼중 기사가 자료 현상들을 구분하는 것으로서 혹은 그 기사 이면에 있는 구전 형태에로 거슬러 올라가는 지침으로서 연구되었다. 이중 기사들은 매우 귀중한 것으로 여겨져 왔으므로 전체적인 통일성을 기한다는 이유로 어느 하나를 위해 다른 것을 희생시킬 수 없었기 때문에 이중 기사가 최종 개정판에 포함되었다는 가설이 일반적으로 받아들여졌다.

수사학적 비평과 구조주의는 이중 기사와 삼중 기사들이 전체 구조에서 어떠한 기능을 갖는가, 예를 들면, "위기에 처한 조상의 아내"라는 전형적 장면의 삼중 변형(표 10; 3, 18, 44)이 창세기 12-50장 전체에서 어떻게 작용하는가와 같은 문제를 고려할 가능성이 더 크다. 이러한 종류의 한 분석에서는, 창세기 12장 10-20절로부터 20장 1-18절을 거쳐 26장 1-11절에 이르는 두 쌍의 변형을 추적하고 있다. 한 쌍의 변형에서 조상은 (자기 아내가 아니라고 속이거나 암시함으로써) 자기 아내를 부정한 상황에 떨어뜨리지 '않는' 때에만 부(富)와 자손을 얻는다는 것이 분명해진다. 다른 한 쌍의 변형들은 외국의 왕이 그가 왕궁으로 끌어들였거나 끌어들이려 하였던 여인이 실제로는 조상의 아내임을 발견하게 되는 상이한 수단들을 보여준다. 그 수단들이란 첫 번째 경우에서는 하느님의 행위(재앙)이며, 두 번째 경우에서는 하느님의 말씀(꿈속에서)이며, 세 번째 경우에서는 개인적 관찰이다(그는 이사악이 리브가를 애무하는 것을 보았다). 이렇게 볼 때, 한 전형적 장면의 세 가지 구현에 나타나는 반복 요소와 새로운 요소들은 자손과 땅에 관해 조상들에게 주어진 약속들이 실제로 성취될 구체적 상황이 점차 확대되고 있음을 보여준다.[6)]

비록 보다 새로운 형식의 문학 비평이 전승의 성장을 직접 다루지는 않지만, 그럼에도 불구하고 그것을 전승들이 현재와 같은 거대한 구성 체계

---

6) Rober Polizin, " The Ancestress of Israel in Danger in Danger." *Semeia* 3(1975), 81-98.

로 어떻게 발전하였는가에 관한 변함없는 질문들에 대해 광범위한 의미를 함축하고 있는 새롭고 중요한 이해들을 밝혀내고 있다는 것은 분명하다. 이러한 새로운 문학적 통찰들은 다음과 같이 가설로 제시된 전승 성장의 단계 또는 접합점 가운데 어느 하나 혹은 그 이상에 적용하는 것이 가능하다.

1. 독립된 전승 단위들의 구두 형성
2. 제의 낭송에서 역사적 주제를 중심으로 하는 전승 단위집의 구두 형성
3. 야휘스트(J) 자료의 기록
4. 엘로히스트(E) 자료의 기록
5. JE의 편집
6. 제사 문서(P)의 기록
7. P 또는 독자적인 편집자에 의한 JEP의 편집

최근에 생겨난 문학적 통찰들이 이스라엘의 초기 전승들 전체에 적용될 때, 전승의 성장에 관한 계속되는 의문을 해명하기 위해 보다 새로운 연구들의 풍부한 결실들을 축적하는 것이 비로소 가능할 것이다.

15.4 개별 가계 전승인가 부족 집단 전승인가?

조상 전승들의 난해한 한 가지 측면은, 그것들이 한편으로는 조상들을 개별 가계의 우두머리로 보고 그들의 행적을 묘사하는 것과 다른 한편으로는 부족들 전체의 상징적 우두머리로 보고 묘사하는 것 사이를 오가는 듯한 기술 방식을 취한다는 점이다. 한 사람의 이름이나 때로는 그 행위가 보다 큰 집단의 사람들을 대표하는 경우에 그를 가리켜 '이름의 시조' (eponym: 이는 "……의 이름을 따서 이름짓다"는 뜻임)라 하며, 이렇게 집단적 역할을 하는 개인에 관한 전담들은 이름 시조 전담(eponymous saga)라 한다. 창세기 12-50장에서 전담들은 이름 시조의 기능을 서서히 나타내기 시작하지만 전승이 연속적으로 전개됨에 따라 실질 내용과 함축적 의

미를 더해갔다. 실제로 아브라함에 관한 전담들은 가계 우두머리의 생애에 있었던 사건들로 해결될 수 있는데, 단 하나의 예외는, 소돔과 고모라의 멸망 전담이 근친상간으로 태어난 롯의 두 아들이 모압과 벤암미로 이름지어졌고 각각 "오늘날의" 모압인과 암몬인의 조상이 되었음을 알리는 것으로 끝나는 점이다(창세 19,37-38). 나홀과 이스마엘의 자손들 및 크투라에게서 낳은 아브라함의 후예들 가운데에는 아랍과 아랍 민족들의 여러 이름들이 있음을 우리는 또한 알게 된다(표 10:13, 15, 71).

그러나 야곱 전승집에 이르면, 전승의 이름 시조 차원은 보다 명백하고 강력해진다. 야곱의 형 에사오는 그의 붉은 머리털과 그가 먹은 붉은 팥죽을 에돔땅의 특징인 붉은 사암(砂岩)과 결부시키는 "붉은 색"에 대한 언어유희를 통해 에돔으로 공공연하게 인정되었다(창세 25,24-31; 참조. 36,1-8). 상징적 암시가 수반된 한 전담(창세 32,22-32)에서 야곱은 "어떤 분"과 씨름을 하는데, 이 어떤 분은 "하느님(엘로힘)"임이 밝혀지고 야곱에게 이스라엘이라는 새 이름을 지어준다(이 이름은 이스라엘이 "하느님〔및 사람들(?)〕과 겨룬 자"를 의미한다는 해석에 따라 본 사가와 관련된다. 28절을 참조하라). 이름 시조 해석은 야곱의 아들들의 출생 기사에서 절정에 이르는데(창세 29,31-30; 24장; 35,16-20), 그들의 이름은 훗날의 이스라엘 부족들과 동일시된다(그리고 한 경우에 있어서는 야곱의 손자들 즉, 요셉에게서 태어난 에브라임과 므나쎄가 이에 해당한다; 창세 41,50-52; 48장). "아들들"에 대한 야곱의 임종시 증언은, 사실상, 다양한 식물과 동물의 표상들에 따라 시적으로 표현된 부족들에 대한 일련의 축복 시이며(몇 가지 경우에는 암시적인 저주들 혹은 심판들이다), '단'은 "이스라엘의 한 지파"라고 불리웠다(창세 49,16).

J 기자는 축복시 다음에 "이들이 모두 이스라엘의 열두 지파인데"(창세 49,28)라는 요약을 덧붙임으로써 이름 시조 해석임을 명백히 밝힌다. 일찍이, 창세기 46장 8-27절에서 P는 야곱과 함께 애굽으로 들어간 예순 여섯 "사람"의 이름을 열거함으로써 이러한 해석의 기틀을 마련하는데, 그들 가운데는 그의 직계 아들들(=부족들)뿐만 아니라 손자들(=씨족 또는 부족의

소집단들)의 이름이 언급되는데, 이 점은 민수기 1장과 26장에 나오는 동일한 유형의 보다 완전한 명부에서 훨씬 더 명백해진다. 창세기 34장에서 세겜과 맺은 허위 조약은 (소수의 야곱의 아들들보다 확실히 많을) 상당수의 실재 이스라엘인들이 세겜 도성과의 연결을 시도하지만 실패로 귀결된 상황을 강하게 반영한다. 더욱이 유다와 그의 가나안인 며느리 다말에 대한 38장의 기사는 유다 산악 지대의 가나안 성읍들을 유다 지파에 통합시키는 것을 암시하는 것 같다. 유다의 아들들 셀라, 베레스, 그리고 제라가 민수기 26장 19-22절에서 "씨족"(clans, 공동번역, "갈래"; 한글개역, "가족")으로 불리우며, 셀라의 아들들은 다른 곳에서 유다 산악 지대의 성읍들, 즉 레카(라기스?), 마제사(베다스베아), 그리고 고제바(=그집)의 "아비들"(fathers, 한글개역; 공동번역, "세웠고")로 언급된다(역대상 4장 21-22절을 참조하라).

과거의 많은 학자들은 조상 전승에 이처럼 뚜렷하게 나타나는 이름 시조적인 측면들을 선택하고, 전승 전체를 어느 정도 숨겨진 부족 역사들로 이해하려고 시도하였다. 출생은 부족의 기원으로 해석되며 결혼은 두 부족의 연합으로 간주되었다. 몇몇 개인의 이름들이 부족 집단으로 알려진 어떠한 실체도 갖고 있지 않다는 난점은 차지한다 해도(예: 아브라함, 롯, 이사악, 라반 혹은 야곱조차 그러함), 전승들을 초지일관 그처럼 체계적으로 집단화시키려면, 매우 부자연스런 우의적 해석이 요구된다. 이보다는, 이스라엘의 중요한 조상들로 인정되는 개인들과 그 가계에 관한 전담들이 직접 혹은 간접적인 이름 시조의 의미들을 부여받고, 다음에 그 본질이 이름 시조적인 전승 단위들을 발생케 하였을 가능성이 훨씬 더 크다. J와 E 모두에 나오는 야곱 아들들의 출생 기사는 적어도 이러한 경우에 해당하는 것 같다. 이 기사는 공통된 구전 소재군에서 활짝 꽃핀 가장 늦은 시기의 전승들 가운데 하나라는 표지들을 보여준다. 그럼에도 불구하고 이 전승 단위조차 그 구성에 있어서 조상 야곱과 그의 개인적인 아들들의 개념에 수용되었다.

창세기 12-50장의 명백히 이름 시조적인 특징들은, 가나안 정복 시대의 이스라엘의 상황을 소급시킨 요소들과 훗날 이스라엘의 일부가 된 전(前) 이스라엘(pre-Isrselite) 소집단의 경험을 반영하는 요소들을 분리시키는 데 조심스럽게 사용될 수 있다. 이것은 검증하기가 극히 어려운 물음이며, 문학 유형으로서의 전담이 실제로 어떻게 개인/가계와 보다 큰 집단/부족-민족적(tribal-national) 의미를 동심원의 형태로 동시에 혹은 연속적으로 갖게 되었는가를 보다 명확하게 어느 정도 이해하게 될 때가지 그러할 것이다. 현재까지 성서 설화의 이러한 문제에 관해 비교문학을 이용하는 어떤 체계적인 연구도 실시되지 않았던 것으로 보인다.

16. 조상 전승들의 사회사적 지평

아브라함, 이사악, 야곱 그리고 요셉 설화들에 관한 전통적 해석은 성서에 대한 신앙고백적 종교적 접근 방법에 근거하므로 그것들은 있는 그대로의 역사적 보도로 간주되었다. 역사비평적 방법은 이 조상 전승들이 문서 고증 혹은 목격자의 증언을 사용하는 역사 기록이 아니었음을 입증함으로써 또 다른 방침을 택하였다(§11.1.2). 전승들은 대체로 전담 연쇄집이며, 전담의 문학 형태는 구전에 근거한 형식으로 인정되고, 그 안에서 과거의 인물들과 사건들 및 전형적 경험들이 상상력에 의하여 후대 공동체의 자기 이해를 고도로 세련되게 반영하는 것으로 개정된다. 이스라엘 공동체는 현대 역사가가 고증하려고 노력하는 것처럼 조상들을 고증하는 것이 결코 아니며, 그 전담들의 영웅적 조상들을 새로운 사회 종교적 질서(socio-religious order)의 전형적인 창립자 혹은 선각자로 찬양하기 위해서만 보도하는 것처럼 보도하였다.

일단 조상들의 역사성이 근본적으로 의심받게 되자, 많은 성서 비평가들은 조상들이란 후대 공동체가 조작해낸 것이므로 그들에 대해 역사적으로 실제적인 내용을 확정짓는 것은 전혀 불가능하다고 결론을 내렸다. 환언하면, 조상들에 관한 전담들은 실제로 그 후손들의 역사와 관점에 대해서만

전한다는 것이다. 또 다른 비평가들은 설화의 전담 형식을 고려하고 후대 이스라엘의 사상과 경험이 소급 반영되어 있음을 인정하지만, 그럼에도 불구하고 그들은 조상들의 대략적인 시대와 배경들을 결정할 수 있는 전승의 유력한 역사적 요소들을 분리해 내려고 노력하였다. 많은 학자들은 성서 이외의 문서들과 고고학적인 유물들을 외적인 검증 표지(標識)로 이용하여, 이스라엘의 조상들을 중기 청동기 시대 제1기(B.C.E. 2100-1900년경, 과거에는 초기 청동기 시대에 포함되던 시기임) 또는 청동기 시대 제2기(B.C.E. 1900-1550) 혹은 후기 청동기 시대 초기(B.C.E. 1550-1200)에 위치시킬 수 있다고 주장하였다. 보다 최근에 이르러 조상들은 고대 근동의 역사적 세계에 고정시키는 이 방법은 근본적으로 의심을 받고 있다.

아직 지극히 미개발된 상태이기는 하지만 대안으로 제시된 한 방법은 전승의 문학적 특수성을 신흥 이스라엘의 사회사적 상황, 특히 통일 이스라엘을 형성하기 위해 연합되기 이전의 독립적이었던 여러 집단들의 전(前)이스라엘 경험과 상호 관련시키려고 노력한다. 이 견해에 의하면, 창세기 12-50장의 전승들은 각 조상들과 그 가계들의 잃어버린 역사적 정체의 회복을 약속해 준다기보다는 전담에서 입증되는 바와 같은 상황과 압박가운데서 살았던 이스라엘 이전 집단들의 결집을 통해 이스라엘이 형성된 과정을 재구성하는 데 도움을 줄 것이 확실하다. 바꿔 말하면, 조상 전담들은 후대 이스라엘의 자기 이해에 대해서 뿐만 아니라 그 공동체가 부족 동맹으로서 성립되는 여러 길과 복잡한 과정에 대해 무엇인가를 말해준다.

16.1 연대기와 고고학

성서 본문은 연대기적 골격을 제공해 주는데, 이것은 DH와 P의 두 개 자료를 종합하여 얻어질 수 있다. 솔로몬은 출애굽한 지 480년 후에 성전 건축을 시작하였다고 한다(열상 6,1; DH) 성전의 주춧돌을 놓은 시기는 B.C.E. 967-958년 사이가 확실한 것 같다.[7] 역으로 계산하면 이집트를 출발한 시기는 15세기, 즉 B.C.E.. 1447-1438년경이 된다. 출애굽기 12장 40

절(P)은 애굽에서의 체류 기간이 총 430년이라고 진술하는데(E 문서에 속하는 창세기 15장 13절은 400년이라고 진술한다). 이에 의하면 야곱이 이집트로 내려간 것은 19세기, 즉 B.C.E. 1887-1868년경이 될 것이다. 제사 문서의 잡다한 연대표에서 추정해보면(창세 47,9; 25,26; 24,5; 12,4), 아브라함이 하란을 떠난 시기는 B.C.E. 2092-2083년경이다.

이 연대기를 어떻게 생각해야 하는가? 먼저, 이 연대기는 지나치게 긴 조상들의 수명을 액면 그대로 받아들일 것을 요구한다(§15.3.2). 또한, 사마리아 오경(Smaritan Pentateuch)과 70인역본(Septuagint)에 제시된 수치가 마소라 본문(Masoretic Text)의 수치와 많이 다르다는 사실이 주목된다. 보다 중대한 문제는, 15세기 출애굽설을 가정하는 것은 성서에 묘사된 당시 이집트의 정치적 상황과 정면으로 배치되는 것이며 또한 이스라엘이 B.C.E. 1400-1250년대에 가나안에서 거의 보이지 않았던 이유를 설명하지 못한다는 점이다. 후자의 반박과 관련하여, 아마르나 서신들(Amarna letters, 표 1:3B)에서 B.C.E.1425년-1350년에 가나안에서 대단히 활동적이었던 것으로 언급되는 아피루(apiru) 불평분자들이 여호수아와 판관기의 이스라엘과 동일시될 수 있다는 것은 입증될 수 없다.

조상들에 관해 보건대, 성서 연대기에 따라 B.C.E. 2092년과 1868년 간의 가나안과 그 주변의 알려진 역사와 그들을 연결시킬 수 있는 특별한 것이 성서 전승에는 아무것도 없다. 수십년 전에, 시날 왕 아므라벨(창세 14,1)이 바빌론의 함무라비 왕과 동일 인물이라 하여 떠들썩한 소동이 일어난 적이 있었으나 이러한 등식은 오래 가지 못하였다. 더욱이 함무라비 왕의 치세 기간으로 높게 추정된 연대(B.C.E. 1848-1806)가 당시에는 지지를 받았으나 후에는 그보다 늦은 두 연대(B.C.E. 1792-1750, 또한 1728-1686) 가운데 어느 하나로 그 추정 연대가 낮아졌다. 이와 마찬가지로, 이집트에서 요셉이 권좌에 오른 기사를 18세기 후반에 있었던 아시아계 힉

7) 본서에서 따르고 있는 연대기적 체제(§25)는 성전 건립 연대를 B.C.E. 967년으로 추정한다.

소스족의 이집트 출현과 연관시키려는 시도는 일반적 입장에서 볼 때 설득력이 없으며, 오히려 그렇게 함으로써 이집트로 내려간 시기는 성서 연대기가 가정하고 있는 1877-1868년보다 1세기 이상 늦어지는 결과가 되었을 뿐이다. 요컨대, DH와 P의 전통적 성서 연대기는 어떤 경우에도 정당한 것으로 입증되지 않았고 성서 기사의 실제 내용, 적어도 출애굽과 관련해서는 사실상 모순된다.

창세기 12-50장에 반영된 조상들의 생활 양식의 자취들이 가나안의 유형 유물(material remains)에서 일부 나타날 수도 있다는 가정 하에, 족장들의 연대를 추정하기 위한 이러저러한 도식을 논증하는 데 고고학이 마음대로 인용되어 왔다. 중기 청동기 시대 제1기(B.C.E. 2100-1900, 또한 중기 청동기 중간시대-초기 청동기 시대라고도 부름)는 충분히 입증된 대로 그 시대의 비(非)도시 문화적 성격 때문에 족장 시대로서 많은 학자들의 관심을 끄는 것이었다. 가나안의 도시 건립 시대들의 중간기에 해당하는 이 시대는 생활 양식 면에서 이스라엘의 조상들과 유사한 것으로 여겨지는 유목민들의 침입을 가리킨다고 종종 가정된다. 최근에 발굴된 시리아 북부의 에블라(Ebla)에서 출토된 당시의 문서들은 중기 청동기 시대 제1기가 설화를 통해 알려진 족장 시대였을 가능성을 강화시키는 것이라고 몇몇 학자에 의하여 주장되었다.[8]

---

8) 에블라(Ebla) 서판이 족장이나 야훼, 혹은 족장 전승의 다른 특징들을 직접 언급하다는 주장은 에블라 본문의 공표와 더 이상의 평가를 기다려야 한다. 두 발굴자의 발표가 발견물이 지닌 지대한 역사적 문화적 중요성을 드러내기 시작한 반면에, 발굴자들은 그 본문들이 성서 전승들을 가리키는지에 대해서는 확연하게 의견이 불일치한다. 즉, Giovanni Pertinato는 *The Archives of Ebla: An Empire Inscrible in Clay*(Garden City, N.Y.: Doubleday & Co., 1981)에서 그렇다고 주장하며, 반면에 Paolo Mathiae는 *Ebla: An Empire Rediscovered*(Garden City, N.Y.: Doubleday & Co., 1981)에서 그러한 주장은 "근거 없는 이야기"라고 일축해 버린다(11).

에블라(Ebla) 발견물에 관한 개요와 예비 평가는 다음의 저술들에 보고되어 있다: Keith N. Schoville, *Bibical Archaeology in Focus*(Grand Rapids: Baker Book House, 1978), 242-46; Paul C. Maloney, "Assessing Ebla", *BARev* 4/1(March 1978), 4-10; Edwin M. Yamauchi, "Unearthing Elba's Ancient Secrets," *Christianity Today*(May 8, 1981), 18-21;

중기 청동기 시대 제2기(B.C.E. 1900-1550)는 다른 성서 전문가들이 지지하는 족장 시대이다. B.C.E. 1800년경으로 추정되는 세겜의 옥외 성소는 그 장소에서 족장이 드린 예배와 관련되고(창세 33,18-20), 헤브론의 위성 마을에서 아브라함이 거주한 방식은 벳세메스(Beth-Shemesh)에 인접한 성벽 없는 기밧 샤렛트(Givat Sarett)의 구조와 비슷하다고 한다(창세 13,18). 더욱이, 중기 청동기 시대 제2기 지지자들은 족장 시대를 2세기 이상 낮추어 추정하는 것이 폭넓게 받아들여지는 출애굽 연대인 13세기와 조상들을 연대기적 면에서 보다 만족스럽게 연관시킨다고 생각한다.

그러나 대체적으로 말하면, 조상들의 연대 추정에 대한 고고학적인 뒷받침은 설득력이 있는 것으로 입증되지 않았다. 한 가지 예를 들면, 고고학적 증거는 어떤 연대 측정 체계도 일관성 있게 지지하지 못한다는 점이다. 브엘세바와 세겜과 같이 족장들에게 중요한 장소들이 중기 청동기 시대 제1기에 거주한 흔적을 나타내지 않는다. 뿐만 아니라 사실상 브엘세바는 1200년경에 이르러서야 세워진 것으로 보인다. 성서 본문에 따르면, 세겜에 있던 초기 이스라엘의 성지는 발굴자들이 제사 의식 시설을 발굴해낸 바 있는 성벽 도성 내에 위치하지 않았던 것으로 추정된다. 더구나, 대부분의 고고학적 평가는 초기 이스라엘에서의 목축 유목 생활의 역할에 대한 지나친 과대 평가와, 목축 유목 사회 구조가 어떻게 유형 유물에 나타나는 것으로서 "해석될" 수 있는가에 관한 매우 모호한 가정 하에 진행되었다 (§24.2.1).

지나친 혹평일 수 있겠지만, 고고학은 역사적 결론에 도달함에 있어서 그것이 담당할 수 있는 것보다 더 많은 부담을 감당하도록 강요당해 왔다. 독립적인 역사적 증거 자료를 통하여 또는 전담(sage)들이 보존 경향을 보이는 상세한 역사적 내용을 증명하는 비교 문학 연구를 통하여 조상 전담들 내에서 확실한 역사적 요소들이 확인될 수 있을 때에만, 고고학은 그러

Lawrencen T. Geraty, "Update on Ebla," *Ministry*(January 1982), 24-27; Hazel W. Perkin, "Tell Mardikh," in *The New International Dictionary of Biblical Archaeology*, ed Edward M, Blaiklock and Roland K. Harrison(Grand Rapids: Zondervan, 1983), 440-42.

한 요소들에 대한 보충적인 지지 혹은 해명을 제공할 수 있을 것이다. 조상들과 관련된 글이 새겨진 증거를 발견하지 못한다면, 고고학으로부터 나온 모호한 유형 유물은 전담들로부터 제시된 모호한 자료와 결합하여 훨씬 더 복잡한 모호함을 낳을 수 있을 뿐이다.

조상들의 역사적 위치를 정하기 위하여 성서 본문과 고고학을 상호관련시키려고 시도할 때, 추론의 방향은 다음과 같다. '만일' 전담의 a와 b 두 요소가 역사적인 것으로 받아들여진다면, '그렇다면' 고고학으로부터 제시된 c와 d의 두 요소는 그것들을 상호 관련시키는 경향이 있다. 이것은 분명히 다음의 두 가지 대안들보다도 훨씬 더 불확실한 논증방식이다. (1) 전담들에서 a와 b 두 요소가 독립적으로 역사적이라고 알려졌기 '때문에' '따라서' 그 역사적 가치는 고고학으로부터 나온 c와 d의 두 요소에 의해 명료하게 되거나 확장된다. 또는 (2) 고고학으로부터 제시된 c와 d의 두 요소가 역사적으로 확고하기 '때문에' (예: 비문에 의한 증거), '따라서' 동일시되는 전담의 두 요소 c′ 와 d′ 그리고/혹은 관련되는 전담의 두 요소인 a와 b는 역사적 확실성을 부여받는다. 아직까지 우리는 우리로 하여금 후자의 두 방법 가운데 어느 하나를 따라 확실하게 추론할 수 있도록 해주는 문학적-역사적 자료나 고고학적 역사적 자료를 어느 것도 소유하고 있지 못한 것으로 보인다.

16.2 정치적 및 지리적 자료

조상 전승에 상대적으로 드문 정치적 언급들과 비교적 풍부한 지리학적 언급들은 조상들의 역사적 배경(혹은 배경들)을 찾기 위해 철저히 탐구되어 왔다. 그 결과는 막연히 그럴 듯하지 않거나 눈에 띄게 모순된 것이었다. 1800여 년에 걸친 역사적 배경은 조상들이 살았던 시대를 가리키거나 혹은 조상들이 만약 문학적 허구라면 그들이 창작된 시대를 가리키는 것이라고 진지하게 제의되어 왔다. 조상들의 위치를 가장 이르게 추정하는 안은 대략 B.C.E. 2400-2000년에 기록된 에블라(Ebla) 문서와 조상들을 동시대로 간주하려고 하며, 가장 늦게 추정하는 안은 조상들에 관한 현존하는 본문상의 표현을 6세기 유대 포로기의 산물로 보려고 한다. 정치적 자료와 지리적 자료를 간략하게 개괄하면, 학자들이 조상들의 역사적 위치를 설정함에 있어 극도의 견해차를 보인 이유와 다수의 학자들이 그러한 방향으로 노력하는 것을 중지한 이유가 밝혀질 것이다.

이러한 전승들에서 최대의 정치적 정보를 내포하고 있는 자료는, 사해(Dead Sea) 근처에서 반란을 일으킨 다섯 명의 봉신왕들(vassal kings)을 응징하기 위하여 전쟁을 수행하는 중에 아브라함의 조카 롯을 사로잡아 감으로써 그를 분노케 한 원방(遠邦) 네 왕이 연합군을 아브라함이 패퇴시킨 것을 기록한 창세기 14장에서 발견되는 것 같다. 그 외국 왕들의 정부는 메소포타미아와 아나톨리아에 있었을 것이다. 엘람은 분명하게 지칭되어 있고, 다른 세 국가들은 아마도 아시리아와 바빌론, 그리고 힛타이트로 간주되었을 것이다. 이 왕들의 역사적 신분을 밝히려는 수많은 시도들이 있었지만 신뢰할 만한 결과는 얻지 못하였다. 이란(Iran) 남서쪽에 기반을 두고 가나안 일부에까지 제국의 지배력을 행사한다는 엘람 왕에 대한 성서 본문의 견해는 특히 의심스럽다. 뿐만 아니라 이렇게 멀리 떨어진 지역들의 네 왕이 가나안의 도시 국가들에 대항하기 위하여 연합군을 결성한 적이 있었다는 증거가 없다. 그 연합군은 대규모의 동맹군이었고 전쟁 지역이 너무나 넓기 때문에 설화는 의도적인 "과잉 살륙"의 인상을 준다. 널리 받아들여지고 있는 견해에 따르면, 아브라함이 무장한 318명의 인원을 데리고 네 대왕의 연합군들을 패퇴시킬 수 있었으므로 "많은 민족의 조상"(창세 17,5)인 그는 대왕들의 대열에 완전히 동등하게 참여하는자—또는 사실상 그들보다 탁월한 자—였음을 보여주기 위한 목적의 미드라쉬(midrash: 자유로운 해석)가 창세기 14장이다. 아마도 무역 통로 장악을 목표로 하는 훨씬 작은 규모의 군사 행동이 과장된 이 전승의 기초가 되었을 것이다. 만약 그렇다면 그 전승의 재구성과 연대 추정에 필요한 정보를 얻을 수 없다. 아브라함의 승리 후에 그를 축복한(창세 14,17-20) 살렘(예루살렘?) 왕 멜기세덱은 성서 기사 외에서는 알려진 바 없다.

처음에는 아브라함과 이사악에게 속임을 당하였고 후에는 그들과 조약을 맺었던 그랄 왕 아비멜렉(창세 21,27; 26,26-31)도 또한 따른 어떤 자료에서도 알려진 바 없다. 아비멜렉의 신분을 밝히면서 사용한 “블레셋 왕” (26,1; 참조 21,32 · 34; 26,14 · 15 · 18)이란 칭호는 블레셋이 가나안을 식민지화하기 시작한 대략 B.C.E. 1150년 이전까지는 역사적으로 정확한 명칭이 아니었을 것이다. 창세기 36장 15-42절은 에돔의 “추장들”과 “왕들”의 명단 일람표인데, 이는 창세기 36장 1-14절에 있는 에사오의 후예들의 목록에 P 또는 최종 편집자가 결합시킨 것으로 보인다. 이러한 에돔의 지도자들 가운데 어느 누구도 독립된 자료를 통해 입증되지 않으며, 우리가 그들의 역사적 위치를 설정할 수 있다고 할지라도, 이 명단들이 군주 시대 말기까지는 족장 전승들과 연결되었다고 믿을 만한 근거가 없다. 요셉을 관직에 등용시킨 파라오는 익명으로 나오며, 짧은 이야기에 나타나는 이집트인들의 이름은 10세기 이전의 이집트 자료에서는 잘 알려지지 않은 것들이다. 창세기 47장 13-26절에 보도된 중앙 집권적인 농업 정책은 아마도 신왕조(New Kingdom) 하의 이집트 경제 통제 수단과 가장 가깝게 일치할 것이 틀림없지만, 신왕조는 B.C.E. 1570년에서부터 1085년까지 이르는 긴 기간 동안에 존속하였다. 창세기 12-50장의 많은 곳에서 아모리족, 힛타이트족, 호리족(=후리족), 그리고 가나안족과 같은 용어들을 사용하여 지역/민족/정치 단위들을 집약적으로 표시한 것은 후기 시대의 유사한 용법들과 명백히 다른 것은 아니며, 따라서 시리아-팔레스틴(Syro-Palestine)의 정치사 가운데 어느 시기도 다양하게 쓰인 용어들을 명료하게 밝혀주는 문맥을 제공하지 않는다.

조상 전승에 그 이름이 나오는 지역과 정착지들은 보다 한정되어 있는 정치 자료보다 더 설득력 있게 특정한 역사 문맥을 가리키는가? 지명들은, (1) 조상들이 거주하였던 산악 중심 지대 혹은 고대 가나안의 북(北)네겝에 있는 장소들을 언급하는 것, 그리고 (2) 조상들이 접촉하였던 가나안 외곽 지역 혹은 보다 광범위한 근동 지역을 언급하는 것 등의 두 가지 범주로 나누어진다. 이러한 곳들에는 조상들이 떠나온 것으로 알려진 지역들(즉 우르, 하란)과 그들이 상호간의 결혼을 목적으로 계속 교류하였던 지역들이 포함된다. 또한 그들이 생존을 위해 피신하였던 지역들(이집트), 그리고 아브라함과 이사악과 야곱의 직계 이외의 자손들이 언젠가 거주하게 된 지역들(예: 롯의 아들들은 암몬과 모압에, 크투라에게서 출생한 아브라함의 아들들은 아라비아에, 에사오와 그 아들은 에돔에 각각 거주함)이 언급된다. 더 나아가 다섯 명의 외국 왕들에게 공격받은 요르단 동편과 시나이의 지역들도 포함된다(창세 14장).

두 자료는 아브라함이 북(北)메소포타미아의 하란 근처에 위치한 한 지역에서 가나안으로 이주한 것으로 이해하는데, 그 지역을 J는 아람나하라임(Aram-naharaim, 강들 사이의 아람)으로, 그리고 P는 바딴 아람(Paddan-aram, 아람의 벌판)이라고 각각 부른다. (아마 J도 그렇게 이야기하는 것 같은데) 제사 자료는 아브라함이 하란에 도착하기에 앞서 남(南) 메소포타미아의 우르에서 살았었다고 부연한다. 이스라엘 조상의 북 메소포타미아 기원설은 아브라함의 몇몇 친척들이 데라, 나홀, 하란, 스룩 등과 같이 이미 알려진 그 지역의 도시들과 동일한 이름들을 지녔다는 사실로써 간혹 인증된다. 그러나 메소포타미아의 장소들과 아브라함의 맨 처음 고향의 특별한 관련성은 전담들의 내용보다는 전승들의 구조와 더 관계가 있다.

E 자료가 라반의 고향의 위치를 메소포타미아 북단이 아니라 바로 요르단 동편의 동쪽 혹은 북동쪽으로 설정한 점은 놀라운 일이다. 우르가 갈대아의 한 도시로 설명되는 사실이 적어도 B.C.E. 10세기까지는 그 고대 수메르의 도시를 확인하는 방법은 아니었을 것이며, 거기에서 강력한 갈대아-신바빌론 왕조가 발흥하였던 8세기에 그렇게 되었을 가능성이 크다. 상부 메소포타미아를 "아람"으로 표기하는 것은 아람 민족들이 탁월하게 된 것에 기인하는데, 이들이 역사에 두각을 나타내기 시작한 것은 15세기일 것이나, 각 지역들은 대(大) 아람의 분할 구역으로 명명하게 된 것(예: 아람 나하라임, 바딴 아람, 아람 다마스커스, 아람-조바 등)은 11세기에 이르러서였을 것이다. 심지어 족장들의 이름과 동일한 이름을 가진 북 메소포타미아의 도시들이 존재한다는 사실조차, 간혹 주장되어 오던 것처럼, 조

상들이 중기 청동기 시대 제2기에 그 지역에서 기원하였다는 강력한 증거가 되지 못한다. 그 이유는 이 가운데 몇몇 이름들은 수세기가 지난 훨씬 후대의 문헌들에서도 발견되기 때문이다.

요컨대, 조상들의 기원과 다른 민족들에 대한 그들의 관계를 체계화하는 경향이 전승들의 골격을 형성하는 문학 단계, 특히 JE 편집자와 P, 그리고/혹은 최종 편집자의 작품에서 두드러지게 나타난다. 우리가 그 체계화 과정의 발단을 전승들의 구전 단계에서 확인해낼 수 있는지는 훨씬 더 불분명한데, 그 이유는 E가 조상의 고향에 대해 "동방 사람들이 사는 땅"(창세 29,1)이라고 말하는 것처럼 구전 단계에서는 개괄적으로 표현하는 것이 지명 인용보다는 더 전형적일 것이기 때문이다.

조상 전담들의 팔레스틴 현장은, (1) 사마리아 고지에서는 베델과 세겜, (2) 요르단 동편의 길르앗에서는 브니엘(혹은 브누엘)과 수꼿, (3) 유다 고지에서는 마므레 헤브론, 그리고 (4) 유다의 네겝에서는 그랄과 브엘세바 등의 네 지역에 집중되어 있다. 야곱은 주로 앞의 두 지역(1, 2)과 관련되고 아브라함과 이사악은 뒤의 두 지역(3, 4)과 관련된다. 13세기 말엽에 이스라엘 부족들이 강력하게 처음 등장한 바로 그 지역에 족장들의 핵심적인 장소들이 이렇게 집중되어 있다는 사실은 의미심장하다. 그러나 이러한 지리적 언급들을 각 조상들에 대한 이전의 역사적 배경으로 해석하는 것은 매우 위험하다. 그것은 성서의 언급들이 단일한 역사적 단계에서 분명하게 이야기되지 않은 때문만이 아니라 가나안의 고지대가 대부분의 청동기 시대 동안에 정치적으로 미발전 상태에 있었던 것 같고 따라서 어떠한 종류의 문서 정보 자료도 거의 남기지 않았기 때문이다. 수세기에 걸쳐 조상 전담들은 구전과 문학으로서 발전하였기 때문에, 다양한 지명들이 언제 어떠한 역사적 조건 하에서 전승에 도입되었는지를 판단하기가 어렵다.

16.3 관습과 법률

청동기 시대를 배경으로 하여 족장 세계를 재구성함에 있어서 가장 강력하게 주장된 연결고리들 중의 하나는 티그리스 계곡(Tigris Valley) 상류의 누지(Nuzi)와 그 인접 지역으로부터 출토된 가족법 관계 문서의 놀라운 발견이었다. 문서들은 B.C.E. 15세기와 14세기의 것으로 추정되며, 아람 나하라임에 있는 것으로 생각되는 족장들의 고향에서 동편으로 약간 떨어진 곳에 위치한 후리족 사회로부터 나온 것이다(표 1:1K).

누지 서판에 명시된 각양각색의 관습법적 관례들은 이스라엘 조상들의 결혼, 가족, 그리고 상속 관습과 매우 유사한 면을 시사하고 있다. 누지와 족장의 가계 관습 및 법률 간에는 다음과 같은 유사점들이 있다.

1. 불임의 아내는 남편이 아이를 가질 수 있도록 여종을 남편에게 들여보내야 한다(창세 16,1-2; 30,9).
2. 여종과 그 아이의 신분은 본처나 남편의 질시 혹은 횡포로부터 보호받는다(21,9-14).
3. 남편은 아내를 그녀의 친 오라버니에게서 취함으로써 오라버니와 동일한 지위를 가질 수 있다.(12,11-13; 20,2 · 12; 26,7).
4. 장자권을 가진 사람은 그것을 다른 사람에게 팔 수 있다.(25,29-34).
5. 자식이 없는 부부는 그들을 부양하고 결국 그들의 재산을 물려받을 양자를 받아들일 수 있다. 단, 양자 입양 후에 친아들이 태어나면 그가 양자를 대신하여 자동적으로 상속자가 된다(15,1-4).
6. 앞의 5번에 묘사된 관례는 사위가 아들로 입양되는 경우에도 적용할 수 있다(31,1-2).
7. 가신(家神, 공동번역 "수호신"; 한글개역 "데라빔")의 소유는 상속할 재산에 대한 이종의 권리 증서였다(31,34).
8. 가장(家長)의 임종시 유언 혹은 축복은 법적 효력을 갖는다.(27,35-37; 48,8-22).

이러한 유사점에 의거하여, 후리족(Hurrian)의 가족법이 상부 메소포타미아 전역에 걸쳐서 발견되었으며 따라서 아람 나하라임의 이스라엘 조상들에게도 알려졌고 거기에서 그들이 그것을 가나안으로 가져왔다는 결론이 널리 받아들여졌다. 이 결론을 지지하는 대부분의 사람들이 이스라엘 조상들의 연대를 누지 문서보다 몇 세기 앞선 것으로 추정한다는 것은 그렇게 어려운 문제로 간주되지 않았다. 왜냐하면 동일한 관례가 누지에서 기록되기 이전에 이미 오랫동안 유행되었다고 가정되었기 때문이다. 더욱이, 여러 가지 측면에서 매우 특이한 이러한 결론과 가족 관습들이 청동기 시대 말엽에는 고대 근동에서 발견되지 않는다고 주장되었다. 따라서 창세기 12-50장의 화자(話者,narrator)들은 J, E 혹은 P의 자유로운 창안물이 도저히 될 수 없으므로, 그들은 청동기 시대의 고대 관습에 직접 접근할 수 있었을 것이 틀림없다. 또한 유프라테스강 중류 지방에서 발견된 B.C.E. 1800년경의 마리(Mari) 문서에서 나온 자료들은 가족의 땅을 영원히 본래 그대로 보존하는 개념에 관한 누지 문서의 보다 충분한 묘사를 보충하였다고 생각되었다. 더욱이 마리 문서는 이스라엘 조상들이 지닌 이름들의 유형이 청동기 시대에 국한된 유형이며 대부분 북 메소포타미아에서 뚜렷이 나타난다는 점을 입증하는 것으로 판단되었다.

후리족과 아모리족의 관습과 법률에 근거한 인상적인 논증에도 불구하고 후리족 문서의 추가 발표를 포함한 심층적 연구를 통해 그 증거의 비중은 심각하게 도전받았으며, 광범위하게 손상되었다. 첫째, 초기 해석자들은 누지 문서와의 유사점들을 실제보다 더 유사한 것으로 만들기 위하여 일부 요소들을 생략한 채 창세기 전담들을 제시하는 경향이 있었다는 점이 주목된다. 예를 들면, 라반이 사위 야곱을 양자로 삼은 것에 관한 언급이 전혀 없다(창세 31,1-2). 사라가 어떻게 실제로 자신의 누이인가에 관한 아브라함의 "해명"은 그녀를 이복 누이로 만들며 그가 일시적인 의오라버니(adoptive-brother)권을 우연히 갖게 된 무(無)인척 관계의 아내로 만들지 않는다(창세 20,12). 또한 하갈과 이스마엘을 집에서 쫓아 내는 것을 아브라함이 주저한 까닭은 이를 금지하는 관습이나 법률을 그가 잘 알고 있었기 때문이라는 것은 분명치 않다(21,9-14).

뿐만 아니라, 누지 문서들은 그것들을 성서 본문과 일치시킬 만한 규정을 담고 있거나 함축하고 있는 것으로 종종 해석되어 왔다. 예를 들면, 누지에서는 한 남자가 결혼식에 신부를 인도해주는 친오라버니 혹은 의오라버니로부터 그의 아내를 맞아들일 수 있지만, 그 남편이 그에게 아내를 인도해준 친오라버니 혹은 의오라버니를 대신하여 의오라버니의 지위를 차지하였던 것 같지는 않다. 가신(家神)의 소유가 그 자체로 상속권의 표시였다는 것은 대단히 의심스러운 바이다. 오히려 그 가신들은 가정의 화합과 통합의 상징으로 존재하였다. 결국 누지 문서가 가족법을 충분히 표현한다는 면에서는 독보적이지만 중기 청동기 시대 제2기와 후기 청동기 시대의 북 메소포타미아에 특이한 것은 결코 아닐 것으로 생각된다. 유사한 법의 흔적들이 고바빌론과 아시리아의 법률에서 발견되고 있으며, 동일하거나 유사한 관습이 존재하였다는 사실이 수세기가 지난 이후의 고대 근동에서 인증된다. 따라서 이러한 경향은 누지 유물들이 필연적으로 B.C.E. 2000-1400년대의 상부 메소포타미아의 후리족 사회를 이스라엘 조상들의 배경으로 설정한다거나 혹은 그렇게 할 가능성이 있다는 주장을 명확히 제한하거나 전적으로 부정하는 것이다.

창세기 전승의 또 다른 관습 측면은 이집트의 용어, 궁중 관습과 관직명, 장례 의식 등을 반영하는 요셉 단화(novella)의 이집트적인 색채이다(참조: 창세 40-41장; 47,13-26; 50,26). 이러한 이집트적인 요소들의 대다수는 너무나 일반적인 것이어서 어떤 특별한 시대를 지시하지 않는다. 이집트 자료에 비추어 검증될 수 있는 것들은 반영된 이집트 환경이 청동기 시대의 것이라기보다는 10세기 또는 그 이후의 것일 가능성이 더 많음을 대체적으로 시사한다. 그 외에도 히브리인들(아시아인?)과 함께 먹거나 목자들과 함께 어울리는 것에 대한 이집트인의 거부를 강조한 두 기사(창세 43,32; 46,34)는 이집트 자료들에서 근거를 발견할 수 없다. 그리고 가장 자세하게 묘사된 이집트적인 정취는 JE가 문자화된 단계에서 혹은 그 이후에 제공된 것 같으며, 요셉 설화의 구두 설화자 혹은 저자는 이집트에 대한 직접적인 지식이 있어야 한다는 것이 전혀 요구되지 않은 것으로 보인다.

16.4 조상 전승들에 나타난 사회적 투쟁

16.4.1 조상들의 불확실한 사회 경제적 지위

우리는 종래의 역사비평적 연구 방법에 의거하여 이스라엘의 조상들이 어떤 특별한 역사적 혹은 사회적 배경 하에 있었는가를 규명하려고 시도할 때 봉착한 난점들을 지적하였다. 아주 드물게 나타나는 성서 본문의 연대기적 · 역사적 · 지리적 자료들은 일정한 어떤 배경과 상호 연관되거나 그 배경을 향해 수렴되지 않는다. 고고학적인 유물과 관습 및 법률로부터 제시되는 외적인 증거도 또한 성서 본문과 결정적인 관련성을 전혀 갖지 않는다. 요컨대, 이스라엘의 조상들은 청동기 및 철기 시대 전반에 걸친 가나안과 그 주변 세계와 막연히 일치하지만 보다 상세하고 확실한 연대 표지는 없으며, 성서 이외의 자료들로부터 알려진 정치 · 사회적 구조 및 사건들과 확고한 연관성이 없다.

이스라엘 조상들의 위치 설정에 대한 이러한 장애물들은, 그들의 이동과 생활 방식에 대한 언급들은 조상들이 목축 유목민이었음을 가리킨다는 가정에 의하여 은폐되어 왔다. 사실 조상들의 이동은 목축 유목민들의 정기적인 계절적 이동에 기인한다기보다는 거주지의 변경, 종교적 순례, 외부인들과의 투쟁, 아내를 구함, 기근을 피함 등의 목적을 위한 역사적 원인의 이주로 설명된다. 조상들의 부의 형태에 대한 언급들은 당시의 목축 유목민에게 (독점적인 것은 아니지만) 전형적이었던 양과, 염소 떼뿐만 아니라, 정착(定着) 농업과 축산, 혹은 상업을 시사하는 소 떼, 금속 재물, 그리고 경작지를 포함한다. 일부 해석자들은 족장들이 당나귀를 이용하여 상품을 운반한 상인이었다고 제안하는 반면, 다른 해석자들은 족장들이 국가 간의 (interstate) 상인들을 위해 일하였던 독립적인 운송업자였다고 제시한다. 무장한 318명의 지휘관으로서 아브라함에 대한 묘사(창세 14,13-16)는 그가 기존의 도시 국가들을 위해 용병(傭兵) 부대의 지휘관으로 일하는 아피루(apiru)유형의 전투적인 모험가임을 암시하며(아피루는 아마르나 문서〔표1:3B〕에 언급되며 어쩌면 성서의 동족어 *ʿivri*, 즉 히브리 사람〔13절〕에 반향되어 있을지도 모른다) 아비멜렉에 대한 이사악의 관계도 이와 유사하게 해석될 수 있다(창세 26,1-33).

조상들은 고지대의 인구 집중 지역 근처에 거주한 것으로 보여지며, 그들이 조금이라도 "유목 생활을 하는" 한에 있어서 확대 가족(larger families)/씨족/부족의 일부는 적당한 계절적 목초지로 가축을 이끌고 이동하고, 한편 그 집단의 나머지 사람들은 고향/본부에 남아 있었다(이를 가리켜 소위 이동 목농주의〔transhumant pastoralism〕라 한다. 참조: 창세 37,12-17; 38,12-13; 그리고 26,12-23도 한 예일 것이다). 조상들의 사회 경제적 특성은 대체적으로 말하면, 단일한 어떤 하나의 유형에 분명하게 속하는 것으로 묘사되지 않는다. 이것은 전승들이 다른 집단들을 가리키기 때문에 다른 직업적 신분들을 반영한다는 것을 의미하거나, 혹은 조상들에 관한 전승들을 수집하고 편집하는 과정에서 조상들의 직업적 신분에 대한 개념들이 변화하여 다른 면에서 작용하기 시작하였다는 것을 의미할 수도 있다.

또한 조상들에 대한 어떤 표현들이 실제 개인들에 대한 언급이며 어느 것이 부족 혹은 이스라엘 백성 전체를 집단적으로 묘사한 것인가를 옹호할 수 있을 정도로 분류하라는 요구도 있다. 만일 실제의 개별 조상들이 나중에 보다 큰 집단의 상징으로 변화되었다고 판단되면 두 종류의 언급들이 어떻게 전담 안에서 구분될 수 있는가? 몇몇 학자들은 아브라함을 개인이었던 것으로 보는 반면에, 야곱을 이스라엘의 집단적 표상이라고 설명함으로써 이 문제를 해결한다. 그러나 그렇게 산뜻하게 구분될 수 있는 것 같지 않다(§15.4). 해석자들이 해석의 기본 원칙들을 확실히 세우거나 보다 분명한 이름 시조 본문들뿐만 아니라 '모든' 조상 전승들에 대하여 어떻게 적용할 것인가를 분명히 하지 않고 해석상의 개인화 방향과 상징화 방향 사이를 오락가락하였다. 결국 조상들이 그 이름 시조가 되는 보다 큰 집단들의 사회사적 표지로부터 개인들과 그 가계의 사회사적 표지들을 추출해내는 어느 정도 일관된 방법이 없었기 때문에 상당한 혼란이 야기되었다.

그러한 불확실성이 존재했다면 우선 가장 확실한 절차는 조상 전승들이 이 부족 시대에 이스라엘 전승군에 들어갔다는 것을 인식하는 것이다. J와 E에 의한 전승들의 공식화는 축적된 공통 구두 전승에 의거한다는 것을 인정한다면, 전승들의 최초의 확고한 사회사적 연결점은 왕국 성립 이전의 가나안에 있었던 이스라엘 부족 동맹의 상황이다. 조상들에 관한 전승들은 이스라엘을 형성하기 위해 연합한 다른 집단들의 특별한 유산으로 생각할 수 있게 되었다. 조상들이 가나안의 서로 다른 지역들과 연관된 독립된 인물들로 등장한다는 것은 주목할 만하다. 그들은 오직 부차적으로 족보와 여정에 의하여 연결되는 것으로 보인다.

야곱이 에브라임과 므나쎄 지역의 북 이스라엘 집단의 영웅적 조상이었고, 아브라함과 이사악은 유다와 북네겝의 고지대에 있는 남 이스라엘 집단의 영웅적 조상들이었다는 것은 그럴 법한 일이다. 본래 분리되어 있었던 이 조상들은 "전형적 장면"(§15.3.4)을 다룬 전담들을 통하여 그들이 속한 공동체에서 기억되었는데, "전형적 장면"들은 조상들의 생활 경험을 그들의 후손이라고 주장하는 전체 집단들의 후대 경험들에 대한 예견 혹은 "예언"으로 보는 경향에서 영향을 받았다(§ 15.4). 전담들을 발전시킴에 있어서 전형적 장면 형식은 모든 조상 전승들에 고루 보급된 반면에, 이름 시조가 되는 상징화 과정은 보다 불균등하게 적용되었고, 그 결과 야곱이 아브라함과 이사악보다 이름 시조로서 훨씬 더 충분하게 제시된 것으로 보인다.

그 외에도 동화(fairy tale) 혹은 민담(folklore)의 모티프들이 아브라함과 이사악보다는 야곱과 관련하여 더 빈번하게 채택되는 경향이 있다. 야곱은 먼저 아버지와 혀의 의표를 찌르며 나중에는 외삼촌에게 똑같은 행동을 하는 교활한 책략가라는 모티프에 따라 다양하게 묘사된다. 또한 조상의 굉장한 육체적 힘이라는 모티프가 뚜렷한 자취를 남기고 있는데(이는 판관기 13-16장의 삼손의 경우에서 보다 충분히 발전된 측면이다). 예를 들면 우물의 돌 뚜껑을 옮기는 데 통상적으로는 여러 사람이 필요하지만 야곱은 혼자 그것을 들어올릴 수 있었고(창세 29,2-3 · 8 · 10) 하느님으로 판명된 초자연적인 인물과 밤새도록 씨름을 할만큼 그는 힘이 있었다(창세 32,22-32).

더 나아가, 야곱은 이스라엘 부족 연맹의 전승에 확실하게 흡수된 최초의 조상이었고, 그래서 그 이름이 바로 이스라엘이며 그 아들들이 열두 부족의 이름들을 지녔던 직접적인 민족 시조가 되었던 것 같다. 전승에서 야곱이 이렇게 우위를 차지한 것은 야곱 전담들이 회자(膾炙)하던 북부 지역에서 부족 동맹이 먼저 형성된 현실을 반영하는 것으로 추정된다. 아브라함은 후에 통일 이스라엘의 조상 자료집에 들어갔으며, 그 자료집은 아마 이사악을 유다 소집단의 조상으로 이미 통합시켰을 것이다. 이스라엘의 직계 조상으로서의 야곱을 제거할 수 없었지만 그럼에도 불구하고 아브라함은 그 민족의 원선조(原先祖), 즉, 위험을 무릅쓰고 처음으로 가나안에 진출하였고 이사악의 아버지와 야곱의 할아버지가 된 자라는 존경받는 지위를 부여받았다. 이러한 방식으로 이스라엘의 각기 다른 분파들에게 소중하였던 조상들의 독자적 경험들이 부족 동맹의 연합 · 통일성을 반영하는 하나의 전승군 안에서 연결되었다(§24.2.3). 결국 몇 개의 전담에서 하느님을 신뢰하는 믿음에 대한 시험을 감내하고(창세 22,1-14) 혹은 축복을 확고히 하기 위한 노력의 일환으로 집요하게 하느님과 겨루는(창세 32,22-32) 등, 신 앞에 서 있는 전(全) 이스라엘의 대표자들로서의 의미가 현저하게 발전되었다. 이러한 두 전담의 현재 형태가 각각 E와 J에 기인하였다고 할지라도, 조상들은 부족 간의 제의에서 이스라엘의 신앙심의 원형으로 이미 간주되고 있었을 가능성이 대단히 높다.

16.4.2 생산 재생산 및 자기 방어에 대한 관심

만일 그 구성 집단들 가운데 일부가 기여한 다른 경험 단편들을 기억하고 있는 이스라엘 부족 연합에 대한 비교적 확고한 사회사적 관점에서 시작한다면, 우리는 다음과 같은 일련의 질문을 제기할 수 있을 것이다. 즉 우리는 조상 전승들을 형성하고 전달한 집단들의 지대한 관심사를 추정할 수 있는가? 우리는 독자적인 조상 전승들을 이스라엘 전체의 전승 형태로 결합시키는 것이 연합 이스라엘의 관심사였던 이유를 규명할 수 있는가?

조상 전승들의 관심사는 크게 두 종류로 나눠진다. 그것들은 (1) 자손과 비옥한 토지에 대한 필요로 표현된 생존 가능한 공동체 확보를 위한 끈질긴 투쟁과 (2) 그 공동체를 흡수하거나 파괴하려는 외부 압력에 대항하는 공동체의 지속적인 방어이다. 언급된 대부분의 전형적 장면들(§15.3.4)은 조상들이 어떻게 자손들을 얻고 땅을 확고하게 장악하느냐는 첫 번째 투쟁에 초점이 맞춰진다. 그러나 자식과 땅을 얻기 위해 투쟁하는 과정에서 조상들은 가나안과 이집트의 타 민족들과의 마찰, 갈등, 피난 및 조약이라는 복잡한 관계를 맺는다. 조상 전승들의 순수한 사회사적 측면은 가나안 고지대의 경제, 사회, 그리고 정치에 주변적으로만 통합된 민족의 집단들을 보여준다. 이러한 주변성은 조상들이 가나안에 상대적으로 늦게 들어온 신참자였다는 개념과 아울러 결합된 전승들의 골격에 의하여 설명되는 경향이 있다. 조상들이 목축 유목민이었다는 소박한 가정은 그러한 개념을 학문적으로 묵인하도록 조장하였다. 그러나 전담의 내용은 조상들이 당시 우세한 사회 정치적 구조에 통합되거나 굴복하기를 원치 않았던 사람들로 작은 공동체를 구성하였기 때문에 조상들이 고지대의 가나안에 잘 통합되지 않았던 것을 드러내는 경향이 있다. 이러한 인상은 이스라엘이 가나안에서 권력을 장악한 상황에 관한 다른 증거에 의하여 한결 더 강화된다(§24.1.3; 24.2.3).

조상 전승들의 특히 흥미있는 한 측면은 전승 내에서 여성들이 탁월한 위치를 차지하는 점이다. 사라는 질투심에 자기 여종을 쫓아내고(창세 16,1-6) 만년에 아들을 낳을 것이라는 약속을 일소(一笑)에 부치기를 주저하지 않을 만큼 의지가 굳은 아브라함과 대등한 자였다(창세 18,9-15). 하갈은 광야에서 자기 생명과 아들의 생명에 대한 위험을 무릅쓸 수 있었던 인물로 그려진다(창세 16,7-14; 21,15-21). 리브가는 대담하게 마을 우물에서 아브라함의 종에게 이야기를 하고 도와주며, 또한 이사악의 아내가 되어 가나안으로 가는 데 주저없이 동의한다(창세 24,15-25 · 55-58). 나중에 리브가는 야곱이 계략을 써서 그녀의 약하고 어리석은 남편에게 이기도록 도와줄 음모를 꾸미며 아들 야곱이 라반에게 도망하도록 도와 주었다(창세 27,5-17 · 42-45). 라헬과 레아는 야곱의 애정에 대한 강력한 경쟁자였으며(창세 29,15-35;30,1-24), 아들 낳기 경쟁에서 서로 계약하는 방법을 알았다(창세 30,14-16). 두 아내는—라헬이 재치 있게 숨긴 가신(家神)을 포함하여(창세31,33-35)—야곱이 의문스럽게 취득한 재물을 가지고(창세 31, 14-16) 라반에게서 도주할 때 모두 야곱에게 한결같이 충실하였다. 유다의 며느리 다말은 유다가 수혼법(嫂婚法)에 따라 한 아들을 그녀에게 주어야 함에도 부당하게 주지 않았기 때문에 유다의 아들을 낳기 위하여 창녀의 속임수를 교묘하게 채택하였다(창세 38,1-26).

이전 세대의 학자들이 여자가 행사한 주도권(예: 자녀의 이름 짓기)과 모계 지역(matrilocality)으로 추측되는 징후들(예: 야곱이 얼마 동안 아내의 집을 거함)에 흔히 접근하는 방법은, "족장" 사회가 실제로 모계 사회였다고 가정하거나 아니면 적어도 그것이 초기에 셈족 모계 사회의 잔재를 입증하였다고 가정하는 것이었다. 이 가설에 대한 증거는 극히 빈약하다. 오히려 조상 전승들을 보존한 집단들은 남성에 의하여 주도되었으나 그들은 가정 내의 강력한 실력자로 간주된 매우 강한 여성들을 소유했던 것으로 보인다. 외부 집단과의 긴장은 별 문제로 하더라고, 전담의 지평이 대체로 가정이었기 때문에 여인들은 종종 전담 구성의 전개에 핵심적인 중요한 역할을 담당하게 된다. 이러한 여인들은 남자들만큼 뚜렷히 부각된 인물들이다. 여성의 성격 묘사를 적극적으로 충분히 제시하는 이러한 관례는 후기 이수라엘의 전담에서 계속되며(§21; 23.1), 어느 정도는 역사 기술에까지 연장되었다. 전담의 내용(scenarios)에 여인들을 통례적으로 포함시킨 것은 조상 전승들을 발전시킨 집단들이 이스라엘 연합에 기여한 공헌 가운데 하나였을 수 있다. 왜냐하면 우리는 여기에서 이스라엘의 선조들에 관해 협의적으로 말하는 것이 아니라 이스라엘의 남녀 조상들(father and mother)에 관해 보다 폭넓게 말하는 전승들을 다루고 있는 것이 분명하기 때문이다.

요컨대, 이스라엘 부족 동맹으로 결합될 수 있기 이전의 소집단들 사이에서 있었던 생존을 위한 투쟁을 설정할 가능성이 있는 것 같다. 우리는 그러한 "사회 공간"에서 조상들에 관한 정치적 기록을 발견할 수 있을 것이라고 기대해서는 안 된다. 자손에 대한 강렬한 열망은 가나안 산악 지대에서의 인구 감소 현상을 아주 잘 반영하는 것 같고, 불임(不姙)의 아내에 대한 편견은, 불임이 음식물 결핍 때문이건 혹은 질병 때문이건 간에, 가나안 변방의 전(前) 이스라엘 거주자들에게는 심각한 위협이었다는 것을 가리키는 것 같다. 종종 유목민적 기질이라고 낭만적으로 묘사되기도 하는 땅에 대한 갈구는 도시 국가들의 지대에 예속당하기를 원치 않았던 주변인들(marginated people)이 국가들에 의해 아직 독점되지 않은 목초지와 경작지를 추구한 것이었을 것이다. "자유로운 공간"에 대한 이러한 갈구는 목축 유목민의 유일한 특권이 아니라 어떤 이유 때문이든 도시 국가(city-state)와 제국 기관(imperial apparatuses)의 지배에 반대한 농촌 주민과 도시 주변 거주자들에게 일반적으로 속한 것이었다.

이스라엘의 여러 조상들과 그들에 관한 복합 전승들이 이스라엘 내의 서로 다른 구성 집단들로부터 유래된 것임이 일단 인정되며, 그 전승들은 사실상 대규모의 이스라엘 연합이 나타나기 이전에 생존상의 어려움을 극복하기 위해 가나안 고지대의 민중들이 사용한 여러 가지 다른 사회경제적 전략들에 관해—전담 형식이 항상 그러하듯이—간접적으로 우리에게 전해주는 경우가 될 것이다. 그 전략들이란 농경과 축산 전략, 이동 농목축의 전략, 용병 전략, 그리고 상인 혹은 물품 운송업자로서의 사업 전략 등이다.

조상 전승들의 사회사적 지평을 이러한 방식으로 제시하는 것은 진전된 연구를 위해 적절한 범위와 가능성을 시사하는 것뿐이다. 그것은 많은 의문들을 해명하지 않은 채 남겨 놓으며, 특히 전담의 형식 및 내용과 그 기저에 있는 사회경제적 현실 사이의 관계를 신중하게 통제된 방법으로 평가할 것을 요구한다. 아이슬란드(Iceland)와 게르만(German)의 전담들이 이스라엘 전담의 이해를 위한 본보기로 종종 인용되기 때문에 북유럽 전담의 토대와 배경에 대한 사회사적 탐구는 이스라엘 전담의 토대와 배경에 대한 심층적 조사를 위한 비교 수단을 제공한다는 점에서 매우 유용할 것으로 보인다. 그러나 학자들이 건설적으로 이러한 연구에로 방향을 돌리려고 한다면, 그들은 우선 조상들의 연대를 추정하려는 시도에서 비롯된 일반적으로 부정적인 결과들에 대해 충분히 납득할 필요가 있으며 동시에 조상들의 역사적 위치 설정 문제는 전담 형식 자체에 대한 보다 나은 이해가 없이는 해결될 수 없음을 인식해야만 한다. 조상 전담의 이러저러한 측면이 "진정한 역사"라고 단정적으로 주장하는 것이다, 반대로 전담들이 역사 기술의 장르에 속하지 않기 때문에 전담을 사회사적으로 볼 때 무가치한 것이라고 폐기해 버리는 것만으로는 더 이상 충분치 못하다.

이하에 언급된 것만큼은 확실하다. 고고학과 연결된 역사비평적 조사 연구 방법은 조상과 조상 전승들의 문맥을 설명하려 함(contextualization)에 있어서 난항에 봉착했다. 최근에 등장한 보다 새로운 형태의 문학비평과 사회과학적 비평은 가나안 사람의 집단들이 이스라엘 안에서 연합되어가는 "사회적 과정들"(social processes)에 관한 묘사와, 동시에 그 집단들이 투쟁하는 동안에 가장 심오한 가치와 목표들을 표현한 수단으로서의 (구전 문학을 포함한) "문학적 과정들"(literaty processes)에 관한 묘사를 확립할 가능성들을 평가하기 시작하였다. 조상 전담들 내에서의 이러한 사회-문화적 상호작용을 연구의 주된 초점으로 확립하는 것은 역사를 포기하는 것이 아니라, 고대 근동의 기록된 정치사와 고고학적 유물에 의해 직접적으로 접근하지 못하는 차원의 역사를 뚜렷한 개념으로 정리하는 것이다 (§9).

제5장
모세에 관한 전승들:
출애굽, 계약, 율법 수여

17. 출애굽기와 레위기 및 민수기에 나타난 전승들의 형태

17.1 자료와 문학 장르에 의한 전승 단위들의 분류

출애굽기와 레위기 및 민수기의 모세에 대한 전승들은 그 분량에 있어서 창세기 12-50장에 나타난 족장 전승들의 양보다 거의 3배나 된다. 모세 전승의 거의 대부분은, 그 전승의 주된 줄거리가 쉽게 요약되기 때문에, 지나치게 복잡한 구성으로 설명해서는 안 될 것이다. 이집트의 야곱의 후손들은 이미 대(大)부족들로 성장하였고, 그 후 새로 등장한 파라오에게 억압을 받는다. 모세는 야훼의 이름으로 해방을 요구하고 야훼는 이에 협조하지 않는 이집트인들에게 일련의 재앙을 내림으로써 고통을 준다. 이스라엘 사람들은 이집트에서 출발하여 바다를 건너고, 시나이 산을 향하여 여행을 하는데, 그곳에서 그들은 야훼의 현현을 보고 야훼와 계약을 체결하며 야훼의 율법을 받는다. 시나이와 카데스에서 배교와 불평과 반역을 도모한 후, 이스라엘 백성은 가나안 접경 지역에 당도하고 일부는 요르단 동편 지역에 정착한다. 그러나 어느 정도 완벽한 곁줄기(sub plot) 또는 전형적 장면들을 포함하는 풍부한 가필 기사와 부연 설명 가운데 있는 방대한 전승들이 기본 줄거리(basic plot)주위에 배열되어 잇다.

이미 조상 전승에서 분리된 J, E 및 P 자료가 출애굽기와 레위기 및 민수기에서도 계속 이어진다. 그러나 거기에서는 각 자료에 배정될 수 있는 전승들의 상대적인 비율에 급격한 변화가 일어난다. 전승들이 복잡하게 된 이유가 바로 이 점에 의해 상당 부분 설명된다. J 자료가 조상 전승들에서는 730절이 되는 반면에, 모세 전승들에서는 단지 435절만이 J에 해당된다. 마찬가지로 E 자료도 336절에서 288절로 감소한다. 그러나 극적인 차이를 보이는 것은 P 자료이다. 창세기 12-50장에서 겨우 153절에 불과하던 P 자료가 출애굽기부터 민수기까지에서는 2444절로 증가한다. 무려 15배

〈표 11〉 출애굽기와 레위기 및 민수기에 나오는 전승 단위들의 자료별 분류*

A. 야휘스트(J) 전승	
모세의 준비	
1. 이집트에서 이스라엘이 압제당함	출애 1,8-12 · 22
2. 모세의 출생	2,1-10
3. 모세의 미디안 도주	2,11-23a
4. 모세의 소명과 이집트 귀환	3,2-4a · 5 · 7-8 · 16-22; 4,1-14 · 19-20a · 22-23
5. 야훼의 모세 살해 기도	4,24-26
6. 모세가 아론과 백성을 만남	4,27-31
재앙	
7. 모세의 광야 예배 자유권 요청/ 파라오의 압제 가중 지시	5,1-6, 1
8. 물이 피로 변하는 재앙	7,14-18 · 20b · 21a · 23-24
9. 개구리 재앙	7,25-8,4 · 8-15
10. 파리 재앙	8,20-32
11. 가축들에 대한 재앙	9,1-7
12. 우박 재앙	9,13-35
13. 메뚜기 재앙	10,1-20
14. 흑암 재앙	10,21-29
15. 마지막 재앙 고지	11,1-8
16. 과월절 제정	12,21-23 · 27b
17. 맏아들과 맏배 죽음의 재앙/ 파라오의 이스라엘 해방	12,29-36
출애굽/광야 여정	
18. 이집트로부터의 출발	12,37-39; 13,20-22
19. 이집트인들의 이스라엘인 추격	14,5-7 · 10-14

*이러한 자료 분류 근거에 대해서는 표 10의 주(註)를 보라.

20. 이스라엘의 바다 통과		14,19b-20 · 21b · 24-25 · 27b · 30-31
21. 바닷가에서에 노래		15,1-18
22. 따라와 엘립에서의 이스라엘		15,22-25a · 27
23. 만나를 예비함		16,4-5 · 28-31 · 35b-36
24. 바위에서 물이 솟아남		17,2-7
(J 자료로 추정되는 출애굽기 19-34장의 자료들에 대해서는 이 표의 C항을 보라)		
25. 모세가 호밥(=이드로)에게 이스라엘의 광야 여정 안내인이 되어줄 것을 요청함.	민수	10,29-32
26. 이동식 계약체		10,33-36
27. 정탐대의 가나안 파견		13,17b-20 · 22-24 · 27-33
28. 모세와 야훼에 대한 이스라엘의 불평		14,1-4 · 11-25
29. 가나안 남방 공격 실패		14,39-45
30. 다단과 아비람의 반역		16,1b · 2a · 12-15 · 25-26 · 27b-32a · 33-34
31. 에돔의 이스라엘 통행권 거절		20,19-20 · 22a
32. 호르마 전투		21,1-3
33. 구리뱀		21,4-9
요르단 동편 통과		
34. 이스라엘의 요르단 동편 통과		21,10-20
35. 이스라엘을 저주하기 위한 발락의 발람 초청		22,3b-8 · 13-19 · 21-37 · 39-40
36. 발람의 신탁		23,28; 24,2-25
37. 이스라엘이 배교하여 브올의 바알을 섬김		25,1-5
38. 요르단 동편 땅의 분배		32,1 · 16-19 · 24 · 33-42

B. 엘로히스트(E) 전승

모세의 준비		
39. 히브리인 산파들	출애	1, 15-21
40. 모세의 소명/야훼라는 이름		3,1 · 4b · 6 · 9-15

41. 모세의 이집트 귀환	4,15-18 · 20b-21
출애굽/광야 여정	
42. 이스라엘의 요셉의 유해를 가지고 이집트를 떠남	13,17-19
43. 미리암의 노래	15,20-21
44. 아발렉인들에 대한 승리	17,8-16
45. 이드로와 모세의 재회/재판관 임명	18,1-27
(E 자료로 추정되는 출애굽기 19-34장 자료들에 대해서는 이표의 C항을 보라)	
46. 이스라엘의 불평/모세와 칠십인 장로들의 영(spirit) 공유	민수 11, 1-35
47. 미리암의 불평과 그에 대한 형벌	12,1-16
48. 바위에서 물이 솟아남	20,1-13
요르단 동편 통과	
49. 에돔의 이스라엘 통과 거절	20,14-18 · 21
50. 시혼과 옥에 대한 승리	21,21-35
51. 이스라엘을 저주하기 위한 발락의 발람 초청	22,2-3a · 9-12 · 20 · 38
52. 발람의 신탁	22,41-23 · 27,29-30; 24,1

C. 시나이/호렙 신현현, 계약 및 율법 전승: JE 복합 자료와 특수 자료	
계약 체결을 위한 준비	
53. 이스라엘이 산 기슭에 진을 침	출애 19,2b-3a
54. 선택 공포/계약 제안	19,3b-6
55. 백성의 반응	19,7-9
56. 백성의 준비	19,10-15
신현현과 율법 수여	
57. 야훼(=엘로힘)의 현현=엘로힘	19,16-25; 20,18-21
58. "윤리적" 십계명	20,1-17
59. 백성의 공포	20,18-21
60. 계약 법전	20,22-23,19
61. 가나안 점령을 위한 지시	23,20-33

62. 엘로힘(=야훼?)의 현현과 장로들의 식사		24,1-2 · 9-11
계약, 배교 및 계약 갱신		
63. 희생 제사와 계약 제식		24,3-8
64. 모세가 산으로 되돌아감		24,12-15
65. 금송아지		32,1-35
66. 야훼의 함께하심에 대한 보증		33,1-23
67. 계약 갱신		34,1-12,27-28
68. "제의적" 십계명		34,13-26

D. 사제(P) 전승		
모세의 준비		
69. 이스라엘의 팽창과 그에 대한 압제	출애	1,1-7 · 13-14
70. 이스라엘의 신음		2,23b-24
71. 모세의 소명		6,2-13
72. 레위 가문		6,14-27
73. 모세의 대변자로서의 아론		6,28-7,7
74. 아론의 마법 지팡이		7,8-13
재앙		
75. 물이 피로 변하는 재앙		7,19-20a · 21b · 22
76. 개구리 재앙		8,5-7
77. 모기 재앙		8,16-19
78. 피부병 재앙		9,8-12
79. 파라오가 야훼의 기적들을 거절함		11,9-10
과월절, 출애굽, 광야 여정—이집트에서 시나이까지		
80. 과월절 제정		12,1-20 · 24-27a · 28
81. 출애굽		12,40-42
82. 과월절에 관한 추가 지시		12,43-51
83. 이스라엘의 바다 통과		14,1-4 · 8-9 · 15-18 · 21a · c 22-23 · 26 · 27a · 28-29; 15,19
84. 메추라기와 만나		16,1-3, 6-27, 32-35a
85. 광야에서의 이스라엘의 이동		17,1; 19,1-2a

전례(典禮) 율법/ 시나이에서의 부족 배치

86. 제의에 관한 지시	24,15-31,18
A. 서론	24,15-25,9
B. 증거궤	25,10-22
C. 젯상	25,23-30
D. 등잔대	25,31-40
E. 성막=만남의 장막	26,1-37
F. 제단과 성막뜰	27,1-21
G. 사제의 제복	28,1-43
H. 사제 임직식	29,1-46
I. 분향단	30,1-10
J. 생명의 속전	30,11-16
K. 물두멍	30,17-21
L. 성별용 향유	30,22-33
M. 가루향	30,34-38
N. 기술공	31,1-11
O. 안식일 준수	31,12-17
87. 86에 나오는 제의에 관한 지시의 구체적 이행	35,1-39,43
88. 성막 건조	40,1-38
89. 회생 제의에 관한 지시	레위 1,1-7,38
A. 번제물	1,1-17
B. 곡식 예물	2,1-16
C. 친교 제물	3,1-17
D. 속죄 제물	4,1-5,13
E. 면죄 제물	5,14-6,7
F. 사제들에 관한 지시	6,8-7,38
90. 사제 성별식	8,1-10,20
A. 아론과 그의 아들들	8,1-36
B. 아론이 제사를 드림	9,1-24
C. 나답과 아비후가 “거룩하지 않은”	10,1-20

104. 시나이를 떠날 준비	9,1-10,1
광야 여정—시나이에서 모압까지	
105. 시나이에서 가나안을 향해 행진하는 이스라엘	10,11-28
106. 정탐대의 가나안 파견	13,1-17a · 21 · 25-26
107. 이스라엘의 불평/가나안 진입 거절과 광야에서 멸망당하리라는 선고	14,5-10 · 26-38
108. 법 준수를 위한 권고/경고	15,1-41
109. 코라의 반란	16,1a · 2b-11 · 16-24 · 27a 32b · 35-50
110. 아론계 사제들과 레위인들의 직무	18,1-32
111. 시체 접촉으로 인한 부정을 씻어 내는 잿물	19,1-22
112. 호르 산에서의 아론의 죽음	20,22b-29
113. 모압에서의 배교, 비느하스, 아론계 사제들	25,6-18
114. 제2차 부족 인구조사	26,1-65
115. 여자들의 재산 상속	27,1-11
116. 여호수아 임명	27,12-23
117. 정기 축절들에 바칠 제물들	28,1-29,40
118. 서원 이행	30,1-16
119. 대(對) 미디안 성전(聖戰)	31,1-54
120. 요르단 동편 땅의 분배	32,2-15 · 20-33 · 25-32
121. 이집트에서 모압까지 이르는 이스라엘의 여정	33,1-49
122. 분배지의 경계	34,1-29
123. 레위인들의 성읍과 도피성	35,1-34
124. 여자 상속자는 부족 내에서 결혼해야 함	36,1-13

나 증가된 셈이다! 이외에도 출애굽기 19-24장과 32-34장에는 '신현현'과 '계약' 및 '율법' 텍스트들 등이 군(群)을 이루고 있는데, 이것들은 분명히 P 자료는 아니지만 J 자료나 E 자료에 속한다고 판정을 내릴 수도 없다. 출애굽기 19-24장과 32-34장에 있는 비(非)-P 시나이 전승들을 J, E 자료로 분류할 수 없는 중요한 이유는, 아마도 그 전승들이 계약 갱신제의 예배 의식문으로부터 유래되었고, 또한 새로운 설화 맥락에 짜맞추기 위해 다소 임의으로 편집 결합된 관습법 목록으로부터 유래되었기 때문일 것이다. 야휘스트와 엘로히스트가 이러한 비-P 시나이 전승 본문들의 일부나 전부를 "기록하는" 일에 어느 정도 관계하였을 수도 있지만, 이 본문들의 다른 요소들을 보다 오래된 P-이전 자료들(pre-P sources)로 분류함에 있어 비평적 합의를 가능케 할 만큼 J와 E의 판별(判別) 기준이 이 장들에 규칙적으로 나타나지 않는다.

세 개 주요 자료들의 상대적 분량의 변화에 상응하여 문학 양식상에도 뚜렷한 변화가 일어난다. 조상 전승들을 다루면서 우리는 대부분의 전승 단위들이 전담(傳譚)이었다는 것을 언급한 바 있다. 이러한 사실은, 모세 전승 내의 J와 E 자료에 편집된 다수의 노래와 신탁들을 제외하고 나머지 분량이 감소된 J와 E 자료들에도 해당된다.

J와 E 자료에 실려있는 '전담'과 '시'들은 대략 623절 정도 되고, 거기에 비-P 시나이 전승에 속하는 112개의 설화 형식 절들과 넉넉히 추산하여 대략 364개 정도의 설화 형식의 P 자료 절들이 추가될 수 있다.

출애굽기에서 민수기까지에 나오는 노래와 설화들을 전부 합하면, 대략 1099절 정도 된다. 이와는 대조적으로, P 자료의 1745절과 비-P 시나이 전승의 144절들이 '율법'과 '규정'들에 할애되어 있는 반면에, 다른 333개 P 자료 절들은 부족별 인구 조사, 야영과 행군시의 부족 배치, 토지 분배와 경계 설정 및 이집트부터 모압 평지에까지 이르는 이스라엘 백성의 여정 등에 관한 '목록'들이다. 출애굽기로부터 민수기까지에서 총 222절들이 율법과 목록들에 할애되어 있는데, 이는 분량 면에 있어서 기록된 시와 전담들의 2배에 달하는 것이다.

17.2 모세 전승의 복합 편집

모세 전승의 줄거리를 이루고 있는 전담군들은 출애굽기 1-24장과 32-34장에 집중되어 있고, 민수기 10-36장에서 보다 산발적으로 다시 계속된다. 출애굽기 전담들에 의하면, 이스라엘 백성은 이집트의 속박으로부터 벗어나서 야훼의 계시를 받고 야훼와 계약을 체결하고 율법을 수여받게 될 시나이/호렙으로 간다.

민수기 전담들에 의하면, 이스라엘 백성은 시나이/호렙으로부터 카데스로 이동하고 가나안을 정찰한 후 요르단 동편의 가나안 접경 지역으로 여행을 한다. P 자료에 삽입된 전승들의 대부분(출애 25-31장; 35-40장; 레위 1-27장; 민수 1-9장)은, 출애굽기 20장 22절-23장 19절에 보다 간결하게 제시된 비-P 시민법과 종교법의 혼합체에 대한 방대한 보충 설명으로 모세가 수여한 거대한 종교법 군들이나 단일 단위들로 이루어진다.

비-P 시나이 전승들은 비교적 짧고 간결하지만, 거칠고 복잡하게 편집되어 있다. 율법 수여에는 소위 윤리적 십계명(58)[1]과 계약 법전(60)이 포함되는데, 이것들은 이스라엘 민족 선택 선포(54)와 첫 번째 신현현(55-57), 그리고 두 번째 신현현(62)과 연이은 계약 체결식(63) 사이에 삽입되었다.

출애굽기 19장과 24장의 신현현 전승과 계약 체결 전승에서 다양한 자료들이 분명하게 구별될 수 있지만, 자료들이 그 두 개의 장 사이에서 연속적인지 혹은 아닌지는 불확실하다. 많은 학자들이 E 자료로 간주한 출애굽기 24장 2-8절의 계약 의식은 19장과 24장에 나오는 몇 가지 연결 고리 중 하나를 제공한다. 왜냐하면, 여기에서는 십계명을 "야훼의 말씀"으로, 계약 법전을 법규(율례)/관습법으로 부르고(3절), 이 둘이 "계약서" 안에서 결합된 것으로 보기 때문이다(7절).

---

1) 이 절(節)에서 괄호 안의 숫자들은 표 11에서 열거된 성서의 전승 단위들 혹은 전승군들의 번호와 연결된 것이다.

성막 건축(86-88), 희생 제사(89), 제사장 성별(90), 정한 음식과 부정한 음식 및 신체적 조건(91), 속죄일 의식(92), 소위 성결 법전(Holiness Code, 93) 및 각종 율법과 규정과 계속되는 목록들에 관한 지시가 담겨 있는 방대한 P 부록(P excursus)이 출애굽기의 이 부분에서 시작되는데, 카데스에서 가나안으로 이동할 때의 설화들과 뒤섞여 있다.

이야기의 통속적 문체와 서사시적 문체의 특징을 나타내는 반복 또는 중첩 같은 문학적 관례는 P의 율법 제시 방법에서 특히 명백하게 보인다. 주목할 만한 실례는 성막이 두 번씩이나 상세하게 묘사되는 것에서 볼 수 있다. 한번은 모세에게 일련의 제시들이 주어질 때이며(출애 25-31장) 또 한번은 성막 건축 계획들이 집행되고 성막이 건립될 때이다(출애 35-39장). 이렇게 성막법을 반복함으로써 편집자는 본질적으로 다른 시나이 전승들을 결합시키기 위해 노력할 기회를 갖게 되었다. 성막 설계에 관한 두 개의 반복 기사 사이에, 출애굽기 32-34장이 삽입되었는데 이것은 출애굽기 19-24장과 관련되었다고 보는 것이 더욱 적절하다. 이 부분은 이스라엘의 금송아지 숭배와 그들이 받은 엄한 형벌에 대해 말한다. 분노한 모세는 법이 새겨진 판(증거판)들을 깨뜨린다. 출애굽기 13장 18절에 따르면, 이 판에는 장황한 성막 규정들이 포함되어 있었다. 그러나 법판들이 다시 새겨졌을 때, 그것들에는 소위 의식적(儀式的) 십계명이 포함되었다고 한다. 많은 비평학자들이 J 자료로 간주하는 의식적 십계명은 주로 제사 및 축제와 관련되고, 성막과 출애굽기 20장 1-17절에 나오는 이전의 십계명은 완전히 잊고 있다(참조. 출애 34,1 · 4 · 28). 그러나 율법과 규정들을 담고 있는 P 보충 자료(P supplement)는 출애굽기 32-34장에 의해 중단된 설명을 다시 시작하여 민수기 10장까지 중단되는 일 없이 계속된다.

비(非)-P 시나이 전승들 내에 그리고 P와 비-P 전승들 사이에 병치 또는 연결되어 있는 상당한 규모의 율법 복합체와 아울러 계약과 율법 수여에 관한 다른 전승군들을 조화시키기 위하여 시나이/호렙 체류 기사가 그와 같은 임의적이고 문맥을 무시한 편집 책략에 의해 만들어진다. 금송아지 사건을 삽입하는 것과 계약을 P 성막법들로 변형시키는 것은 이중 효과를 갖는다. (1) 한편, 그것은 P의 법규 보충 자료(출애 25-31장, 35-40장; 레위기; 민수 1-9장)를 보다 설화화 된 시나이 자료들(출애 32-34장)과 연결시키고, 이렇게 함으로써 두 개의 다른 전승 형태들이 필연적으로 공존한다고 주장한다. (2) 다른 한편, 그것은 모세로 하여금 증거판들을 깨뜨리게 만든 금송아지 숭배를 보도함으로써, P 자료뿐만 아니라 출애굽기 2-23장의 비-P 법규 전승들과도 한층 다른 출애굽기 34장 13-26절의 시나이 율법 판본을 제시할 기회를 제공한다. 다양한 이 모든 전승들을 전략상 시나이/호렙에 집중시켜야 할 필요가 사건들의 과정을 설화 형식으로 명료하게 제시하는 여타의 관심보다도 분명히 더 우선적이었다.

이스라엘의 율법을 시나이 계시 주위에 집합시키려는 온갖 노력에도 불구하고, 보충된 P 율법이 모두 시나이와 어떻게든 연관된 것은 아니며, 연관된 상태에 있는 것도 아니다. 비록 시나이 이후의 율법 단위들 가운데 어느 정도 시나이와 연결된 보충 자료만큼 길지는 않지만, 이스라엘 자손들을 카데스까지 이동하고 카데스에서 모압 평지까지 진행한 후에도 여전히 법 규정들을 받는다. 이와 같이 시나이 산 율법 수여 전승들의 조화가 깨뜨려진 이유는 한 편집자가 시나이보다는 카데스와 율법 수여를 연결시킨 독립 전승들을 참작하려고 노력한 때문일 것이다.

그 결과는 율법의 '대부분'을 시나이에 위치시켰지만, 동시에 율법의 '일부'에 대해서는 카데스와 모압 평지에서 부분 부분 남는 것을 허용하는 편집상의 절충으로 나타났다. 민수기 10-36장의 문학 구조는 시나이로부터 가나안까지의 이동을 묘사하기 위해 J, E 설화들과 P 율법들을 결합하여 연결시킨 것이다.

흥미롭게도, 모세의 율법을 더욱더 다르게 상술한 신명기는 모세가 죽기 직전에 요르단 동편 모압에서 다시 한번 시나이/호렙 율법을 낭독하고(아마도 거기에 어떤 것을 추가함으로써〔?〕 참조. 신명 29,1) 그 율법들을 회상한 것으로 이해한다. 출애굽기 19-24장, 32-34장 그리고 신명기에 나오는 계약 본문들은 적어도 부족 시대로부터 포로기까지 대체로 계속 준수되어온 정기적인 계약 갱신제에서 그 본문들이 유래하였다는 흔적들을 많이 포함하고 있기 때문에, 율법을 시나이뿐만 아니라 카데스 및 모압과 연관시키는 혼란스런 편집 작업을 어느 한 시대와 한 장소에 국한될 수 없는 계약과 율법의 항상 새로운 관련성을 역설하기 위한 문학적 시도일 것이다. 계약과 율법이 시나이/호렙 산에서 처음으로 주어진 것이긴 하지만, 그것들은 시간과 공간을 꿰뚫고 이스라엘 민족과 여정을 같이 한다.

요약하면, 우리는 이집트로부터의 구원과 광야 유랑 그리고 거룩한 산에서의 신현현과 계약 및 율법 수여에 관한 주제들의 설화적 구조에, 비록 그 대부분은 P 자료에 의해 제공된 단일한 단위들과 상당히 큰 묶음들이지만 일부는 기원상 P 이전 자료인, 거대하고 복잡한 율법군이 결합되었다. 창세기부터 신명기까지가 경우에 따라 토라(=훈계/가르침/율법〔11.2.1〕)로 불렸던 이유는 시나이와 (부차적으로는 카데스 및 모압과도) 연관된 율법이 이와 같이 대단히 많이 나온다는 점에 있다. 실제로 출애굽기와 레위기 및 민수기에 흐르는 형식 구조는 창세기에서와 똑같이 설화 구조이다. 왜냐하면 모든 율법들은 이스라엘이 시나이/호렙 산 혹은 나중에 카데스와 모압에 진을 치고 있는 동안 모세가 이스라엘 사람들에게 주고 또한 전달한 율법들로서 표현되었기 때문이다. 그러나 율법과 규정들이 표면적으로 설화로 되어 있기 때문에, 시나이와 카데스에서 일어난 일들이 더 이상 전담 연쇄 또는 전담집에 의해 일관되게 설명되지 않는다. 계약과 율법에 대한 후대 이스라엘 사람들의 관심이 전담 양식을 위축시켰고, 그리하여 역사비평적 방법이 전승의 수풀을 헤치고 B.C.E. 13세기에 진정 어떤 사건들이 일어났는가를 알아낸다는 것은 사실상 불가능하게 되었다.

18. 모세 전승들에 대한 역사비평적 접근

18.1 이집트적 맥락

모세 전승에 대한 역사비평적 방법의 일차적인 접근은 고대 이집트에 관한 상당히 풍부한 지식 안에서 모세 전승의 역사적 상황을 파악하려고 시도하는 것이었다. 많은 학자들이 이스라엘의 출애굽 연대로서 의문스러운 성서 연대기가 규정하는 B.C.E. 15세기보다는 오히려 B.C.E. 13세기를 선택하게 되는 이유는 주로 이집트 증거 자료의 영향 때문이다(§16.1).

최초의 조사 결과에 의하면, 이스라엘이 이집트에서 떠난 연대를 B.C.E. 15세기로 보고 투트모스 3세(Thutmosis Ⅲ, B.C.E. 1468-1436년경)를 출애굽 당시의 파라오로 추정하는 것은 그럴듯하게 보였다. 이집트로부터 힉소스족을 몰아낸 제18왕조는 추정컨대 아시아인을 무척 혐오하였던 것으로 보이며, 따라서 그들이 지배하던 히브리 노예들을 가혹하게 억압하였다.

그러므로 요셉이 힉소스계의 파라오에게 총애를 받은 것과 그 뒤의 제18왕조가 아시아계의 이스라엘인들을 극도로 혐오한 것은 성서의 증거와 이집트의 증거가 서로 적절하게 관련되는 것을 보여준다. 더욱이, 대략 B.C.E. 1425년-1350년 기간 동안에 가나안 도시 국가를 무너뜨리며 활발히 활동한 아피루(*'apiru*=히브리인)에 관한 아마르나 문서의 언급은 가나안을 정복하기 위한 이스라엘인들의 초기 시도에 있어서 그들이 보인 활약으로 종종 설명되었다. 그럼에도 불구하고 많은 학자들은 힉소스와 아피루 자료들이 성서 전승과 많은 점에서 상호 관련되지 않았음을 인정하였다. 요셉과 그의 가족들은 이집트의 정복자로, 또는 이집트의 지배 계급과 동일한 문화권에 속한 사람들이나 그 일족으로 나타나지 않는다. 뿐만 아니라, 아마르나 시대의 아피루의 이름들, 분포, 전술들은 여호수아서와 판관기에 나오는 이스라엘의 정복에 관한 기록들과 일치하지 않는다.

모세 전승에 묘사된 상황은 출애굽기의 파라오로 추정되는 라므세스 2세(Rameses Ⅱ, B.C.E. 1290-1224년) 시대인 B.C.E. 13세기 상황과 가장 잘 일치하는 것으로 점차 판단된다. 이스라엘인들은 이집트의 수도 부근에 살면서 일한 것으로 보인다. B.C.E. 15세기에 이집트 수도는 나일강 상류쪽으로 멀리 거슬러 올라간 테에베에 있었던 반면에, B.C.E. 13세기경의 제19왕조는 나일강 서(西) 삼각주 지역에 아바리스(Avaris)를 수도로 건설하고 라므세스로 개명하였다. 라므세스와 그 주변 도시들을 이집트 군대의 가나안과 시리아 출정 기지로서 강화시키기 위해서 대규모 건축 사업이 시작되었다. 나일강 삼각주의 국고성들인 라므세스와 비돔(출애 1,11)에서 이스라엘 사람들이 강제 노역을 했던 상황은 기원전 15세기 상황에 부합되는 것이 아니라, 기원전 13세기 것으로 알려진 상황과 적절히 일치한다. 제19왕조 치하의 이집트에서 아시아인들이 극적으로 증가하였고 따라서 아시안이 노예들의 노동 징집이 증가되었다는 사실도 또한 주장되었다.

출애굽 사건이 B.C.E. 13세기 초에 일어났는지 혹은 말에 일어났는지에 대해서는, 각 경우에 참작한 증거 자료에 얼마만한 비중을 두는가에 따라 견해가 다르다. B.C.E. 1230년-1200년경에 이스라엘을 패퇴시킨 것에 대해 말해주는 파라오 메르넵타(Merneptah)의 승리 비문은 이집트를 떠난 이스라엘 사람들이 B.C.E. 1225-1200년까지는 이미 가나안 내에 있었다는 사실을 나타내는 것으로 해석될 수 있다. 만약 이스라엘 사람들이 40년간 광야유랑을 했다면, 그들이 B.C.E. 13세기 초반에 이집트를 떠난 것으로 되어야만 한다. 그러나 가나안 도시들의 멸망이 출애굽한 이스라엘 사람들, 혹은 어떤 부류의 이스라엘 사람들에게 기인한다는 것은 증명될 수 없으며, 메르넵타가 공격한 이스라엘이 바로 전까지만 해도 이집트에 있었던 사람들로 구성되었다는 설도 결코 입증될 수 없다.

출애굽 연대를 B.C.E. 13세기 말엽으로 보려고 하는 사람들은 모압인들과 비돔인들이 이스라엘과 조우하기 이전에 요르단 동편에서 자리를 굳힐 수 있는 시간적 여유를 주기 위해 출애굽 연대를 13세기 말로 정했음을 강조한다. 또한 어떤 학자들은 광야 유랑의 40년이 단지 한 세대를 나타내는 상징적인 완전 숫자에 불과하며 따라서 광야에서 머무른 기간은 훨씬 더 짧았을지도 모른다고 주장한다. "바다의 노래"(The Song of the Sea)라는 고대 증언에 암시를 받은 어떤 학자는 출애굽이 라므세스 3세(1176-1145년경) 치하에서 일어났다고 믿는다. 그 이유는 기원전 12세기 전반에 이르러서야 비로소 블레셋 사람들, 에돔 사람들, 모압 사람들 및 가나안 사람들이 가나안에 공존하였기 때문이다(출애 15,14-15).

출애굽 연대를 기원전 13세기로 추정하는 것은 후대의 오경 자료층들이 제시하는 문자상의 연대와 모순된다 할지라도, 그것은 전체적인 성서 자료와 가장 잘 일치하는 것으로 보인다. 사실 DH와 P의 연대기는 한 세대를 40년으로 계산한 고대 연표에 의거했는지도 모른다. 그러한 경우에 열왕기상 6장 1절의 480년은 12세대를 나타낼 것인데, 이는 한 세대를 25년으로 하여 더 정확하게 계산한다면 300년이 될 것이며 따라서 출애굽 연대는 13세기가 될 것이다. 또한 성서의 족보에는 이스라엘 사람들이 이집트로 내려간 사건과 출애굽 사이의 기간(민수기 32장 10절의 목록에는 요셉의 손자가 모세와 동시대인으로 되어 있음) 및 출애굽과 판관 시대 사이의 기간(판관기 18장 30절은 모세의 손자를 단에서의 사제 가문의 시조로 언급함)을 단축시켜 말하는 경향이 있다. 물론 중요하지 않는 중간 세대들을 생략해버리는 족보의 일반적 경향이 이러한 증거에 제한을 가한다.

요약하면, 고대 이집트의 배경에 의거하여 모세 전승을 역사비평적으로 평가한 결과는 출애굽의 가능한 역사적 배경으로 기원전 13세기를 제시하였다. 이 증거는 복잡하게 엮어져 있고 따라서 여기에서는 이스라엘 사람들이 이집트로 내려간 사건부터 가나안 정착까지 전승된 일련의 사건들 전체가 고려되어야만 한다. 이러한 고찰을 한다고 해서 출애굽 사건이 일어난 시기와 또는 그것이 정말 일어났는지의 사실 여부가 증명되는 것은 아니라는 점을 인정하는 것이 중요하다. 이와 관련된 추론은 모세 전승에 역사적인 핵심이 '있다' 고 가정하거나 혹은 '있을 수 있다' 고 긍정적으로 가정하지만, 성서 본문과 성서의 기록들 간의 역사적 상호 관련을 확고하고 합리적으로 확증할 수 있는 성서의 증거나 성서 밖의 증거가 없다. 우리에게 주어진 것은 유용하지만 가설에 불과한 다음의 정식(定式)뿐이다: '만약' 모세 전승의 어떤 요소들이 역사적 사건과 결부된 것으로 받아들여진다면, '그렇다면' 그것들은 '이 당시의' 이집트와 가나안 배경과 '이러한 방식으로' 가장 잘 조화된다.

출애굽의 이집트 배경은 성격상 연대 측정이 본질적으로 불가능하다는 경고가 때때로 적절하게 들린다. 최근에 이러한 경고들은, 역사적 정보의 부족으로 인한 좌절을 역사비평적 방법보다 더 가까이 받아들이는 경향을 보이는 새로운 문학적 및 사회과학적 패러다임들에 관심을 갖기 시작하면서 특별히 설득력을 갖게 되었다. 요셉 전승과 모세 전승에 파라오의 이름이 밝혀져 있지 않고, 아시아인들뿐만 아니라 심지어는 아피루 포로들과 노예들까지도 이집트에서 수세기에 걸쳐 언급되고, 이집트식 이름들이 가나안에 사는 사람들에게 붙여지고, 라므세스와 비돔 같은 국고성들이 아주 늦게 B.C.E. 5세기까지도 언급된다는 사실들이 주목된다. 다시 말해서, 성서의 전승들 가운데 그 어느 것도 출애굽 연대가 13세기라고 명료하게지적해 주지는 않으며 전적으로 13세기만을 가리키는 것도 아니다. 혹자는 더 나아가 모세 전승에 나타나는 이집트 배경이 과연 역사적으로 근거가 있느냐라는 문제까지 제기하고 있는데, 그 까닭은 그것이 이집트의 생활양식에 전반적으로 정통했던 전승가들에 의한 의도적인 문학적 창작일 가능성도 충분히 있기 때문이다. 그러한 근본적인 의심은 다음과 같은 물음에 제기한다. 만약 모세와 적어도 일부 이스라엘 사람들이 이집트에 있었던 적이 결코 없다면 전승에서 그들이 이집트에 있었다고 주장하는 이유는 무엇일까?

18.2 모세—형성적 영향력과 지도자의 역할

모세는 자기 민족을 노예 상태로부터 해방시킨 자로서, 그리고 새로운 자유 생활의 첫 단계에서 계속 그들을 인도한 자로서 묘사된다. 모세에 대해 우리가 가지고 있는 모든 정보는 역사적 사실처럼 기술돼 있지만 실제적인 역사 편찬에는 미치지 못하는 설화 문학으로부터 비롯된다. 우리는 이 장 후반부에서 모세라는 인물의 의미와 그의 업적을 구성하고 전달하는 모티프들과 전형적 장면들(또는 전승의 일화)에 대한 평가에 초점을 맞출 것이다. 우선 우리는 모세 생애의 신빙성 있는 개요를 나타내는 흔적과, 자신이 처한 위치와 시대 속에 구체적으로 어떻게 뿌리박고 있었는지를 전승들 가운데서 찾으려는 시도들을 우리는 주목할 것이다.

모세의 역사를 기록한 것과 같은 기사들 가운데서 행동이 통일성과 인과 관계를 보여주는 줄거리를 발췌해내는 것은 가능하다. 예를 들어, 모세의 생애는 다음과 같이 요약된 형태로 묘사될 수 있을 것이다. 모세는 이집트에서 종살이하던 이스라엘 부모로부터 태어났고 그 시대의 다른 몇몇 이스라엘 사람들(예: 홉니, 비느하스, 므라리)이 그러했듯이 이집트식 이름을 가졌다. 종살이하던 자기 민족의 고통을 경감시켜려는 노력이 실패로 돌아간 후, 그는 시나이/미디안으로 도망쳤고 그곳에서 결혼하여 이드로라는 가문으로 들어갔다. 그리고 이집트로 돌아가 거기에서 자기 민족을 인도해 내었다. 광야에서 그는 종교적인 계약과 율법을 수단으로 공동체를 조직하려고 노력하였으며, 이스라엘 백성들을 가나안 접경 지역까지 인도한 후 그곳에서 죽었다. 이것은 어느 한 인간의 생애를 재구성하기에는 많은 정보가 아니다. 모세 전승의 비평적 분석가들은 이와 같은 골격을 재구성하는 하는 요소들에 대하여 그 증거 자료로서의 효과를 묻는다.

전술한 모세의 생애 개요나 다른 가능한 많은 해석들은, 실제에 있어서, 불가시적이고 궁극적인 존재인 신적 영웅 야훼가 그를 통해서 일하는 현실적 영웅 모세에 관한 전담과 관련된 풍부한 기사에서 추출해낸 것에 불과하다. 역사적 모세를 밝혀내려는 온갖 시도는, 이스라엘 백성의 노예 상태와 출애굽을 역사적으로 규명하려고 하는 모든 시도들과 마찬가지로, 전담 문학 양식 자체가 가지고 있는 역사 편찬을 어렵게 하는 성격과 맞서 싸우는 비평적 추상 작업을 불가피하게 요청한다. 그럼에도 불구하고 역사비평적 방법은, 역사적 모세의 어떤 재구성이 다른 재구성보다 더 가능성 있다고 판단되는 경우에 상상할 수 있는 모든 가능성들이 낱낱이 연구함으로써 바로 그러한 싸움을 수행해 왔다. 불행하게도 연구 결과는 역사적 인물이 전승들의 배후에 존재할 가능성을 인정하는 것 이상의 의견의 일치를 역사가들 사이에서조차 얻어내지 못하였다. 그 이유는 "역사적 모세"에 관한 각자의 가정이 전승에 대한 불확실하고 임의적인 신뢰에 의거하였거나 입증 불가능한 추측으로 떨어졌기 때문이다.

만일 우리들이 이스라엘의 일부가 된 어떤 집단의 실제 지도자에 대해서 이 전승들이 언급하고 있다는 것을 인정한다고 할 때, 그는 그의 역사적 환경 속에서 어떻게 받아들여졌다고 봐야 할까? 이 물음에 접근하는 방법들 가운데 가장 지지를 받는 방법을 가지고 연구할 때조차도 우리는 필요적으로 어느 정도 순환논법에 빠지고 만다. 왜냐하면 우리가 평가하기를 원하는 바로 그 전승들이 우리가 연구해야 하는 증거 자료의 대부분을 이루기 때문이다. 그러나 우리가 이러한 한계를 인정한다 할지라도, 최소한 우리는 외부의 지지를 받을 가능성이 얼마만큼은 있는 가설을 세우려고 노력할 수는 있다.

전승들 가운데 한 요소를 의하면, 모세는 이집트 궁정에서 양육받았다고 한다. 이 주장은 "아들"을 의미하는 그 이름이 이집트식이라는 사실 때문에 일면 신빙성이 있을 수 있다. 특별히 주장되어 왔던 모세와 왕실과의 관계가 전담을 윤색한 것이라고 할지라도, 그 전승은 그가 혜택을 받고 이집트의 문화와 학문에 접하였으며 이로써 이집트인이자 이스라엘인으로서 그는 두 문화에 대한 지식과 재능을 갖추었음을 가리킬 수도 있다. 이와 관련하여, 어떤 학자들은 파라오 아케나톤(Akhenaton, 1364-1347년경)의 일신론적 종교가 모세의 종교관에 영향을 끼친 것으로 생각한다. 아케나톤의 개혁에 모세가 영향받았다고 암시하는 내용이 성서나 이집트 역사에 전혀 나타나지 않는다. 아케나톤의 종교는 태양만을 숭배하는 종교였고, 또한 그것은 아케나톤의 제왕적 지위를 통해 중재되었다는 것이 사실이라면, 그 종교는 어느모로 보나 전승이 모세의 종교에 대해서 우리에게 알려주는 바와는 현저하게 다른 것이었다. 물론 모세가 "고도의" 이집트 문화에 어느 정도 열중해 있었다면, 그는 14세기의 이집트에서 일어난 종교개혁에 대해 알고 있었다고 생각할 수 있다. 파라오가 새로운 종교를 강력히 옹호한 것은 모세에게 용기를 북돋아 주는 원천이었다고 상상하는 것까지도 가능하다. 그러나 두 종교의 내용이나 사회정치적 구조의 면에서 볼 때, 아톤(태양신) 숭배(Atonism)와 야훼 신앙(Yahwism) 사이를 연결시키는 교량을 생각할 수 없다.

또 다른 제안은 모세가 자기 백성의 전승들로부터 야훼 종교(religion of Yahweh)에 대해서 배웠다는 것이다. 이러한 의견은 야훼라는 이름이 성서

밖에서 한두 차례 근거 없이 나타난 것에 근거하여 몇 개의 상이한 형태로 주장되었다. 예를 들면, 이스라엘 사람들은 이집트 문서에서 쇼수(Shosu)로 언급되는 대규모 집단의 아시아인들로부터 유래되었다는 주장이 최근에 제기되었다. 그런데 그 쇼수는 종종 "베두인 사람/유목민"으로 설명되기도 하지만, "약탈자"로 이해하는 것이 더 정확하다. 14/13세기에 이집트 기록은 "쇼수 땅 야훼"(Shosu land Yahweh)에 관한 언급들을 포함하고 있는데 (어떤 학자들은 이것을 에돔과 관련시키지만) 이것은 시리아 중부에 있었던 것 같다. 그러나 이 지명과 신과의 관련성은 전혀 입증되지 않았고, 따라서 그것은 이스라엘 이전 집단의 야훼 신앙에 대한 증거가 되지 못하는데 이는 야휘-일루(*Yahwi-ilu*: 이것의 의미는 "야훼는 하느님이다"가 아니라 "신이 창조하다/생산하다"이며 또는 "신이여 창조하소서/생산하소서"이다)라는 아모리족의 인명이 야훼 신앙에 대한 증거가 되지 못하는 것과 같다. 에블라 문서에 언급되는 고유명사에 단축형 신명(神名) "야"(*Ya*)가 나타난다고 추정하는 것에 대해서도 유사한 제한이 가해져야 한다.

모세 형성에 영향을 준 요소들에 대한 가장 확실성 있는 견해는 성서 증거의 특수한 해석에 의거한다. 이 견해는 모세가 야훼 신앙을 제의적이고 법적인 관례들과 아울러 그의 장인인 미디안 사람에게서 이어 받았다고 주장한다. 모세의 장인 이드로는 "미디안 사제"로 불리웠는데, 그는 이스라엘 사람들이 이집트로부터의 해방을 기념하는 축제에 참여(혹은 축제를 주관?)하였다(출애 18장). 어쩌면 미디안족의 하위 집단(subgroup)이었던 것으로 보이는 켄족/레갑인들은 가나안에서 이스라엘 사람과 섞여 살았고 열성적인 야훼 숭배자들이었다(판관 1,16; 4,11; 삼상 15,6-7; 열하 10,15-27; 예레 35,1-11), 소위 야훼 기자의 켄족 기원설을 옹호하고 학자들 가운데 일부는 모세와 이스라엘이 새로운 신을 자발적으로 받아들임으로써 이스라엘 종교는 급진적이고 윤리적인 선택의 요소를 갖게 되었다고 주장한다. 그러나 새로운 종교로 개종한 어떤 다른 집단을 예로 삼아 판단한다면, 독단적이고 지나친 주장같이 보인다.

야훼 신앙(Yahwism)의 미디안족/켄족 기원설을 지지하는 새로운 견해가 미디안 영토 안에 있는 에일라트 만(Gulf of Eilat) 북쪽으로 약간 떨어진 아라바(Arabah)의 구리 광산에서 발견된 신전을 근거로 하여 주장되었다. 이집트인들이 그 광산을 채굴하였을 때, 이 신전은 여신 하토르(Hathor)에게 봉헌되었다. 이집트인들이 그 장소를 버린 1150년경 이후에 하토르 제의의 상징들은 폐기되었고 천막 신전(tent shrine)이 금 도금한 구리뱀 형상과 함께 도입되었다. 아마도 이러한 사실은 천막 신전(출애굽기와 민수기에 나오는 성막 또는 만남의 장막을 참조하라)과 구리뱀(민수 21,8-9; 열하 24, 8)을 사용하는 예배 형태를 계속 유지한 미디안족을 암시한 것이며, 이제의 상징들은 그들이 이미 모세 영도 하의 이스라엘인들에게 제공한 것들이었다. 물론 상반되는 설명, 이를테면 모세가 야훼 신앙을 미디안족에게 소개하였다는 것도 불가능하지만은 않다.

비록 모세가 이집트 문화를 섭취함으로써 전반적으로 지식을 갖추게 되고 일할 준비를 하게 되었다고 가정할지라도, 유감스러운 일이지만 모세에 대한 성서 밖의 확실한 기록이 없는 상태에서 우리는 그러한 가능성들을 최대로 활용할 수는 없다. 더 나아가, 이집트 문화의 어떤 요소들이 모세에게 가장 크게 영향을 주었는지 알지 못할 뿐 아니라, 미디안 사람들이 어떻게 야훼 신앙을 신봉했는지에 대하여는 모호한 팀나(Timna) 신전 유물 외에 아무 정보도 갖고 있지 않다.

이제 지도자로서의 문제의 역할에 대해 살펴보면, 그의 역할들은 놀라우리만큼 다양하게 언급되고 있다. 모세는 파라오와의 협상가였고, 마력적인 지팡이로 기적을 행하는 사람이었으며, 출애굽과 광야 여정을 인도한 병참 전문가였고, 야훼와 이스라엘 간의 계약 중재자였으며, 공동체의 법령을 제정한 입법자였고, 아말렉과 미디안과의 전투에서는 최고 군사 지휘관이었으며, 제사장을 임명하고 세우는 자였고, 백성들 사이의 분쟁을 해결하는 재판관이었으며, 하느님과 직접 교통한다는 점에서는 예언자—사실상 예언자보다 뛰어난 자였다. 모세에게 해당하지 않은 한 가지 기능은 왕으로서의 기능이었다. 그러나 모세는 "만능" 지도자로서 군주 국가에서 왕이 가지는 권위와 유사한 권위를 부족들에 대해 광범위하게 형성하였다. 다양한 역할에 있어서 그가 갖는 권위는 때때로 분담되거나 임시적으로 혹은 영구적으로 위임되었는데, 특히 사제 직무 같은 경우가 그러하다.

모세가 직무를 분담하고 위임된 권위를 행사할 수 있는 위치로 다른 사람들을 끌어들이면서 어떻게 최고 지도권을 행사할 수 있었느냐 하는 문제는, 이스라엘 민족의 태동과 존속에 필수 불가결한 것으로서 뿐만 아니라 끊임없는 불안과 격렬한 권력 투쟁의 원인으로서 전승의 저변에 흐르는 문제이다. 성서 전반에 걸쳐 나오는 사제직을 관한 전승들을 주의깊게 읽어보면, 이스라엘의 전 역사에 걸쳐 등장하는 상호 경쟁적인 집단들이 그들의 계보를 모세나 사무엘 또는 다윗에 의한 위임에까지 소급시키려고 노력하였음이 확실히 밝혀진다(§48). 레위인 코라와 그의 공모자들이 아론의 권위를 일부 탈취하려고 한 노력의 어리석음을 묘사함으로써 P 전승에서 아론의 존귀함이 한결 강조되었으며, 또한 아론의 아들 나답과 아비후가 부적당한 제물을 바침으로써 죽임을 당한 사실은 아론의 직무에 위험부담이 큰 책임이 수반된다는 것을 부각시킨다. 그러나 J, E와 비-P 시나이 전승에 의하면, 아론은 독점적인 제사장적 권능을 가지고 있는 것이 아니라, 금송아지를 만든 것에 대해 혹독하게 비난받았으며, 모세에 대한 미리암의 불평을 옹호한 것으로 인해 직접적으로는 아니지만 비판을 받았다.

파라오 치하에서 모세로 인하여 억압이 가중된 것과 적대적인 광야로 자신들을 이끌어 낸 것에 대한 이스라엘 백성들의 전반적인 원망과 불평 외에도 공동체 내의 파벌주의와 반란에 대한 공공연한 언급과 조심스런 암시들이 자주 나온다. 금송아지 숭배 같은 배교는 무장한 레위인들에 의하여 진압되었다. 미리암은 지도권을 독점하는 모세의 행동에 반기를 들었는데, 아론은 적어도 이 일에 연루되어 있었던 것으로 보인다. 다단과 아비람은 모세가 자기 자신을 이스라엘의 "군주"로 높인다고 항변하였다(이 사건은 코라의 반역 사건과 얽혀 있다). 여호수아와 갈렙을 제외한 모든 정탐병들이 모세의 격려에도 불구하고 가나안 공격을 주저한다. 그러나 잠시 후 모세가 공격을 금지시킨 다음에는 오히려 가나안 공격을 시도한다. "백성의 수령들"이 브올 지방의 바알과 어울리는 배교와 관련되어 있다. 이러한 경우에 처형, 재앙, 피부병 그리고 땅에 삼킴당하는 것 등이 반역자들을 위해 예비된 운명이었다. 한편 모세는 백성의 소송을 재판하는 일을 적당한 규모의 재판관들에게 분담시키라는 충고를 받아들였다. 또 다른 한편 모세에게 특별히 임하였던 "예언의 영"이 그가 "백성의 짐을 담당하는"(개역, 민수 11,17) 것을 도와주도록 칠십 명의 장로들에게도 나누어졌다. 뿐만 아니라 그의 지시를 무시하고 진중에 남는 두 사람의 경우에도 동일한 영이 내린 것을 모세는 관대하게 인정하였다.

모세의 지도력에 대한 모세 전승의 다수는 후대 이스라엘의 어떤 직무와 기능을 정당화시키기 위한 것임은 의심의 여지가 없다. 예를 들면, 이스라엘 사람들이 사무엘 시대 이전에 속하는 공동체의 예언자들에 대해 알고 있었다고 생각할 이유가 없다. 계약 전승과 율법 전승들은 그것들이 계약을 갱신하고 율법을 낭독하기 위해 소집된 후대 이스라엘의 집회에서 생겨났다는 명백한 증거를 보여준다는 사실 때문에 모세가 참으로 계약 중재자의 직분은 계약 갱신제에서 계약문(covenant formuls)과 법 규정들을 낭독하는 제의 종사자가 담당하였을 가능성을 지지하는 강력한 논거가 있다. 그러한 가설은 신명기서의 율법을 둘러싸고 있는 권면과 설교조의 연설들을 설명하는 데 도움을 준다.

그러므로 결국 후대의 이스라엘에 있었던 여러 가지 형태의 공동체 지도력들을 정당화하는 방법의 하나로서 모세에게 돌려진 역할들과는 달리, 어떤 지도적 역할과 그러한 역할의 어떤 측면이 모세에 의해 실제로 수행되었는가를 아는 방법은 없다. 모세에게 부과된 지도자 역할들이 지나치게 "과중하다"는 것은 명백하다. 그러나 부족 사회 조직의 주요 지도자들은 종종 광범위하고 불안정한 지도력을 행사했음이 쉽게 인식된다. 또한, 모세에 대한 끈질긴 반역이라는 널리 퍼진 주제는 모세에게 호소했던 모세 이후의 이스라엘 지도자들에게 대항하는 다양한 반대자들을 낙인찍는 편리한 방법이었다. 반면에 새로운 형태의 사회 조직을 과감히 시도하는 초기 이스라엘이 내적인 분쟁과 지도권 다툼에 의해 다시금 나뉘어져야 했던 것은 결코 놀라운 일이 아니다. 비록 결정적인 증거는 없을지라도, 모세가 그의 지휘에 대항하는 수차에 걸친 반란들 가운데 어느 한 반란 때에 살해당하였기 때문에 가나안에 들어가지 못했다는 그럴듯한 주장이 제기되었다.

18.3 출애굽과 광야 유랑에서의 행동의 통일

모세 전승들은 이집트에서 가나안에 이르기까지의 어느 정도 통일되고 계속적인 이스라엘의 이동을 보도한다는 가정 하에서, 행군 경로를 재구성하고 특히 바다를 건넌 곳과 계약 체결 및 율법 수여가 일어났던 산의 정확한 위치를 밝혀내려는 많은 시도들이 있어 왔다. 민수기 33장은 이스라엘 백성이 이집트에서부터 가나안 접경 지대까지 이르는 동안의 완전한 여정을 제시해주는데, 이 여정은 P 자료에 속할 것이다. 이것은 포로기 이전의 이스라엘 사람들이 광야의 지형과 행군 노정을 어떻게 이해했는지를 보여주는 고대 이스라엘인들의 순례 노정이었다는 설이 제시되어 왔다. 그러나 그것은 후대의 한 편집자가 산재한 전승 자료들을 학문적으로 요약한 것으로 쉽게 이해될 수 있다. 여행 출발지에 있던 라므세스와 비돔 같은 도시들, 광야에 있던 카데스와 에시온게벨, 그리고 여정 끝에 있던 모압 지역들만이 어느 정도 확실하게 확인되었다. 극히 중요한 바다와 산의 위치는 전혀 밝혀지지 않았다.

과거에는 바다를 건넌 사건이 수에즈만에 있는 홍해 북단에서 일어났다는 것이 일반적으로 일치된 의견이었다. 성서가 "갈대 바다"(Sea of Reeds, 홍해가 아니라)에 대해 언급한다는 점과 수에즈만이 삼각주 지역으로부터 탈출하기에는 너무 노출된 길이었을 것이라는 점들을 고려하여 바다를 건넌 지점으로서 여러 개의 대안들이 제시되었다. 이 대안들 가운데 어떤 곳들은 지중해와 수에즈만 중간에 위치한 팀사호(Lake Timsah)와 비터호(Bitter Lakes) 부근이다. 다른 곳들은 지중해 연안 쪽으로 더 가까운 멘잘레호(Lake Manzaleh)나 시르보니스호(Lake Sirbonis) 근처에 위치한다.

그리스도교 제5세기 것으로 판명된 한 전승에 따르면, 시나이/호렙 산은 시나이 반도 남부에 있는 예벨 무사(Jebel Musa)라고 한다. 그곳은 인상적인 화강암 융기 지역이며 성산(聖山)이 "당연히" 위치했어야 할 지역이지만, 신앙심 깊은 순례자들은 풍부한 상상력을 가졌으므로 초기 그리스도인들의 위치 판별이 그 산의 인상적인 위용보다 더 신빙성 있는 어떤 것에 의거했는지 우리는 알 도리가 없다. 역사가들은 예벨 무사가 카데스의 주요 광야 진영으로부터 멀리 떨어져 있는 만큼이나 거룩한 산이 멀리 있을 수 있겠는가 하고 이의를 제기하면서, 거룩한 산이 북동 시나이 또는 아라바의 덜 빼어난 몇 개 산들 가운데 어느 하나일 것이라고 주장한다. 야훼의 현현 묘사는 그 산이 화산이었고 아마도 미디안 지역 내에 있었을지도 모른다는 것을 암시한다고 믿는 또 다른 역사가들은 그 산의 위치가 아카바 만(Gulf of Aqabah) 동쪽이라고 주장하였다. 이와 같이 다양한 그 산의 위치 추정을 실증할 독자적인 증거는 찾아낼 수 없다.

바다에서 일어난 사건들에 대하여, 역사가들은 "밤새도록 거센 바람(동풍)을 일으켜 바닷물을 뒤로 밀어붙이신"(출애 14,21) 야훼의 활동에 대한 J 자료의 언급을 자주 지적한다. 표현은 연안의 바닷물이 폭풍에 밀리고 조수와 관련되어 후퇴함으로써 이스라엘인들에게 길을 내어주고 뒤이어 바닷물이 갑작스럽게 되돌아옴으로써 이집트인들을 삼켜버렸다는 말로 이해될 수 있다. 이를 변형시킨 한 견해는 바닷물이 물러남으로써 사람들은 도보로 건널 수 있으나 말들과 전차들은 그 위에 빠져들게 될 모래톱이 드러났다고 주장한다. J 자료에 의거한 재구성이, 깊은 바닷물이 갈라져서 바다 한가운데로 교량과도 같은 마른 땅을 드러내었다고 기록한 P 자료의 기술보다 더 "자연 발생적이다"(출애 14,22). 바다에서의 사건에 대한 세 번째 견해는 이집트인들이 배를 타고 이스라엘인들을 추격하다가 거센 폭풍에 의해 뒤집혔다고 시적으로 묘사한 바다의 노래(출애 15,4-10)로부터 추론된다. 바다를 건넌 사건을 재구성하려는 열성적인 노력에도 불구하고, 우리의 증거는 너무나도 빈약하여 다만 성서 전승들의 기저를 이루는 사건들 안에 자연적 요소와 역사적 요소가 어떻게 결합되어 있는지에 대해서 다만 추측할 수 있을 따름이다.

후대 성서 기록자들에게서 시작된 해석의 지배적인 조류는 바다를 건넌 일을 출애굽 사건의 핵심으로 인정해 왔다. 그러나, 이스라엘인들이 이집트인들을 약탈하거나 탈취한 것에 대해 언급하는 어쩌면 더 오래되었을지도 모르는 또 다른 전승이 있다(출애 3,21-22; 11,2-3a; 12,35-36; 시편 105,37). 이 전승은 이스라엘인들이 그들의 정복자들에게서 약탈한 것을 가지고 몰래 이집트를 탈출했다고 묘사한다. 현재 형태의 성서 본문이 보여주는 대로, 이집트인 약탈 기사보다는 바다를 건넌 기사가 더 중시된다. 그러나 (마지막 재앙이 내리기 전에) 출애굽기 10장 28-29절에 나오는 파라오와 모세 간의 협상 결렬은 우선 이스라엘인들이 몰래 도망간 배경을 제공해 주었을 것이고 다음에 이집트인들의 필사적인 추격을 보다 잘 설명해 줄 것이다. 이집트인들에게서 아마도 강압적으로 빼앗았을 보물을 그들에게 "요구하였다"고 부자연스럽게 표현한 것은 아마 화자(話者)가 비꼼과 조롱의 감정을 섞어 익살스럽게 삽입시킨 것으로서 상관에 대한 적절한 예절을 암시하는 것일 것이다.

달리 말하면, 출애굽의 '방법'이 바다를 건넌 것이 아니라 강탈한 물건들을 가지고 몰래 도망쳐 나온 것이라고 기록한 독립된 또 다른 역본이 과거에 존재하였을지도 모른다는 것이다. 바다들 건넌 기사는 틀림없이 어떤 실제 경험—우리가 보기에 그것이 아무리 재현시킬 수 없는 것일지라도—에 의존한다고 주장하는 해석자들을 몰래 도망쳐 나왔을 가능성을 간과할 뿐만 아니라 혼돈(chaos)과 죽음이 우주적 세력으로서의 바다라는 주제가 출애굽 사건의 의의를 강조하기 위해 사용되었을지도 모른다는 가능성을 거의 고려하지 않는다. 한편 어떤 학자들은 이집트로부터 탈출한 하나 이상의 집단들의 경험들이 성서 전승에 결합되었다고 제안하였는데, 만일 그렇다면 몰래 도망쳐 나온 기사와 바다를 건너 기사는 두 개의 분리된 출애굽을 연상시킬 것이다.

우리는 모세 전승의 복잡한 편집이 방대한 전승군을 느슨하게 묶어 놓고 있는 행동의 통일성(unity of action)을 크게 혼란시켰다는 사실을 인지하였다(§17.2). 이 사실은 이스라엘 백성이 광야에서 활동한 것을 시각화하려고 노력한 것과 특히 시나이와 카데스의 관계를 확정하려고 시도한 것에서 분명하게 나타난다. 현재 형태의 전승에 의하면, 이스라엘은 이집트에서 시나이/호렙 산으로 가서 야훼와 계약을 체결하고 율법을 수여받은 후에 카데스로 이동한다. 카데스에서 가나안을 정탐하고 거기에서 요르단 동편의 우회로를 경유하여 가나안 땅에로의 최종적인 접근을 마침내 시도한다. 확실히 광야 예정은 최종 편집에서도 극복하지 못한 매우 단편적이고 모순된 방법으로 제시되었다. 사실, 전승들은 시나이와 카데스가 서로 밀접한 관련이 있었다는 암시를 포함한다. 특히 주목되는 점은 이집트와 시나이 중간에서 '처음' 나오는 다음과 같은 일련의 사건들과 테마들(출애 16-18장)이 카데스에서 '반복된다'는 사실(민수 10-20장)이다.

1. 모세가 이드로와 의논한다(출애 18,13-27; 민수 10,29-32).
2. 백성들이 야훼와 모세를 향해 불평한다(출애 16,1-12; 17,1-17; 민수 11,1-6; 14,1-3 · 26-38; 16,41; 17,11).
3. 메추라기가 음식으로 제공된다(출애 16, 13; 민수 11,31-35).
4. 므리바에서 물이 반석으로부터 솟아난다(출애 17,1-7; 민수 20,2-13).

따라서 출애굽기 19자에서 민수기 10장까지의 거대한 시나이 자료군들은 출애굽기 16-18장과 민수기 10-20장에 나오는 전담들의 원래 통일성을 의도적으로 깨뜨렸다는 사실이 아주 분명해진다. 역으로 사실은 전승의 초기 단계에서 출애굽기 16-18장과 민수기 10-20장의 전담들이 카데스라는 동일한 거리적 범주에 속하였다는 것을 강력하게 시사한다. 시나이 전승들에 대한 후대 삽입은 시나이가 카데스로부터 멀리 떨어져 있었으며 본래는 카데스 중심적인 전승들의 일부를 이집트에서 시나이에 이르는 도상의 몇 지역들에로 이동시켰다는 사실이 분명히 드러나게 하였다. 간단히 말하면, 시나이를 광야의 나머지 지역들로부터 지리적으로 확연히 분리시켜 시나이를 신비스럽게 멀리 떨어진 산으로 만듦으로써 계약 체결과 율법 수여에 부여된 커다란 제의적 및 신학적 의미가 모세 전승의 최종 단계에서 구체적으로 표현되었다는 것이다.

카데스는 가나안의 남쪽 경계에 위치한 브엘세바에서 남서쪽으로 약 80Km 떨어진 아니 엘 쿠데이라트('Ain el-Qudeirat)와 동일함을 증명할 수 있는데, 그곳은 풍부한 샘으로 인해 비록 제한적이나마 농업을 경영할 수 있는 곳이다. 그 근처에 있는 두 개의 샘은 비록 수량이 위의 샘만큼 풍부하지만 못하지만 이용 가능한 급수원이다(하나는 아인 코세이마['Ain el-Qoseimah]이고 하나는 아인 케데이스['Ain Qedeis]인데, 후자는 카데스라는 이름을 포함하고 있다). 이것들을 모두 합하면 장기간에 걸쳐 수백 혹은 수천의 사람들에게 물을 공급해 줄 수 있다. 광야 기사의 이면에서, 판별해낼 수 있는 유일한 행동의 통일이 있다면, 그것은 (판관기 11장 16절에 보도된 바와 같이) 이스라엘인들이 이집트에서 곧장 카데스로 이동하였다는 것이다. 따라서 광야에서 있었던 계약 체결과 율법 수여는 어쩌면 카데스에서 또는 카데스 근처에서 일어났을지도 모른다. 창세기 14장 7절에 보도된 바와 같이, 카데스의 다른 이름으로 나오는 엔미스밧(Enmishpat "재판 샘터")은 백성들에 대한 모세의 재판(출애 18,13-27)을 기념하는 이름이거나 혹은 어쩌면 율법 수여가 멀리 떨어진 시나이보다는 오히려 카데스에서 일어났다는 것에 대한 기억을 담고 있을지도 모른다는 주장이 제기되었다. 출애굽기 17장 7절의 므리바는 민수기 20장 1절과 13절에서 카데스와 관련되고 에제키엘에 의해서는 보다 더 명백하게 카데스 므리바라고 불리운다(에제 47,19; 48,28).

결과적으로, 모세 전승 배후에 있는 행동의 통일 문제를 해결하는 한 가지 방법은 후대 기록자에 의해 멀리 떨어진 시나이에서 일어난 일로 변형된 계약 체결과 율법 수여를 포함하여 광야의 모든 사건들은 카데스나 카데스 근처에서 일어났다고 가정하는 것이다. 토대를 이루는 사건들의 진상을 파악할 수 있는 또 하나의 방법은, 출애굽기의 핵심적인 주제를 카데스 전승으로부터 완전히 분리시키고, 카데스 전승은 이집트에 있었던 이스라엘인들과 본래 아무 관련이 없었고 요르단 동편이 아니라 남방에서 계속 가나안으로 들어왔던 다른 집단의 이스라엘인들과 관련이 있었다는 것을 전제로 삼는 것이다. 이렇게 함으로써, 적어도 두 집단(시나이 집단과 카데스 집단)의 경험들이 편집할 때 억지로 통일된 광야 전승들의 배후에서 식별될 것이다. 이러한 가설로부터, 바다를 건넜든지 아니면 몰래 도망쳐 나왔든지 하여 이집트를 탈출한 이스라엘 사람들이 시나이 집단과 카데스 집단 가운데 어느 하나 혹은 모두와 어떤 관련이 있느냐는 문제가 제기된다.

아마도 그러한 분석과 고찰이 많은 성서 독자들에게는 사소한 문제를 가지고 공연히 까다롭게 따지고 궁리하는 것으로 여겨질 수 있다. 편집된 전승들의 이면에 있는 실제 행동의 통일에 대한 역사비평적 재구성들은 그 어느 것도 결코 최종적이거나 완벽한 것이 아니라는 점은 확실한 사실이다. 중요한 점은 성서 전승들이 역사적 차원에서 최종적이거나 완벽한 것이 아니라는 바로 그 이유 때문에 비평적 재구성도 최종적이거나 완벽하지 않다는 것이다. 만일 모세 전승에 언급된 사건들의 순서를 구체적으로 명시하려고 진지하게 노력한다면 이론적인 재구성은 불가피하다. 성서 전승들에서 다만 우리는 이스라엘인들이 후대의 여러 시점에서 그 사건들의 과정을 어떻게 이해했으며 그 사건들을 어느 장소와 연관시켰는지를 관찰할 수 있을 뿐이다. 그러한 후대의 관점들이 역사적으로 분석되고 재구성되어야 할 문학적 복합물에 각각 반영되어 있다. 성서의 증거는 역사적으로 너무나 단편적이고 개괄적이어서 성서 전승들을 정통으로 다루지 않기 때문에, 역사적 연구는 매우 불완전한 설명에 만족해야만 하고, 완전한 설명은 보다 많은 성서 이외의 증거가 나타나야만 비로소 가능해질 것이다.

19. 모세와 출애굽—광야 이스라엘인들이 종교

모세 전승에 등장하는 인물들의 종교적 개념들과 의식(儀式)들을 확인하려는 노력은 이러한 초기 단계의 이스라엘의 경험에 대한 역사비평적 연구가 직면한 동일한 문제와 부딪히게 된다. 본질적인 문제는 불완전하게 알려진 모세의 역사적 맥락 속에서 확실한 종교적 요소들과 후대의 전승가들이 전승의 재언급과 재기록 및 재편집 과정 속에서 혼합시킨 종교적 요소들을 분리시키는 것이다. 현실적으로, 우리는 역사적 모세의 종교에 대한 근사치를 찾는 것으로 만족해야 한다. 모세와 '출애굽-광야' 집단 혹은 집단들의 행적에 수반된 상황들의 재구성에는 불확실한 요인들이 너무 많기 때문에, 그들의 종교적 신앙에 대한 재구성도 마찬가지로 시험적이고 가정적이다. 모세와 그 백성들이 가졌던 종교의 역사적인 원래 핵심을 우리가 정밀하게 연구하고 있다고 생각하기보다는, 모세가 죽은 후 가나안의 이스라엘 부족들 사이에서 수세대 동안 생겨난 전승들 속에서 모세의 종교가 어떻게 기억되고 전수되었는지를 개괄적으로 이야기하고 있다고 말하는 것이 옳은 것이다.

19.1 계약

이스라엘의 전승에 의하면, 모세는 아브라함, 이사악 및 야곱과 같은 조상들과 개별적으로 맺은 선행 계약과 구별되는 야훼와의 계약에 전백성이 참여케 한 최초의 인물로 이해된다. "계약"이란 용어는 히브리어의 브리트(*b^e^ri^e^th*)를 어색하면서도 약간 오해하기 쉽게 번역한 말이다. *b^e^ri^e^th*는 당사자들 간의 공식적이고 엄숙하며 구속력 있는 협약으로서, 여기에는 특정한 행위를 하거나 하지 말아야 할 의무 규정이 있고, 그 의무의 이행 여부에 따를 결과에 대한 약속이나 경고가 포함되어 있다. 영어의 "covenant"는 지금은 낡은 고어체이며 또는 특별한 법적 혹은 감정적인 문맥에서 사용되므로 매우 부적절하다. 그러나 비록 *b^e^ri^e^th*의 여러 측면들을 "협의"(agreement), "협정"(arrangement), "맹약"(compact), "계약"(cotract), "서약"(commitment), "조약"(treaty), "동맹"(alliance), "의무"(obligation), "약정"(bond), "관계"(relationship)와 같은 용어들을 통해서 보다 잘 이해할 수 있긴 하지만, 그 의미를 완전하게 포착하는 다른 단어는 없다.

성서에 나오는 대부분의 계약들은 두 사람 사이의 협정, 한 사람과 한 집단 사이의 협정 또는 집단 간의 협정이다. 성서의 다른 계약은 한 사람과 하느님, 한 집단 특히 전 이스라엘 백성과 하느님 사이의 협정이다. 인간과 하느님이 "계약을 체결한다"고 할 때, 하느님에 의해 주어지고 공동체에 의해 기꺼이 받아들여진 행위를 설명하기 위해 사회적 삶에서 유래된 어떤 형상 혹은 은유가 사용된다. 우리가 "계약"(cotract)을 하느님과 백성 쌍방간에 규정된 관계—비록 그것이 쌍방의 상호 관계와 의무에 있어서 반드시 공평한 것은 아니라 할지라도—를 의미하는 것으로 이해하는 한, 그것은 사용하기에 유용한 용어이다.

흥미롭게도, 모세 전승 자체에서는 계약에 대한 직접적인 언급이 큰 비중을 차지하지 않는다. 비(非)-P 시나이 자료들이 모세에 의해 중개된 이스라엘과 야훼 간의 계약을 처음에는 선택을 예상한 선포(출애 19,5)에서 그 다음에는 산에서 계약 체결 사건을 묘사한 두 전승 단위들(출애 24,7-8; 34,10 · 27-28)에서 언급한다. 내용상 계약 체결로 널리 해석된 세 번째 단위는 계약 언어를 직접 사용하지 않고(출애 24,1-2 · 9-11), 어떤 비평학자들은 이것을 단지 신의 현현으로만 본다. 실제로, 비-P 시나이 전승 단위들이 신명기적 사가들에 의해 개정되었다고 주장하는 사람들은 시나이 본문에 계약에 대한 D 이전 자료의 언급이 있다는 것을 때때로 부인하며 그 언급들을 철두철미 신현현으로 이해하는 경향을 보인다. 확인 가능한 J와 E 전승은 J 전승의 "계약궤"를 제외하고는(민수 10,33; 14,44), 계약에 대해 언급하지 않는다, P 자료에 의해 적절하게 사용된 *b^erîth*는 모두 성결 법전 즉, 일반적으로 P에 통합된 독립된 자료로 간주되는 율법군에 나온다(표 11:93을 보라. 레위 26,9 · 15 · 25 · 44 · 45).

일반적으로 "증거"로 번역되고 "증거궤"라는 어구에 자주 나타나는 P의 용어 *'ēdūth*가 실제로는 "계약"이나 "계약 의무"의 의미를 가질 수 있다는 것도 가능하다(예. 출애 25,21-22; 31,18). 신명기로부터 열왕기까지의 신명기적 역사에서, 계약은 계약에 대한 충성과 재긍정을 기술한 중요한 보도문에서 자주 언급되고 종종 모세와 분명하게 관련된다.

이러한 증거의 중요성으로 인해, 출애굽과 광야 유랑 및 가나안 진입에 관한 그렇게도 많은 성서의 상설(常設)에 계약과 율법에 관한 언급이 생략되어 있다는 사실을 감안하면, 계약 중개자로서의 모세 전승은 약간 의심할 여지가 있다. 그러나 문학적 증거를 바라보는 다른 시각이 있다. 조상, 출애굽, 유랑 및 땅 정복에 관한 역사적 전승들의 모체는 이스라엘 부족이 계약을 체결하고 유럽을 낭독하는 집회였다는 주장이 받아들여진다면, 계약의 개념과 장치들(mechanisms)은 모세의 생애로 일컬어지는 시기가 지난 후 얼마 되지 않아서 이스라엘에 존재하였다는 것이 명백하다. 출애굽기로부터 민수기까지에서 계약 문체(rhetoric)가 사실상 출애굽기 19-24, 32-34장에만 국한된 것은 계약 의식의 공식구들을 광야의 거룩한 산(山)에서 이야기된 일화(episode)로 2차 변형시킨 문학적 결과인데, 이 변형은 아마도 J와 E가 집필했던 시대에는 이미 완료되어 있었을 것이다. 그러므로 모세 이후 한두 세대 이내의 이스라엘 사람들이 그들은 이집트에서 탈출한 조상들로부터 처음 유래하였다고 믿는 야훼와의 계약을 기념하였다고 말하는 것은 합리적인 듯하다.

예배 의식에서 유래되고 간소하게 편집된 다양한 본문들로 이루어져 있는 출애굽기 19-24장, 32-34장이 설화 형식으로 꾸며진 그 계약은 모세, 출애굽, 유랑에 대한 주요한 다른 모든 설화체 전승들보다 늦게 공통의 JE 이전 자료군(pre-JE materials)에서 나타났던 것처럼 보이지만, 위의 증거는 계약이 어떻게든 모세 시대로부터 기원하였다는 것을 지지하는 아주 강력한 증거가 된다. P가 시나이 산 계약에 명확하게 언급한 것이 그리 많지 않다는 사실은 결정적인 반론이 되지 못한다. 그것은 P의 법들이 그 이전의 계약에 의존한다는 것을 주장하려고 하는 분명한 목적 하에 출애굽기 25-31장을 중복시킴으로써 P의 법과 규정들을 임의적으로 출애굽기 19-24장, 32-34장과 겹쳐 놓았기 때문이다.

초기 이스라엘의 계약에 대한 충분한 이해를 방해하는 어려움들 중의 하나는 그 계약을 종교적인 측면에서만 보려고 하는 끈질긴 경향이다. 이 경향을 낳는 한 가지 근원은 D와 P 자료의 계약과 법을 신학화하는 데 있다. 어려움의 또 다른 근원은 후대 유대인과 그리스도교인들을 사로잡고

〈표 12〉 종주권 조약 형식의 구조적 요소들*

1. 전문(前文): 조약 당사자/상급자의 직책 소개(출애 20,2a; 신명 5,6a; 여호 24,2a)
2. 역사적 서언: 조약 당사자들 간의 관계에 대한 과거사 요약(출애 20,2b; 신명 1장-3,5 · 6b; 여호 24,2b-13)
3. 조약의 하급자 또는 봉신에게 부과된 의무를 명시한 조항들(출애 20,3-17; 신명 5,7-21; 12-26: 여호 24,14)
4. 계약서를 신전에 보존하고 정기적으로 공개 낭독할 것에 대한 규정(출애 25,21; 40,20; 신명 10,5; 27,2-3; 31,10-11)
5. 조약의 증인으로 채택된 제신(諸神) 명부(여호 24,22 · 27; 이사 1,2; 미가 6,1-2)
6. 조약 조항들의 준수/위반에 대한 저주와 축복 기원(신명 27-28장)
7. 조약의 준수를 선서하는 봉신의 서약(출애 24,3; 여호 24,24)
8. 조약의 정식화를 위한 엄숙한 의식(출 24,3-8)
9. 반역 봉신에 대한 제재 조치 절차 (호세 4,1-10; 이사 3,13-15)

*종주권 조약 형식의 요소들과 성서의 계약 인용구들은 주로 K. Baltzer, D. J McCarty, G. E. Mendenhall 그리고 P. A. Riemann의 책에서 발췌하였다(§19.1에 관한 참고문헌을 보라).

있는 계약과 법에 대한 관념인데, 우리는 여전히 그 관념의 마력에 이끌리어 히브리 성서의 모든 부분을 읽으려고 하는 경향이 있다.

계약이 이스라엘 공동체 생활의 고유한 규범(ordering)의 기원과 근거를 상징하는 하나의 방법인 한에 있어서, 그 계약은 총체적인 종교-정치적 실재(religiopolitical reality)이었다. 이스라엘은 신과의 계약 개념과 예배 의식을 이용하여 한 백성으로서의 자기 정의(self-definition)와 기본적인 사회 제도를 체계적으로 설명하였다. 이 말을 이스라엘 공동체의 모든 필요가 그 백성들에 의한 사회적 · 정치적 행위와 무관하게 다만 초자연적으로 다루어졌다는 것을 뜻하는 것으로 생각한다면, 그것은 계약에 내포된 두드러진 종교적 요소에 대한 잘못된 판단일 것이다.

사실상 종교적 계약은, 부족들을 국가 지배 체제에 종식시키려고 하는 가나안의 도시 국가들로부터 그들 집단의 자유와 안전을 지키기 위한 공동 사업에 각 부족의 이해 관계를 효과적으로 종속시킬 수 있도록 그들을 결집시키는 하나의 방법이었다. 이 계약 장치(mechanism)가 야훼의 종교적 주권과 백성의 역사적 주권을 결합시켰다는 사실은 가나안 지배 계급과의 조약(즉, 계약들) 체결과 그들의 종교적 관습 채용을 금지한 것(출애 23,32; 34,12 · 15)에서 명백해진다. 만일 역사적 맥락이 가나안에 있었던 자유 부족들의 상호 계약으로부터 거꾸로 거슬러 올라가, 후에 가나안에서 이스라엘이라는 부족 동맹의 일부가 된 소수 민족들의 지도자이며 계약 체결자인 모세로 이어진다면, 아마도 그렇게 될 수 있었던 가장 강력한 요소들 중의 하나는 이스라엘의 자결권에 대한 정치적 확인일 것이다. 그렇다면, 이집트의 지배로부터 벗어난 소공동체를 창출한 모세의 계약과 가나안 도시 국가의 지배로부터 벗어난 대규모의 확대 공동체를 만든 가나안의 다(多) 부족 계약은 하나의 연속선상에 있을 것이다.

지난 25년 동안에 계약의 기원에 관하여 한 이론이 발전되었는데, 그것은 계약이 모세로부터 기원한다는 것과, 계약은 명백한 정치적 유래의 의미를 갖는다는 것을 주장한다. 이것은 이스라엘이 신 야훼에 대한 그들의 관계를 형식화하기 위해 채택한 도구는 바로 제국의 대군주와 제후 사이에 체결된 고대 근동의 국제적 종주(宗主)-봉신(封臣) 조약이었다는 이론이다. 종주-봉신 조약에 관한 문서들의 대부분은 14, 13세기 힛타이트족의 문서들이지만 유사한 형식의 아람 문서들과 신아시리아 문서들은 7세기의 것으로 알려져 있다. 종주권 조약 형식의 주요 요소들은, 그것이 조약 본문에 전형적으로 나타나든지 또는 다른 문서의 언급에서 추론된 것이든지 간에, 이러한 형식적 요소들을 보여준다고 주장되어 온 성서 구절들과 함께 <표 12>에 제시되어 있다.

여기에서는 이스라엘이 야훼에 대한 그들의 관계를 세상의 왕에 대한 백성들의 관계로 이해했으며, 이 관계를 종주권 조약의 개념과 형식으로 표현했다는 것이 가정되어 있다. 모세가 한 조약 형식에 직접 의거한 계약 형식이 창안자임이 '틀림없다'고 주장하기 위하여 종주권 조약 형식이 13세기 이후에는 완전히 사라진 것으로 과거에는 생각하였다. 그렇지만 계약 형식은 힛타이트 제국 이외의 다른 국가들 사이에서 수세기 후에도 계속되었음이 명백하기 때문에, 모세가 계약을 만들었을 당시에 그는 종주권 조약 형식을 알고 '있었을' 것이라고 온건하게 주장하는 것이 적절하다. 그러나 이 조약 형식은 다만 이스라엘 역사상 후대에 이스라엘의 계약관에 영향을 끼쳤을 뿐일 가능성도 있다.

중요한 문제는 실제로 종주권 조약 형식이 성서 본문에 명시되었는가 하는 것이며, 특히 최초의 계약 본문들이 그것에 의존했음을 보이는가의 여부이다. 종주권 조약 형식이 8, 7세기의 것으로 추정되는 신명기적 계약 판본들에 영향을 끼쳤다는 것에 대해서는 폭넓은 합의가 이루어져 있는데(§37.3), 그 까닭은 여러 가지 면에서, 특히 저주를 정교하게 발전시켰다는 점에서 그 판본들은 신아시리아의 외교 협정과 조약 형식을 잘 알고 있었음을 보여주기 때문이다. 그러나 '완전한' 종주권 조약 형식이 D 이전의 '보다 오래된' 계약 본문들의 배후에 있는가 하는 문제에 대해서는 열띤 논쟁이 계속되고 있다. 신명기를 제외하고는, 이 조약 형식의 주요 요소들이 하나의 단일 본문에 전체적으로 나타나지는 않고, 따라서 여러 개의 본문들로부터 끌어 모을 수밖에 없다.

출애굽기의 계약 전승에 종주권 조약 형식이 반영되어 있음을 부인하는 사람들은 거기에서는 신현현이 역사적 서언을 대신하였다고 주장하며, 또한 그들은 저주와 축복이 부재하다는 것을 설득력 있는 논리로 지적한다. 출애굽기의 계약 체결 의식은 형제 또는 친족 입장에서 동맹을 확인하는 연합 의식이며, 교훈과 경고의 측면들이 엄밀하게 계약적-법적 측면들보다도 우세하다고 주장한다. 조약 형식이 모세의 계약에 영향을 끼쳤다고 주장한 사람들은 성서 본문에서 조약 형식이 변경되었다는 것과, 사실상 히브리 성서에는 형식상 어떤 계약 본문도 포함되어 있지 않음을 시인한다. 그래서 시나이/호렙 산에서의 사건으로 다소간 설화화된 계약 의식으로부터 뽑아낸 구조식들을 제시한다. 그러한 한편의 주장에 따르면, 이 구조식들은 고대 근동의 다른 협정 형식들보다도 종주권 조약의 전형적 언어와 개념에 더 밀접하게 부합된다. 뿐만 아니라 모세가 이 조약 형식을 채택한 것은 이스라엘의 평등 가족들/씨족들(후에는 부족들)로 이루어진 새 공동체에서는 인간이 군주가 될 수 없으며 가족/씨족(후에는 부족들)에 기초를 둔 계약 백성들의 사회 조직을 인정하는 최고의 신만이 있을 뿐임을 주장하는 아주 효과적인 방법으로 보인다.

19.2 계약 규정들: "법들"

초기 성서 전승들 속에 있는 의무에 관한 여러 가지 계약 규정들 중에는 역사적 모세로부터 유래되었음직한 것이 있는가? 규정들 즉 "법들"은 상이한 종류들로 되어 있으며, 그것들을 이해하고 연대를 추정함에 있어서 상이한 문제들을 제기한다.

19.2.1 사제의 교훈들과 법규들

이 규정들의 문체와 강조점이, 복원된 유대 공동체에서 그 지도자의 합법성을 확증하려고 애쓰던 포로 시대 후기와 포로 이후 시대 초기의 제사 공동체를 나타낸다는 것은 아주 분명하다(§49). 출애굽기, 레위기, 민수기의 P 규정들이 모세 시대로부터 직접 유래하였을 수는 없다. 한 가지 예를 들면, 아론과 그의 가족은 사제들 사이에서 탁월한 지위를 부여받는데, 이것은 JE 전승에서 그의 역할이 상당히 제한되어 있는 것과 상호 모순되고, 에제키엘(§50.1), 역대기, 에즈라, 느헤미야(§51)에서 아론계 사제들을 높이는 것과는 일시적으로 일치한다. 또한 광야의 장막은 솔로몬 성전 절반 크기의 축소판으로서 이동식·조립식 형태인 것으로 이해된다(§30.4). 그러나 P에는 전체로서의 P 자료보다 더 오래되고, 그 핵심적 형태에 있어서 모세까지는 아니지만 최소한 부족 시대까지는 거슬러 올라갈 수 있는 다음과 같은 요소들이 있다. 그것들은 (1) 성결 법전 내의 사회 경제적 및 제의적 법들, (2) 옛날 군대 소집과 관계될지도 모르는 인구 조사 자료들 (3) 고대 천막 성소를 정확히 반영할지도 모르는 장막에 관한 일부 세부 사항들 등이다.

19.2.2 관습적인 사회 경제적·종교적 법전

소위 출애굽기 20장 22절-23장 19절과 신명기 12-26장의 법전들은 시민 생활과 종교 생활의 특정 측면들에 대한 판례집 전례를 편찬한 것들이다. 그것들은 관례적 사용으로부터 발전된 것이지만, 법 준수를 위한 부연 설명들과 동기들을 포함하도록 편집되었다. 소위 출애굽기 20장 22절-23장 19절의 계약 법전은 9세기 북 이스라엘에서 현재의 모습으로 편집되었을 것이며, 신명기 12-26장에 배열된 신명기 법전은 7세기의 유다에서 만들어진 것으로 추정된다(§37.3). 그럼에도 불구하고 이들 전례 법전들의 많은 규정들은 군주제 이전에 시작된 생활 조건들을 법률로 제정한 것임이 분명하다. 그 법전들을 모세와 연결시키기 어려운 점은, 그것들이 광야의 이스라엘인들 사이에서는 거의 실시되지 않았을 정착 촌락 생활과 농경 제의들을 전제하고 있다는 것이다.

19.2.3 간결한 금지 목록들: 십계명

신현현과 계약 본문에서 중추적 위치를 차지하는 간결한 금지 목록들이 출애굽기 20장 1-17절과 34장 11-26절에 있다. 이들 중 첫 번째 것은 신명기 5,6-21에 약간 변형되어 반복된다. 출애굽기 34장과 신명기 5장의 목록들은 성서 본문에서 "십계명"이라 불리고(참조, 출애 34,28; 신명 4,13; 10,4). 이 명칭 또는 이에 상응하는 라틴어의 "Decalogue"는 전통적으로 출애굽기 20장/신명기 5장의 목록에 적용되어 왔다. 성서학자들은 종종 그 내용을 기초로 하여 출애굽기 34장의 목록을 윤리적 십계명(Ethical Decalogue), 그리고 출애굽기 34장 목록을 의식적(意識的) 십계명(Ritual Decalogue)이라고 지칭함으로써 양자를 구별하였다.

윤리적 또는 의식적 필수 조건들을 정확히 '10' 계명으로 한 이유는 아마도 각 금지 조항을 열 손가락들 중의 하나와 연관시킴으로써 기억하기 쉽게 하려는 의도였을 것이다. 실제로 출애굽기 34장에서는 '12' 계명이 있고 따라서 종종 12계명(Dodecalogue)이라고 불린다. 그 12계명 중의 둘은 첨가된 것이고 본래는 열 개만으로 되어 있었던 것 같다. 다른 십계명들(Decalogue)은 레위기 18장 6-18절과 20장 2-16절에 진술되어 있으며, 신명기 27장 15-26절은 열 두 개의 제의적 저주를 담고 있는데, 이는 과거에는 열 개였을 것이다.

십계명 형식의 특징은 십계명이 간결한 부정적 명령이나 금지 조항으로 되어 있으며 그것의 위반에 대한 형벌 규정이 없다는 점이다. 윤리적 십계명의 두 계명은 긍정적 형식으로 되어 있고 의식적 십계명의 반도 이와 마찬가지이지만, 모든 십계명의 규정들은 그 본래의 형식에 있어서 부정적으로 표현되었을 것이다. 또한 윤리적 십계명의 핵심적인 금지 조항들은 설명과 동기 부여로 상당히 확대되어 있다, 이러한 첨가들을 제외시킨 열 개의 간결하고 문법적으로 완전한 금지 조항들은 일반적으로 모세로부터 기원한 것으로 추정된다. 윤리적 십계명의 연대에 대한 판단은, (1) 목록의 일반 원칙들이 법전의 보다 특정한 규정들의 정식화 이전 또는 그 이후 단계에 속하는 것으로 이해되는가, (2) 금지 조항들에 전제된 사회경제적 · 종교적 상황들이 모세 시대에 있었을 법한 상황들과 일치되는가 등 두 가지 요인에 주로 의존한다. 다음에, 이 기준들을 적용하는 것은 모호한 금지 조항들이 특별한 의미가 정확히 어렵게 해석될 수 있는가에 영향받는다. 윤리적 십계명의 금지 조항들이 일부 논란이 되고 있는 해석의 윤곽과 함께 <표 13>에 수록되어 있다.

이 간결한 금지 조항들은 그것들이 공동체에서 배제시키는 특정 행위를 결코 명확하게 규정하지 않는다는 것은 분명하다. 십계명의 사법적 효력에 대한 현대의 많은 해석들이 고대 이스라엘에 그대로 적용되지 '않는다' 는 것은 확실하다. 금지 조항들은 일상 언어로 맹세하는 것을 다루지 않았고, 미혼 여성과 성행위를 한 기혼 남자를 간음한 것을 여기지 않았으며, 사형과 전쟁에서의 살인 그리고 낙태를 금지시키지 않았고, 재산을 무제한으로 소유할 권리를 정당하다고 인정하지 않았다.

이 모든 것들은 십계명에 규정된 명령들이라기보다는 십계명의 "정신" 또는 "원칙"의 외연으로서만 지지받을 수 있는 "수정론자"의 해석이다.

간결한 형식의 금지 조항들에 대한 이차적 부연을 제거한다면, 금지 조항들이 가나안에서의 이스라엘의 촌락 생활을 전제한다는 가정은 상당한 제한을 받는다. 더구나, 일부 이스라엘인들이 가나안에 들어가지 전에 카데스에서 수년을 보냈다면, 그들은 그 오아시스에서 제한된 범위의 농사를 경영하였을 가능성이 있다. 안식일 준수의 기원이나 처음 의의에 관해서는 밝혀진 바가 너무 적어서 그것이 모세에게 중요한 관례였을지의 여부는 확실하게 판단할 수 없다. 모든 금지 조항들이 모세가 살았던 시대의 이스라엘인들의 생활 조건들과 부합된다고 해석하는 것은 가능하다. 십계명이 실제로 모세에게까지 소급될 수 있는가 하는 문제는 물론 그것과 밀접하게 관련된 문제, 즉 모세가 야훼와 이스라엘 백성들 간의 계약을 중재했는가에 의존한다. 모세 계약이 조약 형식임을 지지하는 사람들은 십계명을 생활 영역에 대한 군주적 신의 정책 성명서로 보고 그 영역에 관한 더욱 상세한 규정들은 여러 가지 판례법에 제시되었을 것이라고 한다. 이러한 생활영역에서 야훼의 주권을 인정하는 것은 이스라엘이라는 제의 · 시민 공동체의 구성원이 되기 위한 선행 조건이었을 것이다. 여하튼, 십계명은 이스라엘 생활의 비교적 초기에, 아마도 군주제 이전 시대에 속했을 것이

〈표 13〉 윤리적 십계명의 금지 조항들

1. '야훼 이외의 다른 신에 대한 예배금지' : 이것은 야훼에게 바쳐진 제사 장소에서 다른 신을 섬기지 못한다는 의미이거나 또는 다른 신이 이스라엘 백성들에게 요구할 권리가 있는 것으로 인정할 수 없다는 의미이다(출애 20,3; 신명 5,7; 출애 22,20 참조).
2. '신들/하느님의 형상 제조 금지' : 이것은 야훼를 표상하기 위한 경우, 혹은 다른 신을 나타내기 위한 경우, 혹은 그 두 가지 경우를 모두 의미한다(출애 20,4; 신명 5,8; 출애 20,23 참조).
3. '야훼 이름의 오용 금지' : 이것은 경솔하게 혹은 불필요하게 아니면 부정직하게 맹세하는 경우 또는 그 이름을 마술적으로 사용하여 저주하거나 악령을 불러내 타인에게 부당한 해를 끼치는 경우를 의미한다(출애 20,7; 신명 5,11).
4. '제칠일 즉 안식일의 노동 금지' (출애 20,8; 신명 5,12)
5. '부모에 대한 저주 금지' : 이것은 여전히 지도권을 갖고 있는 부모의 이름을 더럽히는 젊은이의 경우, 또는 노부모를 돌보지 않거나 그 이름을 더럽히는 성인의 경우를 의미한다(출애 20,12; 신명 5,16).
6. '이스라엘인 살해 금지' : 이것은 원한에 의한 살인을 의미하거나, 또는 살인자나 죽을 죄를 범한 범죄자도 적절한 법적 절차 없이 처형해서는 안 된다는 의미이며, 혹은 그 두 가지 경우를 모두 의미할 수도 있다(출애 20,13; 신명 5,17).
7. '간통 금지' : 이것은 레위기 18장 6-18절에 언급된 것과 같은 여러 가지의 금지된 간통을 포괄하거나 기혼녀 또는 약혼한 여자와의 성관계를 가리킨다(출애 20,14; 신명 5,18).
8. '재산/사람(?) 절도 금지' : 이것은 모든 종류의 개인 소유물들을 도둑질하는 경우를 의미하거나, 사람을 훔치는, 즉 유괴하는 경우를 의미하는데, 유괴는 고대 노예 시장의 일반적인 노예 공급원이다(출애 20,15; 신명 5,19; 출애 21,16 참조).
9. '다른 이스라엘인에 대한 허위 고발 금지' : 이것은 소송시 원고로서 또는 증인으로서 그렇게 해서는 안 된다는 것이며, 두 가지 경우를 모두 가리킬 수도 있다(출애 20,16; 신명 5,20).
10. '다른 이스라엘인의 집/가계 구성원을 탐내는 것/탈취 금지' : 이것은 타인 소유의 재산이나 사람을 탈취하려는 내적 욕망, 즉 탐욕을 정죄하는 의미이거나, 8번의 사람 탈취와는 구별되는 것으로서 재산을 멋대로 빼앗는 것을 의미한다(출애 20,17; 신명 5,21).

다. 만일 십계명이 기존 판례법들을 후대에 요약하거나 추상화한 것이었다면, 사람들은 금지 조항들의 정확한 의미가 더욱 명백하고 엄밀한 것을 기대했을 것이다.

19.3 신명(神名)

야훼라는 신명의 의미를 아무도 모른다는 것은 분명한 사실이다. P 자료는 엘 샤다이(*El Shaddai*)로 조상들에게 (많은 번역서들에게 전능하신 하느님으로 되어 있는) 알려진 신이 모세에게는 야훼라는 이름으로 알려지게 되었다고 분명하게 말한다(출애 6,2). 모세에 대한 계시 이전의 E 자료는 야훼라는 이름의 사용을 시종일관 피하고 있다는 점에서 P와 일치한다. 반대로 J 자료는 홍수 이전의 고대에 하느님이 야훼라는 이름으로 예배되었다고 단언한다(창세 4,26).

엘로히스트 자료와 제사 자료는 근본적으로 새로운 신(神) 이해가 모세와 함께 등장하였다고 강조하는 점에서 역사적 사실에 가장 가까운 것으로 보이는데, 그러한 이해는 가나안에서의 이스라엘 부족 상호 동맹이 야훼를 그들의 신으로 선택하였을 때 받아들인 이해이다. 반면에 야휘스트 자료는 모세 이전 시대부터 모세 시대에 걸쳐 야훼의 활동이 연속됨을 강조하지만, 그것 역시 이스라엘 이전의 야훼 예배에 대한 역사적인 기억을 간접적으로 보존한 것일 수 있다. 마리, 우가릿 및 에블라 문서에 나오는 인명 또는 지명에 대한 분석을 근거로 하여, 그리고 쇼수(Shosu)에 대한 이집트 문헌의 언급과 관련하여, 야훼가 모세 시대 이전에 고대 근동에서 숭배되었다는 주장이 간혹 있었다. 이른바, 이러한 모세 이전의 야훼 제의들 가운데 어느 것도 수긍할 만한 것으로 입증되지 않았다. 만일 야훼라는 신이 모세 시대 이전에 알려졌다면 그것은 아마도 미디안 사람들 사이에 알려졌을 것이라는 설이 유력하다는 것을 알았으나(§18.2). 불행하게도 우리에게는 미디안 사람들이 그 신명의 의미를 어떻게 해석했는지에 관한 증거가 하나도 없다.

히브리 성서에서 이 신명에 대한 단 하나의 유일한 설명은 E 자료에 나오는데(출애 3,14-15), 이 "설명"은 많은 해석들을 유발하였다. 하느님의 정체(正體)에 대한 질문을 받자 엘로힘은 모세에게 "(*'ehyeh 'asher 'ehyeh*) 너는 '*ehyeh*께서 나를 너희에게 보내셨다' 라고 이스라엘 백성에게 일러라"고 말하는데, 그 다음에 이 말은 *'ehyeh*=야훼를 한정어가 없는 엘로힘 및 이스라엘 각 선조들의 엘로힘과 결부시키기 위하여 다음과 같이 확대되고 있다. "나를 너희에게 보내신 이는 너희 선조들의 하느님 야훼시다. 아브라함의 엘로힘, 이사악의 엘로힘, 야곱의 엘로힘이시다."

출애굽기 3장 14절은 그러한 신명이 "존재한다"(to be)를 의미하는 히브리 동사 *hyh*에서 파생된 형태로 본다. 만일 이 동사가 단순형으로 이해된다면, *'ehyeh*의 의미는 "나는 존재할 것이다" 또는 "그는 (항상) 존재하는 자이다"를 의미하는 것으로 이해된다. 다른 언어들에는 있는 시제 구분이 성서 히브리어에는 없기 때문에, 여기서 암시하는 것이 현재인지 아니면 미래인지는 불확실하다. 70인역은 *'ehyeh*를 "나는 (영원히) 존재하는 자이다"라고 번역하고 있다. 이러한 형이상학적 변조는 절대적이며 불변하는 신에 대한 후대 유대교 및 그리스도교의 신학적 주장과 잘 맞는 것이었다. 그러나, E 기자가 신명을 이러한 방식으로 이해하였다고 하는 것이나 모세가 신명을 그와 같이 이해하였을 것이라고 하는 것은 매우 의문스럽다. 일부 번역자들은 출애굽기 3장 14-15절 주변의 E 문맥 "내가 정녕 너와 함께 있으리라"(한글개역, 출애 3,12), "내가 네 입과 그의 입에 함께 있어서"(한글개역, 출애 4,15)에 나타나는 보다 실제적이고 활용적인 "있다"의 의미를 지적하면서, 그 신명의 의미로 "현재하는 그가 함께 하시고 도우신다"를 택하고 있다.

이 동사가 사역형 어간으로 이해된다면, *'ehyeh*는 "나는 존재하게 한다"("I cause to be") 또는 "나는 존재하게 되는 것을 유발시킨다"("I bring about what comes into being")라는 의미를 나타낸다. 이것은 군주 시대 이전의 이스라엘에서는 강하게 부각되지 않았던 일반적인 창조 개념을 함축하는 것으로 종종 해석되어 왔다. 그러나 그것에 함축된 결과는 이스라엘의 사회사적 삶에 있어서 새로운 현실들을 창출한 것, 즉 야훼는 백성을 노예 상태에서 이끌어내고 부족 상호간의 자율적인 안전을 가져다주는 분이라는 점에 초점이 맞추어진 것이다. 이전의 신명인 엘/엘로힘과 새로운 신명 야훼 사이의 관계를 설명하려고 시도하는 또 하나의 이론은 고유 명칭인 야훼가 "만군(萬軍)을 창조한(*yahwī*) 엘"이라는 형식 같은 것으로 표현되는 엘의 원래 별칭으로부터 생겨났다고 주장한다.[2] 이스라엘에게 있어서 이것은 하늘의 군대(별, 해와 달, 비, 우박, 바람 등의 자연적인 요소들, 그리고 야훼의 천사 또는 사자와 같은 신의 작용의 화신들)와 지상의 군대(이스라엘의 시민군)라는 이중적 의미의 "군대"를 뜻했을 것이다. 이 가설에 따르면, 비록 엘은 엘로힘의 형태로 사용되어 고유한 또 하나의 이름으로 존속하였을지라도 사역동사 *yahwī*는 조만간에 분리되어 이스라엘의 신에 대한 독립적이고 독특하며 심지어 우선적인 이름을 형성하였다. 이것은 매력적인 이론이기는 하지만 현재로서는 결정적으로 입증되지 않고 있다.

다른 해석자들은, 비록 E가 야훼를 히브리어 *hyh*에서 파생한 것으로 받아들이지만, 사실상 야훼의 자음들은 동사 어근 *hwh*를 전제로 하고 있음에 주의를 환기시킨다. 그들의 견해에 따르면, 이것은 J와 E 자료에 공통적으로 나오는 이름들이 통속적인 어원이지만 잘못된 수많은 어원들 가운데 하나에 불과하다. 야훼의 배후에 있는 실제의 동사가 *hwh*라는 가정 하에, 그들은 때때로 "치다, 넘어뜨리다, 또는 때려눕히다"를 의미하는 아랍어 *hwy*와 관련짓기도 한다. 그럴 경우 야훼는 "치거나 넘어뜨리는 분" 즉 폭풍신을 의미할 것이다. 아랍어 *hwy*에 대한 또 하나의 다른 해석에 의하면, 야훼는 "다정하게/자비롭게 행동하는 분"으로 해석된다. 또 다른 주장은 야훼가 "말씀하시는 분"을 의미한다고 제안하면서 우가릿어의 한 어근 *hwy*를 인용한다. 아나톨리아에 있는 한 페니키아 비문을 근거로 하여, 야훼가 "지지자, 유지자, 창시자"를 의미한다는 주장이 제기되기도 하였다.

---

2) Frank M. Cross, *CMHE*, 65-71.

그러나 (비록 후기 성서 시대의 것임은 틀림없지만) 몇 가지 실례들에서 *hwy*는 "존재하다"는 의미로 사용되었음이 분명하므로 *hwh*가 *hwy*와 다른 의미를 가질 필요가 있는가 하는 것은 확실치 않다.

기타의 학자들은 야훼라는 신명의 어원들을 동사에서 찾는 것은 모두 잘못되었으며, 아마도 야(*Yah*)또는 야후(*Yahu*)라는 단축형으로 사용되어 그 이름은 "그분" 또는 "오 저분"과 같은 의미를 갖는 단순히 감정적 외침이나 제의적 부르짖음이었다고 믿는 경향이 있다. 야(*Yah*)는 히브리 성서에 25회 나오며, 야(*Ya*), 요(*Yo*), 및 야후(*Yahu*) 등의 형태는 성서의 고유명사와 성서 외의 비문들에서 흔히 볼 수 있다. 그러나 이보다 긴 형태인 야훼에 대한 증거들은 군주제 이전의 '드보라의 노래' 그리고 성서의 자료인 B.C.E. 9세기 모압 비석에 이르기까지 멀리 거슬러 올라간다. 현재로서는 어느 한 형태가 명백히 선행(先行)한다고 간주할 어떤 확실한 역사적 또는 어원학적 논거가 있는 것 같지 않다.

철저한 연구에도 불구하고, 야훼라는 이름이 모세에게 가졌던 의미, 또는 가나안의 이스라엘 부족 동맹에게 이 이름을 전한 전승집(傳承集)에 대해 가졌던 의미를 정확히 밝힐 아무런 방법이 없다. 그 이름의 정확한 의미를 앎으로써 우리는 이스라엘의 신앙의 원천에 대한 중요한 단서를 얻을 수도 있으나, 만일 그 이름이 전(前)역사를 이미 가지고 있다면 모세 또는 초기 이스라엘인들이 그 이름 자체에 어떤 특별한 의미를 부여했으리라는 것은 당연한 것으로 받아들여질 수 없다. 출애굽기 3장 14절의 어원은 그 이름에 대한 이론적 설명일 뿐 아니라 완곡한 표현이다. 왜냐하면 그 어원은 의도적으로 모호하게 되어 있고 신비에 싸여 있으며 아마도 그렇게 함으로써 이스라엘의 하나님의 침묵과 신비를 주장하는 것 같기 때문이다.

19.4 제사 의식과 제사용 물품

P 기자의 관점에 의해 결정적으로 영향을 받은 토라의 최종 편지에서는

포로기 이후 공동체의 예배 의식이 모세로부터 전수되고 수세기에 걸쳐 변함없이 계속되었다는 것을 가정하고 있다. 실제로 고대 이스라엘의 제의가 시간이 흐름에 따라 발전하였다는 사실이 일단 인정되면 다음의 질문이 제기된다. 모세 혹은 적어도 모세 전승을 발전시킨 초기 이스라엘인들의 실제 예배 형태를 결정짓는 것이 과연 가능한가?

P 자료는 레위인의 도움을 받은 아론계 사제들이 주도하였으며, 광야에서는 이스라엘 진(陣)의 중앙에 세워졌고 나무궤(증거궤)가 들어 있는 이동 성소(성막)에서 행해진 동물 및 곡식 제사를 자세히 묘사한다. 이러한 각 요소들은 P 기자의 고대 전승 반영도를 결정짓기 위하여 개별적으로 평가되어야 한다.

이동 가능한 나무궤 즉 증거궤와 역시 이동 가능한 성소 즉 만남의 장막(성막)은 JE 모세 전승에서 언급되나 결코 동시에 언급되지는 않는다. 증거궤는 형상 없는 신을 위한 대(臺) 즉 보좌의 형태로 야훼의 임재를 묘사한 것으로 보이는 나무 상자였다. 그것은 또한 십계명을 수록한 서판의 용기(容器)로도 이해된다. 이 궤의 역할은 수호물 즉 소유한 자들을 완전하게 지켜주는 권능이 있는 성물(聖物)로서 전쟁시 이스라엘인들과 함께 하는 것이었다. 증거궤가 금으로 된 덮개("속개판", "시은좌")로 덮여 있고 거기에 날개 달린 수호상들("거룹들")이 붙어 있다는 P의 생각은, 증거궤가 솔로몬 성전에 비치되었을 때 처음으로 그것에 치장된 많은 장식들은 광야시대의 궤에 소급시킨 것으로 보인다.

E에 언급된 만남의 장막은 P가 언급하는 제사를 위한 소(小) 성전과 대조되는 작은 신탁 성소인데 천막 형태의 단순한 사막 성소와 일치한다. 대개의 경우 낙타 등에 실려 운반된 그러한 성소들은 회교 이전의 아랍인들 사이에서 뿐 아니라 회교도 아랍인들 사이에서도 잘 입증된다. 회교 이전 시대에 사람들은 부족의 석상(石像)들이 보관되어 있었던 그러한 성소를 전쟁시 갖고 다니기도 하였고 그곳에서 신탁을 구하기도 하였다. 회교 시대에는 두 가지 형태의 성소가 있었는데, 하나는 순례자인 대상(隊商)들을 메카(Mecca)로 인도한 코란(Koran)의 사본이 들어있는 천막으로 된 것이

다. 아랍 성소 그리고 이스라엘의 증거궤 및 장막과 관련된 기능의 범위가 직접적으로 같은 수는 없으나 기능상의 일반적인 비교는 도움이 된다. 증거궤와 장막 형태의 이동 가능한 제의용 물품들을 사용한 것이 유랑 생활 조건 및 종교적인 유일신론과 일치하고 있음은 명백하다.

대체적으로 말하면, 가나안 진입 이후에는 광야 장막의 행방 심지어는 그것의 실존 여부조차도 상당히 모호한 반면에 증거궤는 초기 이스라엘 역사의 여러 시점들에서 추적될 수 있다는 면에서 야훼 신앙에 나타난 모세적 요소로서의 증거웨에 대한 증거가 장막에 대한 증거보다 다소 유세하다. **P** 이전의 전승들에서 증거궤와 장막이 완전히 분리된다는 점에 주목하여 일부 학자들은 증거궤와 장막이 서로 다른 집단으로부터 유래되었으며 제의에서 결코 서로 관련되지 않았다고 주장하였다.

그러나 성서의 전승들이 단편적이고도 혼란스러움에도 불구하고 증거궤와 장막을 결합시키는 이유가 있다. 증거궤는 장막이 제공해 줄 일종의 보호물이 절대적으로 필요하였을 것이고, 장막 성소에서 신에 대한 어떤 상징물이 요구되었을 것이므로, 우상들을 배제시킨다면 하느님 보좌 받침으로서의 단순한 상자가 그러한 역할을 잘 담당했었을 것이다.

P에 의한 제사 제도에는 다음과 같은 형태의 제물들이 포함되었다.

1. 제단 위에서 완전히 불살라진 짐승 제물(전번제)
2. 일부는 불살라지고 일부는 사제 및 예배자들이 먹은 짐승 제물 화목제(친교제)
3. 알게 모르게 지은 평신도 및 사제의 죄를 속하기 위한 것으로 죄지은 자는 먹을 수 없는 짐승 제물(속죄제/보상제)
4. 그 자체만 별도로 드려지기도 하고 짐승 제물과 함께 드려지기도 하는 곡식 제물(소제)
5. 향 또는 향기로운 향료를 혼합한 제물(분향제)
6. 사제가 매주 먹는 성막의 상(床)에 놓인 떡 덩어리의 진열(제사떡 또는 진설병, 즉 "진열을 위하여 펼쳐 놓은 떡" 또는 임제의 떡

전번제 및 친교제에 대한 언급은 이스라엘의 초기 시대까지 거슬러 올라간다. 반면에 속죄제에 대해서는 에제키엘 및 P 이전에는 확실하게 언급되지 않는다(§49). 속죄제에 대한 P의 묘사와 설명은 분명치 않은 점으로 미루어볼 때, 이 사실은 P 기자가 속죄제에 옛 의미들을 충분히 파악하지 못한 채 고대 의식들의 성문화를 시도하고 있다는 표지일 수 있다. 여하튼 초기 이스라엘에 있어 속죄제는 P가 그것에 부여한 중요한 의미를 갖고 있지 않았다. 또한 희생이 레위인 집단 전체와 대비되는 아론계 사제들의 전유물이었다는 증거가 희생에 대한 P 이전의 언급들 전체에 걸쳐 전혀 나타나지 않았다. 더구나 성서에 나타난 수많은 고대의 언급들은 평민들의 제사를 드리는 것이 전적으로 정당하였다는 것을 보여준다.

이스라엘인들의 제사와 기타 근동 사람들의 제사들을 비교해 볼 때, 특히 전번제 및 친교제가 두드러진다는 점에서 가나안의 제사 형식과 이스라엘의 제사 형식 사이에 아주 밀접한 관련이 발견될 수 있다는 것은 명백하다. 그러나 특정한 제사들에서 피에 중요성을 부여한 점에 있어서 이스라엘의 의식들은 아랍의 의식들과 가장 밀접한 위치에 있다.

이스라엘인들의 제사 가운데 가장 오래된 형식은 어린 양의 피로 드리는 의식이 수반된 해방절 어린 양 제사였으며 가나안에 있을 때 이스라엘인들이 가나안의 농경 의식을 상징적으로 포함시키기 위하여 자신들의 제사 항목을 확대시켰다고 추측되어 왔다. 물론 이것은 이스라엘인들 전체 또는 대부분이 이집트로부터 왔다는 것을 가정하고 있는데 이는 추후에 평가되어야 할 의문의 여지가 있는 가설이다(§24.1.1).

상당히 논란이 되어 왔던 한 문제는 고대 가나안에서 그리고 이스라엘 자체 내에서 행해진 인신 제사의 발생과 그에 따르는 의무에 관한 것이다. 입다는 자신의 딸을 제물로 바쳤으며(판관 11,30-40), 후대 왕조에서 아하즈 왕과 므나쎄 왕이 자신의 아들들을 불을 살라 바쳤다는 것(열하 16,3; 21,6)이 명백히 기술되어 있다. 처음 난 짐승은 제물로 바쳐야 하는 반면에 처음 난 아이는 속전을 바치고 되찾는 것을 허용하는(출애 34,19-20) 고대제의 규정들을 일부 해석자들은 인신 제사가 최초의 야훼 신앙에 부과된 특징이었으며 나중에 짐승 대속물로 경감되었음을 의미하는 것으로 해석한다. 그러한 문맥에서 아브라함이 이사악을 제물로 바칠 뻔한 것은 널리 인정된 인신 제사에 대한 논박으로 간주된다(창세 22,1-14).

이스라엘의 인신 제사가 인접한 가나안의 주변 환경으로부터 왔다고 하는 증거는 분명치 않다. 어린아이 유골의 고고학적 발굴은 소위 정초 제사(定礎祭祀: foundation sacrifice), 즉 신의 환심을 사기 위하여 새로 짓는 건물의 터에 희생으로 바친 어린 아이를 매장하는 제사의 증거가 될 수 있다(참조, 열사 16,34). 그러나 다 그런 것은 아니지만 이러한 유골의 일부는 단순히 높은 유아 사망률을 가리킬 수도 있다. 페니키아와 그 식민지의 카르타고 및 말타에서 나온 7세기부터 4세기에 이르는 비문 및 역사적 보도들은 국가가 위기에 처했을 때 드리는 아이 제사에 대해 보다 적절하게 증거하고 있다.[3] 국가적인 위기시의 이러한 인신 제사는 9세기의 모압(열하 3,27)과 8세기에서 7세기 사이의 유다(앞에서 살펴본 아하즈와 므나쎄에 대한 언급들을 참조하라)에서 집중적으로 일어났다.

이상에서 볼 때, 가나안이나 이스라엘의 종교가 인신 제사를 직접 법률로 제정하였다거나 통상적으로 요구하였던 것 같지는 않다. 그러나 모든 생명이 신에게 속해 있고 인간의 생명조차도 절박한 위기를 해결할 목적으로 신에게 영험 있게 "되돌려질"수 있다는 생각은 언제나 배후에 자리잡고 있다가 절망적인 시기에는 그것이 행동으로 옮겨지기도 했던 것 같다. 좀처럼 사라지지 않는 그러한 가설을 근거로 하여서만 이사악을 제물로 기꺼이 바치려 한 아브라함의 의도가 정신착란적이라기보다는 오히려 있을 수 있는 일로 간주될 수 있었을 것이고, 이런 방식으로써만 비교적 적게 언급되는 성서의 인신 제사들은 그처럼 잔인한 일을 통하여 잃는 것보다 얻는 것이 더 많다는 확신 속에서 수행될 수 있었을 것이다.

---

3) Lawrence E. Stager and Samuel R. Wolf, "Child Sacrifices at Carthage—Religious Rite or Carthage Religious Rite or Population Control?" *BARev* 10/1(January/February 1984): 30-51.

이스라엘의 축제에 관해서는, 축제들은 본질적으로 가나안의 추수 주기에 맞춰진 농경 축제들의 순환으로 나타나는데, 가나안의 추수 주기는 초봄의 밀 추수(해방절), 늦봄의 보리 추수(추수절/칠월절, 이것이 후에는 오순절로 불려짐), 그리고 초가을의 포도 수확(가을 추수절/수장절 또는 초막절) 등이 있다. P에 나오는 속죄일은 속죄제와 마찬가지로 초기 이스라엘에는 나타나지 않는다. 아마도 이러한 축제들의 순서는 제사 형식과 아울러 가나안에서 발전되었을 것이다. 반면에, 해방절은 농경적인 요소(무교병=누룩 없는 빵)뿐만 아니라 목축적인 요소(피 의식과 아울러 희생양)도 포함하고 있다. 많은 해석자들은 목축적인 해방절이 모세로부터 유래되었으며 후에 연중 같은 시기인 및 추수제와 융합되었다고 믿는다. 이 가설은 보통 목축 유목민으로서의 출애굽 이스라엘인들에 대한 불확실한 가설과 관련된다.

이스라엘에 대해 야훼 또는 다른 신들의 형상이나 우상을 만들지 말라고 금지한 규정은 고대적인 것이었던 듯하다. 그러한 금지 규정이 정확한 의의와 범위의 재구성은 불가능하다. 금지 규정의 의도는 다른 종교들을 모방하거나 그것들로부터 차용하는 것, 또는 그러한 종교들의 의식 수행자들과 동맹 맺는 것에 대하여 방벽을 세우는 것이었을 것이다. 더 나아가 그것은 그의 임재와 활동이 억제되거나 조작될 수 없는 이스라엘 하느님의 불가시성(不可視性)을 강조하려는 목적이 있었던 것 같다. 그러나 증거궤와 장막이 이스라엘의 기원에까지 거슬러 올라간다면, 형상의 제조 금지는 신에 대한 모든 상징들을 배제한 것이 아니었으며 야훼에 대한 인간의 예배 및 야훼와의 교통에 대한 구체적인 모양들도 배제하지 않았음이 명백하다. 후대의 유대교 및 그리스도교 신학의 영향 하에서 형상에 대한 금지가 지나치게 "영적" 및 "신학적"으로 해석되었다. 이러한 고대 금지 규정의 원래적인 의미에 대해 과장하거나 지나치게 마음대로 추측하지 않는 것이 이제까지의 증거에 비추어 볼 때 더욱 적절하다.

20. 모세 전승에 대한 신문학적 접근

20.1 민담(民譚)의 구성 모티프와 전승 일화

모세 전승에 대한 문학적 접근 방법 중 한 계열은 민담 분석의 범주들을 성서 설화에 적용시키려고 시도하였다. 이를테면 한 연구는, 스티스 톰슨(Stith Thompson)의 포괄적인 민담 모티프 색인을 시발점으로 하여, 그가 말하는 '모티프'("설화[tale]에 있어서 전승을 관철시키는 힘을 가진 가장 작은 요소")로부터 '구성-모티프'("그 이야기를 한 단계 더 진전시키는 구성 요소")와 '전승 일화'(이야기에 있어서 "어느 정도 정착된 설화의 일부를 일괄적으로 형성하는 일련의 사건들")로 그 범위를 좁히고 있다.[4]

이 연구는 고대 근동과 성서의 민담 유형 및 주제들이 분류된 적이 없기 때문에, 불확실하고 초보적인 시도로 인식되고 있는데, 주로 그것은 각 유형들마다 수백 가지 실례를 제공하고 각 주제마다 많은 예증을 제공하는 유럽 및 기타 민중 문학(folk literature)에 비해, 입수 가능한 자료들이 매우 제한되어 있기 때문이다. 그럼에도 불구하고, 주제와 일화 분석은 성서 설화(tale)의 구성을 명확히 하는 데 도움이 될 수 있으며, 또한 성서 설화의 화자(話者)와 청자(廳者) 특유의 가치와 강조하는 바를 나타낼 수도 있다.

모세 전승에서 다섯 가지 구성 모티프가 확인되고 논의된다.

1. 핍박받는 아기(출애 2,1-10; 창세 21-22의 위험에 처한 아이들을 참조하라).
2. 피로 얻은 남편(출애 4,24-26).
3. 생명이 없는 동물(출애 4,1-5; 7,8-12).
4. 명령에 따라 물러가거나 다시 흐르며(출애 14장; 참조, 여호 3,7-4; 7장; 열하 2,6-14) 솟아나는(출애 17,5-6; 민수 20,7-13) 순종하는 물.

4) Dorothy Irvin, "The Joseph and Moses Narratives(Parts 3-4)," in *IJH*, 180-209.

5. 재앙(출애 7-11장).

이들 구성 모티프 각각에 대하여, 고대 근동 사본에서 나온 하나에서 다섯 개까지의 예들이 제시되고, 성서의 구성 모티프에서 강조점이나 문맥이 특별히 변조된 사실이 강조된다. 피로 얻은 남편의 경우에 있어서 이집트의 피로 얻은 남편에 대한 지식을 가지고 있어야만 우리는 그 당혹스런 이야기의 요점이 피에 굶주린 신을 속이는 것에 있음을 알 수 있다. 즉 십보라가 그 아들에게 할례를 행하고 그 소년의 포피에서 나온 피를 모세의 "발", 즉 생식기에 바를 때, 야훼는 모세가 할례를 받았다고 믿게 되었다는 점에서 그렇다. 전형적으로 구성 모티프는 고대 근동과 성서의 용법들에 있어서 아주 다른 의미를 지니고 있다. 성서 외적 상황에서 구성 모티프들은 흔히 신들의 장난과 관련되고 때로는 변덕스런 왕권에 병합하여, 종종 도덕적으로 적용된다. 이스라엘의 구성 모티프는 이스라엘 민족을 속박에서 해방시키라는 정치적 명령에 초점을 맞추는 경향이 있는데, 그 명령은 조만간에 존재하게 될 공동체의 "예언적 도덕성", 즉 이집트 민족에게는 어떤 권위도 가질 수 없는 도덕성을 그 자체에 포함한다. 심지어 괴이한 피로 얻은 남편 구성 모티프까지도 이스라엘 남자의 집단적 표시로서의 할례의 절대적 중요성을 강조하는 데 기여한다.

모세 설화에서 인용된 전승 일화는 "구원자를 보내는" 것이다. 구원자 파견에 관한 수메르-바빌론의 실례 세 개와 힛타이트의 실례 한 개 그리고 우가릿 실례 한 개가 출애굽기 3-4장과 후대의 세 정형화인 이사야 6장, 에제키엘 1-2장 그리고 욥기 1-2장과 비교된다. 유기적으로 결합된 일련의 요소들은 많은 실례들의 배후에 있는 예측 가능한 양식으로 전개되는데, 그 실례들 중 어느 하나도 모든 요소들을 다 포함하고 있지는 않다. 완전한 일련의 요소들은 다음과 같으며 그 속에는 출애굽기 3-4장에 나타나는 요소들에 대한 참조 본문이 아울러 제시되어 있다.

1. 문제의 기술
2. 천상 회의 개최

3. 문제 제기: 출애 3,7-9
4. 해답의 제시: 출애 3,8
5. 질문, "누가 갈 것인가?"
6. 주인공이 부름받음: 출애 3,11
7. 주인공의 이의 제기: 출애 3,11; 4,10
(8) 주인공이 확신을 가짐: 출애 3,12; 4,11-13
또는
(9) 다른 주인공이 부름받음: 출애 4,14-16
(10) 주인공의 보답 요구
(11) 능력을 시험하기 위하여 주인공에 의해 또는 그를 위해 기적이 행해짐
또는
(12) 그를 재확신시키기 위하여 기적이 행해짐
(13) 그를 교훈하기 위하여 기적이 행해짐: 출애 4,1 -9
14. 교훈(그리고 무기)이 주어짐: 출애 4,15-17,21
15. 주인공의 출발: 출애 4,18-20
16. 갈등
17. 결과 : 출애 4,29-31; 5장 이하

구성 모티프와 전승 일화에 대한 연구는 성서 기자들이 사용한 표준 관례들을 구별하는 데 도움이 된다. 사실 전승 일화는 주로 조상 전승을 다루는 또 다른 문학비평이 유형 장면이라 부르는 것과 매우 유사하다(참조, §15.3.4). 그러나 각 범주에 속하는 성서 및 성서 외 실례들의 수가 비교적 적고 구성 모티프와 전승 일화를 취급하는 방법에 있어서 매우 유연성이 있기 때문에, 비교 연구가 근거하고 있는 기반이 얼마나 견고할지는 확신할 수 없다. 천상 회의, 극복해야 할 혼돈으로서의 적, 선택된 구원자의 항변, 사명 완수에 있어서 기적의 효능 등과 같은 장면들 및 상징들을 일화로써 연결된 모세 파견 기사를 이해함으로써 양식화된 이야기 요소들은 보다 깊은 연구를 할 수 있도록 현저하게 부각된다.

예언과 지혜의 인용이 실제로 구원자를 보내는 일화인지는 의심스럽다. 그 이유는 예언자 겸 구원자의 최후 성공이 자세히 이야기되지 않으며(오

히려 이것은 사자(使者) 파견 일화가 아닌지?), 욥의 경우는 구원자를 기대하지 않고 오히려 욥이 신실함으로써 소위 그 자신의 경건을 "되찾을" 때 패배한 고발자 사탄을 고려하기 때문이다. 비교 민담 접근법에서 나오는 하나의 흥미 있는 관찰은 고대 근동의 판본들과는 달리 성서의 구원자 파견 일화는 현 질서를 장악한 기존 세력들을 전복되어야 할 억압적인 적으로 보는데, 이는 "그 일화가 가망 없는 사람의 성공을 위한 헌사이며 그를 들어 높임에 대한 찬양이라는 점과 아울러(삼상 2,1-10 참조) 구약신학을 거의 특징짓는다"[5]는 것이 분석자의 결론이다.

이 민담 분석 방법이 시사하듯이, 그것은 아직도 완전히 정리된 방법이 아니고, 입수 가능한 모든 고대 근동과 성서의 본문들에 대한 철저하고 광범위한 연구가 있기까지는 다소 인상적인 것으로 남을 것은 틀림없지만, 이 연구는 서구는 다른 민중 문학들이 모티프와 구성 모티프 및 전승 일화들과 관련해서 수행되어야 할 것이다.

20.2 성서적 "희극"

문학비평가 노드롭 프라이(Northrop Frye)의 희극과 비극의 구별을 적용하는 다른 신문학적 연구 방법은 희극으로서 출애굽기 1-15장과 비극으로서 유리피데스(Euripides)의 "여사제"(*The Bacchae*)를 비교하고 두 작품이 유사한 문학적 장치를 사용하여 상반되는 결과에 도달했다고 결론 짓는다.[6] 출애굽기 1-15장과 "여사제"는 생소하고 별로 알려지지 않는 신들(야훼/디오니소스)이 거만하고 완고한 불신자들 파라오/테베의 왕인 펜테우스(Pentheus)에 대하여 그들의 신적 능력을 행사함으로써, 신성(神性)에 대한 그들의 주장을 어떻게 확증하였는가에 대한 이야기를 말한다. 두 작품의

5) Ibid., 202.

6) David Robertson, "Comedy and Tragedy: Exodus 1-15 and the Bacchae," in *The Old Testament and Literary Critic*, CBS(Philadelphia: Fortress Press, 1977), 16-32.

핵심은 신과 불신자 사이의 투쟁이며, 이때 야훼는 물론 모세의 중재를 통하여 역사하는 반면에 디오니소스는 익명의 인간 모습을 취한다. 파라오와 펜테우스는 그들이 실제로 가진 것보다 많은 지식과 능력을 가졌다고 주장하는 *alazon* 즉 거만한 자를 파멸시키기 위해서 그들이 실제로 아는 것보다 적게 안다고 주장하는 *eiron* 즉 시치미를 떼는 사람(dissembler)의 실례들이다.

출애굽기 1-15장의 결과는 주인공 모세가 해방된 이스라엘이라는 새로운 공동체의 일원이 되기 때문에 희극이고, 반면에 "여사제"의 결과는 주인공 펜테우스가 죽음으로써 테베의 지도자 위치에서 물러나기 때문에 비극이다. 출애굽기 1-15장 전반에 걸쳐서 의로운 야훼/모세와 악한 파라오 사이에 명백한 선이 그어지기 때문에 독자의 동정심은 전적으로 전자의 편에 주어진다. 대조적으로 "여사제"에서는 디오니소스와 펜테우스의 덕목과 악덕이 그들이 상호작용하면서 뒤바뀌므로 독자는 양자에 대하여 끝까지 반대 감정의 병존을 경험한다. "여사제"에서는 아이러니가 모든 곳에서 존재하지만 출애굽기 1-15장에서는 아이러니가 뚜렷이 배제된다.

다른 문학 작품과의 공통점과 차이점은 윤곽을 기술함으로써, 비교 문학 연구는 출애굽기 1-15장의 보다 큰 구상과 의도에 대한 질문을 제기하는데 도움을 준다. 재앙으로 중단된 모세와 파라오의 장기(長期) 협상 중에 있었던 그들 사이의 투쟁(*agon*) 즉 논쟁과 시련에 주의를 돌림으로써 성서 이야기의 투쟁적 요소가 부각된다. 흥미롭게도 출애굽기 1-15장은 하나의 전설이며, 그것이 연극적 형태로 복합된 것은 모세와 파라오 사이의 결정적인 투쟁 기사가 "제의 찬미(cultic glorification)"를 통해 낭독되고 아마 실연되었을 해방절 의식에서의 낭송/낭독에서 유래하였다고 주장되어 왔다.[7]

그러나 그리스와 이스라엘 작품에 대한 이러한 비교 연구는 문학 장르와 사회사적 배경의 차이점들을 충분히 고려하지 않았다. "여사제"의 "비

7) Johnnes Pederson, *Israel, Its Life and Culture*, vols, Ⅲ-Ⅳ(London: Oxford University Press: Copenhagen: Povl Branner, 1940), 728-37.

극"은 디오니소스 신비 종교의 긍정적인 활력과 부정적인 활력에 대해 숙고하도록 의도한 한 작가의 무대 희곡이고, 반면에 출애굽기 1-15장의 "희극"은 익명의 전승들의 덩어리이며, 이 전승들은 공식 제의에서 성장하고 이스라엘 공동체 건설에 대한 정기적 축하를 목적으로 한다.

그리스 희곡은 그것이 창조해낸 사건들과(공간, 시간, 의미에 있어서) 동일 연장선상에 있지만, 이스라엘 전담 연속물들은 이전 사건들에 대한 후대의 고찰들이며 이 사건들은 더 이상 역사로서 그리고/또는 이스라엘 백성들이 후에 가나안에서 경험한 외부 압제자들로부터의 해방과 유사한 해방에 대한 상징적인 암시들로서 재구성할 수 없는 것들이다. 유리피데스는 디오니소스 제의에 대해 사려 깊은 의도적으로 찾아낸 모순적인 소견들을 제공하는 데 반하여, 야훼 제의에 깊이 뿌리박고 있는 출애굽기의 화자(話者)/작가는 독립된 사회로서 확실하게 안정을 구축하기 위하여 아직도 투쟁하고 있는 한 민족의 토대 혹은 강령에 대한 이야기를 소개하고 있다. 간단하게 말하자면, 이렇게 폭넓은 비교 문화 연구가 성서 연구에 최대로 공헌하기 위해서는 장르와 사회사적 차이점이 보다 적절히 고려되어야 한다.

20.3 구조주의적 설화 프로그램들과 동위성들(Isotopies)

그레마스(A. J. Greimas)의 설화 모형 분류를 따른 민수기 11-12장의 독해가 한 구조주의 비평가에 의해서 제안되었다.[8] 이 설화의 주요 계획(program)은 다음과 같이 분석된다: '야훼'는 "수령자"인 '이스라엘 백성들'에게 '약속의 땅'을 "객체"로서 주는 "발도자(發途者)/수여자"이다. '모세'는 메추라기 및 만나와 아울러 '보조자'로 생각되는 장로들을 '제공

8) David Jobling, *The Sense of Biblical Narrative. Three Structural Analyses in the Old Testament*(1 Samuel 13-31; Numbers 11-12; 1 Kings 17-18). *JSOT Sup* 7(Sheffield: JSOT Press, 1973), 26-62. 그레마스의 구조주의적 행위체 모델(actantial model)을 간략하게 소개하고 설명한 것에 대해서는 1장의 5번을 참조하라.

함' 으로써 행동을 촉진하는 "주체/주인공"이다. 이 계획에 따르면, 가나안을 향한 이동은 긍정적이고 광야에서의 지체는 부정적이지만, 이동은 백성에 의해 어떤 조건들이 충족될 때에만 일어날 수 있다. 백성의 반역은 반(反) 계획(counter program)이며, 이에 대해 야훼는 저지 수단 즉 반(反)-반계획으로써 대응한다.

본문의 '의미-효과' 들은 다음과 같은 두 개의 아이소토피 즉 넓은 의미범주(semantic category)로 분류된다 (1) 혼합되지 않은 실체들의 조직으로서 이스라엘 백성은 모세, 아론, 백성, 미리암, 하층민과 같은 최고 권위자에서 기층에 이르는 여러 계층으로 이루어진다. (2) 백성들의 자각을 극대화시킴으로써 그들의 허위 의식을 극복하기 위해 자연 요소와 모세를 통해 행동하는 야훼가 주요 계획에 대한 지식을 전달한다. 이 아이소토피 혹은 의미 있는 주제들은 지리적 약호(code)와 시간적 약호, 정치적-계급 구조적 약호, 지형적 약호(천막, 진(陳), 진 밖) 그리고 영양(음식) 약호 등과 같은 일련의 분류 약호나 체계를 통하여 본문에서 성취된다.

구전 신화들에 비해 심하게 편집된 설화 본문들을 분석하는 데 구조주의적 비평 방법이 얼마나 적절한가에 대해 구조주의적 비평가들 사이에서 아직 의견이 일치된 바는 없지만, 이 방법은 설화의 복잡한 구조를 밝히는 방식에 있어서 통제 가능하고 유익하다. 민수기 11-12장에 적용된 것처럼, 구조주의적 비평은 역사비평적 방법 및 사회과학적 비평 방법들과 관련을 가질 여지가 있다. 더욱더 많은 성서의 전승 단위들이 구조주의적으로 분석되어야만 어느 한 부분에서 나온 결과들의 완전한 의미가 명백히 밝혀질 것이다. (전제 조건들과 논조에 있어서 종종 신앙 고백적이고 종교적인) 전(前) 또는 비(非) 비평적 성서 주석들—특히 라삐 문학에서 발간된 주석들—의 설화에 대한 통찰력 있는 관찰들이 구조주의적 분석 방법들을 사용하여 새롭게 평가될 수 있다고 이 구조주의적 비평 주석가가 주장함으로써 구조주의적 비평의 흥미 있는 부산물이 될 수 있는 문제가 제기되었다.

20.4 평가의 결론

앞의 예에서 본 것처럼, 모세 전승들에 대한 세 가지 신문학적 접근 방법들은 분석의 표준과 방법에 있어서 크게 다르기 때문에 그 결과들은 단순히 결합될 수 없고 역사비평적 혹은 사회과학적 방법들과 직접 연결될 수 없을 정도이다. 다른 연구들과는 상이한 방법을 따르는 각각의 연구들은 성서 안에 복잡하게 얽혀 있는 구조와 언어 및 의미소(意味素)들의 양식화를 포착하도록 허락하거나 심지어 강요하기도 한다. 처음의 두 연구들은 성서의 문학들과의 비교를 시도한 반면에 세 번째 연구는 성서 내의 연결장치에 국한되었다. 어떠한 연구도 모세 전승들에서 15장 이상을 그 과제로 채택하지 않는다. 세 연구들 중에서 구조주의적 주석이 그것이 따르는 방법과 그것이 하려고 의도하는 것 그리고 그것이 시도하지 않거나 시도할 수 없는 것에 대하여 가장 분명하며, 따라서 그것에 대한 논의가 가장 치밀하다. 모든 문학적 연구들에서 방법에 대한 그와 같은 정밀도와 다양한 문학적 방법을 선택하여 분석할 수 있는 본문들이 더욱더 개발되면 개발될수록, 문학적 방법들이 어떻게 상호 관련되고, 역사비평적 방법과 사회과학적 방법이 고려하지 않으면 안 되는 문제들을 제시하는지를 보다 쉽게 짐작할 수 있게 된다.

21. 모세 전승의 사회사적 지평

우리는 조상 전승이 어떤 확고하고 단일한 역사적 준거틀에 놓이기를 거부하는 것을 발견하였다(§16.1-3). 이스라엘의 일부가 된 집단들이 다양한 기억들을 보존한 조상, 전승들의 가장 명확한 사회사적 지평은 가나안의 연합 이스라엘이 그 기원에 대한 종합적인 설명을 발전시키려고 노력한 것에 있다(§16.40).

모세 전승은, 그것이 13세기에 이집트부터 가나안으로 이주한 국가 노예 집단(혹은 집단들)의 이동을 가리킨다는 점에서 확실히 조상 전승보다 그 기원이 단순하다. 조상 전승과 관련해서 그리고 이집트 역사서들을 근거로 하여 추정컨대, 이집트로부터의 탈출자들은 아마도 자발적인 이주자들뿐만 아니라 전쟁 포로들도 포함하였을 것으로 보이는 가나안의 옛 거주자들로 생각된다. 노예 반란과 탈출을 계획하였으나 가나안에 들어가기 전에 죽은 그들의 지도자 모세는 이집트식 이름을 가졌고 시나이 지역의 미디안 사람과 결혼하였으며, 레위의 후손이었고, 판관 시대 단 부족의 한 사제의 조부로 판명되었다(판관 18,30).

21.1 전(前) 이스라엘 실체로서의 모세 집단

이스라엘 이전 시대의 것임이 확실하다고 생각되는 일이 아주 빈번하게 있는 전승의 사회 종교적 요소는 야훼라는 이름으로 새로운 신을 도입한 것과 제의를 도입한 것이었으며 이 제의에는 증거궤 그리고/또는 천막과 어떤 형태의 것이든 희생 제사가 포함되었을 가능성이 있다(§19.4). 탈출한 노예들을 서로 결속시키고 그들을 야훼와 결합시켜주는 계약이라는 도구도 이 지평에 속할 것이고, 공동체의 내부 질서를 위해 짧은 형식의 십계명으로 발표된 것과 같은 기본 조항들도 역시 이 지평에 속할 가능성이 매우 높다(§19.2.3).

반면에 제의와 법과 규정들에 대한 완벽한 진술과 세밀한 손질은 수세기 이후 군주국 말기, 포로기, 유다 복귀 기간 동안에 예루살렘에서 행해진 '제사 의식'이라는 사회사적 지평에 속하는 것이 분명하다(§49). 출애굽기 19-24장, 32-34장에 있는 비(非) P 전승의 계약과 법의 복합체 부분은 이스라엘이 부족 시대와 군주국 시대 초기에 가나안에 정착한 후 이스라엘 백성 사이에서 행해진 계약 갱신제에서 공식화된 흔적을 가지고 있고, 신명기는 군주국 시대의 약간 늦은 단계에서 행해진 계약 갱신 의식을 반영하고 있다. 이외에도 광야에서의 모세와 이스라엘에 대한 전승의 풍부한 묘사, 특히 모세의 "직무"와 백성들의 반역에 관한 것은 연합 이스라엘이라는 보다 큰 부족 상호 동맹에서 일어난 격심한 지도자 투쟁의 압력 하에 형성된 것으로 보인다.

모세 때의 이스라엘 백성과 가나안의 후대 이스라엘 백성 사이의 차이점을 규명하는 것이 중요하다. 한 가지 예를 들면 (야훼와 관련된) 이스라 '야' (*Isra- 'yah'*)보다는 (엘/엘로힘과 관련된) 이스라 '엘' (*Isra- 'el'*) 바로 이 이름이 가나안의 공동체에 의해서 처음으로 채택되었을 것이다. 둘째로, 가나안이 이스라엘과는 달리 모세 집단은 자기 토지에서 집약 농업에 종사하고 인접 도시국가로부터 자신을 방어하는 그러한 백성이 아직 아니었다. 이용 가능한 제한된 증거로부터 추론해 볼 때, 모세 집단은 이집트에서 국가 노예에게 부과한 가혹한 부담 때문에 생존을 위해 이주성 습관을 갖지 않을 수 없었던 목축업자들(양, 염소, 약간 의심스럽지만, 소), 소규모 채소 재배자들, 그리고 어부들로 구성된 혼합체였던 것으로 보인다. 셋째로, 일반적으로 숫적인 면에서 수백이나 수천 명을 넘지 않았을 것으로 추산되는 모세 집단은 다양한 역사와 문화적 경험을 가지고 종국에는 보다 큰 이스라엘을 형성하게 될 연합 민족의 대규모 복합체는 아직 아니었다. 그들의 기원이 아무리 다양할지라도 모세 집단은 바로 얼마 전에 이집트에서 압제를 당한 공통의 경험을 갖고 있었다. 광야에서 그들은 얼굴을 맞대고 지도권을 주장하고 지도권 경합을 벌일 수 있었던 소규모 주권 집단을 형성하였다. 일단 모세 집단이 가나안에 들어가 다른 사람들과 합류하여 이스라엘 연합체를 형성한 후에는 그 집단 초기의 개별적 특성들이 이스라엘 전체 집단에 의해 공동으로 형성된 문화적 규범 및 역사 경험과 융합되었고, 그 집단의 특수한 사회 종교적 조직은 크게 확대되고 정교해진 부족 사회 제도의 구상 안에서 상호 협력 하에 재구성되었다.

21.2 모세 집단과 후대 이스라엘을 연결하는 사회 종교적 전략

출애굽과 유랑의 경험을 가진 이스라엘의 선조들과 가나안의 전 이스라엘 백성들 사이의 관계를 고찰하는 이 방법은 즉시 다음과 같은 질문을 제기한다. 이스라엘의 일부가 된 수많은 집단들 가운데 사실상 단지 하나에 불과한 집단의 운명에 그토록 많은 주의를 집중시키는 것이 이스라엘 연합체를 위해 필요했던 이유는 무엇인가?

그 질문에 대한 하나의 대답은 가나안에서 연합 이스라엘을 형성하는 데 있어 중추가 되었던 지도력이, 중요한 야훼의 계시 및 제의와 함께, 레위 부족의 모세 집단에서 나온 것으로 보인다는 것이다. 부족 시대에 정치 권력이 분산되어 있었다면, 순종적인 다수의 이스라엘 사람들에게 소수의 유산을 강제 부과하였다는 것으로 모세 전승의 구심성을 설명하는 것은 매우 불충분하다. 군사적으로 강력한 부족들인 에브라임과 므나쎄(아마 모세 집단에 속하였을 것이다?)가 일찍 야훼 신앙(Yahwism)을 채택한 것은 아마 설득력 있는 요인이었을 것이다. 그러나 이스라엘 연합에 대해 모세 전승이 갖고 있었던 사회 종교적 매력의 여러 차원은, 모세 집단과 후대 이스라엘이 직면한 '중대한 문제들' 사이를 잇는 연결선과 관련하여, 그리고 그 문제들을 극복하기 위해 초기의 이주 공동체와 후대의 정주 공동체가 각각 발전시킨 '사회 종교적 전략들' 사이를 잇는 연결선과 관련하여 설명되어야 한다. 광야 공동체는 그것의 오랜 사회 문화적 정체(正體)의 견지에서 보면 목축 유목민이 아니라 이주 공동체였다는 것이 주목되어야 한다.

광야의 태동기 이스라엘과 가나안 땅의 전성기 이스라엘 사이를 잇는 중요한 연결선들 중에는 다음과 같은 것들이 있다.

1. 왕에게 억압당한 백성이 압제자에 대한 신체적 및 정신적 굴종에서 벗어나기 위해 연합한다.
2. 외부로부터 부과된 사회적 질서로부터 해방된 백성이 연합하여 상호 지원하는 대등한 부족 내지 부족들의 공동체를 창출하기 위하여 노력한다.
3. 강요된 지도자를 가졌던 백성이 이제는 강압적인 국가 권력이 없는 상태에서 필요한 지도력을 창출하려고 투쟁한다.
4. 매우 불안정한 경제적 상황에 처한 백성들은 이주할 때나 토지를 경작할

때에 자급 자족하려고 노동한다.

5. 질병과 재앙 그리고 아마도 인구 부족의 위협을 받은 백성이 적당한 위생 수단으로 종족을 유지하거나 자신을 보존하기 위해 투쟁한다.
6. 여성의 공식 활동에 대한 전례를 가지고 있지 않은 백성은 여성들이 외부의 압제에 대한 투쟁에서 능동적이고 필요한 참여자였음을 발견하고 그들의 자치 사회에서 여성이 어떠한 역할을 담당해야 할 것인가를 결정하기 위해 투쟁한다.

위에서 언급된 각 영역에서 모세 집단의 경험과 그 집단의 유산인 야훼 신앙은 가나안의 확대 이스라엘이 직면했던 도전들의 원형으로서 간주된다. 이것이 시사하는 바는, 이스라엘 사람들이 이집트에서의 속박과 파라오로부터의 해방에 대한 것을 모세 전승에서 읽었을 때, 그들은 연합체의 다양한 구성원들이 겪은 모든 경험을 "포괄하는 파라다임"으로 그 주제들을 이해했다는 것이다. 이렇게 하여 이집트에서 모세 집단이 경험한 것은 메르넵타 비석에서 자세히 설명된 것처럼 다른 이스라엘 사람들이 가나안의 이집트인들과 싸울 때 또는 여러 가나안 도시 국가들이나 미디안인들과 모압인들, 또는 (가나안에 대한 이집트 통치권의 후계자들인) 블레셋인들과 싸울 때 경험한 것에 대한 "포괄적인 은유"(umbrella metaphor)가 되었다. 이것은 또한 다음과 같은 것을 뜻한다. 즉 이스라엘 연합체가 형성되었을 때, 그 연합체는 광야 공동체를 거의 "무(無)에서" 형성한 모세의 작업이 많은 부족들을 하나의 연합체로 만드는 한층 더 복잡하고 야심적인 과업을 수행하면서 그들이 직면한 것과 유사하였음을 인식하였다는 것이다.

위에 열거한 모든 영역 즉, 지도력의 형태와 지도적 인물의 결정, 기본 생활 필수품의 성공적인 생산, 공중 위생의 유지, 그리고 새로운 사회에서 여성들을 위한 보다 충분한 지위를 확보하는 것 등의 영역에서 출애굽-유랑하는 공동체와 가나안에 정착한 공동체 사이에 유사한 유추를 볼 수 있었을 것이다. 두 이스라엘을 묶어 주고 모세 전승에 표현된 이러한 사회 경제적 및 종교 정치적 주제들은 새로운 공동체의 헌장(charter)의 주제들,

이를테면 “한 백성으로서 이스라엘의 원상태에 관한 패러다임들”이다. 모세 전승의 동위성(isotopy)들 즉 큰 의미 주제들을 충분히 구조주의적으로 분석함으로써 문학 자료들은 초기 이스라엘의 사회사적 위치와 중대 관심사를 보다 충분하게 조명할 수 있을 것이다(§20.3).

위에서 언급된 영역들에서 가장 문제가 되는 것은 아마 여성의 역할에 관한 것 같다. 조상 전승에서처럼(§16.4), 모세 전승에서도 여성들은 이스라엘이 압박으로부터 해방되는 일의 ‘촉진자’와 ‘축하자’로서 종종 중요한 지위를 차지한다. 예를 들면, 히브리 산파들은 파라오의 종족 근절 계획을 좌절시키고, 파라오의 딸은 아기 모세를 구하고, 십보라는 그녀의 아들에게 할례를 행함으로써 모세에 대한 야훼의 진노를 돌이키고, 미리암은 “모든 여성들”과 더불어 춤을 추고 노래를 부른다. 동시에 여성들은 외부의 배교 또는 내부의 지도력에 대해 위협적인 존재이다. 예를 들면, 모세의 아내인 에디오피아 여인(이 여자는 십보라인가 아니면 다른 여자인가?)은 미리암과 아론의 분노를 일으키고, 이스라엘 남자와 미디안 여자와의 성적 결합은 혹독한 비난을 받으며(재앙과 관련된다), 미리암이 모세의 권위 독점에 도전했을 때 그녀는 지도력을 “박탈”당한다. 여성들이 개입된 이러한 부정적 사건들은 공동체의 경계(boundary)와 결속력 그리고 공중 위생 문제와 명백히 관련되어 있으며, 미리암 사건은 공동체 내의 여성들이 제한받던 세력을 확장시키기 위해 운동한 것을 시사한다고 할 수 있다. 전승에서 여성들에게 부여된 지위의 완전한 의미는, 초기 이스라엘에서 여성들이 실제로 누렸던 지위에 대해 우리가 가진 지식이 제한되어 있으므로 전혀 확실치 않다. 소홀히 취급되어 온 초기 이스라엘 여성들의 역사를 철저하게 연구할 필요가 있다. 왜냐하면 전승들의 현재의 상태는 여성의 보다 완전한 사회 참여를 위한 운동이 실패했다는 사실을 은폐할 수 있기 때문이다.

마지막으로, 초기 이스라엘의 계약 모형으로서 종주권 조약 형식이 타당한가에 대한 최근의 논쟁(§19.1)은 조약 형식에 내재하는 사회 종교적 조직을 비교함으로써 발전적으로 전개될 수 있다. 세 가지 측면에서, 조약 모형은 이스라엘의 자기 형성 및 자기 이해와 아주 근사한 것으로는 보이지 않는다. 첫째, 비록 이스라엘이 아브라함, 이사악 그리고 야곱의 씨족적 경험에 관한 전(前)역사에 대해 많이 이야기하지만, 이스라엘은 '백성으로서의' 전역사를 가지지 않는 새로운 백성(a new people)으로 자신을 이해하였다. 이와 대조적으로 종주권 조약은 언제나 두 기존 국가들이 우두머리 사이에 체결되었고, 따라서 조약은 봉신 국가를 새로 만드는 것이 아니라 다만 새로운 군주에게 의무를 이행하도록 하였다. 둘째, 이스라엘은 자신을 야훼와의 계약에 의해 내적으로 구성된 것으로 이해했고 단지 외적으로만 구분되고 의무가 부여된 것으로 이해하지 않았다. 반대로 종주권 조약은 단지 봉신 국가의 외교 정책만을 통제하였고, 봉신 국가에 대한 지배권을 계속 확보하기 위해서만 그 내정에 관여하였으며, 그 밖의 경우에는 봉신 국가는 자체의 행정 구조, 법, 정책, 관습을 시행하였다. 셋째, 이스라엘은 야훼와 명명백백한 관계를 맺고 있다는 점에서 자신을 유일한 백성으로 생각하였다. 대조적으로 종주권 조약은 단일한 하나의 봉신 국가에 한정되지 않았고, 그 결과 어느 특정한 대군주는 동시에 둘 이상의 봉신 국가와 조약을 체결할 수 있었다. 조약 모형을 채택함에 있어서 이스라엘은, 그 개념과 실제를 현저히 수정하였는 바, 그 수정의 정도는 이스라엘이 노골적으로 변조시킨 일종의 "반(反) 모형"(anti-model)의 역할을 할 정도였다.

또는, 조약 모형은 이스라엘 최초의 계약 개념과 수단을 형성하는 데 있어 부분적이거나 주변적 요소였고, 아마도 후대 신명기의 계약 개념에서 비로소 중요하게 되었다고 우리는 결론지을 수도 있다. 여하한 경우이든 이스라엘의 계약 의식과 사상에 반영된 기원과 갱신의 결합을 평가할 때, 앞으로는 사회사적 기초 요인들을 고려하는 일이 반드시 필요하게 될 것이다.

제6장
가나안에서의 이스라엘 부족 사이의 세력 형성에 관한 전승들

22. 여호수아와 판관기의 전승 형태

22.1 내용과 문학 장르

B.C.E. 1200-1000년경의 기간에 이스라엘이 가나안에서 신진 세력으로 존재한 것에 관한 자료는 주로 여호수아서와 판관기에 나와 있다. 이 가운데 첫 번째 책은 모세의 후계자인 여호수아가 가나안 서쪽 구릉 지대의 상당 부분을 정복할 때 이스라엘 연합 부족들을 지휘한 방법과 그 정복한(그리고 이제 정복할) 땅들을 부족들에게 분배한 방법을 서술하고 있다. 두 번째 책은 가나안인의 지배를 제거하는 데 있어서 각 부족들의 성패를 서술하고, 군사 지도자들의 공적과 ("구원자"와 "판관" 등으로 다양하게 불리는) 민간 지도자들의 통치에 관해 계속해서 이야기하며, 단 부족의 재배치에 관한 이야기 그리고 이스라엘 나머지 부족들 간의 내란에 관한 이야기로 종결된다.

여기에는 갖가지 문학 양식들의 일례가 되는 풍부한 전승 단위들이 복잡하게 배열되고 해석되어 있다. 여호수아서와 판관기는 신명기에서 시작하여 사무엘서와 열왕기까지 확대되는 하나의 거대한 구성물의 일부라는 사실이 폭넓게 받아들여진다. 이 작품은 신명기적 역사(DH)로 알려져 있다(§13.3). 더 나아가, 신명기적 편집자/저자가 구성 편집하면서 "손질"을 가했기 때문에 여호수아서와 판관기의 매우 다양한 전승들에는 신중하고 포괄적인 편집 관점이 첨가되었다는 것이 인정된다. 이 책들과 그것들이 증언하는 역사적 사건들 및 사회 과정들을 충분히 이해하려면, 개체 전승들의 형식 및 내용과 다양한 전승들을 부자연스럽고 복잡 다기한 통일체로 만드는 편집자의 관점이라는 두 가지 측면에 두루 주의를 기울일 필요가 있다. 여호수아서와 판관기에서 신명기적 역사(DH) 저자의 독특한 입장을 검토하기 전에 우리는 그 책들의 대단원들, 그 내용의 개요, 주요 문

〈표 14〉 여호수아-판관기의 분류

A. 여호수아 1-12장: 여호수아 지휘 하에 이루어진
이스라엘의 요르단 서편 정복

1. 정복 준비: 1장
2. 예리고 정탐; 라합과의 협정: 2장
3. 요르단강 도강: 3-4장
4. 길갈에서의 이스라엘: 할례; 과월절: 신현현: 5장
5. 예리고 정복; 라합의 구출: 6장
6. 아간의 절도; 아이성에서의 패배; 아간에 대한 형벌: 7장
7. 아이성 정복: 8,1-29
8. 에발 산과 그리심 산에서 제단을 세우고 법을 낭독함: 8,30-35
9. 기브온 사람들과의 조약: 9장
10. 기브온 전투/벳-호른: 남방 정복: 10장
11. 메롬 전투; 북방 정복: 11,1-15
12. 정복 개요와 패배당한 왕들의 목록: 11,16-12,24

B. 여호수아 13-22장: 여호수아가 부족들과 공식 기구들에게 토지를 분배함

13. 토지 분배 준비: 13,1-7
14. 모세가 르우벤, 가드, 므나쎄 절반 부족에게 요르단 동편 땅을 분배한 사실에 대한 "회상": 13,8-33
15. 갈렙, 유다, 에브라임, 므나쎄 절반 부족에게 요르단 서편 땅 분배: 14-17장
16. 베냐민, 시므온, 즈불론, 이싸갈, 아셀, 납달리, 단 부족과 여호수아에게 요르단 서편 땅 분배: 18-19장
17. 합법적 은신처를 위한 6개의 도피성 지정: 20장
18. 사제 레위인을 위한 48 성읍 지정과 정복-정착에 관한 개요: 21장
19. 요르단 동편 부족들이 요르단강가에 세운 제단을 둘러싸고 일어난 요르단 동편 부족들과 서편 부족들의 분쟁: 22장

C. 여호수아 23-24장: 여호수아의 두 고별 연설

20. 여호수아가 이스라엘에게 야훼에 대한 배교와 그 결과로 일어날 그 땅에

서의 멸절/추방을 경고함: 23장

21. 여호수아가 야훼의 구원 행위를 낭송하고, 부족들에게 야훼와 언약을 맺게 함; 여호수아의 사망 기록: 24장

D. 판관기 1,1-2,5: 여호수아의 죽음 이후 각 부족들에 의한 단편적이고 불완전한 땅 정복

---

22. 유다, 시므온, 오드니엘, 켄족, 갈렙의 남방 점령: 1.1-20
23. 베냐민의 예루살렘 정복 실패: 1,21
24. 요셉 가문의 베델 정복, 요셉계 부족들인 므나쎄와 에브라임의 가나안 사람 축출 실패: 1,22-29
25. 즈불룬의 가나안 사람 축출 실패: 1,30
26, 아셀의 가나안 사람 축출 실패: 1,31-32
27. 납달리의 가나안 사람 축출 실패: 1,33
28. 단의 아모리족 추방 실패와 에브라임의 아모리족 정복: 1,34-35
29. 야훼 사자의 고지: 이스라엘이 가나안족과 조약을 체결했기 때문에, 야훼는 가나안족을 몰아내지 않을 것이며 그들의 종교는 이스라엘에게 그물이 될 것이다: 2,1-5

E. 판관기 2,6-3,6: 판관 시대에 대한 주석적 서론

---

30. 여호수아의 죽음이 언급됨: 야훼를 알지 못하는 세 세대의 출현: 2,6-10
31. 신학적 서론: 야훼가 죄 많고 회개치 않는 이스라엘을 구하기 위해 판관을 세움: 2,11-19
32. 신학적 서론: 야훼는 가나안족을 몰아내지 않을 것이며, 그들은 야훼에 대한 이스라엘의 복종을 "시험"하고 전쟁을 통해 이스라엘을 "가르칠" 것이다: 2,30-3,6

F. 판관기 3,7-16,31: 판관/구원자들의 군사적 역할(=M) 또는 문관 역할(=C)에 관한 설화와 연표

---

33. 유다 출신의 오드니엘(M): 3,7-11
34. 베냐민 출신의 에훗(M): 3,12-30

35. 삼갈(M) :3,31
36. 에브라임 출신의 드보라(C와 M[?])과 납달리 출신의 바락(M): 4-5장
37. 므나쎄 출신의 기드온(M) :6-8장
38. 므나쎄/세겜 출신의 아비멜렉, 비합법적인 왕: 9장
39. 이싸갈 출신의 돌라(C): 10,12
40. 길르앗 출신의 야이르(C): 10,3-5
41. 길르앗 출신의 입다(M): 10,6-12,6; (C) :12,7
42. 유다 또는 즈불룬 출신의 입산(C) :12,8-10
43. 즈불룬 출신의 멜론(C) :12,11-12
44. 에브라임 출신의 압돈(C): 12,13-15
45. 단 출신의 삼손(M) :13-16

G. 판관기 17-21장: 두 보충 설화

---

46. 단 부족의 재정착, 유괴된 레위인을 사제로 하는 성소의 건설: 17-18장
47. 한 레위인의 첩을 살인한 베냐민 부족의 범죄와 그에 대한 형벌: 베냐민 부족이 멸절되지 않도록 하기 위한 조치: 19-21장

학 양식들, 그리고 일관된 해석을 방해하는 중요 장애들에 주목할 것이다.

22.1.1 여호수아 1-12장

여호수아 1-12자의 지배적인 문학 양식은 이스라엘의 가나안 점령 당시에 일어난 사건들을 이야기하는 전담들의 한 연쇄이다. 몇 가지 전담들에 의하면, (서 있는 돌; 돌무더기; 멸망당한 성읍; 동굴 어구를 막은 큰 돌 등과 같이) 눈에 띄는 특이한 사물들과 (라합과 그녀의 가족; 기브온족 등과 같이) 이스라엘에서 특정 집단들이 갖는 독립된 지위는 정복 당시의 사건들에서 기원하였다. 위에 인용된 사물과 지위들은 활동 시기가 명시되지 않은 설화자의 시대에서 본 "오늘까지" 현존한다고 한다(4,9; 5,9; 6,25; 7,26; 8,28-29; 9,27; 10,28). 이러한 종류의 설명 모티프를 함축하고 있는 이야기들은 주로 문제의 장소, 사물, 백상, 관습, 의식 등의 기원에 관한 대중의 호기심을 만족시키기 위해 특별히 창작된 것으로 여겨졌다. 그러나 현재 폭넓게 제시되고 있는 견해에 따르면, 유래론적 모티프들은 이미 현존하는 이야기에 이차적으로 첨가되고 옛 전담들의 세부적인 내용과 형식을 다소 개정하는 경향이 있다. 예를 들면, 기브온족과 이스라엘의 조약에 관한 옛 전담은 유래론적 모티프를 포섭함에 따라 극도로 모호해진 것 같고, 라합 이야기와 같은 그 밖의 전담들은 유래론적 요소에 의한 혼란이 덜 심했던 것으로 보인다. 그러나 유래론적 요소가 첨가되기 이전의 가상적(假想的) 전담을 재구성하려는 시도들은 납득할 만한 판단 기준이 결여되어 있다.

본문에서 직접 인지되지는 않지만 의미 있는 한 유래론적 요소가 이스라엘인들 최초의 요르단 도하와 초반에 있었던 예리고성과 아이성의 정복에 초점을 맞추는 여호수아 2장 1절-8장 29절의 전담들 안에 명백하게 나타난다. 이야기들의 핵심(아마도 2장; 3,1-5,1; 6장)은 요르단 도강 의식(渡江儀式)과 정복된 예리고성 순회 의식의 집행을 통해 결정적으로 구체화되었다. 예리고 근처의 길갈 성소와 결합된 이 의식에는 거룩한 법궤를 운반하는 제사장과 평민들의 행렬이 포함되었다.

분석을 해보면, 여호수아 2-11장의 전담들 대부분은 포괄적인 신명기적 역사(DH)의 서론 및 개요와는 대조적으로 베냐민 부족의 영역에 한정되어 있음이 명백해진다. 다만 몇 가지 예외들은 남부 중앙 고지대의 기브온/벳 호론(10장)과 북단(北端)의 메롬(11장)에서 가나안 왕들의 동맹권을 극적으로 패퇴시킨 것이다. 첫 번째 전투는 남쪽으로 유다 정복의 길을 열었고, 두 번째 전투는 이스라엘 백성이 정착할 수 있도록 갈릴래아를 해방시켰다. 흥미로운 사실은, 여호수아가 에브라임 사람으로 밝혀지고 있음에도 불구하고 므나쎄와 에브라임의 영토인 사마리아에서의 전투에 대해서는 아무것도 전해지는 것이 없다는 점이다. 사실 그 땅을 완전히 정복한 연합 이스라엘의 지도자로 여호수아를 부각시킨 신명기적 역사의 여호수아 상(像)은 이 전담 수집의 한정된 범위 때문에 근본적으로 의심을 받게 된다.

22.1.2 여호수아 13-24장

여호수아 13-24장의 주요 문학 양식은 이스라엘 부족들의 점유지 목록을 포함한 일련의 '목록들'이다. 그 가운데 일부는 부족들의 경계선을 강, 산, 도로, 돌 등과 같은 자연 지형이나 정착지들을 관통하거나, 그것을 따라서, 또는 그 둘레를 지나가는 것으로 묘사하는 '경계 목록'들이다. 또 다른 일부 목록들은 부족들이나 땅이 없는 레위인들에게 속하거나 법적 소송 절차를 용이하게 하기 위해 도피성으로 지정된 정착지들을 열거한 '도시 목록'들이다. 때때로 그 도시 목록들은 지역들의 이름을 밝히거나 "(지명)으로부터 (지명)까지"라는 형식을 사용하여 지리적 영역을 묘사하는 '지역 목록'으로 꾸며져 있다.

분배 목록들의 주목할 만한 특징은 도시 또는 지역들이 어느 지파의 것도 완전하게 제시되지 않았다는 점이다. 베냐민과 유다의 목록이 거의 완벽에 가까울 정도로 작성되어 있지만, 베냐민의 서부 경계와 서부 정착지들이 누락된 것 같으며, 유다는 예루살렘과 벳술 사이의 중심 지역에 대한 도시 목록이 없다. 최남단 부족들의 도시 목록들은 가득 차 있는 반면에, 에브라임의 경우에는 남아 있는 도시 목록이 전혀 없다. 경계들은 시므온과 단을 제외한 전부족의 경계가 부분적으로 묘사된다. 부족들 사이의 어떤 경계들은 두 번씩이나 열거되며, 누락된 경계는 인접 부족의 경계 묘사를 근거로 하여 보완될 수 있는 경우도 종종 있다. 전쟁, 도시 또는 지역의 점령이나 정복 및 가나안 사람들의 추방 실패에 대해 보도하는 '연표(年表)' 들이 관련 부족들의 관계에 따라 분배 목록들 사이에 분포되어 있다. 각 연표의 주체는 하나의 지파이며, 1-12장에 있는 전담들의 경우처럼 연합 이스라엘이 아니다. 연표들은 보통 간단하며, 회의록이나 주석의 인상을 주는 간결한 보고문체로 기록되어 있다. 의미심장하게도, 이 연표들은 대규모 연표군(郡)이 집중적으로 실려있는 판관기 1장의 병행 연표들과 정확하게 일치하거나 근사하다.

출애굽기, 레위기, 민수기의 제사 문서 법규들이 시나이 산과 광야 유랑 기간 동안의 사건들에 의해 설화 형식으로 윤색된 것처럼, 여호수아 13-21장의 경계 및 도시 목록들도 가나안 정복 이후에 부족들에게 땅을 양도하는 기사로 설화화되어 있다. 이러한 설화화에는 내적인 모순들이 있다. 여호수아 14장 1-5절은 여호수아와 사제 엘르아잘, 그리고 부족의 족장들이 길갈에 모여 요르단 서편의 아홉 부족 반에게 땅을 분배하였다고 보도한다. 여호수아 18장 1-10절은 여호수아 혼자 실로에 자리를 잡고 요르단 서편의 일곱 지파에게 지적도를 요구한 후에 땅을 분배하였다고 기술한다. 그 이유는 유다, 에브라임, 그리고 므나쎄 절반 부족이 가장 좋은 땅을 독점하였기 때문이다. 또한, 14장 5절과 19장 49절은 여호수아보다는 일반 백성들에 의해 땅 분배가 결정되었다고 하는 전승 형태가 있음을 암시한다.

여호수아서의 이 부분에는 또한 요르단 동편 부족들이 야훼 제의를 올바로 준수하고 있는지에 심각한 논쟁을 다룬 한 전담이 포함되어 있다 (22,7-34). 여호수아서는 여호수아의 두 "고별 연설"로 종결된다고 흔히들 말한다. 그러나 실제에 있어서는 23장만이 고별 연설이며, 반면에 24장은 여호수아가 주도한 세겜 부족 총회에 관한 설화(설화화된 예식?)이다. 여호수아는 야훼의 구원 행위를 낭송하면서 총회를 개최하고, 이어서 야훼와의 계약/조약을 체결하라고 모인 부족들에게 촉구한다. 적절한 의식이 진행된 후, 야훼와의 계약이 체결된다. 마지막 몇 구절에는 여호수아의 죽음과 장례, "여호수아 뒤에 생존한 장로들"(한글개역, 여호 24,31)의 변함없는 야훼 신봉, 이집트에서 가져 온 요셉의 유해를 다시 묻음, 그리고 엘르아잘의 죽음과 장례가 기술되어 있다.

22.1.3 판관기 1장 1절-2장 5절

판관기의 처음 부분은 서부 구릉 지대를 장악하기 위한 각 부족들(또는 이를 위해 공동 협력하는 많아야 두 부족들)의 군사적-정치적 투쟁에 대해 언급하는 일련의 연표로 구성되어 있다. 판관기 1장 1-21절은 약간의 제한을 첨가하면서 유다 부족의 승전을 상세히 설명하는 반면에, 1장 22-36절은 초기에 베델에서 야곱 가문이 승리한 것을 언급한 후 대다수의 가나안 사람들을 쫓아내지 못한 점을 이용하여 북쪽 부족들의 연약성을 몹시 강조하는데, 물론 부정적으로 서술된 연표들은 최종적으로 다윗에 의해 성취된 이스라엘의 북방 지배를 염두에 두고 있다. 이 부분은, 이스라엘의 불복종 때문에 가나안 사람들이 모두 그 땅에서 추방되지는 않을 것이라고 선포하는 야훼의 사자에 의한 엄중한 책망으로 끝맺는다(2,1-5).

지배권 장악을 위해 싸우는 이스라엘의 투쟁에 관한 동일하거나 유사한 연표들이 독립된 단위로서 나타나거나 민수기의 종결 부분과 여호수아 전체 그리고 판관기의 종결 부분의 보다 큰 기사들 안에 흡수되어 나타나는 것으로 미루어 추정컨대, 부족의 승리와 정착, 그리고 가나안 사람들과의 필연적인 화해를 기록한 보고집들이 과거에 존재했을 가능성이 있다. 판관기 1장은 이러한 '지배 연표'(dominion annals)의 원본에서 부분 발췌한 것의 일례이다. 연표들은 가나안 내의 이곳 저곳을 장악하기 위해 진퇴를 거듭한 이스라엘의 장기 투쟁을 개괄하는 데 중요한 의의를 갖는다. 여호수아 1-12장에 연합 이스라엘의 신속한 정복이 설명되고 13-21장에 나오는 부족들에 대한 가나안 정복지의 분배 기사는 그것을 전제하고 있는데, 이 연표들은 지나치게 단순화된 그와 같은 견해에 강력하게 이의를 제기한다.

그러나 지배 연표들을 이렇게 임의 발췌한 판관기 1장은 정복에 대한 일관성 있는 역사적 개관 자체가 아니라, 그보다는 유다를 찬미하고, 북방 부족들을 모독하며, 이스라엘 전체의 계약 불이행에 관한 판관기 2장 1-5절 저자의 판단을 정당화하기 위해서 현재 형태로 자료들을 콜라주(collage)한 것이다.

22.1.4 판관기 2장 6절-3장 6절

판관기의 두 번째 서론에 상당하는 부분은 여호수아의 죽음과 장례(판관 2,8-9=여호 24,29-30)의 재진술, 그리고 여호수아보다 오래 살았던 장로들이 죽은 이후의 (여호 24,31과 함께 판관 2,7.10a를 비교하라) "야훼를 모르는 새(다른) 세대, 야훼께서 이스라엘에게 어떤 일을 해주셨는지 모르는 새(다른) 세대"(판관 2,10b)인 판관 시대의 개막으로 시작된다. 이 서론부는 신명기적 전담의 '담론'(談論: discourse)으로서 두 단계로 구성되고, 도덕적이며 신학적인 담론이다. 이 담론의 첫 부분은 이스라엘의 야훼 배반, 이스라엘을 압제자들의 손에 넘기는 하느님의 분노, 그리고 비록 이스라엘 백성들이 자기들의 배교를 계속 심화시켜 나갈지라도 그들을 구원하기 위하여 주기적으로 "판관들"을 일으켜 세우는 하느님의 자비를 강조한다(판관 2,11-19). 담론의 두 번째 부분은 야훼가 이스라엘의 복종 여부를 "시험"하고 전쟁을 통해 이스라엘을 "단련"시키기 위하여 가나안 사람들을 그 땅에 남겨둘 것이라는 사실을 강조한다(판관 2,20-3,6).

22.1.5 판관기 3장 7절-16장 31절

판관기의 본론은 가나안족, 모압족, 암몬족, 미디안족, 그리고 블레셋 억압자들에 대항하여 이스라엘의 여러 부족들이 취했던 자기 방어 수단에 관한 전승들로 이루어져 있다. 특기할 만한 점은 각 군사 행동에 단지 몇 부족들만이 가담한다는 사실이다. 그러나 가나안 사람들에게 결정적으로 승리한 한 전쟁에서는 여섯이나 되는 부족들이 공동 전선을 편 반면에, 다른 네 부족들은 그들의 종교 정치적 의무를 저버린 자라고 비난당하였다

(판관 5,12-18). 이스라엘 군대의 선두에 선 에훗, 드보라와 바락, 기드온, 입다 그리고 단독으로 일련의 소전투와 보복들을 행한 삼손 등이 획득한 군사적 승리를 생생하게 서술한 설화들에서는 '전담' 문학 형식이 지배적이다. 일부 학자들이 역사로 간주할 만큼 상황 묘사가 상세한 한 전담은 기드온의 아들 아비멜렉에 관한 전담인데, 그는 이스라엘 백성과 가나안 사람들이 섞여 사는 혼합 지역의 왕이 되고자 하는 불의한 야심을 품었다가 일찍 응분의 죽음을 당하였다(판관 9장).

명백한 유래론적 모티프들이 일부 전담들에 나타난다(판관 6,24; 10,4; 15,19; 이외에도 1,21 · 26; 18,12 등이 있음). 이스라엘을 통해 가나안족에게 거둔 야훼의 승리를 찬양하는 '드보라의 노래' 작사에 삶의 자리(life context)를 제고함에 있어서 제의가 직접적인 역할을 하였다. 이 찬가는 신현현 용어를 풍부하게 사용하여 야훼가 대적을 패배시키기 위해 자연의 힘들과 이스라엘의 전의(戰意)를 어떻게 결합시켰는가를 강조한다.

전담들에 등장하는 작중 인물의 제의적 행위를 통하거나 또는 제의적 모형이 전담들의 문학 형식에 끼친 영향을 통하는 등의 다른 방식들을 통하여 이스라엘의 제의를 볼 수 있다. 입다는 전쟁에서 승리를 거두고 돌아올 때 자기를 첫 번째로 맞이하는 사람이 누구이든지 그를 희생 제물로 바치겠다고 경솔하게 맹세하였다고 한다. 취소할 수 없는 이러한 맹세 때문에 그는 자기 딸을 제물로 바쳐야만 했다. 일부 주석가들은 이 이야기를 이스라엘의 딸들이 해마다 산 위에서 나흘 동안 애곡하는 관습의 기원을 설명해주는 즉흥적 작품(improvisation)으로 본다(판관 11,37-40: 아마도 가나안의 축제인 듯함?). 기드온의 소명과 삼손의 출생 고지(告知)는 야훼의 사자에 의한 신현현으로 뼈대가 짜여져 있으며, 각 사건에는 동물 희생제사가 수반된다. 기드온의 망설임 및 확신의 필요성과 아울러 그의 소명은 다른 성서 특히 예언 문학에 나타나는 신명(神命)에의 호출 즉 소명의 표본이다(참조. "구원자의 파견"[또는 "사자 파견"?]에 관한 일화. §20.1). 삼손의 출생 고지는 영웅적 조상이 임신 불능의 어머니에게서 태어나는 것에 관한 유형 장면에 상당한다(§15.3.4). 삼손의 신분이 포도주를 마시지 않고 머리가 자라도록 놔두는 나지르인이라고 밝히는 것은 불미스러운 영웅에게 좀더 종교적인 영기(靈氣)를 부여할 목적으로 전담에 첨가시킨 이차적 요소로 추정된다. 이스라엘을 "재판한"(judged, 공동번역에서는 "판관으로 있었던" 또는 "다스린"으로 되어있음—역주) 이스라엘 지도자들의 명부가 실린 두 개의 "해설 연표"(annotated annals)가 풍부한 전담들의 사이에 있다(10,1-5; 12,7-15). 이 연표들은 그들의 출생지와 매장지, 그들의 가계와 재산, 그리고 직무연한에 관한 자료를 제공해준다. 그러나 지도자들이 이스라엘을 "재판하였을(judged) 때" 실제로 행한 일에 대해서는 전혀 언급이 없다. 앞에서 언급된 드보라의 노래(5장)는 승리를 기념하는 '승리의 찬가' 또는 '승리의 노래'이며, 그 승리에 대해서는 또한 전담 형식으로도 다루어진 바 있다(4장). 아비멜렉 이야기에 삽입된 나무에 관한 '우화'(판관 9,7-15)는 왕권을 열망하는 자들에게 준엄한 심판을 내린다. 삼손은 그의 아내가 그 해답을 누설함으로써 엉망이 되어버린 불가해한 하나의 '수수께끼'를 제시하였다(판관 14,14 · 18).

전담과 해설 연표 및 찬가들의 판관기 2장 6절-3장 6절의 서론에서 이미 완전하게 표명된 도덕적, 신학적 시대 평가에 일관되게 흐르는 뼈대에 의해 전담과 해설 연표 및 찬가들이 함께 결합되어 있다. 첫 번째 일화인 오드니엘의 "판관 임무 수행" 기사에서 그 뼈대가 전형적인 형태로 완전하게 나타난다(3,7-11). 그 이후의 일화들은 보다 덜 완전한 구성 공식구들을 사용하여 도입되고 완결된다. 기드온과 입다의 일화들이 도입되는 두 곳에서(6,7-10; 10,6-16) 그 뼈대는 판관기 서론의 평가 해설들을 부연 설명하고 확대하는 담론으로 확장된다. 이스라엘 백성의 고백과 회개에 대한 판관기의 유일한 언급이 바로 여기에 나온다(10,10 · 15-16).

이 책(판관기)에 묘사된 이스라엘의 지도자들은 전통적으로 "판관"이라고 불리워 왔다. 불행하게도 이 용어는 "판관"으로 번역된 히브리어의 용법에 대해 잘못된 인상을 주며, 또한 지도자들의 기능이 실제로 무엇인가에 관해 그릇된 확신감을 심어준다. 오직 신명기적 역사의 서론(2,16-19)에서만 지도자들이 "판관"으로 불린다는 사실은 인상적이다. 오드니엘(3,9)

과 에훗(3,15)은 그들에 관한 일화의 뼈대 속에서 "구원자"로 불린다. 첫 번째 지도자인 오드니엘(3,10)과 마지막 지도자인 삼손(15,20; 16,31)에 관한 뼈대들은 동사형을 사용하여 이 사람들이 "이스라엘을 재판하였다"("judged Israel")고 보도한다("judged"가 공동번역에서는 "다스렸다" "판관으로 있었다"로 되어 있음—역주). 전담 자체 안에서는 오직 드보라만이 "이스라엘을 재판하였다"고 하는데, 그녀는 종려나무 아래 앉았을 때, 그녀에게 가지고 온 소송 사건들을 '재판'하였다고 언급되어 있다(4,4-5). 그러나 군대를 일으키기 위해 그녀가 바락을 호출한 일이 그녀의 재판과정의 일면이었다는 주장은 분명치 않다. 그 까닭은 "여 예언자"라는 그녀의 칭호가 그녀가 유발시킨 전쟁과 아주 밀접한 관계를 가졌을 가능성이 더 크기 때문이다. 신명기적 역사는 후대의 사무엘을 베냐민 일부 지역에서 법을 집행하는 순회 판관으로 묘사하고 있으나(삼상 7,15-17), 동시에 사무엘은 중재 기도와 희생 제사를 드림으로써, 더 나아가 어쩌면 전쟁을 지휘함으로써 이스라엘을 "재판하였다"(judged: 공동번역에서 "다스렸다")고 한다(삼상 7,5-14).

간단히 말해서, 전담들에 언급된 이스라엘의 지도자들은 압도적으로 군사적 구원자들이고 그들 중에 다만 드보라만이 법의 집행과 관련된다. 다른 한편, 해설 연표에 인용된 자도자들은 비록 "판관"으로 일컬어지는 일은 결코 없지만 일관성 있게 이스라엘을 "재판하였다"(judged: 공동번역에는 "다스렸다," "판관으로 있다가")고 기록되어 있다. 그러나 (전담에 나오는 대판관들과는 구별 가능한) 소위 소판관들이 군대 지휘관들이었다는 언급은 전혀 없으며, 그들의 구체적인 의무도 결코 명기되어 있지 않다. 입다가 소판관(12,7)과 대판관(10,17-12,6)으로 동시에 나타난다는 사실은 당대 이스라엘 지도자들에 관해 보도하는 판관기의 방법이 모호하고 혼란스러웠음을 입증하는 중요한 단서가 될지도 모른다.

그 난해한 문제의 원인은 신명기적 역사가 군주제 이전 시대의 이스라엘 지도자들에 대한 용어를 표준화하려고 했으며, 그렇게 함에 있어서 불충분하지만 입수 가능한 증거를 곡해한 때문인 것 같다. 옛 해설 연표들이 위에 열거된 지도자들에 대해 그들이 "이스라엘을 재판하였다"(judged Israel)고 진술하는 것에 주목한 신명기적 역사는 그들이 "판관"이라는 칭호를 가졌던 것으로 가정하였다. 더욱이 연표에 명명된 사람들 가운데 하나인 입다가 동시에 군사 지도자였다는 것을 알고, 신명기적 역사는 한 걸음 더 나아가 입다를 군사적 역할을 하는 "판관"으로 생각하였다. 그 다음에 이를 확장시켜 당시의 군사 지도자들을 모두 "판관"으로 간주하는 것은 쉬운 일이었다(2,16-19). 이러한 과정이 그 책의 서론에 나오는 용어를 일반화하여 사용하는 계기가 된 것 같고, 이 사실은 70인역이 본서의 제목을 판관기로 정하는 데 영향을 끼쳤다. 군주제 이전 시대에 사용된 공직의 명칭들을 정확히 아는 것은 불가능할지도 모르지만, 뒤에서 우리는 이 시대에 이스라엘의 지도자들이 수행한 다양한 기능들에 대해 상술하려는 시도를 하게 될 것이다.

22.1.6 판관기 17-21장

판관기는 두 개의 긴 전담들로 종결된다. 구성상 그것들에는 판관들에 관한 신명기적 역사의 통례적인 구조가 결여되어 있지만, 그것들은 막연히 어떤 시대에 속한다는 편집자의 주(註)가 붙어 있다(18,1; 19,1; 21,25). 앞에서 언급된 아비멜렉 전담을 제외한 본서의 다른 일화들과는 달리 이 전담들에서는 외국의 압제자들을 볼 수 없고 따라서 거기에는 이스라엘의 군사적 구원자도 없다. 이 전담들은 이스라엘 동포들과 충돌하는 단과 베냐민 두 부족의 운명을 다루고, 레위 사제들을 중심 인물로 묘사하고, 중요 성소들(첫 번째 이야기에서는 라이스=단과 두 번째 이야기에서는 베델, 미스바, 실로)을 언급한다는 점에서 서로 비슷하다. 미가와 단 부족에 관한 전담(17-18장)은 단 부족이 유다의 저지대(shephelah)에서 요르단강 상류로 이주하는 것과 그 부족이 에브라임의 미가를 섬기던 한 레위인 사제를 뻔뻔스럽게 유괴한 행위에 대해 말한다. 베냐민의 범죄와 그에 대한 형벌을 다룬 전담(19-21장)은 기브아의 민간인들이 한 레위인의 첩을 강간 살해한 것에 대한 보복으로 다른 부족들이 베냐민 부족을 거의 멸절시킨 일을 자세히 설명한다. 계속해서 그 이야기는 베냐민 부족이 멸절하지 않도록 그 부족의 생존자들에게 어떻게 아내를 얻게 하였는가에 대해 언급한다.

22.2 여호수아-판관기와 신명기적 역사

신명기적 역사는 모세로부터 바빌론 포로까지 이르는 이스라엘 역사에 대해 그것이 네 단계를 포함하는 것으로 생각한다. 즉 모세와 율법 수여(혹은 법률 제정) 시대(신명기), 여호수아와 정복 시대(여호수아), 판관들과 이스라엘의 배교와 피압제 시대(판관기-삼상 7장), 그리고 사울로부터 유다의 멸망에 이르는 군주제 시대(삼상 8장-왕하)가 그것이다. 이 시대들에 대한 설명과 평가는 모세를 통해 이스라엘에게 주어진 율법(신명 12-26장)이 역사 과정 속에서 어떻게 이행되고 위반되었는가와 관련하여 공식화된다. 신명기는 여호수아에서 열왕기까지 이어지는 것의 표제 주도자(programmatic pacesetter) 역할을 한다. 신명기 1장 1절-4장 40절과, 전부는 아닐지라도 29장의 상당 부분은 신명기적 역사의 서론과 결론이었고 이것들은 신명기 자체를 신명기적 역사(DH)라는 전 구성물의 총괄적인 서론으로 변형시키는 데 사용할 예정이었다는 것을 일반적으로 받아들이고 있다. 그 다음의 책들은 신명기에서 설명된 모티프들을 반복해서 상세하게 논한다.

주요 역사 시대에 대하여 종종 주요 인물의 입을 빌어 서론적이고 대략적인 개관과 연설 및 기도 등의 형식으로 해석 구절들을 삽입하는 것은 DH 저자/편집자의 특징이다. 이러한 해석적 삽입물들은 완결된 옛 자료들을 시대 구분하고 그것들의 뉘앙스를 살리며 신명기에서 확립된 도덕적-역사적 계획에 따라 이스라엘 역사의 네 단계들을 연결한다.

처음 세 시대에 대한 신명기적 역사의 구조와 모티프들은 <표 15>에 제시된 표제 본문들(programmatic texts)을 주의 깊게 읽음으로써 파악될 것이다(제4기인 군주제 시대는 제3부에서 검토할 것이다).

〈표 15〉 신명기적 역사의 표제 본문(programmatic texts): 신명기—사무엘상

Ⅰ. 모세 시대와 법 제정

A. 모세의 서론적 연설(신 1,1-4,40): 호렙 산에서 모압 평지까지 이르는 동안의 사건 요약

- 여호수아가 이스라엘의 정복전 지도자가 될 것임(1,34-40; 3,18-29)
- 법규 준수는 그 땅에서 오래 사는 것에 의해 긍정적으로 재가되고, 법규에 대한 불복종은 그 땅에서 추방당하는 것에 의해 부정적으로 재가됨

B. 모세의 요약 연설(신명 31,1-29; 32,44-47)

- 모세가 자기의 죽음이 임박했음을 고지함
- 여호수아가 이스라엘을 그 땅으로 인도하도록 소환·위임받음
- 모세가 예기되는 백성들의 배교를 막기 위한 "증거"로 백성들에게 법과 질책의 노래를 가르쳐줌
- 법 준수에 대한 긍정적 재가와 법 파기에 대한 부정적 재가

Ⅱ. 여호수아와 정복 시대

A. 여호수아에 대한 야훼의 명령(여호 1,1-9)과 여호수아의 서론적 연설(여호 1,10-18)

- 여호수아는 백성들을 단호하고 용기 있게 그 땅으로 인도하라는 명령을 받음
- 야훼는 모세와 함께 하였듯이, 여호수아와 함께 할 것임
- 그 땅 정복에 성공하리라는 약속으로 법 준수를 재가함
- 요르단 동편 부족들이 요르단 서편 부족들을 도와 정복을 완수하게 한 후 전 이스라엘이 그 땅에서 "안식"할 것임
- 백성들은 자기들이 모세에게 복종했던 것처럼, 살아 있는 야훼의 명령을 해석하는 자인 여호수아에게 복종할 것을 약속함

B. 여호수아의 요약 연설(여호 23장)

- 여호수아가 자기의 죽음이 임박했음을 고지함
- 야훼가 이스라엘을 위해 싸우고 가나안 땅을 확실하게 분배하였음
- 남아 있는 다른 민족들과 (결혼하거나 그들의 종교를 받아들임으로

써) 섞이는 것을 거부함으로써 법을 준수하면 남아 있는 민족들을 몰아낸다는 약속으로 긍정적 재가를 받음

· 다른 민족들과 혼합함으로써 법을 파기하면 이스라엘은 그 땅에서 추방되리라는 위협으로 부정적 재가를 받음

C. 신명기적 역사가의 기타 해석 구절들

여호 8,30-35; 에발/그리심 산(세겜)에서 여호수아가 제단을 쌓고, 서 있는 돌 위에 법을 기록하고, 신명기 27장 1-8절에 있는 모세의 명령대로 백상들에게 율법을 낭독함. 여호 11,15-23; 모세를 통한 야훼의 명령을 수행하고 신명기 1장 7절에서 모세가 규정한 유프라테스강에는 훨씬 미치지 못하지만 헤르몬 산 근처까지 확장해 간 여호수아의 정복 요약

· 여호 13,1-7; 여호수아가 정복한 땅을 요르단 서편 부족들에게 분배하도록 지시하고 남은 땅은 (유프라테스강까지는 훨씬 미치지 못하지만 헤르몬산보다 훨씬 북쪽으로 올라가는) "하맛 어귀"까지 점령할 것이라는 약속을 받음

· 여호 21,43-22,6; 백성들에게 야훼가 준 토지 선물 개요. 그들은 모든 적들에게 승리한 후 야훼의 모든 약속을 성취시키는 바 "안식"하게 되었다. 여호수아는 요르단 동편 부족들에게 법을 준수하라고 명령하며 그들을 그들의 땅으로 돌려보낸다.

Ⅲ. 판관 시대, 배교와 압제

A. 판관기에 대한 서론적 강화(2,6-3,6)

· 새 세대는 야훼 또는 이스라엘을 위한 그의 사역을 알지 못함(여호수아 24장 29-31절의 요소들을 반복함).

· 이스라엘의 배교로 인해 적들에 의한 압제가 초래된다. 비록 백성들의 배교가 갈수록 심화되지만 야훼는 때때로 자비를 베풀어 이스라엘을 구원하는 "판관"을 일으켜 압제를 경감시켜 준다.

· 야훼는 남아 있는 민족들을 몰아내기를 거절하며, 이스라엘의 법 준수를 "시험"하고 전쟁이라는 고된 교훈을 "가르치기" 위해 그들을 남겨 놓는다.

B. 사무엘의 요약 연설(삼상 12장)

- 판관 시대에 있었던 외국의 압제 요약과 여룹바알=기드온, 베단(아마도 바락의 오기인 듯함). 그리고 사무엘(마지막 "판관"으로서의 사무엘에 대해서는 삼상 7,15-8,3 참조)에 의한 구원으로 결과된 이스라엘의 고백과 회개에 대한 요약
- 이스라엘이 왕을 요구한 추후의 죄를 고백하다.
- 백성과 왕이 법을 준수하면 이스라엘은 하느님의 백성으로 존속할 것이나, 그들이 복종하지 않으면 "다 망할 것이다."

C. 신명기적 역사가의 기타 해석 구절들

- 판관 2,1-5; 찬사의 심판 담화는 이스라엘이 가나안 주민들과 "계약"을 맺었으므로 그들은 이제부터 "그물"로서의 가나안 주민들과 "올무"로서의 그들의 신들과 함께 살아야 한다고 선고한다. 그로 인해 백성들은 애곡하고 제사를 드린다.
- 판관 6,7-10; 한 예언자의 심판 담화는 야훼가 그 백성을 구원하고 이교 숭배를 피하라고 명백하게 명령하였음에도 불구하고 이스라엘이 아모리=가나안 신들을 숭배하였다고 고발한다.
- 판관 10,6-16; 하느님의 심판 담화는 이스라엘 최초의 배교 고백을 거부한다. 오직 그 백성들이 고백과 아울러 이방신을 포기할 때에만 야훼는 (마지못해?) 그들의 주장을 받아들인다.

신명기로부터 사무엘상 7장까지에서 다루어진 세 시대들 사이의 관계는 다음과 같이 요약된다.

1. **'모세 시대'**는 야훼와의 계약 관계를 통해 이스라엘 백성을 만들어 내었고 그들은 계약-법의 해석자인 모세를 통해 주어진 율법과 계시에 복종함으로써 살아남을 수 있었다. 그들은 복종하지 않았기 때문에 그 땅에 즉시 들어가지 못하였으며, 광야에서 40년 동안 유랑하도록 운명지어졌다. 야훼를 거역한 모세 자신은 그 땅에 들어가는 것이 금지되었다.

2. **'여호수아 시대'**는 백성들과 모세의 죄로 인해 좌절되었던 땅 정복 계획이 달성되었음을 나타낸다. 계약-법 해석자이고 군대 지휘자인 여호수아는 모세의 진정한 계승자이다. 여호수아와 그의 세대는 야훼의 명령에 대체로 충실하였다. 왜냐하면 실제적이거나 잠재적인 법 위반에 대해서는 전 백성이 위태롭게 되기 전에 처벌하거나 방지하였기 때문이다. 그 땅은 여호수아 생전에 헤르몬 산 북쪽까지 전복되었고 정착이 이루어졌다. 그러나 여호수아는 하맛 어구까지의 남은 땅에 대해서는 백성들이 야훼에게 변함없이 충성한다면 획득할 것이라고 약속한다(모세가 원래 약속한 유프라테스강까지는 아직 아니다).

3. **'판관 시대'**는 이스라엘이 변해서 전반적으로 배교한 것이 특징이다. 이 때문에 이스라엘은 거듭해서 억압적인 민족들의 수중에 떨어지게 되었다. 이스라엘이 야훼에게 부르짖으면 야훼는 그 백성을 구원하기 위하여 "판관"을 거듭 일으킨다. 그럼에도 불구하고 그들은 배교의 길에서 돌이키려 하지 않으며 방종의 도를 더해 갈 뿐이었다. 비록 야훼가 곤경에 처한 그의 백성을 계속해서 구원하지만, 동시에 그는 블레셋 족속 및 헤르몬 산과 하맛 어구 사이에 사는 백성들을 포함하여 남은 민족들을 쫓아내지 않기로 결심한다(간단히 말해, 여호수아와 백성들에 대한 모세의 전면적인 약속이 취소된다). 남은 민족들을 몰아내는 계획이 중지된 것은 그들이 율법에 대한 이스라엘의 충실도를 "시험"하고 배교로 말미암은 전쟁의 쓰라린 교훈을 "가르치는" 도구로서의 역할을 하기 위해서라는 설명이 제시된다.

판관기 2장 6절-3장 6절에 있는 신명기적 역사의 담론은 유혹하는 "다른 신들"과 이스라엘의 "약탈자"인 대적들이 모두 남은 민족들의 일반 대중으로부터 유래되었음을 암시한다. 판관들의 이야기에 나오는 모든 압제자들의 신원과 지역적 기반은 이러한 구성과 일치한다. 단, 여호수아가 이미 점령하였던 것으로 추정되는 상부 갈릴래아의 한 지역에 위치한 하솔의 야빈은 예외이다(판관 4,2; 참고, 삼상 12,9). 그러나 두 개의 해석 구절들은 또 다른 인상을 준다. 즉 유혹하는 이방신들은 이스라엘이 그 가운데 거주하였고 따라서 완전히 전멸당하거나 축출당한 것이 아닌 가나안족/아모리족의 신들이라는 인상이다(판관 2,1-5; 6,7-10). 사실, 이스라엘 백성이 가나안 사람들 사이에 섞여 산다는 설명(판관 1장)에 이어 계속되는 2장 1-5절은 그 이후로 축출당하지 않을 자들과 이스라엘이 조약 관계를 맺어 타협하였던 현지 가나안인들을 명백히 동일시한다. 뿐만 아니라, 신명기적 역사의 서론적인 담론의 종결 부분(3,5-6)에서도 이스라엘은 신명기 7장 1-5절에 의해 그들이 가나안에 들어가자마자 멸절시킬 목표로 정해진 현지 이방인들 가운데서 이렇게 살도록 운명지어졌다고 한다.

고도로 도덕적-신학적인 신명기적 역사의 전망 내에서 볼 수 있는 이러한 긴장들은 율법과 공인된 계약-법 해석자에 대한 충실/배반을 축으로 하는데, 민족적인 범죄와 회개가 정복 수행에서 어떤 위치를 차지하는가에 관한 문제를 제기한다. 신명기적 역사의 모든 뼈대들이 이미 정복한 지역 내에 이방의 영향과 대적들이 존재함을 인정하든 인정하지 않든, 그것들은 이스라엘이 그 땅을 정복사고 보존하는 데 성공하느냐 실패하느냐는 것은 '궁극적으로' 이스라엘이 율법을 고수하느냐 그것으로부터 이탈하느냐에 달려 있다는 입장에 공동으로 기여한다. 그러나 특기할 사실은 이처럼 명백한 이스라엘의 성공 결정 조건이 신명기적 역사의 편집과 관련이 거의 또는 전혀 없는 옛 판관들의 이야기 속에서는 조금도 뚜렷하게 나타나지 않는다는 점이다. 특히 주목할 만한 것은 제한된 정복과 현지 가나안 사람들과의 불가피한 화해에 대한 1장의 이야기가 2장 1-5절에 나오는 천사의 심판 담화로 절정에 이르는 방식이다. 이 심판 담화는 이스라엘 사람들이 타협을 이유로 가나인 사람 전체를 정복하기를 '거부하였다'고 가정한다. 그러나 판관기 1장의 옛 자료들은 이스라엘 사람들이 모든 가나안 사람들을 제거한 '군사적 능력이 없었으며' 이스라엘이 (다윗과 솔로몬 치하에서) 그들에게 강제 노역을 시켰던 훨씬 후에야 파기할 수 있었던 그들과의 임시 화해를 어쩔 수 없이 받아들여야만 했다는 사실을 전제하고 있음이 분명하다.

이스라엘의 가나안 정착이 실제로 율법의 준수/위반에 의해 얼마나 엄밀하게 조건지어졌는가에 대한 불안감이 신명기적 역사의 뼈대들 자체에까지 확대된다. 실제로 신명기적 역사의 뼈대들 내에는 이스라엘 민족의 회개에 관한 언급이 일반적으로 종종 추정되었던 것보다 훨씬 적다. 서론적인 담론은 이스라엘 민족들이 "자기들을 이끄는 판관들의 말을 듣지 않고…… 그들은 자기 조상들이…… 걸어온 길을…… 그렇게도 쉽사리 떠났던 것이다…… 그 판관이 죽으면, 그들은 다시 다른 신들을 따르고…… 그 하는 짓이 조상들보다도 더 나빴다"(판관 2,17 · 19)고 명백하게 언명한다. "쉽사리 떠났다"와 "다른 신들을 따르고"라는 언급은 적어도 판관들의 지배 기간 동안 때때로 형식적으로나마 야훼 숭배를 고수했다는 것을 전제하는 것으로 해석될 수 있다. 그러나 이것은 마지못해 추종하는 것이며 그것도 야훼가 각각의 새로운 판관을 통해 그들을 극적으로 구원한 후 아주 짧은 기간 동안만 그렇게 하였던 것으로 보인다. 여러 이야기 뼈대들 속에서 구원해달라고 "이스라엘이 야훼께 울부짖는" 것을 볼 수 있다. 그러나 위기 속에서의 호소는 이러한 절대적인 회개를 포함하는 것으로 매우 모호하게 해석된다.

오직 입다 이야기 이전의 확대된 틀 속에서만 백성의 탄원이 죄의 고백이 된다(10,10). 이 경우에 야훼의 심판 발언은 그들의 피상적인 고백을 유효한 것으로 용인하지 않는다. 야훼가 확실한 회개로 인정하는 것은 다만 이방신들이 실제로 제거되었을 때뿐이다(10,16. 이때조차도 야훼는 애를 태우며 초조해 하는 반응을 보이는 것 같다. §23.2). 2장 1-5절에서 백성들은 심판 발언을 듣고 회개하며 제물을 바친다. 그러나 심판을 면하기에는 때가 너무 늦은 것으로 보인다. 6장 7-10절에 있는 예언자의 심판 발언에 대한 만족할 만한 반응으로 이스라엘의 회개 외에 다른 반응이 있을 수는 없었을 것이다. 그러나 그 반응이 곧 나타나지는 않는다.

일부 해석자들은 회개가 빠져 있거나 회개를 포함하고 있는 구조들을 신명기적 역사의 다른 편집물들이나, 또는 신명기적 역사 이전 혹은 이후의 편집자들에게 돌리기도 하지만, 이러한 해결책에 사용된 문학적-개념적 판단 기준들은 신빙성이 없다. 신명기적 역사에는 율법 준수와 그에 수반되는 범죄와 회개가 판관들 치하에서, 또 비록 암시적이기는 하지만 여호수아 치하에서 실제로 어떻게 역사 과정에 영향을 주었는가에 대한 뿌리 깊은 반대 감정 병존과 애매모호함이 내포되어 있다(§23.2). 판관 시대를 마무리하면서 사무엘상 12장 10절은 고백과 야훼에게 돌아오겠다는 약속이 백성들의 호소 안에 포함되어 있는 것으로 언급한다. 그러나 사무엘의 연설 전체는 이스라엘이 변덕스러우며 지속적으로 죄에 빠지기 쉽다는 인식으로 가득 차 있다. 대체적으로 말해, 신명기적 역사는 계약법 위반에 대한 이스라엘의 통한(痛恨)과 회개가 전혀 행해지지 않았거나 행해졌다 해도 극도로 피상적이고 뒤늦게 했으며 순간적이었던 것으로 본다.

여호수아와 판관기의 신명기적 역사 틀에서 마지막으로 고려해야 할 점은 이스라엘 민족 전체의 관점에서 보는 신명기적 역사의 입장과 신명기적 역사에 의해 편집된 전승 단위들의 보다 제한된 실제 주제들 사이의 관계이다. 뼈대를 형성하고 있는 개관과 발언들을 고찰해보면, 신명기적 역사는 모세와 여호수아 및 판관들 치하에서 하나의 민족적 실체로서 집단적으로 행동하는 전체 이스라엘을 생각하고 있음을 보여준다. 그러나 보충 전승들이 이러한 대전제와 형식적으로 또한 실제적으로 일치하는 정도는 크게 다르다.

여호수아 1-12장 내의 정복 전담들은 땅을 정복하는 이스라엘 전체에 대한 이야기 형태를 취한다. 그러나 실제로 정복한 땅은 주로 베냐민 지역에 속하고 유다와 갈릴래아의 일부를 포함한다. 이것들은 모두 합친다 해도 여호수아가 정복한 것으로 알려진 영토를 점령하기 위해 취해진 제반 군사 활동이 설명되지 않는다.

한편, 여호수아 13-19장에 있는 경계, 도시 및 지역 목록들은 반드시 따로따로 명기되어야 하는 각 부족의 점유지 목록 형식으로 만들어졌다. 비록 각 부족의 점유지 목록들이 어느 것도 완전치 않지만, 종합해보면, 그 목록들은 부족 동맹체의 일부로 생각되는 모든 부족들을 다루고 있다. 그것들의 원천적인 자료가 무엇이든 간에, 일람표들의 목표는 이스라엘 역사의 어느 시점에서 전 이스라엘의 토지 소유 상황을 묘사하는 것이다.

여호수아 24장의 세겜 총회는 모든 부족들이 참여하는 집회로 묘사되는데, 여기에서 여호수아는 그들에게 야훼에 대한 충성을 재긍정하거나, 또는 옛날에 섬기던 부족신들이나 가나안 신들을 택하라는 양자택일의 문제를 제시한다. 백성들은 그들이 야훼와 맺은 계약을 재차 시인한다. 그러나 총회의 구조는 이 본문이 핵심적인 야훼주의자(Yahwist) 집단과 본래는 비야훼주의자 집단이었다가 처음으로 야훼주의자들이 되어 이스라엘 운동에 참가한 자들 간의 협상을 변형시킨 기사임을 강력하게 시사한다. 이러한 해석을 뒷받침해주는 것들은, "자유로운" 종교적 선택이라는 기이한 문제를 제시한 것, 여호수아의 "가문"(요셉 즉 에브라임의 가문, 어쩌면 므나쎄 가문일 수도 있음)이 다른 부족들과 대조되는 야훼주의자들이라는 점, 그리고 여호수아가 다른 부족들을 설득하여 그들이 야훼와 계약을 맺은 후에 피상적으로 지킨 것에 대해 형벌을 받지 않도록 계약 체결을 단념시키려고 기이한 시도를 한 것 등이다.

여호수아서에 산재해 있는 연표들과 병행을 이루고 '판관기 1장'에 집중되어 있는 연표들은 가나안 지역들에 대한 지배권을 획득하기 위한 각 부족들의 군사-정치적 투쟁 기사들이다. 여호수아 1-12장의 전담들과는 달리, 이 연표들은 자체의 통일성을 행동의 통일에서보다는 이스라엘 부족들이 그들의 영토 점유를 위한 그들 나름대로의 몇 개 전략들을 종합하는 일에 대해 함께 의논하였다는 개념에서 전적으로 끌어내는데, 그 이유는 부족들이 가나안인들을 정복하고 추방하는 일을 독자적으로 수행해야 하기 때문이다.

'판관기 3장 7절-21장 25절' 사이의 독립된 이야기들은 이스라엘의 통일성과 다양성에 대해서 복잡한 구조를 나타내 보인다. 군사적 판관들이 등장하는 모든 이야기들은 특정 지역에 고정되어 있고 군대 지휘자들이나 다른 주요 인물들의 출신 부족명과 함께 그들과 연합하여 전쟁을 수행한 부족들의 이름을 밝혀준다. 이스라엘 전체가 연합 행동한 것으로는 결코 나타나지 않는다. 고작해야 여섯 부족들이 드보라와 바락과 함께 싸웠다고 하는 반면에, 다른 네 부족들은 참여하지 않은 것에 대해 비난을 받는다(판관 5,12-18). 이와 동일한 부족의 분리성이 미가와 단 부족 이야기에서도 나타난다(17-18장). 또한 구체적으로 명시하지 않고 이스라엘/이스라엘 사람들이라고 지칭한 판관기 9장 22 · 55절의 언급은 바로 므나쎄의 이스라엘 사람들을 염두에 두고 말한 것으로 보인다. 왜냐하면 아비멜렉이 세겜이라는 가나안 도시와 그 주변의 이스라엘 사람들을 포함하는 일종의 이중 군주국을 세우려고 시도한 곳이 바로 므나쎄이기 때문이다. 오직 베냐민의 범죄와 그 형벌에 관한 마지막 이야기에서만 이스라엘 전체가 한 무리가 되어 행동하는데, 먼저 베냐민에 대한 군사적 보복을 할 때 그러하였고 그 다음에는 살아 남은 베냐민 사람들에게 아내를 얻게 해주는 회복 작전을 할 때 그러하였다. 연합 이스라엘이라는 개념에서 볼 때, 판관기 19-21장은 여호수아서의 이야기들과 궤를 같이 하는 판관기의 유일한 이야기이다. 그럼에도 불구하고 수많은 암시들을 사용하여 모든 판관 이야기들은 거기에 언급된 별개 부족들이 이스라엘이라는 거대한 종교 정치적 · 문화적 총체의 기능적 부분들이라는 것을 전제한다.

"소판관들"에 관해 그들이 "이스라엘을 재판하였다"고 보도하는 '판관기 10장 1-5절과 12장 7-15절'의 짤막한 주석들은 일반적으로 이스라엘 전체에 대한 재판권을 가진 관직을 지칭하는 것으로 해석된다. 그러나 각 경우에 그들의 지역들이 단 하나의 지파, 또는 기껏해야 두 지파에 한정되어 있으므로 반드시 그렇게 결론을 내릴 수 있는 것은 아니다.

22.3 여호수아-판관기의 신명기 이전 자료들

우리는 신명기적 역사가 여호수아-판관기 형성에 사용할 수 있는 수많은 전승군들을 갖고 있었다는 것을 알았다. 이 전승군들이 하나의 연속 기사로 만들어졌는데, 이는 아마도 포로 이전 시대 말기의 첫 번째 신명기적 역사 편집과 포로 시대의 신명기적 역사 개정으로 대표되는 두 주요 단계를 거쳤을 것이며, 편집과 개정의 두 단계는 열왕기에서 가장 뚜렷하게 나타난다. 앞에서 우리는 전승 복합체의 형태적 특징을 기술하였고(§22.1), 신명기적 역사의 주 경향과 강조점들을 알아냈으므로(§22.2) 이제 신명기적 역사 이전 전승들의 성장과 그것들이 신명기적 역사 속에 흡수되는 가능한 단계들에 관한 유력한 이론들을 간단히 진술하고자 한다.

여호수아 지휘 하의 연합 정복에 관한 전담들(여호 1-12장)은 베냐민 부족의 영토 점령에 관한 국부적 기사들에 근거한다. 어떠한 실제 정복사가 그 기사 근저에 있다 할지라도, 이것은 법궤 행렬이 요르단을 건너고 예리고 주위를 도는 제의 의식 속에 그 초기 형태를 취하였다. 이러한 베냐민 부족의 기사가 이스라엘의 초기 전승들이 지닌 옛 역사적(history-like) 주제들 가운데 마지막을 완결 짓는 설화들을 발전시키는 골격이 되었다(§14.3). 연속 설화들을 구체화시킨 중앙 제의는 북 이스라엘의 것이었고, 그것의 본래적인 내용은 전적으로 중부 가나안에 위치한 요셉 부족의 것이었다.

핵심적인 일련의 남부 중앙 고지대 정복 기사들이 유다의 구릉 지대와 헤브론 일대(10,16-43) 및 갈릴래아 북부(11,1-14) 정복 기사들에 의해 확장되었다. 아마도 바로 이 단계에서 에브라임의 지도자 여호수아가 전 이스라엘의 지도자로서 전담들 속에 받아들여졌을 것이다. 이러한 확장들에 대한 적절한 설명은 다음과 같다. 즉 전 이스라엘의 연합 정복 기사가 모세의 후계자인 여호수아 당시에 보도되었다는 주장에 신빙성을 더할 목적으로 후대 유다인들과 갈릴래아인들이 연합 이스라엘로 전향한 것에 대한 언급을 삽입시키기 위해 정복 전승들의 원핵심을 확장시키려고 시도했다는 것이다. 전 이스라엘이 정복에 참여하였다는 개념이 이 전담들에 확고하게 나타나는 점으로 미루어 보건대 아마도 이러한 통일성은 군주제 이전의 제의에서 전담들에 첨가되었을 것이며, 이 전담들은 J와 E가 이용할 수 있었던 기본적인 옛 자료군의 일부를 형성하였을 가능성이 있다. DH는 E를 거쳐 그 전담들을 전해 받았을 것이다. 그렇지 않으면, 전담 수집물은 DH와 관계없이 형성되었고 독립된 실체로서 직접 DH의 주의를 끌게 되었을 것이다.

국부적인 정착 또는 지배 연감들(판관기 1장과 여호수아의 병행 구절들)은 이스라엘의 여러 구성 집단들의 서로 다른 하부 역사(subhistory)에서 유래된 각 부족의 토지 점령에 관한 개요이다. 전담들과 연표 모두에 열거된 제반 행위들 속에는 하나의 공통 요소가 있다. 즉 사회적 · 정치적으로 폭동을 일으킨 백성들이 가나안 도시 국가들에 대항하는 폭넓은 반정부 운동을 통해 삶의 공간을 확보하였다는 점이다. 그러나 각 부족의 토지 및 세력 확보에는 부족 특유의 특징들이 있었는데, 이 차이점들이 베냐민-요셉 부족들의 경험에 의해 매우 견고하게 형성된 여호수아 1-12장의 중앙 집권적인 기사 속에서 교묘하게 얼버무려지고 말았다. 명백히 구별되는 부족의 하부 역사들에 관한 개요들과 일화들이 여호수아 1-12장의 중앙 집권적인 기사를 관통할 수는 없었지만 그럼에도 불구하고 개별 부족들의 전승 안에 남아 있다.

현재 판관기 1장에 집중되어 있는 연표들은 보다 큰 전승군에서 발췌한 것으로 보이는데, 이는 판관기의 끝부분과 여호수아서에 있는 직접적인 병행 구절들과 유사한 형식으로 만들어진 추가 예들에 의해 입증된다. 그 연표들이 여호수아 1-12장의 연합 정복 각본에 대응하는 완전한 "반(反) 계획"으로서 군주제 이전 시대에 수집되었는지의 여부는 불확실하다. 여호수아 13-19장의 부족 점유지 목록들은 아마도 다윗 왕국의 행정 적요록(摘要錄)에서 유래된 듯하므로(여호수아 13-23장에 대한 아래의 논의를 보라), 지배 연감을 최초로 명확하게 수집할 수 있었던 시기인 다윗 시대의 사회 정치적 상황에 유의하는 것도 필요할 듯하다.

결합된 연표들은 각 부족들의 영토 획득 방법과 그들에게 저항하던 가나안족들을 서서히 정치적으로 제압한 방법을 기술함으로써, 부족 동맹과 군주국 형성에 각 부족들이 공헌한 것에 관한 기록 또는 일련의 공식 문서가 되었다. 따라서 그것들은 부족들에 대한 정부의 권력 행사를 제한하기 위해 편집된 다윗 중앙 정부에 대한 일종의 "계산서"이다. 그와 같은 것으로서 연표들은 역사적-영토적 현실을 회상시키는 것이며 부족의 장로들이 전(全) 이스라엘의 왕인 다윗과 조약을 체결할 때 그것들을 협상 기초로 삼았던 것이다(삼하 5,1-5).

그러나 현재 형태의 판관기 1장은 결코 완벽한 계산서가 아니다. 그것은 유다의 성공적인 정복을 북부 부족들의 제한된 정복과 선명하게 대조시키는 상당히 경향성 있게 압축된 것이다. 어쩌면 판관기 1장의 초기 형태는 다수의 학자들이 주장해 온 것처럼 정복에 대한 J 기자의 해석을 진술했을지도 모른다. 다른 한편, 현재 형태의 판관기 1장 편집은 2장 1-5절에 있는 천사의 심판 발언을 긴밀히 따르고 있으므로, 판관기 1장 1절-2장 5절은 2장 6절-3장 6절의 판관기 서론을 보충하면서 판관기에 두 번째 서론을 제공해준다. 천사의 심판 발언에 담긴 편견을 가지고 판관기 1장의 J 자료층을 판관기의 뼈대 속에 있는 그외의 심판 담화들과 어느 정도 일치하게 편집할 의무가 있는 DH 개정자가 그 자료층을 입수했을지도 모른다(참조 6,7-10; 10,6-16).

부족에 대한 분배 목록들(여호 13-19장)의 삶의 자리를 밝히려고 시도하면서, 학자들은 경계 목록들과 도시 목록들 사이에 기본적인 차이가 있음을 발견하였다. 도시 목록들은 의도에 있어서는 행정적이고 시기적으로는 군주 시대에 속하는 것으로 이해되었고, 그 시기는 다윗 시대로부터 요시아 시대에 이르기까지 다양하게 추정되었다. 이와 대조적으로, 경계 묘사들은 군주제 이전의 부족 계약 공동체에서 있었던 부족들의 실제 분배를 반영하는 것으로 널리 인정되었다. 그러나 다음과 같은 가능성이 더욱 높다. 즉, 경계 목록들과 도시 목록들의 원본들은, 다윗이 블레셋과 잔존 가나안족들을 진압한 이후로부터 솔로몬이 명백한 비(非)부족적 토대 위에 왕국의 행정을 재조직하기 이전인 다윗 왕국 말기-솔로몬 왕국 초기의 내정에 관한 공문서들의 일부로서 상호 관련되어 있었다는 것이다(§30.4). 현재의 목록들은 본래 완전하였던 공문서들이 전달·편집 과정에서 심하게 훼손되고 몸통 부분만 빈약하게 남은 것이라는 점이 강조되어야 한다. 초기 이스라엘의 본래 정착 양식들을 사정(査定)함에 있어 이 목록들이 갖는 가치는, 그것들이 군주국 여명기에 있었던 부족들의 토지 분배 방법에 관해 서로 다른 상세한 견해를 제공해 준다는 정도에 국한된다.

목록들이 군주제 이전의 부족 동맹에 보다 깊이 뿌리박고 있는지는 확실치 않다. 아마도 도시 목록들의 원래 핵심은, 씨족들이 촌락과 동일시되는 한, 다윗 치하에서 행정 도시 목록의 기초가 되었던 부족 동맹 시민군(*militia*)의 씨족별 명부로 구성되어 있었을 것이다. 고대 이스라엘에서 간헐적으로 행해진 토지 재분배가 부족들 간에보다는 부족들 내부에서 일어났다는 점을 고려해볼 때, 경계 목록들의 원래 핵심에 상응하는 배경이 동맹체에 있었던 것으로 보이지 않는다.

결과적으로, 경계 목록들의 확실한 기원은 도시 목록들의 경우와 마찬가지로 군주국 발생에 있었다고 보는 것이 가장 적합하다. 이때에 군주제 이전 이스라엘의 사회 경제적 요소들이었던 부족의 영토가 특히 공공 노역과 군대 복무를 위한 인력 동원 및 과세 등의 목적 하에 다윗 왕국의 행정 구역으로 개편되었다. 영토의 실재로서 새롭게 묘사된 "부족들"은 이전의 가나안과 블레셋 지역 및 그 주민들을 이스라엘인의 국가에 통합시키는 뼈대가 되었다. "경계들"이 과거에는 단순히 한 부족의 백성이 다른 부족의 백성과 인접하여 살던 지점들로서 부족들 사이에 존재하는 것이었으나, 이제는 중앙 집권적 국가 기관의 내부 행정 구역을 구분 짓는 정치적 지표가 되었다.

여호수아 13-19장에 나오는 전승들의 구성 체계인 아홉과 반(半) 부족 도식과 일곱 도식(표 14:13; §22.1.2)을 19장 51절에 나타난 두 도식의 불완전한 조화와 함께 인지하는 것은 비교적 쉬운 일이지만, DH가 채택하기 이전에 완결된 전승들의 전반적인 성장에 대한 확실한 전승사를 재구성하는 것이 가능한지는 아직 입증되지 않았다. 전승들에는 집단적인 자율적 토지 분배자들로서의 분배자들로부터 여호수아를 분배 과정에 포함시키고 다음에는 엘르아잘과 부족장들을 가담시키는 쪽으로 옮겨가는 경향이 있었던 것으로 보인다. 또한, 한번도 그 이름이 언급되지 않은 땅 분배 장소는 후에 길갈 또는 실로로 밝혀진다. 비록 이차적으로 도입된 것이긴 하지만, 길갈과 실로 사이의 긴장 관계로 인해 여호수아 1-12장에서는 길갈이 현저하게 부각되며 판관기 21장과 사무엘상 1-4장에서는 실로가 그렇다는 점에 주목하게 되며, 따라서 양자의 긴장 관계가 신명기적 역사에서 연결 장치로 사용되었을 것이다.

분배 명세서의 보존 상태가 열악한 이유는, 명세서들이 솔로문의 왕국 재편성 이후에 더 이상 행정적으로 사용되지 않게 되자 쓸모 없게 되었다는 이론에 의해 가장 잘 설명된다. 학구적인 수집가들이 여호수아 휘하의 연합 부족들에게 할당한 최초의 땅 분배에 대한 전승들에 그 명세서들을 포함시킬 목적으로 그것들을 모은 것은 훨씬 후의 일이었다. J와 E가 모두 또는 그 가운데 어느 하나가 이 학구적인 수집가들 가운데 포함되었는지의 여부는 확실치 않다. 만일 J가 그 명세서들을 포함시켰다면, 그것들은 판관기 1장의 지배 연감보다 앞선 시기의 것이며 각 부족이 소유권을 주장하고 그 이후에 개별적으로 강제 점령할 수밖에 없었던 지역들을 나타낸다. 만일 E가 다른 명세서를 포함시켰다면, 그것은 연합 정복 다음에 있었을 것이다. 땅 분배가 정복 이전인가 이후인가에 관한 상반된 전승들은 여호수아의 마지막 부분과 판관기의 시작 부분에 실린 전승들을 복잡하게 만든 원인일 것이다. 14장 1-5절과 18장 1-10절의 P형 용어(P-type terminology)는 땅 분배 목록이 P에 의해 삽입되었다거나 심지어 P에 의해 수정되었다고 주장할 만한 충분한 근거가 되지 못하는 것 같다.

판관기의 전승들에 관하여는, 3장 12절-9장 55절이 구원자들로서 에훗, 드보라와 바락 및 기드온에 대해 말하고 "반(反) 구원자"로서 하루아침에 왕이 된 아비멜렉이라는 인물에 대해 기술한 후 끝나는 구원자 이야기 수집물이라는 가설이 오늘날 널리 받아들여지고 있다. 아비멜렉은 후대에 그의 아버지 여룹바알이 기드온과 동일 인물로 간주됨으로써 그 수집물에 포함되었다. 그러한 이야기들과 승리의 노래는 아마도 군주제 이전 시대로부터 유래되었을 것이지만, 이야기들의 장소가 북쪽인 점, 왕들을 거부하는 논박 및 “여 예언자” 드보라를 높이는 것 등은, 그 수집물이 북쪽 지역의 예언자 집단에서 기원하였고 그 시기는 아마도 B.C.E. 9세기 말이었을 것이라는 점을 시사해준다. 신명기적 역사의 첫 번째 개정판은 유다 출신의 판관을 첨가시키기 위하여 그리고 다소 불완전하게 사용된 도덕적 · 신학적 틀의 완전한 형태를 보여줌으로써 나머지 이야기들의 뼈대를 만들기 위하여 오드니엘을 수집물 앞에 첨가하였고, 입다와 삼손 설화는 뒤에 부가되었다. 더 나아가 신명기적 역사의 개정 작업을 통하여 판관 시대 전체에 대한 서론적 개관이 제공되었고, 열왕기상 6장 1절과 상호 관련지을 목적으로 연대기적 주(註)가 보충되었다. 동시에 연표와 설화에 모두 나오는 입다 이야기를 나란히 놓기 위하여 이스라엘을 “다스린”(judged) 지도자들에 대한 해설 연표가 입다 일화 직전과 직후에 삽입되었다. 그런 다음에 삼손 전승이 첨가되었고, 서론에 표명되어 있는 바, “판관들”을 군사적 인물로 보는 도식이 엘리와 사무엘을 거쳐 군주국 직전에까지 확장되었다.

이러한 설명은 판관기의 이중 서론에 대한 문제, 그리고 통상적인 신명기적 역사 틀과 판관들이 결여된 17-21장의 부록에 대한 문제를 남긴다. 널리 지지를 받고 있는 한 주장에서는 판관기 1장의 지배 연표를 신명기적 역사 이전의 판관기에 대한 서론으로 간주한다. 이 서론이 연합 정복을 잘못 나타내고 있기 때문에 부당하다는 것을 깨달은 신명기적 역사는 지배 연표를 제거하고 2장 6절-3장 6절의 개관을 유일한 서론으로 대치하였다. 최종 편집자가 지배 연표를 재삽입하였고, 그렇게 함으로써 이중적인 서론을 만들어냈으며, 동시에 신명기적 역사가 그 판관기에서 제외시킨 17-21장의 “명예롭지 못한 이야기들”을 본래대로 회복시켰다.

이를 대신하는 또 하나의 주장에 의하면, 판관기의 이중 서론은 여호수아의 이중 결론과 관련된다. 신명기적 역사 구성의 한 단계에서 여호수아에 대한 전승들은 여호수아 23장에서 끝나고, 역사는 여호수아의 죽음을 역시 언급하고 있는 판관기 2장 6절-3장 6절의 판관들에 대한 서론적 개관에로 곧장 이어졌을 가능성이 있다. 이보다 늦은 단계에서 한 신명기적 역사 편집자는 이스라엘의 배교(背教)를 강조할 목적으로 단편적인 지배 연표를 판관기 맨앞에 첨가시키고 도덕적으로 수치스러운 이야기들을 마지막 부분에 부가하기로 작정하였다. 동시에 신명기적 역사의 긴 이야기는 별개의 두루마리들에 기록된 별개의 "책들"로 나뉘어지고 있었다. "여호수아가 죽은 뒤"라는 말이 여호수아 1장 1절의 지배 연표 앞에 덧붙여졌다. 여호수아가 소집한 세겜 총회 기사가 배교에 대한 이중 목적의 경고 메시지를 전달하기 위하여 여호수아 24장에 삽입되었는데, 그것과 꼭 마찬가지로 판관기 서두는 두 개의 서론으로써 이중 목적의 경고를 하고 있다.

독자가 여호수아 23장에서 곧바로 판관기 2장 6-10절로 넘어가 읽을 때 문학적 "접속"(run-on) 기능을 하는 여호수아의 죽음과 장사(葬事)에 대한 완전한 보도가 이제는 판관기 1장 1절-2장 5절에 의해 여호수아서의 끝부분과 어색하게 분리되었다. 그 해결 방법은 여호수아 24장의 종결 부분에 여호수아의 죽음과 장사에 대한 보도를 삽입시킴과 아울러 같은 취지의 옛 보도를 판관기 2장 6-9절에 남겨놓는 것이었다. 이렇게 다시 시작하는 문학적 기교는 죽음에 대한 두 보도의 요소들이 상이하게 배열됨으로써 제한을 받기는 하지만, 그것은 여호수아서에 의해 성취된 최고 절정 상태로부터 급속히 쇠퇴하는 시기로서의 판관기 시대를 출범시키는 역할을 한다 한 책의 말미와 다른 한 책의 서두에 "과중한 내용을 담고" 또한 죽음에 관하여 재구성된 보도들을 실은 편집자는 그가 표면상으로는 여호수아를 찬미하면서 여호수아의 업적으로 되어 있는 모든 정복 활동을 여호수아가 완수한 것은 아니라는 것과 연합 이스라엘의 지도자로서의 그의 모습이 실제로는 편의상 만들어낸 허구였다는 명백한 증거를 판관기 1장에 소개하고 있는 사실을 조금이라도 자각하고 있었는가는 불확실하다. 신명기적 역사가 그와 같은 모순들을 자체의 도덕적 · 신학적 견해의 한 측면으로서 "의도적으로" 체계화하였다는 것이 현재 한 구조비평가에 의해 주장되고 있다(§23.2).

23. 여호수아서와 판관기에 대한 신문학적 접근

23.1 드보라와 삼손 전승에 대한 신문학적 연구

드보라의 노래는 기교 면에서 고대 이스라엘 시의 표본으로 오랫동안 인정되어 왔다(§52.1). 히브리 시에 대한 구문학적 연구는 운율 분석(scanning meter)에 주안점을 두었고, 심상(心像, imagery)과 사상을 반복하고 대조시키며 진전시키는 두 개의 "대구"(對句)가 히브리 시행(詩行)에 의해 형성되는 방법의 특징을 중점적으로 기술하였다. 반면에 신문학비평은 전체 구조 내에 나타나는 보다 광범위한 시의 특징들에 주의를 기울이며, 대량으로 발견된 고대 가나안 시의 실례들로부터 도움을 받았다. 이 실례들은, 이스라엘이 의존한 시(詩) 전통에서는 율격(律格, meter)이 종종 한 편의 시 안에 혼합되어 있고 대구적인 시행(poetic line)들은 특히 강조 부분이나 절정 부분에서 종종 3행으로 이루어져 있음을 보여주며 또한 단어들과 구(句)들이 기교를 부린 변형들과 혼합되어 있으면서 철저하게 반복되는 점이 고대 가나안 시들의 특징임을 보여준다.

드보라의 노래에 대한 최근의 문학적 연구들은 심상과 은유, 강조 수단으로서의 문장 구조, 첫 연(聯)과 마지막 연의 양식, 그리고 예기와 지연 및 역설(irony)을 사용하는 시상(詩想)들의 전개 순서 등을 망라하여 시에 담긴 보다 광범위한 운율을 찾는다. 한 연구는 부분들을 통합시키는 연결사를 사용치 않고 단어와 절과 심상(image) 및 장면들을 나란히 배열하는 소위 병렬법(parataxis)이라고 하는 구성 방식이 일반적임을 강조한다.[1] 이 방식은 표면에 드러나지 않는 미묘하고 함축적이며, 간접적인 통일성을 만

1) Alan J. Hauser, "Judges 5: Parataxsis in Hebrew Poetry," *JBL* 99(1980): 23-41.

들어낸다. 눈에 보이는 연결부가 결여됨으로써 시의 청취자/독자는 상상력을 발휘하여 전후 관계를 파악하고 공백을 채우도록 유도되고 심지어 그러한 요구를 받기도 한다.

무접속사 병렬법 행동 묘사에 특히 적합한 것으로 보인다. 딱딱 끊어지는(斷音的) 이 노래의 모티브들 즉, 야훼의 우주적 권세, 적에게 발생한 물난리, 도망치는 가나안인 말들의 소란한 말굽 소리, 필사적으로 뛰어 도주하는 시스라, 그리고 극명하게 대조되는 여인들("대담한 야엘"과 "자기 기만적인 가나안 여인들") 등은 "인물과 사건, 그리고 장면의 다층 구조"(multy-layeredness)를 만드는데, 청중들은 그것들의 의미와 관계를 마음속에서 종합해야 한다. 외견상의 불규칙성은 문학적 기교의 한 측면일 수 있으므로, 그러한 연구들은 표준 성서 본문을 점차 중시하게 되었다. 동시에 사건들의 역사적 재구성에 시를 사용하려는 노력에는 시의 요소들이 문학적 효과를 위해 교묘하게 배열되어 있는 점을 고려하여 세심한 주의가 기울여졌다.

흥미롭게도, 드보라의 노래에서 찬양하고 있는 전쟁은 산문체 설화에서도 또한 다루어지는데, 이 사실은 우리에게 동일한 사건에 대한 두 개의 서로 다른 문학적 관점을 제공해준다. 판관기 4장 4-22절의 설화 구조와 기법을 분석하면, 네 개의 일화에서 발전되고 급격한 장면 변화가 상황 묘사 절(節)에 의해 구분되는 하나의 이야기가 드러난다.[2] 각 일화에는 장소 설정 묘사(secene-setting tableau), 도입 행동(initiating action). 담화(speech), 반응(response) 등의 요소들이 있지만, 짧고 멋진 이야기의 절정을 유도할 목적으로 긴장과 흥분을 일으키기 위해 담화와 해설(narration)간의 비율 및 행동의 압축이나 지연에 있어서 각 요소들에는 변화가 주어진다.

표면상 이야기는 시스라에 대한 드보라와 바락의 승리와 관련되어 있지만, 그 기층(基層) 구조는 문화적인 면에서 당연한 것으로 여겨지는 바락

2) D.F. Murray, "Narrative Structure and Technique in the Deborah and Barak Story," *VTSup* 30(1979): 155-89.

과 시스라와 같은 남성의 권력에 대하여 드보라와 야엘과 같은 여성이 문화적인 면에서 볼 때 예외적으로 소유한 권력에 관계된다. 모든 설화 요소들은 야엘의 손에 죽은 시스라에 대한 "기습 공격"에 맞춰 배열되어 있다. 이 기습 공격으로 인해 적의 굴욕은 마무리져지고 바락은 그에게 패배한 가나안 대적자를 죽이는 공로를 빼앗겼다. 따라서 11절이 "문맥에 맞지 않게" 그 이야기에서 상당히 일찍 나오는 이유를 알 수 있다. 왜냐하면 11절은 야엘의 이름이나 그녀의 놀라운 역할을 드러내지 않으면서 그녀의 등장을 준비하는 선행 묘사(anticipatory tableau) 역할을 하기 때문이다.

판관기 4장에 대한 이처럼 세밀한 연구로부터 두 가지 결론이 도출된다. 전쟁에 대한 시적 설명뿐만 아니라 산문 설명도 역사적 보고 문학의 관심과는 매우 다른 관심 때문에 형성된 것 같다.[3] 이 이야기의 근본적인 관심은 야훼가 남자보다는 여자를 통하여 어떻게 이스라엘에게 가나안 용사에 대한 지배권을 주었는가를 극적으로 표현하는 것이다. 그렇다고 하면, 그 이야기가 전체적으로 고찰한 전쟁의 실제 상황을 직접 밝혀주기를 기대한다는 것은 무리이다. 예를 들면 야엘의 장막과 하로셋-하-고임(Harosheth-ha-goiim)에 있는 시스라의 본부를 매우 근접한 위치에 배치한 것은 신뢰할 만한 역사적 설명이라기보다는 행동을 제한하고 시스라와 바락의 역설적인 무기력을 극대화하기 위한 문학적인 지리(地理) 압축이다.

그와 같은 문학적 연구들은 판관기 4장과 5장을 마치 결정적인 "역사적" 상황을 구성하기 위하여 융합시킬 수 있는 목격자의 보고인 것처럼 취급하지 말라고 경고한다. 더욱이, 판관기 4장이 겉으로 드러나 바와 같이 주의 깊게 만들어진 문학 작품이고 현저하게 "여성해방론적인" 메시지를 전달하기 위해 구성된 것이라면, 그것이 민간 전승에서 직접 유래된 영웅 전

---

3) 두 기사를 "역사적인 것으로 만들어"(historicizing) 조화시키지 않도록 경고하는, 판관기 4-5장에 대한 다른 해석에 관해서는 Baruch Halpern, "Doctrine by Misadventure Between the Israelite Source and the Biblical Historian," in *The Poet and the Historian,* ed Richard E. Friedman, HSS 26(Chico, Calf.: Scholars Press, 1983), 46-49를 보라.

담인지는 의심스럽다. 본 이야기의 여성해방론적 경향이 그 이야기의 출처로 종종 지목되는 신명기적 역사 이전의 "구원자들에 관한 책"의 강조점으로 추정되는 것들과 꼭 들어맞는지는 확실치 않다. 야엘의 역할에 관한 여성해방론적 역설은 설화와 노래에 모두 존재한다는 사실에서 두 작품과 신명기적 역사의 의도 속에서 그것들이 갖는 위치의 관계 문제가 제기된다. 여성해방론적 역설이 본래적인 이야기에서 심화된 이유는 무엇이며, 그러한 이야기의 출처가 어디에 있든 신명기적 역사가 그것에 관심을 갖는 까닭은 무엇인가?

삼손 이야기들에 대한 수사학적·비평적 연구가 설화의 매우 복잡한 구조와 기법에 집중되어 있다는 점은 위의 경우와 마찬가지이다.[4] 판관기 13장은 삼손의 출생에 관한 일종의 고리 구성물(ring composition)이며 그 뼈대는 약속과 성취이다. 삼손의 아버지로부터 주의를 멀리 하고 그 어머니가 신에 의해 정해진 삼손의 운명에 대해 그녀의 남편보다도 더 통찰력이 있음을 보임으로써 어머니의 중요성을 교묘하게 강조한다. 이 같은 판관기 13장의 탄생 기사는 사망 기사와 균형을 이루는데, 두 개의 장들은 모두 4개의 문답(問答) 담론을 중심으로 하여 구성되어 있다. 주제상의 대칭 구조는 14-15장과 16장에 있는 두 개의 삼손 모험 이야기들에서도 찾아볼 수 있다. 각각의 설화집에서 삼손은 한 여인을 발견하고 여인에게 설득당하여 비밀을 알려주며 여인과 불륜의 관계를 맺은 결과로서 결박당하고 블레셋인들에게 포로가 되며, 곤경에 처하여 야훼에게 호소하고 응답을 받는다.

두 개의 전설(cycle)들은 삼손의 보복 요구(15,7; 16,28). "작명/명명"에 대한 반어적 언어 유희(15,18-19; 16,25·28), 사건들 속에 있었던 야훼의 활동을 "모르는" 삼손과 기타 사람들의 우둔함(14,4; 15,11; 16,9·20; 13,16·21을 참조하라) 등에 의해 집합되어 있다. 위에 언급된 두 전설은

---

4) J. Cheryl Exum, "Promise and Fulfillment: Narrative Art in Judges 13," *JBL* 99(1980): 43-59; idem, "Aspects of Symmetry and Balance in the Samson Saga," *JSOT* 19(1981): 3-29.

고리 구성 즉, “소라와 에스다올 사이에 있는” 삼손의 집으로부터 “내려가는 것”과 그곳으로 “올라가는 것”을 각각 내용으로 하는 첫 번째 전설의 시작(13,25-14,2)과 두 번째 전설의 마지막(16,31)에 의해 결합된다. 15장 20절과 16장 31절에 이중으로 사용된 신명기적 역사의 공식구는 16장이 삼손 전설에 이차적으로 부가된 것이라는 생각을 불러일으키는데, 아마 그것은 두 개의 이야기 군(群)들이 보여주는 주제상의 대칭 구조에 주의를 환기시키는 신명기적 역사의 방법일 것으로 추정된다. 구조면에 있어서 보다 치밀한 대응 의도(structural design of correspondence)가 14장과 15장 사이에서 엿보인다. 각 장은 네 개의 일화로 구성된 것으로 볼 수 있는데, 처음의 세 개는 짧고 네 번째 것은 앞의 세 개를 합친 것만큼이나 길다. 대응되는 첫 번째 일화들에서 삼손은 부모(들)와 대화한다. 두 번째 일화들에서는 동물들이 삼손의 용감성을 나타내는 데 이용된다. 세 번째 일화들에서는 삼손이 동물들에게 행한 행위의 결과가 그의 부모에게 미치고, 그의 아내와 장인에게 미치지만, 그 양상은 전혀 다른 것이었다(전자에게는 선물이고 후자에게는 죽음이다). 네 번째 일화들에서는 블레셋인들이 삼손보다 우위에 서려고 함에 있어서 제3자의 도움을 확보하기 위해 위협을 가하고, 두 당사자 간의 대화는 비난과 반박이 특징이며, 수수께끼와 언어 유희가 사용된다.

각 장은 오는 것과 가는 것, 말하는 것과 말하지 않는 것, 보복을 통하여 악을 행하는 것 등의 모티프들에 의해 연결된다. 15장(9-19절)의 네 번째 일화는 당나귀 턱뼈로 천 명의 블레셋인을 죽이는 삼손의 힘을, 갈증 때문에 쉽게 죽을 수도 있는 그의 약함과 병치(竝置)시킴으로써 명확한 신학적 주장을 한다. 항상 자기 중심적이기는 하지만, 삼손은 그가 군사적 구원과 육체적 생존에 대해서는 야훼에게 의존하고 있음을 인정한다. 지명 혹은 지리적 유래담이 이러한 의존들을 나타낸다. 예를 들면, 대량 학살의 장소는 라맛레히(“턱뼈의 언덕” 15,17)가 되고, 물을 준 곳은 엔학코레(“부르짖는 자의 샘” 15,19)가 된다.

서로 맞물려 있고 서로의 안에 겹쳐져 있는 주제상의 뼈대와 구조상의 뼈대를 종합하는 문학적 기교의 인식은, 그와 같은 저자의 의도가 이스라엘과 블레셋 사이의 국경 분쟁 과정을 밝히고자 하는 역사적 관심과 조금이라도 교차한다면 그것은 어떻게 교차하는가 하는 의문을 제기한다. 이외에도, 판관기의 여러 구성 단계와 이 문학적 의도의 관계 문제가 첨예하게 대두된다. 그러한 양식은 옛 전담(傳譚) 또는 수집과 편집의 중간 단계, 혹은 신명기적 역사와 관련될 수 있는가? 뚜렷한 신명기적 용어와 문체가 삼손 이야기들에 사용되지 않는다 할지라도, 그것들의 내적 문학 형태는 결국 신명기적 역사가의 작품이 아닐까? 여하튼, 삼손 설화들의 문학 양식은 보다 큰 신명기적 역사 구조와 어떻게 조화되는가?

23.2 구조주의적 연구

최근에 이루어진 두 개의 구조주의적 연구들 가운데 하나는 민수기 23장과 여호수아 22장에 대한 연구이며 다른 하나는 신명기적 역사 내의 여호수아서와 판관기에 대한 연구인데, 그것들은 신문학적 분석들을 자료비평 및 사회사적 관심사들과 관련시킬 수 있는 지극히 흥미로운 가능성을 보여주었다.

전자에 대한 짤막한 연구는 설화들의 구조에 대한 그레마스(A. J. Greimas)의 문학적 분석과 갓월드(N. K. Gottwald)에 의한 초기 이스라엘 사회의 구조에 대한 인류학적이고 사회과학적인 구조적 유사성에서 출발한다.[5] 유사한 방법들은 방법론상의 합작을 유발시킨다. 이것이 가능하게 되고 매력적인 것이 되는 때는, 문학적 구조주의 비평가들이 그들의 연구를 성서 본문에까지 확장시키고 모든 본문에 수반되는 사회과학적 지평을 수요할 때, 그리고 사회과학적 구조주의 비평가들이 상당히 정교한 문학비평 방법을 배울 때이다. 두 가지 유형의 구조주의 비평가들에게 아직도 부

---

5) David Jobling, "The Jordan a Boundary: A Reading of Numbers 32 and Joshua 22," *SBLSP* 19(1980): 183-207.

족한 것은 "사회적 또는 심리학적" 현실이 어떻게 '문학적 본문에 새겨지는 가'에 관한 이론이다.[6]

성서에 대한 문학적 구조주의 비평가들과 사회과학적 구조주의비평가들이 만날 수 있는 토대를 탐구하기 위해, 그 연구는 구조주의적 본분 연구를 통해 검증될 수 있는 이스라엘의 기원에 대한 다음과 같은 중심적인 사회과학적 질문을 그 과제로 선택한다. 즉, 이스라엘은 국외자 집단의 이주를 통해 생겨났는가? 아니면 가나안 토착민의 반란을 통해 생겨났는가(§24.1.2-3)? 이주설은 요르단 동편에서 요르단 서편에로의 이스라엘 민족대이동을 가정하기 때문에, 그 구조주의 비평가는 이스라엘 사람들이 요르단 동편에 거주하였다는 생각을 이스라엘의 초기 설화들은 어떻게 보았는가를 보여주는 두 개의 본문인 민수기 32장과 여호수아 22장을 연구과제로 택한다.

이 구조주의적 분석의 한 측면은 세 개의 의미론적 대주제들 즉 "동위성"(同位性, isotopy)들의 견지에서 그 이야기들을 조사하는 것인데, 그 주제들은 (1) 이스라엘의 통일과 (2) 이스라엘의 영토, 그리고 (3) 여자와 어린아이 및 다음 세대(들)이다. 이 연구의 결론은 요르단 동편이 모호하고 문제가 많은 이스라엘의 영토로 간주되었다는 것이다. 이 연구는 우월한 면도 있지만 위험한 감을 불러일으키며, 이스라엘 중심 집단의 요르단 동편 사람들에 대한 관계는 안전을 확보하고 유지하기에는 불안정한 형식적 관계를 필요로 한다. 이 "위험한"(touchy) 견해에 따르면, 요르단 동편의 므나쎄(야뽁 강 북쪽)는 르우벤과 가드(야뽁 강의 남쪽)보다 완전한 이스라엘의 영토로 간주된다. 요르단 동편의 여인들이 위협이 되었지만, 이것은 그들과 결혼함으로써 만족스럽게 해결되었다.

이러한 구조주의적 발견과 이주설 대(對) 반란설(immigration vs revolt models)이라는 중심 문제와의 관계는 "불명료한" 것으로 느껴진다. 실제로 이 연구는 요르단 동편의 이스라엘 사람들에 대한 여러 가지 태도가 정확

6) Ibid., 185.

히 어떻게 이주설이나 반란설을 강화시키거나 약화시키는지를 보이지는 않는다. 그러나 서로 다른 두 가지 사회학적 관계들이 연구 과정에서 면밀히 조사된다. 회피와 정복 (화해 교섭에 의한 타협, 그리고 중재에 의한 재정(裁定)을 포함하는) 및 점진적인 갈등 해결 이론이 요르단 서편 사람들과 동편 사람들 사이에 서술된 갈등에 적용된다. 민수기 32장과 여호수아 22장 1-8절은 타협을 보여주고, 반면에 여호수아 22장 9-34절은 타협을 설명하려고 의도하지만 통합되지 않는 재정(裁定)과 화해의 요소들을 지니고 있다. 모세는 요르단 서편의 지도자로서 권위주의자로 나타나고, 반면에 요르단 동편 사람들은 전자의 이야기들에서는 타협을 확신하는 자들로 언급되지만 후자의 이야기에서는 교활하고 속임수를 사용하는 자들로 묘사된다.

보다 간단하게 다루어지지만, 요르단 동편 여자들을 다루는 방식에 대한 불안정성은 곧 사회 정치적 긴장과 갈등의 표현임을 나타내기 위하여 종복(從僕)들, 주변인들, 외국인들, 천민들, 토착민들 등의 이름 시조(eponym) 역할을 하고 족보에 나타나는 딸과 지방 여자 및 첩에 대한 이론들이 인용된다. 사실 깊은 차원에서, 요르단 서편과 요르단 동편은 각각 "남성"과 "여성"이라는 약호(略號)로 표기 할 수 있는데. 이 표기가 전달해 주는 메시지는 이야기들의 서술 관점을 제공하고 있는 요르단 서쪽 이스라엘 사람들이 보기에 요르단 동편은 그 주변적 지위와 우회적인 전투 방식 때문에 그들의 지배에 대해 골치 아픈 위협적 존재였다는 것이다.

요르단 동편에 관한 이 연구가 그 결과에 있어서 지나치지 않는 한, 그것은 문학적인 구조주의적 접근 방법과 사회과학적인 구조주의적 접근 방법 간의 가능한 협력 계획의 공식화일 가망이 있으며 상관 방법(a methido of correlation)에 대한 어떤 암시적인 첫 발판을 제공해준다.

신명기적 역사 내의 여호수아서와 판관기에 대한 구조주의적 연구는 보도된 담화(reported speech: 하느님, 모세, 예언자 등의 연설)와 보도 담화(reporting speech: 이야기하는 사람으로서의 신명기적 역사 편찬자의 직접적인 말)의 관계에 대한 구조주의적/형식주의적 분석을 통해 신명기적 역사 전체의 문학적 구성을 파악하였고 야심적으로 출발한다.[7] 현재까지 이 연구에는 신명기와 여호수아서 및 판관기가 포함되었다. 바크틴(M. Bakhtin)과 우스펜스키(B. Uspensky) 같은 러시아의 구조주의/형식주의 비평가들에게 주로 의존하면서, 연구자는 신명기적 역사가 일종의 문학 작품으로서 작품 내의 많은 "목소리"들이 "암시적인 저자"(implied author)에 의해 총체적으로 편곡된(corchestrated) 것으로 간주한다. 그 목소리들은 두 종류로 대별된다. 하나는 본문의 이데올로기적 차원에서의 목소리로서 세계를 보는 판이하게 다른 체계들이다. 암시적인 저자는 이 경우에 최종 저자-편집자(DH)인데, 그의 이데올로기적 관점은, 한 목소리의 다른 목소리 지배에 의해 상극적인 이데올로기적 목소리들이 결국 "해소되는"(resolved) 방식으로 드러난다.

신명기에서의 담론(談論)이란 대체로 보도된 모세의 담화이며, 이는 화자(話者)에 의한 보도 담화의 간결한 뼈대 안에 자리잡고 있다. 여호수아서로부터 열왕기까지에서는 두 종류의 담화 비율이 극적으로 역전되어 보도된 담화가 아주 큰 규모의 보도 설화들(reporting narratives) 내에 실려 있다. 본문의 표현 차원에서 볼 때, 우선 모세의 목소리가 하느님의 목소리와 구별되고, 그 다음에 모세의 담화가 하느님의 담화와 통합되고, 모세 사후에 모세의 말(words)과 통합된다. 이러한 방식으로 신명기적 역사는 포로기까지에 이르는 이스라엘의 전(全)역사 과정을 설명하기 위해 신명기의 신언(神言, divine words)을 해석하고 적용하는 특권을 갖고 과거와 현재의 신적 담화를 해석하는 권위주의적 해석자가 되었다. 이데올로기적 차원에서는 두 가지 기본적인 목소리가 들린다. 하나는 신명기의 모세 율법에 대해 궁극성과 완전성을 주장하는 권위주의적 교조주의의 목소리이며, 다른 하나는 하느님과 모세의 권위를 신명기적 역사에로 이전시킴으로써 모세의 율법을 새로운 상황에 따라 해석하고 적용하고 심지어는 수정해야

---

7) Robert Polzin, *Moses and the Deuteronomist. A Literary Study of the Deuteronomic History*(New York: Seabury Press, 1980).

하는 필요성과 타당성을 역설하는 비평적 전통주의의 목소리이다. 계약의 무조건성과 응보적 정의의 주장이 변증법적 긴장 관계에 있다면, 계약이 파기되어야 한다. 신의 정의와 자비는 매우 복잡하게 결합되어 작용하기 때문에, 이스라엘의 역사는 권위주의적 교조주의가 단정하고 있는 것과는 달리 모세 율법의 엄격한 해석들에 따라서 진행되지 않는다.

신명기에서 제시된 목소리들이 또한 여호수아서와 판관기에서도 표출된다. 여호수아서는 하느님과 여호수아가 모세의 율법을 비평적으로 어떻게 해석하는가를 보여주는 설화들과 아울러, 권위주의적 교조주의에게는 용납될 수 없는 율법 수정을 요구하는 상황 전개에 따른 하느님의 새로운 명령과 신의 진노 폭발 기사로 구성되어 있다. 이 비평적 해석은 다음과 같은 세 가지 형태를 취한다. 그것들은 (1) 신언을 그 의도적 측면에서 직접 재해석하는 것(여호 4,2 · 6-7 · 21 · 24; 5,2b · 9b)과 (2) 불복종으로 인해 발생한 사건에 비추어 신언을 간접적으로 재해석하는 것(6,17-19; 7,11-12 · 25), 그리고 (3) 신의 명령을 집행 중지하거나 제한 수행하는 것(6,17; 8,2) 등이다. 성전(聖戰)과 가나안족 멸절 요구에 관한 신의 명령들이 크게 강조되지만, 그것들은 변증법적으로 강조된다. 가나안 사람들이 어떻게 '멸망되어야 하고', 또 '멸망되었는가'에 관한 담화를 가나안 사람들이 어떻게 그 땅에 '남게 되고' 심지어는 이스라엘에 '받아들여지게 되었는가'에 관한 담화와 대치(對置)시킴으로써 신명기적 역사는 하느님의 명령 수행에 관한 문제점에 대해 역설적인(ironic) 해설을 만들어 낸다.

여호수아서 전반에 걸쳐 "예외적인 국외자들"에 대해, 이를테면, "진정한" 이스라엘의 원핵심에 속하지 않는 가나안인과 이스라엘인 집단들에 대해 특별한 관심을 기울이고 있음은 주목할 만한 일이다. 그러한 자들은, 예를 들면, 라합, 기브온족, 여인들, 아이들, 재류 외국인들, 레위인들, 요르단 동편의 부족들, 갈렙, 슬롭핫의 딸들 등이며 심지어 여기에는 죽음을 면제받은 아이(Ai)성의 동물들도 포함된다. 결과적으로, 다수의 가나안인들은 정복되지 않았고 따라서 약속의 땅이 완전히 점령되지 않았을 뿐만 아니라 수많은 약자들과 외국인들이 이스라엘에 흡수되었고, 피보호 신분을 부여받았다. "설화는 이스라엘-공동체가 이스라엘-땅에 정착하는 것을 기술하면서 '국외자'가 공동체적으로나 영토적인 면에서 이스라엘 '내부에' 참으로 많이 있음을 끊임없이 강조한다."[8] 이스라엘 내의 국외자의 특징을 이렇게 묘사함으로써 그들은 범죄하고 용서받는 일반 이스라엘의 표상들이 된다. 이러한 묘사는 이스라엘이 자체의 특별한 공적 때문이 아니라 이미 전부터 그곳에 있었던 민족들의 사악함 때문에(신명 9,4-5) 이스라엘이 땅을 차지할 것이라는 점을 강조하는 비평적 전통주의의 이데올로기의 한 측면이다. 이스라엘이 땅을 점유할 자격이 없지만 점유한 것처럼, 멸망당해야 마땅한 라합과 기브온족이 그럼에도 불구하고 계약의 보호를 받게 되었다.

판관기는 종교적 배신과 가나안족과의 결혼을 통한 이스라엘의 철저한 하느님 유기(遺棄) 사실을 폭로하는 뼈대 안에 이야기들을 모음으로써 신명기적 역사의 이데올로기적 추진력을 밀고 나아간다. 이스라엘의 타락이 극심하므로, 신명기 내의 한 목소리인 권위주의적 교조주의에 따르면, 하느님은 당연한 권리에 의하여 전(全) 백성을 버렸어야 했다. 그러나 자비로운 하느님은 이스라엘이 회개하지 않을지라도 그들을 계속해서 구원한다(이스라엘의 회개를 나타내는 한 표현에 대한 응답인 10장 16절은 "[야훼는] 이스라엘의 고심에 찬 노력에 곤란해졌다"로 해석된다). 판관기에서는 응보의 정의가 형제를 살해한 아비멜렉이 하느님(야훼가 아님)에게 보복당하는 예에서처럼 모세의 야훼 신앙(Yahwism)에 속하는 신의 명령들과 동떨어져 있거나, 또는 삼손이 블레셋인과 관련하여 주기적이라고 할 수 있을 만큼 보복 행위를 되풀이함으로써 파멸에 이른 것이나 한 부족원이 강간 살인한 것에 대한 보복을 받아 베냐민 전 부족이 거의 근절되었다가 그후 야베스-길르앗과 실로에 대한 부당한 공격을 통해 즉시 새로 보충된 것에서처럼 기괴하게 풍자적으로 개작되어 있다. 이런 식으로 수집되고 구조가 짜여진 판관기의 이야기들은 권위주의적 교조주의를 근본적으로

8) Ibid., 145.

훼손시킬 수 있을 뿐만 아니라 비평적 전통주의의 역사에 대한 적응성을 의심케 만든다. 그 까닭은 주요 등장 인물들의 종교적 · 도덕적 입장이 그들의 성패 여부와 거의 무관하기 때문이다. 무지와 애매모호함의 휘장이 본문 전체에 드리워져 있다. 이것은 신의 율법을 엄격하게 일의적(一義的)으로 해독함으로써 이스라엘 역사를 해석하는 것이 얼마나 어려운가를 입증하기 위하여 신명기적 역사 편찬자가 의도적으로 만들어낸 것이다.

여호수아서와 판관기에 대한 초기의 이 구조주의적 분석은 보다 깊은 연구에 필요한 통찰들과 명령들로 가득 차 있다. 이 분석은 비교적 짧은 많은 신문학적 연구들에서 보다 미시적으로 다루어진 모든 구조들과 관계되므로(§23.1), 구(舊) 비평가들에 의해 통상적으로 간과되어 오던 특징들의 의미에 관해 문학비평가들 사이에서 자주 볼 수 있는 일치점들이나 수렴점들을 관찰하는 것은 흥미 있는 일이다. 방법론적인 면에서 문학 구조에 초점을 맞추기로 한 결정은 하나의 구절에서 뿐만 아니라, 확대 자료들과 책 전체를 대상으로 할 때에도 명백히 성과를 올린다. 광범위한 이 구조주의적 해석은 문학적인 구조주의적 주석을 다른 여러 형태의 성서 비평과 관련시키는 새로운 가능성을 제시한다.

여호수아서와 판관기의 문학적 구조를 이렇게 정교하게 표현함으로써 문학사의 오랜 논쟁점과의 직접적인 대화가 유발된다. 만일 신명기적 역사의 상극적인 이데올로기적 목소리들이 대략 묘사된 대로라면, 그리고 그것들이 보도된 담화와 보도 담화의 많은 세부 항목들 위에 뚜렷한 흔적을 남겼다면, 완결된 전승들을 구성함에 있어서 신명기적 역사가 큰 역할을 하였다는 암시에 대한 연구는 (개개의 전승 단위들이 뼈대에만 나타나는 것으로 과거에는 생각되었던) 이데올로기적 목소리들이 각 단위들에 실제로 얼마나 깊이 스며들었는지를 확인함으로써 그리고 이 목소리들이 독특한 구성 특징들에 의해 표현되는 방법을 상세히 결정함으로써 수행될 수 있을 것이다. 그 결과 신명기적 역사 편찬자는 일반적으로 생각되어 오던 것보다 훨씬 더 독창적인 저자였음이 드러나거나 또는 신명기적 역사 이전의 자료들이, 역설적이지만, 과거에 인정되던 것 이상으로 이데올로기적이었음이 밝혀질지도 모르며, 또는 두 가지가 모두 사실로 판명될지도 모른다.

여호수아서에 나오는 (그리고 판관기에서도 여전히 계속되는) "예외적인 국외자들"의 역할이 제기하는 아주 흥미 있는 문제는, 실제로 가나안인들을 포함하여 근본적으로 다른 민족들로부터 창출된 이스라엘이라는 실제의 사회사적 지평으로 이 이데올로기적 구성이 소급되는가 하는 것이다. 여호수아서와 판관기의 표면적 구성은 이스라엘인들과 가나안인들을 첨예하게 대립(또는 [極化, polarity])시킴으로써 구조 분석에 의해 밝혀진 다음의 역설을 이제까지 모호하게 만들어왔다. 그 역설이란 이스라엘인들에 대하여 자신들의 입장을 되풀이해서 관철시키거나 실제적으로 이스라엘에 흡수된 비(非) 이스라엘인들에 대한 태도가 모호하다는 점이다. 이러한 구조적 연출에 있어서 인상적인 것은 신명기적 역사가 완전 정복에 대한 그의 명시된 믿음을 심각하게 훼손시킨 부분 정복 이야기들을 어리석게도 혹은 어쩌면 전통에 얽매여 서툰 편집자처럼 되지 않는다는 사실이다. 대신에, 신명기적 역사는, 후대의 민족주의적 정론(orthodoxy)의 모습에 적합하지 않은 자들이 대부분이었던 혼합 민족들의 결합체로서 이스라엘이 그 땅에서 거둔 성공이 분명치 않음을 보여주기 위해 부분 정복과 완전 정복에 대한 방대한 자료들과 해석들을 의식적으로 혼합시킨 빈틈없는 저자-편집자처럼 나타난다. 실제로, 판관기 1장과 17-21장의 "명예롭지 못한" 연표들과 이야기들을 포함시킨 것은 극도로 정연한 역사 해석에 대해 의심하는 신명기적 역사 이데올로기의 대표적 실례일 것이다. 여하튼, 여호수아서와 판관기를 이스라엘의 기원을 재구성하는 데 필요한 자료로서 현재 재고하게 된 것(§24)은 설득력 있는 이 구조주의적 분석에 의해 문학적 측면으로부터 촉진되었음이 명백하다.

24. 여호수아서와 판관기의 사회사적 지평들

24.1 이스라엘의 권력 장악에 관한 가설들

이스라엘의 기원에 관한 근본적인 질문은 "이스라엘이 어떻게 가나안을 지배하게 되었는가?"라는 방식으로 제기될 수 있다. 이에 대해 다양하게 강조되고 있는 세 가지의 기본적인 설명 방법들이 제시되어 왔다.[9] 우선, 이스라엘은 가나안을 집중적이고 통일된 군사적 정복을 통해 탈취했다고 하는 주장이 있다. 이와는 다른 대안으로, 이스라엘의 가나안 점유는 평화적 유입, 조약 체결, 그리고 자연적 인구 증가에 의한 것이었다고 하는 주장이 있다. 마지막으로, 이스라엘은 도시 국가의 군주들과 지배 계층에 대하여 반란을 일으키고 그들의 독자적인 사회 정치적 종교적 질서를 확립한 토착 가나안 민중의 부문(sector)이었다는 주장이 최근에 전개되었다.

24.1.1 정복설(The conquest model)

이스라엘의 군사적 가나안 정복설은 여호수아 1-12장에 보도된 대로 여호수아의 지휘 아래 열두 부족 연합이 가나안에 침입하여 그 땅을 빼앗았다는 각본(scenario)에서 유래한다.[10] 성서 본문을 있는 그대로 읽으며, 군대들을 패배시키고 도시들을 무너뜨리며 가나안 민중을 한꺼번에 전멸시키거나 몰아낸 전광석화와도 같은 일련의 공격들이 연상된다. 그 공격자들

---

9) 이에 대한 간략한 개관은 George W. Ramsey, *The Quest for the Historical Israel* (Atlanta: John Knox Press, 1981), 65-98을 보라. Chaney의 그의 저작(주 12)에서 한 가지 설(說)을 선택하고 있으나 그 모든 것들을 면밀하게 비평하고 있다.

10) G. Ernest Wright, *Biblical Archaeology,* rev. ed.(Philadelphia: Westminster Press, 1962), 69-85; idem, "Introduction to Joshua," in *Joshua* by Robert G. Boling, AB (Garden City, N.Y.: Doubleday & Co., 1982), 1-88(1973년에 쓰여진 이 책은 사후에 출판되었다).

〈표 16〉 가나안의 후기 청동기/제1철기 시대에 파괴된 도시들에 대한 고고학적 증거

1. 13세기 후반과 12세기 초반에 파괴된 가나안 도시들

* Hazor(Tell el-Qedaḥ)

Meggido(Tell el-Mutesellim)

Succoth(Tell Deir ʻAllā)

** Bethel(Beitîn)

Beth-shemesh(Tell er-Rumeileh)

Ashdod(Esdûd)

* Lachish(Tell ed-Duweir)

* Eglon(Tell el-Ḥeṣī)

* Debir/Kiriath Sepher(Khirbet Rabud or Tell Beit Mirsim)

2. 13세기 후반과 12세기 초반에 파괴되지 않은 가나안 도시들

Beth-shan(Tel el-Ḥuṣn)

Taanach(Tell Ta ʻannak)

Shechem(Tell Balâṭah)

Gibeon(el-Jîb)

Gezer(Tell Jezer)

Jerusalem(el-Quâṭds)

---

* 여호수아에 의한 정복

** 요셉 가문에 의한 정복

〈표 17〉 가나안의 후기 청동기/제1철기 시대의 새로운 정착지들에 대한 고고학적 증거

1. 13세기 후반과 12세기 초반 이전에는 정복되지 않았던 지역들에서의 새로운 정착
   Dor(Khirbet el-Burj)
   ʿIzbet Ṣarṭah(biblical site unknown)
   Tell Radanna(biblical Beeroth or Ataroth-[adar]?)
   Gibeah(Tell el Fûl)
   Giloh(biblical site unknown)
   Tell ʿEṭūn(biblical site unknown)
   Beersheba(Tell es-Sabaʿ)
2. 12세기와 11세기에 오랫동안 폐허가 되었던 지역들에서의 새로운 정착
   Shiloh(Khirbet Seilûn)
   Ai(et-Tell)
   Mizpah(Tell en-Naṣbeh)
   Bethzur(Khirbet eṭ-Ṭubeiqah)
   Tell Masos(biblical Hormah?)

은 이집트의 노예 생활로부터 탈출한 한 민족이다. 그들은 시나이 광야를 가로지르고, 요르단 동편을 거쳐 북쪽으로 이동하고 요르단강을 동쪽에서 서쪽으로 건너 공격을 개시하였다. 예리고, 아이, 그리고 기브온을 중심으로 공격한 다음에 그들은 남쪽과 북쪽을 향해 부채꼴 형태로 펴져 땅 전체를 점령하였다. 압도적 승리를 거둔 후 그들은 아무런 방해도 받지 않고 땅을 분할하고 정착할 수 있었다. 히브리 성서의 다른 부분에서는 이러한 기본적 기사가 전제로 되어 있으며, 또한 이스라엘인들과 가나안인들을 거의 "천적(天敵)"에 가까운 불구대천의 적대자들로 첨예하게 구분하는 것은 영토 지배권을 놓고 투쟁하는 민족적 · 종교적 실재라는 개념과 일치하는 듯하다.

정복설을 뒷받침하기 위해 고고학이 동원되었는데, 다음과 같은 두 가지 형태의 증거가 인용된다. 그것들은 (1) 이스라엘이 그 땅에 들어갔다고 믿어지는 시기(B.C.E. 1230-1175년경)와 비슷한 때에 가나안 도시들이 광범위하게 파괴되었다는 점과 (2) 파괴된 몇몇 도시들에서 보여지는 새롭고 일정한 점유 방식은 이스라엘인들과 논리적으로 가장 잘 부합된다는 점이다.

특별한 성서상의 장소일 가능성이 아주 높은 것으로 보이는 일련의 토루(土壘) 발굴 결과는 그것들이 13세기 말과 12세기 초엽 사이에 극심하게 또는 완전히 파괴되었다는 증거를 보여준다. 아래에 게재된 9개의 파괴된 도시들 중 5개는 여호수아 또는 요셉 가문이 점령하였다고 한다. 이외에도 정복 기사에서 누락되었거나 여호수아에 의해 정복되지 '않았다' 고 특별히 이야기되는 몇 개의 도시들은 발굴시 이 시기에 멸망되었다는 표지를 전혀 보이지 않았다. 이들 두 종류의 증거에 해당되는 것으로 아주 빈번하게 인용되는 장소들이 <표 16>에 수록되었는데, 각각의 경우에 배열 순서는 북쪽에서 남쪽으로 향하는 지리적 순서를 따른 것이다(각 장소의 고고학적 시대 범위에 대해서는 <표 3>을 참고하라).

대체로 정복설 지지자들은 성서 기사에 대한 중요한 확증 자료를 여호수아에게 정복된 도시들과 그에게 점령되지 않은 도시들에 관한 고고학적 증거에서 찾는다. 그러나, 명백하게도, 이 기간 중에 파괴되지 않은 도시들에 관한 증거는 완전 정복설의 문자적 수용과는 다소 맞지 않으며, 정복설이 매우 미심쩍은 것임을 보여주는 많은 표지들 가운데 첫 번째 것이다.

또 다른 종류의 고고학적 증거는, 축적 면에 있어서 덜 극적이고 속도가 느리지만, 점점 더 신뢰를 받고 있다. 그것은 13세기 말과 12세기 초의 멸망에 관한 유적층 다음의 층들에서 나오는 점유 형식과 분포에 관한 증거이다. 이제까지 보고된 증거는 하솔, 수꼿, 베델 그리고 드빌 등 네 지역에 집중되어 있다(아마도 게젤과 벳-세메스도 여기에 포함될 수 있을 것이다). 각각의 예에 있어서, 실제로 완전한 멸망이 있은 다음에는 요새화되지 않았고 건축 기술상 단순하며, 심지어 조야하기까지 한 정주지(定住地)들이 나타난다. 이 유적들은 문화적으로 덜 발전된 주민들이 일시적인 천막촌들이나 성벽 없이 초라하게 지은 건물에서 살았음을 가리키는 것이라고 주장된다. 그 새로운 거주자들이 후기 청동기 시대의 도시들을 파괴하고 그 폐허 뒤에 정착된 자들이라고 추정되기 때문에, 그들을 기술적으로 낙후된 "반유목민적" 이스라엘인들로 간주하는 것은 그럴 듯하게 보인다.

파괴된 지역들 위에 출현한 정주지들에다 그 이전에는 거주한 적이 없는 지역이나 후기 청동기 시대에 오랫동안 거주하지 않았던 장소들에 세워진 정주지들을 또한 첨가시킬 수 있다(표 17). 이들 모든 지역들에서 출토되는 철기 시대 제1기의 도기(陶器)는 하솔과 수꼿의 간단한 천막촌과 베델과 드빌의 조야한 건축물들에서 발굴된 도기들과 연속성을 보여준다.

성서적 · 고고학적 자료군 전체를 검토해 보면, 가나안에서의 이스라엘의 기원에 관한 정복설의 논거는 회복할 수 없을 정도로 손상되지는 않지만 그 정당성은 현격하게 감소된다. 성서의 전승들에는 여호수아서의 뼈대 안에 표현된 완전 정복 개념과 그 주장을 예증하기 위해 열거된 이야기들과 연표들 사이에는 현저한 불일치가 있다. 여호수아 1장에서 12장까지의 이야기들은 거의 세 부족의 지역에서 일어난 군사 행동에 대해 보도하는데, 그것은 베냐민을 중심으로 하여 유다와 납달리까지 밀고 들어가는 군사 행동이었다. 그 땅 전역의 도시들을 지배했던 31명의 패배한 왕들의 목록은 이 모든 왕들이 패배했다는 것을 가리킬 뿐이지 반드시 그들의 도사가 점령되었거나 파괴되었다는 것을 가리키는 것은 아니다(여호 12,7-24). 사실상 그 목록에는 여호수아 사후에 독자적으로 행동한 부족들이 처음으로 점령하였거나 다윗 시대까지 정복되지 않은 채 남아 있던 도시들이 포함되어 있다. 따라서 본래 형태에 있어서 이 왕들의 목록은 점령 도시들에 대해 말하려 한 것이 아니고 타도된 통치자들에 관해 이야기하려 한 것인데, 후대에 그것이 정복된 도시들의 목록으로 이해되었을 때, 승리를 원형적(archetypal) 정복자인 여호수아에게 돌리기 위해 확대된 것이 아닌가 하고 의심케 된다.

연합 이스라엘에 의한 완전 정복이라는 주장과 각 부족에 의한 제한 정복이라는 보도 사이의 상위점들은 간과되거나 그럴듯한 말로 해명되어 왔는데, 이렇게 된 한편의 이유는, (주로 팔레스틴 외의 영토를 다룬) 여호수아 13장 1-6a절을 제외하고는, "소극적" 혹은 제한적 정복에 대한 보도들이 본래의 여호수아 전복 설화들 외부에 놓여졌고 여호수아 13-19장의 부족 경계 목록과 도시 목록들 안에 포함되거나 판관기 1장에 포함된 때문이다. 이것 때문에 해석자들은 그 모순점들을 회피할 수도 있었고 또는 여호수아가 그 땅의 전체 또는 대부분을 정복하였으나 그의 사후에 이스라엘의 힘이 약해지고 가나안 사람들이 재등장하여 여러 부족들은 잃은 영토들을 재정복해야만 했다고 합리화시킬 수도 있었다.

성서 자료의 모든 모호한 점들이 지적된 후, 대부분의 현대 정복설 지지자들은 그 가설을 상당히 수정한 주장들을 발전시켰다. 그들의 현재 경향은, 세 번의 신속한 출정을 통해 가나안인들의 저항을 분쇄한 합동 공격에서 여호수아가 (아마도 12부족들 모두는 아니었을) 일단의 부족들을 지휘하였다는 것이다. 세 번의 출정이란, 첫째 그 땅의 중앙에 속하는 예리고-아이-기브온에서의 군사 행동이며, 두 번째는 막케다, 리브나, 라기스, 에글론, 헤브론, 그리고 드빌(아니면 적어도 이 지역들의 일부)과 싸우던 유다의 저지와 고지에서의 군사 행동이며, 세 번째는 하솔과 싸우던 갈릴래아에서의 군사 행동이다. 이 공격들에 대해서는, 그로 인해 갈릴래아, 사마리아 그리고 유다의 산악 지대에 대한 가나안의 통치권이 약화되었고 이스라엘이 심각한 방해를 받지 않고 자유롭게 그들의 점유지를 공고히 하고 확장시킬 수 있었던 것으로 평가된다.

많은 정복설 지지자들은 에브라임과 므나쎄와 같은 중앙 지대에서의 군사적 공격들에 관한 기록이 없는 것은, 그것을 여호수아의 세겜 총회 소집(여호 24장)과 결부시켜 볼 때, 필시 그 땅의 중심부가 (아마도 기브온인과의 조약과 유사할지도 모르는) 평화적 협정에 의하여 또는 유입 부족들이 인종적으로 그들과 유관한 민족(*'apiru?*)들과 융합됨(amalgamation)으로써 이스라엘과 연결되었음을 보여주는 것이라고 또한 인정한다. 이외에도, 최초의 군사적 공격에 뒤이어 각각의 부족들이나 씨족들이 성취한 어떤 정복들이 전승들의 통합·단순화 과정 속에서 여호수아에게로 잘못 돌려졌음을 기꺼이 시인한다.

정복설의 해당 영역이 삭감됨으로써 그 설의 기본적인 특징들은 부자연스럽고 모호하게 된다. 통합 정복자로서의 여호수아의 성격이 뚜렷하게 부가되지 않고, 오히려 그는 이스라엘의 집중적인 최초 공격이라는 인상 하에 본질적으로 다른 설화들을 결합시키려고 편집자가 도입한 "중개인"(bridge figure)으로 등장한다. 여호수아가 에브라임 출신이라는 기억이 정확한 것이라면, 여호수아 10장에 나오는 벳-호른 길에서의 전투는 에브라임이나 므나쎄 부족이 여호수아의 지휘 하에 수행한 것으로 해석할 수도 있지만, 특별히 그의 지휘 하에 수행된 그 부족들의 정복이 전혀 기록되지 않았다는 것은 놀라운 일이다. 또한, 세겜 부근에서 왕의 군대에 대해 거둔 이스라엘의 승리가 여호수아서에서는 언급되지 않고 시편 68편 11-14절에서 시적으로 회상되는데, 이것도 또한 여호수아의 지휘 하에 거둔 승리일지도 모른다. 여호수아가 소집한 세겜 부족 총회는 그에게 돌려지고 있는 여러 전투들보다도 더욱 확실한 그의 역사적 업적이라는 주장이 빈번하게 제기된다.

완전 정복에 대한 고고학적 증거는 어떻게 평가될 수 있는가? 정복설을 뒷받침하기 위해 고고학적 결과를 사용하는 것은 유리한 점이 있는 만큼의 불리한 점이 있고, 어쩌면 그보다도 더 불리하다고 할 수 있음이 판명되었다. 우선, 여호수아의 이야기에는 예리고와 아이 및 기브온에서 나온 부정적인 고고학적 결과들에 의해 결함이 생겼다. 예리고가 13세기 말에 있었다손 치더라도, 그것은 성벽 없는 조그만 정주지나 기껏해야 하나의 성채에 불과한 것이었다. 아이(Ai)는 그 당시 거주인이 없었고 수세기 동안이나 계속 그러하였다. 실제의 베델 정복이 근처의 아이와 혼동되었다고 해도, 여전히 우리는 베델이 어떻게 정복되었는가에 관한 두 가지 해석을 가지게 될 것이며, 그 둘은 본질적 요소에 있어서 일치하지 않는다(여호 8,1-29; 판관 1,22-26). (14세기와 아마도 13세기 초의 무덤에서 출토된 도기 이외에는) 후기 청동기 시대의 유물들이 기브온에서 전혀 발견되지 않았는데, 이것은 이스라엘이 기브온인들과 맺었다고 하는 협정에 대해 의문을 불러일으킨다. 또한, 하솔에서 나온 증거는 여호수아 11장과 잘 맞지만, 동시에 그것은 하솔이 여전히 야빈 왕의 지배 하에 있다고 하는 판관기 4장에 대해서는 문제들을 낳는다.

이러한 난점들은 정복설을 지지하기 위해 수집된 고고학적 자료들에 대해 반대 심문할 필요가 있음을 말해준다. 여기서 적절하다고 생각되는 세 가지 물음을 제기할 수 있다.

1. '13세기 말과 12세기 초에 멸망된 것으로 알려진 모든 도시들의 정복자들이 바로 이스라엘인들이었음을 진정 우리는 알고 있는가?' 가나안 도시 정복자들은 그들의 정체에 대해 문자적 기록이나 물질적 증거를 전혀 남기지 않았고, 따라서 그들이 블레셋인인지 이집트인들인지 아니면 서로 경쟁한 가나안인들 혹은 반란을 일으킨 가나안인들인지, 이스라엘인들인지 또는 반유목민적 침략자들인지를 분명하게 말해주는 증거는 아무것도 없다. 파괴자일 가망성이 있는 자들 중에서 가장 가능성이 없는 것은 아마도 블레셋인들일 것이다. 그들이 B.C.E 1150년경 이전에 대거 팔레스틴에 들어왔다는 것은 극히 의심스러운 일이다. 그 이전에 그들은 이집트인들의 선발된 용병으로 출현한다. 그렇지만 이집트인들 자신이야말로 파괴된 도시들 가운데 적어도 일부를 파괴하였을 가능성이 더 큰 후보자이다.

제19왕조의 파라오들은 그들의 아시아 제국에서 1세기 동안의 쇠퇴기가 지난 후에 시리아-팔레스틴에 대한 지배권을 회복하려고 시도하였다. 세티 1세(Seti Ⅰ)와 라므세스 2세 그리고 메르넵타에게 정복된 도시들의 여행기들은 해안 지역과 계곡들에 집중되는 경향이 있지만, 메르넵타(또는 그 이전의 파라오)는 예루살렘 근처의 넵도아(Nephtoah)에 수비대를 주둔시켰을 가능성이 있으며, 메르넵타는 게젤을 정복하고 "이스라엘을 멸망시켰다"고 주장한다(B.C.E. 1230-1220년경; 표 1:2D). 베델과 드빌을 제외한 문제의 파괴된 도시들은 계곡에 위치하거나 고지대 가장자리와 접한 저지대에 위치해 있고, 이는 해안 도로를 따라 군사 작전을 펼치는 이집트 군대가 쉽게 도달할 수 있는 거리였다.

도시 간의 싸움에 의한 파괴 또는 도시들 내부에서의 공공연한 반란에 의한 파괴 가능성도 마찬가지로 열어두어야 할 것이다. 아마르나 문서들은 가나안 도시들이 14세기에 서로 공격했다는 것을 보여주며 기브온과 이스라엘 간의 조약(여호 10,1-5)에 대한 예루살렘과 그 동맹들의 반응은 도시들 간의 상호 공격이 13세기 후반에도 사실이었음을 말해준다. 판관기 9장 26-49절은 내란으로 분열된 세겜과 같은 도시가 얼마나 처참하게 파괴될 수 있는가를 보도하고 있는데, 이것은 그 이전에 이미 아마르나 문서들의 일부에서 언급된 현실이다(표 1:1K). 반란을 일으킨 가나안인들은 구(舊) 통치자들을 몰아낸 후 자신들을 위해 그 도시들을 보존하기 원했을 것이기 때문에 가나안 도시들의 완전 파괴가 그들에 의한 것일 수는 없었을 것이라고 주장되어 왔다. 그러나 반(反) 아비멜렉 봉기의 파괴적 결과를 고려해 볼 때, 그것은 설득력 있는 주장인 것 같지는 않다.

확실히, 반란자들은 최소한의 파괴를 원할지도 모른다. 그러나 그들은 또한 전력을 다하여 억압적인 지배지 제거에 필요한 파괴 행위를 감행하였다. 이외에도, 요새화된 도시들은 계급 제도의 군사적 · 경제적 · 정치적 중추들이었기 때문에. 반(反) 계급 제도 지향적인 반란이라면 그것은 도시 중심부를 인수하기보다는 의도적으로 타파할 것을 목표로 하였을 것이다. 가나안인들이 상대 도시들을 서로 파괴했다는 주장이나 도시들이 내란과 반란으로 파괴되었을 것이라는 주장은 고고학적 증거와 완전히 일치하는 것으로 보인다.

2. '13세기 말과 12세기 초의 이러한 파괴와 새로운 정착들은 그 이전과 이후 시대의 동일한 또는 유사한 도시들의 파괴 및 재정착과 그 수와 질과 분포에 있어서 어떻게 비교되는가?' 고고학자들은 성서 본문에서 발생하는 특정한 역사적 물음들을 제기하는 경향이 있다. 그들은 가나안 여러 지역들에 대해 파괴와 정착의 빈도와 유형에 관한 정확한 목록을 작성하는 일에는 오랫동안 별로 관심을 기울이지 않았다. 새로운 유형의 축성술과 포위전이 출현한 곳을 제외하며 군사적 파괴술은 도기 형태의 식별 가능한 변화만큼 변하지 않았기 때문에 파괴 유형론은 틀림없이 수립하기가 어려울 것이다.

확실히, 문제의 시기는 18세기의 힉소스족 등장과 9세기의 아시리아인들에 의한 서부 침입 사이에 포위전 기술이 눈에 뜨일 만큼 변하지 않았음을 보여준다. 고고학이 화재에 의한 것이라고 밝힌 모든 파괴들이 '반드시' 군사적 공격으로 인한 것이었는지는 당연히 물어야 할 것이다(도시들은 우발적으로 불타기도 한다!). 이와는 대조적으로, 도시와 농촌에서의 정주(定住) 양식들에 대한 보다 세련된 고고학적 해석에 도달할 수 있는 가능성이 더 큰 것으로 보인다. 아이 주변과 상부 갈릴래아에서 행해진 것과 같은 지역 탐사와 연구는 이러한 점에 대해 도움이 되었고, 성벽 없는 농촌의 정주지들에 대한 관심이 태동함으로써 "보통" 이스라엘인들의 삶에 대한 이해가 확대되기 시작하였다. 그러나 이제까지의 결과들은 이스라엘의 가나안 점령 방법으로서 정복을 지지하는 것으로 명료하게 나타나지 않는다.

3. '이 도시들의 일부 또는 전부를 파괴한 자들이 이스라엘인들이었다면, 그 도시들이 야훼주의적 연합 이스라엘인들의 합동 군사 행동에 의해 파괴되었음을 보여주는 물적 증거는 무엇인가?' 도시들이 한 번의 합동 출정 또는 일련의 출정들을 통해 정복되었음을 보여주는 것은 아무것도 없다. 이스라엘인, 이집트인, 가나인인 또는 다른 공격자들의 연합체가 50여

년의 혼란 기간에 걸쳐 이 도시들을 정복하였을 수도 있다. 그렇지 않으면, 단독적인 부족의 실체들로서 혹은 둘 이상의 부족이 연합하여 군사 행동을 취한 이스라엘인들이 이 도시들을 파괴하였을 수도 있다. 반면에, 고지대와 산기슭의 가나안 도시들이 광범위하게 쇠퇴하고 파괴된 것과, 현저하게 다른 블레셋 문화가 다소 늦게 등장한 것 사이에 일어나, 문화에 대한 일반적 재구성은 상당한 중요성을 갖는다. 그렇지만 정확하게 어떠한 중요성을 갖는가?

문화적으로 독특한 정주지 망(網)이 13세기 말 이후로 요르단 서편의 산악 지대에 널리 퍼져 있었다는 것은 증명 가능하다. 그것이 블레셋의 것일 가능성은 거의 없고, 또한 이집트의 것은 분명히 아니기 때문에, 이 정주지들을 광의의 "이스라엘의 것"으로 간주하는 것은 대단히 그럴듯하다. 결정적인 곤란은 성서 본문과 상호 관련이 있는 용서로 이 중간 문화의 특성을 표현하는 데서 비롯된다. 문화유물론적(material cultural) 증거를 토대로 하여 이해되는 "이스라엘인"과 여호수아 휘하의 연합 이스라엘이라는 중앙 집권적 성서 도식에 의해 투사된 "이스라엘인" 사이에는 일 대 일의 대응이 전혀 없다.

문화유물론적 의미에서의 "이스라엘인"은 가나안을 강습 점령한 열두 부족의 이스라엘을 의미하지 않는다. 그것은 결코 문화유물론적 유물들이, 모든 경우에 있어서, 당시의 야훼주의적 부족 동맹의 구성원들이었던 집단에 속한다는 것을 의미하지 않는다. 고고학의 지지를 받는 문화유물론적 의미에서의 "이스라엘인"이 그 명칭을 지닌 자들은 여전히 원(原) 이스라엘인들이었거나 또는 중앙 집권적인 성서적 의미에서의 "이스라엘"이 그로부터 비로소 형태를 갖추기 시작한 기반이었던 반란 가나안 민족들과 유입 야훼주의자들의 연합체였다고 인정하는 것도 당연할 것이다. 고고학적 견지에서 "이스라엘인"의 이러한 의미들이 수락될 수 있고 아마 또 다른 의미들도 용납될 수 있을 것이다. 그 시대에 관한 유형론(typology)은 성서의 변수들만큼이나 복합적이고 애매모호한 것으로 판명된 중요하고 예비적인 문화유물론적 변수들(material cultural parameters)을 창조해낸다.

24.1.2 이주설

이스라엘이 어떻게 가나안에 들어갔는가에 대한 또 하나의 견해는 이주설이다. 이 견해는 히브리 성서에 대한 비평적 연구가 처음에는 판관기 1장에 대한 문학비평적 분석을 통해, 그 다음에는 "정복" 전승들 전체에 대한 집중적인 양식비평적 · 전승사적 연구를 통해 성서 전승의 단위들을 밝혀내고 그것들의 단편적이고 상호 모순적인 성격을 드러내는 데 성공하면서 지지를 얻기 시작했다.[11] 이주설은 평화적 유입, 현지 민족들과의 평탄치 못한 융합, 그리고 다윗 시대의 이스라엘에 의해서 겨우 성취된 최종적인 군사적 · 정치적 승리라는 길고 복잡한 과정을 이론화하였다. 연합 이스라엘에 의한 완전 정복이라는 신명기적 역사의 시각은, 가나안 정복을 위한 이 기나긴 투쟁이 군주국 하에서 승리로 귀결된 '이후에' 발전된 회상적이고 이상화된 견해로 평가된다. 이와는 대조적으로, 신명기적 역사로 둘러싸여 있는 보다 오래된 각각의 전승 단위들 중에서, 그 땅을 점유한 것은 본래 평화적이었다는 흔적을 볼 수 있고 더 나아가 가나안 주민과 공공연하게 결혼하고 조약을 체결한 자취들을 볼 수 있다. 예를 들면, 족장들은 대체로 거주민들과 화목하게 살았으며, 가나안 도시의 전 주민들이 므나쎄에서는 이스라엘의 씨족들이 되었으며(여호 12,17 · 24; 17,2-3), 유다가 공공연하게 가나안인들과 결혼하였다(창세 38장)는 기록들이 주목된다.

가나안인들과 이스라엘인들 간의 문화적 · 종교적 분리가 처음에는 거주민과 목축 유목민들의 차이로 해석되었고, 어떤 경우에는, 정치적으로 기득권을 가진 사람들과 사회적 방랑자들 즉, 아마르나 문서에서 성서의 "히브리인(들)"과 어원이 같은 '아피루'(*'apiru*)로 표기되는 자들과의 차이인 것으로 추론되었다. 이러한 긴장들로 인하여 그 당사자들은 인종적 · 종교적으로 철저하게 대립하게 되었는데, 이는 속도가 매우 느린 점진적 과정

11) Martin Noth, *THI*, 68-84; Manfred Weippert, "Canaan, Conquest and Settlement of," *IDBSup*, 125-39.

이었다.

한편, 유목민들이 처음에는 목자와 농민들 간의 상호 협정이 요구되는 계절적 이동을 통해, 그리고 후에는 거주민 없는 땅에 정착하거나 무력으로 땅을 탈취함으로써 기존 거주 지역에 침투하는 정상화(normalcy)가 강조되었다. 최초의 이스라엘인들은, 가나안인들에게 충분히 위협적 존재가 되기까지는 아주 완만한 속도로 숫자가 증가되고 통합이 이루어진 계절적 유목민 또는 반유목민들로 종종 여겨지곤 한다. 이주설의 한 가지 형태는 이스라엘인들이 넓은 간격을 두고 산재해 있는 고지 가나안 도시들 사이의 공지(空地)로 들어갔다고 생각한다. 거기에서 이스라엘인들은 도시 국가들의 지배권 밖에 있으면서 주변의 농경인 그리고 도시인들과의 중대한 접촉 없이 얼마 동안 발전하였다. 다른 이주론자들은 이스라엘인들이 점차적으로 목축 유목 생활을 청산하고 농업에 종사함에 따라 쌍방간에는 더 많은 접촉과 조약 관계가 있었고, 심지어 두 주민들 간에 혼합이 있었다고 본다.

다른 한편, 적어도 일부 이스라엘인들은 '아피루' 들과 연속성을 갖고 있다는 사실이 종종 강조된다. '아피루' 들은 고대 근동 전역에서 사회적으로 추방당한 자와 법의 피박탈자로 등장하며, 그들이 가나안에 존재하였다는 것은 15세기 말부터 13세기 초까지의 기록을 통해 고증된다. 때때로 '아피루' 들은 기존 당국들을 공격하기도 하였지만, 가나안에서 그들은 또한 용병으로 나타나기도 한다. 만일 아마르나 문서의 '아피루' 가 가나안 일부 지역들에 대한 지배권을 획득했다면, 13세기의 이스라엘인들은 그들의 '아피루' 친족들에게 환영을 받았을 것이므로 가나안에 들어갈 때 무력을 사용할 필요가 없었다. 세겜이 아마르나 시대에 '아피루' 와 제휴했고 초기 이스라엘의 집회소로 사용된 도시로서 유명하다는 점은 '아피루' —이스라엘의 협력이라는 측면에서 빈번하게 해석되고 있다. 그러나 목축 유목민 자료와 '아피루' 자료를 무비판적으로 조화시키는 바로 그때에 초기 이스라엘에 대한 사회학적 분석에서 인정받지 못하는 모순점들이 종종 발생한다.

이주설의 주요 특징들 가운데 하나는 이스라엘인들(혹은 잠재적 이스라엘인들)이 통합되지 않은 채 각기 다른 시기에 다른 방향에서 가나안으로 들어갔음을 강조하는 것이다. 초기의 이주민 물결 가운데에는 르우벤, 시므온, 레위 그리고 가드와 같이 후에는 대체되었거나 그 중요도가 감소된 부족들이 포함된 것으로 종종 생각되는데, 일반적으로 그들의 이동 위치는 중서부 고지로 추정된다. 만일 출애굽이 역사적인 것이라면, 물론 이주론자들은 이 점에 대해 회의적인 경향이 있지만, 최종적인 이스라엘 부족 명부에 오른 부족들 가운데 일부만이 출애굽에 관련되었다고 주장된다. 베냐민과 에브라임 및 므나쎄 부족들이 예리고-길갈 부근에서 요르단강을 건너 침입해 들어간 것이 후에 여호수아 1-12장의 완전 정복 이야기의 핵심이 되었다.

다른 경로를 거쳐 가나안에 침투한 이스라엘인들은 네겝에서 북쪽으로 이동하였는데, 아마도 이 집단이 광야 전승의 카데스와 관련되었을 것이며, 유다 형성에 공헌하였을 것이다. 서부 고지에 정착한 후에 요르단강을 건너 동쪽으로 이동한 이스라엘인들이 요르단 동편을 식민지화하였다고 또한 주장된다. 갈릴래아 부족들은 또 다른 이주 경로를 통하여 그 지역에 들어갔다고 일반적으로 추정된다. 이싸갈의 전사(前史)는, 수넴의 왕실 영지에서 강제 부역하는 노동자에 대해 언급하는 14세기의 아마르나 문서에서 때때로 볼 수 있으며, 13세기 말의 한 이집트 문서에서 언급되는 "아셀의 족장"은 그의 신분이 이스라엘 부족임을 나타내는 것으로 종종 해석된다. 이주설이 처음 제기되었을 때, 이스라엘의 12부족 체제는 군주제 시대에 발전된 후대의 것으로 가정되었다. 그 후에, 12부족 체제는 초기의 사회 종교적 뼈대였으며 그것이 아니었더라면 본질적으로 서로 달랐을 부족들이 그것에 의거하여 가나안에서 결집한 것이라고 주장되었다. 이 견해에 따르면, 야훼 종교는 이스라엘이라고 불려지는 새로운 부족 동맹의 공인된 제의였다. 이 이론의 타당성 여부는 뒤에서 검토될 것이다(§24.2.2).

군주제 이전의 부족 동맹을 이스라엘의 초기 전승들의 삶의 자리로 간주함으로써, 그 전승들의 혼합적이고 단편적인 성격을 설명할 수 있게 되었다. 분석 결과 전승들은 자료들의 혼합물인 것으로 판명되었는데, 이 자료들은 부족 동맹의 몇몇 구성원들로부터 끌어낸 것이며, 제의 낭송에서 연합 이스라엘 창건 이야기를 야훼의 구원 활동의 목표로 묘사하는 일련의 기본적인 역사적 주제들의 확대본으로 발전되었다(§14.3). 현재 형태의 여호수아서와 판관기에서 보면, 그 이야기들에는 외관상 국가 통일의 관점이 부여되어 있다. 그렇지만 전승 형성 과정을 따라 충분히 소급시켜 연구하면, 그것들은 종교적으로는 강력하나 정치적으로는 느슨한 동맹으로 통합되기 이전에 제각기 자기 자리를 갖고 있었던 각 부족들의 상태를 밝혀 준다. 이주설 지지자들은 이스라엘의 기원의 특성들을 해명함에 있어서 고고학적 증거의 역사적 가치를 무시하거나 평가 절하하는 경향이 있다. 예를 들어 그들은 예리고와 아이 같은 장소에 대한 고고학자들의 결론들이 바뀌기 쉽고 이제는 대체적으로 부정적이 되었다는 점을 지적한다. 그들은, 확실한 역사적 기록이 빈약한 경우에, 부분적이고 비연속적이며 도식적임이 아주 분명한 전통적인 성서 기사들의 역사적 확실성을 고고학이 지지할 수 있다고 생각하는 것부터 우선 방법론적으로 잘못된 것이라고 믿는다. 이주론자들은 고고학적 연구의 일반적인 사회 문화적 가치는 인정하면서, 전설적인 성서 본분 이외에는 문자 기록 유물들이 극히 적은 상황에서의 역사적 재구성에 대해서는 고고학이 침묵한다는 것을 강조한다.

24.1.3 사회혁명설

지난 20여 년간에 다음과 같이 논의의 여지가 있는 제안을 하면서 반란 모델이 등장하였다. 그 제안이란, 이스라엘을 구성하고 있는 대부분의 사람들은 자기들의 군주들에 대하여 반란을 일으키고 사막에서 온 침략자들과 또는 유입민들의 핵심 집단(출애굽 이스라엘인들)과 힘을 합한 토착 가나안인들이었다는 이론에 근거하여, 이스라엘의 가나안 출현에 관해 성서가 말하는 것을 적절히 설명할 수 있다는 것이다. 이 설은 정복설과 이주설의 주요 요소들을 이용하여 그것들을 재정리하고 뉘앙스를 달리해 이스라엘 권력 장악에 대한 근본적으로 새로운 개념을 구축했다.[12]

정복설과 마찬가지로, 혁명론자들은 무력 투쟁이 이스라엘의 출현에 있어서 처음부터 중요한 차원이었음을 인정하여, 출애굽 이스라엘인들 그리고 투쟁적인 구원의 하느님 야훼에 대한 그들의 믿음이 억눌리고 소외된(marginated) 가나안인들 사이에서 오랫동안 꾸며져 온 사회적 혁명을 실현시키게 한 최종적인 촉매였다고 보는 경향이 있다. 이주설과 일치하여, 혁명론자들은 이스라엘이 많은 집단들의 연합에 의해 형성되었으며, 독자적인 전사(前史)와 문화적 배경을 가진 그 집단들이 창세기-민수기와 신명기-판관기의 표면적 통일의 기초가 된 전승집(potpourri of traditions) 구성에 공헌하였다고 주장한다. 그러므로, 이주설의 입장과 마찬가지로, 반란 가설들은 가나안인들과 이스라엘인들을 단일 체제의 인종적 연합으로 보는 개념을 거부하고, 도시 국가의 졸개들로서의 가나안인들로부터 부족 이스라엘인들로서의 가나안인들에로의 전화(轉化)에 있어서 여러 가지 미묘한 점들을 추적한다. 또한, 이스라엘 운동(Israelite movement)의 출애굽 요소가 사기 진작과 일치의 계기를 마련해준 "불꽃"임은 일반적으로 인정되지만, 혁명의 큰 불이 일어날 수 있도록 '운동하는 인간 부대'라는 "부싯깃"(tinder)을 제공한 자들은 다름 아닌 가나안인들이었다.

가나안은 귀족적인 전사들과 관료들로 구성된 계급 조직들을 갖춘 도시 국가들의 지배를 수세기 동안 받아왔었다. 그들은 대다수의 주민들의 거주지였고 일차 산업의 근거지였던 촌락들의 잉여 농산물을 수탈하였다. 이러한 공납제 생산 양식(흔히 아시아적 생산 양식이라고 불린다)은 농민과 목자 일반 대중에게 현물세, 강제 부역, 징병 등의 무거운 부담을 부과하였다. 채무 농민들은 독립적인 생존 수단을 박탈당한 후 대토지의 경작자들로 고용되거나 혹은 소작농으로 전락하고 말았다. 공동체의 생산력과 생산

---

12) George E. Mendenhall, *The Tenth Generation. The Origins of the Biblical Tradition* (Baltimore: John Hopkins University Press, 1973); Norman Gottwald, TY; Marvin L. Chaney, "Ancient Palestinian Peasant Movements and the Formation of Premonarchic Israel," in *Palestine in Transition: The Emergence of Ancient Israel,* ed. David N. Freedman and David F. Graf, SWBAS 2(Sheffeld: Almond Press, 1983), 39-90.

자원의 상당 부분이 전쟁과 지배 계급의 사치 생활에 소모되었으며, 여기에는 호화스러운 종교적 행사들도 포함된다. 가나안의 지역 군주들과 권력자(elite)들은 이집트 제국의 대군주들로부터 공납을 강요당할 때 이 공동체 생산물의 일부를 조공으로 바쳤다.

여러 부문의 가나안 민중들은 이러한 사회적 부담에 항거하여 나름대로의 방법으로 투쟁하였다. 다수를 점하고 있는 농민들은 자신들의 농산물로 노동을 국가에 귀속시키는 것에 대해 가능한 한 저항하였으며, 때로는 새로운 지배 체제가 보다 덜 억압적이기를 희망하면서 공격해 오는 외부의 적이나 도시 국가 내부의 반란 세력을 지원하기도 하였다. 아니면, 그들은 국가 권력으로부터 침해를 덜 받을 고지나 초원 지대(steppe)로 물러나려고 시도하였을 것이다. 목축 유목민들은 계절적으로 이동을 한다는 점에서 유리한 점이 있었다. 계절적으로 이동하기 때문에 국가가 그들을 지배하는 것은 좀더 어려웠으며, 그들은 이런 경우에는 이 국가를, 저런 경우에는 저 국가를 지원하는 책략을 사용할 수 있었다. 사회적 국외자들인 '아피루'는 강도 혹은 용병으로 변전하였는데, 이를 이용하여 그들은 도시 국가들이 난투를 벌이는 동안에 세력을 확장하였고, 때로는 농민들처럼 산악 지대의 보루(redoubt)로 후퇴하였다.

도시 국가들 간의 전쟁이 증가하고 (현재로서는 그 이유가 알려져 있지 않지만) 인구가 현저하게 감소하였던 14세기와 13세기에 반항적인 농민들, 목축 유목민들, '아피루', 그리고 여타의 불만 세력들은 도시 국가들의 지배로부터 벗어나기 위하여 긴밀히 협력하게 되었고 심지어 동맹을 맺기까지에 이르렀다. 때맞추어, 아마도 출애굽 이스라엘인들의 도착과 함께 야훼 종교는, 반항적인 이 민족들을 설득하여 흡수하고 그들의 움직임을 효과적인 혁명 운동으로 전화시키는 데 기여한 사회 종교적 이데올로기와 체제의 뼈대가 되었는데, 효과적인 혁명 운동이란 그것을 통해 공납제 생산 양식을 산지로부터 축출하고 느슨한 부족 연맹 내의 자유 농민의 농업 제도로 대치하게 한 운동이었다.

반란설의 초기 형식은 혁명에 대한 지지 또는 반대에 따른 가나안 전 주민의 양극화 현상을 과장하고, 또한 그 혁명이 갑작스럽고 대대적이었으며 결정적이었던 것으로 간주하는 경향이 있었다. 반란설에 관한 그 이후의 노작(勞作)들은 반항적이며 잠재적인 혁명 세력들이 가나안에서 수십 년 동안 활동해 왔었는데, 처음에는 도시 국가와 지역 경계들, 그리고 사회경제적 유형들(농민들, 목축 유목민들, '아피루', 그리고 B.C.E. 1500-1150년경의 이집트 문서에 언급된 쇼수[Shousu]와 같이 명확하게 구별되지 않는 다른 부류들에 의한 개별적인 전략들에) 의해서 서로 분리되어 있었다는 점을 강조한다. 처음에 그들은 서서히 연합하여 엘 숭배 연합체가 되었다가 종국에는 거대하게 확대된 야훼 숭배 연합체가 되었다.

아스라엘의 혁명은 여러 전선(戰線)에 걸친 투쟁에 의해서만 성공할 수 있었다. 즉 도시 국가들의 경제적 기반인 농민적 토대를 붕괴시킴으로써, 그리고 우월한 인류평등주의적(egalitarian)이고 야훼주의적인 주장으로 도시 국가의 종교 정치적 선전에 반격을 가함으로써, 또한 지배 기구의 충성에 쐐기를 박아 관료와 군대의 요원들을 분해시키거나 새 회원으로 가입시키고 또는 중립화시키는 일이 가능케 됨으로써 성공했던 것이다. 승리의 요인들을 만들어내기 위해서는 농민 계급을 군대화하고, 고지에서의 자급자족 농업을 가르치고, 새로운 문화와 종교의 강력한 상징적 전승들로 그들을 훈련시키는 오랜 과정이 필요하였다. 그렇다 치더라도, 초기 이스라엘의 사회 혁명은 험난했고 장구한 시간이 걸렸으며 다윗의 집권 초기에 이르러서야 비로소 절정에 달했는데, 이때쯤에는 이미 이스라엘 내에 계급제도적 경향들이 부활해 있었다.

사회 혁명에서 통상 그러하듯이, 가나안 민중들은 그 반란에 대해 정도와 양태를 달리하여 지지하거나 반대하였다. 이스라엘을 구성한 가나안 "전향자들"의 예로는 아모리와 시혼의 백성들(민수 21,27b-30), 예리고의 라합과 그녀의 일가 친척들(여호 2장; 6,22-25), 베델/루즈의 정보원들과 그의 일가들(판관 1,2-26), 그리고 유다 산기슭의 아둘람 사람들과 다른 도시인들(창세 38장) 등이 있다. 가나안 "중립자들"이라는 또 다른 경우들도 있다. 그들은 이스라엘의 내정에 간섭하지 않거나 다른 가나안인들, 예컨대 므나쎄의 세겜과 다른 도시들(창세 48,22; 여호 24장; 판관 9장), 상부 갈릴래아의 도시들(여호 11장), 그리고 예루살렘(창세 14,18-20; 여호 10,1-5; 15,63; 판관 1,1-8 · 21; 19,10-15)에 의해 시작된 대(對) 이스라엘 적대행위에 협력하지 않았다. 마지막으로, 이스라엘 운동 내에서 독립적인 지위를 유지하면서 이스라엘을 지원했던 이스라엘 보호 하의 가나안 "동맹자"들이 있는데, 그 예로는 베냐민의 기브온과 다른 후리족 도시들(여호 9-10장; 삼하 4,1-3; 21,1-14), 메로즈(판관 5,23), 수꽃과 브누엘(판관 8,4-17), 그리고 켄족/레갑족(판관 1,16; 4,11; 삼상 15,6-7; 30,29) 등이 있다. 가변적이고 미묘한 차이를 나타내는 이러한 제휴들은 혁명적 상황의 전형적인 모습인데, 이 상황에서는 상호 갈등하는 이편 또는 저편에 단지 마지못해 이끌려 다니는 동요하는 "중간 세력들"이 필연적으로 존재하게 마련이다.

더욱이, 전체 이스라엘 부족들은 가나안 각 지방 주민들(local Canaanites)의 혼합체였고 심지어는 어쩌면 블레셋인들의 혼합체였을 수도 있다는 증거를 보여준다. 세겜 총회(여호 24장)는 억압적인 왕들을 몰아내고 새로이 부족을 형성한 일부 가나안 민중들의 통합 의식(統合儀式, ritual incrporation)으로서의 의미를 지닌다. 그들은 집단의 초기 경험의 영역들로부터 살아남은 바알 종교와 씨족 신들을 버리고, 그들이 승리할 수 있도록 도와준 이스라엘인들의 야훼를 받아들였다. 가나안인들의 흡수를 포함해서, 남부의 많은 집단들의 복합체로서 유다가 출현한 것도 또한 이러한 설과 상통한다.

이외에도, 이싸갈에 대해 "어깨를 내려 짐을 메고 압제 아래서 섬기는" (창세 49,15: 한글개역) 자로 묘사한 것은, 이즈르엘 계곡의 하층민들이 압제자들을 축출할 만큼 충분히 강해지기 전까지는 그들의 처지가 취약했으며 가복(家僕, estate laborers)으로서 벳산, 다아낙 및 므기또 등과 같은 인근 도시 국가들에 강제로 종속되었음을 가리킬 것이다. 이싸갈은 이미 자유롭게 된 이스라엘 부족들의 도움으로 갈릴래아에서는 지배자들을 북쪽으로 몰아내고 사마리아에서는 남쪽으로 몰아낸 가나안 농노들로 형성된 "부족"이라고 보는 것은 어렵지 않다. 또한 단 부족은 그리스와 이집트의 자료에서 데넨(Denen) 또는 다누나(Danuna)로 알려진 해양 민족들에게서 유래하였다는 설도 있다. 이들은 우선 블레셋 북쪽의 팔레스틴 해안에 정착하였고 그 후에 야훼 종교로 개종하고 최후에는 요르단강 상류로 이주하였다. 그러므로, 이스라엘 대(對) 가나안이라는 통상적 대립은 시간이 흐름에 따라 개념상의 변화를 겪었다고 볼 수 있다. 가나안의 하층 계급들이 전향하고, 바알 종교를 공인하는 도시 국가의 계급 구조를 버리자마자, 그들은 다른 사람들에 의해 더 이상 가나안인들로 규정되지 않았으며 그렇게 간주되지도 않았다. 가나안이란 용어는 바알주의(Baalism)라는 종교적 이데올로기를 수반하는 도시 국가의 계급 구조를 지칭하는 말이 되었는데, 이 구조는 평지의 도시들에서 계속되었고 혁명의 열기가 가라앉으면서 은연중에 다시금 고개를 들고 이스라엘에 침투하는 경향이 있었다. 가나안의 제도와 이데올로기의 이와 같은 이스라엘 영역에로의 "재침투"는 야훼 종교적, 사회 정치적 혁명 과정에 결코 참여한 것이 없는 전체 가나안 도시 국가들을 다윗이 그의 제국을 합병시킬 때 그가 선동한 것이었다. 이스라엘이 최초로 그 자신의 독특한 제의를 가진 국가로서의 정체(正體)를 획득하면서 가나안과 이스라엘은 조만간에 두 개의 고정된 영토와 두 민족들의 명칭으로 사용되었는데, 이 민족들은 종교적 차이점들이 서로를 구별하는 중심 지표임을 특별히 강조하면서 아마도 전적으로 다른 역사를 소유하였을 것이다. 초기 이스라엘이 실제로 반대했고 전복시킨 것을 경멸적으로 표현하는 것으로서 "가나안인(들)"이 원래 가리킨 내용은 왕들, 행정가들, 군인들, 독점 상인들, 착취 지주와 감독들, 사제들 그리고 신들에 의해 운용되던 계급적, 공납제적 사회 경제 제도이자 정치 제도였다. 이스라엘은 그 자신의 사상과 무력 투쟁 및 사회 조직에 많은 가나안인들을 끌어들임으로써, 이 제도에 반격을 가했고 이를 극복하였다.

고고학이 혁명 가설을 어떻게 정당화시킬 것인지 혹은 무효화시킬 것인지는 아직 분명하지 않지만, 혁명설은 이주설이나 정복설보다 가나안 도시들의 파괴 수준에 관한 고고학적 증거를 더욱 융통성 있게 취급한다. 몇 가지 요인들 가운데 어느 것 때문에 도시들이 파괴되었든지, 도시들의 파괴는 그 이론과 잘 들어맞을 수 있다. 어떤 도시들은 이집트 혹은 다른 어떤 지역에서 침입한 이스라엘인들에 의해 파괴되었을지도 모른다. 다른 도시들은 반란을 일으킨 가나안 하층 계급들이 이스라엘로 전향하기 전이나 후에 그들에 의해서 파괴되었을 수도 있다. 또 어떤 도시들은 만연한 무질서를 진압하기 위해 토벌 작전을 감행한 이집트인들의 공격으로 파괴되었을 것이다. 또 다른 도시들은 영토를 점거 · 획득 · 약탈하거나 또는 경쟁 상대인 지배자를 전복시키거나 혹은 패권을 잡으려고 시도하는 인근 도시들로부터 공격을 받았을 것이다.

이외에도, 가나안 고지대의 독특한 철기 시대 초기의 문화에 대한 유형론적 증거는 협조적인 가나안 하층 계급들과 출애굽 피난자들이 부족화하면서 동맹체를 구성하였다는 가설과 잘 들어맞는 것으로 보이며, 이들은 그 이전의 엘-숭배 연합체가 채택하였던 이스라엘이란 이름을 이어받았다. 새로운 가마술(kiln techniques)이 철기 시대 제1기와 함께 나타난다는 사실은 권력자들을 섬기던 도공들이 지배자들과 함께 전멸당했거나 추방당하였고, 따라서 출애굽 및 토착 반란 세력들은 독자적인 도자기 제조 방법을 발전시켜야 했다는 것을 암시할 수도 있다. 새로운 형태들이 나타나고 색채 취향에 있어서 차이들이 있지만, 그들은 대체로 후기 청동기 시대의 도자기들과 유사한 형태들을 따랐다. 세공품 수입의 빈도가 현저하게 낮아진 것은 의심할 여지없이 가나안의 공납 체제로부터 이스라엘의 평등주의적인 사회 체제에로의 급격한 변동에 따라 사치품 교역이 감소되었음을 반영한다. 또한, 예리고와 아이의 경우에 있어서처럼, 고고학적 자료와 성서 자료 사이의 상위점들과 간격들이 원칙적으로 혁명설의 난점이 되지는 않는다. 왜냐하면, 초기 이스라엘의 전승들은 그것들이 연합 이스라엘에 관한 문학적 원인론으로서의 최종적인 지위를 갖게 되기까지의 완만한 집적 과정 속에서 빈번한 압축 · 과장 · 전치(轉置) · 이문(異文) · 융합되었다는 견해를 이주설과 마찬가지로 이 설도 가지고 있기 때문이다.

24.2 이스라엘 부족의 사회 조직에 관한 가설들

이스라엘이 가나안에서 권력을 장악한 방식들에 관한 논의는 한 사회 체제로서의 이스라엘에 대한 정당한 이해를 둘러싼 실제로 보다 커다란 논쟁거리이다. 그러나 이 논쟁은 성서학이 초기 이스라엘에 대한 사회학적 접근 방식을 채택함에 있어서 보여준 후진성 때문에 성서 연구에서 충분히 표면화되지 않았다. 이스라엘의 사회 구조 문제를 다룰 때 방법론적으로 명료해야 한다는 필요성이 이제는 매우 절실해져서 역사적 차원에서조차 사회적 연구의 빈혈 상태로 인해 더 이상의 중요한 진전이 방해받기에 이르렀다. 왜냐하면 당면 문제는 단순히 이스라엘이 어떻게 그 땅을 점거하였는가 하는 지리적 · 역사적 문제, 예를 들면 이스라엘의 관련 부족들, 이스라엘의 지배 지역들, 점유 방식들, 일련의 점령과 패배 등의 문제가 아니기 때문이다. 이러한 관심들 배후에는 다음과 같은 상보적인 문제들이 자리잡고 있다. 즉, 구릉 지역을 지배했고 권력을 장악하면서 그 사회 체제를 갖춘 이스라엘이라고 하는 이러한 민족 구성체는 어떠한 것인가? 또한 이스라엘이 그로부터 출현하였고 그와 적대 관계에 있었던 다른 사회 체제들과 비교해 볼 때 이스라엘 사회 체제의 공동 목표와 결합 구조들은 무엇이었는가? 이제가지 성서학은 가나안 정착 경로와 문학 전승의 생산과 발전 양태라는 문제와 씨름을 해왔지만, 땅 점령과 전승 형성이라는 한 쌍의 과정에서 동시에 작용하는 사회 체제에 대한 보다 포괄적이고 분석적인 해석틀 안에서 이러한 연구 형태들을 적절히 연결시키지 못하였다.

24.2.1 목축 유목설(pastoral nomadic model)

이스라엘의 기원을 이해하기 위한 정복론자들과 이주론자들의 노력은 이스라엘인들이 목축 유목민들로서 사막으로부터 가나안을 침공하였거나 그곳에 잠입하였다는 소박한 가정에 의존해 왔다. 그러나 이러한 전제들은 철저하게 재평가되어야 한다.[13]

목축 유목은 집중적인 가축 사육에 토대를 둔 사회 경제적 생활 양식으로서 목초지(木草地)와 물의 필요에 따라 계절적으로 주기적 이동을 해야 하는 생활 양식이다. 성서 세계에 목축 유목 생활이 존재했었다는 것은 의심할 나위가 없다. 그러나 불행하게도, 성서 주석가들은 사회 진화 과정에서 목축 유목 생활이 차지하는 위치, 목축 유목민들의 숫자, 그들의 자급자족과 정주(定住) 민족들로부터의 고립, 주요한 역사적·사회적·문화적 변화의 창출자로서의 그들의 역할, 그리고 촌락 부족 제도와 목축 유목 생활의 이른바 사회 경제적·문화적 동등성 등등 어처구니없이 과장되고 낡아빠진 개념들에 집착했다.

선사(先史)와 인류학에서 얻어진 자료들은 유목 생활이 정주 지역들에서 이미 행해지고 있었던 농업과 가축 사육의 혼합 형태로부터의 부차적이고 제한적인 발전 형태임을 명백히 밝혀주었다. 인류가 처음으로 메소포타미아강 유역에 들어간 것은 아라비아 사막으로부터가 아니라 아나톨리아와 이란의 구릉 지대와 초지(草地)로부터였다(§7.1). 특정한 경제적·정치적 조건 하에서 염소와 양 그리고 (농업 공동체에서 이미 사육되고 있었던) 당나귀가 사막 초원 지역 가장자리에서 대규모로 방목되었다. 오늘날의 유목민은 중동 인구 전체의 10퍼센트에 불과하여 성서 시대라고 해서 그 비율을 더 크게 만들었을 만한 생태학적이나 기술적 요인은 없었던 것으로 보인다. 사실 (12세기 이후부터) 낙타와 말을 이용한 유목 생활이 출현함으로써 아라비아 사막 깊숙한 곳까지 들어갈 수 있게 되기 전까지는 유목민의 수가 훨씬 적었을 것이다.

유목민들의 자급자족과 고립의 정도는 아주 다양했는데, 흔히 성서주석가들과 사가(史家)들이 이것을 상당히 과장해 왔다. 어떤 경우에는 하나의 공동체가 유목민과 농경민으로 나누어져 있고, 또 다른 경우에는 전체 주

---

13) Manfred Weippert, *The Settlement of the Israelite Tribes in Palestine*(SBT, 2d ser., 21 [London: SCM Press, 1971], 102-26)에서 이스라엘의 목축 유목민 기원을 재차 시인한다. 그러나 Gottwald(TY, 435-63)는 목축 가설을 거부한다. 또한 Chaney의 "Ancient Palestinian Peasant Movement," 41-44를 참조하라.

민이 반년을 주기로 목축 유목과 곡물 경작을 하기도 한다. 유목민들과 정주민들 간의 관계는 가축들과 함께 정기적으로 이주하는 점을 제외하고는 사실상 완전히 통합된 관계로부터 상품과 상호 용역, 예를 들면 동물의 분뇨로 밭을 비옥하게 해준 것에 대한 대가로 밭 작물의 그루터기를 동물이 뜯어 먹을 권리를 주는 것의 교환을 위해 또는 정기적으로 접촉하는 관계에 이르기까지 복잡다기하다. 이러한 접촉들은 우호적인 관계가 불변의 것은 아니지만 적대적이라기보다는 우호적인 경우가 더 많았다. 11세기에 미디안인들이 시나이와 요르단 동편에서 그러했고 그리스 · 로마 시대에 같은 지역에서 나바테아인들이 그러했던 것처럼 때때로 목축 유목민들은 교역로를 장악하고 통행세를 부과함으로써 상업적인 제국을 건설하려고 하였다.

아라비아 사막을 인구 유입과 군사적 정복, 왕조 변화와 문화의 신기축(新機軸), 그리고 종교적 혁신 등의 무한한 근원으로 단정하는 "범(汎)-유목" 가설("pan-nomadic" hypothesis)은 고대 근동 특히 이스라엘의 역사적 재구성을 왜곡시켜 왔다. 자연적 · 역사적 조건으로 인해 쫓겨나 이주하는 것이 부당하게도 사회 경제적 생활 양식의 실천으로서의 정규적 운동인 유목 생활과 동일시되어 왔다. 예를 들면, 아모리인들이 "유목민들"이라는 광범위한 표제 하에 부주의하게 포함되었고, 아무 근거도 없이 그들은 아라비아 사막에서 기원한 것으로 간주되어 왔다. 실제로 사이비 유목인들이었던 마리(Mari)의 아모리인들은 촌락 공동체에 통합되었고, 그들의 반항적 태도와 국가와의 갈등은 그들이 땅을 빼앗기 위하여 사막으로부터 침공했거나 잠입했기 때문이 아니라 오히려 농촌에 기반을 둔 그들이 국가의 징병권과 과세권에 저항하였기 때문이다.

농촌 생활의 전형적인 요소들과 부족 조직의 핵심적 특징들이 유목민의 독특한 특징으로 인정되어 왔는데, 이는 사회 경제적 측면에서 볼 때 전혀 근거가 없는 것이다. 유목의 표지들로 인용된 것의 거의 대부분이 그렇게 판단을 내릴 만한 근거를 갖고 있지 못하다. 당나귀는 정주 지역 전역에서 인기 있는 교통 수단과 확실한 짐 운반용 동물로 사용되었고, 양과 염소는 정주 민족들에 의해 일상적으로 사육되었다. 천막은 상인과 군대 그리고 왕실의 사냥 패들에 의해 사용되었고, 농민들에 의해서는 원격지의 농작물을 보호하고 추수하기 위해서 혹은 건축 자재들이 부족한 곳에서 이용되었다. 반면에, 유목민들은 천막이 아니라 풀이나 나무로 만든 오두막, 진흙집, 바람막이 또는 동굴에서 살았다.

그 밖에도 이스라엘의 부족 사회 관례들은 그 기원이 "민주적" 또는 "평등주의적" 유목 사회인 것으로 무차별 추정되면서 장황하게 설명되고 있는데, 그러한 예를 몇 가지 들면, 피의 복수와 후한 대접, 형제의 계약(brotherly covenant), 수혼제(嫂婚制)와 피보호권, 뿐만 아니라 전쟁에서의 매복전, 위장 패주, 일 대 일 싸움, 포로와 전리품의 파괴 등이 있다. 그러나 실제로 이러한 특색들의 하나 하나는 목축 유목민이 단 한 명도 없는 모든 부족 사회 조직, 심지어는 국가 조직에서조차 찾아볼 수 있으며, 때로는 그 전체가 동시에 발견되기도 한다.

그럼에도 불구하고, 성서 본문을 주의 깊게 읽어보면 주류를 이루고 있는 사회 경제적 생활 양식과 함께 유목 생활의 요소가 초기 이스라엘에 존재했었다는 사실이 드러난다. 다음과 같은 두 가지 형태의 계절적 이동 유목 생활(transhumant pastoral nomadism)이 초기 이스라엘의 정주 공동체 구성원들에 의해 행해졌다. (1) 겨울에는 가나안 남부와 북부의 초원 지대로 이주하는 것과 (2) 봄·여름에는 관개가 보다 잘된 가나안 고지로 이동하는 것이다. 불규칙한 강우 현상으로 인해 가나안의 초원 지역과 경작 지역 간의 경계가 심하게 변동될 뿐만 아니라 두 지역은 거리상 매우 근접해 있기 때문에, 농경 생활 양식과 유목 생활 양식은 밀착되어 있고 뒤섞여 있다. 다수의 유목민들은 일시적 또는 계절적인 유목민들이었고 농민들 중에는 목축 유목 생활에 전념하다가 경제적·정치적 여건이 허락될 때는 농업에 복귀하는 자들도 있었다.

이주하는 것이 사실상의 유목 생활이 아닌데, 성서의 족장들이 목축 유목민들이었다고 기계적으로 가정하는 사람들은 늘 이 차이점을 간과해왔다(§16.4). 뿐만 아니라 광야의 출애굽 이스라엘인들에 관해서도 유사한 판단을 내리는 것이 통례적이었다. 그러나 이집트로부터 나와서 광야를 가로지르는 이스라엘인들의 이동은 유목민의 이동에 고유한 기준들을 만족시키지 못한다. 이집트로부터의 출발은 도망이나 추방 또는 무장 탈출이었지 유목민의 계절적인 집단 이동은 아니었다. 대부분의 이주자들은 사막의 지형과 그곳에서의 생존 요건들을 잘 모르는 것으로 묘사되고 있다. 이동 중에 가축들과 사람들이 죽어간다. 방향을 잃은 탈주자들이 위난을 벗어나게 된 것은 오직 그 환경을 잘 알고 있는 미디안 사람 이드로의 개입 덕분이었다. 그들은 아마도 농업이 행해졌을 것으로 보이는 카데스의 오아시스 주변에 장기간 체류하였다. 그들이 이집트에서 먹었던 것으로 회상하는 이집트의 생선과 채소로 된 식사가 유목민의 음식이 되는 일은 거의 없다. 모든 면에서 사막은 그들에게 낯설고 이국적인 곳으로 표현된다.

토지를 갈망하는 이스라엘 유목민들이 가나안을 정복했는가? 족장들과 출애굽 이스라엘인들의 정체를 유목민으로 파악하는 주장이 타당하지 않은 것으로 일단 제외되고 나면 그 밖의 나머지 증거들은 극도로 불확실해지고 만다. 초기 이스라엘의 부족 제도는 유목민에게 국한된 현상이 결코 아니었다. 성전(聖戰) 수행, 그중에서도 특히 유목민의 대표적 제도로 거듭 인용되는 포로와 전리품의 의식적(儀式的) 파괴는 농업 부족들 사이에서 그와 유사한 예를 찾아볼 수 있으며, 국가를 조직한 민족들 사이에서는 그것이 더욱이 확대되고 있음을 알 수 있다. 유목설이 한낱 망상에 지나지 않는다는 것이 판명된 후에는, 이스라엘의 기원을 가나안 땅 자체 내에서 찾는 것은 당연한 논리적 귀결이다. 그 이유는 이집트에서 나온 자들조차도 한때는 가나안 땅에서 살았던 것으로 묘사된다는 것을 잊어서는 안 되기 때문이다.

24.2.2 종교적 동맹설(암픽티오니)

일부 반란론자들뿐만 아니라 정복론자들과 이주론자들에게도 초기 이스라엘을 종교적인 12부족 동맹체로 보는 개념이 일반적으로 받아들여지고 있다. 이 가설이 전적으로 근거없는 것은 아니지만 이것은 거의 목축 유목

설만큼이나 이스라엘의 사회 조직을 전체적으로 개관하는 데 해로운 것이었다.[14)]

이 해석에 의하면, 이스라엘은 그리스와 고대 로마 및 에투루리아(Etruscan) 도시 국가들의 제의 동맹들과 유사한 것으로서 성소에서 행해진 야훼 제의를 중심으로 정확히 12부족이 조직한 동맹이었다. 델피(Delphi)의 아폴로 동맹에 의해 가장 잘 입증되는 이 고전적인 종교·정치 제도가 그리스인들에게는 암픽티오니(Amphictyony)로 알려졌는데, 일반적으로 이 말의 어원은 "이웃 구역의 주민들" 또는 "[공동 성역] 주변의 거주민들"을 의미하는 용어인 것으로 추정된다. 일종의 암픽티오니로 해석되는 이스라엘의 종교적 동맹은 중앙 성소가 있고, 부족 대표들과 법-선포 관리들로 구성된 평의회가 있으며, 12부족들로 구성된 것이라고 믿어졌다. 이것은 각 부족이 1년에 1개월씩 중앙 성소 유지를 맡았다는 아직 증명되지 않은 가정에 의거한 것이다. 이스라엘의 중앙 성소는 초기에는 세겜에, 11세기 말에는 실로에 위치하였고, 그 중간에는 베델과 길갈 그리고 아마도 기브온에 위치하였던 것으로 보인다.

암픽티오니 성장에 관한 가장 유력한 재구성에 의하면, 본래의 암픽티오니는 북 이스라엘에 있었고 그 구성원들은(소위 레아 부족들로 일컬어지는) 르우벤, 시므온, 레위, 유다, 즈불룬 그리고 이싸갈 등 여섯 부족들이었던 것으로 가정된다. 출애굽 부족들이 가나안으로 들어온 후에 이 암픽티오니는 요셉, 베냐민, 단, 납달리, 가드, 아셀(등 소위 라헬과 첩의 소생 부족들)이 가세하여 12부족으로 확대되었다. 조만간에 레위 부족은 사제 부족이 되고 부족 목록에서 탈락되었으나 요셉 부족을 에브라임과 므나쎄의 두 부족으로 분할함으로써 12부족 명부는 계속 유지되었다. 또한 유다 부족 자체는 유다계, 시므온계, 오드니엘계, 갈렙계, 여라므엘계, 켄족 등으로

14) 암픽티오니 가설에 대한 간결한 진술을 참조하려면, Noth의 *THI*, 85-109를 보라. 군주제 이전 이스라엘에 대해 사회 조직의 통일성을 여전히 인정하는 이 가설에 대한 반증으로는 C. H. J. de Geus, *The Tribes of Israel*(Amsterdam: Van Gorcum, 1976)과 Gottwald의 *TY*, 345-86을 보라.

〈표 18〉 그리스 암픽티오니와 이스라엘의 동맹체 비교

1. 그리스 암픽티오니와 이스라엘 동맹체에 공통된 특징들:
   각각 자율적인 정치 단위들의 연합이었다.
   각각 연합의 구성원이 되는 조건으로 공통 종교 제의를 지지하였다.
2. 이스라엘 동맹체에는 없는 그리스 암픽티오니의 특징들:
   단일(때때로 두 개)의 성소와 제의가 독특하게 연합한 형태였다.
   공동 제의의 구성원이 되었다고 해도 동맹 구성원들이 그외의 다른 제의적 정치적 실행에 참여하는 것이 허용되었다.
   암픽티오니의 평의회는 각 구성 단위가 임명한 대표들로 이루어졌고 중앙 성소의 유지와 보호가 그 책임이었다. 암픽티오니 구성원들은 도시 국가들이었으며 우리 자료의 대부분을 규정하는 시기의 부족들이 아니었다.
3. 그리스 암픽티오니에는 없는 이스라엘 동맹체의 특징들:
   동맹체는 기본적으로 법률 공동체로서 기능하였다.
   동맹체는 국가의 군사 조직을 통합하였다.
   동맹체는 단일 국가 신을 숭배하였고 그 신을 위한 제의는 여러 성소에서 거행되었다.
   동맹 조직은 사회의 제(諸) 구성원과 하위 집단을 포섭 · 포괄하는 국가 사회 조직이었으므로 구성 단위들이 다른 조직과 정치적 관련을 맺는 것은 금지되거나 엄격히 제한되었다.
4. 암픽티오니 조직의 특징이라고 주장되었으나 그리스 암픽티오니와 그것에 해당되는 것으로 생각하였던 이스라엘 동맹체 모두에서 입증되지 않은 특징: 매달 순번제로 암픽티오니 제의를 지키기 위해 정확히 여섯 또는 열두 구성원에게 부과된 의무는 아직 입증되지 않았다.

구성된 헤브론의 옛 6부족 암픽티오니로 구성되었다고 가정되었다.

이 종교적 동맹설은, 암픽티오니 명부에 명명된 부족들이 공식 지위를 갖고 있었지만, 그 지위는 일부 부족들(이를테면 르우벤, 시므온, 가드)의 역사적 쇠퇴를 정확하게 반영하지도 않고 실제 주민의 명칭과 항상 일치하는 것도 아니다(이를테면 드보라의 노래에는 므나쎄와 가드 대신에 마길과 길르앗이 나타남)라는 사실을 인지하였다. 이처럼 암픽티오니 부족 명부는 군주제 이전 이스라엘의 어떤 특정한 역사적 상황과도 정확히 부합되지 않으며, 오히려 고대의 특징을 보존하고 새로운 부족의 발전을 수용하기 위해 동맹의 구성원들이 조정되었던 역사적 과정을 반영한다.

이 이론의 정교함에도 불구하고, 레위와 요셉을 '포함시킨' 부족 명부는 솔로몬이 왕국을 재조직하고 부족별 구획에 의한 다윗의 행정 체제를 사용하기를 중지한 후에 공식화된 것으로서 후대에 기획된 "전(全) 이스라엘" 성명서인 반면에, 레위를 '빼고 에브라임과 므나쎄를 포함시킨 부족 명부는 다윗이 행정 구역으로 사용한 실제 부족 명부일 가능성이 훨씬 높다(cf. §22.1.2). 드보라의 노래는 한때 이스라엘이 열 부족으로만 구성되었고, 그 가운데 두 부족의 이름은 후대의 북쪽 명부에는 남아 있지 않았다는 것을 강력히 시사한다.

이 암픽티오니 이론은, 본질적으로 국가 이전 형태에 속하는 사회 조직 내에서 계약과 법이 갖는 기능을 설명하는 데 크게 기여하였지만, 그것이 재구성한 세부면에 있어서 그리고 이스라엘 사회 전반을 설명하는 데 있어서의 부적절성 때문에 비판을 받는다. 이 이론의 출발점은 이스라엘 부족들이 군주제 이전 시대에 공통된 종교 제도적 · 이데올로기적 틀 속에 연합하였다는 의심할 바 없는 객관적 사실에 있다. 이 설은 고대 그리스와 이탈리아에서 이와 대체로 유사한 상황을 찾아내고 지중해 암픽티오니의 세부 특징들을 이스라엘의 배경으로 이전시킨다. 이스라엘 내의 12단위와 일부 이스라엘 주변국들 중의 12 (또는 6) 단위에 대한 언급은 그 연합이 암픽티오니 형태라는 증거가 된다. 중요한 제의 중심지들이 공인 중앙 성소가 되었다. "제후(princes)/부족장들(*nᵉśīʾīm*)"은 암픽티오니 평의회 대표가 되고 소"판관들"(*shoph*[e]*ṭīm*)은 암픽티오니 법의 선포자와 해석자들이 된다. 그러나 이 모든 경우들에 있어서 그리스와 이탈리아의 암픽티오니에 대한 해석들이 의심스럽고, 성서 본분들이 지나치게 자의적으로 수집되었기 때문에 그것들로서는 이스라엘의 "암픽티오니"를 재구성할 수 없다.

암픽티오니 이론에 대한 비판과 변호가 광범위하게 진행되었지만, 그리스의 암픽티오니와 이스라엘의 부족 동맹이 각각의 사회 체제 내에서 어떻게 가능하였는가를 비교하는 데 주의를 돌린 적은 거의 없다. 두 제도들의 독특한 특징들과 비교 가능한 특징들이 <표 18>처럼 제시될 수 있다.

이 특징 유형론을 관찰해 보면, 두 연합 형태들의 비교 가능성은, 자율적인 정치적 단위들의 연합이라는 형식적 유사성과 그 연합이 공동된 종교적 제의라는 측면에서 기본적으로 정의된다는 형식적 유사성의 두 가지 점에서만 유효하다는 것이 명백해진다. 그러나 고도로 추상화된 이 형식적 유사성들을 한 동맹에는 존재하지만 다른 동맹에는 존재하지 않는 제특징으로 한정시킬 때, 그리스의 암픽티오니와 이스라엘의 연합은 그리스와 이스라엘의 전반적인 사회 체제와 관련해서 볼 때 서로 다른 방법으로 배열된 상이한 연합적 요소들(confederating elements)을 동반하고 있음이 주목된다. 이스라엘 연합은 사회 전체를 포함하는 반면에, 그리스의 암픽티오니는 훨씬 더 큰 사회 내의 경계가 설정된 동맹 협정들 가운데 하나에 불과하였다. 더구나, 이스라엘 연합은 의식적으로 고안된 "대체 국가"(substitute state)로서, 주변 도시 국가 조직과 대립되며 사실상 명실 상부한 "반국가"(anti-state)였고, 반면에 그리스 암픽티오니는 특정한 목적을 달성하기 위한 자율적 도시 국가들의 한정된 수단이었다.

암픽티오니와 이스라엘 동맹체는 서로 차원이 다른 조직이었고 올바른 사회 조직의 고유한 양식에 있어서 서로 다른 개념을 가지고 기능하였다는 사실에 주목하지 못한 결과로, 이스라엘 사회에서의 종교 역할이 지나치게 과장되었고, 이러한 의미에서 히브리 성서에 대한 과거의 고백적인 종교적 접근을 실제로 추인(追認)하는 결과를 낳았다. 그리스의 암픽티오니는 사회 정치적 · 문화적 목적에 기여하는 기본적으로 제의적인 제도였으나, 그리스 사회가 종교적 충동과 종교적 프로그램에 의해서만 존재하게 되었다고는 아무도 믿지 않는다. 이와 대조적으로, "암픽티오니"로서의 이스라엘은 대체로 또는 전적으로 야훼 신앙과 숭배에 중심을 둔 종교적 산물인 것으로 간주된다.

그 과정에서, 이스라엘의 물질 문화적 · 사회정치적 삶의 실재가 무시되거나 경시되었고 혹은 종교적 기반으로부터 나온 "관념적인" 부산물로 취급되었다. 상징적 의미 체계로서 그리고 제의 행위로서의 종교는, 농민의 잉여물과 노동력을 착취하려 했던 가나안 계급 제도의 비위를 건드리면서까지 자신들의 농업 잉여와 육체적 에너지를 확보했던 농민 공동체들을 위한 법적 · 군사적 수단들과 사회적 보증 형태들과의 밀접한 관련성 속에서 이스라엘 동맹 내에서 의미 있게 기능하였다. 이스라엘의 초기 종교 동맹을 우리가 어떻게 생각하든지, 그것은 공동의 삶의 모든 면에서 공동체의 자결권을 획득하기 위한 기본 계획의 종교적 차원으로 이해되어야 한다.

불행하게도, 암픽티오니 착상에 관한 대부분의 비평들은 부족간 동맹이 군주제 이전 이스라엘에는 전혀 존재하지 않았고, 다소 일반적인 종교적 제휴 형태를 취하고 임의적으로만 협력하는 별개의 부족 집단들이 있었을 뿐이라고 결론지었다. 이와 반대로, 암픽티오니 이론이 오류를 범한 까닭은 그것이 전 이스라엘 동맹체를 주장했기 때문이 아니라 그 동맹의 내부 구조, 기능 양식, 사회적 범위 등에 대해 오해하였기 때문이다. 그러므로 초기 이스라엘의 유목 생활 가정은 상당히 잘못된 것이었던 반면에, 초기 이스라엘의 암픽티오니 가정은 그 형태 면에서 오류를 범했고 따라서 거부되어야 하지만 이 가정은 최초의 이스라엘인들 사이에서 부족간 조직이 기본적으로 중요했음을 정확히 지적하였다. 부족들 간의 광범위한 제휴와 협조 이론에 의해서만 이스라엘인들이 어떻게 그들의 성공적인 사회적 · 종교적 혁명 운동을 시작했고 또 지속시켰는가를 이해할 수 있다.

24.2.3 사회종교적 재부족화설(socioreligious retribalization model)

이스라엘을 거의 전적으로 종교적 문제에만 몰두하였던 한 동맹을 형성한 침략 민족이나, 이주하는 반(反)유목민 그리고 또는 '아피루' 등 뚜렷한 종족적 실패로 간주하는 이론들은 이스라엘의 기원에 관해 그럴듯한 설명을 제공하는 데 기본적으로 실패하였다(§24.1.1-2). 보다 설득력 있는 가설은 이스라엘이 유목민들, 용병과 해적들, 각종 장인들 그리고 배교한 사제들 등의 소수와 부족별로 조직된 다수의 농민들(인구의 80% 또는 그 이상)로 구성된 잡다한 종족적 · 사회경제적 연합으로서 역사에 갑자기 출현하였다는 것이다. 토착 인구의 이러한 부분들이 이집트 지배 하의 가나안의 제국주의적 · 계급적 · 공물 강제 부과 구조에 저항하는 사회경제적 · 종교적 연합 혁명에 합세하였다(§24.1.3).[15]

초기 이스라엘인들은 비와 샘물로 물을 대는 집약 농업에 주로 종사하였고, 가축 사육과 간단한 수공업으로 이를 보충하였다. 이스라엘 운동을 계기로 하여 과거에는 투쟁시에 분열되고 반목하였던 각계 각층의 가나안 하층민들이 산악 지대에 모여 곡식, 포도주, 기름, 과일과 채소의 지역적 혼합에 의거한 자유 농사를 합동 경영하였다. 그들은 약간의 소 떼와 다량의 양과 염소 떼들을 소유했고, 이 가운데 일부는 계절에 따라 초원 지역이나 고지로 이동하여 사육되었다.

그러므로, 이스라엘의 부족 조직은 유목 생활을 가나안에까지 확대시키는 상상에 의해서 설명될 것이 아니라, 이집트 제국, 가나안의 도시 국가들, 11세기에 요르단 동편에서 상업적인 제국 건설을 시도했던 미디안인들, 신생 민족 국가들인 암몬과 모압 및 에돔, 그리고 소수 군사 독재 국가인 블레셋 등이 행사하던 조공 국가 체제의 징병권과 과세권에 맞서서 억

---

15) George E. Mendenhall, "Social Organization in Early Israel," in *Magnalia Dei: The Mighty Acts of God. Essays on the Bible and Archeology in Memory G. Ernest. Wright,* ed. F.M. Cross et al.(Garden, City, N.Y.: Doubleday & Co., 1976) 132-51; Gottwald, *TY*, 464-587, 650-63; Chaney, "Ancient Palestinian Peasant Movement," 48-83.

압당해 왔던 농촌과 촌락의 독립을 조직적으로 되찾는 것으로써 설명되어야 한다. 자조와 상호 협력을 기조로 하는 가족과 촌락망들이 부활하고 보다 큰 사회 집단으로 확대되었으며, 도시 국가들의 군사적 · 정치적 지배권을 산악 지대로부터 축출함에 따라 힘과 경험을 축적하였다.

초기 이스라엘의 평등주의 계획은 "재부족화"에 있어서 위험 부담이 큰 모험이었다. 그 계획의 성공은 농민 운동이 금속 농기구와 누수되지 않는 물탱크 및 소규모 관개 방법을 도입하고 급경사와 와디(wadi) 바닥에 바위 축대를 쌓는 등 기술상의 발전들을 시의 적절하게 활용함으로써 촉진되었다. 자신의 지위를 확고히 수립하기 위하여 야훼 종교로 개종한 이스라엘인들은 식량이 넉넉하고 가옥이 있고 새로운 고지 영농법에 익숙한 충분한 수의 사람들을 필요로 했다. 그래야만 상호 협력을 확대시킬 수 있고 신참자들을 흡수하고 격려할 수 있으며, 약화된 가나안인들이 남긴 공백을 차지하려고 시도하는 다른 계급주의적 적들의 공격에 반격을 가할 수 있고, 정치적으로 쇠퇴한 도시 국가들의 지배권 재확립 노력에 맞서 집단 방어를 할 수 있을 것이기 때문이었다.

이스라엘인들의 사회경제적 관계는 평등한 관계였는데, 이는 그들이 확대 가족(extended families), 확대 가족 보호 연합(protective associations of families; 이는 종종 "씨족들"이라고 불리지만 집단 외부인과의 결혼을 요구하는 족외혼 씨족들로 해석되지는 않는다), 그리고 부족(tribes)으로 편성된 조직에 의해 전(全) 주민들이 물질적 자원에 대한 거의 동등한 기회를 보장받았다는 의미에서 그러하였다. 부족들은 "이스라엘", "이스라엘인들" 또는 "이스라엘/야훼의 부족들/백성들"로 불리는 부족간 공동체(intertribal community)로 연합되었다. 대체로 자기 완결적인(self-contained) 생산 단위로서 지역에 따라 조직된 "수직적" 거주 집단들은 "수평적" 연합체 또는 조합들에 의해 교차되고 결속되었다. 그 수평적 연합체들 내지 조합들 중에는 자위 연합, 시민군, 제의 회중, 레위 사제들(이들은 토지가 없는 자들이며 교육 기간 요원으로 부족들 사이에 분산되어 있었음), (순회 금속 세공인으로 이해되었던) 켄족/레갑족 간의 상호 원조와 군대 소집 등의 측면들이 있었다.

물질적 생산과 재생산의 기본 단위는 지신의 생산물을 소비하거나 물물교환하였던 확대 가족이었다. 자위 연합과 다른 연합들, 부족들, 부족간 동맹 등 보다 큰 집단들은 여러 가지 독립적 또는 연합적 방식으로 기능하여 상호 협력과 대외 방어, 그리고 계약 체결이나 협약으로 연결된 동등한 사람들에 관한 종교적 이데올로기를 제고하였다. 여성은 일반적으로 부족의 일원으로 생산과 방위 조직에 참여하여 이익을 얻었고, 그 점에서 가나안 계급 사회와 대조적이었지만, 부족의 지도직은 남성에게 심하게 편중되어 있었다. 이스라엘의 초기 전승들에서 여성이 얼마나 놀랄 만큼 중요하고 적극적인 지위를 차지했던가에 대해서는 이미 고찰한 바 있다(§16.4; 21).

고대 이스라엘 정치를 규정짓는 특징은 정치적 기능들이 사회 구조 전반에 확산되어 있거나 혹은 일시적인 특별 역할 수행자들에게 집중되어 있다는 점이다. 최고 지도직은 부족 관리들의 수중에 있다. 장로들은 판결을 요하는 사건들에 관습법을 적용했으며, 전쟁과 평화에 대한 결정을 합의하였다. 사제들은 신의 교훈들을 보다 좁은 범위의 종교 의식의 영역뿐만 아니라 사회적 규범 및 우선 순위의 사항들과 관련시켜 가르쳤다. 군사 지도자들이 등장하여 이스라엘의 해방 정주 지역(free zone of settlement)을 방어하는 하나 또는 그 이상의 부족으로 구성된 군대를 지휘하였다. 계약갱신제에서 모세와 같은 중재자 역할을 담당한 사제 또는 평민이 있었을 것인데, 그는 후대의 DH 율법 해석자의 원형과 같은 인물이다(§22.1.5). 동맹의 평의회가 그 속에 포함되든 포함되지 않든 부족들 간에는 정규적인 협의 수단들이 있었다.

판관기에 묘사된 지도자의 직능 범위가 대단히 혼란스러운데, 그 까닭은 본질적으로 다른 역할들을 판관들의 일로 간주하는 신명기적 사가의 습관으로 인해 복잡하게 되었기 때문이라는 것은 이미 살펴본 대로이다(§22.1.5). 초기 이스라엘에서의 판관의 직무(들) 대한 어떠한 해석도 본문상의 난점들을 설득력 있게 해명하지 못하였다. 어떤 학자들은 주석이 첨부된 기사에 나오는 소판관들이 전(全) 이스라엘을 관찰하는 동맹의 관리들이었다고 생각한다. 다른 학자들은 그들을 지역적인 인물들로 본다. 민간 판관과 군사 판관을 뚜렷하게 구분하는 것은 입다가 길르앗에서 최고 지도자직을 얻은 군사 지도자임을 지적하는 다른 이들에 의해 부정되고 만다. 막스 베버(Max Weber)가 판관들은 고전적인 "카리스마적" 유형의 인물들로서 영감을 받은 자기 보증적인(self-authenticating) 위기시의 지도자라고 기술한 것은 그들이 전통적인 지도자 역할 구조 내에서 나타나는 정도를 모호하게 만들었다. 그들은 부족 사회에서 볼 수 있는 바대로 어느 정도까지는 "거물"(the bigman)역할을 하는 식으로 나타나고 있기 때문이다.

제멋대로 행동했던 것으로 생각되는 "카리스마적" 판관들 가운데 몇 명은 전통에 의해 재가받은 직분을 이미 맡고 있으면서, 그것을 근거로 하여 "판결"을 시작하거나(예, 모압에 대한 공물 운반 대표단 단장 에훗, 이스라엘인들이 "재판을 받기 위해" 찾아가는 여 예언자 드보라 등), 전통에 의해 재가받은 직분들을 맡은 사람들로부터 직접 위탁받은 사실에 기초하여 판결을 시작하였다(바락은 드보라의 출전 명령을 받았고, 입다는 협상 후에 길르앗 장로들에 의해 임명되었다). 여하튼 초기 이스라엘 지도자의 여러 가지 기능들은 국가 권력과 관료적 신임장의 영역 밖에 있었다. 지방의 강력한 지도자들이 지배권 또는 소왕권(petty kingship)을 얻기 위한 조처로 부와 영향력을 이용하면(예, 기브온과 아비멜렉) 그들은 격렬한 저항을 받았다. 권력은 많은 집단들의 수중에 폭넓게 분산되어 있어서 야심적인 권력 추구자들에 맞서 평균화 과정이 진행되었다.

사회경제적 분야에서도 가계 생산 단위들의 자립적인 본래의 모습을 지키기 위해 유사한 노력이 기울여졌다. 상당수의 법과 이야기들이 이러한 조처들을 일부 암시하거나 서술하고 있다. 토지 소유권은 항상 확대 가족에게 있고 투기를 목적으로 결코 이를 양도할 수 없었다. 곤경에 처한 다른 이스라엘인들에게 도움을 주는 것은 의무 사항이었으며 그와 같은 비상시의 대부에 대해서는 이자가 절대 허용되지 않았다. 계약 고용에 대해서는 엄격한 제한이 가해졌다. 사회적으로 상처를 입기 쉬운 자들(과부, 고아, 나그네들)을 위한 특별 대비책이 강조되었고, 공평한 재판 제도가 높이 평가되었다.

초기 이스라엘의 사회 체제에 대한 재부족화설은 이스라엘의 권력 장악에 대한 반란설과 관련된 것으로서 야훼주의(Yahwism)의 종교적 진의(眞意)와 가나안의 사회경제적 · 정치적 현실 사이를 잇는 고리를 제고해주는데, 이 고리는 정복 형태 또는 이주 형태의 유목설과 암픽티오니설이 아주 추상적인 방법으로밖에는 제공할 수 없었던 것이다. 이 이론은 야훼 종교의 놀랄 만한 부상, 그것의 토착적인 뿌리와 적응력, 문화적 침투력, 그리고 놀라운 성장과 완전한 통합력을 설명하는 열쇠로서 사회적 · 종교적 연합 혁명을 제안한다. 가나안의 사회경제적 · 정치적 상황은 야훼 종교와 같은 바로 그러한 운동이 일어날 수 있도록 성숙되어 있었고, 야훼 종교는 특히 하층민 또는 주변적인(marginal) 가나안인들의 생활 환경을 대상으로 하는 토착 운동으로 이해되어야 한다고 이 이론은 제시한다.

이 재부족화 혁명 가설은 또한 이스라엘의 문학 전승들이 "눈덩이처럼" 급증하는 데 대한 있음직한 사회 정치적 기반을 제공해준다. 고대 전승들의 기본 주제, 부제(subtheme), 이야기, 전담들은 이러한 초기 야훼주의자 세대들—가나안 장기 거주자로서이든 이집트 포로 생활에서 돌아온 자들로서이든—이 겪은 갖가지 경험들의 상징적 집합체이다(§24.1.3). 통치자들을 몰아내거나 그들의 지배로부터 벗어남으로써 가나안 "내부인들"(insiders)은 이집트로부터 온 "국외자들"(outsiders)과 마찬가지로 그들의 "파라오"를 타도하였고, 그들 자신의 "출애굽"을 통해 해방되었다. 재부족화 가설은 전승의 세련되고 압축된 주요 주제들이 놀랍도록 잘 배열된 상세한 자료들을 어떻게 그리고 왜 모았는가를 명백히 밝히는 데 크게 도움이 된다 야훼 종교로 전향한 가나안 민족들은 그들의 경험을 문학 형식으로 표현하여 이스라엘의 자주적 통일을 지지하고 그들의 계약 군주인 야훼를 찬양하였다. 종교적 전통들은 살아 있고 복잡다기한데, 그 까닭은 그것들이 이러한 초기 야훼주의자들의 다양하고 복합적인 사회적 · 정치적 경험들을 상징적으로 간직하고 있기 때문이다.

이스라엘은 그들의 생활을 모든 방면에서 창조하고 지속시키는 데 대단히 활동적인 국민으로서 역사에 출현하였다. "이스라엘"이라는 이름은 하나의 종교 공동체를 가리킬 뿐만 아니라 생존과 건강한 삶이라는 근본적인 문제들에 관심을 갖는 주권적인 재부족화 사회를 가리킨다. 종교적 차원에서의 계약 결합은 동시에 사회 경제적 · 정치적 · 문화적 차원에서의 계약 결합이었다(16.4; 21). 이스라엘은 통상적인 의미에서의 전사(前史)가 없는 새로운 백성들이었고 최초에 이스라엘은 야훼의 계약 백성으로서 내부로부터 구성되었으며, 또한 그들의 주변 세계에서 야훼와 그렇게도 명백한 관계를 가진 유일한 백성이었다는 이스라엘 측의 주장은 가나안인들이 이스라엘인이 되는(Canaanites-become-Israelites) 이 혁명적인 재부족화 운동의 특수성과 그 폭발성에 뿌리를 둔 납득할 수 있는 상징적 주장이다.

군주제: 이스라엘의 반혁명 체제

다윗과 솔로몬 왕국

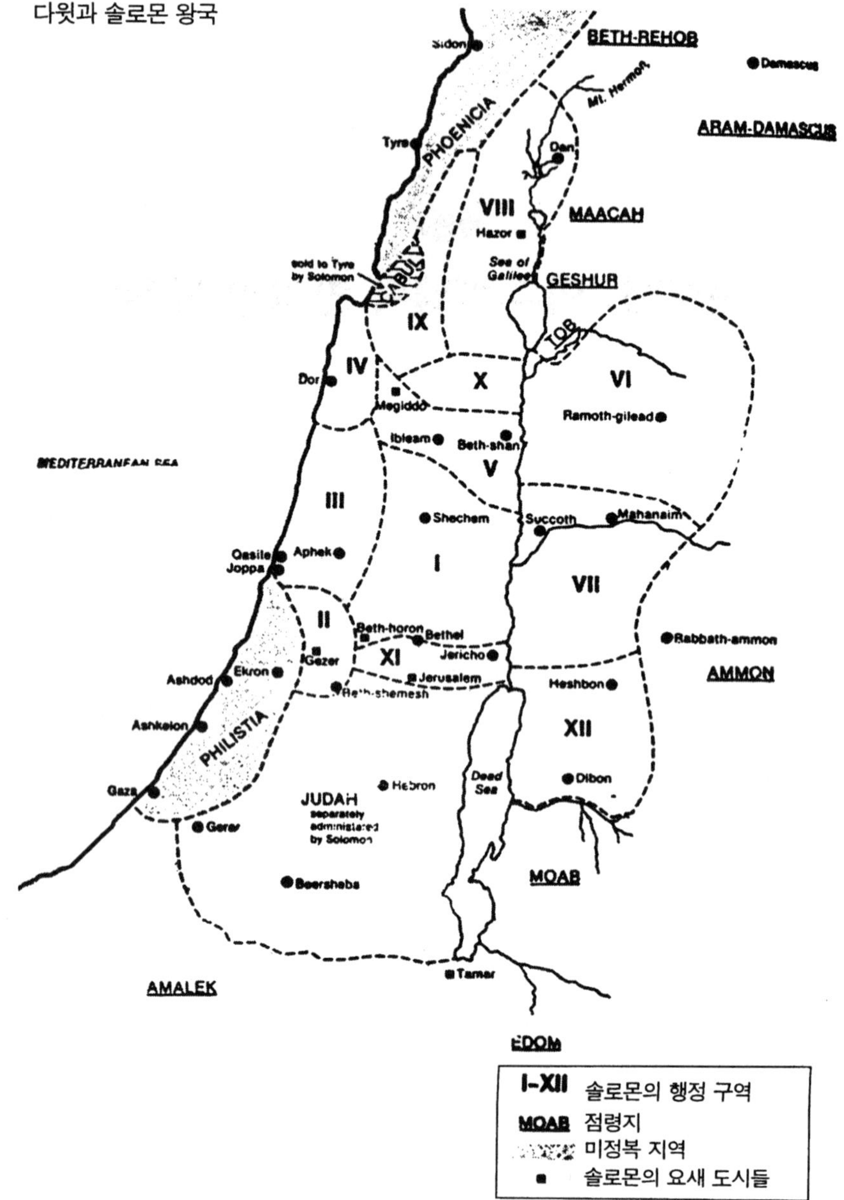
Sidon
BETH-REHOB
Damascus
Mt. Hermon
ARAM-DAMASCUS
PHOENICIA
Tyre
Dan
VIII
MAACAH
Hazor
sold to Tyre by Solomon
CABUL
Sea of Galilee
GESHUR
IX
TOB
IV
Dor
X
VI
Megiddo
Ramoth-gilead
Ibleam
Beth-shan
MEDITERRANEAN SEA
V
III
Shechem
Succoth
Mahanaim
Qasile
Aphek
Joppa
I
VII
II
Beth-horon
Bethel
Rabbath-ammon
Gezer
XI
Jericho
Ashdod
Ekron
Jerusalem
Heshbon
AMMON
Beth-shemesh
Ashkelon
XII
PHILISTIA
Hebron
Dead Sea
Dibon
Gaza
JUDAH
separately administered by Solomon
Gerar
Beersheba
MOAB
AMALEK
Tamar
EDOM
I-XII 솔로몬의 행정 구역
MOAB 점령지
미정복 지역
솔로몬의 요새 도시들

이스라엘과 유다의 분열 왕국

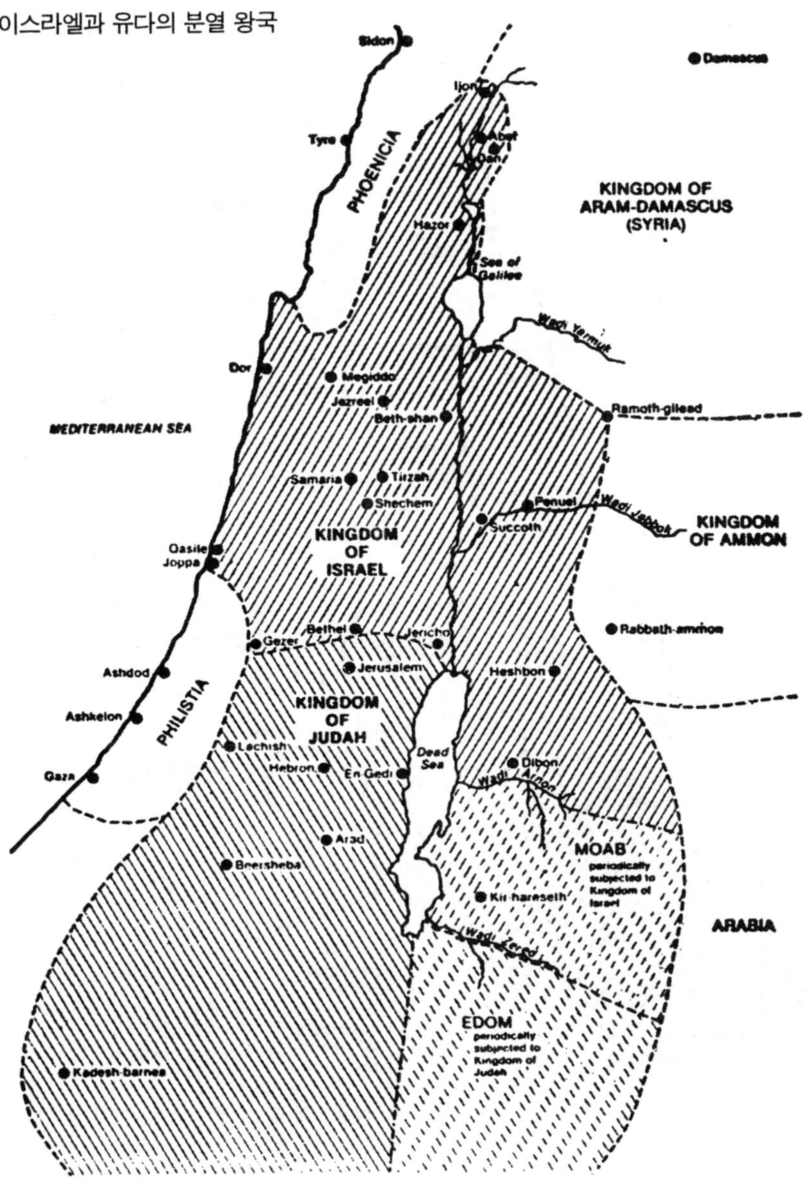

이스라엘 멸망 후의 유다

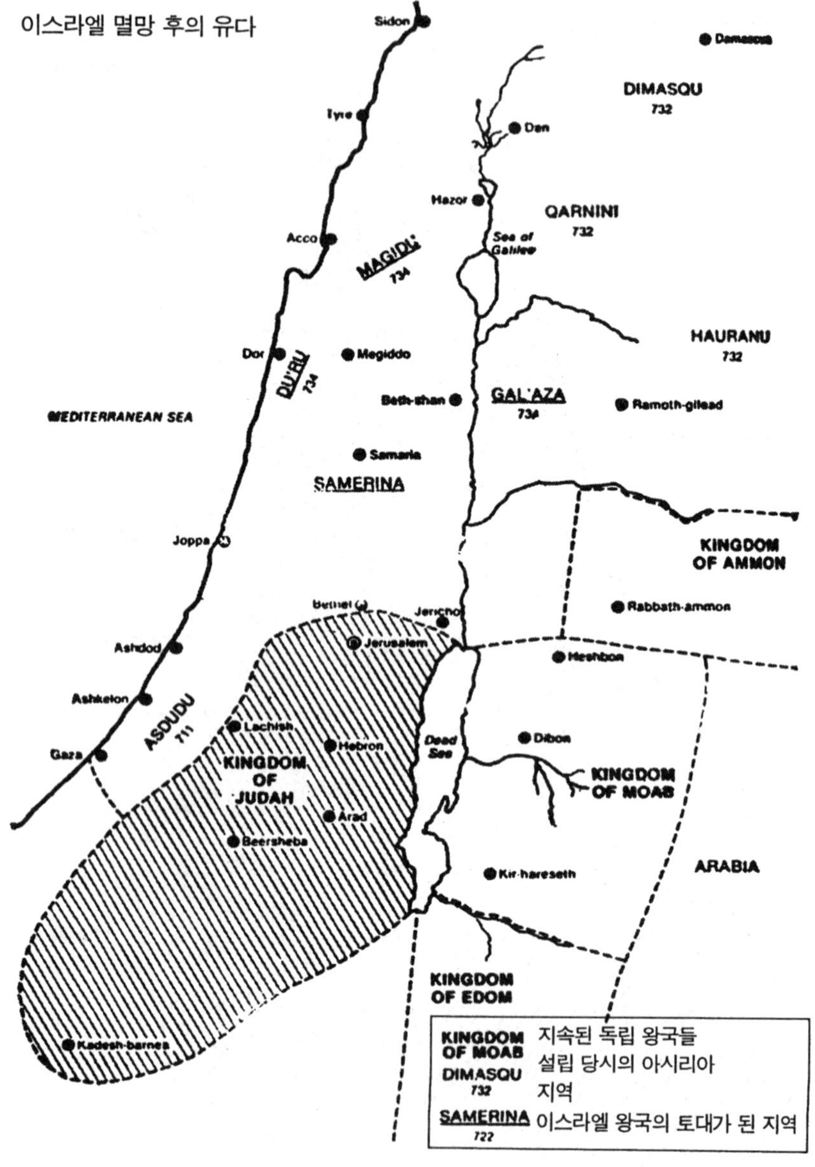
Sidon
Damascus
DIMASQU
732
Tyre
Dan
Hazor
QARNINI
732
Acco
Sea of Galilee
MAGIDU
734
HAURANU
732
Dor
Megiddo
DU'RU
734
Beth-shan
GAL'AZA
734
Ramoth-gilead
MEDITERRANEAN SEA
Samaria
SAMERINA
Joppa
KINGDOM OF AMMON
Bethel
Jericho
Rabbath-ammon
Jerusalem
Ashdod
Heshbon
Ashkelon
ASDUDU
711
Lachish
Hebron
Dead Sea
Dibon
Gaza
KINGDOM OF JUDAH
KINGDOM OF MOAB
Arad
Beersheba
ARABIA
Kir-hareseth
KINGDOM OF EDOM
Kadesh-barnea
KINGDOM OF MOAB 지속된 독립 왕국들
DIMASQU 732 설립 당시의 아시리아 지역
SAMERINA 722 이스라엘 왕국의 토대가 된 지역

서론

이스라엘의 군주제 역사에 대한 자료들

고대 이스라엘의 군주제는 4세기 동안 지속되었는데 그것은 부족간 시대보다 두 배나 긴 기간이었다. 이스라엘의 처음 세 왕이 통일 왕국을 지배하였다. 다윗과 솔로몬이 각각 40년간을 통치한 것으로 되어 있지만(삼하 5,4; 열상 11,42), 이것은 장기간에 걸친 완벽한 통치를 가리키고자 하는 개략적인 수치일 것이다. 이들의 전임자인 사울은, 훼손된 한 본(삼상 13,1)에 의하면, 2년간 통치하였다고 한다. 그러나 어쩌면 숫자의 어떤 단위가 떨어져 나갔을 가능성이 있다. 사울의 실제 통치 기간은 12년 혹은 22년이었을지도 모른다. 통일 군주국은 대략 B.C.E. 1020년경에 시작해서 기껏해야 약 1세기 동안 지속되었으며, 그 기간은 어쩌면 이보다 훨씬 더 짧았을 수도 있다.

솔로몬의 죽음과 더불어 군주국은 남북으로 분단되었는데, 이는 불가피한 일이었다. 다윗 왕조는 유다와 변동이 심한 베냐민 지역을 계속 지배하였고, 이외의 다른 부족 등은 모두 왕조에서 탈퇴하여 그들 자신의 군주국을 세웠다. 이 군주국은 남 왕국이 "유다"라는 부족 이름을 보유한 것과는 달리 "이스라엘"이라는 포괄적인 민족 이름을 택하였다.

이 두 왕국은 B.C.E. 722년에 이스라엘이 아시리아에게 멸망할 때까지 212년 동안 병존하였다. 유다는 B.C.E. 586년에 신바빌론에게 굴복하기 전까지 136년간 더 존속하였다.

이하에서 필자는 통일 군주국을 우선적으로 다루고(제7장), 그 다음에 북 왕국을 그 역사를 따라 다루되, 실증이 덜 되어 있는 같은 시기의 남 왕국과의 관련도 고려하면서 추적할 것이다(제8장). 마지막으로, 단독으로 존재하였던 기간의 남 왕국 역사를 조사할 것이다(제9장). 그 핵심부 또는 전체가 군주국 시대의 산물인 성서의 중요 문서들이 사회사적 맥락 속에서 다루어질 것이다. 그러한 문헌들로는, 위대한 전승가인 J와 E, 신명기 법전, 아모스, 호세아, 미가, 예루살렘의 이사야 및 기타 예언자들의 예언서들 등이 있다. 이 모든 작품들은 상이한 유형의 문학들이므로 외부 상황에 대한 그것들의 언급 범위와 그 명료성에 있어서 큰 차이를 나타내기는 하지만, 그것들은 군주국 시대를 이해하는 데 필요한 자료들이다.

난제인 분단 왕국들의 연대기 문제를 논한 후에, 우리는 신명기적 역사서인 사무엘서와 열왕기, 그리고 독립된 작품인 역대기에 수록된 군주국에 관한 직접적 역사 자료들에 대한 지식을 제공할 것이다. 또한 우리는 이 시대에 대한 고고학적 정보에도 주목할 것이다. 끝으로, 예언서들이 현대의 독자들에게는 난해하고 해석이 잘 되지 않는 낯선 문학 유형이기 때문에 예언서들에 나타나는 문학 형식의 특성을 간략하게 고찰할 것이다.

25. 분단 왕국의 연대기

분단 왕국 통치자들의 연대 추정 문제는 현재 논쟁 중에 있다. 로마 제국 이전의 고대에는 절대 연표라는 것이 없었다. 그리스도교적인 연대 측정 방식은 C.E. 6세기에 비로소 생겨났다. 가상적인 우주 창조 연대를 원년(그리스도교력에 의하면 B.C.E. 3760년)으로 정한 중세까지는 유대교는 널리 인정되는 절대 연표를 가지지 못하였다. 로마 제국 이전 시대에는 왕의 통치 연도로 연대를 표시하였거나 매(每) 해를 한 고관의 이름으로 표기하는 방법이 사용되기도 하였다. 연대는 군사 행동이나 건축 사업 혹은 일(월)식과 같은 기억할 만한 사건들로써 더욱 자세하게 분류할 수도 있을 것이다. 때로는 서로 다른 국가들의 역사를 상호 관련시키기 위하여 해당국 왕들의 통치 연도를 연대별로 배열하기도 한다. 이것은 바로 신명기적 역사가가 이스라엘과 유다 왕들에 대해 보도하면서 따른 절차였다.

북 왕국(이스라엘)의 왕들에 대한 기사는 당시 남 왕국 왕의 연대로 표시된 즉위 연도와 통치 기간에 대한 언급, 그리고 신명기 사가의 표준에 따른 왕에 대한 평가로 구성된다. 남 왕국(유다) 왕들에 대해서는 이러한 항목들 이외에 즉위시 군주의 연령과 태후의 이름이 첨가된다. 두 왕국이 병존하던 때에는, '어느' 한 국가의 한 왕의 통치에 대해서 상술한 다음, 그가 죽기 전에 권좌에 오른 '다른' 국가의 모든 통치자들을 소개하고 논의하는 방식으로 장면을 전환시킴으로써 기사들을 뒤섞고 있다. 이미 취급

〈표 19〉 신명기적 역사서의 표제 본문: 사무엘－열왕기

1. 사무엘의 연설(삼상 12장): 치명적인 군주국 선택
   판관 시대의 압제, 회개, 구원 등에 대한 약술
   이스라엘이 왕을 요구한 죄를 고백하다.
   백성과 왕이 법을 준수하면, 이스라엘은 계속 야훼의 백성이 될 것이며, 법을 어기면 "망할"(일소될) 것이다.

2. 나단의 연설과 다윗의 기도(삼하 7장): 다윗을 위한 "집"과 야훼를 위한 "집"의 약속
   야훼는 다윗에게 모든 대적들에서 벗어나 "안식"을 누리게 하여 이스라엘은 판관 시대에서는 경험하지 못하였던 평화와 안정을 누린다.
   야훼는 다윗을 위해 "집"(왕조)을 세우고 다윗의 아들은 야훼를 위한 "집"(성전)을 지을 것이다.
   다윗 왕조는, 비록 왕조의 특정한 사악한 왕이 징계를 당한다 할지라도, 영원히 계속될 것이다.

3. 솔로몬의 축복과 기도(열상 8,14-61):
   성전("집")을 법 준수의 항구적 초점으로서 바침.
   솔로몬은 다윗의 아들이 성전을 지을 것이라는 야훼의 약속을 성취하였다.
   솔로몬은 다윗 왕조가 영원히 계속되게 하겠다는 야훼의 약속이 성취되기를 기도한다.
   이스라엘이 개인적으로든 전체적으로든 범죄하면, 그들은 반드시 성전을 향하고 회개하며 구원을 위해 기도해야 할 것이다. 이 구원에는 장차 있을지도 모르는 그 땅으로부터의 유배시의 보존이 포함된다.
   야훼가 모세에게 한 약속은 모두 성취되었고, 이스라엘은 "안식"을 누리며, 계속 법을 준수하라는 촉구를 받는다.

4. 강화(열하 17, 7-23)
   북 왕국(이스라엘)멸망의 근본적 이유
   이스라엘의 초대 왕인 여로보암은 범죄하였고 북 왕국의 후대 왕들이 습관적으로 추종할 모범이 되었다.

이스라엘이 멸망하고 그 백성이 추방당한 까닭은 그들이 사악한 왕들과 다른 민족들의 종교적 배교를 따랐기 때문이다.
예언자들의 경고가 반복되었음에도 불구하고 이스라엘은 완강하게 배교 행위를 고수하였다

5. 예언자들의 강화와 담화(열하 21, 2-16):
남 왕국(유다) 멸망의 근본적 이유
유다왕 므나쎄는 예루살렘에 우상숭배를 도입하였고 가나안인들이 행한 것보다도 더한 악을 행하도록 유다를 유혹하였다.
므나쎄는 또한 "무죄한 사람의 피마저 흘렸다."
예언자들은 유다도 이스라엘과 마찬가지로 곧 심판을 통하여 "평가되어 버려질 것" 이라고 고지하였다.

된 다른 국가의 마지막 통치자보다는 그 왕이 늦게 사망하는 경우에 줄거리는 곧 다른 국가의 차기 군주 계승자에게로 돌아간다. 결과적으로 왕국들의 역사 기술은 사건들의 엄밀한 연대기적 순서로 항상 기술되는 것은 아닌"갈 지(之) 자형 전개 방식"이 된다.

성서에 언급된 왕들의 통치 기간은 아시리아와 신바빌론 왕들의 통치 기간과 상호 관련시킬 수 있고, 이것은 다시 전체 관측에 의해 확실하게 측정될 수 있다. 한 가지 난점은 성서의 숫자들이 부정확하거나 시대에 따라 변천된 계산법들에 의해 산출되었다는 사실이다. 학자들은 성서의 숫자들이 분단 왕국 초기에는 10년 정도의 차이가 있으며 유다 통치 말기에는 1년 내지 2년 정도로 그 차이가 좁혀진다는 결론에 이르렀다. 이렇게 계산에 대해 논란이 일어나는 까닭은 다음과 같은 몇 가지 중요한 변수들의 작용에 대한 판단이 상이한 데 기인한다. 그 변수들은, (1) 마소란 본문(MT)과 칠십인역(LXX)의 서로 다른 두 가지 숫자들 가운데 어느 것을 택할 것인가? (2) 신년(新年)의 시작은 가을인가 봄인가? (3) 한 왕국 왕위에 오른 해를 그의 통치 원년으로 계산하였는가 아니면 그 해는 단지 즉위년도로서 그의 전(全) 통치 기간에서는 제외시켰는가? (4) 차기 왕과 동시에 직무를 수행한 공동 섭정 기간(co-regency)이 각각 두 왕의 통치 기간에 포함되어졌는가? 등이다. 이 책에서 따르고 있는 분단 왕국들의 연대기는 여러 가지 계산법들이 두 왕국에서 서로 다른 시대에 사용되었고 그 사용 양식은 식별 가능하다는 점을 논증함으로써 마소라 성서 본문의 숫자를 엄격히 고수하는 데 성공하였다.[1]

---

1) 본서에서 택한 연대기법은 Edwin R. Thiele의 *The Mysterious Numbers of the Hebrew King*, 3d ed.(Grand Rapids: Wm. B. Eerdmans, 1983)에 있는 체제이며, Simon J. De Vries와 *IDB* 1: 580-99에 수록된 "Chronology of the OT"와 *IDBSup* 161-66에 수록된 "Chronology, OT"에서 이를 따르고 있다. Thiele의 연대기 요약판에 대해서는 E. R. Thiele의 *A Chronogy of the Hebrew Kings*(Grand Rapids: Zondervam, 1977)을 참조하라. 북미 성서학자들이 널리 채택하는 다른 연대기법은 William F. Albright의 연대기법이며("The Chronology of the Divided Monarchy of Israel," *BASOR* 100[1945]; 16-22), John Bright가 HI에서 이를 따르고 있다.

26. 군주국 역사에 대산 자료로서의 신명기적 역사

신명기적 역사를 간략하게 개관한 후(§13.3), 땅 점령과 판관 시대를 진술하면서, 우리는 여호수아서와 편저자가 이용한 전승들과 그와 편집 과정을 분석 · 평가하였다(§22.1-2). 사무엘서와 열왕기에서 신명기적 역사는 군주국에 대해 이야기를 줄곧 계속하여, 성서의 군주국들에 대한 현재까지도 가장 풍부한 자료들을 우리에게 제공해준다.

사무엘서와 열왕기에도 신명기적 역사가의 표현 기법이 나타난다는 사실은 신명기로부터 판관기까지에서 볼 수 있는 것과 같은 예비적 및 요약적 개관(anticipatory and summary surveys), 담화 및 기도문 등이 그 안에 꾸준히 나오는 것을 볼 때 즉시 명백해진다. 이러한 문구들은 군주국 역사를 결정적인 몇 개의 단계들로 구분하는 기능을 하고 신명기적 역사가가 이스라엘의 왕정 실험의 성쇠와 종국적인 실패 이유로 제시한 설명들을 강조하는 역할을 한다. 이러한 문구들 가운데 첫 번째 것(삼상 12장)은 판관 시대를 마감하는 일과 군주 시대를 예고하는 일의 두 가지 기능을 수행한다.

신명기적 역사는 중추적 역할을 하는 이러한 해석적 구절들의 틀 안에 출처가 서로 다른 다음과 같은 여러 자료들을 삽입시키고 있다.

1. 사물엘, 사울, 다윗, 그리고 솔로몬에 관한 독립 전승집들.
2. 통일 군주국의 행정 문서들
3. 분단 왕국의 왕실 문서("연대기")발췌록들
4. 예루살렘 성전 문서의 발췌록들
5. 예언담집

우리는 제7-9장에서 자료들의 일부를 자세히 고찰하고자 한다. 현재로서는 신명기적 역사가의 삽입 자료들이 역사적 가치가 매우 큰 정보를 포함하고 있는 것은 사실이지만, 이 정보는 군주국의 전 역사를 골고루 보여주지 않을 뿐만 아니라 신명기적 역사가의 경향성이 큰 해석의 자취가 역력하다는 점에 유의해야 한다.

위에 열거된 해석적 연결 구절들(interpretive link passages) 이외에도 신명기적 역사가는 근본적으로 다른 전승들을 밀도 있게 결합시키는 다음의 두 가지 구성 장치들을 이용한다. (1) 분단 왕국 통치자들의 연대별 대조 배열이 그 하나인데, 여기에서는 재위 기간과 구체적 통치 내용을 크게 달리하는 왕들의 통치에 관한 보고문들을 서론적 공식문들과 결론적 공식문들이 에워싸고 있다. 판관기의 공식문들과 마찬가지로 이 열왕기의 공식문들도 지도자 계승에 연속성을 부여하는 기능을 한다. (2) 다른 하나는 예언과 성취의 도식이다. 이는 예언자들을 역사적 활동의 주류에로 직접 끌어들이는데 특별히 유용한 사건들을 야훼의 말씀이 어떻게 일으켰는가를 상술하기 위한 것이다. 왜냐하면 북 왕국의 왕조 변화와 남 왕국의 대개혁과 두 왕국의 종국적인 멸망을 독자적으로 고지한 자들은 다름아닌 바로 예언자들이기 때문이다.

신명기적 역사서는 유다의 개혁을 주도한 요시아 왕 통치 말기(B.C.E. 622-609년)에 첫 판이 나오고 (열왕기하의 최후 사건 연대인) B.C.E. 이후의 포로 시대에 두 번째 판이 나오는 등 두 개의 판본이 나왔다고 믿을 만한 충분한 이유가 있다. 유다가 여전히 독립 국가임을 나타내기 위하여 "오늘까지"라는 공식구가 종종 사용되고(열상 8,8; 9,21; 10,12; 열하 8,22), 선별된 광범위한 혼잡 자료들을 신명기적 역사가가 쉽게 이용할 수 있었다는 사실은 예루살렘이라는 환경에 의해서 가장 잘 설명된다. 그러나 판본이 두 개 있음을 지지하는 가장 설득력 있는 논증은 절멸 위기에 처한 민족의 운명과 민족의 생존 또는 회복에 대한 기대 사이의 긴장이 신명기적 역사서 내에 나타난다는 점이다. 만일 신명기적 역사서가 쇠퇴해 가지만 개혁을 시도한 유다 왕국에 최초로 제시된 작품이고 유다 멸망 후의 국가 없는 유대인 집단들에게는 단지 2차적으로 주어진 것이라면, 그와 같은 긴장은 아주 납득할 수 있게 설명된다.

신명기 역사서의 주요 취지는 군주국이 통일되었던 분단되었든 모세 율법에 대한 순종의 의무를 어떻게 이행해야 하는가를 보여주고자 하는 것이다. 그 율법을 거듭거듭 어겼기 때문에, 북 왕국은 멸망했고 남 왕국은 그와 동일한 참혹한 심판에 직면하게 되었다(첫 번째 판). 북 왕국의 창설자인 여로보암은 비록 야훼의 한 예언자에 의해 그 합법성을 인정받았지만 우상숭배에 빠졌다. 그 후로 바아사, 오므리, 그리고 예후 왕조들이 예언자들의 무수한 개입과 경고에도 불구하고 여로보암의 전철을 밟았다.

충실한 종 다윗에 대항 야훼의 약속이 "여로보암의 죄"와 대조를 이룬다. 이 약속은 이스라엘의 당한 것과 같은 처참한 운명을 유다는 면할 것이라는 기대를 지탱시켜 준다. "다윗을 위하여" 남 왕국 왕들의 죄는 북 왕국 왕들의 죄보다 덜 치명적인 것으로 간주되었고, 아사, 여호사밧, 요아스, 히즈키야, 요시아 등과 같은 몇 명의 남 왕국 통치자들은 그들의 경건 때문에 높이 평가되었다. 그들 가운데 히스기야와 요시아는 신명기에 역설된 신명기적 역사의 계획(progarm)에 거의 일치하는 제의 개혁을 대대적으로 단행하였다고 한다(열하 18,3-7; cf. 열하 30,2; 열하 22,8-23,25). 히스기야와 요시아는 모세가 탁월한 예언자였던 것과 꼭 마찬가지로(열하 18,5; 23,25; cf. 신명 34,10) (다윗보다도 위대할지도 모르는) 탁월한 왕으로 칭송받는다.

신명기적 역사서의 대부분은 아시리아의 돌연한 쇠퇴와 북 이스라엘로부터의 퇴각에 뒤이어 다윗 제국을 재건하려는 요시아의 정치적 구상과 그의 제의 개혁을 위한 선전 책자로 작성되었을 가능성이 있다. 신명기적 역사가가 보기에 북 왕국의 멸망은 아주 당연한 일이었다. 남 왕국이 그와 동일한 운명을 피할 수 있는 방도는 오직 요시아의 개혁을 후원하는 길이며, 한편 아직도 북쪽 땅에 살고 있는 북 이스라엘인들은 요시아가 몰락하는 아시리아령 이스라엘 영토를 유다 지역으로 회복시키기 위하여 그의 정치적 권력을 북으로 확장시킬 때 신다윗 통치권(Neo-Davidic reign)에 통합될 수 있을 것이다. 신명기적 역사가가 다윗에 대한 영원한 약속을 모세 율법의 조건적인 약속들에 조심스럽게 종속시키면서 모세 전승과 다윗 전승을 정리하는 한편, 불확실하지만 희망에 찬 개혁 노력을 돕고 고취시키기 위하여 군주국의 전 역사를 재고찰하였던 때는 바로 이러한 위기의 때였다.

후에 판명되는 바와 같이, 개혁은 계속 추진되지 못하였고, 유다는 새로운 세계적 강대국인 신바빌론의 손에 멸망하였다. 그리고 그 지도층은 바빌론 포로로 끌려간다. 이처럼 형세가 파국적으로 역전되자 신명기적 역사는 유다의 불행한 종말을 상설(詳說)하기 위해 확장되었고(열하 23,26-25,30) 요시아의 칭송될 만한 개혁이 실패로 귀결된 이유를 해명하기 위해 중대한 이데올로기적 수정이 가해졌다(두 번째 판). 유다의 멸망에 대한 설명의 핵심은 요시아의 선왕(先王)이었던 므나쎄의 죄악이 요시아의 모든 선한 노력을 압도할 만큼 지대하였고, 그의 노력은 다만 유다의 종말을 지연시킬 뿐이었다는 것이다(열하 21,2 -15; 22,15-20; 23,25b-27).

야훼의 약속과 이스라엘의 미래에 대한 모든 희망이 이제는 사라진 것인가? 결코 그렇지는 않다. 바빌론에 억류되어 있는 여호야긴 왕에게 베풀어진 비교적 호의적인 조건들을 포함하여 사건들을 포로기까지 확장시킨 바로 그 사실은 신명기적 역사서의 개정판이 본국에 있든지 또는 포로로 잡혀갔든지 간에 국가 없는 이스라엘인들에게 그들의 종교 문화적 정체성을 계속 고수하도록 준비시키기 위하여 두 왕국의 멸망을 설명하려는 것이었음을 뜻한다. 이스라엘과 유다가 모세의 율법을 다같이 준수하지 않았기 때문에 야훼께서는 이렇게 암담한 사태를 일으키신 것이다. 다윗에게 주어진 약속도 왕들과 백성들에 의한 율법의 엄청난 남용의 결과를 막을 수 없었다. 그럼에도 불구하고, 신명기적 역사서 개정판의 저자와 같이 여전히 야훼를 믿는 이스라엘 사람들이 남아 있었다.

신명기적 역사서를 정복당하고 흩어진 유대인들에게 유용한 문서로서 완성하기 위해, 신명기적 역사서 원판의 여러 부분에 포로로 잡혀갈 것에 대한 경고가 삽입되었다(신명 4,27-31*; 28,36-37 · 63-68; 29,27-28; 30,1-10*/**; 여호 23,11-13 · 15-16; 삼상 12,25; 열상 8,46-53*; 9,6-9; 열하 17,19; 20,17-19). 이러한 포로기의 삽입문들 가운데 세 개(*)는 회개하고 야훼에게 돌아오는 이스라엘인들에 대해 말하며, 그 가운데 하나(**)는 이스라엘 땅으로의 귀환을 명백히 약속한다. 신명기적 역사서의 말미에는 추방당한 유다 왕에 대한 특혜 대우가 언급되는데, 이것은 유다가 회복될 수 있는 가능한 한 방법, 즉 예루살렘의 여호야긴을 재건 속국의 지배자로 복위시키려는 신바빌론의 결정을 통해 이스라엘이 회복되는 방도를 조심스럽게 암시하는 것으로 흔히 해석된다(열하 25,27-30).

현재의 신명기적 역사서에 대해 국가의 개혁이라는 상황과 국가 상실이라는 절망적인 상황의 두 가지 배경을 가정함으로써 이 작품 전반에서 들려오는 파멸과 희망의 이중 메시지를 상당한 정도로 납득할 수 있게 된다. 신명기적 역사서의 문학사에 대한 구조주의적 분석과의 관련 가능성을 고찰하는 것은 흥미있는 일이다(§23.2). 구조적인 면에서 동일한 것으로 간주되는 권위적 교조주의 "목소리"와 비판적 전통주의의 "목소리"는 서로 다르게 가능하였던 것으로 보인다. 요시아판 신명기적 역사서에서는 모세의 율법이 준수되어야 하고 그렇지 않으면 국가가 망할 것이며, 더 나아가 필요한 개혁은 실시될 수 있다고 주장하는 교조적 권위주의가 전면에 부각되어 있다. 그러나 포로 시대의 신명기적 역사서의 개정판에서는, 요시아의 충실함보다는 므나쎄의 죄악을 더 중시함으로써 사태를 해명하려고 노력하는 교조적 권위주의 그 자체가, 권위 있는 해석자인 신명기적 역사가를 통하여 야훼의 말씀을 여전히 청중하는 남은 유대인들의 엄연한 현실에 의해 극복되고 있다. 징계를 받는 이 청중들은 야훼께 돌아옴으로써, 인정받을 수 있을 만한 하느님의 백성으로서 힘을 떨치게 될 또 한번의 기회를 부여받으며, 그들을 사로잡아간 자들의 보호를 받고(열상 8,46-53), 심지어는 그들로부터 호의적인 대우를 받고(열하 25,27-30), 아마도 결국에는 그들의 고통에서 다시 세력을 장악하게 될 것이다(신명 30,1-10).

또한 성례(聖禮) 전승들의 "비신화화" 또는 세속화를 포함해서 신명기의 가상적인 "휴머니즘"에 대한 분석들과도 관련이 있을 수 있으며, 이 휴머니즘은 잠언의 경구들과 유사성을 보인다(§54.2). 확실히 이 격언들은 형벌과 보상의 즉각성에 대한 "권위주의적인 교조적" 주장과, 덕행과 악덕이 삶의 조건들을 특히 정치 분야에서 얼마나 엄밀하게 좌우하는가에 관한 "비판적 전통주의"의 융통성과 개방성 및 심지어는 회의론 사이에 명백한 긴장이 있음을 나타낸다.

마지막으로, 역대기는 군주국에 관한 한정된 정보를 추가로 제공해준다(§51). 에즈라서와 느헤미야서가 동일 작품에 속하느냐 속하지 않느냐에 따라 저작 연대가 달라지지만, B.C.E. 525년과 375년 사이에 쓰여진 역대기는 사무엘서와 열왕기를 대체로 반복하면서 약간의 새로운 정보와 많은 추가적 해석을 첨가시키고 있다. 역대기는 왕들과 예언자들에 관한 다량의 자료를 인용하지만 그 결과는 종교적 교훈을 목표로 하는 작품이 되었고 따라서 그것은 역사를 재구성하는 데에는 조심스럽게 사용되어야 한다. 그러나 몇 가지 점에 있어서 역대기에는 사무엘서-열왕기의 뼈대뿐인 자료들에 살을 붙이는 데 도움이 되는 족보, 지지(地誌) 그리고 행정에 관한 만족할 만한 세부 사항들이 보존되어 있다. 예를 들면, 신명기적 역사서에는 없는 역대기의 다음 두 기사는 일부 학자들에 의해 역사적 신빙성이 인정되고 있다. 그 가운데 하나는 여호사밧이 유다의 요새와 도성에 하급 재판소(lower court)를 설치하고 예루살렘에는 항소원(court of appeals)을 설립하였다는 그의 사법 개혁 기사(역하 33,10-13)이며, 다른 하나는 므나쎄가 아시리아의 대군주에 대한 그의 충성심을 분명히 하도록 바빌론에 소환되었다는 주장의 기사이다(역하 33,10-13). 완성된 시편과 잠언은 포로 시대 이후의 것임이 명백하지만, 시편의 일부(§52.2)와 잠언의 보다 오래된 부분(§54.2)은 포로기 이전 시대를 배경으로 하고 있음이 확실하다. 이 초기 시편들에서뿐만 아니라, 가장 오래된 잠언들의 대부분의 배경으로 간주된 중간 계층 정부 관료들의 삶에 대한 명상에서도 볼 수 있는 군주국 제의에 대한 간접 묘사는 상당한 가치가 있다.

27. 군주국 역사에 대한 자료로서의 고고학

근년에 군주제 시대에 관한 고고학적 지식이 현저하게 증대되었고, 이에 따라 건축 유물들에 대한 초기 해석들의 오류들이 어느 정도 수정되었다. 솔로몬의 장갑 방벽들(casemate walls: 이중벽으로 그 사이에는 완충 공간이 있음)과 거대한 성문들이 므기또와 하솔 그리고 게젤(열상 9,15-17)에서 발견되었고, 므기또에서는 격식을 갖춘 궁전도 발견되었다. 솔로몬의 요새화한 구리 제련소라고 생각되어 오던 어코바만(the Gulf of Agabah)의 텔 엘-켈래페(Tell el-Kheleifeh)에 위치한 한 건물이 창고 또는 곡물 창고이었던 것으로 인정되며 그 시기는 후대 군주국 시대에까지 거슬러 올라가는 것으로 추정된다. 사실, 남아라아의 구리 광산이 솔로몬에 의해 조금이라고 채굴되었는지 여부는 현재 아주 의심스럽다. 솔로몬의 사치스러운 예루살렘 건축 계획은 후대의 심한 혼란과 재건축 때문에 그 어느 것도 확실히 확인되지 않았다.

북 왕국의 대표적 건축물들로는 여로보암 1세가 단(Dan)에 세운 성문과 성소, 사마리아의 구릉 지대에 화려하게 건설된 오므리-아합 왕조의 수도, 므기또에 위치한 오므리-아합 왕조의 건축물 등이 있다. 후자의 건축물에는 벽단(壁段)형/함몰형(offsets/insets type) 성벽과 종합 축사(畜舍)가 포함되는데, 과거에 이것들은 솔로몬이 지은 것으로 생각되었으나 현재는 일부 학자들에 의해 창고 또는 곡물 창고로 해석되기도 한다. 포위 기간 중에 식수 공급을 확보하기 위해 파낸 수로(水路)들이 므기또와 하솔에서 발견되었다.

남 왕국은 8세기 말에 산헤립 왕이 라기스를 파괴한 것에 대한 충분한 증거를 보여준다. 네겝 지방의 브엘세바와 아랏에 위치한 요새지 발굴로 유다의 군사적 방어 시설과 행정에 관한 우리의 이해가 증진되었다. 8세기 말과 7세기에는 유다 전역에서 인구 증가와 생산성 향상이 이루어졌다는 증거가 있다. 히스기야 때에 예루살렘 성벽을 확장시켜 서쪽 구릉 지대를 성벽으로 둘러쌌다는 것이 현재로서는 분명한 듯하다. 형량법, 도량법, 인장, 은화(silver hordes), 그리고 도장 찍힌 항아리 손잡이는 교역의 발전과 규격화를 암시하며 어쩌면 예루살렘의 통제를 받는 보다 체계적인 국가 계획 경제를 암시할 수도 있을 것이다. 비록 시험적인 해석이긴 하지만, 9/8세기의 이스라엘과 8/7세기의 유다를 고고학적으로 비교해보면 이스라엘보다는 유다가 부의 지방 분산이 더 잘 이루어져 있었던 것 같다.

단(Dan)의 성소 이외에도 라기스와 아랏의 야훼주의계 성소들이 발굴되었고, 브엘세바에서 뿔 달린 제단이 발견된 것으로 판단컨대 단의 성소와 유사한 성소가 그 곳에 있었던 것 같다(열상 1,50). 군주제 시대에 예루살렘 밖에 유다의 야훼 성소들이 존재했다는 고고학적 증거는, 예배를 예루살렘에 국한시키는 신명기의 규정은 적어도 히스기야 시대 이전까지는 없었던 일이며 그 규정이 강력하게 시행된 것은 아마도 요시아 때에 이르러서였을 것이라는 역사비평적 견해를 확증해준다. 유다의 남부 경제 지역에 위치한 아랏 성소는 여로보암이 단과 벧엘에 세운 성소들과 유사한 경계 성소(border shrine)로 해석된다. 아랏 성소에서 출토된 물적 자료(physical evidence)에 대한 발굴자의 해석에 의하면, 그것은 희생 제사가 8세기 말에는 그곳에서 중단되었고(히즈키야의 개혁) 그 성소는 7세기 말에 파괴되었음을 의미한다(요시아의 개혁).

상당량의 유물과 비문들이 이스라엘 군주국과 그 운명이 긴밀하게 뒤얽혀 있는 블레셋족과 암몬족 및 시리아의 아람인 등에 관한 아직도 모호한 기원과 사회 정치적 구조 이해에 좀더 많은 빛을 비춰주었다는 점도 또한 부언해두어야 할 것이다.

군주적 역사를 조명하는 데 있어서 당시의 비문들과 문서들은 특히 가치가 있다(참조. 표 1:4). 이 가운데 일부는 통일 이스라엘이나 분단 왕국들과의 군사, 외교 관계에 관한 다른 국가들의 공문서들이다. 이집트 왕 시삭(Shishak, 대략 940-915년경)은 유다의 르호보암과 이스라엘의 여로보암 1세를 공격하기 위해 팔레스틴으로 군대를 출정시켰다고 말한다. 특히 가치 있는 자료는 살마네셀 3세(Shalmaneser 3, 858-824)로부터 아슈르바니팔(Ashurbanipal, 668-633)까지 이르는 아시리아 왕들의 연표들이다. 이것들에는 이스라엘과 유다를 포함한 아시리아 제국의 서쪽 지역에서 이백여 년에 걸쳐 일어난 군사 및 행정상의 접촉이 상세하게 기록되어 있다(표 1; 4J). 느부갓네살 치세기(605-562)로부터의 신바빌론 연대기는 독립국으로서의 유다의 말기를 해명하는 데 도움이 된다.

팔레스틴 본토에서는 이미 오래 전부터 알려져 있었던 게젤력(Gezer Calendar), 모압 비석, 사마리아의 도편(陶片, ostraca), 라기스의 서신들 등을 포함해서 적지 않은 비문들이 발견되었고 그 숫자는 점차 증가하는 추세이다. 현재 여기에 추가시킬 수 있는 것들로는 아랏, 브엘세바, 하솔, 텔 카실(Tell Qasile), 그리고 야브네-얌(Yavneh-yam) 등지에서 나온 도편들(표 1;6D), 키르벳 엘-콤(Kirbet el-Qom)과 실로암에서 나온 묘비들, 와디 무랍바아트에서 나온 파피루스, 그리고 니므룻의 봉헌판 등이 있다.

비록 고고학자들이 발견물을 공표, 해석, 종합하는 데 10년 혹은 그 이상의 시간이 소요되고 그것들을 성서학자들이 허용하는 데도 그 정도의 시간이 경과되는 것처럼 보이긴 하지만 유형 유물과 문서 유물들의 총량은 놀라운 속도로 축적되어 간다.

28. 예언적 담화의 형식과 배경

몇몇 예언서들은 군주국, 특히 그 사회 경제적 생활 전반에 대하여 매우 중요한 역사적인 정보를 제공해준다. 예컨대, 북 왕국에 대해서는 주로 아모스와 호세아가 그러하며 남 왕국에 대해서는 미가와 이사야 그리고 예레미야가 그러하다. 그러한 정보의 특성과 가치는 현대 문학 세계에서 즉각적인 대응물을 전혀 찾아볼 수 없는 예언서들의 독특한 문학적 특성을 파악함으로써만 평가할 수 있다.

포로기 이전의 예언자들은 모두 처음에는 비교적 짧고 일반적으로 시적인 메시지를 구두로 전하였고, 그 메시지를 후에 그들과 그들의 추종자들이 글로 옮겼다는 충분한 증거가 있다(구전 형태에 대해서는 11.1.2를 참조하라). 이러한 담화들은 전통적으로 "고정된 형식"들을 이용하였으며, 그것은 심지어 특별한 효과를 내기 위해서 또는 예언적 메시지의 범위를 넓히고 정밀성을 제고시키기 위해 그 형식들을 수정하거나 파괴할 때에도 마찬가지였다(예언서의 문학 형태에 대해서는 표 8의 41-50을 참조하라). 또한 예언서에는 책 전체의 표제, 특정한 예언의 시간 및 장소에 대한 지표, 예언자직 수임에 대한 보도, 환상, 상징적 행위, 예언자들 간의 갈등, 그리고 여러 계층의 청중들로부터 예언이 요청되거나 거부되는 사건들 등을 다룬 설화 부분이 포함된다.

성서의 예언은 제도에서 기원한 하나의 기본적인 자리를 갖는다는 가정하에 예언 문학의 중심 장르와 그 삶의 자리를 찾기 위한 시도가 수차 시도되었지만, 그 결과는 미확정적이며 불확실하다.[2]

한 가지 중요한 접근 방법은 제의 신봉자들이 간구해 마지 않는, 그리고 공인(公認) 제관들이 전달하는 신의 전언 즉 "제의 신탁"에서 예언적 담화의 기원을 찾는 것이었다. 많은 담화들이 일인칭으로 말하는 야훼를 묘사하며 "야훼가 말한다" 또는 "야훼의 신탁"(oracle of Yahweh)이라는 문구를 덧붙이고 있다는 사실은 그러한 이해와 대체로 일치한다. 예언자들의 일부, 다수 또는 모두가 성소와 관련된 공식 제의에서 정기적으로 봉사하였거나 과거에 봉사한 전력을 갖고 있다는 증거도 언급된다. 한편 그러한 접근 방식에 반하는 요소들도 있다. 많은 예언적 담화들이 하느님의 직접적인 말씀이 아니고, 그 안에 담긴 "신탁"도 대개는 요청된 것이 아니며, 그 메시지의 내용은 종종 공식 제의의 전제와 그 전형적인 메시지에 직접 도전하는 것이었다. 또한 신의 말로 제시된 직접적인 "위협"이 그 위협에

---

2) 예언적 담화의 형태와 논증 중인 그것들의 삶의 자리를 간결하고 명쾌하게 분석한 것에 대해서는 Gene M. Tucker, "Prophetic Speech," *Int* 32(1978)을 참조하라. Claus Westerman, *Basic Forms of Prophetic Speech*(Philadelphia: Westminster Press, 1967)과 W. Eugene March, "Prophecy," *OTFC*, 141-47에는 보다 충분하게 설명되어 있다.

대한 예언자의 이차적인 회상 기간 이후에 "질책"(reproach)으로 합리화되고 설명되었다는 견해는 심판과 그 이유 또는 동기가 예언적 담화에 나타나는 방식과 부합되지 않는다.

예언적 담화와 이데올로기의 근원에 대한 또 다른 접근 방법은 이스라엘이나 제 민족을 상대로 야훼가 제기한 '소송'에 대한 체계적 설명을 출발점으로 삼는다. 이 소송들은 예언서에 나타나며 종종 논쟁 담화(disputation speech) 또는 논쟁(debate)과 관련되기도 한다. 예언적 담화의 제도적 배경은 재판 절차에 있다는 설이 제기되었다. 예언자들은 야훼 곧 제멋대로 구는 계약 백성에게는 유죄 판결을 내리고 형을 선고하는 신적 재판관의 사자(使者)로 간주된다. 예언의 양상에 대한 일반적 은유가 가치 있는 것이긴 하지만, 그러한 이론에 맞추어 그럴듯한 제도상의 기원을 재구성하는 것은 어려운 일이다. 계약 소송(covenant lawsuit)의 배경을 이스라엘의 민사법원에서 찾는 것은 전혀 불가능한 일로 보이며, 때때로 가정되는 제의 소송 의식(cultic lawsuit ceremony)은 그 자체가 법률적 영역에서 상징적인 종교적 영역에로 이식된 비유적 구성일 것이다. 백성 전체 또는 그 지도층 집단을 상대로 야훼가 제기한 법적 고소를 "심리할" 자격이 있는 사법 기관은 전혀 없었다.

해석자들은 주어진 담화 형식에서 특정한 제도적 배경을 찾아내는 대로 직접 나아가려고 하는 데서 실수를 범하는 것 같다. 담화의 예언적 형식이 매우 다양하다는 사실은 종교적 제의, 법정, 군대의 관계, 정치 행정, 서기 절차(scribal procedure) 등 다방면의 제도적 삶에서 유래된 전통과 관례들이 의도적으로 이용되었음을 시사한다. 그러나, 예언자들이 그러한 제도 안에서 일하였다는 것을 반드시 암시하는 것은 아니다(비록 예언자들이 이러한 제도적 하부 구조들 가운데 어느 것에서 기능적 역할을 때때로 수행하였다는 점이 배제되지 않는다고 하여도 그렇다).

여하튼, 그의 말이 최초의 완벽한 예언서로 엮어진 아모스의 시대까지는 예언이 자체의 제도적 기반을 순조롭게 창출하는 과정에 있었던 것으로 보인다. 예언은 기존 질서에 대한 일종의 "통례적인 비판"(regularized criticism)으로 형식화되고 폭넓은 대중들로부터 그러한 것으로 인식되고 있었다. 발전 과정에 있는 예언적 제도적 특색의 하나는 청중과의 일치와 그들에 대한 권위를 확보하기 위해 이미 존재하는 다양한 담화 형식들을 대담할 정도로 모방하면서 광범위하게 활용하는 것이었다. 그러나 그와 동시에 한편으로는 국가적 삶의 종교적 토대에 대한 대중적 · 공식적 전제들을 철두철미 공격하는 인상적인 메시지를 전달하기 위해 담화 형태를 자유롭게 변형시키고 혼합하기도 하였다. 어떤 식으로든지 이 예언 운동은 (야훼의 소리에 대한 독점을 주장하는) 제의 제도 내부에서 기원하였지만, 그 이전의 기존 사회 부분들과 상호 교류하고 갈등하면서 충분히 자력으로 존립할 수 있는 제도적 · 이데올로기적 독자성을 획득하는 것은 시간 문제였을 것이다.

예언서의 문학사는 성서 해석에 있어 피할 수는 없지만 매우 복잡한 문제이다. 아모스나 이사야처럼 유명한 예언자의 담화나 설화 보도는 그 예언자의 이름을 제목으로 하는 책의 핵심을 이룬다. 얼마 후에 원예언자의 전통에 서 있는 후대의 추종자 혹은 최종 편집자의 것인지를 막론하고 그것들을 여러 가지 편성 원칙에 의거하여 분류하는 일은 편집비평의 중요한 연구 과제가 되었다. 예언서와 소문집에는 편집상 적어도 네 가지의 주도적 원칙이 존재한다는 안이 제시되었다. 보기를 들면 다음과 같다. (1) 예언서가 성장하는 동안에 확대 재분류되었으나 원래는 별개의 것인 신탁들의 수집에 의한 편집 (2) 한 자료층을 다른 자료층 위에 중첩시키고 전승들을 재기술하고 연결시키는 보다 의도적인 과정에 의한 편집, 이는 초기 전승층에 반대하거나 그것을 뛰어 넘는 특정한 관점을 나타내기 위한 것이다. (3) 구(舊) 장르들의 요소나 실례들을 교묘하게 배열한 편집, 이는 알아볼 수 있을 정도로 보다 오래된 구 장르의 매우 복잡한 예 또는 새로운 장르가 된 것을 형성하기 위한 것이다.[3] (4) 전승의 작은 "종자 단위"

3) 이러한 예언 편집 형태들의 특징과 그 구체적인 예들이 W. Eugene March의 "Redaction Criticism and the Formation of Prophetic Books," *SBLSP* 11(1977); 87-101에 실려있다.

(seed unit)를 사용한 편집, 이는 맹아적 사상들(germ ideas)을 발전시키고 "종자 단위"의 구조를 확대된 형태로 포함시킨 일련의 후속되는 대단위들을 도입하기 위한 것이다.

마지막으로 예언자들이 어떻게 그들의 사회적 기반(matrix) 내에 위치하였고 다른 사회적 행위자들과 사회 체제 자체에 대해 어떠한 입장을 견지하였는가에 대한 일련의 사회 정치적 문제들이 제기된다. 이러한 문제들은 예언자의 권위와 예언자의 "영감" 및 "계시"의 원천과 밀접하게 관련된다. 예언에 대한 이전의 사회적 해석들은 사회 '심리학적' 인 경향이 우세하였고 "고독한 (사회) 비판자들"로서의 예언자의 역할을 "역사를 이끄는 위대한 사람들" 또는 역으로 "공식 결정에서 소외되었다고 생각하는 고립된 지성인들"이라는 식으로 극대화하는 경향이 있었다. 예언에 대한 사회과학적 방법의 폭넓은 적용은 당시의 사회 풍조에 대한 예언자들의 입장이 매우 저항적일 때조차도 그들은 본질적으로 그 사회의 일부였음을 시사한다.[4]

샤머니즘에 대한 연구와 "거룩한 사람들" 즉 신인(神人, divine-human) "중개자들"의 신들림에 대한 연구는 전통 사회의 제도와 역할과 다방면으로 관련된 영감과 권위의 형태들이 무수하다는 사실을 밝혀냈다. 그들의 사회에서 미친 사람으로 취급되지 않고 영의 인도를 받는 특별한 사람으로 이해된 이러한 모든 "예언자"들은 그들 자신이 처한 상황 하에서 분명한 사회적 의미와 가치를 갖는다. 근복적인 무제는 예언자들이 사회적으로 권력을 장악한 "중심" 체계의 일부냐 아니면 사회적으로 무가치하게 되고 잉여 인간으로 간주되는 "주변" 집단의 일부냐는 것이다. 사회적 위치가 "중심적"이냐 "주변적"이냐 하는 것은 상대적이고 분명하다. 후대 전승의

---

4) Burke O. Long, "Prophetic Authority as Social Reality," in *Canon and Authority. Essays in Old Testament Religion and Theology*, ed. George W. Coats and Burke O. Long(Philadelphia: Fortress Press, 1977), 3-20; Robert R. Wilson, *Prophecy and Society in Ancient Israel* (Philadelphia: Fortress Press, 1980):David L. Petersen, *The Roles of Israel's Prophets*, JSOTSup 17(Sheffield: JSOT Press, 1981).

대예언자들이 군주제 기간 동안에는 주로 "주변적"이었고 일단 그들이 사건 해석이 정당한 것으로 수용된 포로기에는 놀랄 정도로 "중심적"이었지만, 많은 점에 있어서 이스라엘 예언자들은 "중심" 유형과 "주변" 유형의 혼합물이었던 것으로 보인다.

원주민 운동(native movement), 부흥 운동, 그리고 천년왕국 운동에 대한 연구 결과들은 사회적 박탈감에 자극을 받고 광범위한 사회적 의미를 갖는 운동들에 있어서 종교적 지도자나 "예언자"의 역할이 중요함을 강조한다. 그러한 사회적 박탈이 완전한 빈곤화 또는 권력으로부터의 축출일 필요는 없다. 왜냐하면 통렬하게 느껴지는 중요한 박탈은 '어느 것이든지' 예언에 의해 주도되는 저항 운동을 일으키기에 충분할 수 있기 때문이다. 사회심리학에서 나온 인식 불일치론(cognitive dissonance theory)과 역사인류학에서 나온 상대적 박탈론은 이 점에 있어서 교훈적이다(§55.1). 명백하게 종교적인 예언적 지도자들이 동기와 언어는 그들과 그들의 추종자들이 인식할 수도 있고 인식하지 못할 수도 있는 사회적 목표와 관련되어 있다.

이스라엘의 예언자들이 군주국의 사회 및 정치적 투쟁에 명백하게 연루되어 있다는 것은 성서 본문을 겉으로만 읽어도 분명해지지만, 이를 재구성하는 데에는 사회적 역할 관계에 대한 상세한 고찰이 요구된다. 히브리 성서 전체에 걸쳐 나타나는 것과 같이 예언에서도 나타나는 사회 계급과 갈등에 대한 이러한 분석 과정은 계급 투쟁의 형태와 그 복잡성을 이해하지 못하는 성서학자들에 의해 방해를 받거나 묵살당해 왔다. 예를 들면, 어떤 예언자들이 비교적 특권 계층 출신인 것 같다고 해서 그가 그와 동일한 배경을 가진 다른 사람들과 상충되는 비판적이거나 급진적인 사회 정치적 견해를 갖지 못할 이유도 없으며 그들이 사회 정책과 구조의 변혁을 목표로 하는 조직적 또는 자발적인 행위에 관련되는 것을 배제하지도 않는다(§37.5; 50.2; 50; 4a).

군주국의 사회 역사적 지평을 재구성하는 데 필요한, 예언 문서들의 기원과 형태 그리고 예언자 기능의 사회 정치적 기반이 갖는 함축적 의미는 다음과 같이 요약될 수 있을 것이다.

1. 예언 문서들은 일반적으로 공적 생활에 대한 삽화나 단편들만을 그에 대한 자세한 설명이 결여되어 있으며 다른 예언 구절 또는 사회 역사적 배경과 즉각 눈에 띌 정도의 관련이 없다는 점에서 그 문서들은 "우발"(occasional) 문학이다. 그것들은 상당수의 히브리 시(詩)들처럼 무접속사 병렬법으로 종종 구성되고(§23.1). (23.1) '통합되지 않은 일련의 세부 묘사들과 강력한 심판을' 제시하는데, 독자와 역사가는 이것들을 사회 역사적 환경의 전체 구조와 관련시키기 위하여 심사숙고하고 상호 연결시켜야 한다.

2. 원예언자의 말들이 후대 예언자와 주석자들의 첨언과 뒤섞여져 있으므로, 어떤 예언서의 자료들이라도 그것은 그 예언자와는 '시간적으로 상당한 거리가 있는 사회사적 배경들'을 아마도 반영할 것이다. 그러므로, 예를 들어 아모스서를 이해하려면 8세기 중반의 아모스의 배경을 아는 것만으로는 충분치 않다. 왜냐하면 최종 형태의 그 책에는 7세기 후반의 요시아 시대의 배경과 6세기의 포로 시대 배경이 첨가되어 있기 때문이다.(§34.3). 이사야서의 경우에는 원예언자가 처했던 8세기 말의 배경 외에도 요시아-신명기, 포로기 이후 시대를 배경으로 하는 대규모 전승군들이 포함되어 있다(§37.2; 50.2; 50.4; 55.2).

3. 자신들의 사회사적 배경에 대한 예언자의 언급들은 단편적이고 간접적이며, 따라서 그것들은 엄밀히 검증된 가설에 의거하여 신중하게 재구성해야 하는 것과 마찬가지로, '사회 정치적 갈등 관계에 있는 당대의 집단들'과 '그러한 갈등 관계에서 예언자들이 차지하는 위치'에 대한 예언자의 언급도 단편적이고 간접적이다. 그것들에 대해서는 (DH와 역대기에 있는 것과 같은) 이용 가능한 모든 설화체 본문들, 성서 외적 유형 유물들, 비문, 기록, 그리고 사회과학적 연구로 드러나고 비교 가능한 사회적 배경에서의 갈등 과정들 등과 관련하여 신중한 연구가 요구된다. 예언자들이 사회정치적 갈등에 깊숙이 개입되어 있었다는 점에 대한 증거 자료가 없다거나 아니면 예언자들은 전적으로 "종교적"이어서 그들에게는 단정지을 수

있을 만한 세속적 의도나 기능 또는 의미들이 없었다는 주장에 근거하여 그들의 그러한 개입을 무시하는 것은 성서학에서 더 이상 허용될 수 없다.

제7장
연합 왕국에 대한 전승들

29. 사무엘상·하, 열왕기상 1-11장 전승들의 형태

29.1 자료 통계

이스라엘이라는 통일 군주국을 정확하게 재구성하기 위해서는 자료들을 이스라엘의 세 통치자와 군주제로의 이행을 향해 이스라엘을 준비시킨 사무엘에 관한 보도의 양과 종류에 따라서 분류할 수 있다. 통계적으로 분류한 성서 구절들을 이용하면, 신명기적 역사서 내의 자료들은 다음과 같은 두 종류의 전승으로 대별될 수 있다(<표 20>을 보라). (1) '연대기적인 정치·역사적 기록.' 이는 역사 문서의 골격을 이루는 정치 행정, 군사(軍事), 외교 정책, 경제 활동, 건축 사업 및 종교 정책 등의 "경성"(硬性) 자료들이다. (2) 전담(Saga) 또는 전설, 짧은 이야기(短話), 예언 설화, 성전 설화 및 시(詩) 등과 같은 형태의 '잡다한 문학 전승들.' 이는 "연성"(軟性)의 문학 작품들로서 정치사를 직접적으로 다루지 않는 대신 심미적·문화적 관심들을 반영하는 경향과 역사적 지도자들이나 운동들이 공동체 내의 하부 집단들에게 준 인상을 표현하는 경향이 있다.

〈표 20〉 사무엘상·하와 열왕기상 1-11장에 나타난 연합군주국의 왕들에 대한 DH절들의 분포

(선임자)왕	정치적·역사적 자료	잡다한 문학 전승들
(사무엘)	9	126+(115)*
사 울	6	207+(165)**
다 윗	97+(33)***	1053
솔로몬	162	199
계	274+(33)	

* 사무엘이 사울 혹은 다윗의 원초적인 관심에 예속되어 있는 구절들

** 사울이 다윗이 원초적인 관심에 예속되어 있는 구절들

*** DH 자료를 보충하는 역대기적 자료들을 공급하는 역대기의 자료들

이와 같은 두 가지 유형의 자료 구분은 움직일 수 없이 고정된 것은 아니다. 이 유형들은 신명기적 역사서에서 종종 나란히 나타나며 때로는 동일한 문학 단위 안에 결합되어 있기도 하다. 연표들이 확대되어 허구적인 설화가 되기도 하며, 보다 문학적인 작품들이 다른 관심사들을 강조하는 뼈대 안에 정치사적 요소들을 포함시키는 경우들도 있다. 그러나 근본적인 차이점들이 명백히 드러나며, 이에 근거하는 신명기적 역사 자료들의 대략적인 분류는 군주제 이스라엘의 역사를 기술함에 있어서 몇 가지 문제들을 설명하는 데 도움이 된다.

이 통계들에 대하여 주의해야 할 첫 번째 사항은 자료들이 빈약하다는 점이다. 2단(二段)으로 조판된 RSV의 경우, 사무엘서-열왕기에는 페이지당 평균 22개의 구절이 수록되어 있다. 이것은 통일 군주국에 대한 신명기적 역사서의 자료가 (역대기의 관련 사료[史料]를 포함해서), 성서 본문으로 '80페이지' 이내임을 의미한다. 두 번째로 주목해야 할 점은 사울에 대한 기사가 불충분하여 그 분량이 '10페이지' 도 안 된다는 점이다(그를 다윗보다 하위에 두는 구절들을 포함시킨다면 '17페이지' 를 약산 상회한다). 대조적으로 다윗에게는 거의 '54페이지' 가, 솔로몬에게는 거의 '16.5페이지' 가 할당되었다. 세 번째 특징은 정치-역사적 자료와 잡다한 전승들 사이의 불균형이다. 총 80페이지 가운데서 겨우 13.5페이지 즉 18%만이 역사 기술에 필요한 핵심적인 정보를 제공해 줄 뿐이다. 특히 두드러진 점은 직접적인 정치-역사적 자료 중에서는 사울에 대한 보도는 '반 페이지도 안 되며' 사무엘에 대한 보도는 '삼분의 일 페이지가 안 되는' 반면에, 다윗 관계 기사는 거의 '6페이지' 에 달하고 솔로몬 관계 기사는 '7페이지' 가 넘는다. 이 숫자들은 군주국에 대한 일차 자료들의 상대적 빈곤을 대략적으로 반영하며, 특히 군주국 발흥기에 큰 역할을 한 사무엘과 사울의 활약을 비교적 상세하고 균형 있게 파악하기가 극히 어려웠음을 나타낸다.

29.2 구문학비평 연구

군주국 초기에 대한 자료들을 식별하고 평가함에 있어서 역사비평가들은 다음과 같은 몇 가지 기본적 주제와 관련하여 자료들이 집중되어 있고 비교적 충실하다는 점에 깊은 인상을 받았다. (1) 사울이 어떻게 초대 왕이 되었는가? (2) 왕권이 어떻게 사울에게서 다윗에게로 이양되었는가? (3) 다윗의 여러 아들들 가운데서 솔로몬이 어떻게 그의 부친을 이어 권좌에 올랐는가? (4) 성전은 어떻게 건축되었는가? (5) 솔로몬은 그의 지혜를 어떻게 얻게 되었으며 또 발휘하였는가? 그러나 역사상 지도적인 인물들 간의 개인적 관계에 모든 초점이 집중되어 있을 뿐, 군주국을 촉발시키고 형성시킨 보다 폭넓은 사회 정치적, 종교 문화적 상황과 요인들을 실질적으로 밝히는 일은 뒤따르지 않았다.

기사들은 내적 응집력의 정도가 다르고 접속이 불확실한 다음의 주제군(群)으로 분류된다는 것이 일찍부터 알려져 왔다.

1. 한 주제군은 다윗 왕의 궁중에서 일어난 일단의 집안 일과 공무(公務)를 다루고, 솔로몬을 그의 계승자로 선택하는 데서 절정에 달한다(삼하 9-20장; 열상1-2장). "궁중사"(Court History) "계승 설화"로 명명된 이 작품은 훌륭하고 구성이 치밀한 역사 문학으로 간주된다.
2. 사울의 몰락에 이어 다윗의 권력 장악을 이야기하는 부분(삼상 16장-삼하 5장)은 다윗의 사울 궁중 입문(삼상 16,14-23; 17,55-58), 갓 나라 아기스 왕에게로의 다윗 도주(삼상 21,10-15; 27,1-4), 다윗이 사울의 목숨을 살려줌(삼상 24,3-22; 26,5-25) 그리고 사울의 죽음(삼상 31,1-7; 삼하 1,1-10) 등의 이중 기사들과 함께 본질적으로 아주 다른 단위들을 포함하고 있는 것으로 판단되었다.
3. 사울이 왕으로 선택되고 그 다음에 거부당하는 과정을 서술한 부분(삼상 8-15장)은 친(親) 군주제 자료(삼상 9,1-10,16)와 반(反) 군주제 자료(삼상 8장; 10; 17-27; 12; 15)의 두 자료로 나누어지는 것으로 알려졌다. 몇몇 분

석가들은 11장을 이차적인 친 군주제 자료로 분류하였다. 친 군주제 전승들은 사울의 즉위와 거의 같은 때인 "초기"의 것으로 간주된다. 반면에 반(反) 군주제 전승은 솔로몬 치하에서 왕권에 의해 행해진 압제에 대해 분개하는 "후대"의 표현으로 생각된다.

보다 짧은 몇 개의 전승군들이 사무엘서에서 확인되었다.

1. 사무엘의 출생과 "소명" 기사들(삼상 1-3장)은 실로의 엘리(Eli)계 사제들이 후대에 다윗이 임명한 예루살렘의 사독계로 대치된 것을 정당화하는 것으로 인정되었다(삼상 2,27-36; cf. 삼하 15,24-37; 20,25; 열상 1,22-39; 2,26-27). 더 나아가 출생 기사는 사무엘이 아니라 본래 사울과 관련된 것이었다는 점이 밝혀졌다. 그 이유는 사무엘의 이름에 대한 언어 유희는 사울의 이름을 구성하고 있는 동사를 사용하기 때문이다("그를 야훼께 빌려주다/드리다"[Saul], 삼상 1,28).
2. 블레셋인들에게 강탈당한 후의 법궤 운수에 관한 이야기(삼상 4,1-7,2)는 다윗이 법궤를 예루살렘으로 옮긴 기사(삼하 6장)와 연결되고 때로는 왕조와 성전에 관해 그 다음에 이어지는 나단 신탁(삼하 7장)과 연결되는 것으로 인식되는데, 전체는 예루살렘 제의의 확립을 설명하는 일종의 원인론을 형성한다.
3. 사무엘을 군사 및 민사 담당 "판관"과 같은 여러 가지 모습으로 제시하는 삽입 자료 부분(7,3-17)은 사무엘을 "마지막 판관"으로 보는 신명기적 역사가의 견해에 의하여 심하게 개작되고 혼란스러워진 옛 자료들을 일부 포함하고 있는 것으로 평가되었다.
4. 사무엘상 9-20장에 나와 있는 "궁중사"의 주요부를 열왕기상 1-2장에 나와 있는 그 절정부와 분리시키는 잡다한 다윗 전승 부록(삼하 21-24장)은 이와 유사한 판관기 17-21장의 삽입 자료와 종종 비교되었다(§22.1-2). 부록의 위치가 부적절한 까닭은 궁중사의 말단부를 열왕기의 적절한 도입부로 사용하여 열왕기상 1-2장에 위치시킨 후대의 결정 때문인 것으로 종종 추정되어 왔다.

솔로몬의 통치 기사(열상3-11장)는 상세한 성전 묘사, 행정 목록, 외교 관계 보도문, 지혜로운 왕에 대한 전설, 그리고 곳곳에 스며 있는 신명기적 역사 이데올로기가 절충 · 혼합된 것으로 평가되었다. 신명기적 역사가가 자료 출처를 밝히면서 솔로몬 왕의 행적과 지혜를 기록한 "솔로몬 왕의 실록"을 언급한 것(열상 11,41)은 이해하기 어려운 일이다. 왜냐하면 성전과 행적 및 외교 관계 자료는 지혜사가와 잠언이 수록된 어떤 전거(典據)보다는 성전과 국가의 공문서에서 직접 인용되었을 가능성이 더 크기 때문이다. 여하튼 열왕기상 3-11장은 위와 같이 구성되어 솔로몬이 에돔 및 다마스커스와의 관계에서 겪었던 정치적 외환(열상 11,14-25)과 북 이스라엘인들과의 내부 갈등(열상 11,26-40)에 대한 기사들은 만약 그러한 일들만 없었더라면 평온했을 그의 통치 말기에 위치하게 되었고, 그렇게 당한 이유가 무모하게도 외국인 아내들의 영향으로 인한 종교적 타락에 돌려지고 있다(열상 11,1-13)는 점이 주목되었다.

사무엘서와 열왕기상의 핵심적인 해석 구절들을 언급하면서 주목한 대로(표 19), 신명기적 역사가는 이데올로기적 경향이 강한 구절들을 본문 곳곳에 삽입하였다. 이러한 신명기적 역사가의 개입은 몇 군데에서만 명백하기 때문에 학자들은 신명기적 역사가의 작품 이전 자료들의 연속성을 설명하기 위해 다른 방안들을 모색하였다. 사무엘상 8-15장에 있는 것과 같은 짤막한 평행 자료들, 그리고 이중으로 언급된 사건들 등의 표지 찾기로부터 시작하여, 여호수아서와 판관기에서 사무엘서와 열왕기에 이르기까지 오경의 J와 E 자료들을 추적하는 노력이 이루어졌다.

29.3 신문학비평 연구

새로운 형태의 성서 문학비평의 영향은 독립된 문학군(群)들을 그 문학장르 면에서 새롭게 평가하는 데서 드러나며, 장르에 대한 이해는 유사한 고대 근동 전승들로부터 종종 조명을 받는다. 이외에도 J와 E 자료로 분류하는 모호한 분석에 좌우되지 않는 보다 짧은 문학군들의 기본적인 DH 이전 순서를 확인하고자 하는 강한 움직임이 있다. 사무엘서 내에서 인지되는 부분들 및 그 상호 관련에 대한 이 새로운 동향의 연구는 군주국의 초기 역사를 연구하기 위해 이 자료들을 역사적으로 이용하는 데 있어서 상당한 의미를 갖는다.

'법궤 설화'는 한 민족의 신(들)이 전쟁에서 포로가 되고 그 후에 귀환하는 데 대해 보도하는 고대 근동 문학 장르의 한 예로 간주된다.[1] 승리자들은 노획한 신들을 전승 기념물과 패전국의 무기력의 상징으로 그들의 신전에 때때로 진열하였다. 아량을 과시하기 위하여 신상(神像)들을 되돌려주는 경우들도 있었지만 그것은 오히려 패전자들에게 굴욕감을 더해 주었다. 이스라엘의 법궤 설화를 형성시킨 장르는 자신들의 패배와 신(들)이 약탈당한 이유가 신을 대단히 불쾌하게 만든 어떤 민족적 범죄에 있다고 보는 패전 국민의 관점에서 생성되었다. 그러나, 포로가 되었지만 여전히 위력 있는 그 신은 얼마 후 그를 잡아간 자들을 이기고, 그들로 하여금 신상(들)을 해방시키도록 강제하며, 이 신상(들)은 당당하게 귀환한다. 성난 신이 그의 백성들에게 교훈을 가르치기 위하여 굴욕적인 사건들을 일으키고 그것들을 관장한다. 이 얼마나 도덕적인가! 이 장르가 적용 가능하다고 한다면, 이스라엘의 법궤 설화는, 법궤를 빼앗긴 사건을 엘리계(係) 사제들의 엄청난 죄악 때문이라고 설명하는 사무엘상 2장의 일부를 한때 포함했었을 것이다. 그 이야기의 시대적 위치는 다윗이 블레셋을 완전히 패퇴시키기 이전일 것이다. 왜냐하면 그와 같은 획기적인 사건 이후에는 이스라엘의 사기를 진작시키기 위한 그런 종류의 이야기가 더 이상 필요하지 않게 되었기 때문이다. 법궤 설화가 최종적으로 사무엘상에 흡수될 때, 그것의 뼈대는 2장과 7장에 의해 만들어졌는데, 이는 사무엘을 찬미하기 위한 것이었다. 그러나 다윗이 법궤를 예루살렘으로 가지고 오는 것을 기술한 사무엘하 6장은 다윗의 업적을 연대순으로 기록한다는 다른 목적을 갖고

---

1) Patrick D. Miller, Jr. J. J. M. Roberts, *The Hand of the Lord. A Reassessment of the 'Ark Narrative' of I Samuel,* The Johns Hopkins Near Eastern Studies(Baltimore: Johns Hopkins University Press, 1977).

있는 것이므로, 그것은 필자가 다르다.

사무엘의 역할이 거의 또는 전혀 나타나지 않고 왕권의 장단점에 대한 이데올로기적 논쟁이 포함되어 있지 않은 '사울에 대한 옛 설화집'의 존재가 자주 단정적으로 설정된다.[2] 그것은 사울의 출생 기사, 아버지의 잃어버린 노새를 되찾는 기사, 암몬족과 블레셋족에 대한 승리 기사 및 그의 몰락과 죽음에 대한 기사 등에서 다양하게 확인된다. 이러한 종류의 설화집은 판관기의 군사적 구원자들에 대한 설화집들과 유사점들이 있음을 의미한다. 한 연구 결과에 의하면, 어조면에서 비성서적이고 그리스적임을 확인할 수 있는 사울에 대한 "비극적" 성격 묘사는 실제적인 존재로서의 사자(死者), 영웅적인 자결, 패배한 적의 신체 일부 절단 그리고 화장 후의 영예로운 매장 등(삼상 28장; 31장)과 같은 외국적 모티프들과 관련될 수 있음이 주목된다. 이 특징들은 사울 설화집의 저자가 그리스인들과 힛타이트인들의 풍습과 문학 전통들을 잘 아는 사람이었다는 점을 시사하는데, 이는 블레셋인들과 힛타이트인들이 다윗 시대의 예루살렘 궁중에 일부 있었다는 사실을 상기한다면 충분히 가능한 일이다.

'다윗의 권력 장악 이야기'는 13세기의 '핫투실리스 3세의 변명'(Apology of Hattusilis Ⅲ)으로 대표되는 독특한 양식의 힛타이트 역사 편찬과 비교되어 왔다.[3] 그 힛타이트 변명은 왕위를 찬탈한 왕을 위해 그의 왕권 장악을 옹호 또는 정당화할 목적으로 쓰여졌다. 그것은 다윗의 변명과 공통되는 여러 가지 주제들을 갖고 있다. 즉, 선왕(先王)에게 신뢰받는 지휘관으로 군에서 일찌기 출세한 점, 백성들 사이에서의 높은 인기도와 지지도, 자기 편에서 어떠한 음모를 꾸미지 않고도 그를 왕위에 오르게 만든 투쟁 과정에서 보여준 탁월한 기량과 자제력, 선왕과의 모든 관계에 있어

---

2) J. Maxwell Miller, "Saul's rise to power: Some Observations Concerning 1 sam. 9, 1-10, 16; 10,26-11,15 and 13,2-14,46," *BQ* 36(1974): 157-74; W. Lee Humphreys, "The Rise and Fall of King Saul: A Study of an Ancient Rtnatum in 1 Samuel," *JSOT* 18(1980): 74-90.

3) P. Kyle McCarter, Jr., "The History of David's Rise," in 1 Samuel, *AB* 8(Garden City, N. Y.:Doubleday & Co. 1980), 27-30.

서 비난받을 것이 전혀 없는 완벽함, 그가 권좌에 오른 이유로 제시되는 신의 특별한 은총 등이 두 변명에서 발견되는 공통 주제들이다. 또한 연구는 사울의 아들 요나단의 역할로 인해 예상치 못했던 특별한 사태가 전개된다는 점에 주목한다. 다윗은 왕국을 간단히 차지할 수가 없다. 왜냐하면 사울이 왕국을 그에게 주어야만 하는데, 이러한 일을 사울이 할 수는 없다. 그러나 사울의 합법적 계승자인 요나단은 다윗을 위하여 왕권에 대한 자기 권리를 자발적으로 포기할 수 있다. 요나단이 바로 그러한 일을 하였다!

다윗의 변명은 자신에 대한 여러 가지 비난들 즉 다윗이 사울을 희생시키고 왕의 자리에 오르려고 하였다, 그는 사울의 궁중에서 의도적으로 도망친 자였다, 그는 자기 잇속만 차리는 불한당 두목이었다, 그는 용병으로 블레셋과 협력한 자였고 따라서 그의 백성을 배반한 반역자였다. 그리고 그는 사울의 죽음뿐만 아니라 사울의 장군인 아브넬 및 사울의 상속자인 이스보셋의 죽음에도 관련되어 있다는 등등의 비난에 대해 방어적이며 효율적인 답변이 된다는 점에 주의해야 한다. 신명기적 역사가가 윤색한 몇 군데를 제외하면, 왕으로서의 다윗의 합법성을 변호하는 보다 오래된 이 변명은 (사무엘하 7장과는 달리) 왕조에 의해 만들어진 유형의 발전된 왕정 신학을 보여주지 않는다. 이 문서는 다윗 통치 기간 중 북부에 대한 그의 지배권이 문제시되었을 때(삼하 16,4-14; 20,1-22) 또는 유다가 북 왕국을 다시 다윗의 울타리 안으로 끌어들일 수 있기를 여전히 기대하였던 분단 직후(§33.1)에 예루살렘에서 쓰여졌고 북부인들에게 보내졌을 것으로 추정된다.

이들 독립적인 전승군들과 최종적인 신명기적 역사서 사이를 잇는 중간 연결부에 대해 연구한 결과 비평가들은 사무엘상 1장부터 사무엘하 5장까지의 모든 전승 단편들을 모은 "예언사"(預言史)를 가정하게 되었다. 그러므로 신명기적 역사가는 "예언사"를 그 이전의 판관들과 그 이후의 왕들과 연결시키기 위하여 약간의 설명 구절들과 확대 기사를 도입하기만 하면 되었다.[4] 신명기적 역사 이전의 이 사무엘서에는 예언자의 지도권보다 우위에 놓는 경향이 팽배해 있다. 왕들은 의심쩍은 인물들로 간주되었으나 그들이 예언자들의 선택과 지도에 순응하는 한 그들의 존재는 묵인되었다. 따라서 사무엘은 사울을 선택하고 후에 그가 말을 잘 듣지 않자 그를 거부하고 그를 대신하여 다윗을 임명한 예언자적 국왕 옹립자로 간주된다.

사울에 관한 옛 설화집은 해체되었고, 그의 출생 전승은 사무엘의 출생 이야기로 개작되었으며, 판관에 상당하는 그의 군사적 업적은 사무엘의 명령을 거부함으로써 그 의미가 약화되었고, 그에 대한 거부와 그의 죽음은 야훼가 예언자 사무엘을 통하여 단호하게 명령한 것이었다. 법궤 이야기는 순종하는 구원자로서의 사무엘의 지도권이 정당함을 입증하기 위하여 꾸며진 것으로서 불순종하는 엘리계 사제들과 반역하는 사울을 부각시키고 있다. 다윗의 변명은 신의 은총을 입은 다윗이 확고히 권좌에 오르고 반면에 사울은 야훼를 잃고 파멸로 빠져든 것을 보여주고 있기 때문에, 그것은 소위 "예언사"의 목적과 잘 조화된다.

예언사의 추정 연대는 B.C.E 722년의 예루살렘 함락 기간 중 아니면 그 직후이며, 그 배경은 호세아처럼 군주제에 비판적인 북부의 예언자 집단으로 추정된다. 다윗 왕조에 대한 호의적 표현이 의미하는 것은 예언사의 저자가 왕권을 예언에 종속시켜 소멸된 북 왕국의 왕권 남용의 결과들을 바로잡을 수 있는 상황으로서 유다 왕국이 건재하기를 기대하였다는 것이다. 악한 왕들의 유해한 결과들을 일소하고(신명 17,14-29) 그 땅에서 가나안인들을 추방하라(신명 20장)는 신명기의 법령은 사무엘상 8장과 15장과 뚜렷하게 관련된다. 신명기 배후에 있는 전승들은 북 왕국에서 발생하였고 B.C.E. 722년의 멸망 후 유다에로 이전된 것으로 믿어지기 때문에, 예언사에 대해 "원(原) 신명기적"(proto-deuteronomic)이라고 말하는 것은 적절한 일이며, 이 작품이 핵심적인 신명기법들과 함께 히스기야의 제의 개혁에 영향을 주었을 가능성이 있다(§36.1).

---

4) Bruce C. Birch, *The Rise of the Israelite Monarchy; The Growth and Development of I Samuel* 7-15, SBLDS 27 (Miss oula, Mont.: Scholars Press, 1976); McCarter, "David's Rise," 18:23.

'다윗의 궁중사'를 사건 목격자가 쓴 잘 다듬어진 역사 문서로 보는 평가 때문에 다윗 통치에 대한 이해가 오랫동안 방해를 받아 왔다.[5] 그러나 점차 다윗의 궁중사는 그것의 실제 장르와 독자가 그것에 대해 정당하게 가질 수 있는 기대는 무엇인가에 관한 논쟁의 장(場)이 되었다. 그 작품은 그 목격자가 거의 있을 수 없는 은밀한 대화와 장면을 광범위하게 사용한다거나 다윗 생애의 공적(公的) 또는 정치적인 측면을 거의 다루지 않는다는 것, 또는 몇몇 주요 인물들의 성격과 개인적 동기에 과도한 관심을 기울이는 점 등 역사서로의 신빙성을 의심케 하는 약점들이 있기 때문에 이에 대해서 크게 세 가지의 새로운 해석들이 제시되었다.

첫 번째 해석은, 그 안에서도 서로 다른 입장이 있지만, 그 문서를 정치적 선전책자로 보는 것이다.[6] 이 이론의 지배적 입장은 솔로몬의 경쟁적인 형제들이 어떻게 제거되었으며 어떻게 그가 아버지의 뒤를 이어 차기 왕으로 임명되었는가를 입증함으로써 솔로몬의 다윗 왕권 계승을 정당화하고 합법화하려는 시도를 그 문서 안에서 찾는다. 이와 반대되는 입장의 이론은 다윗과 솔로몬을 부정적 시각으로 묘사하는 특징들을 찾아내고는 그 선전책자가 반(反) 다윗적이며 반 솔로몬적이라고 본다. 또 다른 입장들은 원래는 반 다윗적/반 솔로몬적이었던 본문을 후대에 편집하여 친 솔로몬적인 최종판으로 만든 것이라고 본다.

두 번째 가설은 궁중 "역사"를 요셉 단화(短話)와 비교할 수 있으며, 우정, 충성, 인내, 겸손 및 분별 있는 언행 등의 덕목을 가르치는 교육 혹은 교훈을 목적으로 하는 설화체 지혜 문서로 분류한다.[7] 솔로몬계 서기관 그

---

5) Gerhard von Rad, "The Beginning of Historical Writing in Ancient Israel," in *The Problem of the Hexateuch and Other Essays*(Edinburgh and London: Olive & Boyd, 1965), 166-204 (Orig. German ed., 1944). 이 "역사적 걸작"에 대한 과찬은 Robert H. Pfeiffer and William G. Pollard의 *The Hebrew Iliad. The History of the Rise of Israel under Saul and David*(New York: Harper & Brothers, 1957)에서 절정에 달하였지만, Pfeiffer가 히브리 성서를 기운차고 발랄하게 번역하는 데에는 유용하였다.

6) R. N. Whybray, *The Succession Narrative*, SBT. 2d ser. 9(London; SCM Press, 1968), 50-55.

롭에서 나온 하나의 "궁중 소설"로서, 궁중사의 산실은 이집트의 행정 관례와 지혜 문서들이 궁중의 기호에 영향을 끼치고 공무원과 "문관들"(civil Servants) 사이에 세련된 자기 보존의 윤리를 장려하였던 신흥 관료 체제였다.

그러나 궁중 "역사"에 대한 세 번째 접근 방식은 그것을 편찬된 역사, 정치적 선전책자 또는 지혜 장르로 보는 논증들의 약점이 그 문서를 솔로몬 시대에 나온 목격자의 보고서로 보는 무비판적인 가정에 의존한다는 점에 있다는 것을 알아냈다. 실제로 그 "역사"에는 그것이 대상으로 하는 청중들이 다윗-솔로몬 시대의 환경들과 관습들을 잘 모르고 있음을 알려주는 많은 지표들이 포함되어 있다. 이 작품은 전통적 또는 관습적으로 구전되어 오다가 예술과 순(純) 여흥을 위한 작품으로 고안된 이야기로 보는 것이 오히려 가장 적절하다.[8] 그 이야기가 주요 인물들을 인간화 · 보편화하여 다루는 것은 다윗이 가족과 정치적 이해 관계 및 세력들 간의 상호작용과 갈등 가운데서 "주면서 움켜쥔다"(giving and grasping)는 주제를 발전시킨 결과이다.

전승 요소들 중에는 "스루야의 아들들"(요압과 아비새; 삼상 26,6-12; 삼하 3,30-39; 16,5-13; 19,16-13; 22,15-17)에 대한 다윗의 애증 관계 '판단 유도 비유'(삼하 12,1-15; 14,1-24), '두 남자를 죽게 만든 여인'(리스바가 아브넬과 이스바알[이스보셋]을 죽게 함. 삼하 3,6-11 · 26-27; 4,5-8; 바쎄바가 우리야와 그녀의 사생아를 죽게 함. 삼하 11,2-12,23; 다말이 암논과 압살롬을 죽게 함. 삼하 13,1-33; 18,9-15; 아비삭이 아도니야와 요압을 죽게 함. 열상 2,13-25 · 28-35), '정탐원을 숨겨준 여인'(삼하 17,17-20; cf. 여호 2장), '두 사자(使者)의 파견과 도착'(삼하 18,19-33; cf. 열상 1,42-43; 열하 9,17-20), 그리고 '편지 전달자의 처형 명령이 담긴 편지'(삼하 11,14-

---

7) Ibid., 56-116.

8) David M. Gunn. *The Story of King David. Genre and Interpretation,* JSOTSup 6 (Sheffield: JSOT Press, 1978), chap, 3.

25; 민담에서는 자주 나오는 모티프지만 성서에서는 유일하게 나오는 예이다) 등의 모티프들이 있다.

이외에도 줄거리(plot) 및 묘사와 관련된 상용(常用) 설화 단편들이 있는데(cf. "유형 장면", §15.3.4) 그것들은 어휘 면에 있어서 유사성과 차이점 등의 복잡한 양상을 보이며 여러 이야기들에 나온다. 예를 들면, '식량 선물'(삼상 25,18; 삼하 16,1), '전투 보고'(삼상 4,10 · 17; 31,1; 삼하 1,4; 2,17; 18,6-7), '패배 소식'(삼상 4,12-17; 삼하 1,2-4; 앞의 전투 보고와 연동되어 있음) 등이 있다. 특히 상용 단편들은 그 이야기들이 구전에서 기원하였거나 구전의 영향을 받았다는 것을 시사한다. 역사적 사건들이 이 다윗 이야기에서 언급되고 있을 수도 있다. 그러나 그것들은 다윗 이야기가 갖는 여흥 기능에 부수적으로 따라온 것들임이 확실하다.

29.4 자료들의 역사적 사용에 대해 문학 분석이 갖는 함축적 의미들

군주제 초기의 자료들을 역사적으로 사용하는 데 대한 최근의 문학적 분석의 관계는 명백한 경고는 아닐지라도 냉철한 주의를 환기시켰다. 한때 어느 정도의 "친(親) 사울"의 자료가 있었지만, 그것은 예언사에 의해 심하게 훼손되고 손질이 가해졌다. 왕들에게 맞서는 일종의 예언자와 같은 기능을 제외하고는 역사적인 것으로 인정할 수 있는 사무엘에 대한 자료가 거의 남아 있지 않다. 법궤 이야기와 다윗 변명의 저작 연대가 현재는 과거에 생각되어 오던 것보다 이른 시기로 앞당겨지고 있지만, 그것들의 장르 자체는 그것들의 특징이 협소한 시야(tunnel vision)로 인해 심하게 경사지고 제한되어 있는 것임을 보여준다. 법궤 설화는 블레셋에게 당한 이스라엘의 처절한 패배를 가능한 한 최대로 미화하는 공식적인 방법이며 반면에 다윗의 변명은 일방적인 것으로 의도되었으며, 따라서 그것이 그 이야기에 얽힌 사울의 입장을 말해주기를 기대한다는 것은 전혀 불가능하고, 문학 장르에 따라 자동적으로 제외된 것을 말하지 않는다고 하여 비난할 수도 없다. 심지어는 과거에 높게 평가되던 궁중사까지도 그것이 특권으로 누리던 역사 편찬물이라는 토대를 상실하고 다윗의 사정을 직접 반영하는 것으로 크게 제한되었다.

요컨대, 최근의 문학적 분석들에 따라 자료를 고찰한 결과 통계학적 연구에서 받은 첫인상이 확인되었다. 즉, 초기 군주국에 대한 본문 자료의 정치적·역사적 핵심의 주변을 한때 독립적이었던 수많은 문학 덩어리들로부터 형성된 대 문학군이 소용돌이치듯 에워싸고 있고, 그 문학군이 장르와 이데올로기라는 렌즈를 통해 굴절된 당시 시대사의 제한된 몇 측면들에 관해 매혹적이고 선별적인 독서감을 제시해주지만 그 핵심은 역사 편찬을 위해서는 협소하고 한쪽으로 치우친 근거를 제공해준다.

30. 이스라엘에서의 군주제 발생과 그 승리

30.1 외부적 요인과 내부적 요인

이스라엘에 왕권이 발생한 요인으로 가장 널리 인정받는 것은 중앙 집권화된 블레셋의 군사적 위협의 증대라는 사실이다. 블레셋은 B.C.E. 1150년 이후에 남부 해안 평야 지배권을 확고히 장악하였고 B.C.E. 1050년에 이르러서는 산악 지대의 이스라엘 중심부에까지 심각한 위협을 가해왔다. 블레셋은 상호 반목하는 가나안 도시 국가들과는 달리 과두 지배 체제의 잇점이 있었고, 철제 무기와 기동성 있는 공격력을 갖춘 그들은 산악 지대에서 전투를 효율적으로 수행할 수 있었다. 이처럼 고도로 통합된 군사적 위협은 이스라엘로 하여금 이에 대항할 수 있는 통합된 군사적 방어 능력이 필요하다는 사실을 깨닫게 하였다.

사회적 평등을 위한 이스라엘의 부족간(intertribal) 운동이 군주제 여명기에는 제대로 실현되지 않았고 다음의 두 가지 요인 때문에 좌절되었다. 하나는, 그 운동 목적을 위해 "전향한 자"들이 사회 경제적 평등화와 공유라는 그 운동의 방법을 충분히 이행하지 않은 것이고, 다른 하나는 특정 지역과 가문들 특히 므나쎄, 에브라임, 베냐민 및 유다의 특정 지역과 가문들의 부와 영향력이 증대된 점이다. 엘리 아들들의 사제권 남용(삼상 2,12-17)과 사무엘의 아들들의 뇌물 수수와 정의 왜곡(삼상 8,1-3)에 대한 보도들이 있다. 다윗이 산적단으로 활동하던 때에 가난하고 빚을 지고 있는 수백 명의 추종자들을 모을 수 있었다는 것(삼상 22,1-2)은 부의 편재 현상과 부족 상호 원조 체제의 결합이 한동안 계속 진전되어 왔음을 암시한다. 사울 일가와 다윗 일가의 분쟁은 이스라엘에서 가장 강대한 두 지역의 부유한 가문들과 사제 계급들의 제휴를 통해 지배권을 독점하려는 시도를 구체화시킨 것이다.

30.2 사울

사울은 이스라엘의 초대 "왕"으로서 제의 활동에서도 일익을 담당했을 것이 틀림없지만, 그의 확실하고 유일한 기능은 군사적 기능이다. 사울의 주요 업적은 중앙 산악 지대에서 블레셋을 한동안 몰아낸 것이다(이 "숨돌릴 만한 여유"가 얼마나 지속되었는가 하는 것은 불확실한 그의 재위 기간이 얼마나 되느냐에 따라 달라진다). 또한 그는 에돔, 모압, 아말렉, 그리고 소바의 아람뿐만 아니라 암몬족에 대해서도 승리를 거둔 것으로 생각된다(삼상 14,47-48). 결국 그는 블레셋에게 처참한 패배를 당하고 죽는다. 사울이 죽은 시기는 그의 휘하에 있던 다윗과 그와의 싸움으로 이스라엘의 힘이 심각하게 분산되어 있을 때였다.

사울은 노련한 베냐민 전사들로 구성된 부대와 함께 군사 행동을 취하였고, 그 부대에는 다른 부족들에서 징집된 군사들이 필요한 만큼 충원되었다. 그에게는 일반적 의미의 수도(首都)보다는 사령부가 있었다. 그가 정복 민족들로부터 세금을 거두어들이고 인력을 징발하기 위하여 또는 공물을 강제 징수하기 위하여 국가적 기구를 설치하였다는 흔적은 전혀 찾아볼 수 없다. 사울에 관한 전승 단편들 가운데 가장 오래된 것으로 보이는 단편에서 그는 왕을 뜻하는 *'melek'* 이 아니라 "제후/사령관"을 뜻하는 *'nāgīd'* 로 불리운다. 사울은 블레셋으로 말미암은 비상 사태가 "끝날 때까지" 중심적인 군대 지휘권을 행사한 것으로 보이는데, 이 기간이 그에게는 "종신"이었던 것으로 판명되었다. 그가 행사한 권력의 실제를 보면, 그는 고대 근동에서 일반적으로 통용되던 의미로서의 "왕"보다는 부족간의 군대 "지휘관"으로 나타난다. 한편, 사울의 아들들 가운데 하나가 그의 직무를 계승해야 한다는 생각이 일찍부터 있었으므로 비록 부족들이 왕조를 명백히 정당화한 것은 아닐지라도 왕조 지향적 경향이 적어도 그의 사망 이전에 이미 생겼음을 알 수 있다. 이러한 왕조 인정은 강력한 북부 세력이 수령직/왕권을 한 남부인에게 이양하지 않고 자신들이 계속 고수할 것을 주장하는 데 유용한 수단이었다.

30.3 다윗

다윗은 사울 왕의 부하로 등장하였으나 두 사람 사이에 불화가 생기자 사울로부터 도주하였으며, 사울의 사후에 유다로 돌아와 그곳의 *"nāgīd"* 가 되었다. 북부의 사울계 세력과 남부의 다윗계 세력 사이에는 누가 이스라엘 전역을 지배할 것인가 하는 세력 판도를 둘러싼 싸움이 7년 이상이나 계속되었다. 세력의 구심점으로 삼을 사울의 아들이 없었던 북부 부족 장로들이 다윗을 전체 이스라엘의 장으로 추대하는 협약을 유다인들과 체결함으로써 결국 다윗이 승리하였다. 다윗이 단일한 정치적 실재로서의 이스라엘을 지배한 왕이었는가, 혹은 다윗에 의한 이스라엘 왕국과 유다 왕국의 통일은 그가 독자적으로 탈취한 가나안의 도시 국가 예루살렘에서 통치권을 행사하며 양자를 중재하는 개인적 차원의 통일이었는가에 관해서는 해석상의 차이가 있다.

다윗을 블레셋을 결정적으로 쳐부수고 그들의 영역을 해안 평야 지역으로 제한시킨 후 예루살렘을 행정 중심으로 하는 국가 기구를 설립하기 위한 조치를 취하였다. 그는 부족 동맹의 법궤를 수도 예루살렘의 천막 성소에 안치하고(§19.4) 에비아달과 사독을 국가 사제로 임명함으로써 예루살렘이 갖는 야훼주의적 의의를 확실케 하였는데, 사제로 임명된 두 사람은 이스라엘이라는 지역 국가(territorial state)의 구(舊) 이스라엘적 요소와 신(新) 가나안적 요소를 대표한다고 볼 수 있을 것이다.

블레셋을 격파한 직후로 추정되는데, 다윗은 암몬과 모압 및 에돔에 대하여 그리고 시리아에까지 이르는 북방 아람족들에 대하여 요르단 동편에서 전쟁을 개시하였고, 멀리 유프라테스강까지 맹주권을 확립하였다(신명기적 역사서에서 모세와 여호수와가 발표한 약속의 땅의 원래 경계 약속을 참조하라. §22.2). 이 지역들은 공물을 바치게 되었는데, 일부는 봉신왕이 통치하였고 일부는 총독이 통치하였다. 다윗의 성공은 시리아-팔레스틴 회랑 지대의 지배권을 놓고 겨룰 만한 적당한 세력이 없었던 고대 근동의 정치적 공백기 중에 이루어졌다. 다윗은 전차 부대를 일부 이용하기도 하였지만, 그의 군사적 전력과 전술은 고도의 기동성을 갖춘 보병을 기초로 하였다. 내부적으로, 그는 그의 통치에 반대하는 북부인들과 그의 아들 압살롬에 의한 반란을 진압할 수 있었다.

다윗을 여러 측면에서 "왕"으로 일컬어질 만한 자였다. 그는 구(舊) 부족간 동맹에 속하지 않았던 가나안족들을 포함하는 지역 국가의 통치자였다. 그는 주변국들에 대해 선제 공격을 가하였고 그 결과 이스라엘은 행정의 기본 요소들을 정착시켰다. 이러한 모든 점으로 미루어 보건대 그는 왕이라고 하기에 충분하다. 그러나 그가 수행한 건축 계획은 수수한 것이었고 징병은 부족 논리(tribal mechanism)에 따랐으며 필요한 국가 재정이 외국의 공물로 충당되므로 이스라엘-가나안 백성들에게 세금을 부과하는 것은 불필요하다는 사실을 그가 깨달았던 것으로 보인다.

30.4 솔로몬

솔로몬은 치열한 왕위 쟁탈전을 벌인 후에 다윗의 계승자가 되었는데, 이 싸움에서 그는 그의 형제이며 경쟁자인 아도니야를 지지하는 강력한 파벌을 무력으로 진압해야 했다. "철권"으로 통치의 서막을 장식한 이 사건은 유다에서의 그의 지배력을 공고히 하는 데 도움이 되었을 것이며 그 사건을 계기로 그는 왕국의 부(富)를 극적으로 증대시키기 위한 야심적인 정치 경제 계획에 대담하게 착수할 수 있었을 것이다. 그의 기본적인 재원은 농민들의 잉여 농산물이었고, 보충 재원은 교역으로부터 생기는 수입이었는데 그런 교역에는 이동 대상(隊商)들에 대한 통행세 부과와 제3국에 아나톨리아산(産) 말과 이집트산 전차를 파는 "무기 판매"와 같은 약삭빠른 상업적 거래가 있었다. 크게 활기를 띤 경제적 제국을 확고히 하기 위해 견고한 요새들을 건설하고 대규모 전차 부대를 편성함으로써 군사적 우위를 점하였다. 새로 창출된 부(富)로 그는 화려한 건물들을 세워 예루살렘을 꽉 채웠는데, 그 가운데에는 페니키아 양식으로 된 성전과 규모면에서 성전을 능가하는 솔로몬 궁전이 있었다. 성전은 입구에 두 개의 독립된 기둥이 있고 앞뜰의 옥외 제단에는 희생 제사용 설비가 있으며 세 부분으로 나뉘어진 요새형 구조물이었다고 일반적으로 이해된다.[9] 한동안 솔로몬의 그의 부친이 만든 부족 중심의 구 행정 구역 체제를 따랐으나 곧 왕국의 행정 구역을 재편하고 각각의 신 행정 구역에 관리를 임명함으로써 행정력을 강화시켰고 그렇게 하여 명령 체계의 중앙 집권화를 실현시켰다. 이 새로운 체제를 이용하여 그는 호화스러운 식품을 궁정에 공급하였고, 성전에는 경제력이 대체로 균등한 행정 구역들로부터 조달되는 사치스러운 제물들을 공급하였다(부족 중심의 행정 구역은 그 규모와 생산성에 있어서 불균등하였다). 또한 그는 그 체제로써 위험스러울 정도로 강력한 북부 부족들을 지배하게 되거나 무력하게 만들 수 있기를 원하였다. 더

---

9) W. F. Stinespring("Jemple, Jerusalem." in *IDB* 4; 534-60)은 평면도와 입면도 및 모형을 수록하고 있는데, 이 모두는 당연히 가설에 근거한 재구성물들이다. 비교 고고학적 자료에 의한 최근의 것들은 Jean Ouellette, "Temple of Solomon," in *IDBSup*, 872-74에 실려 있다. Carol L. Meyers는 "The Elusive Jample," *BA* 5(1982): 33-41에서 솔로몬 성전의 장식과 구조물들이 경제적 · 정치적 · 종교적 요인들 때문에 시간이 흐르면서 상당히 변화되었음을 강조한다.

나아가 그는 요새 건설을 완성하고 예루살렘 미화(美化)계획을 촉진시키기 위해 백성을 강제 노동자 집단으로 전락시켰다.

이렇게 당당하게 시작된 경제적 대변혁은 심각한 국면들을 야기시켰다. 강제적인 경제 개발을 위해 솔로몬은 상호 모순되고 결국 수입 감소를 초래한 정책을 시행하지 않으면 안 되었다. 경제적 비생산자들인 특권 상층계급을 창출해내기 위해 그는 농업과 상업면에서의 잉여를 확대시켜야 했다. 그가 그렇게 강제적인 부를 증대시킬 수 있는 유일한 방법은 강력한 군사 조직을 갖추는 것이었지만, 그 자체가 엄청난 경비를 필요로 하였다. 그 결과 그의 재원은 점차 고갈되어 갔다. 건물을 짓기 위해 솔로몬은 외국산 목재와 금속을 수입해야 했고, 그 대금은 주로 농산물로 지불하였다. 요컨대, 솔로몬 왕은 다음과 같이 상호 모순되는 일들을 하라고 노동자들에게 명령하였다. 토지에 계속 눌러 있으면서 더욱더 많은 수출용 곡물을 생산하라! 토지를 떠나 군에 복무하며 도시를 건설하라! 과세와 강제 노동은 민중을 분노케 하였고 솔로몬 통치 말기에는 북부의 부역 감독관들 가운데 한 사람인 여로보암이 저항 세력을 규합하였다가 이집트로 피신해야 했지만 후에 귀환하여 북 이스라엘의 초대왕이 되었다. 에돔과 아람-다마스커스가 반기를 들었기 때문에 국제적인 회랑 지대에서의 절대적인 통상 독점권이 위협을 받게 되었다. 재정 적자가 누적되자 솔로몬은 귀금속의 대가로 아셀의 20개 성읍을 페니키아에 내주는 데 동의하였다.

솔로몬은 정치와 교역에 종사하는 소수의 상부 계급에 대해 사치 생활과 특권 생활을 성공적으로 보장해 주었음이 확실하다. 평민들에게 허용된 경제적 이익은 고작해야 최저의 것이었다. 생산성 향상으로 인한 수입 증가분은 무엇이든지 이미 거대한 부를 축적한 부자들에게 흡수되기 쉬웠다. 계급적 도시 국가로 잘 알려진 이 모델이 과거 이스라엘의 극히 단순한 사회 조직과 완전히 상반된다는 점에서 그것은 심한 원성과 불만을 사는 계기가 되었고, 백성들의 사기를 저하시켰다. 지나치게 확대되고 불균형하게 "현대화된" 솔로몬형(型) 경제 때문에 이 외양이 화려한 제국은 결국 정복자에게 혹은 자기 신하의 반란에 대해 취약할 수밖에 없게 되었는데, 여기에서는 후자의 경우가 실제화되었다.

30.5 군주제가 지속적으로 끼친 주요한 구조적 영향들

다윗과 솔로몬의 합동 작업 결과 이스라엘은 이스라엘을 고대 근동 국가들의 중심에 위치하게 만든 궤도를 따라 "수령직제"(chieftainship)에서 멀리 벗어나 "계급적 왕권제"(hierarchic kingship)로 이행하였으며, 당시에 이렇다 할 권력 경쟁자가 없었다는 사실이 이 이행 과정을 더욱 촉진시켰다. 솔로몬의 야심은 그의 사후 제국이 팔레스틴을 제외한 대부분의 영토를 상실하고 두 개의 보다 약한 핵 국가로 분열됨으로써 깨지고 말았다. 약화된 이 국가들은 경우에 따라서는 보다 강력한 국가 제국주의적 의도와 충돌하였다(§33.5; 36 · 1; 36 · 4-5). 그럼에도 불구하고 다윗에 의해 시작되고 솔로몬에 의해 절정에 이른 국가 통치 형태는 두 왕국에서 계속 통치의 모범으로 여겨졌다. 우찌야와 요시아 같은 남 왕국 통치자들뿐만 아니라(§36.3) 오므리와 아합 그리고 여로보암 2세 같은 북 왕국의 후기 통치자들(§33.3.4)도 솔로몬 제국의 풍요와 안전에 버금가는 제국을 오랫동안 다스렸던 것 같다. 우리는 네 가지 구조적 변화에 대해 언급하고자 하는데, 이 변화들은 지속적이며 서로 맞물려 있는 결과들을 낳았다.

1. '정치적 중앙 집권화.' 이스라엘은 이제 과세권과 징집권을 갖고 백성들에 대한 그리고 백성들을 초월하는 권력을 독점한 하나의 국가가 되었고 (후에는 두 개의 국가가 될 것이다) 이러한 권력을 집행하기 위한 상비군과 권력을 위임받은 관료들이 존재하였다. 이 권력은 사회적 목적을 달성하기 위해 농촌 구석구석까지 미쳐서 농작물을 거두어 들이고 농민들을 군인으로 징집하였다. 그러나 그 사회적 목적이란 궁중의 소수 집단이 결정한 것이지 합의를 이루기 위해 백성들의 심정을 헤아리는 부족 장로들이 결정한 것은 아니었다.

2. '사회적 계층화.' 신흥 국가에서의 권력 독점이란 특정한 사회 집단의 독점을 의미한다. 국가의 부를 생산 대중으로부터 비생산 기생 계급에로

의도적으로 이전시키는 국가 정책은 지배 관리 계층뿐만 아니라 정부의 허가와 독점으로 부와 지위를 획득한 기업적인 상인과 지주 계층을 대량으로 양산하였다. 이러한 사회적 분화의 간격은 대를 거듭하며 복제되고 강화되었으며 구 이스라엘의 경제적 및 사법 구조에 심각한 압력을 가하였다.

3. '토지 보유권의 이전.' 부족간 동맹체에서 토지 소유권은 확대 가족(extended families)에 항구적으로 있었고 가족 외부로 매매할 수 없었다. 즉 가족 보호 연합(protective associations of families)이 각 가족의 세습 재산을 보호하였다(§24.2.3). 과세와 약탈 및 교역을 통해 기업가적인 부가 축적되자 상류 계급은 "투자 기회"를 찾았다. 한동안 이러한 욕구는 행정 중심지인 도시와 구 이스라엘 법이 실시되지 않던 이스라엘의 가나안인 지역에서 토지 구매와 대금업 확대를 통해 상당히 충족되었을 것이다. 그러나 소유욕이 부족의 제도와 삶의 방식을 침해하기 시작한 것은 시간 문제였다. 부의 확대에 대한 옛 제한 조치들을 국가법이나 칙령을 통해 공식적으로 폐지하였는지는 의문이다. 아마도 그것들은 법률상의 허점과 관습 기피때문에 서서히 와해되었을 것이며, 그리고 최후의 수단으로 언제든지 사용할 수 있는 뇌물도 와해 요인의 하나였을 것이다. 대금업의 영역은 점차 빈곤한 이스라엘인들에게까지 확대되었고 그들의 재산은 저당 잡히기에 이르렀으며, 결국 그들 가운데 많은 사람들이 소작농, 부채 노예 혹은 땅 없는 임금 노동자로 전락하였다. 부족의 경제적 안정과 종교적 정체(正體)는 손상당하였고, 백성들의 사회적 통일성과 지도자들에 대한 그들의 정치적 신뢰감은 근본적으로 의문시되었다.

4. '대외무역, 외교 및 전쟁의 국내 반향.' 시리아-팔레스틴 회랑 지대에서 한 국가가 된다는 것은 국제적인 무역과 외교 및 전쟁망에 휩싸이는 것을 의미하였다. 다윗과 솔로몬 치하에서 이스라엘은 그와 같은 정치-군사적 게임에서 놀라울 정도의 성공을 거두었다. 분단 군주국 기간 중에도 이스라엘과 유다는 잠시 동안이지만 이와 유사하게 성공하였다. 그리고 상당히 긴 시간 동안 국가간의 마찰은 경미하거나 적어도 제어할 수 있는 것이

었다. 그러나 두 이스라엘 국가들 가운데 어느 하나가 호전적이 되거나 외국 군대가 그들을 침입할 때에는 "고기 저미는 식의" 마멸 과정이 발생하는 경향을 보였다.

비교적 인구가 적고 자주 고갈되기도 하는 한정된 경제적 자원을 가진 소국들의 경우에는 외교 정책의 변경이 직접적이고 때로는 대격변을 초래할 만한 결과를 낳을 수도 있었다. 이러한 소국가들이 유리한 무역 거래를 확보하고, 주변국들을 상대로 전쟁을 개시하고, 침략을 흡수 · 저지하며, 제국주의 세력에 공물과 배상금을 바치기 위해 필요로 하는 노력들은 빈곤해지고 사기가 저하된 평민들의 생활과 지도자들의 파벌 싸움의 영향을 즉각적으로 받았다. 이스라엘의 토착 엘리트들은 외국의 공격자들이나 착취자들로 인해 위험에 직면케 되면 백성들에게 무거운 경제적 부담과 이데올로기적 부담을 지우는 경향이 있었다. 다마스커스, 아시리아 또는 신바빌론에 대항하여 "국가의 통일"을 기하기 위해서 최고 지도자들에게 부여되는 최우선의 급선무가 계급 폐지였을 것으로 보이는 바로 그때에 백성들의 상반되 실제 이해 관계가 전면에 부각되었고 장기화된 그들 사이의 사회적 분열이 심화되어 갔는데, 그 원인은 지도자들이 그들의 턱없는 야망에 정면으로 맞서는 평민 이스라엘인들에 대해 소모전에 가까운 양상을 대응했기 때문이었다.

31. 문학, 종교 제의, 이데올로기

31.1 야휘스트(J)

우리는 오경 J 자료의 특징을 간략하게 기술하였고(13.1), 창세기 12-50장과 출애굽기-민수기에 나오는 J 자료의 내용을 목록으로 작성하였으며, 또한 J 자료가 판관기 1장과 같은 정복 전승에 남아 있을 가능성에 대해 지적하였다(§22.3). 가설적(假說的)인 야휘스트 문서의 완전한 모습을 알

〈표 21〉 창세기 2-11장의 야휘스트 전승들

땅의 창조와 최초의 인간 한 쌍	2,4b-3,24
카인과 아벨	4,1-16
카인의 계보(켄족)	4,17-26
노아의 계보에 대한 단편	5,29
신적 존재들이 여인들고 결합하여 땅 위에 거인들이 생겨나다	6,1-4
홍수에 의한 땅의 파괴	
서론: 파괴하기로 한 신의 결정	6,5-8
본론: 홍수의 집행	7,1-5 · 7-10 · 12 · 16b-17,22-23
	8,2b-3a · 6-7a · 8-12 · 13b
결론: 환경 파괴에 대한 신의 포기	8,20-22
노아가 가나안(함?)을 저주하고 셈과 야벳을 축복함	9,18-27
민족들의 목록	10,8-19 · 21 · 24-30
바벨탑	11,1-9
데라의 계보	11,28-30

고자 하면 창세기 2-11장 안에 있는 J의 것으로 보이는 구절들도 포함시켜 고찰해야 할 것이다.

야휘스트는 소박함(simplicity)과 웅장함을 결합시킨 서사시적 규모의 작품을 지었다. 구두(口頭) 저작 단계에서 생생하게 형성된 개체 전승들과 전승군들이 합쳐져서 각 단위들이 교묘하게 배열되고 특정 주제들이 강조된 대종합 문학을 이루었다. 구성의 치밀함과 문체의 날카로움으로 인하여 놀라울 정도의 명료성이 설화들에 부여되고 있다. 또한 표현의 절제와 감정의 제어로 인하여 줄거리가 선명하게 부각되고 긴 여운을 남긴다. 신이 활동에 참여하거나 그것에 영향을 끼친다는 것을 야휘스트는 형식적인 종교적 진술로써보다는 설화들을 연결시킴으로써 그리고 어느 정도는 직접적인 방법으로 신학화하였다. 의도적인 순진성(studied naiveté)은 이 작품의 정확한 종교적 취지를 요약하기 어렵게 만든다.

J 기자는 풍부하고도 독특한 어휘를 사용한다. 예를 들면, 성교를 완곡하게 표현하는 "알다", 신에 대한 예배를 의미하는 "야훼의 이름을 부르다", 인간과 다른 피조물에 대한 신의 자비로운 행위를 가리키는 "복을 내리다 혹은 축복하다", "누군가를 기쁘게 하다"는 뜻의 "은총 또는 은혜를 입다", "이런 일들에 따라" 즉 "이렇게, 이런 식으로, 이같이"(이는 이야기체식의 변화임) 등이 있고 팔레스틴 주민들에 대해서는 가나안 사람들(E에서는 아모리인들), 모세의 장인에 대해서는 호밥 또는 르우엘(E에서는 이드로), 거룩한 산에 대해서는 시나이(P에서는 이와 동일하나 E에서는 호렙), 세 번째 족장에 대해서는 이스라엘(E에서는 야곱) 등의 말이 사용된다. 또한, J는 아랫사람들이 윗사람들을 부르는 호칭으로 "당신/나"보다는 격식을 갖춘 "내 주/당신의 종"이란 말을 선호하며, 하나의 행동을 강조하기 위해 "바라보다"(look and behold)와 같이 두 개의 동사를 결합하여 사용하기를 좋아하고, "대지/땅"을 뜻하는 *'adāmāh*와 "인간"(땅에서 취한 자)을 뜻하는 *'ādām*에 대한 언어 유희를 즐긴다. J 기자가 잘 쓰는 기타 표현들로는 "급히 서두르다"(to hasten), 혹(시)(it may be), "한 사람도 남기지 아니하였다". 그리고 "자, 보라"(behold now) 등이 있다.

야훼스트는 또한 원인론에 대해서도 폭넓은 관심을 보이는데, 특히 동음이의(同音異義)의 익살 형태를 취하는 인명과 지명의 통속적 어원을 즐겨 사용한다. 예를 들면, "모든 산 자의 어미"를 뜻하는 하와(*ḥawwāh*["하와"]는 "산, 살아있는"을 의미하는 *ḥay*와 발음이 유사하다; 창세 3,20), 언어가 혼란하게 되었던 곳인 바벨("하느님의 문"을 의미하는 바빌론어의 *babel/bab'ilu*가 "어지럽히다, 혼란시키다"를 의미하는 히브리어의 *bālal*과 발음이 유사하다. 창세 11,9), 에사오의 다른 이름인 에돔(*'edom*["에돔"]은 "붉다"는 뜻의 *'ādom*과 발음이 유사하다. 이렇게 사용된 이유는 아마도 에돔의 특징인 바위 색깔 때문이었을 것이다. 창세 25,30), "하느님과 겨루어 낸 사람"이란 뜻의 이스라엘(이것은 그가 하느님과 씨름한 후에 그의 옛 이름 야곱을 대신한 이름이다. 야곱이란 이름은 "찬탈자" 또는 "발꿈치를 움켜잡은 사람"을 뜻하고 그가 쌍둥이 형보다 우위를 차지한 때문에 붙여진 것이다. 창세 25,26; 32,27), (물이 써서 붙여진) "쓴 맛"이란 의미의 마라(출애 15,23) 등이 있다. 발음이 유사한 단어들과 함축적인 회화적(繪畵的) 단어들을 이처럼 기발하게 결합시킨 것이 실제 어원이라고 신뢰할 수 있는 것은 아니지만, 그와 같은 대중적인 언어 유희가 있었음을 놀라운 방식으로 환기시켜준다.

후대의 오경 자료들은 그 관심이 "종교적"인 것에 상당히 제한되어 있었던 데 비하여, J는 광범위한 이스라엘의 사회문화적 정치적 상황에 폭넓게 관심을 보이고, 이스라엘의 조상들에 대한 이야기들을 초기 전(前) 이스라엘인들에 대한 전승들과 연결시키는데, 이 전승들은 멀리 한쌍의 최초 인간들에게까지 거슬러 올라간다. 야휘스트는 이스라엘 조상들의 행동이 의심스럽거나 명백히 비난받을 만한 것이라도 그것을 즐거운 듯이 자세히 진술한다. 예를 들면, 아브라함의 거짓말(창세 12,10-20), 에사오와 라반에 대한 야곱의 기만 행위와 음모(창세 27장; 30,25-31,1), 시므온과 레위의 세겜인들 살해 책략(창세 34장), 또는 이집트인 감독관을 살해한 모세의 성급함(출애 2,11-15) 등을 다루면서 조금도 주저하는 기색이 없다. J가 그러한 행동을 공공연하게 칭찬하는 것은 아니지만, P가 이스라엘 지도자들의 그와 같은 약점을 좀처럼 드러내지 않는 것과는 달리, J는 그러한 약점에 대해 자세히 이야기한다. 더 나아가 J는 인간들의 이러한 결함들을 합리화하거나 완화시키지 않고 상술하는 데 비해 합리화 또는 완화하려는 시도는 E에게서 특징적으로 나타난다.

또한, 야휘스트는 그가 택한 설화 문학의 주요 취지에 이상하게도 동화되지 않는 옛 전승들을 보유하고 있다. 신적 존재들이 여인들과 결합하고 그렇게 하여 거인들이 지상에 대량으로 생기게 하였다는 설화는 노골적인 신화적 단편이다(창세 6,1-4). 이 단편은 대홍수를 야기시킨 비행(非行)에 대해 부분적으로 설명함으로써 아담과 하와 이야기가 인간의 모든 범죄의 기원을 설명하기 위한 기획 기사라는 인상을 약화시킨다. 야뽁 강가에서 야곱이 결국엔 신으로 밝혀진 막강한 밤 귀신과 겨룬 이야기는 그 안에 잠재해 있는 물활론적(animistic)요소에 대해 당황치 않고 전개된다(창세 32,24-32). 야훼가 진정되었다는 "피흘려 얻은 신랑" 이야기(출애 4,24-26)는 의미 있는 문맥(context)이 결여되어 있는데, 아마도 그것은 악한 신들을 피하기 위한 보호 의식(儀式)에서 할례의 기원을 찾는 독자적인 설명으로부터 유래되었을 것이다.

오경의 야휘스트 자료층은 하느님을 대단히 사실적(寫實的)인 개념이나 극적 표현으로 나타내며, 인간의 신체적 모습(신인동형론)과 인간의 감정(신인동감론)으로 신을 묘사한 표현으로 가득 차 있다. 야휘스트는 하느님이 날이 저물어 서늘할 때 동산을 거닐고(창세 18,21) 이집트 전차의 바퀴를 빼거나 움직이지 않게 하였다(출애 14,25)는 등의 이야기를 아무 거리낌 없이 서술한다. 야훼는 거의 육적(肉的)인 활동을 표현하는 용어를 통해 서술된다. J에게 있어서 인간은 영육의 통일체로만 생각될 수 있었고 육체를 떠난 인간의 "영혼"이란 있을 수 없었던 것처럼, 하느님에 대해서도 비록 그가 인간에 불과한 존재는 아니지만 육적이고 정서적인 언어로 이야기된다. 야훼가 전지(全知)하지 않다는 것은 분명하지만, 그는 만일 그것이 보다 더 현명한 것이기만 하다면 기존의 행동 노선을 포기하고 기꺼이 다른 것을 취하는 데서 알 수 있는 바와 같이 그는 창조를 향한 실험적인 개방성을 보인다. 신이 인류의 행동 때문에 당황하고 그것을 극복하는 새로운 방도를 찾아내야 하는 부담을 지게 된 경우가 몇 차례 있다.

한편 야휘스트는 신에 대해 사실(寫實)주의적이고 일의적인 주장만을 내세우는 것 같지는 않다. 소박한 개념화의 많은 부분은 그 내용의 뿌리가 되는 구전 전담(saga)에 의존하고 있는 것으로 추정된다. 실제로 야휘스트는 세상 안에서의 신의 존재와 작용을 힘있게 나타낸 "민중적" 표현으로서의 이 오래되고 강하며 심지어는 애처로울 정도로 회화적인 하느님 상(像)에 대해 장난스럽게 변화를 주고 있는지도 모른다. 야훼는 "높으신 하느님"이다. 이것은 자연의 정령들과 혼동될 수 있는 표현이 아니라 인간의 심상(imagery)으로 묘사될 수밖에 없는 살아있는 실제에 대한 포괄적이며 근본적인 비유이다.

따라서 야휘스트는 신에 대해 "인격적" 및 "초월적"으로 사고하는 방식을 생생하게 문학적으로 확대 표현한 최초의 이스라엘인 저자가 되었으며, 그 이후로 그러한 사유 방식은 대중적인 유대교와 그리스도교에 널리 보급되어 왔다.[10] 대체로 야훼는 인격적 존재로서 경험되는데 그렇다고 해서 단순한 피조물로서가 아니라 모든 피조물의 어버이지만 감상적이지는 않으며, 인간의 자유를 존중하지만 무기력하지는 않으며, 도덕적이지만 도덕주의적은 아니고, 강력히 목표 지향적이지만 독재적은 아닌 존재로 경험된다. 그럼에도 불구하고, J의 설화들은 현저히 다른 어휘와 행동 및 속성을 신에게 부여하고 사실상 직접적인 신학적 고찰을 그 안에 포함하고 있지 않기 때문에 J의 "신론"(神論)을 기술할 때에는 각별히 조심해야 한다. 야훼는 인간에게 말하는 방식을 역사적 시대에 따라 바꾸기도 한다. 예를 들면, 창세기 2-11장에서 야훼는 인간의 호기심과 야망(소위 프로메테우스적 모티프)으로부터 천상의 특권을 보호하기 위해 선제 행동을 취하는 변덕

---

10) Dale Patrick(The Rendering of God in the Old Testament, *OBT*[Phila-delphia:Fortress Press 1981])은 신이 하나의 등장 인물로서 성서에서 어떻게 묘사되었는가를 상술하고, 창세기 1장-11장에 대해 "여기 초반부에서…… 성서적 신의 언어는 그 문체와 어조(tone)가 정해졌다"(15)고 주를 단다.

스러움과 맹렬한 질투심을 나타내 보인다.

J의 창조 설화는 인간의 능력과 한계 문제를 아주 단순한 사람일지라도 납득할 수 있는 방식으로 다루지만, 이 방식이 아주 박식한 사람에게는 감질나게 하는 것이다. J의 사회문화적 관점은 팔레스틴 농민의 관점이다. 왜냐하면 "인간"을 의미하는 *'ādām*은 다름아닌 *'adāmāh* 즉 "대지/땅"을 경작하는 자이기 때문이다. 생명은 대하(大河) 유역의 관개수보다는 변덕스러운 이슬과 빗물에 의존한다. 혼돈이란 물 없는 불모의 땅이다. 동식물보다 앞서서 창조된 인간은 흙을 재료로 하여 "산 존재" 즉 영・육이 완비된 총체적 존재로 만들어졌다.

목가적인 정원은 에덴으로 불리운다(에덴은 "평야/사막"을 뜻하는 바빌론어의 *edinu*와 동족어이며, LXX에서는 *paradeisos*로 번역되고, 영어에서는 "*paradise*"로 번역된다). 이 이야기의 형식적 특징은 북 가나안적이다(에제 28,12-19에는 아마도 페니키아식 형태로 보존되었을 그 신화의 다른 판이 실려 있다). 그 이야기의 어떤 요소들은 매끄럽게 시종 일관하지 않는데, 강줄기들과 귀금속에 대한 골동품 수집가적인 관심(창세 2,10-14)이 그러하며, 특히 이례적인 생명나무 기사(창세 2,9b)가 그렇다. 그 이야기가 끝날 때까지 야훼와 한쌍의 남녀는 정원에 있는 두 나무의 존재를 무시하며(3,22) 독자는 이들 남녀가 왜 선악과 열매를 맛본 직후 생명나무의 열매를 따먹고 영원한 생명을 확보하지 않았는지를 의아하게 생각한다.

이 이야기는 노동이나 성욕을 "죄"와 그에 대한 "형벌"과 동일시하는 어떠한 시도도 허락하지 않는다. 인간은 야훼를 거역하기 이전에 이미 노동을 하였으며 그들 두 남녀는 야훼를 무시하기 이전에도 육체적 결합을 하였다. 야훼의 금령을 파기한 사건의 비참한 결과들은 보다 엄밀하게 말하면 땅의 '인색함'과 해산의 '고통'이다. 사실 이 이야기에는 전문적인 신학적 용어가 거의 없다. 다시 말하면, "타락", "죄", "불순종", "형벌", "자유" 등은 전혀 나타나지 않는 단어들이다. 성의 구별에 대하여 보면, 이 설화는 아담이 2장 21절 이전에는 무성 혹은 양성(兩性)이었음을 강하게 암시한다. 즉 그는 일체를 포함한 총괄적 인간이었으며 그가 특별히 "남자"

가 된 것은 이 단일한 자웅 동체적 인간이 각각의 성을 갖는 반쪽으로 분할됨으로써 비로소 "여자"가 동시에 창조되었던 바로 그때에 이르러서였다.

남자와 여자는 동등한 사람으로 표현되며, 여자가 남자보다 다방면에서 더 지력이 뛰어나고 기지가 풍부한 것으로 묘사된다. 남자에게 여자에 대한 "지배권"을 부여한 것은 타락한 상태는 비난받아 마땅하며 한 쌍의 인간과 야훼와의 관계 회복을 통해 극복될 수 있을 것이다. 그럼에도 불구하고 불순종의 책임을 부당하게도 여자에게 돌리고, 더 나아가서는 과일 먹는 것을 성욕 자체와 결부시키고 "유혹자 여성"이라는 여성 혐오적 주제를 이용하는 남성 쇼비니스트적 시각으로 이 이야기를 해석하는 경향이 최근까지도 유대교 주석가들과 그리스도교 주석가들 사이에 있어 왔다.

파악하기 어려운 이 "타락" 이야기의 의미를 찾기를 위해 히브리 성서의 다른 어떤 구전보다도 그것은 더욱 더 철저하게 연구되었을 것이다. 그러나 그 의미를 찾기 위해 노력해 온 주석적 · 신학적 전통은 놀랍게도 발전속도가 매우 느렸다. 내적인 신학적 해석을 결여하고 있기 때문에 이 이야기를 히브리 성서의 후반 부분들의 그것에 명백히 의존하려는 시도는 모두 저지를 당하였다. 그것에 대해 최초의 고찰이 이루어진 것은 성서 이후 시대의 유대교(에스드라 2서)와 초대 그리스도교(바울로)에서였다. 양자는 한 쌍의 최초의 인간이 저지른 죄와 그 이후 전 인류의 죄 사이의 관련성을 추적하였고 정통 그리스도교는 하나의 비유인 이 이야기를 후에 엄격한 원죄 교리로 발전시켰다.

그 이야기의 강화 자체가 의미하는 바는 아직도 파악하기 어렵다. 예를 들면 선과 악을 알게 하는 나무의 의미에 대한 논란이 끊일 줄 모르고 계속된다. 야휘스트가 주로 생각한 것은 도덕적 판단이 아니라 선한 운명과 악한 운명에 대해 아는 것, 즉 신의 지식과 능력의 비밀에 대해 아는 것이었을 가능성이 있다. 이러한 앎이 결코 인간의 명확한 소유물이 될 수는 없지만, 인간은 그것을 얻으려고 노력할 수 있고 또한 노력할 것이며 창조적으로 혹은 파괴적으로 "사용할" 수 있고 또 "사용할" 것이다. 야훼와 인간, 남자와 여자 사이에 불협화음을 일으키는 동인이 악마적이고 악의적이라기보다는 약삭빠르고 교활한 뱀으로 구체화되었다. 확실히 뱀은 이스라엘 사상에 훨씬 뒤에 나타나는 사탄이라는 표상과 동일하지 않다. 유혹을 심리학적으로 설명한 표현은 통찰력이 있고 도전적이다. 유혹은 기존의 판단과 제한에 대해 의심하게 하는 새로운 경험과 더해 가는 지혜와 같은 매력적인 모습으로 나타나고, 오감에 강하게 호소하며, 지식과 지배권에 대한 자신만만한 야망과 욕구를 불러일으킨다. J의 전체 맥락 속에서 이 이야기의 주요 취지는 야훼의 행위를 정당화하는 것과 모반한 인간의 죄를 인정하는 것으로 인식되어 왔고, 히브리 성서 전체의 맥락에서는 더욱더 그렇게 인식되어 왔다. 그렇지만 본 설화는 이와 같이 단순하게 해석하는 신학적 환원법에 저항하는 내적 역동성을 지니고 있다. 왜냐하면 지식 획득 사건이 없었다면 에덴 동산 밖에서의 역사는 결코 시작될 수 없었으므로 지식을 획득한 것에 대해 적어도 암암리에 한 쌍의 인간을 칭찬하는 저류가 그 이야기 안에 강하게 흐르고 있기 때문이다. 야훼가 말하기를 "……그것(금단의 열매)을 따먹는 날 너는 반드시 죽는다"고 했을 때, 이는 거짓말이거나 아니면 적어도 양의적인 말이며, 뱀이 신의 이 "으름장"을 이용하여 "절대로 죽지 않는다……너희의 눈이 밝아져서 하느님처럼…… 될 것"이라고 주장하는 점에 주목해야 한다. 대체로 뱀의 말이 옳았다. 왜냐하면 그 열매를 따먹을 인간이 즉사하기는커녕 힘을 주기도 하고 쇠약하게도 하며 생과 사의 부단한 투쟁을 결과한 지식에 눈을 뜨게 되었기 때문이다. 그러나 야훼가 흠이 생긴 인류 역사 과정을 바로잡기 위한 추가 조치를 취하지 않는다면 죄와 사회적 분열 그리고 죽음이 지식으로 얻은 소득을 상쇄시킬 것이라는 점을 생각할 때 야훼 역시 옳았다.

그레마스(Greimas)의 행위자 모델(actantial model)을 따른 최근의 한 구조주의적 분석에서 이 이야기의 해결되지 않은 내적 분열이 드러났다(§20.3).[11] 심층 구조면에서 볼 때 '야훼'는 명백히 상충되는 세 가지 역할

11) David Jobling, "The Myth Semantics of Genesis 2:b-3:4,2" *Semeia* 18(1980): 41-49.

들을 담당하고 있음이 입증되었다. '야훼'는 "수령자"로서의 '전(全) 피조대지(大地)'에게 "객체"로서의 "경작자 인간"을 주어 경작되기를 기다리는 그 토지를 경작하도록 한 최초의 "수여자/발도자"이다. 그러나 이렇게 약속된 설화의 구상(program)은 그 신이 기만적인 수여자 즉 민담의 악역이 아닌가 하는 근본적인 의심을 불러일으킨다. 왜냐하면 신은 경작자 인간을 개인적인 시종으로 삼아 동산 안에 한정시킴으로써 사실상 그가 대지 전체를 경작할 수 없도록 하였기 때문이다. 설화의 구상은 뱀과 분화되지 않은 인간으로부터 남녀 한 쌍을 만들고 "보조자"라는 두 번째 역할을 담당하는 "야훼"에 의해 비로소 성취된 것이다. 토지 경작자로서의 인간을 외부 세계로 보내는 일이 이제까지는 봉쇄되어 왔으나, 뱀은 유혹하고 한 쌍의 인간들은 그 유혹에 굴복함으로써 그들 모두는 그 일을 용이하게 만드는 "주체/주인공"이 된다. 그러나 이 과정에서 '야훼'는 인간을 다음과 같은 방식으로 벌하는 "대립자"로서의 세 번째 역할을 담당해야 한다. 즉 땅의 생산력이 크게 저하될 것이므로 인간은 막대한 손상을 입은 경작자로서 외부 세계에 들어가게 된 것이다. 매력적이면서도 논의의 여지가 있는 이러한 구조주의적 해석은 본 이야기를 중심으로 심화되어온 신학적 수수께끼들에 한 예를 설화화하여 제시해준다. 금령과 그것을 파기한 것에 대한 형벌을 통해 신의 정의와 능력 및 인간의 자유에 관한 미결 문제들이 제시되는데 발도자와 보조자 그리고 대립자라는 상충되는 야훼의 역할들이 바로 이 문제들을 언급하는 방식으로 사용된다. 우리가 신학적 난제를 갖게 된 것은 야훼가 "이중 끈"(Double bind)으로 꼼짝못하게 묶인 "필패"(必敗; no-win)의 상황 속에 자신과 한 쌍의 인간을 몰아넣은 것처럼 보이는 설화 구상 때문이라고 할 수도 있다. '첫 번째' 메시지의 내용은 "열매를 따먹지 마라! 여기 바로 동산에 머물러 있으라! 그러나 그렇게 되면 당연한 일로서 너는 '알지' 못할 것이고 신세계에서의 인간의 삶은 결코 시작되지 않을 것이다!"이며 '두 번째' 메시지의 내용은 "열매를 따 먹으라! 지식을 획득하고 역사 세계에서의 삶을 시작하라! 그러나 그렇게 하면 당연한 일로서 너는 동산에서의 물질적 풍요와 사회적 조화가 결여된 좌절되고 유한한 삶을 살게 될 것이다!"라는 것이다. 이 순간의 J 이전 전승은 이스라엘 농민들이 땅을 경작하고 자녀를 낳는 싸움에서 처한 곤경 때문에 괴로움을 당하였으므로 보다 낙관적 견해를 가진 야휘스트로서는 상호 모순된 요소들에 대한 만족스러운 해결책을 전혀 찾지 못했을 것이다. 야휘스트에 대한 폰 라트(G. von Rad)의 분석으로부터 시작하여, 독창적인 이 편집자-저자에 의해 배열되고 결합된 전승들의 구성 의도(architectural design)가 크게 강조되어 왔다.[12] 창세기 1-11장의 경우, 그 취지는 인간 상황의 단계적 악화를 강조하는 것이다. 동산으로부터 카인과 아벨과 홍수 설화를 거쳐 바벨탑까지 일련의 삽화적 사건들이 진전됨에 따라 인간의 지식과 능력이 증대되지만, 죄와 고통 역시 이에 못지 않게 증대된다. 인간의 창의력은 순수한 축복을 더하는 것이 아니라 오히려 사회적 불일치와 폭력의 원인이 된다. 야훼가 개입하여 한 쌍의 최초의 인간들을 동산에서 추방하고 첫 살인자를 응징하여 가차없이 세상을 방랑케 하고, 노아와 그 가족을 제외한 모든 사람들을 말살시키고, 인간들을 셋강에 널리 흩뜨려 상이한 언어 공동체를 이루게 함으로써 악한 일에 협력하기가 어렵도록 하였다.

위의 첫 번째 흐름과 뒤얽힌 또 다른 흐름이 동시에 전개된다. 인간의 삶은 새로운 기회와 가능성을 향해 전진할 것을 야훼가 보증한다는 의미에서 야훼는 "자비"를 베풀어 자신이 개입한 응징을 매번 완화시키고 있다. 야훼가 은총으로 처벌을 완화한 예들은 다음과 같다. 신은 최초의 두 남녀에게 가죽옷을 만들어 입혔고 카인이 살해당하지 않도록 그에게 표를 찍어주었고, 홍수 때에 노아가 죽지 않도록 하였으며 바벨탑 계획이 와해된 후에는 아브라함을 장래 이스라엘인들의 아버지로 불러내어 역사의 새로운 장을 열어주었다.

인간의 죄가 만연되면서 결국 창조계를 동시에 거의 멸망시킨 대홍수가

---

12) Gerhardr von Rad, *Genesis; A commentary, OTL*(Philadelphia; Westminstor Press, 1961); idem, *OTT,* 1:48-56, 136-65.

일어난다. 여기에서 야휘스트는 현재 크게 세 가지 형태로 알려진 다음과 같은 메소포타미아 전승들에 의존하고 있음이 명백하다. 그것들은 (1) 지우스드라(Ziusdra)가 노아의 상대역으로 등장하는 수메르판과 (2) 영웅 아트라하시스(Atrahasis)가 나오는 보다 오래된 바빌론판(표 1:11), 그리고 (3) 보다 긴 길가메쉬 서사시에 포함되어 있고 약간 후대의 것으로서 홍수에서 우트나피쉬팀(Utnapishtim)이 살아남는 바빌론판 등이다. 아마도 J는 세 번째 판의 홍수 이야기를 익히 알고 있었을 것이며 어쩌면 두 번째 판도 알았을 것이다(P가 아트라하시스판을 알고 있었음은 더욱 분명하다[§49]) 이 전승들 배후에 있는 고대의 "전세계적 홍수"를 증명하려는 시도에 대해 말한다면, 티그리스-유프라테스 전지역이 동시에 침수된 적이 있다는 지질학적 증거가 전혀 없다. 하물며 사람이 사는 세계 전체가 그렇게 되었다는 증거가 있을 리 없다.[13] 이 신화들에서 언급되는 "홍수"는 군사적 침략과 정치적 붕괴를 가리키는 비유일 수도 있다.[14] 또한 아랏 산에서 배의 잔해를 발견하였다는 최근의 주장들은 신뢰할 근거가 없다.[15] 비록 J와 P의 홍수 이야기들이 인간의 죄와 신의 심판과 자비를 강조함으로써 신의 행위를 훨씬 더 반성적인 도덕적 신학적 범주들을 사용하여 표현하지만, 메소포타미아 이야기들과 성서 이야기들에는 동일한 형식적 요소들이 많이 나타난다. 그럼에도 불구하고, 이스라엘의 홍수 전승들의 근본적인 특징들이 그 이전의 원형들 안에 모두 나타난다.

J의 홍수 설화는 P 기사와 복잡하게 뒤얽혀 있지만, 두 이야기의 어휘와 문체 및 개념들이 다르므로 양자는 쉽게 분리될 수 있다.[16] J에는 배 건축에 관한 설명이 없고 (이는 아마도 P의 상세한 서술을 지지하기 때문에 생략되었을 것이다) 홍수 발생에 대한 사전 예고도 거의 없고 그 이유도 전

---

13) Andre Parrot, *The Flood and Noah's Ark*(London: SCM Press, 1955).

14) Thorkild Jacobsen, "The Eridu Genesis," JBL 100(1981): 526-27.

15) Lloyd R. Bailey, *Where is Noah's Ark?*(Nashville; Abindon Press, 1978).

16) Norman C. Habel, *Literary Criticism of the old Testament,* GBS(Philadelphia:Fortress Press, 1971), 18-64.

혀 설명되지 않은 상태에서 노아가 배 안에 들어간다. 노아는 무엇이 왜 일어날 것인지에 대해 "신학적 정보를 갖고 있었다." J에서 홍수는 비 때문에 물이 불어나 일어났고 40일 동안 계속되며 두 주일(어쩌면 세 주일) 후에 물이 빠진다. P에서 홍수가 땅 밑과 하늘 위의 큰 물줄기로부터 물이 세상에 갑자기 밀려옴으로써 일어났고 150일 동안 계속되었으며 그 후에 물이 빠지는 데만 220일이 소요되었다고 한다. 흥미롭게도 J는 (각각 7쌍과 2쌍씩) 배에 실은 깨끗한 짐승들과 부정한 짐승들에 대해 언급하며 홍수 후에 노아가 희생 제사를 드렸다고 하는데, 반면에 P는 모세가 계시를 받기 이전에는 희생 제사나 부정한 음식과 깨끗한 음식의 구별이 아직 없었다는 견해를 갖고 있기 때문에 P는 J가 언급하는 두 가지 사항에 대해 침묵한다.

초기 단계의 역사비평적 연구는 J의 작품이 옛 이야기와 시가 수집자 및 편집자로서의 작품임을 강조하였는데, 그 후 그 이야기와 시가들의 소단위들과 구전들이 양식비평을 통해 심층 연구되었다(§11.1 · 2; 15.2). 20세기 중엽에는 폰 라트의 영향 때문에 야휘스트가 원저자 곧 "이스라엘 최초의 신학자"이며 창조 때부터 가나안 정복까지의 전 기간에 걸친 하느님의 심판 행위와 구원 행위를 강조하기 위해 고대 자료들을 정리하였다는 입장이 지배적이었다(J가 민수기에서 끝나는지 혹은 여호수아까지 계속되는지 아니면 그 이후의 책들에까지 계속되는지에 대해서는 이견들이 많다). 야휘스트는 솔로몬의 "계몽주의" 시대에 속하고, 다윗의 궁중사와 대체로 동시대이며, 때때로 모호한 인간의 행동과 모티프들 안에서도 섭리가 지배한다는 강한 확신을 나타내고 있다는 견해가 현재 널리 받아들여지고 있다.

최근의 연구 동향에 따르면, J는 족장들에게 주어진 약속들의 지시 내용이라고 하는 다윗 군주국의 기원을 설명한 유래담으로 간주되고(예, 창세 15,17-19), 때로는 다윗 왕조에게 특정한 이스라엘의 제도를 모두 초월하는 신의 목적과 심판에 기여할 것에 관해 신중히 경고하는 것으로 간주되기도 한다. 메시지를 판독한 결과 그 내용은 '과도한 인간의 자만심을 조심하고 더 나아가 왕의 자만심도 경계하라!' 는 것이다. 만일 초기의 군주국이 J 문서 작성의 문화적 · 기술적 · 문학적 조건들을 제공하였다면, J가 군주국에 대해 의도적으로 언급한 글의 내용이 보증 선전이든 혹은 경고이든 간에 그 언급의 범위를 확인하는 일은 훨씬 더 어려워진다.

J의 연대를 솔로몬 시대 또는 그보다 약간 늦은 시기로 추정하는 것이 현재 대다수 학자들의 견해이지만, 이 입장에 대해 여러 측면에서 비판들이 가해지고 있기 때문에 그러한 견해를 재고하는 것은 정당하다. 일부 학자들은 J 안에 예언서와 신명기의 사상과 유사한 점들이 있다고 보기 때문에 J의 연대를 7세기로 추정하거나 또는 J와 일부 포로기 문서들이 아브라함에게 부여된 탁월성과 외국에 대한 긍정적 견해를 공유하고 있기 때문에 J의 연대를 6세기로 낮추려고 한다. 보다 더 급진적인 주장에 의하면, 소위 J 자료는 사실상 창세기와 출애굽기 및 민수기 안에 있는 독립된 전승 복합체들로 구성되어 있기 때문에 거기에서 단일한 신학적 관점을 찾아내는 일은 불가능하다고 한다. 예를 들면 J의 족장 약속들이 한 아들과 많은 후손들 그리고 땅에 관한 것이긴 하지만 그것들이 한 왕이나 왕조를 명확하게 가리키는 것은 아니라는 점이 지적된다. 이러한 반대 제안들은 앞으로 충분히 참작되어야 하겠지만, J의 정치 지리학은 10세기 내지 9세기의 지평과 더 잘 조화를 이루는 것 같다. 반면에 야훼스트에게서 나타나는 것으로 가정되는 계획적인(programmatic) 신학적 통일성이 이제까지 과장되어 왔을 수도 있고, 또한 J의 문학 자료들을 두세 갈래로 분류한 '과거의 연구들은 J 작품에 단일한 통일성이 결여되어 있음을 반영하는 것이었다. 현재 J의 모호한 통일성 문제가 의도적인 편집의 범위와 그 사회사적 배경을 밝히려는 편집 비평의 시도들을 통해 재등장하고 있다. 이 시도들은 아직 초보적 단계에 있지만 그것들이 밝혀진다면 J의 "판본"들이 두 개 혹은 그 이상인지 아니면 후대에 일부 내용들이 첨가된 하나의 원판본이 있었는지가 드러날 수 있을 것이다.

31.2 시편과 지혜서

시편(§52.2), 지혜서들(§54)이 지금과 같은 형태를 갖춘 것은 분명히 포로기 이후이다. 그러나 그러한 시가와 지혜서들은 이스라엘에서 매우 오랜 역사를 갖고 있는 문학 양식들이다. 다윗과 솔로몬이 중앙 집권식 제의 제도와 궁중 제도를 도입함으로써 궁중 관료들이 시 문학과 지혜 문학을 연마할 적절한 여건이 조성되었다. 성가와 잠언을 궁중에서 이렇게 후원한 사실은 다윗을 시편의 작가로 보고 솔로몬을 현인으로 보는 전승들로 표현되었다. 다윗이 저자임을 주장하는 시편의 제목들은 후대의 것이고 신빙성이 없으며 잠언과 전도서 및 아가서와 같은 지혜서들을 솔로몬에게 돌리는 것도 역시 마찬가지이다. 그렇지만, (시편 2편; 18편 20-21절; 45편; 72편; 101편; 110; 132편 등의 제왕시 같은) 일부 시편들과 (잠언 10장 1절-31장 31절의 수집물 가운데 있는) 일부 잠언들은 포로기 이전 군주국의 궁중 고위 관리들의 전형적인 행동 준거와 규범들을 보여준다. 이것들이 어느 한 왕의 통치 기간 중에 속한다고 확고하게 규정짓는 것이 불가능하고 (그러나 개역성서 잠언 25장 1절의 "히스기야의 신하들"이라는 구절을 참조하라) 따라서 다윗과 솔로몬 시대의 것으로 확정짓는 일은 더욱더 불가능하다고 할지라도, 궁중 지향적인 이들 시편과 지혜서 본문들은 중앙 집권적인 왕권 제도 아래서 번영을 구가한 상류 계급의 일반적 분위기와 문화를 이해하는 데 매우 유익하다. 실용적 · 지적 문화를 발전시킬 여가와 능력을 획득한 후에 "현자"들은 야훼 종교(Yahwism)의 상징적 구체성과 보다 심미적이고 세계주의적 관심사들을 결합시켰다.

31.3 다윗 전승과 시온 전승

우리는 다윗에게 "영원한" 왕조를 약속하는 사무엘하 7장의 핵심적인 신명기적 역사적 해석 구절에 주의를 환기시킨 바 있다. 이 다윗 약속의 언어와 개념들은 신명기적 역사보다 훨씬 더 오래된 것이며 (신명기적 역사의 전체적 조망과 긴장 관계에 있는데) 이러한 사실은 (예를 들어, 시편 89편과 132편 같은) 보다 오래된 시편들과 8세기 예언서들(이사 9,6-7; 11,1-5; 미가 5,2-5)에서 명백하게 나타난다.

약속 형태의 다윗 계약과 의무 형태의 모세 계약이 각각 동일한 이데올로기적 제도적 근거를 논하고 있지만, 양자를 구분하는 것이 현재는 일반적이다. 즉 (다윗 계약에서는) 국가의 생존이 야훼에 의해 확실히 보장되는 반면에, (모세 계약에서는) 그것은 야훼에 대한 충성 입증 여부에 따르는 불확실하고 조건적인 것이다. 다른 견해에 의하면, 이들 두 개념들은 상이한 영역에서 '조화를 이루며' 작용하거나('만일' 국가가 충성되고 인내한다면 '이' 왕조가 그 국가에서 통치할 왕조이다), 또는 형식상 무관하게 작용한다('만일' 그 국가 내에 왕권을 목표로 하는 여러 잠재 후보자들과 요구자들이 존재한다면 '이' 왕조만이 신의 약속을 통해 권한을 위임받았기 때문에 홀로 통치할 것이다). 다윗에게 주어진 약속은, 예를 들면 힛타이트족의 군주인 핫투실리스(Hattusilis)가 그의 서기장 밋탄나무와(Mittannamuwa)에게 내린 칙령에게 보는 것과 같이, 고대 근동에서 왕이 충실한 신하에게 주는 '윤허'(royal grant) 양식과 유사함이 입증되었다.[17] 피수여자 혹은 군주의 계승자들을 "고집불통의 아들"처럼 훈련시킨다는 모티프는 취소 불가능한 승인과 일치한다. 족장들에게 주어진 약속에서 이와 유사한 무조건적인 전제가 종종 강조되어 왔고 아브라함과 맺은 계약은 유형론적인 면에서 다윗과 맺은 계약의 전조로 흔히 간주되었다(창세 15장).

다른 해석자들은 다윗 계약이란 개념의 파급 정도가 과장되어 왔다고 믿는데, "계약"이란 용어가 실제에 있어서는 제왕 약속 본문에서 잘 쓰이지 않기 때문이다. 그들은 왕조 약속이 야훼의 확고부동한 지상 거처로서의 시온(예루살렘)에 관한 전승들을 포함하는 수많은 제왕 신학 모티프들

17) Moshe Weinfesld, "Covennant, Davidic," in IDBSup, 190.

가운데 하나에 불과하다고 주장한다. 그 일부가 가나안의 우주적 · 신화적 개념에서 기원하였으며 아마도 다윗 이전의 예루살렘에서 유래되었을 시온 전승은 거룩한 산, 낙원의 강, 신이 창조의 토대로 혼돈을 정복한 것, 민족들의 패배 그리고 징계당한 민족들의 시온 순례 등의 모티프들이 포함되어 있었다. 다윗이 예루살렘을 수도로 선택함으로써 이 모티프들이 포함되어 있었다. 다윗이 예루살렘을 수도로 선택함으로써 이 모티프들이 제왕제의 시 문학과 예언 문학 안에 복잡한 방식으로 뒤섞여졌다. 예루살렘에서 행해진 군주 제의(monarchic cult)의 본질은 무엇인가, 다시 말해 그 제의에서의 왕권이 무엇이었는가에 대한 많은 논란들이 있었는데, 이 논란들은 신에 대하여 왕의 위치를 설정하는 이스라엘과 가나안/고대 근동의 왕 개념의 유사점과 상이점과 관련하여 진행되어 왔다.

예루살렘 왕권에 관한 장르와 모티프들이 정확히 어떻게 서술되든지, 왕위에 대한 여러 가지 긍정적이며 종교적인 평가들이 유다 내에서 전개되었다는 것과, 그 기원은 확실히 다윗-솔로몬 시대라는 것이 분명하다. 여하튼 유다 왕들은 (1) 야훼에 대해 독특한 자식 관계이고 (2) 야훼와 백성들 간의 중재자이며 (3) 야훼에 대한 신실함과 복종의 본보기이며 (4) 야훼의 정의를 국내외에서 시행하는 사람들로 생각되었다. 후에, 이러한 것들을 근거로 해서 다윗 왕조와 관련된 "메시아니즘"이 발생하였다.

다윗 전승과 시온 전승은 그후로부터 이스라엘의 자기 성찰에 있어서 중요한 위치를 점하게 되었다. 어떤 사람들에게 있어서는, 이 전승들은 유대 공동체에 두는 것을 명백히 지지하는 것이었다. 또 어떤 사람들에게 있어서는, 그 전승들은 모세와 예언자들의 사회 신학적 심판이라는 보다 큰 맥락 안에서 재평가되어야 하는 희망의 모호한 상징들이었다.

다음 장에서는 많은 사회 조직적 · 제의적 및 이데올로기적 갈등들이 다루어질 것인데, 다윗과 시온에 대한 야훼의 "약속들"을 상호 대립하는 세력들이 어떻게 해석하는가 하는 데 그 갈등들의 초점을 두어져 있었다.

제 8 장
북 왕국에 관한 전승들

32. 열왕기상 12장-열왕기하 17장에 나오는 전승들의 형태

32.1 자료 통계학

독립 북 왕국 이스라엘과 그에 상응하는 남 유다의 왕들(과 한 사람의 여왕)에 관한 DH 자료들은 209년간이라는 시간에 대한 것으로서 통일 군주국 연구에서 확인된 두 종류의 전승들로 구성되어 있다. 즉 연대기 형식의 정치 · 역사적 기록과 잡다한 문학적 전승들이 그것이다(§29.1).

통일 군주국의 경우와 마찬가지로, 우리는 자료가 빈약하고 자료 형태에 따른 절(節)의 분포가 균일하지 않다는 사실에 접한다. 200여 년 동안에 두 왕국에서 등장한 31명의 통치자들에 대한 DH의 연대기적인 정치 · 역사적 기록을 모두 합친다 해도 그 분량(140절)은 고작 40년간을 통치한 솔로몬에 관한 동종의 문서(162절)보다도 적다. 또한 솔로몬 이후에 다윗 왕조의 왕위에 오른 11명의 왕들에 관한 자료(63절)와 외국인 여왕 아달리야에 관한 자료를 합한 것보다도 다윗에 관한 연대기 자료(97절)가 더 많다. 유다에 관한 정치적 기록은 다행스럽게도 일부 역대기 자료들(68절)에 의해 보충되고 있으나, 역대기는 "배교한" 북 왕국 왕들에 대해서는 소홀히 취급하고 있다. 분단 왕국들에 관한 보도 자료들이 빈약하다는 점은, DH와 역대기를 포함했을 때, B.C.E. 931년부터 722년까지의 분단 왕국들에 대해 일년당 평균 1개의 연대기 절들이 배당된 반면에(80년으로 계산한)다윗과 솔로몬의 통치 기간에 대해서는 일 년당 3.73개의 연대기 절들이 할당되었다는 사실에서도 확인될 수 있다.

특별히 주목할 만한 사실은, 성서의 자료들이 빈약하지만 않았다면 정치적으로 대단히 중요한 자들이었다고 판단되었을 몇몇 왕들에 대한 자료가 아주 빈약하다는 것이다. 그러한 왕들로서는 이스라엘의 여로보암 1세(10절), 오므리(5절), 아합(4절), 예후(2절), 여로보암 2세(2절) 등과 유다의 여호사밧(DH에서 4절, 역대기에서 10절), 우찌야(DH에서 3절, 역대기에서 10절) 등이 있다. 각 왕들에 대한 DH의 공식문에서는 이스라엘과 유다 왕들의 연대기들이 계속해서 언급되는데, 이 연대기들이 DH의 연대기적 논평 자료가 되었을 것이 분명하다(유다의 왕위를 6년 동안 찬탈하였던 아달리야에 대해서는 이러한 제왕 공식문을 사용하는 것이 거부되고 있다). 두 왕국에 대한 이 공식 기록들을 DH는 산발적으로 임의 발췌하였다.

32.2 예언자의 설화들

북 왕국 왕들에 관한 기사는 잡다한 문학 전승들로 인해 확대되는데, 그 문학 전승들의 대다수는 어떤 왕들의 통치 면모를 선택적으로 조명해주는 예언자들에 관한 이야기들이다(예언자의 메시지에 불과한 겨우도 종종 있다).

북 왕국에 관한 전승들

1. 여로보암 1세 치세 때의 '실로 출신 아히야': 열상 11,26-40; 14,1-17
2. 바아사 치세 때의 '하나니의 아들 예후': 열상 16,1-4
3. 아합과 아하지야 치세 때의 '티스베 사람 엘리야': 열상 17장-열하 2,12
4. 아합 치세 때의 '이믈라의 아들 미가야': 열상 22,1-36
5. 여호람, 예후, 여호아하즈, 요아스 치세 때의 '사밧의 아들 엘리사': 열상 19,19-21; 열하 2-10장; 13,14-21
6. 여로보암 2세 치세 때의 '아미때의 아들 요나': 열하 14,25-27

이외에도 여로보암 1세(열상 13장)와 아합(열상 20장)의 통치 기간 중에 활동한 익명의 예언자들에 관한 이야기가 있다.

예언자 이야기들 가운데 상당수는 왕조의 변천, 포위와 전투, 왕들과 예언자들 간의 대립에 초점을 맞춘 명백한 군사 · 정치적 내용을 담고 있다. 여로보암 1세와 바아사 및 예후의 왕조들은 각각 예언자들의 지지를 받은 것으로 입증되었다. 엘리사에 의해 그 계기가 만들어진 예후의 오므리 왕조 숙청에 대한 기사는 내용이 풍부하고 묘사가 생생하다.

그러나 28년간에 걸친 그의 이스라엘 통치에 대해서는 그 자체에 대한 정보를 규정할 만한 성서의 언급을 전혀 찾아볼 수 없다(§33.4). 아합(201절)과 여호람(204절)의 통치 기사 중에 삽입된 엘리야와 미가야 및 엘리사 등의 예언자 이야기들은 대단히 방대하지만 역사적인 면에서는 종잡을 수가 없다(§34.2). 이러한 예언자 이야기들에 나오는 왕들 가운데에는 그 이름이 밝혀져 있지 않은 경우가 많기 때문에, 예후 왕조에 대한 비판의 화살을 결국 다른 곳으로 돌리기 위해 이야기들을 배치하였을 수도 있는 DH에 전적으로 의존하여 그 익명의 왕들을 언제나 아합과 여호람으로 보는 것은 당연시될 수 없다. 다수의 해석자들은 DH에 의해 그 위치가 오므리 왕조의 마지막 통치자인 여호람 시대의 것으로 정해진 예언자 전승들의 일부 또는 전부가 실제로는 그 다음 왕조인 예후 왕조에 속한다고 생각하여, 심지어는 아합 시대의 것으로 정해진 일부 전승들까지도 그렇다고 생각한다.

예언자 설화들은 모두 왕에 대한 예언자들의 다양한 지지 입장과 비판적 입장을 드러내 보이고, 역으로 예언자들에 대한 왕들의 다양한 입장을 보여준다. 그러나 예언자 이야기와 메시지의 도덕적-신학적 판단들을 국가가 운영하는 군사적 및 정치적 정책상의 용어로 바꿔 말하는 방식이 언제나 명확하지만은 않다. 따라서 발췌된 두 왕국 연대기들과 예언자 설화들은 서술과 해석이라는 종종 하나의 공통된 이야기로 합치되지 않는 서로 다른 두 차원에서 진행되는 감이 있다.

예언자 이야기들의 형식과 문체는 창세기에서 민수기에 걸쳐 나오는 전담(sage)들과 유사함 점들이 많고(20-21번; §15.2; 17.1) 엘리사의 경우에서 특히 현저하게 나타나지만, 그 이야기들 가운데 일부는 예언자의 불가사의한 능력을 찬양한다는 전문적 의미의 "전설"(legends)이다. 이러한 예언자 이야기들은 엘리사 이야기에 나오는 것과 같은 종류의 예언자 집단 혹은 "학교"에서 형성되고 전수된(기록된?) 것으로 보인다.

〈표 22〉: 열왕기상 12장-열왕기하 17장에 나오는 이스라엘과 유다 통치자들에 관한 DH의 구절 분포

이스라엘			유다		
통 치 자	정치·역사적 기록	잡다한 문학 전승	통 치 자	정치·역사적 기록	잡다한 문학 전승
여로보암1세: 931/930-910/909	10	67	르호보암: 931/930-913	5+(22)*	
나답: 910/909-909/908	2		아비야(아비얌): 913-911/910	0+(4)*	
바아사: 909/908-886/885	11	5	아사: 911/910-870/869	10+(8)*	
엘라: 886/885-885/884	2				
지므리: 885/884	8				
오므리: 880-874/873	5				
아합: 874/873-853	4	201**	여호사밧: 870/869-848	4+(10)*	58
아하지야: 853-852	2	16	요람(여호람): 848-841	4+(5)*	
요람(여호람): 852-841	3	204**	아하지야: 841	4	6
예후: 841-814/813	2	65	아달리야: 841-853	2	20
요아하즈(여호아하즈): 814/813-798	5		요아스(여호아스): 853-796	2+(2)*	33
요아스(여호아스): 798-782/781	3	8	아마지야: 796-767	12	
여로보암 2세: 782/781-753	2	3	우찌야(아사랴): 767-740/739	3+(10)*	
즈가리야: 753-752	1				
살룸: 752	1				
므나헴: 752-742/741	4				
브가히야: 742/741-740/739	1		요담: 740/739-732/731	2+(3)*	
베가:740/739-732/731	5				
호세아:732/731-723/722	6		아하즈: 732/731-716/715	15+(4)*	117
합 계	77	569		63+(68)*	234

* 이 절들은 DH 자료를 보충하는 연대기적 자료들을 제공하는 역대기의 구절들을 가리킨다.
** 이 목록에는 왕이 나타나지 않거나 왕의 이름을 밝히지 않는 예언적 이야기들이 포함된다.

32.3 기타 자료들: 예언서들과 엘로히스트

신명기적 역사가는 위에서 논의된 예언자들에 '대하여' 이야기하고 그들의 짤막한 메시지를 그 안에 담고 있는 설화들로서 그들 모두를 묘사하였다. 예언자들에 '의해' 실제로 기록된 최초의 예언서들은 8세기 중엽의 아모스서와 호세아서이다. 특히 이 예언서들에서는 설화의 관계가 역전되어 예언 수집물에 짤막한 설화 문구들이 포함된다.

아모스서와 호세아서로부터 이스라엘 역사의 마지막 수십 년 동안에 대해 얻어낼 수 있는 정보는, 특정 사건들에 대한 명백한 언급을 찾으려고 한, 극히 적다. 그러나 두 책들은 비록 주제 선택과 전개가 비판적 시각에 의해 강하게 채색되어 있음이 분명하지만, 사회 경제적, 정치적 및 종교적 삶의 양상들의 직접 드러낸다는 점에서 큰 가치를 지니고 있다.

끝으로, 엘로히스트는 이스라엘 역사에서 바로 이 시기에 속하는 것으로 볼 수 있다(§34.1). 그는 야휘스트가 후에 남부판으로 개찬한 고대의 역사적(history-like) 전승들의 북부판을 펴냈다. E 자료는 엘리야-엘리사 전승들 및 예언자 호세아 사상적인 면에서 유사점들이 많다(§34.4). E 자료의 연대는 오므리 왕조 말기 또는 예후 왕조 초기로 추정할 수 있을 것 같다.

33. 북 왕국의 역사와 북 왕국과 유다와의 관계 (B.C.E. 931-722)

33.1 분열(B.C.E. 931)

통일 왕국 분단의 직접적인 원인은 솔로몬의 억압적인 경제 정책과 시정 방침에 있었다(§30.4). 북 왕국의 초대 왕이 된 여로보암이 이끄는 에브라임 노동자 집단의 반란이 일어났다. 구(舊) 동맹의 두 중심 세력이었던 유다와 에브라임 · 므낫세 · 베냐민 사이의 오랜 경쟁 관계가 이러한 정치적 분열의 중요한 배경을 이룬다. 흥미롭게도, 북부가 다윗 왕조로부터 이탈한 것은 대체로 논의의 여지가 없는 기정 사실이 되었다. 두 왕국은 솔로몬 정권의 붕괴 이후 너무나 쇠퇴하여 어느 왕국도 다른 왕국에 대해 자신의 의지를 관철시킬 수 없었던 것이 명백하다.

33.2 여로보암 왕조와 바아사 왕조(B.C.E. 931-884)

왕조 체제를 갖춘 왕권 제도의 기본 구조들이 신흥 북 왕국에서 채택되었던 것 같다. 그러나 이 구조들은 직접적인 제국주의적 야망과 계획이 없었기 때문에 모두 동시에 그리고 모든 경우에 있어서 그런 것은 아니지만 상당히 완화되었을 것이다. 적합한 수도를 정하는 데도 어려움이 뒤따른 것으로 보인다(세겜, 브누엘, 디르사 등이 언급된다). 여로보암 1세에 관한 자료가 주로 다루는 것은 그가 단과 베델에 성소를 세우고 "금송아지" 숭배를 도입함으로써 예루살렘 성전 제의를 대체시킨 것과 관련된다. 송아지들은 야훼의 보좌 받침틀을 상징하고(날개 달린 거룹들로 덮힌 계약궤와 청동으로 만든 열두 황소가 떠받치고 있는 대형 물대야〔바다〕를 포함하여) 솔로몬 성전에 있던 우주적 형상(形像)과 마찬가지로 "우상을 숭배하는 것"이 아니었을 것이다. 여로보암은 다윗-솔로몬 계열의 레위인들을 몰아내고 자신의 사제들을 임명하였고 새로운 축제(절기)들을 정해 준수하였다. 이러한 종교 정책은 여로보암 1세가 완전한 정치적 독립을 선언한 것처럼 종교적으로 완전한 독립을 성취하기 위한 것이었다.

이스라엘의 내무 행정에 관해서는 자세한 설명이 없다. 여로보암은 적어도 적정한 세금을 거두었을 것이다. 그러한 건축 계획은 제한함으로써 강제 노역의 재도입 필요성을 사전에 봉쇄하였던 것 같다.

북 왕국의 초대 군주는 그의 영토 내에 있는 솔로몬의 군사 조직과 행정 조직들은 "몰려 받았기" 때문에, 그 조직들을 어느 정도까지 분해, 개편 또는 폐지하였는가 하는 문제는 여로보암을 권좌에 오르도록 지지한 반정부 농민들이 그에게 정치적 압력을 얼마나 강력하게 가할 수 있었는가에 크게 좌우되었을 것이다.

여로보암과 르호보암이 즉위한 지 제5년에 이집트의 시삭 왕이 일으킨 군사 행동의 파괴적인 결과 때문에 이스라엘과 유다는 재원이 고갈되었고 더 나아가 어느 왕국도 상대에 대해서 명백한 군사적 승리를 거둘 수 없게 되었다. 바아사 통치 기간 중에는 당시 독립해 있었던 다마스커스의 아람족과 이스라엘 간의 전쟁이 시작되었고, 두 민족 간의 이 전쟁은 9세기 내내 간헐적으로 지속되었던 일진일퇴의 전쟁이었다. 여로보암과 바아사의 아들들은 모두 단기간 통치하다가 군사 쿠데타에 의하여 타도되었다.

북부 부족들의 탈퇴 후 유다의 가장 긴급한 문제는 그 지역을 방비하는 것이었다. 르호보암은 왕국을 보전하기 위해 요새망 구축에 여념이 없었다. 예루살렘의 위치가 북쪽 경계와 아주 가까웠다는 사실은 이스라엘의 두 국가 사이에 장기간의 국경 분쟁이 일어나는 계기가 되었다. 아사 치세 때, 유다는 예루살렘 북족 약 9마일 지점까지 그 경계를 확장시키는 데 성공하였고, 그 이후부터 이 경계 지역은 유다의 수도 방어를 위한 완충 지대 역할을 하였다.

33.3 오므리 왕조(B.C.E. 880-841)

오므리 왕조는 군사 쿠데타의 산물이지만, 왕위에 오르기 위해 오므리는 티브니를 따르는 "백성의 절반"과 싸웠던 4년 내전에서 승리해야 했다. 깊고도 장기적인 분열과 싸움의 이유는 다만 추측할 수 있을 뿐이지만, 티브니 일파가 제한 군주국을 지지한 반면에 외국인 출신(이스라엘의 민중적 부족 교육을 받지 못한 가나안인?)일 수도 있는 한 직업 군인을 수장(首長)으로 하는 오므리 일파는 보다 강력한 중앙 집권 군주국을 지지하였을 가능성이 있다. 오므리는 왕이 되자 사마리아에 화려한 새 수도를 건설하고, 페니키아, 다마스커스, 유다와 군사 동맹 및 무역 동맹을 체결함으로써 야심에 찬 "다윗-솔로몬"식 통치 형태를 출범시켰다. 오므리와 그의 아들 아합은 국제 정치 사회에서 이스라엘의 지위를 상승시키는 데 크게 공헌하였다. 아합은 B.C.E 853년에 카르카르에서 샬마네셀 3세와 싸웠던 시리아 제(諸) 국가 연합에 대규모 전차대(아시리아 연대기에 따르면 그 규모는 2천 대에 달하였다)를 파견할 수 있었다.

이스라엘 왕들에 대한 예언자들의 지속적인 대항이 일어난 시기로 알려진 때가 바로 오므리 왕조 때이다. 엘리아와 엘리사는 아합 왕과 페니키아 공주 이세벨과의 결혼을 계기로 바알 숭배가 아합 궁내에 침투한 것에 대해 잠시도 쉬지 않고 집중적인 비판을 가하였다(§34.2). 이 바알 숭배가 이스라엘 대중 속에 얼마나 깊이 침투하였는지를 확실치 않지만, 왕국에서 바알과 야훼를 동시에 신봉한 것 자체가 이들 배타적인 야휘스트들에게는 본질적으로 혐오스런 것이었다. 또한 우리는 이스라엘 자유민들의 재산 몰수를 포함한 사회 경제적 악폐에 대해서도 듣게 된다. 이스라엘을 군사 · 정치적 강국으로 부상시키려는 오므리의 웅대한 계획 대문에 필시 초래되었을 백성의 빈곤화에 심한 가뭄까지 겹쳐 상황은 한층 더 복잡해졌다. 야망을 실현시키기 위해 과세와 강제 노역을 가중시켜야 했던 오므리 왕조와 비교해 볼 때, 위의 언급들은 이전의 여로보암 왕조와 바아사 왕조의 백성들에 대한 요구가 부드러웠던 것임을 암시한다.

급격히 성장한 오므리 왕조는 유다와 평화적 관계를 수립하였고 다마스커스와 모압에 대한 군사 행동을 감행할 때 유다 군대에 지원 요청을 할 수 있었다. 이러한 우호 관계는 유다의 여호람이 아합의 딸(혹은 누이) 아달리야와 결혼함으로써 더욱 굳게 다져졌다. 유다는 계속 에돔을 지배하였고, 여호사밧은 예루살렘을 중심으로 하는 새로운 재판 제도를 실시함으로써 사법 행정을 재조직하였다고 한다.

33.4 예후 왕조(B.C.E. 841-752)

예후는 엘리사의 지지 예언으로 일어난 군사 쿠데타를 통해 권력을 장악하였다. 그는 왕실 내에서 바알 종교와 관습들을 근절하였고 오므리 왕조의 전 대신들과 유력한 지지자들을 무자비하게 학살하였다. 예후의 칼은 페니키아와 유다의 왕족들에 대해서도 예외가 없었으므로, 그의 정권은 주변 국가들과의 우호적 동맹 관계로부터 즉각 고립되었다. 그는 통치 초기에 아시라아 왕 샬마네셀 3세에게 서둘러 굴복하고 막대한 공물을 바쳤다. 아시리아 군대는 주요 점거지였던 서부 지역에서 곧 철수하였지만, 예후 왕조는 이스라엘에 대해 대단히 적대적이었던 다마스커스와의 전쟁에 휘말려들고, 이 상태는 아시리아가 다마스커스에 압력을 가함으로써 이스라엘이 국력을 크게 회복할 수 있었던 8세기 초까지 계속되었다.

만일 엘리야-엘리사의 예언 목적(program)이 전적인 야훼 숭배를 회복시키고, 외국과의 동맹은 그것이 외국 신(神)에 대한 인정을 수반하기 마련이므로 피하고, 사회 경제적 평등을 지향하는 과거의 관습들과 제도들을 유지하기 위한 것이었다면, 예후에게 있어서는 예언의 의도가 관철되지 못했음이 틀림없다. 반면에, 그는 곧 아시리아에 굴복하였는데, 이것은 아시리아 신들에 대한 정식 승인을 의미하는 것이었다. 또한 일반 백성의 사회경제적 조건을 개선시킬 의지나 정치적 수단이 그에게 있었다는 증거도 없다. 오므리 일파가 독점하였던 정치 권력, 사회적 특권, 토지와 상업적 부(富) 등이 재분배 되었지만, 땅에 붙어 사는 절대 다수의 민중들은 그 과정에서 제외되고 그것들은 소수 계층에 여전히 귀속되어 있었던 것이 분명하다.

예후의 오므리 일파 숙청시 유다 왕 아하지야도 살해되자 아하지야의 어머니 아달리야가 권력을 잡고 다윗 가문을 뿌리뽑으려고 하였다. 몇 년 동안은 성공하였지만 바알을 숭배하던 이 여왕은 그녀에게 발각되지 않았던 다윗 가문의 어린 요아스에 의해 전복되고 교체되었다. 요아스 치하에서 예루살렘 성전이 복구되고 아울러 성전의 재정 관리도 한결 건전케 되었다.

8세기 초반에 다마스커스와 아시리아가 모두 쇠퇴하면서 처음에는 요아스가 그 다음에는 여로보암 2세가 평화롭고 점차 번성해가는 이스라엘을 다스릴 수 있었으며, 한편 유다도 아마지야와 우찌야 치하에서 이와 유사한 번영기를 누렸다. 농업과 무역이 성행하였다.

그러나 아모스서가 보여주는 대로 번영과 민족적 자부심(national confidence)은 주로 사회의 특권층만이 향유하였고 대다수 농민들은 극도로 궁핍한 상태에 있었다(§34.3). 세금과 강제 노역도 한 요인이었던 것이 분명하지만, 아모스가 특별히 관심을 집중시키고 있는 것은 가난한 농민들에게서 저당잡은 토지를 유질(流質) 처분함으로써 전통적으로 인정되어오던 토지의 가족 소유가 사유 재산으로 축적되어가는 이른바 토지 보유권의 대이동에 있었다. 요컨대, 솔로몬 치하의 통일 왕국에 있어서처럼 8세기 이스라엘의 "놀라운 성공"은 농민 대중의 재산과 권리를 조직적으로 박탈함으로써 이익을 취한 특권층에만 해당되는 것이었다.

33.5 북 왕권의 붕괴(B.C.E. 752-722)

솔로몬에 대한 응보는 내란의 형태로 일어났던 반면에 북 왕국에 대한 응보는 갑자기 부흥하여 시리아-팔레스틴에 대한 제국주의적 침략을 파상적으로 감행하기 시작한 아시리아를 통한 것이었음이 증명되었다. 예후 왕조는 즈라기야가 암살당하면서 종말을 고했고, 왕국은 와해되기 시작하였다. 므나헴은 수많은 이스라엘 지주들에게서 세금을 거둬들여 마련한 엄청난 돈을 아시리아에 바침으로써 왕권을 유지하려고 하였다.

그러나 이러한 노력은 베가가 다마스커스의 르손(Rezon: 성서에서는 르신)과 반(反) 아시리아 동맹을 맺고 주동한 반 아시리아 운동을 막아내지 못하였고, 오히려 그것을 자극시키는 역할을 하였을 것이다. 이스라엘과 다마스커스는 유다의 아하즈에게 그들과 합세할 것을 강요하였으나, 도리어 이 사건은 이스라엘과 유다 간에 소위 시리아-에브라임 전쟁을 유발시켰다.

아하즈는 아시리아에 원조를 간청했고, 이에 따라 아시리아가 다마스커스와 이스라엘을 침공하고 북 왕국의 대부분을 아시리아가 직접 관장하는 속주로 합병시킴으로써 유다에 대한 압력은 제거되었다. 이 사건을 계기로 크게 쇠퇴한 이스라엘의 영토는 사마리아 산지로 국한되었다. 아시리아에 대한 최후 반란이 호세아에 의해 주도되었는데, 이로서 사마리아가 포위·점령당하였고, 상류층은 국외로 추방당하였으며 독립 이스라엘 왕국은 사마리아가 아시리아의 속주로 편입됨으로써 종말을 고하게 되었다. 예언자 호세아가 격분하여 쓴 글 속에서는 독립 이스라엘의 마지막 30년 동안 이스라엘에 팽배해있던 절망과 민란(civil strife)의 분위기가 강력하게 전달되고 있다(§34.4).

33.6 두 왕국의 발전 방식

두 왕국의 발전 과정을 일반화하여 말하는 것은 관련 자료들이 개략적이고 균일하지 않기 때문에 곤란하다. 외관상으로 볼 때, 유다가 이스라엘보다 훨씬 안정된 왕국이었다. 아달리야의 일시적인 왕권 찬탈의 경우를 제외하고는 다윗 왕조가 계속 유지되었다. 유다의 왕들은 이스라엘 왕들보다 평균적으로 통치 기간이 길었다. 이스라엘 왕국 200년 동안에 남 왕국에는 열두 명의 다윗계 통치자들이 있었고, 북 왕국에는 (므나헴-브가히야를 한 왕조를 계산할 때) 다섯 왕조에서 열아홉 명의 통치자들이 배출되었다. 물론 유다 안정론을 펴게 되는 결정적인 시금석은 이스라엘이 몰락했을 때에도 유다는 계속 존속하였다는 사실이다.

두 왕국이 상대적인 "약점"이나 "강점"은 여러 가지 방법으로 평가되고 설명되었다. 한 설명에 의하면, 유다는 지도권의 "왕조 원칙"을 고수한 반면에, 이스라엘은 여로보암 1세와 바아사 치하에서 그리고 예후 왕조 이후에 또 다시 구래(舊來)의 원칙인 지도권의 "카리스마 원칙"에 따라 움직이려고 하였다. "카리스마적" 운용 양식에 의하면, 신왕은 종교적 선택을 통해, 아마도 예언자들을 통해 지명되고 백성들에게 인정받아야 했을 것으로 추측된다. 따라서 통치권의 교체는 사회적 불안의 가능성을 내포하고 있었다. 사무엘상 8-15장의 '예언사'(預言史)가 그러한 카리스마적 계획(problem)을 의미하는 듯하지만(§29.3) 그것이 정부의 공식적인 계획으로 시행된 적은 없는 것 같다. 예언자의 지지와 대중의 승인이 신왕에게 유리할 수도 있었을 것이다. 그러나 우리가 갖고 있는 모든 자료에는 유능한 왕이 왕조를 세운다는 가정이 전제되어 있는 것으로 보인다. 따라서 북 왕국의 불안정이 통치자를 매번 '새로' 선택해야 하는 제도적 의무에서 기인하였다고 볼 수는 없을 것이다.[1]

북 왕국의 불안정에 대해서는 지정학적 설명이 보다 개연성이 있다. 유다는 지리적인 면에서 작고 좁은 지역이었고 타지역과 격리되어 있었으므로 외국 정복자들의 주의를 거의 끌지 못하였다. 이와 대조적으로 북부 부족들은 세 개의 단층지괴와 그 주변의 계곡과 평야로 이루어진 넓은 영토에 불규칙하게 분포되어 있었다. 그곳은 중앙 집권 정부가 통치하기에는 상당히 어렵고, 전략적으로 중요한 교통로가 지나고 농산물이 풍부하다는 점에 주목한 외국 열강들에게 침략을 당하기가 보다 쉽고 매력적인 표적이 되었다. 그러므로 이스라엘은 유다라면 피하기가 보다 용이했을 열강들과의 관계를 맺을 필요가 확실히 있었고, 동시에 지역간 파벌주의가 북부, 특히 사마리아와 요르단 동편 사이에서 더 심하게 나타났다. 어떤 왕이 이스라엘에서 성공하려면 그는 남부의 왕들보다도 훨씬 다양한 기득권 계층들 간의 균형을 유지시키고, 그들의 이익을 충족시켜줘야 했을 것이다. 북부의 다양한 지도층 가문들은 서로 다른 왕 후보자를 지지하고 자신들의 마음에 들지 않는 통치자들에 대해서는 지지를 철회함으로써 자신들의 서로 다른 이익을 지키기 위해 "끝까지 싸우는" 경향이 있었다. 이와 같은 북부의 지도층 가문들보다는 보다 동질적인 유다의 지도층 가문들이 결속을 굳게 다지고 하나의 왕족을 지지하기가 훨씬 쉬웠던 것이 실제 결과였다.

---

1) 여기에서의 해석은 Albrecht Alt, "The Monarchy in the kingdoms of Israel and Judah," in EOTHR, 313-35(초판, 1951)과 대조되는 Giorgio Buccellati, *Cities and Nations of Ancient Syria. An Essay on Political Institutions with special Reference to the Israelite Kingdoms, Semitici Semitici* 26(Rome: Instituto di Studi del Vicino Oriente, 1967)와 Baruch halpern, *The Constitution of the Monarchy in Israel,* HSM 25(Chico, Calif.: Scholars Press, 1981)을 따르고 있다.

또한 유다는 분단으로 인해 막대한 손실을 입었음에도 불구하고 그곳이 화려한 다윗과 솔로몬 왕조의 중심지였기 때문에 거대한 자산을 보유하고 있었다는 점을 간과해서는 안 된다. 일시적으로 통치권을 찬탈했던 아달리야처럼 통치권 대체를 요구하는 자는 누구든지 다윗 · 솔로몬에 관한 공인 기록과 반드시 비교될 것이다. 이와는 대조적으로, 북 왕국은, 말하자면, "무(無)에서" 시작해야만 했다. 북 왕국은 다윗-솔로몬의 전례들과 구조들을 물려받았으나 자력으로 유다로부터의 독립을 유지하고, 서로 싸우는 파벌들과 독자적인 지역들을 통합시키며, 다윗 왕조에서는 200년 이후에나 직접적인 영향을 끼친 외국의 침략에 대해 말하자면, 이스라엘은 아시리아와 "국경을 맞대고" 있어서 아시리아 서진(西進) 정책의 표적이 되었다는 것이 당시의 객관적 상황이다. 요컨대 유다가 멸망을 모면할 수 있게 만든 무엇이 있다면, 그것은 아시리아에 협력하고, 이스라엘과 다마스커스를 주축으로 하는 반란 세력에 가담하지 않기로 한 아하즈의 결정이었다.

유다에게 매우 유리하게 작용한 보다 구체적인 정치 체계적 요인이 있었던 것 같다. 아사 시대부터 유다 군주들은 공동 섭정 정치를 실행하기 시작하였다. 현재 통치 중인 왕이 후임자를 지명하고 국사 실무에 그를 "공동 통치자"로 참여시켰다. 이렇게 하여 정확한 계승권자가 확정될 뿐만 아니라 종국에는 차기 왕이 단독으로 공무를 집행할 수 있도록 그를 훈련시킬 수 있었다. 본서에서 사용한 연대기(§25)는 유다에 다음과 같은 공동 섭정이 있었음을 인정한다.

아사와 그 아들 여호사밧 873/872-870/869
여호사밧 그 아들 여호람 853-848
아마지야와 그 아들 우찌야 792/792-767
우찌야와 그 아들 요담 750-740/731
요담과 그 아들 아하즈 735-732/731
히즈키야와 그 아들 므나쎄 697/696-687/686

이와는 대조적으로 이스라엘에는 여호아스에서 그의 아들 여로보암 2세에게로의 왕권 이양(793/792-782/781)을 순조롭게 하였던 단 한 번의 공동섭정이 있었던 것으로 보인다. 오므리 왕조와 예후 왕조가 공동 섭정이 왕조 안정의 도구임을 발견하는 데 그렇게 오랜 시간이 소용되었던 이유는 알려지지 않고 있다.

34. 문학적 문화, 종교 및 예언자의 비평

34.1 엘로히스트

E 자료의 특징에 대해서는 앞에서 간략하게 언급한 바 있고(§13.2) 그 내용은 창세기 12-50장과 출애굽기-민수기에 수록되어 있다. 또한 E가 여호수와 1-12장과 같은 정복 전승에도 필경 잔존해 있을 것이라는 점도 알게 되었다(§22.3). 이외에도 E의 문학적 특성, 주요 모티프, 기본 시각과 삶의 자리 등에 대해 부연해야 할 것이다.

E의 어휘는 많은 점들에서 J 및 P와 뚜렷하게 구별된다. 예를 들면, 그 땅의 주민들에 대해서는 아모리인(J에서는 이스라엘), 거룩한 산에 대해서는 호렙(J와 P에서는 시나이), 모세의 장인에 대해서는 이드로(J에서는 호밥 또는 르우엘) 등이라고 하며, "이 일들 후에"가 이야기체에서 "진술한 사건들 후에" 혹은 "이후"에서와 같은 시간적으로 사용된다(J에서는 "이같이"). "강"은 유프라테스강을 가리키고, 바알(*ba'al*)은 남자에 대해 "주인"이나 "남편"이란 뜻으로 사용된다. "주다"는 "허락하다, 허가하다"란 뜻으로 자주 사용된다. 문체면에서 엘로히스트는 "아브라함아, 아브라함아!"(창세 22,11) 또는 "모세야, 모세야!"(출애 3,4)와 같은 반복법을 특히 직접적인 담화에서 즐겨 사용한다. "내가 여기 있나이다"라는 표현은 사람이 신이나 상전에게 대답할 때 자주 사용하는 말이다.

엘로히스트의 도덕 의식과 종교 의식은 그의 저작을 야휘스트의 저작과 구별해주는 일련의 주안점들과 강조점을 통해 명백하게 표현되고 있다. 이스라엘 조상들이 도덕적 결함을 J는 직설적으로 말하기를 주저하지 않지만, E는 그럴듯한 말로 얼버무리거나 문맥상 타당한 것으로 설명한다. 아브라함의 거짓말을 결국 사라가 그의 이복 누이였고 따라서 결혼 상대로 무방했을 것이라거나 최소한 아브라함은 원칙적으로 진실했다는 주석에 의해 완곡하게 처리되었다(창세 21,11-13 [§15.3.4]). 야곱이 라반의 양 떼를 훔친 것은 하느님의 축복에 기인한 것으로 설명되었고(창세 31,4-12), 조카와 삼촌이 서로 속인 것은 전적으로 라반의 잘못인 것으로 설명되었다.

제식(祭式)에 관한 관심은 J보다도 E에서 더 깊게 표명된다. J에서는, 야외 성소에 세워진 여러 제단들은 본래 기념물이었고 제사 장소로는 결코 묘사되는 일이 없던 반면에, E에서는 이 제단들이 분명히 제사를 드리는 곳으로 사용된다. 제식에 관한 많은 실례 중에는, 아브라함에게 그 아들을 희생 제물로 바치라고 요구한 것(창세 22,1-2), 야곱이 베델에서 돌기둥에 기름을 부은 것(창세 28,18), 야곱이 앞으로 그의 수익 중 십분의 일을 하느님께 바치겠다고 맹세한 것(창세기 28,20-22) 등이 있다. 실제로 E가 기록한 것은 아닐지라도 적어도 출애굽기 19-24장의 비(非)-P 자료를 선택한 것은 E라고 보는 이유 가운데 하나는 제사적 특징들이 많다는 점이다. 그러한 예를 들면, 모세가 호렙에서 백성들에게 옷을 빨게 하고 성관계를 금지시킴으로서 그들을 성별한 것(출애 19,10-11a; 14-15), 계약 체결은 제단과 백성에게 동물의 피를 뿌림으로써 그 효력을 발생한다는 것 (출애 24,6-8), 그리고 배교한 이스라엘인들이 그들의 신을 금송아지상으로 만든 것(출애 32장) 등이 있다.

전반적으로 볼 때, 엘로히스트는 도덕적 결론을 이끌어내고 야훼스트보다도 더 자유롭게 독자들에게 권고하는 경향을 보인다,. 뚜렷한 교훈보다도 더 자유롭게 독자들에게 권고하는 경향을 보인다. 뚜렷한 교훈이 그 안에 들어 있다는 것은 사실이지만, 역사에 대한 "교훈들"이 자나치게 이야기를 단절시키지는 않는다. 왜냐하면 그 교훈들은 종종 이야기의 주인공들의 입을 통해 교묘하게 전달되기 때문이다. 예를 들어, 요셉은 그의 형들을 위로하면서 하느님의 섭리적 목적을 열렬히 입증하고(창세 45 · 7; 50,20). 한편 신은 모세의 혼란에 대해 답하면서 야훼라는 새로운 신의 이름을 난해하게 "설명한다"(출애 3,13-15). 엘로히스트는 또한 이 사악이 그의 아버지 아브라함에 의해 제물로 바쳐질 뻔하였는데, 이를 가까스로 모면한다는 아슬아슬한 이야기를 만들어 내었다(창세 22,1-13 · 19). 이사악의 "결박"에 관한 이 이야기(후세 유대교 전승의 아키다〔Akidah〕)가 비상한 힘을 갖게 되는 것은 최고의 헌신으로서의 인신 제사 개념에서 비롯된다. 이 개념은 이스라엘의 환경 속에서 어느 정도 작용하였고 이스라엘인의 의식 속에 잠재해 있으며 이따금 행동으로 표출되었던 개념이다(§ 19.4).

엘로히스트는 정화된 제의를 통해 야훼 신앙을 성실히 고수하는 것과 전통적으로 모세와 관련되어 온 율법을 성실히 수행하는 바로 그것이 이스라엘의 전 민족적 삶의 근거가 된다는 점에서 이스라엘의 성격은 종교적 공동체임을 강조한다. 문학적 비평 기준을 가지고 확고한 결론을 내릴 수는 없지만, 율법의 최초 형태인 소위 계약 법전(출애 20,22-23,19)은 아마도 오므리 왕조 하에서 사회 경제적 악습과 제의의 남용을 방지하려는 노력의 일환으로 편집되었을 것이며 그후 E 자료 안에 보존되었다(§ 19.2.2)는 견해가 널리 받아들여지고 있다. 어떤 점에서는 E가 J보다 더 많은 전(前) 군주제 전승군의 측면들을 포함하고 있다(§ 13.6). E 자료의 이러한 "고대성"은 야훼 신앙이 북 이스라엘의 요셉 부족에게서 기원하였음을 반영한다. E에는 J에서 보여지는 것과 똑같은 땅과 국가에 대한 강조가 전혀 없다. E 자료에서는, 공동체의 가장 근원적인 토대에로 되돌아가고 (다윗 왕조든 북이스라엘 왕국이든) 계급 제도적 국가 구조에 의해 제한되거나 왜곡되지 않으려는 충동이 야훼의 심판과 은혜를 수령하는 자로서의 전체 백성에 대한 굳은 신뢰를 매체로 하여 강하게 표명된다.

E의 문체와 모티프에서는 권고 혹은 "설교" 취향이 뚜렷하게 나타난다. 배교의 위험이 회개와 순종에로의 부름과 함께 자주 선포된다. 지도자의 모범은 아브라함이나 요셉, 모세와 같이 신실함을 구현한 예언자적 인물들

이다. 올바른 제사 의식들을 지킴으로써 그리고 야훼가 제식과 꿈과 비전 및 신에 의해 파견된 사자들을 통해 인간들과 소통하시는 여러 가지 방법들에 주목함으로써 "두려워하는" 합당한 태도로 하느님에게 나아가야 한다는 것을 강조한다. 이것은 극히 세심한 사전 준비와 고려 없이 바라보면 위험스러운 하느님의 "모습"이 왜 강조되는지를 설명해준다. 이 모든 "제의 신학"(cultic theology)이 지향하는 바는 백성의 삶을 변화시키는 것이다. 야훼의 위엄과 분노에도 불구하고, 이스라엘의 하느님은 엄청나게 인내심이 강하고 백성들에게 돌이켜 새롭게 되라고 끊임없이 권유한다.

비록 일부 학자들이 "E"라는 단일 자료의 존재를 부정하고 그 내용들 가운데 많은 것들이 개별적으로 J에 추가된 것으로 간주해 왔지만, 이들 오래된 비(非)-J 전승들의 문체와 모티프들이 문학적 이중 기사들과 관련되어 있으므로 그것들은 하나의 연속 자료가 있었음을 말해준다.[2] E는 JE의 창세기-민수기(그리고 여호수아-판관기?)의 편집 과정에서 "삭제되고 손질되면서" 그 범위가 대폭 축소된 것 같다. J와 E의 결합은 B.C.E. 722년에 이스라엘이 몰락한 후 북 이스라엘 전승군들(엘리야-엘리사 이야기, 군주제 기원에 대한 예언사[預言史], 그리고 신명기의 핵심 자료들)이 북 왕국의 정치적 멸망에서 보존되어 남 왕국의 문학 및 종교 문화의 흐름 속에 들어가게 된 상황에서 이루어졌고, 결합 장소는 유다였다. JE 편집 계획은 남부 사람들에 의해 주관되었기 때문에 J 자료가 편집의 기초 자료로 채택되었고 , E 자료들은 J를 보충하는 데 사용되었다.

E의 연대와 삶의 자리는 정확하게 결정하기가 어렵다. 그것은 여로보암 1세와 예후 왕조 말기 사이의 어느 때에 기록되었을 가능성이 있다. E는 그것이 기록되던 당시의 역사적 사건들을 직접적으로 언급하지 않기 때문에 E의 삶의 자리는 폭넓은 가능성들에 근거하여 판단해야 한다. E는 종교적 배교가 국가의 존속을 위협할 정도를 심각했던 극단적 상황을 전제로

---

2) Alan W. Jenks, *The Elohist and North Israelite Traditions,* SBLMS 22(Missoula, Mont.: Scholars Press, 1977), chaps. 1-2.

한다. 오므리 왕조는 그러한 상황과 아주 잘 들어맞을 것이다. 그러나 전적으로 그렇게만 볼 수 없는 까닭은, 예후 왕조가 이스라엘의 종교적 및 사회적 순수성을 회복시키고자 하는 전망을 처음에 갖고 있었지만 그 전망을 지키지 못하였다는 사실이 엘리야-엘리사 이야기와 아모스의 글에 암시되어 있기 때문이다.

E는 국가의 조직과 일정한 거리를 두고 있기 때문에 E에 대응하는 남왕국 자료인 J의 상황으로 종종 가정되는 것과 같은 궁중 사회 내에서 E가 기록되었을 가능성은 없다고 생각된다. 그렇지만 북 왕국에는 E의 모티프들과 언어와 아주 유사한 다른 야당적 전승 배경들 곧 예언자 집단들이 있었다. 이들에게서 엘리야-엘리사 이야기들과 호세아서가 비롯되고 또한 군주제 기원에 대한 예언사가 나왔을 것이다(이러한 전승들이 어떤 단일한 예언자 집단에서 생성되었다는 말은 아니다). 한편, 신명기 배후에 있는 고대 계약 전승과 율법 전승도 또한 북 왕국에서 기원한 것 같고, E의 발생은 계약 갱신을 배경으로 하고 그 주도자들은 야훼 신앙을 신봉하던 사제들 즉 레위인들과 지주 가문들이었을 수 있다. 만일 그렇다면, 이스라엘 현재 자기 이해에 있어서 나타난 긴박한 위기감을 묘사하려 했던 J보다도 그것에 대해 E가 더 절박한 위기감을 갖고 이스라엘의 고대사를 재기술하는 데 관심을 가졌던 이유가 설명될 것이다.[3)]

34.2 엘리야와 엘리사

엘리야-엘리사 이야기들은 군사적 · 정치적 정책을 둘러싸고 일어난 왕들과 예언자들 사이의 갈등에 관한 풍부한 민담의 보고(寶庫)이며, 권력 남용과 기근으로 고통당하는 일반 백성들의 생활에 기본적으로 필요한 것들을 예언자들이 어떻게 충족시켜 주었는가에 관한 "기적" 이야기 혹은 "문제 해결" 이야기들의 대(大) 저장소이다.

---

3) Ibid., chaps. 3-4.

그 이야기들은 예언자들의 북 이스라엘 민중들 일부에게 심어준 명백하고도 강력한 인상 때문에 "민담"(popular stories)이라고 일컬어진다. 그러나 이 예언자들에게서 "인상을 받는" 사람들이 누구나 그러한 이야기들을 말한 것은 아닐 것이다. 요는, 예언자들이 놀라운 일을 무차별로 행했다는 것이 아니라, 바알과 그 추종자들에게 맞서고 극심한 곤경에 처한 야훼 신봉자들을 위해 야훼의 능력으로 기적을 행했다는 것이다. 이 이야기들의 전달자들은 야훼에 대해 충성할 것을 적극적으로 전파하였고 시종일관 바알을 반대하였던 자들이었음에 틀림없다. 그들은 기근과 질병과 토지 몰수 등으로 고난을 당하였고, 필수적인 제의와 사회적 실천(praxis)을 확실하게 수행할 역량이 오므리 왕조에게 있는지, 그리고 어쩌면 예후 왕조에게도 그 능력이 있는 것인지를 마음으로부터 점차 의심하게 되었다.

이런 주제 하의 관심들은 한 공동체에 의해 응결되었는데, 그 공동체는 엘리사가 이끄는 예언자들의 비밀 집회로 묘사되었고, 오바디야(열상 18,3-4)나 예후(열하9,1-3)와 같은 왕실 관리들, 심지어는 나아만(열하 5장)과 벤하닷 왕 및 하자엘 왕(열하 8,7-15)과 같은 시리아 관료들을 표함하는 보다 폭넓은 사회의 지지자들과 접촉하였다. 엘리사 이야기는 식량과 주택 및 도구들이 예언자 공동체와 농민 일반 모두에게 부족한 현실과 관련된다. 열왕기하 4장 11-37절과 8장 1-6절에 상술되어 있는 전설은 왕이나 법정에 의한 법적 구제가 마련되지 않는 경우에 예언자 집단과 그 지지자들 가운데 약하고 곤경에 처한 자들을 위해 예언자의 기적이 행해졌다는 것을 암시한다. 엘리야-엘리사 이야기들은 사취와 학대를 당한 야휘스트들, 다시 말해 이스라엘의 관리들에게 유기당하고, 고통을 당하기도 하였지만 예언자들의 중재로 기존 지도층의 주의를 재삼재사 끌게 된 야휘스트들의 운동을 지지할 목적으로 모은 이야기집이라고까지 생각할 수 있다(그들의 중재는 아마도 "설득력 있는 농민의 항변"(The protests of Eloquent Peasant)이라는 이집트 이야기를 어느 정도 따르고 있는 것 같다).

이러한 시각에서 볼 때 , 엘리야-엘리사 이야기 전달자들은 사회의 하층 주변부에서 구원의 거점과 하층 계급 옹호 집단으로 기능한 종교적 구성

체였던 것처럼 보인다. "역사를 만드는"(history-making) 왕실과는 달리 이스라엘의 하층부는 정치적 중앙 집권화와 사회의 계층화 때문에 예전의 보호 부족 체제에서 밀려난 백성들로 점점 채워지고 있었다. 왕조 변화와 종교 개혁의 열기를 고취시킨 집단은 아마도 그러한 집단들이었을 것이다. 그러나 그들의 생각은 너무 단순하거나 극단적이어서 정부 내에서 결정적인 세력을 확보할 수 없었고, 그것은 심지어 그들과 같은 부류의 한 사람인 예후가 마침내 권좌에 오르게 되었을 때조차도 그랬다.

34.3 아모스

아모스서의 아홉 개 장들에는 간담을 서늘케 하는 일련의 심판 담화들, 환상들, 송영(誦詠)들, 권고들, 애가들, 짤막한 설화 하나, 결론부에서 갑자기 나타나는 구원 약속들이 제시되어 있다. 그 책은 확연히 구분될 수 있는 몇 개의 부분들로 나누어진다. 다마스커스, 가자, 띠로, 에돔, 암몬, 모압, 유다, 이스라엘 등에 대한 부정적 신탁은 치밀하게 구성된 연속물이고, 각 신탁은 "……의 서너 가지 죄로 인하여 내(야훼)가 그 벌(즉, 야훼의 형벌 혹은 진노)을 돌이키지 아니하리라"는 공식문으로 시작된다(아모 1-2장). 저주 신탁들과 사제의 교훈에 대한 조롱이 포함된 북 왕국 심판 담화집을 "이 말을 들으라"는 공식구가 강조해준다(아모 3-6장). 그때에 임박한 심판에 관한 일련의 환상 보도는 이 예언자와 사제 아마지야의 대결에 관한 설화 보도와 추가 심판 담화가 중간에 삽입됨으로써 연속성이 중단된다(아모 7,1-9,6). 그 책은 완전한 멸망에 대한 위협으로 결론을 맺고 있으나, 그 위협은 의로운 개인들에 대한 보증 때문에 완화되고 민족의 회복에 대한 약속으로 확대된다(아모 9,7-15).

약 20개의 신탁들에서 일인칭으로 서술된 하느님의 담화("강제 위임받은 전달자의 담화")와 약 12개의 신탁들에서 삼인칭으로 서술된 예언자의 담화("자유증인의 담화") 사이에는 확연한 차이가 있다. 전자의 뼈대를 구성하는 것은 "나 야훼가 선고한다"와 "야훼의 말씀"이라는 공식구이다. 신의 담화와 예언자의 담화가 동일한 단위 내에 뒤섞여 있을 때도 있다. 예언자가 사용한 담화 양식의 삶의 자리에 대한 연구가 폭넓게 행해져왔고, 또 담화의 출처가 예언자의 제도적 배경과 일치하고 따라서 예언자가 사회에서 수행한 역할이 무엇인가를 밝혀줄 것인지를 대한 많은 고찰들이 있어 왔다.

1-2장에 연속적으로 나오는 외국에 대한 신탁들은 이집트의 저주문 (Egyptian Execration Texts)에서 입증되는 예배의식문에서는 외국의 적들과 여러 부류의 국내 죄인들에 대한 저주가 선포되었다.[4] 그러한 예배의식문이 이스라엘의 제의에서 행해졌다는 것과 아모스가 그 예배의식문 전제들과 언어를 이용하여 자신의 신탁 체계를 구성하였다는 것은 당연하다. 그러나 이것이 아모스가 바로 제의 예언자였다는 증거라고 주장하는 것은, 그의 "예배의식문"에서 백미를 이루는 부분은 이스라엘의 특정한 죄인들이라기보다 이스라엘 국가와 사회의 상부 구조 전체에 대한 확대 심판담화라는 점을 특히 고려할 때, 더욱더 의심스러워진다. 아모스는 제의 예언자로 출발하였으나 급진적으로 변모하여 제의와의 관계를 청산하고 그가 이전에 섬겨왔던 바로 그 제도에 멸망이 임하기를 기도하기까지 되었다는 주장이 제기되어 왔는데, 이 주장은 환상 보도 내에서 예언자의 조망이 발전해 간다는 가정에 일부 근거를 두고 있다.

송영(4,13; 5,8-9; 9,5-6)의 찬송 언어도 마찬가지로 아모스가 제의 예언자였다는 증거로 인용된다. 우리는 찬송 언어가 제의 이외의 영역에까지 널리 퍼져 있고 심지어는 지혜 문학에도 침투한 사실을 알고 있으므로, 이러한 주장은 논거가 약하다. 송영을 채택하고 매 경우마다 그것을 제의에 대한 공격의 절정 부분에 세심하게 배치한 주요 목적은 야훼의 우주적 초월성을 증언함으로써 기존의 제의 체제가 가장하고 있는 "범접할 수 없는 신선함"의 가면을 벗겨버리는 것이다. 이것은 아이러니컬하게도 제의에서 기원한 찬송 언어를 사용하여 제의를 공격함으로써 이루어지고 있다.[5]

---

4) Aage Bentzen, "The Ritual Background of Amos 1,2-2,16," *OTS* 8(19:50):85-99.

한편, 예언자의 담화 가운데 몇 가지 양상들은 지혜 전승과 관련되어 왔다. 예를 들면, 숫자로 등급이 표시된 진술("서너 가지 죄로 인하여"), 저주 선언 그리고 경험적 관찰을 기초로 하여 인과관계를 교훈적으로 설명한 것(예: 아모 3,3-8) 등이 그것이다. 이 경우에 아모스에게 영향을 준 지혜 전승은 아마도 궁중에서 발전된 지혜 전승이 아니라 구(舊) 이스라엘 사회 조직의 모체인 촌락에서 그 명맥이 유지되고 있는 부족 체제를 억압하고 더 나아가서 극도로 위협을 하기도 했지만 그러나 그것을 교체시킬 의지나 수단은 없었다. 그러한 상황에서 "현자"(sage)가 된다는 것은 조언을 하고 동료들의 재판에서 판결을 내리는 일에 종사하는 지역 지도자가 되는 것을 의미했을 것이다. 성서에 나와 있듯이 드고아 태생의 아모스가 목자로 그리고 시간제(part-time) 농업 노동자로 일했다는 사실은 그가 부조전래의 부족 관습과 사회 윤리적 전제들을 철저히 흡수할 수 있는 환경을 조성해주었다.[6] 대체로 하느님의 이스라엘 심판에 관한 아모스의 담화는 그가 유다의 한 외곽 경작 지대 출신의 목자 겸 농부로서 직접 알고 있었던 언어 즉 거친 자연 환경에 대한 투쟁의 언어로 옷 입혀져 있으며 제의적 언어로 치장되어 있지 않다.

다른 공식 예언자들에 대한 아모스의 지위 문제는 뜨거운 논쟁거리였지만 별소득이 없었는데, 그 주된 이유는 이용할 수 있는 증거가 우리의 질문에 답을 주기에는 실제로 적합지 않았기 때문이다. 아모스 7장 14절의 유명한 예언자적 부인 성명은 야훼가 그를 부를 '때까지' 그는 예언자 혹은 예언 집단의 일원이 아니었으나 이제는 그렇다는 것을 의미하는가("나는 예언자가 '아니었다'……")? 아니면 야훼가 그를 불러 신의 메시지를 전하라고 한 '지금도' 예언자가 아니라는 말인가("나는 예언자가 '아니

5) James L, Crenshaw, *Hymnic Affirmations of Divine Justice: The Doxologies of Amos and Related Texts in the Old Testaments,* SBLDS 24(missoula, Mont.: Scholars Press,1975), 39-46.

6) Hans Walter Wolff, *Amos the Prophet: The Man and His Background*(Philadelphia: Fortress, Press, 1973).

다'……"? 아마지야가 아모스를 가리켜 "선견자"(*ḥōzeh*)라고 책망할 때, 아모스는 자신이 "예언자"가 아니라고 대답하는데, 이처럼 명백히 불합리한 추론(non sequitur)에 대해서는 어떻게 생각해야 하는가? 이렇게 가시돋힌 말을 주고받는 것이 당대의 다른 예언자들에 대한 아모스의 관계를 말해준다는 주장은 전혀 분명치 않다. 왜냐하면 그가 한 말의 초점은, 그가 야훼의 대언자로 직접 부름을 받았고 따라서 예언자와 선견자에 대해 아마지야가 갖고 있을지도 모르는 어떠한 전통적 이해에도 그는 굴복될 수 없다는 점을 그 사제에게 확실히 밝히는 오직 한 가지 관심사에만 맞춰져 잇는 듯하기 때문이다. 그렇다면, 아모스가 말하는 요지는 단지 "나는 삯을 받거나 위협을 받아 시키는 대로 무엇이든지 말하고 행동하는 그런 부류의 '예언자들'과는 같지 않다"는 것일 뿐이다.

과거에 생각했던 것보다 훨씬 복잡한 본서의 성장에 대한 상이 편집비평에 의해 제시되었다. 자료비평(구 문학 비평)은 띠로와 에돔 및 유다에 대한 신탁들과 9장 8b-15절의 구원 약속들 그리고 때로는 송영들을 제외한 이 책의 대부분을 보통 아모스의 저작으로 보았다. 그러나 최근의 편집비평 연구는 아모스서의 절반 혹은 그 이상을 후대의 재편집과 보충에 의한 것으로 돌린다.

현재까지의 아모스 연구서 가운데 가장 완벽한 편집비평적 연구서에서는 아모스가 여섯 단계의 발전 과정을 거쳤는데 그 가운데 처음 세 단계는 8세기에 있었던 것으로 가정한다.

(1) 3-6장에 나오는 아모스의 말들을 수집한 원수집물은 예언자 자신의 저작일 것이다. (2) 2단계에서는 제 민족에 대한 예언자의 신탁과 환상 보도들이 그보다 오래된 심판 담화 수집물의 서두와 결론이 되었다. (3) 구 아모스 학파가 앞서 언급한 부분들을 편집하였고, 환상 보도와 추가된 권고 사이에 아마지야 사건을 삽입시켰다. (4) 요시아 시대에 베델 해설판(a Bethel exposition)이 송영들을 삽입시켰고 요시아의 베델 제단 파괴와 관련하여 아모스가 베델과 제의에 대해 비판한 것을 상세히 설명하였다(열하 23,15). (5) 포로기의 신명기적 편집에서는 띠로와 에돔 및 유다에 대한

신탁들이 첨가되었고 보다 오래된 구원사에 관한 언급들이 보충되었다. (6) 이 책의 음울한 부정적 특징을 완화시키기 위해 포로기 이후의 종말론적 구원론이 첨가되었다.[7]

아모스서에 대한 또 다른 편집비평적 연구는 성장 단계들을 다음과 같이 단순화한다. (1) 8세기 중엽에 지배 계층에 대한 아모스의 심판 선언이 모아졌고("아모스 A"), (2) 요시아의 희망찬 개혁이 한창이던 7세기의 마지막 30여 년 동안에 이스라엘의 남은 자들과 유다를 향하여 회개를 촉구하는 재해석과 증보가 이루어졌고("아모스 B"), (3) 일단 두 왕국이 모두 몰락한 후 유다인 포로들 또는 최근에 팔레스틴으로 귀환한 자들을 위해 재해석과 증보가 이루어졌다("아모스 C").[8] 따라서 우리는 본래의 아모스에 대해 그와 관련된 후계자들이 보도하는 대로 알 뿐이라는 견해가 충분히 성립된다. 그렇지만 다행스럽게도 그들은 아모스의 말들을 상당 부분 손대지 않는 채 원형 그대로 보존하였다. 이 3단계 편집 가설에서는 사회학적 비평 기준을 활용하려고 시도한 다른 어떤 편집비평 연구보다도 사회학적 비평 기준을 보다 충실하게 이용한 점이 특이할 만하다. 아모스가 탄핵했던 사회 구조들과 요시아가 개혁하려 했던 사회 구조들 그리고 포로기/포로기 직후의 편집자가 수복 팔레스틴에서 부활시킬 것을 희망했던 사회 구조들 간의 차이를 밝히려는 노력이 있었다.

세부적인 면에서는 판단상의 차이점이 많이 있음에도 불구하고, 앞에서 인용한 두 편집비평적 연구는 예언자의 힘있는 발언들이 복잡한 전달 · 편집 과정을 거쳤고, 연속적인 편집 단계들이 8세기의 아모스와 같은 방식으로 전사회적인 주기적 비판적 성찰의 핵심 역할을 하였다는 데 의견을 같이 한다. 만일 후대의 성찰들이 보다 희망찬 것이라고 하면, 그것은 요시아의 개혁으로 인해 갖게 된 7세기의 기대감들과 관계되고(§36.3) 또한 한

7) Hans Walter, Wolff, *Joel and Amos,* Hermeneia(Philadelphia: Fortress Press, 1977), 106-13.

8) Robert B. Coote, *Amos Among the Prophets: Composition and Theology*(Philadelphia:Fortress, 1981).

국가로서의 유다가 이스라엘과 함께 세상에서 잊혀진 이후에 공동체를 재건하기 위한 6세기의 도전과 관련된다(§36.3). 또한 한 국가로서의 유다가 이스라엘과 함께 세상에서 잊혀진 이후에 공동체를 재건하기 위한 6세기 도전과 관련된다(§43). 이러한 가설들은 반드시 검토되어야 하겠지만, 다음과 같은 점을 분명히 함으로써 아모스의 단언적(categorical) 담화 양식과 조건적 담화 양식을 구별하는 데 특별히 기여해 왔다. 즉 요시아 시대의 편집자들은 아모스의 경고에 주의하지 않은 북 왕국에 닥쳤던 재난을 신명기 개혁 지도자들이 예방하는 데 그 경고가 도움이 될 것으로 굳게 믿었기 때문에, 그들은 아모스서에서 조금도 경감되지 않은 채 언급되는 최초의 가혹한 심판 선언들은 권고의 말로 그럴듯하게 완화시키고 있다는 것이다.

본서 핵심부의 저자인 아모스 예언자는 번영을 구가하던 여로보암 2세의 통치 기간 중에 상류 계급들 사이에서 통용되기 시작한 애국적이며 경건한 보수주의적 경향을 공격하였다(§33.4). 탐욕스런 상류 계급들은 부를 축적하고 분별 없는 "과시적 소비"를 통해 부를 화려하게 과시하려고 정부와 사법권의 묵인 하에 평민들의 토지를 조직적으로 빼앗았다. 그리고 그 사회가 결국 "가능한 최상의 사회"이기 때문에, 백성들은 자신들의 비참한 운명을 받아들여야 한다고 그들을 설복하기 위해 타민족에 대한 증오와 군사적 과시 및 종교적 수사학이 동원되었다.

독점된 부의 상당 부분은 면모를 화려하게 일신시킨 성소들에게 호사스런 희생 제사와 예배식을 쏟아 부어졌다. 아모스는 과열된 종교적 열심이란 다름아닌 지도자들의 지독한 이기주의와 실제적인 무신론을 감추기 위한 기만적이고도 비열한 "은폐물" 또는 "가면"이라고 맹렬히 공격하였다. 즉 어느 주석가가 논평한 대로, "놀랍게도 아모스의 판단에 의하며, 사람들이 야훼를 위해 너무 적은 일을 행한다기보다는 오히려 너무 많은 일을 행하고 있다는 것이다.[9] 아모스는 이스라엘 왕국이, 아마도 아시리아일 것

9) Wolff, *Joel and Amos,* 104.

으로 추정되는, 적국에 의해 타도되고 지도자들은 국외로 추방당할 것이며, 이것은 힘없는 자들에 대한 억압을 정당화시켜주는 신으로 야훼를 이해하는 거만하고 오도된 확신의 "종말"(참조: 아모 8,1-3)일 것이라고 전하였다.

아모스가 이스라엘은 야훼에게 완전히 거부당할 것이라고 독자적으로 선포할 수 있었던 도덕적 및 지적 힘의 근원은 무엇인가? 무엇보다도 먼저 그를 압도하였던 하느님과의 만남을 손꼽아야 할 것이다. 그는 하느님에게 받은 메시지들을 전하는 것이 자신의 사명이라고 전적으로 확신하였다. 그러나 엄밀히 말해 이러한 "소명"은 어떤 특수한 공동체와 전통에 의존한 그의 전 인격에 토대를 둔 것이었다. 그러한 전통 중에서 하느님의 부름에 의해 작열케 된 요소들은 무엇인가? 이 질문에 대한 확실한 대답은 하나도 없다.

아모스가 신명기에 분명하게 나타나 있고 호세아서에서는 아마도 보다 간접적으로 나타나 있을 듯한 종류의 조건적 계약 전승에 의존했다는 주장이 있지만, 그의 언어에는 이를 뒷받침해줄 만한 명백한 증거가 없고, 이스라엘이 야훼와 맺은 "계약"을 언급조차 하지 않는다. 출애굽은 2장 10절과 9장 7절에 언급되고 아마 3장 2절에서도 언급되는 것 같다.

3장 2절에서 하느님이 이스라엘만 유일하게 "알았다"는 말은 예언자로 하여금 이스라엘에는 특별한 책임이 부여되고 있다고 결론을 내리게 한 일종의 특별한 선택 전승인 것으로 보인다. 이와 관련하여 말하자면, 이스라엘의 책임에 대한 구체적 내용은 전혀 제시되어 있지 않은데, 그 내용은 아모스가 특정한 율법 위반을 심판의 근거로 예시하였더라면 틀림없이 언급되었을 것이다. 또한 아모스는 야훼가 모든 민족들의 보편적인 주(主)였다는 그의 신앙을 뒷받침하기 위해 가나안 사상에 영향을 받은 엘(El) 신학에 의존하였다는 주장이 있다. 이외에도 어떤 사람들은 그가 지혜의 우주적 보편성에 영향을 받았다고 생각한다.

만일 아모스가 고발한 중심적인 죄가 가난한 자를 짓밟는 것이라는 점에 주의를 기울이고 그가 팔레스틴 농촌의 자연과 사회에서 얻어진 수사학적 질문과 비유를 통해 하느님의 활동을 묘사한 방법에 주의를 기울인다면, 우리는 그가 가장 중요하게 생각하는 것이 무엇인지를 정확하게 평가할 수 있을 것이다. 그는 가난한 자에 대한 살인적인 억압을 직접 체험했다. 그는 그러한 억압을 몹시 싫어했을 뿐만 아니라 그것이 야훼의 뜻과 완전히 배치된다는 것을 알았다. 어떻게 그는 이것을 알게 되었을까?

그는 이스라엘의 고대 부족 생활을 통해 형성되고 당시에는 서로 도와주는 관습과 지방 법정에서 정의를 실행하는 관습 속에 보존되어 온 설화와 율법 전승들로부터 그것을 알았다(§24.2.3). 비록 성문 율법들을 본 적은 없다 할지라도, 그는 이스라엘의 사회윤리적 율법의 요지는 알고 있었다(§19.2.2). 이러한 율법들이 드고아 같은 농촌에서는 아모스의 목전에서 어느 정도 충실하게 이행되었던 반면에, 이스라엘의 지배 계층에서는 야훼를 가장 소리 높이 찬송하던 바로 그 사람들에 의해 기괴하게도 무시되고 거부되었던 것이다. 이처럼, 전통적인 야훼 신앙에 기반을 둔 농촌 생활의 꾸준한 성실성과 하느님에 대한 놀랍고도 직접적인 체험의 두 요소가 그에게 비판적 분석 구조와 억제할 수 없는 열정의 근거를 제공해 주었다.

그러한 직설적인 비판의 즉각적인 결과는 다음에 암시되어 있다. 즉 아모스는 뜨내기 정상배로 배척당하고 아마도 이스라엘에서 축출되어 그의 고향인 유다로 송환되었을 것이다(아모 7,10-17). 그러나 그것으로 문제가 종결된 것은 아니었다. 얼마 지나지 않아서 예후 왕조가 붕괴되고 이스라엘은 어느덧 정치 무대에서 사라지기 시작하였다. 과거에는 터무니없던 것으로 보이던 아모스의 위협들이 언젠가 결국 일어난 사건들과 잘 들어맞았다는 사실이 알려졌다(§33.5). 엘리야와 엘리사에게 공감한 그들의 동료들이 그들에 대한 이야기들을 보존한 것과 같이, 아모스에게 감명받은 그의 추종자들도 그의 말들을 보존하였고, 새로운 상황의 요청에 따라 그것들을 재구성하고 보충하였다. 이외에도, 아모스가 보여준 모범과 심지어 그의 사상의 세부적인 항목들까지도 다른 반향들을 불러 일으켰으며, 그 결과 힘찬 비판적 예언 전승이 갑자기 분출되기 시작하였고 3백 년 동안 끊임없이 계속되었다.

34.4 호세아

예언자 호세아는 여로보암 2세 사후에 이스라엘이 쇠퇴해 가는 마지막 몇 십 년 동안에 북 왕국에서 활동하였으며, 722년의 사마리아 멸망 후에도 살았을 가능성이 있다(§33.5). 아모스가 일찍이 수년 동안 고발해 왔던 상류 계급의 독선적인 자기 과신은 사회적 · 정치적 역경에 직면하면서 현저하게 약화되었다.

도덕성이 상실되고 방향 감각을 잃은 사회적 상황 속에서, 호세아는 타인을 희생시켜서라도 모든 이권을 탈취함으로써 자신들이 한정된 이익 보호에만 열중하였던 "지도층" 세대와 대결한다. 그들에게 있어 야훼는 한낱 개인적인 이권의 수여자이며 보증자였다. 야훼 신앙과 바알리즘(바알 종교) 간의 차이가 불투명해진 것이다.

호세아서는 분량이 서로 다른 두 개의 부분으로 다음과 같이 나뉘어진다.(1) 1-3장. 예언자의 결혼과 자식에 관한 설화와 진술들이 그런 대로 중요 기사이며 이외에는 1장의 3인칭 기사와 3장의 1인칭 기사가 있고, 그 사이에는 남편과 아내의 결합을 야훼와 이스라엘의 유대 관계를 설명하기 위한 확대 비유로 사용하는 2장의 각종 진술들이 있다. (2) 4-14장. 이 부분은 이스라엘의 제의적 및 정치적 죄를 호되게 책망하고 국가의 멸망과 정화 이후에만 재생의 희망이 있다고 하는 심판 담화와 완화된 구원 담화로 구성된다. 이러한 열정적인 보도와 담화 본문은 보존 상태가 불량하여 단어와 구(句) 및 행(行) 전체의 의미가 불확실한 경우들이 많다.[10] 호세아서에는 단위의 표지로써 제시된 신탁 공식문이 거의 없기 때문에 문학 단위를 구분하는 일이 아모스서에서보다도 훨씬 더 어렵다. 본문의 구성이나

---

10) Francis I. Andresen and David N. Freedman, *Hosea, AB* 24(Garden City, N,Y.: Doubleday & Co., 1980), 57-76에는 본서에 고유한 본문상의 특성과 문학적 특성이 예리하게 분석되어 있다.

전달이 엉성한 사실은 쉽게 설명되지 않는다. 그 이유는 특히 작품의 대부분이 예언자 호세아에 의해 직접 혹은 그의 구술에 따라 대필로 기록되었거나 그의 사후 대략 한 세대 이내에 추종자 집단의 회상을 통해 수집 기록된 것 같기 때문이다. 북 왕국의 멸망으로 인한 혼란의 와중에서 원본이 미처 유다로 옮겨져 보존되기도 전에 전체 혹은 일부가 훼손되었을 가능성이 있다.

본서를 재구성한 한 연구에서는 그것을 대체로 동시에 발전된 세 개의 수집물들을 결합시킨 결과로 간주한다.[11] 첫 번째 복합체(1-3장)는 2장 2-15절과 3장 1-5절에 있는 호세아의 결혼과 자녀 출생에 관한 설화와 예언자의 후대 진술을 보충하였다. 두 번째 복합체(4,1-11,11)는 극소수에 불과한 본서의 공식문 표지 가운데 두 개("이스라엘 백성들아, 야훼의 말씀을 들어라." 4,1; "야훼의 말씀이시다." 11,11)로 시작되고 끝맺으며, 호세아의 공적 설교 사본과 그 추종자들에 대한 사적 전언들의 사본으로 구성되어 있다. 세 번째 복합체(11,12-14,9)도 역시 공적 및 사적 전언들의 뒤섞인 것으로서 문체상의 몇 가지 특이성들에 의해 구분될 수 있으며, 아마 예배의 식문으로 사용되었을지도 모른다(참조. 12,6). 세 개의 복합체들은 모두 고발과 심판에서 구원 약속으로 옮아가고 언어학적인 면에서 그리고 개념적인 면에서 신명기 사상과 현저한 유사성을 보인다(§37.3). 유다에 대한 언급들은 대개 호세아의 말을 이차적으로 적용시킨 것들이며, 남 왕국을 심판의 표적으로 삼거나 구원을 약속하고 있다. 이러한 언급들은 짧고 보통 모호하기(cryptic) 때문에 유다 역사의 어느 시기에 그 언급들이 본문 속에 삽입되었는지 단정짓기가 쉽지 않다.

예언자는 야훼와 이스라엘의 관계를 나타내는 결혼 비유(1-3장)와 아울러 부자(父子) 비유(11,1-7)를 발전시켰다. 사실 이것은 농업과 동물의 생태 및 가족 관계에서 끌어낸 풍부한 은유와 직유들 가운데서 보다 두드러진 두 개의 예에 불과하다. 야훼는 또한 의사, 새 사냥꾼, 사자, 표범, 새끼

---

11) Hans Walter Wolff, *Hosea, Hermeneia*(Philadelphia:Fortress Press, 1974), xxix-xxxii.

잃은 암콤, 이슬, 무성한 나무, 고름(혹은 좀?), 썩이는 것 등으로 묘사된다. 이스라엘은 병자, 소 떼, 변덕스러운 비둘기, 길들여졌으나 부리기 힘든 암소, 방황하는 들나귀, 백합화, 해산하는 여인, 태내에 있는 아이, 너무 많이 구운 과자, 느슨한 활, 이른 아침이 안개와 이슬, 바람에 날리는 겨 등으로 묘사된다.

1-3장의 전승 복합체는 예언자가 하느님이 명령에 딸 고멜이란 여인과 결혼한 것에 대해 말하는데, 그녀가 부정한 여자로 판명됐으나 예언자는 그녀를 되찾는 중에 있다. 야훼 역시 이와 유사하게 불충실한 이스라엘과 "재혼"을 시도하고 있다. 이것이 (알레고리와는 현저히 다른) 호세아의 실제 결혼 경험인가, 만일 그렇다면, 그 상황은 어떠한 것인가, 또한 3장의 여인은 고멜인가 다른 여인인가 등의 문제에 대해서는 해석자들 간에 이론이 분분하다[12] 호세아와 고멜의 관계를 낭만적으로 보는 과거의 해석들은 호세아가 교훈을 주기 위해 "충격 요법"을 취했던 상황(context)을 무시하는 경향이 있고 사변적이기 때문에 오늘날에는 거의 주목을 받지 못한다.

일부 사람들이 있음 직한 일로 생각하듯이, 고멜이란 여인은 제의 성창(聖娼)이었고, 그러한 경우에는 예언자가 바알 숭배에 대한 신랄한 비판자였으므로, 그 이미지는 이중 효과를 발휘하였다는 것은 가능한 일이다. 당시 바알 숭배는 이스라엘 내부로부터 야훼즘의 토대를 잠식해 들어가 마침내는 야훼가 마치 마법으로 조종할 수 있는 일종의 바알상인 양 그렇게 예배되기까지 이르렀다. 예언자가 고의로 바알 제의 성창과 결혼했다면, 이는 "사서 고생하는 일"이었을 것이다. 사회 종교적 메시지를 전달하기 위해 예언자가 이러한 실제 혹은 가상 결혼을 이용하는 것은 아내와의 결합에서 태어난 자녀들에게 다음과 같이 심판을 예고하는 상징적 이름들을 붙임으로써 극적으로 표현된다. 첫째 아들이 이름인 이즈르엘은 예후 왕조

12) Andersen과 Freedman, *Hosea*, 115-309에서 결혼 비유와 그것이 뿌리박고 있는 예언자의 가정 생활과의 관련 가능성을 문학적 및 개념적인 면에서 상세하게 탐구한다.

의 출발지였고 끝나는 곳이 될 골짜기의 이름이며(호세 1,4-5), 딸의 이름인 로루하마는 "긍휼히 여김받지 못하는" 이스라엘의 상태를 의미하고(호세 1,6), "내 백성이 아니라"는 뜻을 가진 둘째 아들의 이름 로암미는 사생아 이스라엘을 나타내는 모멸적인 말이다(호세 1,8-9).

이 시기의 야훼 신앙과 바알 종교 간의 관계에 대한 우리의 이해는 북시나이의 쿤틸라트 아쥬르드(*Kuntillat 'Ajrud*)에서 발견된 미발표 비문과 그림들에 의해 충분히 향상될 수 있을 것이다. 9세기/8세기의 성소에서 발견된 증거에 의하면, 야훼가 거기에서 바알로 혹은 바알과 나란히(*in tandem*) 숭배되었고, 야훼에게 "그의 아세라"로 일컬어진 배우자가 있었던 것으로 보인다.[13] 따라서, 한 세기 전에 예후가 북 왕국에서 바알 종교를 근절시켰던 것으로 생각됨에도 불구하고(§33.4), 철저한 종교적 혼합주의에 의해 야훼 신앙과 바알 종교의 요소들이 융합되었으므로 호세아는 그 결과 초래된 제의적 · 사회 정치적 상황을 "무지"의 상황으로 묘사할 수 있었던 것 같다(4,1-3; 5,3-4; 8,1-3).

예언자는 옛 야훼 신앙을 이런 식으로 배반한 책임을 근시안적이고 자기만 섬기는 지도자들, 특히 사제들, 예언자들, 왕들, 관료들에게 돌린다(4,4-6; 5,1-2; 8,4-5). 국운을 쇠퇴시키는 시대적 혼란과 대비하여, 호세아는 통렬하고도 무시무시한 '성난 투쟁적 사랑'으로서의 하느님의 정의를 내세운다. 호세아 9장 7-9절의 모호한(cryptic) 말은 예언자가 거센 반발을 사서 공적 발언을 할 수 없게끔 억제당했음을 암시하고, 어쩌면 더 나아가서 예언자가 사제 혹은 제의 예언자로서 통상적으로 참여하던 축제에서 추방당했음을 암시하는 것 같다. 그 자신이 선택한 에브라임의 "파수꾼"비유는 후에 에제키엘에 의해 채택되고 확대되었다(에제 3,16-21; 33,1-20; §50.1).

---

13) Kuntillat 'Ajurd 유물에 대한 예비적 보고들은 Zeev Meshel and Carol Meyers, "The Name of God in the Wilderness of Zin," *BA* 39(1976): 6-10과 Zeev Meshel, "Did Yahweh Have a Consort?" *BA Rev*5/2(1979): 24-25에 실려 있다.

호세아는 아모스를 분노하게 했던 사회 경제적 불의를 고발하지 않았다고 말하는 경우들이 때로 있다. 그러나 실상은 그렇지 않다. 호세아도 역시 부의 불평등한 분배와 하층 계층에 대한 억압을 알았고 또한 그것에 반대했다는 사실을 명백히 하는 암시들이 충분히 있다. 히브리어의 미쉬파트(*mishpāṭ*)는 "심판"(5,1 · 11; 10,4)과 "정의"라는 의미로 모두 사용되고(2,19; 12,6)심지어는 두 가지 의미를 동시에 함축하는 언어 유희에 사용되기도 한다(6,5). 호세아 4장 1절에 일련의 명사들로 나열된 죄들, 다시 말해, 거짓 맹세와 도둑질(강도질)과 살인은 모두 아모스가 소상하게 지적한 채무자의 권리 박탈(유질 처분), 토지 약탈, 궁중의 부패 등과 관련된다. 심판이 밭고랑의 독초처럼 돋는다는 10장 4절의 비유는 탄핵 대상인 맹세와 약정이 토지 거래나, 채무자 즉 농민에 대한 대부와 관련되어 있음을 시사한다. 북 왕국을 한마디로 경제적 탐욕과 약탈의 땅으로 표현하기 위해(12,8-9) 형제를 속인 사기꾼으로서의 야곱에 관한 창세기 전승을 사용한 것은 특히 주목할 만하다. 끝으로, 14장 1-3절에 나오는 절정부 곧 이스라엘의 "진실된 고백"에 의하면 "고아가 주(야훼)로 말미암아 긍휼을 얻는다"고 하는데, 이는 약자 보호를 위한 부족 이스라엘의 사회경제적 계획을 나타내는 완곡한 표현이다. 호세아가 특히 평가의 대상으로 삼는 것은 다름아닌 이스라엘의 정치적 상황이다. 정치적 파벌들 간의 싸움(7,5-7)과 이스라엘과 유다의 싸움(5,8-12)은 서로를 죽이는 싸움이었고 국토 분열을 초래하였다. "기브아의 시대"(9,9; 10,9)는 십중팔구 사울을 왕으로 선택한 것을 가리키고, 오랜 왕실 치욕의 역사를 암시한 것이다. 이 역사는 아시리아가 왕국의 3분의 2 이상을 제국의 직할 통치 구역으로 합병시키면서 일어난 최근의 잇따른 암살 사건과 영토의 잠식으로 끝맺는다(§33.5).

이집트 및 아시리아와 맺은 동맹은, 야훼가 동맹국의 힘을 무력하게 하거나 동맹국으로 하여금 이스라엘을 침공하게 할 것이기 때문에 쓸모가 없다. 한편, 동맹국들에 대한 과중한 공물(10,6)과 수출(12,1)로 인한 재정 고갈은 경제를 파탄으로 몰아갈 것이다. 예상되는 농업의 쇠퇴는 가뭄, 경작 부진, 민란과 내란에 의한 곡물 피해 등에 못지 않게 그러한 외국의 수

탈에서 비롯된 결과인 것 같다.

아모스와 마찬가지로 호세아도 군사적으로 정복당할 것과 지도층이 국외로 추방될 것을 예견한다. 호세아는 그러한 추방의 상태는 곧 광야에로의 복귀이며, 그곳에서 혹독한 시련에도 불구하고 한 공동체로서의 민족의 본래 모습이 보존될 것이라고 말하고 있는 점에서 아모스를 뛰어넘는다. 그는 출애굽, 광야 유랑 및 정복 등의 구원 전승들에 의존하여, 미래의 "광야 상태"를 이중적으로 본다. 즉 그것을 형벌 시대 혹은 강요된 사회·정치적 및 종교적 퇴보 시대로 보기도 하고, 한편 민족적 삶의 갱신이 시작될 수 있는 근신 기간(period of probation)으로 보기도 한다(참조. 아내의 근신 상태와 정규적인 공식 제도들 없이 지낼 임박한 "많은 날" 사이의 유비: 3,3-4). 이 "광야"의 지리적 위치를 밝혀내려고 하는 것은 논지에서 벗어나는 일이다. 호세아는 이스라엘이 시나이 광야나 예리고 평지 혹은 아골 골짜기에 정말로 또 다시 있게 될 것이라고 보지 않는다. 단지 그는 유형론적으로 말할 뿐이다. 팔레스틴 땅으로부터의 추방과 광야로의 복귀가 예상되지만, 이 둘은 다음의 두 가지 관점에서 본 동일한 사건들이다. 하나는 동시대의 역사적 관점(추방이 갖는 형벌로서의 성격과 그를 통해 기대된 정화 상태)이고, 다른 하나는 구원사적 관점(광야에서 또는 여러 민족들 사이에서 유랑하는 것이 갖는 형벌로서의 성격과 그를 통해 기대된 정화 상태)이다.[14]

초기 해석자들은, 아모스와 마찬가지로 호세아도 이스라엘에 대해 전혀 아무런 희망도 제시하지 않았고 호세아서에 나오는 모든 약속들은 틀림없이 후대 사람들이 첨가한 것이라고 가정하는 경향이 있었다. 비록 새로운 공동체의 제의적 및 사회정치적 형태에 관한 것은 사실상 예측할 수 없는 성질의 것이긴 하지만, 새로운 공동체적인 삶은 이스라엘의 완전한 정치적 멸망 후에, 아니 반드시 그 '후'라야만 비로소 회개와 진정한 야훼 신앙의 회복에 의해 이루어질 것이라는 기대가 예언자의 견해와 일치한다고 믿을

---

14) Norman K. Gottwald, *AKE*, 132-35.

만한 충분한 이유들이 있다.

호세아는 야훼를 몹시 슬퍼하는 "남편"과 "아버지"로 보았기 때문에, 하느님이 공의를 포기하지는 않을 그러한 사랑으로 백성을 돌이키려고 분투하고 있었다는 것을 이해했다. 또한 여로보암 사후에 이스라엘이 급격히 붕괴된 것은 아모스의 경고를 너무나 분명하게 확인시켜주었으므로 호세아는 이렇게 질문하지 않을 수 없었다. 이스라엘의 멸망 후에 어떤 일이 뒤따를 것인가? 또한 호세아는 사마리아가 몰락하는 것을 그의 생전에 보았고 아시리아인들에 의해 추방되지 않았던 이스라엘 빈민 계급의 무정향 상태를 수습해야 했을 가능성이 현실적으로 아주 높다. 빈민 계급은 대부분 이스라엘 지배 계급의 희생자들이었고, 이제는 아시리아 정복자들이 이스라엘 영토에 이주시킨 외국인들과 함께 정복자들 치하에서 새로운 삶을 찾아야 했던 사람들이었다(참조. 열하 17,25-41).

요컨대, 우리는 조심스럽게 희망하는 일종의 "종말론적" 사상을 호세아서에서 보게 된다. 이 사상 곧 '왜곡된 구조들의 필연적인 붕괴'를 통해 '공동체적인 삶의 새로운 가능성들'이 도출된다는 신앙은 호세아 시대 이후로부터 예언자적 공동체 안에서 '역사를 통해 배우는' 방법으로서 그리고 그들의 전통에는 없는 극심한 절망과 반(反) 사회적 자기 확대에 빠지지 않으면서 새로운 역사를 창조하기 위해 준비하는 방법으로서 나타나기 시작하였다.

참고문헌

제1부 텍스트와 그 컨텍스트들

제1장 히브리 성서를 보는 시각들

1. 성서 연구 방법의 다양성

Avishur, Issac. "Exegesis Among Jews in the Modern Period." In *EJ* (1971): cols. 899-903.

The Cambridge History of the Bible. 3 vols. New York and Cambridge: Cambridge University Press, 1963-70.

Grant, Robert M., John T. McNeill, and Samuel Terrien. "Hostory of the Interpretation of the Bible," In *IB* 1: 106-41.

Hayes, John H., and Carl Holladay. *Biblical Exegesis.* Atlanta: John Knox Press, 1981.

Hummel, Horace D. "Bible: Bible Research and Criticism." In *EJ* 4 (1971): cols, 903-15.

Soulen, Richard N. *Handbook of Biblical Criticism.* 2d ed. Atlanta: John Knox Press, 1981.

2. 히브리 성서에 대한 신앙고백적 · 종교적 접근

Alonso-Schökel, Luis. *The Inspired Word. Scripture in the Light of Language and Literature.* New York: Sheed & Ward, 1965.

Payne, J. Barton. *The Theology of the Older Testament.* Grand Rapids: Wm. B. Eerdmans, 1962.

Reid, John K. S. *The Authority of Scripture: A Study of the Reformation and Post-Reformation Understanding of the Bible.* London: Methuen & Co., 1957.

Smith, Richard F. "Inspiration and Inerrancy," In *JBC* 2: 499-514.

3. 히브리 성서에 대한 역사비평적 접근

General

De Vries, Simon J. "Biblical Criticism, History of." In *IDB* 1: 413-18.

Grobel, Kendrick. "Biblical Criticism." In *IDB* 1: 407-13.

Historical Criticism

Hayes, John H., and J. Maxwell Miller, eds. *Israelite and Judaean History.* Philadelphia: Westminster Press, 1977. [Hereafter *IJH.*]

Miller, J. Maxwell. *The Old Testament and the Historian.* GBS. Philadelphia: Fortress Press, 1976.

Source (Older Literary) Criticism

Fretheim, Terence E. "Source Criticism, OT." In IDBSup, 838-39.

Habel, Norman C. *Literary Criticism of the Old Testament.* GBS. Philadelphia: Fortress Press, 1971.

Form Criticism

Hayes, John H. *Old Testament Form Criticism.* San Antonio: Trinity University Press, 1974. [Hereafter *OTFC.*]

Knierim, Rolf, and Gene M. Tucker, eds. The Forms of the Old Testament Literature. 24 vols. projected. Grand Rapids: Wm. B.

Eerdmans, 1981-. [Hereafter FOTL.]

Koch, Klaus, The *Growth of the Biblical Tradition. The Form-Critical Method.* New York: Charles Scribner' s Sons, 1971.

Tucker, Gene M. "Form Criticism, OT." In IDBSup, 342-45.

_____. *Form Criticism of the Old Testament.* GBS. Philadelphia: Fortress Press, 1971.

Oral Tradition

Coote, Robert B. "Tradition, Oral, OT." In IDBSup, 914-16.

Finnergan, Ruth. *Oral Poetry. Its Nature, Significance, and Social Context.* New York and Cambridge: Cambridge University, 1977.

Tradition (Tradition-Historical) Criticism

Coats, George W. "Tradition Criticism, OT." In IDBSup, 912-14.

Knight, Douglas A. *Rediscovering the Traditions of Israel.* Rev. ed. SBLDS 9. Missoula, Mont.: Scholars Press, 1975.

Rast, Walter E. *Tradition History and the Old Testament.* GBS. Philadelphia: Fortress Press, 1972.

Redaction Criticism

March, W. Eugene. "Redaction Criticism and the Formation of Prophetic Books." In SBLSP 11 (1977): 87-101.

Wharton, James A. "Redaction Criticism, OT." In IDBSup, 729-32.

Willis, John T. "Redaction Criticism and Historical Reconstruction." In *Encounter with the Text,* ed. M. J. Buss, 83-89. Semeia Studies. Philadelphia: Fortress Press, 1979.

4. 종교적 성서 연구 방법과 역사비평적 성서 연구 방법 간의 상호작용

Barr, James. "Biblical Theology." In IDBSup, 104-11.

______. "Revelation in History." In IDBSup, 746-49.

Betz, Otto. "Biblical Theology, History of." In *IDB* 1: 432-37.

Brown, Raymond E. "Hermeneutics." In *JBC* 2: 605-23.

Childs, Brevard S. *Biblical Theology in Crisis.* Philadelphia: Westminster Press, 1970.

Collins, Thomas A., and Raymond E. Brown. "Church Pronouncements." In *JBC* 2:624-32.

Hahn, Herbert H. " The Theological Approach to the Old Testament." In *The Old Testament in Modern Research.* Rev. ed., 226-49. Philadelphia: Fortress Press, 1966.

Hasel, Gerhard. *Old Testament Theology: Basic Issues in the Current Debate.* 2d ed. Grand Rapids: Wm. B. Eerdmans, 1975.

Hoffman, Thomas A. "Inspiration, Normativeness, Canonicity, and the Unique Character of Scripture." *CBQ* 44 (1982): 447-69.

Stendahl, Krister. "Biblical Theology, Contemporary." In *IDB* 1: 418-32.

Stuhlmacher, Peter. *Historical Criticism and Theological Interpretation of Scripture.* Philadelphia: Fortress Press, 1977.

5.2.1 문학으로서의 성서와 신문학비평

New Literary Criticism

Frye, Northrop. *The Great Code: The Bible and Literature.* New York and London: Harcourt Brace Jovanovich, 1982.

Lentricchia, Frank. *After the New Criticism.* Chicago and London: University of Chicago Press, 1980.

Richards, Ivor A. *Principles of Literary Criticism.* London: Routledge & Kegan Paul, 1924.

Wellek, Rene, and Austin A. Warren. *Theory of Literature.* 3d ed. New York: Harcourt Brace and World, 1962.

Bible as Literature

Alter, Robert. *The Art of Biblical Narrative.* New York: Basic Books, 1981.

Auerbach, Erich. Mimesis: *The Representation of Reality in Western Literature.* Garden City, N. Y.: Doubleday & Co., 1957.

Cromack, Robert E. "Discourse, Direct and Indirect." In IDBSup, 236-37.

Licht, Jacob. *Storytelling in the Bible.* Jerusalem: Magnes Press, 1978.

Newman, Barclay M., Jr. "Discourse Structure." In IDBSup, 237-41.

Robertson, David. "Literature, The Bible as." In IDBSup, 547-51.

_______. *The Old Testament and the Literary Critic.* GBS. Philadelphia: Fortress Press, 1977.

Rhetorical Criticism

Bizer, Lloyd F., and Edwin Black, eds. *The Prospect of Rhetoric.* Englewood Cliffs, N.J.: Prentice-Hall, 1971.

Greenwood, David. "Rhetorical Criticism and Formgeschichte: Some Methodological Considerations." *JBL* 89 (1970): 418-26.

Jackson, Jered, and Martin Kessler, eds. *Rhetorical Criticism.* PTMS 1. Pittsburgh: Pickwick Press, 1974.

Muilenburg, James. "Form Criticism and Beyond." *JBL* 88 (1969): 1-18.

Trible, Phyllis. *God and the Rhetoric of Sexuality.* OBT 2. Philadelphia: Fortress Press, 1978.

Canonical Criticism (see also 11.2)

Blenkinsopp, Joseph. *Prophecy and Canon.* Notre Dame, Ind.: Notre

Dame University Press, 1977.

Brueggemann, Walter. *The Creative Word. Canon as a Model for Biblical Education*. Philadelphia: Fortress Press, 1982.

Childs, Brevard S. *Introduction to the Old Testament as Scripture*. Philadelphia: Fortress Press, 1979. [Hereafter IOTS.]

Sanders, James A. *Canon and Community: A Guide to Canonical Criticism.* GBS. Philadelphia: Fortress Press, 1984.

______. "Hermeneutics." In IDBSup, 402-7.

______. *Torah and Canon.* Philadelphia: Fortress Press, 1972.

Sheppard, Gerald T. "Canonization: Hearing the Voice of the Same God Through Historically Dissimilar Traditions." *Int* 37 (1982): 21-33.

5.2.2 구조주의적 비평

General

Piaget, Jean. *Structuralism.* New York: Basic Books, 1970.

Scholes, Robert. *Structuralism in Literature: An Introduction.* New Haven, Conn., and London: Yale University Press, 1974.

Biblical

Detweiler, Robert. *Story, Sign, and Self.* Semeia Studies. Missoula, Mont.: Scholars Press, 1978.

Jobling, David. *The Sense of Biblical Narrative: Three Structural Analyses in the Old Testament.* JSOTSup 7. Sheffield: Department of Biblical Studies, 1978.

Johnson, Alfred M., Jr., ed. *Structuralism and Biblical Hermeneutics.* PTMS 22. Pittsburgh: Pickwick Press, 1979.

Polzin, Robert. *Biblical Structuralism.* Semeia Studies. Missoula, Mont.: Scholars Press. 1977.

______. *Moses and the Deuteronomist,* esp. chap. 1. New York: Seabury Press, 1980.

Robert, David. "Literature, The Bible as (4a)." In IDBSup, 549-50.

Spivey, Robert A. et al. Articles in Structuralism and Biblical Studies issue of *Int* 28 (1974): 131-200.

Taber, Charles R. "Semantics." In IDBSup, 800-807.

5.3 사회과학적 방법들

General

Carney, T. F. *The Shape of the Past: Models and Antiquity.* Lawrence, Kans.: Coronado Press, 1975.

Gottwald, Norman K. "Israel, Social and Economic Development of." In IDBSup, 465-68.

______. "Sociological Method in the Study of Ancient Israel." In *Encounter with the Text,* ed. M. J. Buss, 69-81. Semeia Studies. Philadelphia: Fortress Press, 1979.

______. ed. *The Bible and Liberation: Political and Social Hermeneutics.* Rev. ed. Maryknoll, N.Y.: Orbis Books, 1983. [Hereafter BL.]

Long, Burke O. "The Social World of Ancient Israel." *Int* 37 (1982): 243-55.

de Vaux, Roland. *Ancient Israel. Its Life and Institutions.* New York: McGraw-Hill, 1961.

Wilson, Robert R. *Sociological Approaches to the Old Testament.* GBS. Philadelphia: Fortress Press, 1984.

Wolff, Hans Walter. "The World of Man. Sociological Anthropology." In *Anthropology of the Old Testament,* 157-229. Philadelphia: Fortress Press, 1974.

Special Studies

Carroll, Robert P. *When Prophecy Failed: Cognitive and the Prophetic Traditions of the Old Testament.* New York: Seabury Press, 1979.

Chaney, Marvin L. "Ancient Palestinian Peasant Movements and the Formation of Premonarchic Israel." In *Palestine in Transition: The Emergence of Ancient Israel,* ed. D. N. Freedman and D. F. Graf, 39-90. SWBAS 2. Sheffield: Almond Press, 1983.

Culley, Robert C., and Thomas W. Overholt, eds. *Anthropological Perspectives on Old Testament Prophecy. Semeia* 21 (1982).

Gottwald, Norman K. *The Tribes of Yahweh: A Sociology of the Religion of Literated Israel, 1250-1050 B.C.E.* Maryknoll, N. Y.: Orbis Books, 1979(corrected 2d printing, 1981). [Hereafter *TY.*]

Hanson, Paul D. *The Dawn of Apocalyptic: The Historical and Sociological Roots of Jewish Apocalyptic Eschatology.* 2d ed. Philadelphia: Fortress Press, 1979. [Hereafter *DA.*]

Mendenhall, George E. "The Hebrew Conquest of Palestine." *BA* 25 (1962): 66-87 = BAR 3 (1970): 100-120.

_______. *The Tenth Generation: The Origins of the Biblical Tradition.* Baltimore: Johns Hopkins University press, 1973.

Rogerson, John. *Anthropology and the Old Testament.* Atlanta: John Knox Press, 1979.

Weber, Max. *Ancient Judaism.* Glencoe, Ill.: Free Press, 1952 (Eng. trans. of German original, 1921).

Wilson, Robert R. *Prophecy and Society in Ancient Israel.* Philadelphia: Fortress, 1980.

Zeitlin, Irving. *Ancient Judaism.* Cambridge: Polity Press, 1984.

제2장 히브리 성서의 세계

7. 자연 경제 지리학

Atlases

Aharoni, Yohanan, and Michael Avi-Yonah. *The Macmillan Bible Atlas.* Rev. ed. New York: Macmillan Co., 1977. [Hereafter MBA.]

Amiran, David H. K. et al., eds. *Atlas of Israel.* 2d ed. Jerusalem: Bialik Press, 1970.

Baly, Denis, and A. D. Tushingham. *Atlas of the Biblical World.* New York: World Publishing, 1971.

Beek, Martin A. *Atlas of Mesopotamia.* New York: Thomas Nelson & Sons, 1962.

Grollenberg, L. H. *Atlas of the Bible,* ed. J. M. H. Reid and H. H. Rowley. New York: Thomas Nelson & Sons, 1956.

Kraeling, Emil G., *Rand McNally Bible Atlas.* Chicago: Rand McNally, 1956.

May, Herbert G., ed. *Oxford Bible Atlas.* 3d ed. New York and London: Oxford University Press, 1984.

Monson, J., General consultant. *Student Map Manual: Historical Geography of the Bible Lands.* Grand Rapids: Zondervan, 1979.

Negenman, Jan H. *New Atlas of the Bible,* ed. H. H. Rowley. Garden City, N. Y.: Doubleday & Co., 1969.

Wright, George E., and Floyd V. Filson, eds. *The Westminster Historical Atlas to the Bible.* Rev. ed. Philadelphia: Westminster Press, 1956.

Geography, Culture, and Daily Life

Aharoni, Yohanan. *The Land of the Bible: A Historical Geography,* ed. A. F. Rainey. Rev. ed. Philadelphia: Westminster Press, 1979. [Hereafter LB.]

Avi-Yonah, Michael. *The Holy Land from the Persian to the Arab Conquests* (536 B.C. to A.D. 640): *A Historical Geography.* Grand Rapids: Baker Book House, 1966.

Baly, Denis. *Geographical Companion to the Bible.* New York: McGraw-Hill, 1963.

______. *The Geography of the Bible.* Rev. ed. New York: Harper & Row, 1974.

Bodenheimer, F. S. *Animal and Man in Bible Lands.* Leiden: E. J. Brill, 1960.

Brice, William C. *South-West Asia: A Systematic Regional Geography.* London: University of London Press, 1966.

Cornfeld, Gaalyah, ed. *Pictorial Biblical Encyclopedia.* New York: Macmillan Co., 1964.

Corswant, W. *A Dictionary of Life in Bible Times.* London: Hodder & Stoughton, 1960.

Frank, Harry Thomas. *Discovering the Biblical World.* New York: Harper & Row, 1975.

Heaton, Eric W. *Everyday Life in Old Testament Times.* New York: Charles Scribner's Sons, 1968.

Noth, Martin. *The Old Testament World.* Philadelphia: Fortress Press, 1966.

Orni, Efraim, and Elisha Efrat. *Geography of Israel.* 3d ed. New York: American Heritage, 1971.

Pedersen, Johannes. *Israel. Its Life and Culture.* 4 vols. published in 2. London: Oxford University Press, 1926, 1940.

Pfeiffer, Charles F. *The Biblical World.* Grand Rapids: Baker Book House, 1966.

Reifenberg, A. *The Struggle Between the Desert and the Sown: Rise and*

Fall of Agriculture in the Levant. Jerusalem: The Jewish Agency, 1955.

Zohari, M. *Plant Life of Palestine: Israel and Jordan.* New York: Ronald Press, 1962.

8. 고고학: 유형 유물과 문서 유물

Aharoni, Yohanan. *The Archaeology of the Land of Israel,* ed. M. Aharoni. Philadelphia: Westminster Press, 1978. [Hereafter ALI.]

Albright, William F. *The Archaeology of Palestine.* Rev. ed. Baltimore: Penquin Books, 1960.

Avi-Yonah, Michael. "Archaeology." In *EJ* 3 (1971): cols, 303-31.

Avi-Yonah, Michael, and Ephraim Stern, eds. *Encyclopedia of Archaeological Excavations in the Holy Land.* 4 vols. Englewood Cliffs, N. J.: Prentice-Hall, 1975-78.

Blaiklock, Edward M., and R. K. Harrison, eds. *The New International Dictionary of Biblical Archaeology.* Grand Rapids: Zondervan, 1983.

Cornfeld, Gaalyah. *Archaeology of the Bible: Book by Book.* New York: Harper & Row, 1976.

Dever, William G. "Archaeology." In IDBSup, 44-52.

Gibson, J. C. L. "Inscriptions, Semitic." In IDBSup, 429-36.

Hestrin, Ruth, et al., eds. *Inscriptions Reveal: Documents from the Time of the Bible, the Mishnah, and the Talmud.* 2d ed. Jerusalem: Israel Museum, 1972.

Kenyon, Kathleen M. *Archaeology of the Holy Land.* 4th ed. New York: W. W. Norton, 1979.

Lance, H. Darrell. *The Old Testament and the Archaeologist.* GBS. Philadelphia: Fortress Press, 1981.

McCullough, W. S. "Inscriptions." In *IDB* 2: 706-13.

Schoville, Keith N. *Biblical Archaeology in Focus.* Grand Rapids: Baker

Book House, 1978.

Thomas, D. Winton, ed. *Archaeology and Old Testament Study.* New York and London: Oxford University Press, 1967.

Van Beek, G. W. "Archaeology." In *IDB* 1:195–207.

Wright, George E. *Biblical Archaeology.* 2d ed. Philadelphia: Westminster Press, 1962.

9. 고대 근동의 정치사, 문화사 및 사회사

Braidwood, Robert J. *Prehistoric Men.* 8th ed. Glenview, Ill.: Scott, Foresman, 1975.

Contenau, George. *Everyday Life in Babylonia a and Assyria.* New York: St. Martin' s Press, 1954.

Diakonoff, I. M., ed. *Ancient Mesopotamia: Socio-Economic History. A Collection of Studies by Soviet Scholars.* Moscow: Nauka, 1969.

Frankfort, H., and H. A. Frankfort. *Before Philosophy.* Harmondsworth: Penguin Books, 1949 = *The Intellectual Adventure of Ancient Man.* Chicago: University of Chicago Press, 1946.

Gray, John. *The Canaanites.* New York: Frederick A. Praeger, 1962.

Grosvenor, Gilbert, ed. *Everyday Life in Ancient Times,* 5-167. Washington, D. C.: National Geographic Society, 1951.

Gurney, O. R. *The Hittites.* Harmondsworth: Penguin Books, 1961.

Hallo, William W., and William K. Simpson. *The Ancient Near East.* New York: Harcourt Brace Jovanovich, 1971.

Harden, Donald B. *The Phoenicians.* New York: Frederick A. Praeger, 1962.

Jacobsen, Thorkild. *Towar the Image of Tammuz and Other Essays on Mesopotamian History and Culture,* ed. W. Moran. Cambridge: Harvard University Press, 1970.

Kees, Hermann. *Ancient Egypt: A Cultural Topography.* London: Faber & Faber, 1961.

Kramer, Samuel N. *The Sumerians: Their History, Culture, and Character.* Chicago: University of Chicago Press, 1963.

Olmstead, A. T. *History of Assyria.* Chicago: University of Chicago Press, 1923.

______. *History of the Persian Empire.* Chicago: University of Chicago Press, 1948.

Oppenheim, A. Leo. *Ancient Mesopotamia: Portrait of a Dead Civillization.* Chicago: University of Chicago Press, 1964.

Ringgren, Helmer. *Religions of the Ancient Near East.* Philadelphia: Westminster Press, 1973.

Rostovtzeff, M. I. *Social and Economic History of the Hellenistic Period.* 3 vols. London: Oxford University Press, 1941.

Roux, Georges. *Ancient Iraq.* Harmondsworth: Penguin Books, 1964.

Sandars, Nancy K. *The Sea Peoples. Warriors of the Ancient Mediterranean.* London: Thames & Hudson, 1978.

Steindorff, George, and Kurt C. Seele. *When Egypt Ruled the East.* 2d ed. Chicago: University of Chicago Press, 1963.

Wilson, John A. *The Culture of Ancient Egypt.* 2d ed. Chicago: University of Chicago Press, 1956.

Wiseman, D. J., ed. *Peoples of Old Testament Times.* New York and London: Oxford University Press, 1973.

제3장 히브리 성서의 문학사

10.1 독자적인 민족의 문헌들: 고대 근동 문헌

Bermant, Chaim, and Michael Weitzman. *Ebla: A Revelation in Archaeology.* New York: The New York Times Book Co., 1979.

Beyerlin, Walter, ed. *Near Eastern Religious Texts Relating to the Old Testament.* Philadelphia: Westminster Press, 1978. [Hereafter *NERT.*]

Heidel, Alexander. *The Babylonian Genesis: The Story of Creation.* 2d ed. Chicago: University of Chicago Press, 1963.

_______. *The Gilgamesh Epic and Old Testament Parallels.* 2d ed. Chicago: University of Chicago Press, 1963.

Maloney, Paul C. "Assessing Ebla." *BARev* 41/1 (1978): 4-10.

Pritchard, James B., ed. *Ancient Near Eastern Texts Relating to the Old Testament.* 3d ed. Princeton, N. J.: Princeton University Press, 1969.

Thomas, D. Winton, ed. *Documents from Old Testament Times.* London: Thomas Nelson & Sons, 1958.

10.2.1 외경과 위경

Brown, Raymond E. "Apocrypha; Dead Sea Scrolls; Other Jewish Literature." *JBC* 2: 535-60.

Charles. *APOT.*

Charlesworth, James H., ed. *The Old Testament Pseudepigrapha: Vol. I, Apocalyptic Literature and Testaments.* Garden City. N. Y.: Doubleday & Co., 1983. Vol. II forthcoming. [Herafter OTP.]

_______. *The Pseudepigrapha and Modern Research.* Missoula, Mont.: Scholars Press, 1976.

Fritsch, Charles T. "Apocrypha." In *IDB* 1:161-66.

_____. "Pseudepigrapha." In *IDB* 3: 960-64.

Metzger, Bruce M. *An Introduction to the Apocrypha.* London: Oxford University Press, 1957.

Nickelsburg, George W. E. *Jewish Literature Between the Bible and the Mishnah.* Philadelphia: Fortress Press, 1981. [Hereafter *JLBBM.*]

Pfeiffer, Robert H. *History of New Testament Times with an Introduction to the Apocrypha.* New York: Harper & Bros., 1949.

Rost, Leonhard. *Judaism Outside the Hebrew Canon. An Introduction to the Documents.* Nashville: Abingdon Press, 1976.

Stone, Michael E. "Pseudepigrapha." In IDBSup, 710-12.

10.2.2 사해 두루마리

Betz, Otto. "Dead Sea Scrolls." In *IDB* 1: 790-802.

Bruce, F. F., and Jacob Licht. "Dead Sea Scrolls." In *EJ* 5 (1971): cols. 1396-1408.

Cross, Frank M. *The Ancient Library of Qumran and Modern Biblical Study.* 2d ed. Garden City, N. Y.: Doubleday & Co. 1958.

Cross, Frank M., and Shemaryahu Talmon, eds. *Qumran and the History of the Biblical Text.* Cambridge and London: Harvard University Press, 1975.

Fitzmyer, Joseph A. *The Dead Sea Scrolls. Major Publications and Tools for Study.* Missoula, Mont.: Scholars Press, 1975; with an addendum January 1977.

Gaster, Theodor. *The Dead Sea Scriptures in English Translation with Introduction and Notes.* 3d ed. Garden City, N. Y.: Doubleday & Co., 1976.

Ringgren, Helmer. *The Faith of Qumran. Theology of the Dead Sea Scrolls.* Philadelphia: Fortress Press, 1963.

Vermes, Geza. "Dead Sea Scrolls." In IDBSup, 210-19.

_______. *The Dead Sea Scrolls in English.* Rev. ed. Baltimore: Penguin Books, 1970.

10.2.3 탈무드와 라삐 문서

Berkovits, Eliezer. "Talmud, Babylonian." In *EJ* 15 (1971): cols. 755-68.

Danby, Herbert. *The Mishnah Translated from the Hebrew with Introduction and Brief Explanatory Notes.* Oxford: At the Clarendon Press, 1933.

Epstein, Isadore. "Talmud." In *IDB* 4: 511-15.

_____. "Midrash," In *IDB* 3: 376-77.

_______. ed. *Babylonian Talmud in English.* 36 vols. London: Soncino Press, 1935-48.

Green, William S. "Reading the Writing of Rabbinism: Toward an Interpretation of Rabbinic Literature." *JAAR* 51 (1983): 191-206.

Handelman, Susan A. *The Slayers of Moses. The Emergence of Rabbinic Interpretation in Modern Literary Theory.* Albany: State University of New York Press, 1982.

Herr, Moshe D. "Midrash." In *EJ* 11 (1971): cols. 1507-14.

Miller, Merrill P. "Midrash." In IDBSup, 593-97.

Moore, George Foot. *Judaism in the First Centuries of the Christian Era. The Age of the Tannaim.* 3 vols. Cambridge: Harvard University Press, 1927.

Neusner, Jacob. *Method and Meaning in Ancient Judaism.* Missoula, Mont.: Scholars Press, 1979.

______. *The Rabbinic Traditions About the Pharisees Before 70 A.D.* 3 vols. Leiden: E. J. Brill, 1971.

______. ed. *The Talmud of the Land of Israel: A Preliminary Translation and Explanation.* Vol. 34. Chicago Studies in the History of Judaism. Chicago: University of Chicago Press, 1982.

Rabinowitz, Louis I. "Talmud, Jerusalem." In *EJ* 15 (1971): cols. 772-79.

Strack, Hermann L. *Introduction to the Talmud and Midrash.* New York: Atheneum, 1969.

Urbach, Ephraim E. "Mishnah." In *EJ* 12 (1971): cols. 93-109.

Weingreen, Jacob. *From Bible to Mishna: The Continuity of Tradition.* New York: Holmes & Meier, 1976.

10.2.3 신약성서와 초기 그리스도교 문헌

Bauer, Walter. *Orthodoxy and Heresy in Earliest Chrisitianity,* ed. R. A. Kraft and G. Krodel. Philadelphia: Fortress Press, 1971.

Bultmann, Rudolf. *The History of the Synoptic Tradition.* New York: Harper & Row, 1963.

_______. *Theology of the New Testament.* 2 vols. New York: Charles Scribner' s Sons, 1951, 1955.

Cameron, Ron, ed. *The Other Gospels: Non-Canonical Gospel Texts.* Philadelphia: Westminster Press, 1982.

Conzelmann, Hans. *History of Primitive Chrisrianity.* Nashville and New York: Abingdon Press, 1973.

Fiorenza, Elisabeth Schuüssler. *In Memory of Her. A Feminist Theological Reconstruction of Christian Origins.* New York: Crossroad, 1984.

Goppelt, Leonhard. *Theology of the New Testament,* ed. J. Roloff. 2 vols. Grand Rapids: Wm. B. Eerdmans, 1981-82.

Koester, Helmut. *Introduction to the New Testament.* 2 vols. Philadelphia: Fortress Press, 1982.

Perrin, Norman, and Dennis C. Duling. *The New Testament: An Introduction. Proclamation and Parenesis; Myth and History.* 2d ed. New York: Harcourt Brace Jovanovich, 1982.

Sanders, E. P. *Paul and Palestinian Judaism.* Philadelphia: Fortress Press, 1977.

11.1 독립된 문학 단위의 형성

This list of critical introductions to the Hevrew Bible/Old Testament is annotated as follows:

1 = organized principally by canonical order

2 = organized principally by literary genre and historical development

* = treats the books of the Apocrypha

** = treats the books of the Apocrypha and Pseudepigrapha

Anderson, Bernhard W. *Understanding the Old Testament.*[2] 3d ed. Englewood Cliffs, N. J.: Prentice-Hall, 1975.

Bentzen, Aage. *Introduction to the Old Testament, I*[2]*-II*[1]**. 2 vols. bound as 1. 2d ed. Copenhagen: G. E. C. Gad, 1952.

Bewer, Julius. *The Literature of the Old Testament.*[2] Rev. by Emil G. Kraeling. 3d ed. New York: Columbia University Press, 1962.

Buck, Harry M. *People of the Lord. The History, Scriptures, and Faith of Ancient Israel.*[2] New York: Macmillan Co., 1966.

Childs, Brevard S. *IOTS.*[1]

Driver, Samuel R. Introduction to the Literature of the Old Testament.1 9th ed. Edinburgh: T. & T. Clark, 1913.

Eissfeldt, Otto. *The Old Testament: An Introduction.*[1**] New York: Harper & Row, 1965. [Hereafter *TOT.*]

Ellis, Peter F. *The Men and the Message of the Old Testament.*[2*] Collegeville, Minn.: Liturgical Press, 1963.

Fohrer, Georg (revision of Ernst Sellin). *Introduction to the Old Testament.*[1] Nashville: Abingdon Press, 1968. [Hereafter *IOT.*]

Harrison, Walter. *Interpreting the Old Testament.*[1*] New York: Holt, Rinehart & Winston, 1964.

Harrison, Walter. *Interpreting the Old Testament.*[1*] Grand Rapids: Wm. B. Eerdmans, 1969.

Hayes, John H. *An Introduction to Old Testament Study.*[2] Nashville:

Abingdon Press, 1979.

Humphreys, W. Lee. *Crisis and Story. Introduction to the Old Testament.*[2] Palo Alto, Calif.: Mayfield Publishing, 1979.

Jensen, Joseph. *God's Word to Israel.*[2*] Rev. ed. Wilmington, Del.: Michael Glazier, 1983.

Kaiser, Otto. *Introduction to the Old Testament: A Presentation of Its Results and Problems.*[1] Minnerapolis: Augsburg Press, 1974.

Kuhl, Curt. *The Old Testament. Its Origin and Compisition.*[1*] Richmond: John Knox Press, 1961.

Kuntz, J. Kenneth. *The People of Ancient Israel: An Introduction to Old Testament Literature, History, and Thoght.*[2] New York: Harper & Row, 1974.

Larue, Gerald A. *Old Testament Life and Literature.*[2*] Boston: Allyn & Bacon, 1968.

LaSor, William S., David A. Hubbard, and Frederic W. Bush. *Old Testament Survey. The Message, Form, and Background of the Old Testament.*[1] Grand Rpids: Wm. B. Eerdmans, 1982.

Napier, Davie. *Song of the Vineyard: A Guide Through the Old Testament.*[2] Rev. ed. Philadelphia: Fortress Press, 1981.

Pfeiffer, Robert H. *Introduction to the Old Testament.*[1] New York: Harper & Bros., 1941.

Robert, André, and André Feuillet, eds. *Introduction to the Old Testament.*[1] New York: Desclee Co., 1968.

Rowely, H. H. *The Growth of the Old Testament 1.* New York: Harper & Row, 1963.

Sandmel, Samuel. *The Hebrew Scripture: An Introduction to their Literature and Religious Ideas.*[2] New York: Alfred A. Knopf, 1963.

Soggin, J. Alberto. *Introduction to the Old Testament. from Its Origins to* *the Closing of the Alexandrian Canon.*[1*] Philadelphia: Westminster Press, 1976.

Thompson, Leonard L. *Introducing Biblical Literature: A More Fantastic Country.*[2] Parts I-III on Hebrew Bible. Englewood Cliffs, N. J.: Prentice-Hall, 1978.

Weiser, Artur. *The Old Testament: Its Formation and Development.*[1**] New York: Association Press, 1961.

West, James K. *Introduction to the Old Testament.* "Hear, O Israel."[2*] New York: Macmillan Co., 1971.

Wolff, Hans Walter. *The Old Testament. A Guide to Its Writings.*[2] Philadelphia: Fortress Press, 1973.

Young, Edward J. *An Introduction to the Old Testament.*[1] Rev. ed. Grand Rapids: Wm. B. Eerdmans, 1958.

11.2 권위 있는 수집물들과 정경의 마감

Blenkinsopp, Joseph. *Prophecy and Canon.* Notre Dame, Ind: University of Notre Dame Press, 1977.

Childs, Brevard S. *IOTS.* Part I.

Coats, George W., and Burke O. Long, eds. *Canon and Authority. Essays in Old Testament Religion and Theology.* Philadelphia: Fortress Press, 1977.

Cohen, Shaye J. D. "Yavneh Revisited: Pharisees, Rabbis and the End of Jewish Sectarianism." SBLSP 21 (1982): 45-61.

Freedman, David N. "Canon of the Old Testament." In *IDBSup,* 130-36.

Jeffery, Arthur. "The Canon of the Old Testament." In *IB* 1: 32-45.

Leiman, Sid Z. *The Canonization of the Hebrew Scripture: The Talmudic and Midrashic Evidence.* Hamden, Conn.: Archon Books, 1976.

_______. ed. *The Canon and Masorah of the Hebrew Bible.* New York:

Ktav Publishing, 1974.

Murphy, Roland E., A. C. Sundberg, and S. Sandmel. "A Symposium on the Canon of Scripture." *CBQ* 28 (1966): 189-207.

Ostborn, Gunnar. *Cult and Canon: A Study in the Canonization of the Old Testament.* Uppsala: Lundeqvist, 1950.

Pfeiffer, Robert H. "Canon of the Old Testament." In *IDB* 1: 498-520.

Sanders, James A. *Torah and Canon.* Philadelphia: Fortress Press, 1972.

Sarna, Nahum M. "Bible: Canon." In *EJ* 4 (1971): cols. 816-32.

_______. "The Order of the Books." In *Studies in Jewish Bibliography, History and Literature in Honor of I. Edward Kiev,* ed. C. Berlin, 407-13. New York: Ktav Publishing, 1971.

Sundberg, Albert C., Jr. *The Old Testament of the Early Church.* HTS 20. Cambridge: Harvard University Press, 1964.

Turro, James C., and Raymond E. Brown. "Canonicity." In *JBC* 2: 515-34.

11.3 히브리 성서의 보존과 전수

Ap-Thomas, D. R. *A Primer of Old Testament Text Criticism.* 2d ed. Oxford: Basil Blackwell & Mott, 1964.

Driver, Godfrey R. *Semitic Writing from Pictograph to Alphabet.* 3d ed. London: Oxford University Press, 1976.

Klein, Ralph W. *Textual Criticism of the Old Testament.* Philadelphia: Fortress Press, 1974.

Robert, J. Bleddyn. *The Old Testament Text and Versions.* Cardiff: University of Wales Press, 1951.

_____. "Text, OT." In *IDB* 4: 580-94.

Sarna, Nahum M. "Bible: Text." In *EJ* 4 (1971): cols. 832-36.

Thompson; J. A. "Textual Criticism, OT." In IDBSup, 886-91.

Wuürhwein, Ernst. *The Text of the Old Testament.* 4th ed. Grand Rapids: Wm. B. Eerdmans, 1979.

Yeivin, Israel. *Introduction to the Tiberian Masorah,* ed. E. J. Revell. Missioula, Mont.: Scholars Press, 1980.

12.1 고대의 번역 성서

Brock, S. P. "The Phenomena of the LXX." *OTS* 17(1972): 11-36.

Gribomont, J."Latin Versions." In IDBSup,527-32.

Jellicoe, Sidney. *The Septuagint and Modern Study.* New York and Oxford University Press, 1968.

Le Déaut, R. "The Current State of Targumic Studies." *BTB* 4(1974): 3-32.

McNamara, M. "Targums." In IDBSup, 856-61.

Metzger, Bruce. "Versions, Ancient." In *IDB* 4:749-60.

O' Connell, Kevin G. "Greek Versions (Minor)." In IDBSup, 377-81.

Skehan, Patrick W. "Texts and Versions." In *JBC* 2: 569-80.

Swete, Henry B. *An Introduction to the Old Testament in Greek.* Cambridge: At the University Press, 1914.

Tov, Emanuel, and Robert A. Kraft. "Septuagint," In IDBSup, 807-15.

Vööbus, A. "Syriac Versions." In IDBSup, 848-54.

Wevers, John W. "Septuagint." *IDB* 4: 273-78.

12.2 영어역본과 번역서

Bailey, Lloyd R. *The Word of God: A Guide to English Versions of the Bible.* Atlanta: John Knox Press, 1982.

Branton, J. R. "Versions, English." In *IDB* 4:760-71.

Bratcher, Robert G. "One Bible in Many Translations." *Int* 32 (1978): 115-29.

Brown, Raymond E. "Texts and Versions." In *JBC* 2: 586-89.

Bruce, F. F. *History of the Bible in English: From the Earliest Versions.* 3d ed. New York and London: Oxford University Press, 1978.

Crim, Keith R. "Old Testament Translations and Interpretations." *Int* 32 (1978): 144-57.

_____. "Versions, English." In IDBSup, 933-38.

Kubo, Sakae, and Walter Specht. *So Many Versions? Twentieth Century English Versions of the Bible.* Grand Rapids: Zondervan, 1983.

MacGregor, Geddes. *A Literary History of the Bible From the Middle Ages to the Present Day.* Nashville and New York: Abingdon Press, 1968.

Taber, Charles R. "Translation as Interpretation." *Int* 32 (1978): 130-43.

제2부 부족 동맹: 이스라엘 혁명의 시작

서론 / 군주제 이전의 이스라엘 역사에 대한 자료들

Bright, John. *Early Israel in Recent History Writing. A Study in Method.* SBT, 1st ser., 19. London: SCM Press, 1956.

Bruggemann, Walter, and Hans Walter Wolff. *The Vitality The Vitality of Old Testament Traditions.* 2d ed. Atlanta: John Knox Press, 1982.

Clements, Roland E. "Pentateuchal Problems." In *TI*, 96-124.

Freedman, David N. "Pentateuch." In *IDB* 3: 711-27. See also Freedman, "Documents." In *IDB* 1: 860-61.

Gottwald, Norman K. *TY*. Parts II-IV.

Knight, Douglas A. *Rediscovering the Traditions of Israel.* SBLDS 9. Missoula, Mont.: Scholars Press, 1975.

North, C. R. "Pentateuchal Criticism." In *OTMS*, 48-83.

Noth, Martin. *The Deuteronomistic History.* JSOTSup 15. Sheffield: JSOT Press, 1981. [Hereafter *TDH.*]

_______. *A History of Pentateuchal Traditions,* with introduction by Bernhard W. Anderson. Englewood Cliffs, N. J.: Prentice-Hall, 1972. [Hereafter *HPT.*]

Porter, J. R. "Old Testament Historiography." In *TI,* 125-62.

von Rad, Gerhard. *The Problem of the Hexateuch and Other Essays,* 1-78. Edinburgh and London: Oliver & Boyd, 1966.

Snaith, N. H. "The Historial Books." In *OTMS,* 84-114.

Tigay, Jeffery. "An Empirical Basis for the Documentary Hypothesis." *JBL* 94 (1975): 329-42.

de Vaux, Roland. *The Early History of Israel.* Philadelphia: Westminster Press, 1978. [Hereafter *EHI.*]

Weinfeld, Moshe, and Louis I. Rabinowitz. "Pentateuch." In *EJ* 13 (1971): cols. 231-64.

제4장 이스라엘의 선조들에 대한 전통들

15. 창세기 12-50장의 전승 형태

Alter, Robert. "Biblical Type-Scenes and the Uses of Convention." In *The Art of Biblical Narrative,* 47-62. New York: Basic Books, 1981.

_______. "Characterization and the Art of Reticence." In *The Art of Biblical Narrative,* 114-30.

Coat, George W. "Abraham's Sacrifice of Faith: A Form-Critical Study of Genesis." *Int* 27 (1973): 389-400.

_______. *From Canaan to Egypt. Structural and Theological Context for the Joseph Story.* CBQMS 4. Washington, D. C.: Catholic Biblical Association of America, 1976.

_______. *Genesis, with an Introduction to Narrative.* FOTL, vol. 1. Grand Rapids: Wm. B. Eerdmans, 1983.

Cross, Frank M. *Canaanite Myth and Hebrew Epic. Essays in the History of the Religion of Israel,* 1-75. Cambridge: Harvard University Press, 1973. [Hereafter *CMHE.*]

Ellis, Peter F. *The Yahwist: The Bible's First Theologian,* 87-111. Notre Dame, Ind.: Fides, 1968. [Hereafter *YBFT.*]

Fishbane, Michael. "Composition and Structure in the Jacob Cycle (Gen. 25:19-35:22)." *JJS* 26 (1975): 15-38.

Fokkelman, J. P. *Narrative Art in Genesis. Specimens of Stylistic and Structural Analysis.* Assen and Amsterdam: Van Gorcum, 1975.

Gunkel, Hermann. *The Legends of Genesis.* New York: Schocken Books, 1964.

Humphreys, W. Lee. "Joseph Story, The." In IDBSup, 491-93.

McEvenue, Sean E. "A Comparison of Styles in the Hagar Stories." *Semeia* 3 (1975): 64-80.

_______. *The Narrative Style of the Priestly Writer.* AnBib 50. Rome: Biblical Institute Press, 1971.

McKane, *William. Studies in the Patriarchal Narratives*. Edinburgh: The Handsel Press, 1979.

Polzin, Robert. " 'The Ancestress in Danger' in Danger." *Semeia* 3 (1975): 81-98.

Roth, W. "The Wooing of Rebekah: A Tradition-Critical Study of Genesis 24." *CBQ* 34 (1972): 177-87.

Sarna, Nahum M. "Genesis, Book of." In *EJ* 7 (1971): cols. 386-98.

Van Seters, John. "Patriarchs." In IDBSup, 645-48.

Westermann, Claus. *The Promises to the Fathers: Studies on the Patriarchal Narratives.* Philadelphia: Fortress Press, 1980.

______. "Promises to the Patriarchs." IN IDBSup, 690-93.

Westermann, Claus, and Rainer Albertz. "Genesis." In IDBSup, 356-61.

Whybray, R. N. "The Joseph Story and Pentateuchal Criticism." *VT* 18

(1968): 522-28.

Wilcoxen, Jay A. "Narrative." In *OTFC,* 57-98.

Williams, James G. "The Beautiful and the Barren: Conventions in Biblical Type-Scenes." *JSOT* 17 (1980): 107-19.

16. 조상 전승들의 사회사적 지평

General

Archaeology and Geography

Aharoni. *ALI,* 9-112.

______. *LB,* 133-81.

Dever, William G. "The Patriarchal Traditions, 1: Palestine in the Second Millennium BCE: The Archaeological Picture." In *IJH.* 70-120.

History and Society

Bright. *HI,* 45-103.

Clark, W. Malcolm. "The Patriarchal Traditions, 2: The Biblical Traditions." In *IJH,* 120-48.

Herrmann, Siegfried. *A History of Israel in Old Testament Times.* Rev. ed. Philadelphia: Fortress Press, 1981. [Hereafter *HIOTT.*]

Noth, Martin. *The History of Israel.* Rev. ed., 121-27. New York: Harper & Brothers, 1960. [Hereafter *THI.*]

Religion

Fother, Georg. *History of Israelite Religion.* Nashville: Abingdon Press, 1972. [Hereafter *HIR.*]

Ringgren, Helmer. *Israelite Religion.* Philadelphia: Fortress Press, 1966. [Hereafter *IR.*]

Vriezen, Theodorus C. *The Religion of Ancient Israel.* Philadelphia:

Westminster Press, 1963. [Hereafter *RAI.*]

Special Studies

Alt, Albrecht. "The God of the Fathers." In *EOTHR,* 1-100.

Clements, Ronald. *Abraham and David. Genesis 15 and Its Meaning for Israelite Tradition.* SBT, 2d ser., 5. London: SCM Press, 1967.

Eichier, Barry L. "Nuzi." In IDBSup, 635-36.

Gordon, Cyrus H. "Biblical Customs and the Nuzu Tablets." *BA* 3 (1940): 1-12.

Haran, Menahem. "The Religion of the Patriarchs." *ASTI* 4 (1965): 30-55.

Holt, John M. *The Patriarchs of Israel.* Nashville: Vanderbilt University Press, 1964.

Mazar, Benjamin. "The Historical Background of the Book of Genesis." *JNES* 28 (1969): 73-83.

Redford, D. B. *A Study of the Biblical Story of Joseph (Genesis 37-50).* VTSup 20 (1970).

Speiser, E. A. "Nuzi." In *IDB* 3: 573-74.

Thompson, Thomas L. *The Historicity of the Patriarchal Narratives. The Quest for the Historical Abraham.* BZAW 133. Berlin: Walter de Gruyter, 1974.

Tucker, Gene M. "The Legal Background of Genesis 23." *JBL* 85 (1966): 77-84.

Van Seters, John. *Abraham in History and Tradition.* New Haven, Conn., and London: Yale University Press, 1975.

de Vaux. *EHI,* 161-287.

Vawter, Bruce. "The Canaanite Background of Genesis 49." *CBQ* 17 (1955): 1-18.

제5장 모세에 관한 전승들: 출애굽, 계약, 율법 수여

17. 출애굽기와 레위기 및 민수기에 나타난 전승들의 형태

The Biblical Books

Exodus

Clements, R. E. "Exodus, Book of." In IDBSup, 310-12.

Greenberg, Moshe. "Exodus, Book of." In *EJ* 6 (1971): cols. 1050-67.

Wright, G. E. "Exodus, Book of." In *IDB* 2: 188-97.

Leviticus

Davies, G. Henton. "Leviticus." In *IDB* 3:117-22.

Milgron, Jacob. "Leviticus." In IDBSup, 541-45.

______. "Leviticus, Book of." In *EJ* 11 (1971): cols, 138-47.

Numbers

Caine, Ivan. "Numbers, Book of." In *EJ* 12 (1971): cols, 1249-54.

Dentan, Robert C. "Numbers, Book of." *IDB* 3:567-71.

Levine, Baruch. "Numbers, Book of." In IDBSup, 631-35.

Special Studies

Beyrlin, Walter. *Origins and History of the Oldest Sinaitic Traditions.* Oxford: Basil Blackwell & Mott. 1965.

Coats, George W. *Rebellion in the Wilderness. The Murmuring Motif in the Wilderness Traditions of the Old Testament.* Nashville: Abingdon Press, 1968.

Cross. *CMHE,* 121-215.

Cross, Frank M., and David N. Freedman. "The Song of Miriam." *JNES* 14 (1955): 237-50.

Newman, Murray L. *The People of the Covenant: A Study of Israel from*

Moses to the Manarchy. Nashville and New York: Abingdon Press, 1962.

Nicholson, E. W. *Exodus and Sinai in History and Tradition.* Atlanta: John Knox Press, 1973.

Thompson, Thomas L. "The Joseph and Moses Narratives, 2: The Joseph-Moses Traditions and Pentateuchal Criticism." In *IJH,* 167-80.

18. 모세 전승들에 대한 역사비평적 접근

General: Archaeology, Geography, History

Aharoni. *ALI,* 112-52.

______. *LB,* 181-209.

Bright. *HI,* 107-29, 144-62.

Hermann, *HIOTT,* 56-85.

Noth, *THI,* 110-21, 127-38.

Special Stidies

Batto, Bernard F. "The Reed Sea: Requiescat in Pace." *JBL* 102 (1983): 27-35.

Buber, Martin. *Moses.* Oxford and London: East and West Library, 1946.

Campbell, Edward F., Jr. "Moses and the Foundation of Israel." *Int* 29 (1975): 141-54.

Davies, G. I. *The Way of the Wilderness. A Geographical Study of the Wilderness Itineraries in the Old Testament.* Cambridge: At the University Press, 1979.

Haran, Menahem. "Exodus, The." In IDBSup, 304-10.

Hay, Lewis S. "What Really Happened at the Sea of Reeds?" *JBL* 83 (1964): 397-403.

Hermann, Siegfried. *Israel in Egypt.* SBT, 2d ser., 27. London: SCM

Press, 1973.

Newman, Murray L., Jr. "Moses." In IDBSup, 604-5.

Oded, Bustanay. "Exodus(date and route of)." In *EJ* 6 (1971): cols. 1042-50.

Rowley, H. H. "Early Levite History and the Question of the Exodus." *JNES* 3 (1944): 73-78.

Thompson, Thomas L. "The Joseph and Moses Narratives, 1: Historical Reconstructions of the Narratives." In *IJH,* 149-66.

de Vaux. EHI, 291-472.

Widengren, Geo. "What Do We Know About Moses?" In *Proclamation and Presence. Old Testament Essays in Honor of G. H.* Davoes. ed. J. I. Durham and J. R. Porter, 21-47. Richmond: John Knox Press, 1970.

19. 모세와 출애굽—광야 이스라엘인들의 종교

Fohrer. *HIR,* 60-86.

Ringgren. *IR,* 28-40.

Vriezen. *RAI,* 124-53.

19.1 계약

Baltzer, Klaus. *The Covenant Formulary in Old Testament, Jewish, and Early Christian Writings.* Philadelphia: Fortress Press, 1971.

Hillers, Delbert R. *Covenant: The History of a Biblical Idea.* Baltimore: Johns Hopkins University Press, 1969.

McCarthy, Dennis J. *Old Testament Covenant: A Survey of Current Opinions.* Atlanta: John Knox Press, 1972.

______. *Treaty and Covenant: A Study in Form in the Ancient Oriental Documents and in the Old Testament.* AnBib 21. Rome: Pontifical Biblical Institute, 1963.

Mendenhall, George E. "Covenant." In *IDB* 1: 714-23.

_______. *Law and Covenant in Israel and in the Ancient Near East.* Pittsburgh: Presbyterian Board of Colportage of Western Pennsylvania, 1955.

Riemann, Paul A. "Covenant, Mosaic." In IDBSup, 192-97.

Weinfeld, Moshe. "Covenant." In *EJ* 5 (1971): cols. 1011-22.

19.2 계약 규정들: "법들"

Alt, Albrecht. "The Origins of Israelite Law." In *EOTHR,* 101-71.

Andreasen, Niels-Erik A. *The Old Testament Sabbath: A Tradition-Historical Investigation.* SBLDS 7. Missioula, Mont:Scholars Press, 1972.

Boecker, Hans J. *Law and the Administration of Justice in the Old Testament and Ancient East.* Minneapolis: Augsburg Publishing House, 1980.

Clark, W. Malcolm. "Law." In *OTFC,* 99-139.

Cody, Aelred. *A History of Old Testament Priesthod.* AnBib 35. Rome: Pontifical Biblical Institute, 1969.

Falk, Zeev W. *Hebrew Law in Biblical Times. An Introduction.* Jerusalem: Wahrmann Books, 1964.

Greenberg, Moshe. "Crimes and Punishments." In *IDB* 1: 733-44.

Greengus, Samuel. "Law in the OT." In IDBSup, 532-37.

Harrelson, Walter J. "Law in the OT." In *IDB* 3:77-89.

________. *The Ten Commandments and Human Rights.* OBT 8. Philadelphia: Fortress Press, 1980.

Nielsen, Eduard. "Moses and the Law." *VT* 32 (1982): 87-98.

_______. *The Ten Commandments in New Perspective.* SBT, 2d ser., 7. London: SCM Press, 1968.

Noth, Martin. *The Laws in the Pentateuch and Other Essays,* 1-107. Philadelphia: Fortress Press, 1967.

Paul, Shalom M. *Studies in the Book of the Covenant in the Light of Cuneiform and Biblical Law.* VTSup 18 (1970).

Phillips, Anthony. *Ancient Israels Criminal Law: A New Approach to the Decalogue.* Oxford: Basil Blackwell & Mott, 1970.

Pritchard, ed. *ANET,* 159-223, 542-49.

Stamm, J. J., and M. E. Andrew. *The Ten Commandments in Recent Research.* SBT, 2d ser., 2. London: SCM Press, 1962.

19.3 신명(神名)

Anderson, Bernhard W. "God, Names of." In *IDB* 2: 407-17.

Brekelmans. C. H. W. "Exodus 18 and the Origins of Yahwism in Israel." *OTS* 10 (1954): 215-24.

Cross. *CMHE,* 65-71.

Eichrodt, Walter. "The Name of the Covenant God." In *Theology of the Old Testament,* 1: 178-205. Philadelphia: Westminster Press, 1961.

Frick, Frank S. "The Rechabites Reconsidered." *JBL* 90 (1971): 279-87.

Kuntz, J. Kenneth. *The Self-Revelation of God.* Philadelphia: Westminster Press, 1967.

Labuschagne, C. J. *The Incomparabillity of Yahweh in the Old Testament.* Leiden: E. J. Brill, 1966.

Murtonen, Aimo. *A Philological and Literary Treatise on the Divine Names El, Eloah, Elohim and Yahweh,* Helsinki: Societas Orientalis Fennica, 1952.

19.4 제사 의식과 제사용 물품

Davies, G. Henton. "Rabernacle." In *IDB* 4: 498-506.

Gaster, T. H. "Sacrifices and Offerings, OT." In *IDB* 4: 147-59.

Gray, George B. *Sacrifice in the Old Testament,* with a Prolegomenon by B. A. Levine. New York: Ktav Publishing, 1971 (reprint of 1925 edition).

Kraus, Hans-Joachim. *Worship in Ancient Israel. A Cultic History of the Old Testament,* 1-70, 76-88, 93-101, 112-34. Richmond: John Knox Press, 1966.

Levine, Baruch A. "Cult." In *EJ* 5 (1971): cols. 1155-62.

_____. "Cult Places, Israelite." In *EJ* 5 (1971): cols. 1162-69.

Milgrom, Jacob. "Sacrifices and Offerings, OT." In IDBSup, 763-71.

Rainey, Anson. "Sacrifice." In *EJ* 14 (1971): cols. 599-607.

de Vaux, Roland. *Studies in Old Testament Sacrifice.* Cardiff: University of Wales Press, 1964.

20. 모세 전승에 대한 신문학적 접근

Ackerman, James S. "The Literary Context of the Moses Birth Story (Exodus 1-2)." In *Literary Iterpretations of Biblical Narratives,* vol. I, ed. K. R. R. Gros Louis, 74-119. Nashville and New York: Abingdon Press, 1974.

Barzel, Hillel. "Moses: Tragedy and Sublimity." In *Literary Interpretations of Biblical Narratives,* 120-40.

Exum, J. Cheryl. " 'You Shall Let Every Daughter Live' : A Study of Exodus 1:8-2:10." *Semeia* 28 (1983): 63-82.

Irvin, Dorothy. "The Joseph and Moses Narratives, 3: The Joseph and Moses Stories as Narrative in the Light of Ancient Near Eastern Narrative." In *IJH,* 180-209.

Jobling, David. *The Sense of Biblical Narrative. Three Structural Analyses in the Old Testament (1 Sam. 13-31; Num. 11-12; Kings 17-18),* 26-62.

JSOTSup 7. Sheffield: JSOT Press, 1978.
Robertson, David. *The Old Testament and the Literary Critic,* 16-32. GBS. Philadelphia: Fortress Press, 1977.
Ryken, Leland. "The Epic of the Exodus." In *Perspectives on Old Testament Literature,* ed. W. Ohlsen, 41-52. New York: Harcourt Brace Hovanovich, 1978.

21. 모세 전승의 사회사적 지평

Gottwald, Norman K. TY, 32-41, 57-59, 453-59, 577-80, 648-49, 688-90.
Irvin, Dorothy. "The Joseph and Moses Traditions, 4: The Narratives about the Origins of Israel." In *IJH,* 210-12.
Noth, Martin. "Final Outlook: Historical Implications." In *HPT,* 252-59.

제6장 가나안에서의 이스라엘 부족 사이의 세력 형성에 관한 전승들

22. 여호수아와 판관기의 전승 형태

The Biblical Books

Joshua

Aharoni, Johanan. "Joshua, Book of." In *EJ* 10 (1971): cols. 271-77.
Good, Edwin M. "Joshua, Book of." In *IDB* 2: 988-95.
Miller, J. Maxwell. "Joshua, Book of." In IDBSup, 493-96.

Judges

Bacon, Gershon. "Judges, Book of." In *EJ* 10 (1971): cols. 442-50.
Kraft, Charles F. "Judges, Book of." In *IDB* 2: 1013-23.
Rogers, Max G. "Judges, Book of." In IDBSup, 509-14.

Special Studies

Auld, A. Graeme. *Joshua. Moses and the Land. Tetrateuch-Pentateuch-*

Hexateuch in a Generation Since 1938. Greenwood, S. C.: The Attic Press, 1980.

______. "Judges 1 and History: A Reconsideration." *VT* 25 (1975): 261-85.

Childs, Brevard S. "A Study of the Formula 'Until This Day.'" *JBL* 82 (1963): 279-92.

Craigie, Peter C. "The Song of Deborah and the Epic of Tukulti-Ninurta." *JBL* 88 (1969): 253-65.

Cross. *CMHE,* 77-111.

Gurwicz, S. B. "The Bearing of Judges 1-2:5 on Authorship of the Book of Judges." *Australian Biblical Review* 7 (1959): 37-40.

McCarthy, Dennis J. "The Theology of Leadership in Joshua 1-9." *Bib* 52 (1971): 165-75.

Nelson, Richard D. "Josiah in the Book of Joshua." *JBL* 100 (1981): 531-40.

O' Doherty, Eamonn. "The Literary Problem of Judges 1:1-3:16." *CBQ* 18 (1956): 1-7.

Weinfeld, Moshe. "The Period of the Conquest and the Judges as Seen by the Earlier and Later Sources." *VT* 17 (1967): 93-113.

Wenham, Gordon J. "The Deuteronomic Theology of the Book of Joshua." *JBL* 90 (1971): 140-56.

Wilcoxen, Jay A. "Narrative Structure and Cult Legend: A Study of Joshua 1-6." In *Transitions in Biblical Scholarship,* ed. J. C. Rylaarsdam, 43-70. Chicago and London: University of Chicago Press, 1968.

Wright, George E. "The Literary and Historical Problem of Joshua X and Judges I." *JNES* 5 (1946): 105-14.

23. 여호수아와 판관기에 대한 신문학적 접근

Crenshaw, James L. Samson. Atlanta: John Knox Press, 1978.

Exum. J. Cheryl. "Aspects of Symmetry and Balance in the Samson Saga." *JSOT* 19 (1981): 3-29.

______. "Promise and Fulfillment. Narrative Art in Judges 13." *JBL* 99 (1980): 43-59.

_____. "The Theological Dimension of the Samson Saga." *VT* 33 (1983): 30-45.

Greenstein, Edward L. "The Riddle of Samson." *Prooftexts* 1 (1981): 237-60.

Gunn, David M. "Narrative Patterns and Oral Tradition in Judges and Samuel." *VT* 24 (1974): 286-317.

Hauser, Alan J. "Judges 5: Parataxsis in Hebrew Poetry." *JBL* 99 (1980): 23-41.

Jobling, David. "'The Jordan a Boundary': A Reading of Numbers 32 and Joshua 22." SBLSP 19 (1980): 183-207.

Murray, D. F. "Narrative Structure and Technique in the Deborah and Barak Story." VTSup 30 (1979): 155-89.

Polzin, Robert. *Moses and the Deuteronomist. A Literary Study of the Deuteronomic History.* New York: Seabury Press, 1980.

Taylor, J. Glen. "The Song of Deborah and Two Canaanite Goddesses." *JSOT* 23 (1982): 99-108.

24. 여호수아서와 판관기의 사회사적 지평들

General

Archaeology, Geography, History

Aharoni. *ALI,* 153-91.

_____. *LB,* 209-85.

Bright. *HI,* 129-43, 162-82.

Herrmann. *HIOTT,* 86-127.

Mayes, A. D. H. "The Period of the Judges and the Rise of the Monarchy." In *IJH,* 285-93, 297-322.

Miller, J. Maxwell. "The Israelite Occupation of Canaan." In *IJH,* 213-84.

Noth. *THI,* 53-109, 141-63.

Religion

Fohrer. *HIR,* 42-60, 87-122.

Ringgren. *IR,* 41-54.

Vriezen. *RAI,* 154-78.

Special Studies

Ahlström, G. W. "Where Did the Israelites Live?" *JNES* 41 (1982): 133-38.

Alt, Albrecht. "The Settlement of the Israelites in Palestine." In *EOTHR,* 173-221.

Blenkinsopp, Joseph. *Gibeon and Israel.* Cambridge: At the University Press, 1972.

Buber, Martin. *Kingship of God.* 3d ed. New York: Harper & Row, 1967.

Chaney, Marvin L. "Ancient Palestinian Peasant Movements and the Formation or Premonarchic Israel." In *Palestine in Transition,* ed. D. N. Freedman and D. F. Grag, 39-90.

de Geus, C. H. J. *The Tribes of Israel: An Investigation into Some of the Presuppositions of Martin Noth's Amphictyony Hypothesis.* Amsterdam and Assen: Van Gorcum, 1976.

Gottwald, Norman K. "Early Israel and the Canaanite Socio-Economic System." In *Palestine in Transition,* ed. D. N. Freedman and D. F.

Graf, 25-37.

______. "The Hypothesis of the Revolutionary Origins of Ancient Israel: A Response to Hauser and Thompson." *JSOT* 7 (May 1978): 37-52.

______. "Two Models for the Origins of Ancient Israel: Social Revolution or Frontier Development." In *The Quest for the Kingdom of God: Studies in Honor of George E. Mendenhall,* ed. H. B. Huffmon et al., 5-24. Winona Lake, Ind.: Eisenbrauns, 1983.

______. *TY.*

Greenberg, Moshe. *The Habpiru.* American Oriental Series 39. New Haven, Conn.: Yale University Press, 1984.

Halpern, Baruch. *The Emergence of Israel in Canaan.* SBLMS. Chico, Calif.:Scholars Press, 1984.

Hauser, Alan J. "Israel' s Conquest of Palestine: A Peasant' s Rebellion?" *JSOT* 7(May 1978):2-19.

Hopkins, David C. *The Highlands of Canaan: Agricultural Life in the Early Iron Age.* SWBAS 3. Decatur, Ga.: Almond Press, 1985.

King, Philip J. "Contributions of Archaeology to Biblical Studies." *CBQ* 45 (1983): 1-16.

Lapp, Paul W. "The Conquest of Palestine in the Light of Archaeology." *CTM* 38(1967):

283-300.

Malamat, Abraham. "Charismatic Leadership in the Book of Judges." In *Magnalia Dei: The Mighty Acts of God. Eassays on the Bible and Archaeology in Memory of G. Ernes: Wright,* ed. F. M. Cross et al., 152-69. Garden City, N.Y.: Doubleday & Co., 1976.

Mayes, A. D. H. *Israel in the Period of the Judges.* SBT,2d ser., 29. London: SCM Press, 1974.

McKenzie, Joha L. *The World of the Judges.* Englwood Cliffs, N.J.:

Prentice-Hall, 1966.

Mendenahll, George E. "The Hebrew Conquest of Palestine." *BA* 25(1962): 66-87=BAR 3(1970): 100-120.

_______. "Social Organization in Early Israel." In *Magnalia Dei,* ed. F.M. Cross et al., 132-51.

_______. *The Tenth Generation. The Origins of the Biblical Tradition.* Baltimore:Johns Hopkins University Press, 1973.

Meyers, Carol L. "Procreation, Prodution, and Protection:Male-Female Balance in Early Israel." *JAAR* 51(1983):569-93.

_______. "The Roots of Restriction: Women in Early Israel." In *BL*, 289-306.

Muhly, James D. "How Iron Technology Changed the Ancient World and Gave the Philistines a Military Edge." *BARev* 8/6(November/December 1982):42-54.

Mullen, E. Theodre, Jr. "The 'Minor Judges' : Some Literary and Historical Considerations." *CBQ* 44(1982): 185-201.

Ramsey, George W. *The Quest for the Historical Israel.* Atlanata: John Knox Press, 1973.

Smend, Rudolf, Jr. *Yahweh War and Tribal Confederation.* Nashville: Abingdon Press, 1970.

Thompson, Leonard L. "The Jorden Crossing: *Sidqot* Yahweh and World Building." JBL 100(1981): 343-58.

Thompson, Thomas L. "Historical Notes on 'Israel' s Conquest of Palestine: A Peasants' Rebellion?' " *JSOT* 7 (May 1978): 20-27.

de vaux. *EHI,* 474-824.

von Waldow, Eberhard. "Social Responsibility and Social Structure in Early Israel." *CBQ* 32(1970): 182-204.

Weippert, Manfred. *The Settlement of the Israelite Tribes in Palestine. A*

Critical Survey of Recent Scholary Debate. SBT, 2d ser., 21. London: SCM Press, 1971.

제3부 군주제: 이스라엘의 반혁명 체제

서론/ 이스라엘 군주제 역사에 대한 자료들

25. 분단왕국의 연대기

Albright, William F. "The Chronology of the Divided Monarchy of Israel," *BASOR* 100 (1945): 16-22.

Childs, Brevard S. "The Problem of the Chronology in the Book of Kings." In *IOTS*, 294-300.

De Vries, Simon J."Chronology, OT." In IDBSup, 161-66.

______."Chronology of the OT." In *IDB* 1: 580-99.

Hayes and Miller, eds. *IJH,* 678-83.

LaSor, William S. et al. "The Chronological Puzzle." In *Old Testament Survey,* 288-97.

Miller, J. Maxwell. "Establishing a Chronological Framework." In *The Old Testament and the Historian,* 70-87 and appendixes, 84-87.

Shenkel,James D. *Chronology and Recensional Development in the Greek Text of Kings.*

HSM 1. Missoula, Mont.: Scholars Press, 1968.

Thiele, Edwin R. *A Chronology of the Hebrew Kings.* Grand Rapids: Zondervan, 1977.

____.*The Mysterious Numbers of the Hebrew Kings.* 3d ed. Grand Rapids: Zondervan Publishing, 1983.

26. 군주국 역사에 대한 자료로서의 신명기적 역사

Cross. *CMHE,* 274-89.

Freedman, David N. "Deuteronomic History, The." In IDBSup, 226-28.

Fretheim, Terence E. *Deuteronomic History.* Nashville: Abingdon Press, 1983.

Friedman, Richard E. *The Exile and Biblical Narrative: The Formation of the Deuternomestic and Priestly Works,* 1-43. HSM 22. Chico, Calif.: Schlars Press, 1981.

Gray, John. "The Composition of Kings." In *I & II Kings. A Commentary,* 1-43. 2d rev.
ed. Philadelphia: Westminster Press, 1970.

Kenik, Helen A. Design for Kingship: *The Deuteronomistic Narrative Technique in 1 Kings 3:4-15.* SBLMS. Chico, Calif.: Scholars Press, 1983.

McCarter, P. Kyle, Jr. "The 'Deuteronomistic History." In *I Samuel,* 12-17. AB 8.
Garden City, N.Y.: Doubleday & Co., 1980.

Miller, J. Maxwell. *The Old Testament and the Historian,* 1-4, 14-15, 20-39.

Nelson, Richard D. *The Double Redaction of the Deuteronomic History.* JSOTSup 18.
Sheffield: JSOT Press, 1981.

Noth, Martin. *TDH.*

Wolff, Hans Walter. "The Kerygma of the Deuteronomic Historical Work." In *The Vitality of Old Testament Traditions,* ed. W. Brueggemann and H. W. Wolff, 82-100.

27. 군주국 역사에 대한 자료로서의 고고학

Aharoni. *ALI,* 192-279.

Cornfeld, Gaalyah. *Archaeology of the Bibel Book by Book.* New York:

Harper & Row, 1977.
Frank, Harry Thomas. *Discovering the Biblical World,* 75-130. New York: Hammond, 1977.
Gray, John. "Recent Arechaeological Discoveries and their Bearing on the Old Testament." In *TI,* 65-95.
Kenyon, Kathleen M, *Royal Cities of the Old Testament.* New York: Schocken Books, 1971.
Lance, H. Darrell. "The Archaeological at Work: The Age of Solomon." In *The Old Testament and the Archaeologist,* 67-93.
Miller, J. Maxwell. *The Old Testament and the Historian*, 4-11, 40-48.
Thompson, John A. *The Bible and Archaeology.* 3d ed. Grand Rapids: Wm. B. Eerdmans, 1982.
Wright, G. Ernest. *Biblical Archaeology.* Rev. ed., 121-82.

28. 예언적 담화의 형식과 배경

General

Buss, Martin J. "Prophecy in Ancient Israel." In IDBSup, 694-97.
Blenkinsopp, Joseph. *A History of Prophecy in Israel from the Settlement in the Land to the Hellenistic Period.* Philadelphia: Westminster Press, 1983.
Fohrer, Georg. "Remarks on Modern Interpretation of the Prophets." *JBL* 80(9161): 309-19.
Huffmon, Herbert B. "Prophecy in the Ancient Near East." In IDBSup, 697-700.
Napier, Davie. "Prophet, Prophestism." In *IDB* 3: 896-920.
Paul, Shalom M. "Prophets and Prophecy." In *EJ* 13(1971): cols. 1150-75.

Special Studies

Carroll, Robert P. *When Prophecy Failed: Cognitive Dissonance in the*

Prophetic Traditions of the Old Testament. New York: Seabury Press, 1979.

Christensen, Duane L. *Transformations of the War Oracle in Old Testament Prophecy.* Harvard Dissertations in Religion 3. Missoula, Mont.: Scholars Press, 1975.

Clements, Ronald E. *Prophecy and Tradition.* Atlanta: John Knox Press, 1975.

Cohen, Martin A. "The Prophets as Revolutionaries: A Sociopolitical Analysis *BARev* 5 (May/June 1979): 12-19.

Crenshaw, James L. *Prophetic Conflict. Its Effect Upon Israelite Religion.* BZAW 124. Berlin: Walter de Gruyter de Gruyter, 1971.

Cully, Robert, and Thomas Overholt, eds. *Anthropological Perspectives on Old Testament Prophecy. Semeia* 21(1982).

Fohrer. *IOT,* 347-62.

Gottwald, Norman K. *All the Kingdoms of the Earth: Israelite Prophecy and International Relations in the Ancient Near East.* New York: Harper & Row, 1964[Herearter *AKE*].

Long, Burke O. "Prophetic Authority as Social Reality." In *Canon and Authority,* ed. G. W. Coats and B. O. Long, 3-20.

March, W. Eugene. "Prophecy." In *OTFC,* 141-77.

________. "Redaction Criticism and the Formation of Prophetic Books." SBLSP 11(1977): 87-101.

McKane, William. *Prophets and Wise Men.* SBT, 1st ser., 44. London: SCM Press,1965.

Mowinckel, Sigmund. *Prophecy and Tradition.* Oslo: Jacob Dybwad, 1946.

Petersen, David L. *The Roles of Israel's Prephets.* JSOTSup 17. Sheffield: JOST Press, 1981.

Tucker, Gene M. "Prophetic Speech." *Int* 32(1978): 31-45.

Westermann, Claus. *Basic Forms of Prophetic Speech.* Philadephia: Fortress Press, 1967.

Wilson, Robert R. *Prophecy and Society in Ancient Israel.* Philadephia: Fortress Press, 1980.

제7장 연합왕국에 대한 전승들

29. 사무엘상·하, 열왕기상 1-11장 전승들의 형태

The Biblical Books

Samuel

Gottwald, Norman K. "Samuel, Book of." In *EJ* 14(1971): cols.788-97.

Szikszai, Stephen. "Samuel, I and II." In *IDB* 4: 202-9.

Tsevat, Matitiahu. "Samuel, I and II." In IDBSup, 777-81.

Kings

Ackroyd, Peter R. "Kings, I and II." In IDBSup, 516-19.

Gray, John. "Kings, Books of." In *EJ* 10(1971): cols. 1021-31.

Szikszai, Stephen. "Kings, I and II." In IDB 3: 26-35.

Special Studies

Alter, Robert. *The Art of Biblical Narrative.* New York: Basic Books, 1981.

Birch, Bruce C. *The Rise of the Israelite Monarch: The Growth and Development of 1 Samuel 7-15.* SBLDS 27. Missoula, Mont.: Scholars Press, 1976.

Campbell, Anthony F. *The Ark Narrative(1 Sam.4-6; 2 Sam.6): A Form-Critical and Traditio-Historical Study.* SBLDS 16. Missoula, Mont.: Scholars Press, 1975.

Carlson, R. A. *David, the Chosen King: A Tratditio-Historical Approach to the Second Book of Samuel.* Stockholm: Almqvist & Wiksell, 1964.

Clements, Ronald E. "The Deuteronomistic Interpretation of the Founding of the Monarchy in I Sam. VIII." *VT* 24(1974): 398-410.

Conroy, Charles. *Absalom, Absalom! Narrative and Language in 2 Sam. 13-20.* AnBib 81. Rome: Ponifical Biblical Institute, 1978.

Gunn, David M. *The Fate of King Saul. An Interpretation of a Biblical Story.* JSOTSup 14. Sheffield: JSOT Press, 1980.

______. *The Story of King David. Genre and Interpretation.* JSOTSup 6. Sheffield: JSOT Press, 1978.

Kessler, Martin. "Narrative Technique in 1 Sam. 16:1-13." *CBQ* 32(1972): 543-54.

Leach, Edmund. "The Legitimacy of Solomon: Some Structural Aspects of Old Testament History." In *Genesis as Myth and Other Essays,* 25-83. London: Jonathan Cape, 1969.

Liver, Jacob. "The Book of the Acts of Solomon." *Bib* 48(1967): 75-101.

McCater, P. Kyle, Jr. *I Samuel,* 12-30.

McCarthy, Dennis J. "The Inauguration of Monarchy in Israel: A Form-Critical Study of 1 Sam. 8-12." *Int* 27(1973): 401-12.

Mettinger, T. N. D. "The Sources." In *King and Messiah: The Civil and Sacral Legitimation of the Israelite Kings,* 19-105. ConBOT 8. Lund: C. W. K. Gleerup, 1976.

Miller, Patrick D., Jr., and J. J. M. Roberts. *The Hand of the Lord: A Reassessment of the 'Ark Narrative' of 1 Samuel.* Baltimore: Johns Hopkins University Press,1977.

Porten, Bezalel. "The Structure and Theme of the Solomon Narrative." *HUCA* 38(1967): 93-128.

Rost, Leonhard. *The Succession to the Throne of David,* with Introduction by Edward ball. Sheffield: Almond Press, 1982.

Segal, Moses H. "The Composition of the Books of Samuel." In *The Pentateuch. Its Composition and its Authorship and Other Biblical Studies,* 173-220. Jerusalem: Magnes Press, 1967.

Whybray, R. N. *The Succession Narrative: A Stydy of 2 Sam. 9-20 and I Kings 1and 2.* SBT, 2d ser., 9. London: SCM Press, 1968.

30. 이스라엘에서의 군주제 발생과 그 승리

General: Archaeology, Geography, History, State Politics.

Aharoni. *ALI,* 192-239.

______. *LB,* 286-320.

Bright. *HI,* 183-228.

Cohen, Ronald, and Elman R. Service, eds. *Origins of the State. The Anthropology of Political Evolution.* Philadelphia: IsHI Publications, 1978.

Fried, Morton. *The Evolution of Political Society. An Essay in Political Anthropology.* New York: Random House, 1967.

Herrmann. *HIOTT,* 131-86.

Noth. *THI,* 164-224.

Soggin, J. Alberto. "The Davidic-Solomonic Kingdom." In *IJH,* 332-80.

Special Studies

Alt, Albrecht. "The Formation of the Israelite State in Palestine." In *EOTHR,* 171-237.

Buccellati, Giorgio, *Cities and Nations of Ancient Syria. An Essay on Political institutions with Special Reference to the Israelite Kingdoms.* Studie Semitici 26, Rome: Istituto di Studi del Vicino Oriente, 1967.

Frick, Frank S. *The Formation of the State in Ancient Israel: A Survey of*

Models and Theories. SWBAS 4. Decatur, Ga.: Almond Press, 1985.

Halpen, Brauch. *The Constitution of the Monarch in Israel*. HSM 25. Chico, Calif.: Scholars Press, 1981.

Heaton, Eric W. Solomon' s *New Men: The Emergence of Ancient Israel as a National State*. London: Thames & Hudson, 1974.

Ishida, Tomoo. *The Royal Dynasties in Ancient Israel. A Study on the Formation and Development of Royal-Dynastic Ideology*. BZAW 142. Berlin: Walter de Gruyter, 1977.

_______. ed. *Studies in the period of David and Solomon and Other Essays*. Tokyo: Yamakawa-Shuppansha, 1982.

Malamat, Abraham. "Aspects of the Foreign Policy of David and Solomon." *JNES* 22(1963):1-17.

_______. "Organs of Statecraft in the Israelite Monarchy." *BA* 28(1965): 34-65 = *BAR* 3(1970): 163-98.

Maly, Eugene H. *The World of David and Solomon*. Englewood Cliffs, N. J.: Prentice

Hall, 1966.

Mendelshohn, Isaac. *Slavery in the Ancient Near East*. New York and London: Oxford University Press, 1949.

Mettinger, T. N. D. "The Civil Legitimation of the King." In *King and Messiah*, 107-50.

_______. *Solomonic State Officials: A Study of the Civil Government Officials of the Israelite Monarchy*. ConBOT 5. Lund: C. W. K. Gleerup, 1971.

Rainey, Anson F. "Compulsory Labor Gangs in Ancient Israel." *IEJ* 20(1970): 191-202.

Stern, Ephraim. "Craft and Industry." In *World History of the Jewish People*, vol. 4/2 ed. A. Malamat, 237-64. Jerusalem: Jewish Historical

Publications Ltd., 1979 [Hereaftir *WHJP*.]

Tadmor, Hayim. "Traditional Institutions and the Monarchy: Social and political Tensions in the Time of David and Solomon." In *Studies in the Period of David and Solomon,* ed. T. Ishida, 239-57.

Whetelam, Keith W. *The Just King: Monarchical Judicial Authority in Ancient Israel.* JSOTSup 12. Sheffield: JSOT Press, 1979.

Whybray, R. N. "Some Historical Limitations of Hebrew Kingship." *CQR* 163(1962): 136-50.

Yeicin, Shmuel. "Administration." In *WHJP,* vol. 4/2, ed. Malamat, 147-71.

30.1 외부적 요인과 내부적 요인

Cundall, Arthur E. "Antecedents of the Monarchy in Ancient Israel." *VE* 3(1964): 42-50.

Cohen, Martin A. "The Role of the Shilonite Priesthood in the United Monarchy of Ancient Israel." *HUCA* 36(1965): 59-98.

Dothan, Trude. "What Do We Know About the Philistines?" *BARev* 8/4(July/August 1982): 20-44.

Flanagan, James W. "Chiefs in Israel." *JSOT* 20(1981): 47-73.

Mendelsohn, Isaac. "Samuel' s Denunciation of Kingship in the Light of the Akkadian Documents from Ugarit." *BASOR* 143 (1956): 17-22.

30.2 사울

Blenkinsopp, Joseph. "The Quest of the Historical Saul." In *No Famine in the Land. Studies in Honor of John L. McKenzie,* ed. J. W. Flanagan and A. W. Robinson, 75-99. Missoula, Mont.: Scholars Press, 1975.

Evans, William E. "An Historical Reconstruction of the Emergence of Israelite Kingship and the Reign of Saul." In *Scripture in Context II.*

More Essays in Comparative Method, ed. William W. Hallo, James C. Moyer, and Leo G. Purdue, 61-77. Winona Lake, Ind.: Eisenbrauns, 1983. [Hereafter *SC* 2.]

Hauer, Chris E., Jr. "The Shape of Saulide Strategy." *CBQ* 31 (1969): 153-67.

Miller, J. Maxwell. "Saul's Rise to Power: Some Observation Concerning 1 Sam. 9:1-10:16; 10:26-11:15 and 13:2-14:46." *CBQ* 36 (1974): 157-74.

Weingreen, Jacob. "Saul and the Habiru." In *Fourth World Congress of Jewish Studies Papers,* 1:53-66. Jerusalem: Magnes Press, 1967.

30.3 다윗

Cazelles, Henri. "David's Monarchy and the Gibeonite Claim." *PEQ* 87 (1955): 165-75.

Cohen, Martin A. "The Rebellions During the Reign of David. An Inquiry Into Social Dynamics in Ancient Israel." In *Studies in Jewish Bibliography, History and Literature in Honor of I. E. Kiev,* ed. C. Berlin, 91-112. New York: Ktav Publishing, 1971.

Flanagan, James W. "The Relocation of the Davidic Capital." *JAAR* 47 (1979): 233-44.

Hauer, Chris A., Jr. "David and the Levites." *JSOT* 23 (1982): 33-54.

Levenson, Jon D., and Baruch Halpern. "The Political Import of David's Marriages." *JBL* 99 (1980): 507-18.

Mazar, Benjamin. "The Military Elite of King David." *VT* 13 (1963): 310-20.

Olyan, S. "Zadok's Origins and the Tribal Politics of David." *JBL* 101 (1982): 177-93.

Weingreen, Jacob. "The Rebellion of Absalom." *VT* 19 (1969): 263-66.

30.4 솔로몬

Gihon, M. C. "The Defenses of the Solomonic Kingdom." *PEQ* 95 (1963): 113-26.

Hauer, Chris E., Jr. "The Economics of National Security in Solomonic Israel." *JSOT* 18 (1980): 67-73.

Meyers, Carol L. "The Elusive Temple." *BA* 45 (1982): 33-41.

Parrot, André. *The Temple of Jerusalem.* SBA 5. London: SCM Press, 1957.

Redford, D. B. "Studies in Relations between Palestine and Egypt During the First Millennium BC: I. The Taxation System of Solomon." In *Studies on the Ancient Palestinian World,* ed. J. W. Wevers and D. B. Redford. Toronto: Toronto University Press, 1972.

Wright, G. Ernest. "The Provinces of Solomon (I K. 4:7-19)." *Eretz Israel* 8 (1967): 58*-68*.

30.5 군주제가 지속적으로 끼친 주요한 구조적 영향들

Elat, Moshe. "The Monarchy and the Development of Trade in Ancient Israel." In *State and Temple Economy in the Ancient Near East,* vol. 2, ed. E. Lipinski, 527-46. Louvain: Dept. Orientalistiek, 1979.

Gottwald, Norman K. "Israel, Social and Econom Development of." In IDBSup, 465-68.

Hopkins, David C. "The Dyamics of Agriculture in Monarchical Israel." SBLSP 22 (1983): 177-202.

Neufeld, Eduard. "The Emergence of a Royal-Urban Society in Ancient Israel." *HUCA* 31 (1960): 31-53.

Otzen, Benedikt. "Israel Under the Assyrians. Reflection on Imperial Policy in Palestine." *ASTI* 11 (1977): 96-110.

Reviv, H. "The Structure of Society." In *WHJP*, vol. 4/2, ed. Malamat,

125-46.

Robinson, Theodore H. "Some Economic and Social Factors in the History of Israel." *ET* 45 (1933/34): 264-69, 294-300.

Rosenbloom, Joseph R. "Social Science Concepts of Modernization and Biblical History: The Development of the Israelite Monarchy." *JAAR* 40 (1972): 437-44.

Silver, Morris. *Prophets and Markets. The Political Economy of Ancient Israel.* Boston: Kluwer-Nijhoff, 1983.

31. 문학, 종교 제의, 이데올로기

Ahlström, G. W. *Royal Administration and National Religion in Ancient Palestine.* SHANE 1. Leiden: E. J. Brill, 1982.

Engnell, Ivan. *Studies in Divine Kingship in the Ancient Near East.* 2d ed. Oxford: Basil Blackwell & Mott, 1967.

Fohrer. HIR, 123-222.

Greenberg, Moshe. "Religion: Stability and Ferment." In *WHJP,* vol. 4/2, ed. Malamat, 79-123.

Hooke, Samuel H., ed. *Myth, Ritual, and Kingship: Essays on the Theory and Practice of Kingship in the Ancient Near East and in Israel.* London: Oxford University Press, 1958.

North, C. R. "The Old Testament Estimate of the Monarchy." *AJSL* 48 (1931): 1-19.

Ringgren: IR, 57-247.

Talmon, Shemaryahu. "Kingship and Ideology of the State." In *WHJP,* vol. 4/2, ed. Malamat, 3-26.

Vriezen, *RAI,* 79-102.

31.1 야휘스트(J)

Brueggemann, Walter. "David and His Theologian." *CBQ* 30 (1968): 156-81.

_____. "Yahwist." In IDBSup, 971-75.

Clines, David J. A. "Theme in Genesis 1-11." *CBQ* 38 (1976): 483-507.

Ellis. YBFT.

Habel, Norman C. *Literary Criticism of the Old Testament,* 18-64. GBS. Philadelphia: Fotress Press, 1971.

Jobling, David. "The Myth Semantics of Genesis 2:4b-3:24." Semeia 18 (1980): 41-49.

Miller, Patrick D., Jr. Genesis 1-11: *Studies in Structure and Theme.* JSOTSup 8. Sheffield: JSOT Press, 1978.

North, Robert. "Can Geography Save J from Rendtorff?" *Bib* 63 (1982): 47-55.

von Rad. *OTT,* 1:48-56, 121-87.

Rendtorff, Rolf. "The 'Yahwist' as Theologian? The Dilemma of Pentateuchal Criticism." *JSOT* 3 (1977): 2-10.

Rosenberg, Joel W. "The Garden Story Forward and Backward: The Non-narrative Dimension of Gen. 2-3." *Prooftexts* 1 (1981): 1-27.

Vriezen, Theodorus C. *An Outline of Old Testament Theology,* 54-59, 79-80. 2d rev. ed. Oxford: Basil Blackwell & Mott, 1970.

Wagner, Norman E. "Abraham and David?" In *Studies on the Ancient Palestinian* World, ed. J. Wevers and D. B. Redford, 117-40. Toronto University Press, 1972.

Wolff, Hans Walter. "The Kerygma of the Yahwist." In *The Vitality of Old Testament Traditions,* ed. W. Brueggemann and H. W. Wolff, 41-66.

31.2 시편과 지혜서

Bryce, Glendon E. *A Legacy of Wisdom.* Lewisburg, Pa.: Bucknell University Press, 1979.

Mowinckel, Sigmund. "The Psalmists." In *The Psalms in Israel's Worship,* 2:85-103. Nashville: Abingdon Press, 1962.

Scott, R. B. Y. "Solomon and the Beginnings of Wisdom in Israel." In *SAIW,* 84-101 = VTSup 3 (1955): 262-79.

Weiser, Artur. "The Collection of the Psalms." In *The Psalms. A Commentary,* 95-101. Philadelphia: Westminster Press, 1962.

31.3 다윗 전승과 시온 전승

Clements, Ronald E. *God and Temple,* 40-78. Philadelphia: Fortress Press, 1965.

Cross, CMHE, 217-73.

Hayes, John H. "The Tradition of Zion's Inviolabillity." *JBL* 82 (1963): 419-62.

Johnson, Aubrey R. *Sacral Kingship in Ancient Israel.* 2d ed. Cardiff: University of Wales Press, 1967.

Kraus, Hans-Joachim. *Worship in Israel,* chap. 5. Atlanta: John Knox Press, 1966.

McCarthy, Dennis J. "II Samuel 7 and the Structure of the Deuteronomic History." *JBL* 84 (1965): 131-38.

Mettinger, T. N. D. "The Sacral Legitimation of the King." In *King and Messiah,* 151-297.

Noth, Martin. "God, King and Nation in the Old Testament." In *The Laws of the Pentateuch and Other Studies,* 145-78. Edinburgh and London: Oliver & Boyd, 1966.

Porteous, Norman W. "Jerusalem-Zion: The Growth of a Symbol." In

Verbannung und Heimkehr, ed. A. Kuschke, 235-52. Tübingen: J. C. B. Mohr (Paul Siebeck), 1961.

Robert, J. J. M. "The Davidic Origin of the Zion Tradition." *JBL* 92 (1973): 329-44.

______. "Zion Tradition." In IDBSup, 985-87.

Weinfeld, Moshe. "Covenant, Davidic." In IDBSup, 188-92.

______. "The Covenant of Grant in the Old Testament and in the Ancient Near East." *JAOS* 90 (1970): 184-203.

제8장 북 왕국에 관한 전승들

32. 열왕기상 12장—열왕기하 17장에 나오는 전승들의 형태

Cohn, Robert L. "Form and Perspective in 2 Kings 5." VT 33 (1983): 171-84.

______. "The Literary Logic of 1 Kings 17-19." *JBL* 101 (1982): 333-50.

Cross. *CMHE,* 223-29.

DeVries, Simon J. *Prophet Against Prophet. The Role of the Micaiah Narrative* (1 Kings 22) *in the Development of Early Prophetic Tradition.* Grand Rapids: Wm. B. Eerdmans, 1978.

Gray, John. *I & II Kings. A Commentary,* 25-33.

Jobling, David. *The Sense of Biblical Narrative: Three Structural Analyses in the Old Testament (1 Samuel 13-31; Numbers 11-12; 1 Kings 17-18).* JSOTSup 7. Sheffield: JSOT Press, 1978.

Koch, Klaus. *The Growth of the Biblical Tradition. The Form-Critical Method,* 183-200.

Long, Burke O. "The Social Setting for Prophetic Miracle Stories." *Semeia* 3 (1975): 46-63.

______. "2 Kings III and Genres of Prophetic Narrative." VT 23 (1973): 337-48.

Noth. *TDH,* 63-74.

von Rad, Gerhard. *Studies in Deuteronomy,* 74-91. SBT, 1st ser., 9. London: SCM Press, 1953.

Rofe*, Alexander. "Classes in the Prophetic Stories: Didactic Legenda and Parable." VTSup 26 (1974): 143-64.

_____. "The Classification of Ptophetic Stories." *JBL* 89 (1970): 427-40

33. 북 왕국의 역사와 북 왕국과 유다와의 관계(B.C.E. 931-722)

General: Archaeology, Geography, History, State Politics

Alt, Albrecht. "The Monarchy in the Kingdoms of Israel and Judah." In *EOTHR,* 311-35.

Aharoni. *ALI,* 239-53.

_____. *LB,* 321-86.

Bright. *HI,* 229-66.

Donner, Herbert. "The Separate States of Israel and Judah." In *IJH,* 381-434.

Herrmann. *HIOTT,* 187-254.

Mazar,, Benjamin. "The Aramean Empire and Its Relations with Israel." *BA* 25 (1962): 97-120 = *BAR* 2 (1964): 127-51.

Murphy, Roland E. "Israel and Moab in the 9th Cent. B.C." *CBQ* 15 (1953): 409-17.

Noth. *THI,* 225-50.

Tadmor, Hayim. "Assyria and the West: The Ninth Century and Its Aftermath." In *Unity and Diversity. Essays in the History, Literature and Religion of the Ancient Near East,* ed. H. Goedicke and J. J. M. Roberts, 36-48. Baltimore: Johns Hopkins University Press, 1975.

Yeivin, Shmuel. "The Divided Kingdom: Rehoboam to Ahaz/Jeroboam to Pekah." In *WHJP,* vol. 4/1, 126-78.

33.1-2 분열과 여로보암 왕조와 바아사 왕조

Aberbach, Moses, and Leivy Smolar. "Jeroboam." In IDBSup, 473-75.

Evans, Carl D. "Naram-Sin and Jeroboam: The Archetypal *Unheilsherrscher* in Mesoporamian and Biblical Historiography." in SC 2, 97-125.

Halpern, Baruch. "Levitic Participation in the Reform Cult of Jeroboam I." *JBL* 95 (1976): 31-42.

______. "Sectionalism and the Schism." *JBL* 93 (1974): 519-32.

de Vaux, Roland. "The Religious Schism of Jeroboam I." In *The Bible and the Ancient Near East,* 97-110. Garden City, N. Y.: Doubleday & Co. 1971.

33.3 오므리 왕조(B.C.E. 880-841)

Miller, J. Maxwell. "The Elisha Cycle and the Accounts of the Omride Wars." *JBL* 85 (1966): 441-54.

Napier, B. Davie. "The Omrides of Jezreel." *VT* 9 (1959): 366-78.

Parrot, André. *Samaria: The Capital of the Kingdom of Israel.* SBA 7. London: SCM Press, 1958.

Pienaar, D. N. "The Role of the Fortified Cities in the Northern Kingdom During the Reign of the Omride Dynasty." *JNSL* 9 (1981): 151-57.

Whitley, Charles F. "The Deuteronomic Presentation of the House of Omri." *VT* 2 (1952): 137-52.

33.4 예후 왕조(B.C.E. 841-752)

Ahlström, G. W. "King Jehu-A Prophet's Mistake (2 Kings 9f.)." In *Scripture in History and Theology: Essays in Honor of J. Coert Rylaarsdam,* ed. A. L. Merrill and T. M. Overholt, 47-69. PTMS 17. Pittsburgh: Pickwick Press, 1977.

Haran, Menahem. "The Rise and Decline of the Empire of Jeroboam ben

Joash." *VT* 17 (1967): 266-97.

Miller, J. Maxwell. "The Fall of the House of Ahab." *VT* 17 (1967): 307-24.

North, Robert. "Social Dynamics from Saul to Jehu." *BTB* 12 (1982): 109-19.

33.5 북 왕국의 붕괴(B.C.E. 752-722)

Eph' al, Israel. "Israel: Fall and Exile." In *WHJP,* vol. 4/1, 180-91.

Oded, Bustenay. "The Historical Background to the Syro-Ephraimite War Reconsidered." *CBQ* 34 (1972): 153-65.

Tadmor, Hayim. "The Campaigns of Sargon II of Assur." *JCS* 12 (1958): 22-40.

33.6 두 왕국의 발전 방식

Parker, Simon B. "Revolutions in Northern Israel." SBLSP 10 (1976): 311-21.

Thornton, T. C. G. "Charismatic Kingship: Israel and Judah." *JTS* 12 (1958): 22-40.

34. 문화적 문화, 종교 및 예언자의 비평

Fohrer. *HIR,* 223-51.

Hummel, Horace D. "The Influence of Archeological Evidence on the Reconstruction of Religion in Monarchical Israel." *CTM* 41 (1970): 542-57.

Ringgren. *IR,* 248-69.

Vriezen. *RAI.* 179-220.

34.1 엘로히스트

Craghan, J. F. "The Elohist in Recent Literature." *BTB* 7 (1977): 23-35.

Fohrer. *IOT,* 152-58.

Fretheim, Terence E. "Elohist." In IDBSup, 259-63.

Jenks, Alan W. *The Elohist and North Israelite Traditions.* SBLMS 22. Missoula, Mont.: Scholars Press, 1977.

Noth. *HPT,* 20-41.

Wolff, Hans Walter. "The Elohistic Fragments in the Pentateuch." In *Vitality of Old Testament Traditions,* ed. W. Brueggemann and H. W. Wolff, 67-82.

34.2 엘리야와 엘리사

Andersen, Francis I. "The Socio-Juridical Background of the Naboth Incident." *JBL* 85 (1966): 46-57.

Blenkinsopp, Joseph. *A History of Prophecy in Israel,* 68-79.

Bronner, Leah. *The Stories of Elijah and Elisha as Polemics Against Baal Worship.* Leiden: E. J. Brill, 1968.

Carroll, Robert P. "The Elijah-Elisha Sagas: Some Remarks on Prophetic Succession in Ancient Israel." *VT* 19 (1969): 400-415.

Cohen, Martin A. " In All Fairness to Ahab: A Socio-political Consideration of the Ahab-Elijah Controversy." *Eretz Israel* 12 (1975): 87-94.

Gottwald. *AKE,* 57-85.

von Rad. *OTT,* 2: 6-32.

Rowley, H. H. "Elijah on Mt. Carmel." In *Men of God,* 37-65. London: Thomas Nelson & Sons, 1963.

Würthwein, Ernst. "Elijah at Horeb: Reflections on 1 Kings 19:9-18." In *Proclamation and Presence: Old Testament Essays in Honor of G.*

Henton Davies, ed. J. Durham and J. R. Porter, 152-66. London: SCM Press, 1970.

34.3 아모스

Bentzen, Aage. "The Ritual Background of Amos 1:2-2:16." *OTS* 8 (1950): 85-99.

Coote, Robert B. *Amos Among the Prophets. Composition and Theology.* Philadelphia: Fortress Press, 1981.

Craghan, J. F. "The Prophet Amos in Recent Literature." *BTB* 2 (1972): 242-61.

Crenshaw, James L. *Hymnic Affirmations of Divine Justice: The Doxologies of Amos and Related Texts in the Old Testament.* SBLDS 24. Missoula, Mont.: Scholars Press, 1975.

Gitay, Yehoshua. "A Study of Amos' s Art of Speech: A Rhetorical Analysis of Amos 3:1-15." *CBQ* 42 (1980): 293-309.

Kapelrud, Arvid S. *Central Ideas in Amos.* 2d ed. Oslo: Aschehoug & Co., 1956.

Melugin, Roy F. "The Formation of Amos: An Analysis of Exegetical Method." SBLSP 13 (1978): 369-91.

Overholt, Thomas W. "Commanding the Prophets: Amos and the Problem of Prophetic Authority." *CBQ* 41 (1979): 517-32.

Paul, Shalom M. "Amos 1:3-2:3: A Concatenous Literary Pattern." *JBL* 90 (1971): 397-403.

Tucker, Gene M. "Prophetic Authenticity: A Form-Critical Study of Amos 7:10-17." *Int* 27 (1973): 423-34.

de Waard, Jan. "The Chiastic Structure of Amos 5:1-17." *VT* 27 (1977): 170-77.

Ward, James M. *Amos and Isaiah: Prophets of the Word of God.*

Nashville and New York: Abingdon Press, 1969.

Wolff, Hans Walter. *Amos the Prophet: The Man and His Background.* Philadelphia: Fortress Press, 1973.

34.4 호세아

Ackroyd, Peter R. "Hosea and Jacob." *VT* 13 (1963): 245-59.

Brueggemann, Walter. *Tradition in Crisis: A Study in Hosea.* Richmond: John Knox Press, 1968.

Buss, Martin J. *The Prophetic Word of Hosea. A Morphological Study.* BZAW 111. Berlin: Walter de Gruyter, 1969.

Eichrodt, Walter. "The Holy One in Your Midst: The Theology of Hosea." *Int* 15 (1961): 259-73.

Farr, George. "The Concept of Grace in the Book of Hosea." *ZAW* 70 (1958): 98-107.

Gelston, A. "Kingship in the Book of Hosea." *OTS* 19 (1974): 71-85.

Good, Edwin M. "The Composition of Hosea." *SEÅ* 31 (1966): 21-63.

Janzen, J. Gerald. "Metaphor and Reality in Hosea 11." *Semeia 24* (1982): 7-44.

Lundbom, Jack. "Poetic Structure and Prophetic Rhetoric in Hosea." *VT* 29 (1979): 300-308.

Ostborn, Gunnar. *Yahweh and Baal. Studies in the Book of Hosea and Related Documents.* Lund: C. W. K. Gleerup, 1956.

Rowley, H. H. "The Marriage of Hosea." In *Men of God,* 66-97. London: Thomas Nelson & Sons, 1963.

Tushingham, A. Douglas. "A Reconsideration of Hosea, Chapters 1-3." *JNES* 12 (1953): 150-59.

Wolff, Hans Walter. "Guilt and Salvation. A Study of the Prophecy of Hosea." *Int* 15 (1961): 274-85.